民商事类案裁判思维丛书

公司责任
纠纷类案裁判思维

张应杰 / 主编

人民法院出版社

图书在版编目（CIP）数据

公司责任纠纷类案裁判思维 / 张应杰主编. -- 北京：人民法院出版社，2023.4
（民商事类案裁判思维丛书）
ISBN 978-7-5109-3781-1

Ⅰ．①公… Ⅱ．①张… Ⅲ．①股份有限公司－经济纠纷－研究－中国 Ⅳ．①D925.104

中国国家版本馆CIP数据核字(2023)第065294号

公司责任纠纷类案裁判思维

张应杰　主编

策划编辑	韦钦平　李安尼
责任编辑	张　怡　周利航
封面设计	尹苗苗
出版发行	人民法院出版社
地　　址	北京市东城区东交民巷27号（100745）
电　　话	（010）67550691（责任编辑）　67550558（发行部查询）
	65223677（读者服务部）
客 服 QQ	2092078039
网　　址	http://www.courtbook.com.cn
E- mail	courtpress@sohu.com
印　　刷	保定市中画美凯印刷有限公司
经　　销	新华书店
开　　本	787毫米×1092毫米　1/16
字　　数	571千字
印　　张	29.25
版　　次	2023年4月第1版　2023年7月第2次印刷
书　　号	ISBN 978-7-5109-3781-1
定　　价	109.00元

版权所有　侵权必究

公司责任纠纷类案裁判思维
编委会

主　　编	张应杰				
副 主 编	黄志坚	叶若思			
执 行 主 编	慈云西	罗映清			
撰 稿 人	罗映清	庄齐明	郑有培	高　熙	林　彤
	梁　艺	朱嘉蹊	陈　晖	谭　茜	刘舒婷
	柏　慧				

序言

　　天下之事，不难于立法，而难于法之必行。习近平总书记在党的二十大报告中深刻指出："全面依法治国是国家治理的一场深刻革命，关系党执政兴国，关系人民幸福安康，关系党和国家长治久安。必须更好发挥法治固根本、稳预期、利长远的保障作用，在法治轨道上全面建设社会主义现代化国家。"人民法院公正司法作为全面推进依法治国的重要环节，对法治中国建设具有举足轻重的意义。党的十八大以来，在以习近平同志为核心的党中央领导下，全国法院深入推进以司法责任制为核心的四项基础性改革，司法公信力和司法效能显著提升，人民群众的司法获得感普遍增强。深圳法院在"双区"驱动、"双区"叠加、"双改"示范效应作用下，勇立潮头、勇当尖兵，扎实推进各项改革工作，积极推进司法公信力、法治竞争力、改革创新力、国际影响力卓著的先行示范法院建设，改革成效日益突出，示范效应日益凸显。

　　欲知平直，则必准绳；欲知方圆，则必规矩。党中央高度重视法律适用的统一，党的十八届四中全会作出的《中共中央关于全面推进依法治国若干重大问题的决定》将"统一法律适用标准"作为完善以宪法为核心的中国特色社会主义法律体系的重要任务之一。《最高人民法院关于深化司法责任制综合配套改革的实施意见》又将"完善统一法律适用机制"作为重要内容。在统一法律适用的司法大背景下，推进"类案同判"既是党中央提出的明确任务，又是人民群众对于司法公正的朴素追求。在此背景下，深圳市中级人民法院出台了《深圳法院全面构建类案标准化体系加快建设先行示范法院工作方案》，计划用三年时间对司法案件办理常见问题进行系统化、要素式梳理，达到立、审、执、破全口径覆盖，形成对实务具备参考价值的类案裁判思维丛书。这是深圳法院司法改革路线图上迈出的重要一步，向社会释放了深圳法院统一法律适用、促进司法公正的强烈信号。

　　沧海横流显砥柱，万山磅礴看主峰。党中央作出兴办经济特区重大战略部署以来，深圳敢闯敢试、敢为人先、埋头苦干，创造了发展史上的奇迹，成为全国改革开放的一面旗帜。作为改革开放和创新创业的热土，在打造体现深圳特色、辐射全国、具有卓著影响力的国际一流法治环境过程中，深圳法院面临着众多法律关系复杂、事实认定困难的新类型纠纷，法律与司法解释的更新速度远不及新类型纠纷的发生速度。有鉴于此，深圳法院先行先试，推出类案裁判思维丛书，以化解各领域"类案不同判"的难题，为一线法官提供裁判指引，帮助广大法官提高业务能力，以高质量裁判助力深圳打造最安全稳定、最公平公正、法治环境最好的标杆城市。综观本套丛书，呈现以下三个特点：

一是体系性强。本套丛书内容全面系统，体系完整严谨。对民事、知识产权、金融、商事、房产、劳动争议、环资、立案、执行、企业破产等领域的类案进行梳理汇总，对各类型案件办理提供全方位、精细化参考指引，实现流程精细完整、业务覆盖全面。同时，本套丛书在体例结构、主要章节名称和编辑排版方面保持了整体的协调性与一致性，对各类案件办理中的裁判思路、审理要素、实务难点、示范说理、判项表述等内容进行系统梳理，构建出完整的司法裁判知识图谱，为提升类案裁判质效奠定基础。

二是实用性强。本套丛书按照司法裁判的内在逻辑体系，全面总结梳理了深圳两级法院优秀法官的实践智慧成果，对于发挥司法传承作用、明晰案件裁判思路、提升办案工作质效具有非常重要的参考价值。类案裁判思维丛书向社会公开，也为法律工作者、法学院校师生、人民调解员等提供了法官思维的路径、研究法学课题的素材、解决法律争议的方法、评判法律问题的尺度，还能让社会公众看到法官依法明断、定分止争背后的法律原理和法律精神，从而实现人民法院在民意沟通质量和效果上的进一步提升。

三是前沿性强。本套丛书立足全国一流标准，全面搜集各类参考资料，汇集深圳两级法院在常见类案办理过程中形成的优秀智慧和经验成果，为一线法官打造高标准、高水平的司法实务"工具书"。每本书籍既涵盖了有关类案的常见问题，又直面深圳特区司法实践当中的热点难点，为有关前沿争议问题提供具有较强参考价值的破题思路。本套丛书素材虽多取自深圳法院审判实践，研究视野却不囿于深圳一域；目标虽着眼于服务司法实践需求，研究内容亦不局限于实证分析，而具有一定的法学理论深度和理论研究成果价值。

东方风又来，南海潮再涌。四十多年来，深圳法院看尽深圳高速发展所带来的沧桑巨变。站在新时代的十字路口，在走向"两个一百年"的重要历史节点，全面准确落实司法责任制，加快建设公正高效权威的社会主义司法制度，深圳法院责无旁贷、使命在肩。未来，深圳法院将继续以永不懈怠的激情与活力，探索法治城市建设，努力将深圳打造成为中国特色社会主义法治的"窗口"和"名片"，不断为法治中国建设输送"深圳经验"。

本套丛书的编撰将始终坚持司法观点的与时俱进以及主题内容的与日俱

增,随着司法实践的不断深入,丛书的内容将不断更新扩充,我们热忱期待深圳法院有更多法官能润泽笔墨,积极贡献自己的司法智慧,也衷心欢迎各界法律工作者能建言献策,为我们多提宝贵意见,在新时代新征程上共同推进深圳法院工作高质量发展。

是为序。

二〇二三年四月

凡例

1. 法律文件名称中的"中华人民共和国"省略，其余一般不省略，例如《中华人民共和国公司法》，简称为《公司法》。

2.《最高人民法院关于适用〈中华人民共和国公司法〉若干问题的规定（一）》，简称为《公司法司法解释（一）》。

3.《最高人民法院关于适用〈中华人民共和国公司法〉若干问题的规定（二）》，简称为《公司法司法解释（二）》。

4.《最高人民法院关于适用〈中华人民共和国公司法〉若干问题的规定（三）》，简称为《公司法司法解释（三）》。

5.《最高人民法院关于适用〈中华人民共和国公司法〉若干问题的规定（四）》，简称为《公司法司法解释（四）》。

6.《最高人民法院关于适用〈中华人民共和国公司法〉若干问题的规定（五）》，简称为《公司法司法解释（五）》。

7.《最高人民法院关于适用〈中华人民共和国民事诉讼法〉的解释》，简称为《民事诉讼法司法解释》。

8.《最高人民法院关于民事诉讼证据的若干规定》，简称为《民事诉讼证据规定》。

9.《全国法院民商事审判工作会议纪要》，简称为《民商审判会议纪要》。

10.《最高人民法院关于审理公司强制清算案件工作座谈会纪要》，简称为《公司强制清算纪要》。

目录

第一章
损害股东利益责任纠纷

第一节　类型纠纷审判概述 / 3
　　一、股东利益概述 / 3
　　二、股东权益诉讼救济 / 6
　　三、损害股东利益责任纠纷诉讼概述 / 8
　　四、损害股东利益责任纠纷的审理原则 / 10

第二节　基本要素审理指引 / 11
　　一、立案要素 / 11
　　二、主体要素 / 14
　　三、举证责任要素 / 16
　　四、责任构成要件要素 / 18
　　五、责任承担要素 / 24
　　六、诉讼时效要素 / 29

第三节　实务难点裁判思路 / 29
　　一、关于损害股东利益责任纠纷地域管辖确定问题 / 29
　　二、关于主体认定问题 / 30
　　三、关于案由衔接与诉讼请求确定问题 / 32
　　四、关于股东利益直接受损认定的问题 / 36
　　五、关于侵权行为与过错认定中的难点 / 40
　　六、关于损害赔偿确定中的难点 / 46

第四节　常见争点说理示范 / 52

一、关于侵害股东利益责任纠纷管辖的裁判说理示范 / 52

二、关于主体是否适格的裁判说理示范 / 53

三、关于股东利益是否直接受损的裁判说理示范 / 55

四、关于侵权行为及过错认定的裁判说理示范 / 59

五、关于责任承担的裁判说理示范 / 65

第五节　判决主文规范表述 / 72

第二章
损害公司利益责任纠纷

第一节　类型纠纷审判概述 / 77

一、公司利益保护概述 / 77

二、损害公司利益责任纠纷概述 / 91

三、损害公司利益责任法律规制梳理 / 101

四、损害公司利益责任纠纷审理原则 / 110

第二节　基本要素审理指引 / 112

一、程序要素 / 112

二、实体要素 / 126

第三节　实务难点裁判思路 / 141

一、关于诉讼管辖确定问题 / 141

二、关于高级管理人员认定问题 / 142

三、关于监事出任高级管理人员的处理问题 / 144

四、关于公司实际控制人主体和责任认定问题 / 146

五、关于挪用或侵占公司资金认定问题 / 150

六、关于篡夺公司商业机会认定问题 / 153

七、关于竞业禁止认定问题 / 156

八、关于自我交易行为认定问题 / 157

九、关于违反勤勉义务认定问题 / 159

十、关于董事责任豁免认定问题 / 161

　　十一、关于归入权与损害赔偿请求权关系问题 / 163

第四节　常见争点说理示范 / 165

　　一、关于管辖的裁判说理示范 / 165

　　二、关于责任主体的裁判说理示范 / 168

　　三、关于股东代表诉讼的裁判说理示范 / 173

　　四、关于具体损害行为的裁判说理示范 / 178

　　五、关于过错认定的裁判说理示范 / 193

　　六、关于损害结果的裁判说理示范 / 197

　　七、关于因果关系的裁判说理示范 / 205

　　八、关于责任认定的裁判说理示范 / 210

　　九、关于责任承担方式的裁判说理示范 / 218

第五节　判决主文规范表述 / 223

第三章
损害公司债权人利益责任纠纷

第一节　类型纠纷审判概述 / 227

　　一、公司债权人利益保护概述 / 228

　　二、损害公司债权人利益责任纠纷概述 / 237

　　三、损害公司债权人利益责任纠纷法律规制梳理 / 240

　　四、损害公司债权人利益责任纠纷审理原则 / 245

第二节　基本要素审理指引 / 247

　　一、立案要素审查 / 247

　　二、主体要素审查 / 249

　　三、损害公司债权人利益责任纠纷中举证责任问题 / 252

　　四、公司法人人格否认责任要素审查 / 253

　　五、股东违反出资义务责任要素审查 / 258

六、股东承担责任方式和范围 / 263

七、诉讼时效要素审查 / 265

八、债权人要求股东承担损害公司债权人利益责任纠纷在破产程序中的特别规定 / 266

第三节　实务难点裁判思路 / 267

一、关于债权人以损害公司债权人利益纠纷起诉股东或者实际控制人是否应先通过诉讼、仲裁等方式确认其对公司享有债权为前提的问题 / 267

二、关于公司实际控制人侵权责任法律适用问题 / 268

三、关于关联公司法人人格否认判断标准问题 / 270

四、关于股东是否完全履行出资义务判断问题 / 273

五、关于增资过程中未履行出资义务的股东，对公司债务是否承担责任问题 / 275

六、关于出资人可否基于增资协议解除要求将已按照增资协议交付的出资退还问题 / 277

七、关于在办理公司减资过程中未履行通知债权人程序应否承担损害公司债权人利益责任问题 / 278

八、关于债权人能否要求出资期限尚未届满的股东承担未出资范围内补充赔偿责任问题 / 279

九、关于公司使用股东个人账户对外进行资金转入、转出，是否构成人格混同 / 280

十、关于一人有限责任公司的股东证明公司财产独立于股东自己财产的认定标准问题 / 281

十一、关于有限责任公司的股东仅为夫妻二人能否参照适用一人有限责任公司举证责任倒置问题 / 283

第四节　常见争点说理示范 / 284

一、关于程序问题的裁判说理示范 / 284

二、关于责任主体认定的裁判说理示范 / 287

三、关于滥用公司法人人格的裁判说理示范 / 291

四、关于股东违反出资义务的裁判说理示范 / 305

五、关于责任承担方式和范围的裁判说理示范 / 316

六、关于损害后果和因果关系的裁判说理示范 / 317

七、关于举证责任分配的裁判说理示范 / 320

第五节　判决主文规范表述 / 326

第四章
公司关联交易损害责任纠纷

第一节　类型纠纷审判概述 / 331

一、关联交易概述 / 331

二、关联交易法律规制考察 / 336

三、公司关联交易损害责任纠纷概述 / 343

四、公司关联交易损害责任纠纷审理原则 / 348

第二节　基本要素审理指引 / 352

一、程序要素审查 / 352

二、实体审理要素 / 358

第三节　实务难点裁判思路 / 371

一、关于股东代表诉讼中关联交易合同涉仲裁、管辖条款约束力问题 / 371

二、关于案由确定问题 / 372

三、关于"关联方""关联关系"适用规范时的外延把握问题 / 374

四、关于关联关系判断标准问题 / 376

五、关于交易程序对关联交易效力及实质审查的影响问题 / 377

六、关于关联交易价格公允认定问题 / 380

七、关于关联交易损失数额认定问题 / 382

第四节　常见争点说理示范 / 384

一、关于案件受理 / 384

二、关于关联关系的认定 / 385

三、关于因果关系的认定 / 388

四、关于交易价格是否公允的认定 / 389

五、关于损失数额的认定 / 390

六、关于共同侵权责任的认定 / 392

七、关于不正当关联交易的认定 / 393

八、关于正当关联交易的认定 / 397

第五节　判决主文规范表述 / 400

第五章　清算责任纠纷

第一节　类型纠纷审判概述 / 405

一、公司解散清算概述 / 405

二、清算责任概述 / 406

三、清算责任纠纷审判概述 / 410

第二节　基本要素审理指引 / 412

一、立案要素审查 / 412

二、责任构成要件要素审查 / 417

三、承担清算责任的要素审查 / 423

四、诉讼时效要素审查 / 425

第三节　实务难点裁判思路 / 427

一、清算义务人认定中的难点 / 427

二、清算义务人侵权行为认定中的难点 / 428

三、因果关系认定中的难点 / 430

四、清算义务人、清算组成员之间如何承担责任 / 432

五、解散清算与破产清算程序的衔接问题 / 433

第四节　常见争点说理示范 / 435

一、针对清算义务人认定的裁判说理示范 / 435

二、针对是否存在侵权行为的裁判说理示范 / 436

三、针对损害结果的裁判说理示范 / 439

四、针对是否存在因果关系的裁判说理示范 / 440

五、针对清算义务人承担清算责任的裁判说理示范 / 443

六、针对清算组成员承担清算责任的裁判说理示范 / 444

七、针对诉讼时效的裁判说理示范 / 445
　　八、针对公司已进入破产清算程序的裁判说理示范 / 446
第五节　裁判主文规范表述 / 447

form
第一章
损害股东利益责任纠纷

第一节 类型纠纷审判概述

一、股东利益概述

（一）股东利益法律含义

利益，即好处，指人类用来满足自身欲望的一系列物质、精神的产品。《牛津法律大辞典》将利益解释为个人或个人的集团寻求得到满足和保护的权利请求、要求、愿望或需求。股东利益，广义来讲即是股东享有的基于股东身份的一切好处或收益。但在不同情形和语境下，股东利益的含义及范围存在不同。

我国《民法典》实行民商合一的立法体例，商法属于民法特别法，故公司领域的特殊侵权责任纠纷，受《民法典》侵权责任编一般规范和《公司法》特别规范的共同调整。《民法典》第1164条作为侵权责任编的一般规定，将侵权责任的调整范围界定为"因侵害民事权益产生的民事关系"，由此明确了侵权责任的客体为民事权益。《民法典》总则编第五章民事权利对民事权益的范围进行了界定，该章列举了应受保护的民事权利类型，其中第125条规定民事主体依法享有股权和其他投资性权利；同时，第126条还明确民事主体享有法律规定的其他民事权利和利益。由此，作为侵权责任客体的民事权益，包含民事权利与民事利益两方面内容。受侵权法保护的民事利益为法律规定应当予以保护但未上升为民事权利的民事利益，即法益。[1]我国《公司法》关于公司领域侵权责任的客体均表述为利益，如损害债权人利益责任、损害公司利益责任、损害股东利益责任等，该表述具有明显的侵权责任的特征。按照《民法典》侵权责任客体的内容，作为公司领域侵权责任客体的"利益"，亦应按"权利+法益"的方式予以解读。因此，作为损害股东利益责任纠纷中侵权责任客体的"股东利益"，应理解为股东权利和基于股东身份可受法律保护的特定利益，即对应侵权法的股东权益。有观点认为，损害股东利益责

---

[1] 最高人民法院民法典贯彻实施工作领导小组主编：《中华人民共和国民法典侵权责任编理解与适用》，人民法院出版社2020年版，第19页。

任纠纷中的"股东利益"应仅定位为股东财产性利益,[①]然而股东权益本质上包含了财产属性与人格属性,股东参与公司经营管理的权益虽然不包含直接的财产内容,但与股东获取财产利益的目的密切相关,在遭受侵害后亦可能导致股东损失,故在无其他直接救济途径或直接救济无法弥补的情况下,应当允许股东通过损害股东利益责任法律关系进行主张。因此,损害股东利益责任纠纷中的"股东利益"应当是完整的股东权益内容。

(二)股东利益具体内容

1.股东权利

股东作为公司的出资人,依法享有股东权利。股东权利简称股权,是股东基于股东身份在法律上对公司享有的权利总称,股东权利既体现股东与公司之间的权利义务关系,又反映股东之间的法律关系。[②]《公司法》第4条规定,公司股东依法享有资产收益、参与重大决策和选择管理者等权利。由此规定,股东权利是股东基于股东身份和地位而享有从公司获取经济利益并参与公司经营管理的权利,是包括资产收益权和参与管理权在内的多种权利的集合,包含了人格属性与财产属性。股东权利本质上属成员权,须依公司的程序性规范主张和行使,股东权利以成员资格为根基,成员资格通过股东权利外化。严格来讲,股东权利并非民法上的权利,而是股东成员权的具体内容或权能,但由于约定俗成,一般按权利表述。[③]

按股东行使权利的目的区分,股东权利可以分为自益权与共益权。自益权是股东为自身利益可单独主张的权利,主要与财产利益相关;共益权是股东作为公司投资成员参与公司管理事务的权利,主要与治理利益相关。二者相辅相成,共同构成了完整的股东权利体系。根据《公司法》及相关司法解释规定,股东权利主要包含以下具体的权利内容。

(1)自益权:利润分配请求权、剩余财产分配请求权、新股优先认购权、股份优先购买权、异议股东退股权、股份转让权、股票交付请求权等。(2)共益权:表决权、股东名册变更请求权、会计账簿查阅权、股东会或股东大会召集权与主持权、选举与被选举权、提案权、质询权、股东会和董事会决议无效确认请求权和撤销请求权、公司合并无效诉讼提起权、累积投票权、代表诉讼提起权、对董事和高级管理人员的直接诉权、公司解散请求权等。

---

① 吴爱辉:《董事、高级管理人员对股东直接责任的立法分析》,载《四川大学学报》2008年第1期。
② 参见李建伟:《公司法学》(第5版),中国人民大学出版社2022年版,第234页。
③ 参见王军:《中国公司法》(第2版),高等教育出版社2019年版,第310页。

2. 股东利益

股东权利内容由《公司法》明确列举和保护，而股东权利范围之外的可受法律保护的股东利益则较为模糊。法律规定的有限性与社会关系的无限性的矛盾、法律的相对稳定性与社会生活的变动不居性的矛盾等导致法律存在不合目的性、不周延性、模糊性及滞后性等局限性，是侵权法在发展中将保护客体扩大至法益的原因，也是法与社会发展一致性的具体体现之一。[1] 由此，股东利益是一个开放性的概念，那些法律尚未明确规定为股东权利但应由股东享有的、与股东从公司获取财产和行使经营管理权直接相关联且应当予以保护的利益，应识别为股东利益。随着经济发展和公司运作的复杂化，司法实践中可能会出现损害股东利益的新情形，股东均可通过提起损害股东利益责任纠纷诉讼维护自身权益。

某一股东利益能否成为受法律保护的法益，需要在具体案件中予以识别。有观点认为，若法律明确规定的权利无法予以保护，又事关权利主体的重大利益，需要予以保护的，即是侵权责任保护范围的法益。[2] 也有观点认为，受到私法保护的民事利益须符合合法性、私人性及可救济性这三项要求。[3] 还有观点从比较法的角度，认为《欧洲侵权法原则》第2：102条对"何谓侵权法所保护的利益"构建了颇具弹性之综合评价体系，列举了包括利益之性质、价值、定义的准确性和明显性、侵害行为之主观过错、行为人与受害人的密切关系等在内的多种因素，此类对特定损害进行综合考量的弹性制度显然更为科学和合理，亦更契合侵权法律纠纷多元化之现实情况。[4] 目前，理论界普遍认可的受侵权法保护的法益包含其他人格利益、其他身份利益以及法律规定的财产权利无法予以保护的其他财产利益。由于商事领域一般不涉及自然人人格及身份利益问题，故可受保护的法益应以其他财产利益为主。一般来讲，纯粹经济损失的利益，即属于上述其他财产利益的范围。[5]

---

[1] 参见曹险峰：《在权利与法益之间——对侵权行为客体的解读》，载《当代法学》2005年第5期。

[2] 杨立新：《民法典对侵权责任保护范围的准确界定——对〈民法典〉第1164条含义理解的进一步厘清》，载《兰州大学学报（自然科学版）》2021年第1期。

[3] 程啸：《侵权责任法教程》（第4版），法律出版社2020年版，第50页。

[4] 周华：《作为侵权法保护客体的利益及其权利化——兼评我国〈民法典〉第1164条之规定》，载《广东行政学院学报》2021年第1期。

[5] 杨立新：《民法典对侵权责任保护范围的准确界定——对〈民法典〉第1164条含义理解的进一步厘清》，载《兰州大学学报（自然科学版）》2021年第1期。

（三）股东利益与公司利益

股东利益与公司利益虽然密切关联，但现代公司制度下，二者属于并存利益且存在明显界分。股东利益与公司利益之所以需要被区分，根源在于公司的人格拟制。《公司法》第 3 条明确了作为投资人的股东与被投资对象的公司之间的基本关系，即公司是具有独立人格的企业法人，股东仅以其出资额为限对公司的债务承担责任，二者均为具有独立人格的法律主体，[①] 公司人格和股东人格、公司法人财产权和股东股权相互独立。股东一旦依法投入资本，该资本就是公司财产，公司享有法人财产权，以及以公司财产权为核心的公司维持和经营过程中以公司为主体而享有的一切利益。股东出资后不再享有对公司出资财产的直接支配和收益，对公司的利益体现为股权，无权直接分割公司财产，获取属于公司的利益，只能依法定程序通过行使股权来实现自身利益。此外，对于公司财产的分配，公司债权优先于股权，在公司财产不足以偿还全部债权时，股东的受益期待也有落空危险。因此，股东利益与公司利益属于相互独立的法律利益类型，在公司领域侵权纠纷中，属于不同的侵权客体，受不同的公司法规范保护。

二、股东权益诉讼救济

（一）救济方式：股东直接诉讼与股东派生诉讼

当股东权益受到公司、其他股东、董事、高级管理人员之不法侵害，其可以自己之名义向法院提起股东诉讼以寻求司法救济。通说认为，股东诉讼依诉讼目的划分为股东直接诉讼与股东派生诉讼。前者是指股东因自身利益受到公司、董事及其他股东不法行为的侵害，为了维护自身利益，基于其公司出资人的身份而提起的诉讼，[②] 调整的规范散见于《公司法》中；而后者又称股东代表诉讼，是指当公司利益受到侵害，公司怠于通过诉讼手段追究相关侵权人的民事责任及实现其他权利时，具有法定资格的股东为了公司利益按照法定程序代公司提起的诉讼，主要由《公司法》第 151 条调整。

两种诉讼，在诉讼目的、诉权结构、程序规则、诉讼利益归属上均存在明显区别。诉讼目的上，股东直接诉讼是为股东自身利益而进行，而股东派生诉讼系为公司利益；诉权结构上，股东直接诉讼中，股东既享有实体上的诉权，亦享有程序上的诉权，而股东代表诉讼的股东仅享有程序上的诉权，

[①] 徐强胜：《公司纠纷裁判依据新释新解》，人民法院出版社 2014 年版，第 203 页。
[②] 刘桂清：《公司治理视角中的股东诉讼研究》，方正出版社 2005 年版，第 65 页。

实体上的诉权由公司享有；程序规则上，股东提起直接诉讼并无特别的程序限定，而股东提起股东代表诉讼则应履行一定的公司内部的前置程序，只有在公司内部程序失灵时，才可提起；诉讼利益归属上，股东直接诉讼胜诉利益归属于股东自己，而股东派生诉讼由股东代表公司进行但胜诉利益归于公司。①

司法实践中，股东起诉时对两种诉讼的识别较易出现混淆，特别是容易将股东代表诉讼识别为股东直接诉讼，从而导致相应诉讼请求因请求权基础识别不当而被判决驳回。这两种诉讼区分的核心即在于，股东所主张的侵权行为直接侵害的是股东利益还是公司利益。当股东利益受到直接侵害时，股东可以通过股东直接诉讼予以主张；当公司利益受到侵害时，原则上应以公司作为原告提起损害公司利益责任纠纷之诉，在公司无法启动诉讼程序时，符合《公司法》规定条件与程序的股东可提起股东代表诉讼，相关诉讼利益应归入公司，与其他股东按持股比例间接分享公司由此获得的利益和成果。

（二）股东直接诉讼类型

股东直接诉讼制度是保护股东合法权益免受不法侵害，以保障股东自身权益得以实现的重要司法救济措施。股东直接诉讼中的"直接"，指的是股东提起有关诉讼时以自己名义、主张的是自己的权利、诉讼的结果也是使股东受侵害的权益得到责任人的直接弥补。②

根据股东直接诉讼的诉因及《公司法》规范，股东直接诉讼主要有以下具体类型：（1）《公司法》第 20 条第 2 款规定的股东滥用股东权利给其他股东造成损失的侵权损害赔偿之诉，以滥用权利的股东为被告；（2）《公司法》第 22 条规定的股东会或者股东大会、董事会决议无效、撤销之诉，以公司为被告；（3）《公司法》第 33 条、第 97 条规定的股东知情权之诉，以公司为被告；（4）《公司法》第 74 条规定的异议股东回购之诉；（5）《公司法》第 152 条规定的董事、高级管理人员违反规定损害股东利益的侵权损害赔偿之诉，以董事、高级管理人员为被告；（6）《公司法》第 182 条规定的公司解散之诉，以公司为被告；（7）《公司法司法解释（三）》第 24 条规定的股东身份确认之诉；（8）《公司法司法解释（四）》第 14 条规定的盈余分配之诉；（9）法律条文没有明确规定，但实践中普遍承认的其他类型。以上股东直接诉讼类型，除第（1）（5）项外，其他类型均以公司为被告，应属权利保护请求权之

---

① 卢政峰：《股东诉讼制度研究》，人民法院出版社 2013 年版，第 9~12 页。
② 徐强胜：《公司纠纷裁判依据新释新解》，人民法院出版社 2014 年版，第 268 页。

诉，① 系某一项具体的股东权利本身依据《公司法》规范所享有的保护请求权，依股东权利之性质具有对应的权利保护范围及较为明确的责任承担方式。第（1）（5）项诉讼即为损害股东利益责任之诉，以其他股东、董事、高级管理人员为被告，属于侵权之诉，诉因是概括性的股东权益受损，除《公司法》及司法解释、《证券法》中的少数条款规定了具体侵权情形及责任外，并无明确具体的情形列举，属于股东直接诉讼中的股东权益救济的兜底诉讼，从而为股东权益在公司内部遭受不法侵害提供最广泛的救济。

三、损害股东利益责任纠纷诉讼概述

（一）损害股东利益责任纠纷内涵及外延

最高人民法院《民事案件案由规定》"二十一、与公司有关的纠纷"第275条规定了"损害股东利益责任纠纷"。据此，"损害股东利益责任纠纷"属于二级案由"与公司有关的纠纷"项下的三级案由。根据《最高人民法院新民事案件案由规定理解与适用》一书中的释义，该案由是指"公司董事、高级管理人员违反法律、行政法规或公司章程的规定，损害股东利益，应当对股东承担损害责任而与股东发生的纠纷"。② 处理该类纠纷的法律依据主要有：《公司法》第152条、《公司法司法解释（三）》第27条、《公司法司法解释（四）》第12条，以及《民法典》的有关规定。

但是，司法实践中，股东依据《公司法》第20条第2款规定，认为公司其他股东滥用股东权利给其造成损失而提起的诉讼，亦归于损害股东利益责任纠纷案由项下，并且股东根据该条规定提起的诉讼，在损害股东利益责任纠纷案件中占比较大。同时，因封闭性公司中，控股股东身份往往与公司董事、高级管理人员发生竞合，受侵害股东可能同时依据《公司法》第152条和第20条第2款的规定主张权利，请求权基础具有复合型和难以区分性，故从审判实务出发，损害股东利益责任纠纷的内涵及外延，均应据此作相应扩张。

因此，损害股东利益责任纠纷主要应包括以下两种类型：一是公司股东

---

① 杨立新：《〈民法典〉对侵权损害赔偿规则立法的改进与不足》，载《法治研究》2020年第4期；杨立新、曹艳春：《论民事权利保护的请求权体系及其内部关系》，载《河南省政法管理干部学院学报》2005年第4期。也有观点认为，所有的股东直接诉讼均为侵权之诉。

② 最高人民法院研究室编著：《最高人民法院新民事案件案由规定理解与适用》，人民法院出版社2021年版，第762~763页。

滥用股东权利给其他股东造成损失，应当依法承担赔偿责任的纠纷，即《公司法》第20条第2款规定的股东损害赔偿责任纠纷；二是公司董事、高级管理人员违反法律、行政法规或公司章程的规定，损害股东利益，应当对股东承担责任的纠纷，即《公司法》第152条规定的董事、高级管理人员损害股东利益责任纠纷。损害股东利益责任纠纷可释义为公司董事、高级管理人员、其他股东（往往是大股东或控股股东，特殊情形下还包括实际控制人）违反法定义务侵害原告股东权益所引发的纠纷。[①]

（二）损害股东利益责任的构成要件

损害股东利益责任在性质上属于侵权责任，因此在司法实践中应从总体上审查是否符合侵权责任的构成要件，同时基于该类责任的特殊性，应结合股东、董事、高级管理人员义务的性质、特点和范围，以及侵权行为所侵害的客体等因素，把握其责任构成要件中的特殊之处。

一般而言，损害股东利益责任的构成要件包括以下内容：（1）存在股东滥用股东权利或董事、高级管理人员违反法律、行政法规或公司章程的侵权行为。（2）股东、董事、高级管理人员存在过错。（3）发生损害股东权益的具体后果。（4）侵权行为与损害后果之间具有直接因果关系。

（三）损害股东利益责任纠纷的特点

1. 属公司领域的侵权责任纠纷

损害股东利益责任纠纷属于侵权责任纠纷，鉴于我国民商合一的立法体例，且《民法典》侵权责任编也未将商事侵权作为特殊侵权种类予以规定，故应由《民法典》统一调整，适用《民法典》关于侵权责任的一般规定。同时，该纠纷属于发生在公司领域的侵权责任纠纷，兼具商事侵权的特性，基于《立法法》关于特别规定优先适用、一般规定补充适用的原则，应在《民法典》关于侵权责任的框架下优先适用《公司法》的特别规定及商事侵权规则。此种侵权责任在侵权主体、客体、侵权行为、归责原则、损害后果、责任承担方式、损失计算等方面均存在特殊性，具有特殊的责任构成要件。

2. 股东权益直接受损

股东提起损害股东利益责任纠纷，想要能够得到支持，须以股东权益受到直接侵害为前提。股东利益因公司利益受损而间接遭受损失，不能等同于股东利益受损，股东利益因公司利益间接受损时，应以公司为主体提起损害

[①]《公司法（修订草案二次审议稿）》第191条规定："公司的控股股东、实际控制人指示董事、高级管理人员从事损害公司或者股东利益的行为的，与该董事、高级管理人员承担连带责任。"该条规定明确了控股股东、实际控制人指示董事、高级管理人员实施损害股东利益行为的连带责任，系对损害股东利益责任纠纷主体和范围的扩张。

公司利益责任纠纷诉讼或由股东通过股东代表诉讼主张,股东直接提起损害股东利益责任之诉的,其诉讼请求不能获得支持。

3. 责任的兜底性和补充性

损害股东利益责任是侵权责任,股东提起诉讼的诉因具有概括性。损害股东利益责任纠纷诉讼与其他股东直接诉讼的请求权基础可能存在重叠,但鉴于侵权责任的补偿功能,损害股东利益责任应是在股东通过停止侵害(如公司决议之诉)或要求履行某项行为(如股东知情权之诉)等诉讼无法获得救济或仍不能完全填补损失的情况下才可主张。因此,损害股东利益责任具有兜底性和补充性。

4. 以损害赔偿责任为主要责任形式

侵权责任最主要的救济方式是损害赔偿,其亦是实现侵权法补偿功能的重要责任方式。在损害股东利益责任中,股东权益遭受侵害无法直接救济或损失不能恢复时,最终的救济都将以损害赔偿的形式呈现。因此,损害赔偿责任是损害股东利益责任纠纷中的主要责任形式,也是该诉讼中股东诉权的核心。

四、损害股东利益责任纠纷的审理原则

(一)权责相适原则

损害股东利益责任纠纷是因公司股东滥用股东权利和董事、高级管理人员违反法律或章程规定造成股东权益受损而引起,须以上述责任人在履行职责时对股东负有特定义务为前提。因此,责任人是否应当承担责任以及承担责任的范围均应与其特定义务或职权范围相对等。审理损害股东利益责任纠纷案件要树立权责相适原则,明确责任承担的限度,确保责任人所享有的职权范围及大小与应当承担的责任形式、范围及大小保持相当性。一方面,应坚持有责必究,依法判决违反特定义务损害股东权益的侵权行为人承担相应责任,切实保护股东权益;另一方面,也应避免将责任泛化,影响股东正当行使决策权以及董事、高级管理人员在公司经营管理中的正常履职,维护公司治理结构的正常运作以及公司内部各主体参与公司经营管理的积极性。

(二)构成要件审查原则

损害股东利益责任在性质上属于侵权责任,应当符合侵权责任的基本责任形态,即符合法律关于侵权责任的构成要件与法律效果的规定。因此,司法实践中,在审理损害股东利益责任纠纷时应坚持侵权责任构成要件审查的审理方式,从损害股东利益侵权责任的构成要件出发,审查诉争事由是否符

合损害股东利益责任这一特殊侵权责任的构成要件，包括行为人是否存在违反法定义务的侵权行为、是否存在过错、是否发生损害股东权益的具体后果、侵权行为与损害结果之间是否存在直接因果关系等。

（三）利益平衡原则

损害股东利益责任纠纷属于公司内部争议，涉及多主体利益的平衡。一方面，公司运营过程中的资本多数决规则及其经营权与所有权分离的实际状态，为大股东滥用控制权以及董事、高级管理人员不尽忠实、勤勉履职义务提供了可能；同时，我国公司治理结构中大量存在经营权与所有权基本不分离的客观现实，控股股东经常直接参与经营管理，加大了中小股东合法权益受损的风险。损害股东利益责任纠纷是受侵害股东权益救济的最后防线，司法审判中应为中小股东提供充分的司法救济，保护其合法权益。另一方面，公司作为独立主体，拥有独立的法律人格及利益，公司利益独立于股东利益。公司利益是各相关方的利益集合，损害股东利益责任纠纷的相关争议还可能涉及公司利益、公司债权人利益以及公司外部行为人的相关权益，因此在审理过程中，应当着重区分各利益的主体及责任归属，考量外部行为人是否善意等因素，平衡保护股东、公司、债权人及外部行为人的利益。

第二节　基本要素审理指引

一、立案要素

针对损害股东利益责任纠纷，在立案审查环节，应结合纠纷特点并依照《民事诉讼法》第 122 条规定，注重以下要素审查。

（一）主管要素

《民事诉讼法》第 3 条规定："人民法院受理公民之间、法人之间、其他组织之间以及他们相互之间因财产关系和人身关系提起的民事诉讼，适用本法的规定。"损害股东利益责任纠纷为公司内部各民事主体间的纠纷，是民事纠纷，属于人民法院受理民事案件的范围。

损害股东利益责任纠纷为侵权责任纠纷，虽与财产权益有关，但争议各方一般不会就双方之间的侵权责任纠纷达成仲裁协议，故一般不属于仲裁机构的主管范围。

【规范依据】《民事诉讼法》第 3 条。

（二）管辖要素

1. 地域管辖

因损害股东利益责任纠纷提起的诉讼，应以《民事诉讼法》规定的地域管辖一般原则为基础，并结合《民事诉讼法》第 27 条的规定综合考虑确定管辖法院。

第一，侵权纠纷诉讼地域管辖。损害股东利益责任纠纷因股东、董事及高级管理人员违反法律、行政法规或公司章程的规定，侵害股东权益引发，属于侵权纠纷。根据《民事诉讼法》第 29 条的规定，因侵权行为提起的诉讼，由侵权行为地或者被告住所地人民法院管辖。其中与公司组织行为有关的诉讼，应该依据《民事诉讼法》关于公司诉讼的特殊地域管辖规定确定管辖法院。

第二，公司纠纷诉讼的特殊地域管辖。根据《民事诉讼法》第 27 条、《民事诉讼法司法解释》第 22 条规定，涉及公司组织行为的情形，如股东资格、分配利润、股东名册记载、股东知情权、公司决议、公司增资及减资等，由公司住所地法院管辖。其他不涉及公司组织行为的，不属于上述特殊地域管辖条款规定的情形，应依据民事诉讼法关于地域管辖的一般规定确定管辖法院。

【规范依据】《民事诉讼法》第 27 条、第 29 条；《民事诉讼法司法解释》第 3 条、第 22 条、第 24 条。

2. 级别管辖

损害股东利益责任纠纷为侵权责任纠纷，主要涉及损失赔偿等金钱给付的诉讼请求，应当根据诉讼标的额确定级别管辖。

【规范依据】《民事诉讼法》第 18 条、第 19 条、第 20 条、第 21 条；《民事诉讼法司法解释》第 1 条；《最高人民法院关于调整中级人民法院管辖第一审民事案件标准的通知》第 1 条、第 2 条、第 3 条、第 4 条。

（三）案由要素

1. 一般案由要素

损害股东利益责任纠纷属于《民事案件案由规定》中二级案由"与公司有关的纠纷"项下的三级案由，该案由项下并无四级案由。股东依据《公司法》第 20 条第 2 款及第 152 条起诉其他股东、董事、高级管理人员要求承担侵权责任的，只要符合《民事诉讼法》第 122 条规定的起诉条件，均可纳入该案由进行审理。[①]

该案由与股东通过股东代表诉讼提起的损害公司利益责任纠纷不同，无须履行前置程序。

2. 与对股东直接诉讼并存的处理

第一，该案由与部分股东对公司直接诉讼存在请求权重叠的情形，若股东提起损害股东利益责任纠纷时，其权利受到的侵害可通过对公司直接诉讼救济的，应向其释明先行对公司提起直接诉讼。

第二，股东同时提起损害股东利益责任纠纷和对公司直接诉讼的，根据《民事诉讼法》第55条，《民事诉讼法司法解释》第221条、第232条关于可以合并审理的规定，因两种诉讼所涉法律关系的类型不同、主体不同、诉讼请求不同、责任承担方式不同，一般不符合合并审理的条件，除符合反诉受理条件外，原则上应分案审理，且应当先行审理股东对公司的直接诉讼。

第三，在具体案件审理时，基于纠纷的一次性解决原则，在被告对原告股东资格提出抗辩的情形下，也可根据被告抗辩，结合案件事实及股东诉请的事由、性质、范围等决定是否一并审查。

3. 与股东代表诉讼并存的处理

损害股东利益责任纠纷诉讼与股东代表诉讼因诉讼标的不同，诉讼利益归属不同，且后者存在前置程序，适用诉讼程序不同，同时所主张的利益还可能存在冲突，不应合并审理。

4. 存在多个法律关系时的案由确定

损害股东利益责任纠纷诉讼的主要特征在于损害责任，应以对侵权人的责任请求为主，若在本案由中同时提起效力请求及责任请求，因两类诉请在法律关系、法律事实上存在同一性或牵连性，可以合并审理并纳入此案由；但单独提起无责任请求的确认之诉而不涉及侵权责任请求的，如仅请求确认某一合同无效的，也可根据原告诉讼请求所指向的法律关系，按确认合同无效纠纷等案由处理。

【规范依据】《公司法》第20条第2款、第152条；《民事诉讼法》第122条；《民事案件案由规定》二十一、与公司有关的纠纷/275.损害股东利益责任纠纷；《最高人民法院关于印发修改后的〈民事案件案由规定〉的通知》第5点第3~4项。

[①] 最高人民法院在（2013）民二终字第43号一案中明确了股东直接起诉的诉权，认为原告股东以被告损害其股东利益为由提起损害赔偿之诉，属于股东直接诉讼，诉讼请求和事实理由明确、具体，涉案争议亦属于人民法院受理范围，符合《民事诉讼法》第119条（即2021年修正的《民事诉讼法》第122条）规定，应予受理。

（四）诉讼请求要素

诉讼请求是指原告通过诉讼对被告提出的实体权利请求，必须明确、具体。诉讼请求的内容根据诉的种类不同而不同。损害股东利益责任纠纷属于侵权责任纠纷，责任的承担方式有多种，包括停止侵害、消除危险、恢复原状、返还财产、赔偿损失等，故此类纠纷中诉的种类以确认之诉和给付之诉为主。因此，损害股东利益责任纠纷的诉讼请求主要有以下几种类型：

第一，请求侵权人向股东个人赔偿损失。赔偿损失为此类诉讼责任承担的主要方式，属于金钱类的责任形式，应当明确赔偿损失的范围、具体损失金额及计算方式。

第二，确认某一文件或行为无效。该文件或行为应直接针对某一股东权益并可能导致股东权益受损，但该文件不能是公司决议。

第三，其他具有停止侵害、消除危险、恢复原状或返还财产等内容的具体、明确的诉讼请求。

上述诉讼请求可以同时提出，但各诉讼请求之间不应存在矛盾或冲突，如果各诉讼请求之间存在冲突，人民法院在诉讼过程中应通过行使释明权方式予以解决。

【规范依据】《民法典》第179条；《公司法》第20条第2款、第152条；《民事诉讼法》第55条、第122条。

二、主体要素

（一）原告主体要素

1. 损害股东利益责任纠纷中的原告应为公司股东

具体包含以下四类主体：（1）工商登记公示的股东；（2）股东名册记载的股东；（3）虽未显名但已有生效法律文书确认其股东身份的隐名股东；（4）公司原股东。

2. 没有办理工商登记或经股东名册记载的主体不是适格原告

没有办理工商登记或经股东名册记载的主体主要包括：隐名股东、未办理变更登记的股权继承人、未办理变更登记的基于离婚分割取得股权的一方等。上述主体须先行确认股东资格，才能作为适格原告提起损害股东利益责任纠纷诉讼。

3. 原告无持股比例或持股时间的限制

相较于股东代表诉讼为防止股东滥用诉权影响公司正常经营而对起诉股东的持股比例及时间设置一定限制，损害股东利益责任纠纷诉讼作为股东直接诉讼的一种,适用于股东权益受到直接侵害的情形,维护的是股东自身合法权益,诉讼结果亦由其自行承担,故未对原告股东的持股比例或时间予以限制。

【规范依据】《公司法》第20条第2款、第152条;《民事诉讼法》第122条。

(二)被告主体要素

在损害股东利益责任纠纷中,被告主要包括公司其他股东及公司的董事、高级管理人员。

1. 公司其他股东

《公司法》第20条第2款规定:"公司股东滥用股东权利给公司或者其他股东造成损失的,应当依法承担赔偿责任。"故在公司其他股东滥用股东权利给股东造成损失的情况下,股东可以其他股东为被告提起诉讼。

2. 董事、高级管理人员

《公司法》第152条规定:"董事、高级管理人员违反法律、行政法规或者公司章程的规定,损害股东利益的,股东可以向人民法院提起诉讼。"在现代公司法实行两权分离(即所有权与经营权)制度的前提下,如果董事、高级管理人员违反忠实、勤勉义务直接侵害股东利益,法律允许股东为保护自己利益而直接对董事、高级管理人员提起诉讼。

高级管理人员的范围应按《公司法》第216条规定确定,即公司高级管理人员包括公司的经理、副经理、财务负责人,上市公司董事会秘书和公司章程规定的其他人员。

3. 公司实际控制人[①]

《公司法司法解释(二)》第21条、《公司强制清算纪要》第29条均规定了公司实际控制人在未依法履行清算义务的情况下应当向其他股东承担相应责任,《公司法司法解释(三)》第27条规定了对于股权转让后未及时办理变更登记有过错的实际控制人应当对由此造成损失的受让股东承担赔偿责任,

---

[①]《公司法(修订草案二次审议稿)》第191条明确了控股股东、实际控制人指示董事、高级管理人员实施损害股东利益行为的连带责任,在此情况下,控股股东、实际控制人均可作为损害股东利益责任纠纷的被告。《公司法(修订草案二次审议稿)》第261条第2项、第3项规定,"控股股东,是指其出资额占有限责任公司资本总额百分之五十以上或者其持有的股份占股份有限公司股本总额百分之五十以上的股东;出资额或者持有股份的比例虽然不足百分之五十,但依其出资额或者持有的股份所享有的表决权已足以对股东会的决议产生重大影响的股东""实际控制人,是指通过投资关系、协议或者其他安排,能够实际支配公司行为的人"。

故在上述司法解释明确规定的情形下，公司实际控制人可以作为损害股东利益责任纠纷的被告。

实际控制人，是指虽不是公司的股东，但通过投资关系、协议或者其他安排，能够实际支配公司行为的人。

4.其他被告主体

（1）在案外人与上述主体构成共同侵权的情形下或涉及相关文件或行为效力请求时，可以将共同侵权人或交易相对方列为共同被告。

（2）公司监事非适格被告。

【规范依据】《民法典》第1168条；《公司法》第20条第2款、第152条、第216条；《公司法司法解释（二）》第21条；《公司法司法解释（三）》第27条；《公司强制清算纪要》第29条。

（三）第三人主体要素

1.公司可列为第三人

审理损害股东利益责任纠纷案件，应根据个案具体情况，视公司与该案利害关系的紧密程度，决定是否将公司列为第三人。股东利益和公司利益在通常情况下存在关联，损害股东利益责任纠纷可能涉及其他股东、董事及高级管理人员主体身份、相关行为、损害情况等事实认定，需由公司配合调查，部分案件的处理结果还可能与公司存在利害关系或对公司经营造成影响。在此情况下，可将公司列为第三人，原告起诉时未列公司为第三人的，法院亦可视具体情况依职权追加。

2. 案外人可列为第三人

实践中，部分损害行为涉及与案外人的交易、往来，或是由股东、董事、高级管理人员与案外人共同实施，因此，为查清案件事实和减少当事人诉累，可视情况将其列为第三人。

【规范依据】《民事诉讼法》第59条。

三、举证责任要素

对于损害股东利益责任纠纷举证责任要素审查，应当依据《民事诉讼法》《民事诉讼法司法解释》《民事诉讼证据规定》中有关举证责任的规定，结合损害股东利益责任纠纷诉讼特点进行审查。

（一）举证责任分配基本原则

损害股东利益责任纠纷与其他普通民商事诉讼一致，实行"谁主张，谁举证"的基本原则。

（二）具体要素举证责任

1. 主体资格

由原告举证证明其具有股东资格，举证证明被告的股东、董事或高级管理人员身份。

2. 侵权行为

原告就其主张的股东、董事或高级管理人员存在损害其股东权益的侵权行为承担举证责任，包括证明股东实施滥用股东权利的行为损害股东权益，或者董事、高级管理人员的行为违反法律、行政法规或公司章程规定损害股东权益的事实等。

3. 过错

损害股东利益责任适用过错责任原则，故应当由原告举证证明行为人存在过错。但原告股东已经举证证明股东、董事或高级管理人员存在违反法律、行政法规或章程规定的行为，并可以从该行为推定过错存在时，原告无须另行举证证明被告是否存在过错，而由被告对是否具有违法阻却事由承担举证证明责任。

4. 损害结果

原告对其主张的因侵权行为造成的损失及损失范围承担举证证明责任。但在特殊情况下，受侵害股东已初步履行了证明存在损失的举证责任，而具体损失金额计算依赖于公司的经营信息、财务资料等文件时，应根据侵权人掌握公司信息及对公司的控制情况，由侵权人对公司的经营信息、财务资料、经营状况等承担举证证明责任。

5. 因果关系

原告应就其遭受损失及损失范围与被告侵权行为之间存在因果关系承担举证证明责任。

（三）举证责任转移

在案件审理中，举证责任在当事人之间能否转移取决于法院对负有证明责任的一方当事人所提供证据的证明力综合评价结果。在损害股东利益责任纠纷中，由于股东特别是小股东往往不参与公司经营管理，可能存在不掌握公司管理和决策情况的情形，故需要充分考虑各方当事人的举证能力和证据实际占有情况，在过错、因果关系、损失范围等要件的证明中，结合案件事实适当分配举证责任、适时转移举证责任，由实际掌握和控制关键证据的一方承担举证证明责任。必要时，人民法院也可以依法进行调查取证。

【规范依据】《民法典》第1165条；《民事诉讼法》第67条；《民事诉讼法司法解释》第90条、第91条；《民事诉讼证据规定》第95条。

四、责任构成要件要素

（一）侵权行为要素

"侵权行为的本质在于侵害他人权益的不法性"，[①] 侵权行为构成包括不法行为与权益受损。损害股东利益责任纠纷中的侵权行为指股东滥用股东权利及董事、高级管理人员未依法履行对股东的义务，损害股东权益的行为。就行为方式而言，该损害行为包括作为和不作为。作为是违反法律规定的法定义务的行为，如控股股东滥用控制权侵害其他股东权益的行为；不作为是消极不履行法定义务的行为，以行为人负有作为义务为前提，如公司董事、高级管理人员未依法履行职责，导致公司未依法制作或者保存公司材料文件，损害股东知情权的行为，以董事、高级管理人员负有制作保管相关文件义务为前提。

就实施主体而言，《公司法》第 20 条第 2 款规定的实施侵权行为的主体为股东，第 152 条规定的实施侵权行为的主体为董事及高级管理人员。基于我国存在公司所有权与经营权未实质分离现状，董事或高级管理人员常常与控制股东身份重叠，或由控制股东委派，即实施侵权行为时，股东滥用权利与董事或高级管理人员不正当履行义务主体一致且行为交织混同。因此，"管理层往往就是多数股东本身或其代言人，管理层与股东的利益冲突，要么是多数股东与少数股东利益冲突的另一种表现形式，要么属于股东间利益冲突的附属品"。[②] 司法实践中，《公司法》第 20 条第 2 款及第 152 条常常一并适用作为认定侵权行为的裁判依据。

在法律适用层面，《公司法》第 20 条第 2 款及第 152 条为兜底条款，适用时需针对具体情形进行论证；部分常见具体侵权行为规范于《公司法》相关司法解释中，该类侵权行为可对照相关司法解释中具体条文规定的构成要件进行认定。另外，基于有损害必有救济原则，对于股东、董事及高级管理人员实施的一般侵权行为，应适用《民法典》侵权责任编一般规定进行认定。根据适用规范不同，对于审判实践中常见损害股东利益侵权行为作如下分类梳理。

1. 司法解释规定的具体情形

第一，侵害股东知情权的行为。根据《公司法司法解释（四）》第 12 条规定，公司董事和高级管理人员因未依法履行职责置备公司文件材料，给股东造成损失，股东有权要求负有相应责任的公司董事、高级管理人员承担民

[①] 参见王泽鉴：《侵权行为》（第 3 版），北京大学出版社 2016 年版，第 67 页。
[②] 李建伟：《公司法学》（第 5 版），中国人民大学出版社 2022 年版，第 357 页。

事赔偿责任。审理时，需审查董事及高级管理人员是否负有制备公司章程、股东会会议记录、董事会会议决议、监事会会议决议和财务会计报告、公司会计账簿的职责，是否怠于履行依法制备公司前述文件材料的职责，导致公司未依法履行制备义务。

第二，侵害股东名称登记权的行为。根据《公司法司法解释（三）》第27条第2款规定，股权转让后原股东处分股权造成受让股东损失，受让股东请求原股东承担赔偿责任、对未及时办理变更登记有过错的董事、高级管理人员或者实际控制人承担相应责任的，人民法院应予支持。审理时，需审查公司董事、高级管理人员及控股股东是否存在怠于或不正当地阻止公司为股权受让方办理变更登记的行为。

第三，怠于履行清算义务损害股东利益的行为。根据《公司法司法解释（二）》第21条规定，因怠于履行清算义务向债务人承担民事责任的主体，可以在清算义务人内部按照各自应承担的份额对其他清算义务人行使求偿权。有限责任公司的股东、股份有限公司的董事和控股股东以及公司的实际控制人等负有清算义务，怠于履行清算义务造成股东承担相关责任的，有权进行追偿。①

第四，怠于履行义务致使公司无法清算损害股东剩余财产分配请求权的行为。《公司强制清算纪要》第29条规定，股东申请强制清算，人民法院以无法清算或者无法全面清算为由作出终结强制清算程序的，应当在终结裁定中载明，股东可以向控股股东等实际控制公司的主体主张权利。据此，如控股股东、实际控制人拒不提交清算材料或因怠于履行义务，导致公司主要财产、账册、重要文件等灭失而无法清算，法院裁定终结强制清算后，股东可以向控股股东等实际控制公司的主体主张有关权利。

2. 违反公司章程损害股东权益的行为

公司章程对董事及高级管理人员职权范围及对控股股东行为方式的规定属于公司自治范畴，相关各方应当遵守，违反章程规定损害股东权益的，应承担责任。例如，公司章程规定，股东、董事及高级管理人员作出某些损害

---

① 《公司法（修订草案二次审议稿）》第228条规定："公司因本法第二百二十五条第一款第一项、第二项、第四项、第五项规定而解散的，应当清算。董事为公司清算义务人，应当在解散事由出现之日起十五日内组成清算组进行清算。清算组由董事组成，但是公司章程另有规定或者股东会决议另选他人的除外。清算义务人未及时履行清算义务，给公司或者债权人造成损失的，应当承担赔偿责任。"该条规定对现行《公司法》规定的清算义务主体进行了变更，本条司法解释关于损害股东利益行为的规定，将可能在后续作相应调整。

公司利益的行为,由行为人直接向股东赔偿的情形。

3.董事、高级管理人员违反忠实勤勉义务损害股东权益的行为

第一,董事、高级管理人员利用或提供不实信息造成的股东不公平交易行为。董事、高级管理人员负有向其他股东如实披露经营信息和交易信息的义务,如果股东在交易中依赖该信息作出决策,如存在提供虚假信息、不完整信息、怠于提供相关信息等违反忠实勤勉义务的行为,造成股东作出错误交易决策。

第二,董事、高级管理人员利用职务便利侵害股东表决权的行为。董事、高级管理人员未履行职责违反忠实勤勉义务,在进行增资、盈余分配、解散清算公司等影响股东直接利益的重大事项时,存在未通知中小股东参加股东会的行为。

4.股东利用控制权及优势地位损害其他股东权益的行为

第一,股东利用优势地位排斥其他股东参与公司治理的行为。如股东利用对公司管理的优势地位,在进行增资、盈余分配、解散清算公司等影响股东直接利益的重大事项时,不当阻止其他股东参加股东会,侵害其他股东表决的行为。

第二,股东滥用控制权损害少数股东合法权益的行为。如股东利用控制权在公司具有较多盈利情况下以不合理低价作出增资决议,引入其关联公司投资,稀释其他股东持股比例,减损其他股东应分配利润。

5.其他损害股东权益的行为

第一,股东、董事、高级管理人员不当处分股东股权的情形。例如,未经股东同意,擅自对其名下股权进行转让或设定担保;仿冒股东签名,伪造股东签名的股东会决议等侵害股东权益的行为。

第二,侵占股东财产权益的行为。例如,冒领公司已分配盈余、剩余财产等行为。

第三,其他具有一般侵权特点的行为。相关情形在司法实践中较为容易识别,此处不再赘述。

【规范依据】《民法典》第1165条;《公司法》第20条、第152条;《公司法司法解释(二)》第21条;《公司法司法解释(三)》第27条第2款;《公司法司法解释(四)》第12条;《公司强制清算纪要》第29条。

(二)过错要素

归责原则是确定侵权人承担侵权损害赔偿责任的一般准则,它是在损害事实已经发生的情况下,为确定侵权人对自己的行为所造成的损害是否需要

承担赔偿责任的原则。[①]一般侵权以过错责任为归责原则。

对于过错的理解，学理上存在主观过错说与客观过错说之争，主流观点为折中说，认为从性质上，过错是主观要素与客观要素相结合的概念，[②]即过错是一种主观状态，也是受该主观状态支配的外在行为表现。对于过错的检验，应从过错的性质出发，采用主观与客观相结合的方式进行判断。过错包含故意和过失，对于故意的判断应坚持主观标准，对过失的判断则主要采客观标准。损害股东利益责任纠纷主体为股东、董事或高级管理人员，基于法律规定、侵权方式、身份关系及职责特点，对过错要素可分如下情形进行审查。

1. 股东滥用股东权利的过错认定

股东滥用股东权利的过错以故意为主。"滥用"即过度或不当使用，实际上已包含了故意的主观心理状态，故股东滥用股东权利主要是以积极作为的方式侵害其他股东利益，即股东在主观上能够预见自己利用优势地位或滥用控制权行为的损害结果，但仍然希望这一损害后果发生或者放任这一后果发生。对于股东是否存在过错，司法实务中，除股东承认其主观确实存在故意的情形外，应当结合客观证据，通过股东在实施具体侵权行为时所表现的主观状态进行分析判断。若股东明知其行为违反了法律或章程对股东权利行使的限制及可能会造成其他股东利益损害的结果，但仍然希望或放任该结果发生，即可以认定股东存在过错。

2. 董事、高级管理人员违反忠实勤勉义务的过错认定

董事、高级管理人员的过错应包含故意和过失。民法理论认为，过失就是对"注意义务"的违反，随着过失的客观化，判断行为人是否具有过失采取相对客观的标准。[③]即在判断过失时，要按照法律、法规等规范所确立的注意义务和一个合理的、谨慎的人所应当具有的注意义务，来确定行为人应当达到的行为标准，同时也要兼顾不同群体、不同年龄、不同职业等人群的特点，确定应当具有的注意义务标准。[④]在公司侵权中，董事、高级管理人员对股东承担侵权责任的基础在于其违反了法律或公司章程规定的义务，该义务来源于董事、高级管理人员在履行公司经营管理职责过程中应向股东所负的忠实勤勉义务，若其实施了违反该义务的违法行为，即可认定其存在过错。

---

① 杨立新：《侵权法论》（第5版），人民法院出版社2013年版，第163页。
② 王利明、周友军、高圣平：《中国侵权责任法教程》，人民法院出版社2010年版，第203页。
③ 程啸：《侵权责任法教程》（第4版），法律出版社2020年版，第125~126页。
④ 王利明：《侵权责任法研究（上）》，中国人民大学出版社2011年版，第328页。

由于董事、高级管理人员主要负有对公司的忠实勤勉义务，其对股东的注意义务可能与维护公司利益的义务发生冲突，因此，考虑到董事、高级管理人员的履职特点以及对法律规范的合理预测，为保障其正当、高效从事经营管理，在认定董事、高级管理人员存在过失时，应以重大过失为主，同时，董事、高级管理人员还可以以商业判断原则作为免责情形抗辩。

3. 司法解释规定的具体侵权行为的过错认定

对于《公司法》相关司法解释规定的具体侵权行为，可根据司法解释中关于股东、董事、高级管理人员、控股股东或实际控制人的具体责任规定，并结合上述两类主体过错的判断规则予以认定。

4. 一般侵权情形下的过错认定

对于擅自处分股东股权或其他财产权益等一般侵权行为，应适用一般侵权的过错认定规则并结合具体行为样态判断是否存在过错。

【规范依据】《民法典》第1165条；《公司法》第20条第2款、第152条；《公司法司法解释（二）》第21条；《公司法司法解释（三）》第27条第2款；《公司法司法解释（四）》第12条；《公司强制清算纪要》第29条。

（三）损害结果要素

侵权责任的成立以损害结果的发生为必要，[①]若无损害则无赔偿。损害作为一种事实状态，指因一定的行为或时间使某人受侵权法保护的权利和利益遭受某种不利益的影响，[②]包含财产上的不利益，也包含人身或者非财产上的不利益。根据《公司法》规定，损害股东利益责任纠纷中的损害结果，是指股东滥用股东权利给其他股东造成了损失，以及董事、高级管理人员违反法律、行政法规或者公司章程规定的行为损害了股东权益。需要指出，鉴于公司特殊的性质与治理结构，股东投资公司以从公司获取经济利益为目的，股东参与公司重大决策和经营管理的权利本身虽然不具有财产内容，但多属于手段性权利，即股东通过行使这些权利参与公司经营，从而确保其从公司获取经济利益的目的之实现。因此，对股东权益的侵害，无论财产性还是人格性权益，最终的损害结果都将体现为股东财产或其他经济利益的损失。实践中主要应根据侵权行为的具体内容审查是否存在对应的股东权益受损的结果。针对常见的侵权行为具体应审查以下内容：

第一，在不当处分股权的情形下，是否发生股东股权价值的损失，是否发生处分股权的价格明显低于正常市场价格或其他合理价格而产生的股权收益损失，以及是否存在股权被不当处分后基于股权而必然发生的其他经济利

[①]《民法典》第1165条和第1166条均明确侵权责任的成立以造成损害为前提。

[②] 王利明、杨立新：《侵权行为法》，法律出版社1996年版，第55页。

益损失。

第二，在侵害股东其他财产权益的情形下，股东应从公司获取的财产权益损失或基于该财产权益必然发生的其他经济利益损失，如已分配盈余、剩余财产等损失。

第三，在侵害股东身份权的情形下，股东是否因未办理或未及时办理变更登记产生相应的财产损失或必然发生的其他经济利益损失。

第四，在侵害股东知情权的情形下，股东是否因未制作或保存《公司法》第33条、第97条规定的公司文件材料，无法获取公司经营信息，产生了无法利用该信息采取进一步法律行动如要求公司进行盈余分配、分配剩余财产、组织公司清算等途径获取经济利益的损失。

第五，在损害优先认购权的情形下，是否发生了股权比例被稀释而导致股权价值贬损以及基于该股权必然发生的其他经济利益损失。

第六，在公司决议无效或被撤销的情形下，股东是否在公司执行尚未被确认无效或被撤销的决议时，产生了相应的财产损失或其他必然发生的经济利益损失。

第七，在董事、高级管理人员提供不实信息的情形下，是否发生了股东因不公平交易导致的经济利益损失。

第八，在违反公司章程规定的情形下，是否发生了股东财产损失或其他必然发生的经济利益损失。

第九，在其他侵权情形下，股东是否发生了财产或其他必然发生的经济利益损失。

【规范依据】《民法典》第1165条；《公司法》第20条第2款、第152条；《公司法司法解释（二）》第21条；《公司法司法解释（三）》第27条第2款；《公司法司法解释（四）》第12条；《公司强制清算纪要》第29条。

（四）因果关系要素

侵权法上的因果关系分为责任成立的因果关系和责任范围的因果关系。责任成立的因果关系，指可归责的行为与权利受侵害之间具有因果关系，而权利被侵害而发生的损害是否应予赔偿，则属责任范围因果关系。[1] 责任成立的因果关系属于事实认定，首先需判断行为是否为权益受侵害发生的条件，再判断行为与侵害发生是否具有"相当性"，相当性旨在合理界定侵权责任的范围。

损害股东利益责任纠纷旨在更周延地保护股东权益，一方面，损害股东利益责任纠纷为股东权益受损提供最后的救济途径，该类纠纷因果关系较为

---

[1] 参见王泽鉴：《侵权行为》（第3版），北京大学出版社2016年版，第226~235页。

复杂，首先应判断行为是否为侵害发生的条件；另一方面，因《公司法》为保障股东权利提供了多种救济制度，损害股东利益责任纠纷常与其他案由存在重叠关系，如知情权诉讼、公司决议诉讼、公司盈余分配诉讼等，应合理确定损害行为的射程范围。

1. 关于行为是否为侵害发生条件的认定

股东权益受损常表现为股权总体价值贬损，股权价值变动与市场因素有关，相关侵权行为往往具有合法形式，因果关系较为隐蔽。如前述控股股东利用优势地位增资稀释小股东股权比例的情形、关联交易中利用优势地位降低估值影响交易价格的情形，两种情形中公司增资行为与关联交易行为形式上均不违反《公司法》规定，需要综合行为作出时标的公司经营状况、行为必要性、控股股东行为对股权价值的影响、商业判断等多种因素考量因果关系。

2. 关于因果关系相当性的认定

实践中侵权行为与损害股东权益的结果形态多样，部分呈现为对应关系，亦存在一因多果现象，需合理确定义务射程范围，判断侵权行为与权益受损之间的相当性。以股东知情权损害纠纷为例，股东在提起知情权诉讼后，因董事、高级管理人员等负有保管账簿义务的人员未制作或保存上述公司文件，导致股东无法获取公司经营信息，应承担相应的侵权责任。股权作为复合权利，多项权利相互关联，股东行使知情权的目的旨在利用该信息采取进一步法律行动实现利润或剩余财产分配、组织公司清算。侵犯股东知情权的行为可能造成股东上述经济利益的损失，此种情况下，因果关系链条较长，但仍未超过股东权益范围，应认定侵权行为与损害结果之间具有因果关系。

【规范依据】《民法典》第1165条；《公司法》第20条第2款、第152条；《公司法司法解释（二）》第21条；《公司法司法解释（三）》第27条第2款；《公司法司法解释（四）》第12条；《公司强制清算纪要》第29条。

五、责任承担要素

（一）承担责任方式

1. 主要的责任承担方式

侵权法的主要救济手段是损害赔偿，损害赔偿请求权在侵权后果的救济手段中居于核心地位。损害股东利益责任属于侵权责任，以赔偿损失为责任的主要承担方式，其他责任形式起辅助性作用。

具体而言，股东损害其他股东利益的，根据《民法典》第83条和《公司法》第 20 条第 2 款的规定，责任承担方式为赔偿损失。

侵权行为人为董事、高级管理人员的，《公司法》第 152 条仅规定利益受损的股东可以提起诉讼，并未明确规定具体的责任承担方式；但根据《公司法司法解释（三）》第 27 条和《公司法司法解释（四）》第 12 条规定，董事、高级管理人员因未依法制作或者保存公司文件材料，以及对未及时办理变更登记存在过错而应对股东承担的责任形式亦为赔偿损失。

2. 其他责任承担方式

侵权责任承担方式有多种，商事领域的侵权责任承担方式以停止侵害、排除妨害、消除危险、返还财产、恢复原状、赔偿损失等财产性责任承担方式为主。其中停止侵害、排除妨害、消除危险为预防型责任承担方式；返还财产、恢复原状、赔偿损失为救济性的责任承担方式。

由于《公司法》第 152 条并未规定具体的责任承担方式，故在董事、高级管理人员侵害股东利益的侵权责任中，除赔偿损失外，并不排除其他责任承担方式的适用。

3. 责任承担方式具体运用

侵权责任承担方式，可以单独适用，也可以合并适用。在具体案件审理时，应针对不同侵权行为、损害事实，结合当事人的诉讼请求，综合确定应当适用的责任承担方式。

在侵权行为危及股东权益时，受侵害股东有权请求侵权人承担停止侵害、排除妨害、消除危险等预防型责任承担方式，例如，若相关文件、合同等直接处分或损害股东权益，股东可以请求确认该文件或合同无效等。

对于已经造成损害的，可以请求返还财产、恢复原状或赔偿损失。虽然侵权法中直接损害原则上应当优先通过返还财产、恢复原状等方式予以填补，但由于其他类型的股东直接诉讼在具体制度设计上已针对股东某项权利的正常行使或免受侵害提供了基于原权的保护，而股东提起损害股东利益责任之诉往往是在股东权益已经实际受损且无法直接救济或损失不能填补的情况下，并且在公司法领域中股东的损失往往是经济利益损失而非实体财产损失，因此除请求返还股权外，返还财产和恢复原状的责任承担方式鲜有适用空间，故一般只能通过损失赔偿予以救济。

此外，对于请求返还股权的情形，还应当综合考虑案外人善意取得、公司组织结构、其他股东意愿等因素确定是否能够返还，如不能返还的，应释明原告股东主张赔偿损失。

【规范依据】《民法典》第 83 条、第 179 条、第 1167 条；《公司法》第 20 条第 2 款、第 152 条；《公司法司法解释（二）》第 21 条；《公司法司法解释（三）》第 27 条第 2 款；《公司法司法解释（四）》第 12 条；《公司强制清算纪要》第 29 条。

（二）共同侵权责任形态

多名股东、董事或高级管理人员共同实施侵害股东权益的侵权行为造成股东利益受损的，根据《民法典》第 1168 条的规定，应当承担连带责任。

在公司领域，基于公司的特殊治理结构，可能会存在多主体共同实施侵害股东权益的侵权行为。共同侵权往往呈现出控股股东、董事、监事、高级管理人员和关联方等组成利益共同体实施共同侵权行为，在此情况下，公司治理机构极易异化为系统性、协同性的侵权决策和执行平台，[①]侵害其他股东的权益。因此，在公司领域的侵权责任中，共同侵权的比例要大大超过传统民事侵权领域。

损害股东利益责任纠纷中，构成共同侵权行为应满足如下要件：（1）侵权行为主体的复数性。（2）各主体共同实施了侵权行为，包含共同故意、共同过失以及数个行为相结合而实施的行为。损害股东利益责任纠纷中的共同侵权以共同故意即存在通谋或共同认识为主，并且侵权行为由各侵权行为人协同实施，即存在主观的共同关联性。（3）受侵害股东发生了财产或经济利益受损的损害后果且该损害具有不可分性。（4）侵权行为与损害后果之间具有直接的因果关系。[②]

【规范依据】《民法典》第 1168 条。

（三）损害赔偿责任范围

依损害赔偿的基本法理，无损害即无赔偿，侵权损害赔偿请求权以受到实际损失为要件。《民法典》侵权责任编第二章规定了损害赔偿规则，应作为确定损害赔偿责任范围的一般规则和总体依据。在损害股东利益责任纠纷中，股东利益受到侵害产生的损害结果为股东财产或其他经济利益的损失，应当适用财产损害的赔偿规则。

侵权责任中的财产损害赔偿范围以全部赔偿为原则，[③]又称损失填平原则，即以侵权行为造成的实际损失为赔偿范围，包括直接损失、间接损失以及纯

[①] 刘俊海：《论控制股东和实控人滥用公司控制权时对弱势股东的赔偿责任》，载《法学论坛》2022 年第 2 期。

[②] 参见最高人民法院民法典贯彻实施工作领导小组主编：《中华人民共和国民法典侵权责任编理解与适用》，人民法院出版社 2020 年版，第 50~55 页；马荣：《商事侵权责任初论》，南京大学 2012 年博士研究生毕业论文，第 143 页；刘俊海：《论控制股东和实控人滥用公司控制权时对弱势股东的赔偿责任》，载《法学论坛》2022 年第 2 期。

[③] 最高人民法院民法典贯彻实施工作领导小组主编：《中华人民共和国民法典侵权责任编理解与适用》，人民法院出版社 2020 年版，第 182 页。

粹经济损失。根据《民法典》第 1184 条的规定，财产损失按照损失发生时的市场价格或者其他合理方式计算。

1. 直接损失

直接损失是对财产的积极损害，是现有财产价值的减少，包括积极财产的减少和消极财产的增加。[①] 具体应审查股东原有财产或经济利益是否直接减少或是否产生额外支出，以及减少或支出的范围。主要情形包括：（1）股东股权被不当处分情形下的价值减损；（2）公司向股东分配的盈余或剩余财产等被不当处分或被侵占情形下的股东财产减少；（3）其他侵权情形下导致的股东原有财产或其他经济利益的直接减少或额外支出。

2. 间接损失

间接损失是对财产的消极损害，指可得利益减少，即本来应当获得但因侵权行为而未能获得的利益。间接损失是未来可得的利益，必须是依据事物通常发生进程或基于被侵权人的特殊情况具有获得的极大可能性，[②] 不应包含机会利益，并且应当对可预见性标准予以限制[③]。具体应审查若无侵权行为，同等条件下股东能否获得经济利益及可能获得的范围。主要情形包括：（1）在股东知情权、表决权、身份权受到侵害的情形下，若上述权利未被限制或能够正常行使，则股东能够获得的经济利益；（2）在侵害股东优先认购权的情形下，若股东能够优先认购新股，则能够从新股获得的经济利益；（3）其他侵权情况下，若无该侵权行为，则股东能够获得的经济利益。

3. 纯粹经济损失

纯粹经济损失指被侵权人因他人的侵权行为遭受的经济上的损害，但该种损害不是由于受害人所遭受的法定财产权利损害而产生的经济损失。是否保护纯粹经济损失，理论界及司法实务中均存在争议。一般认为，基于全面赔偿原则，纯粹经济损失应属于可以赔偿的损失范畴，尤其在商事侵权领域，基于经济关系的复杂程度，损害往往产生连锁反应而难以补救，故而应当肯定对纯粹经济损失的利益保护，使该利益成为应受法律保护的其他财产性利益。目前，实践中较为常见的纯粹经济损失情形发生在证券虚假陈述类案件中，在损害股东利益责任纠纷中，董事、高级管理人员提供不实信息造成的

[①] 程啸：《侵权责任法》（第 2 版），法律出版社 2015 年版，第 699 页。

[②] 程啸：《侵权责任法》（第 2 版），法律出版社 2015 年版，第 702 页。

[③] 王胜明主编：《中华人民共和国侵权责任法释义》，法律出版社 2010 年版，第 98 页。

股东因不公平交易产生的经济利益损失即为纯粹经济损失。[①]

4. 损失计算

直接损失的计算方式为股东财产原有价值与残存价值或不当处分价值之间的差额。间接损失的计算方式通常可采用收益平均法、同类比照法和综合法。[②]《民法典》第 1184 条采取了市场化财产损失的计算规则，亦契合商事侵权责任范围的确定理念，具体计算损失时应当审查的因素有：

第一，计算损失的时间节点应当为损失发生时，但对于间接损失且一直处于持续状态的，时间节点应综合相关情况确定。

第二，损失的财产或经济利益是否有市场价格、其他客观公允的参照标准或合理计算方式，必要时还可以启动相关审计或评估程序。

第三，如果没有客观可参照标准，特别是对于确实存在但无法确定的经济利益损失，可以在具体案件审理中结合受损权益的种类、侵权行为的性质、持续时间、范围、后果，侵权人的主观状态，侵权人获益情况，受害人自身行为等各种因素综合确定合理的计算方式。

第四，在确定损失时，特别是在侵害股东人格权益而导致股东经济利益损失的情形下，应当考虑侵权行为与损害后果之间的因果关系，根据因果关系的相关性大小适当确定损失范围内的责任比例。

第五，是否存在减免损失赔偿的情形，包括损益相抵、过失相抵以及其他法律规定的减轻责任的情形。

第六，受侵害股东应当举证证明其损失范围，但在特殊情况下，受侵害股东已初步履行了证明存在损失的举证责任，而具体损失金额计算依赖于公司的经营信息、财务资料等文件时，根据侵权人掌握的公司信息及对公司的控制情况，应当由侵权人对公司的经营信息、财务资料、经营状况等承担举证证明责任。

【规范依据】《民法典》第 1173 条、第 1174 条、第 1175 条、第 1178 条、第 1184 条；《民事诉讼法》第 67 条第 1 款；《民事诉讼法司法解释》第 90 条、第 91 条；《民事诉讼证据规定》第 95 条。

[①] 参见最高人民法院民法典贯彻实施工作领导小组主编：《中华人民共和国民法典侵权责任编理解与适用》，人民法院出版社 2020 年版，第 189 页。

[②] 参见最高人民法院民法典贯彻实施工作领导小组主编：《中华人民共和国民法典侵权责任编理解与适用》，人民法院出版社 2020 年版，第 186 页。

六、诉讼时效要素

《公司法》及其司法解释对损害股东利益责任纠纷的诉讼时效未作特别规定,因此,应适用现行法律关于侵权类案件诉讼时效的一般性规定。《民法典》第 188 条规定,诉讼时效期间自权利人知道或者应当知道权利受到损害以及义务人之日起计算,一般情况下,向人民法院请求保护民事权利的诉讼时效期间为三年。同时,应当审查是否存在《民法典》第 194 条和第 195 条规定的诉讼时效中止或中断的情形。根据《最高人民法院关于审理民事案件适用诉讼时效制度若干问题的规定》第 15 条的规定,对于连带债权人中的一人发生诉讼时效中断效力的事由,应当认定对其他连带债权人也发生诉讼时效中断的效力。

实践中,原告除要求赔偿损失,有时亦会提起其他诉讼请求,如涉及诉讼时效特殊规定,上述诉讼请求应依据相关法律规定确定其诉讼时效。

【规范依据】《民法典》第 188 条、第 194 条、第 195 条、第 196 条;《最高人民法院关于审理民事案件适用诉讼时效制度若干问题的规定》第 15 条。

第三节 实务难点裁判思路

一、关于损害股东利益责任纠纷地域管辖确定问题

关于损害股东利益责任纠纷是否属于特殊地域管辖,实务中存在以下争议。

观点一:根据《民事案件案由规定》,损害股东利益责任纠纷属于与公司有关的责任纠纷下级案由,而不属于侵权责任纠纷,因此损害股东利益责任纠纷不适用《民事诉讼法》及其司法解释关于侵权责任纠纷的管辖规定,而应当适用《民事诉讼法》第 27 条及《民事诉讼法司法解释》第 22 条的规定。

观点二:损害股东利益责任纠纷诉讼中,只有涉及"公司组织行为、存在多数利害关系人、多项法律关系变动"的情况,才具备在公司所在地进行审理的必要,否则应按照《民事诉讼法》第 29 条规定的侵权纠纷诉讼确定管辖。

对于上述分歧,倾向于根据原告主张的诉讼请求及损害事实的类型确定

管辖法院：一是如果原告主张的诉讼请求及损害事实涉及公司组织行为的内容，根据《民事诉讼法》第27条及《民事诉讼法司法解释》第22条的规定，"股东资格确认纠纷""股东名册记载纠纷""请求变更公司登记纠纷""公司决议效力确认纠纷""公司增资纠纷"等均与公司组织行为有关，由公司住所地管辖。二是如果原告股东仅基于股东、董事及高级管理人员违反法律、行政法规及公司章程主张赔偿责任，并不涉及上述特殊地域管辖规定范围内的诉讼请求及损害事实，不宜对《民事诉讼法》第27条及《民事诉讼法司法解释》第22条作扩大解释，应由侵权行为地或被告住所地人民法院管辖。根据《民事诉讼法司法解释》第24条的规定，侵权行为地包括侵权行为实施地和侵权结果发生地。侵权结果表现为原告权益受损，通常情况下，原告住所地可认定为侵权行为地。

二、关于主体认定问题

（一）关于适格原告的认定

根据《民事诉讼法》第122条第1项规定："原告是本案与有直接利害关系的公民、法人和其他组织。"损害股东利益责任纠纷的原告，应当具有股东资格，即原告应是经工商登记或股东名册记载的股东。对于隐名股东、原股东等是否属于适格原告，具体认定如下：

1. 隐名股东不是适格原告

隐名股东虽然和公司盈余分配等权利有利害关系，但是由于公司其他股东和善意第三人往往事前并不一定知道隐名股东的存在，隐名出资下股东身份认定属于较为复杂的法律问题，涉及多个主体及多个层面的法律关系和利益关系，且根据《公司法》及其司法解释的规定，隐名股东显名化还须符合一定的条件和公司内部程序。因此，考虑到公司的组织法特征及商事外观主义原则，应侧重保护其他股东的意愿及对商事登记外观的信赖，故工商登记在册的显名股东才是损害股东利益责任纠纷的适格原告，而隐名股东不是该诉讼的适格原告。隐名股东必须先行确认股东身份，即显名化后，才有起诉资格。

2. 未办理变更登记的股权继承人不是适格原告

首先，从商事信用原则和外观主义原则出发，未办理变更登记的股权继承人不应认定为损害股东利益责任纠纷的适格原告，具体原因同上。其次，虽然《公司法》第75条规定，"自然人股东死亡后，其合法继承人可以继承股东资格；但是，公司章程另有规定的除外"，继承人可以继承股东资格，但是鉴于公司具有人合性,且股权兼具财产及人身属性,根据《民法典》第1156条规定,"遗产分割应当有利于生产和生活需要,不损害遗产的效用。不宜分割的遗产,可以采取折价、适当补偿或者共有等方法处理"。故为了维护公司的生产经营,即使在确认遗产范围、继承人范围、遗产比例后,是否简单地对股权进行数量型分割、是否确认各继承人均继承股东资格并共同经营公司,也是需要慎重考虑的问题,不能一概而论,不宜在损害股东利益责任纠纷内一并解决。最后,股东的持股比例关系股东利益损失的金额大小,故在继承人最终持股比例未决的情况下,亦不宜允许其直接提起损害股东利益责任纠纷诉讼。

3. 原股东是适格原告

原股东因其股东权益遭受损害而提起损害股东利益责任纠纷诉讼的,应当认定为适格原告。原因在于:其一,《民事诉讼法》第122条关于适格原告的规定是原告应"与本案有直接利害关系",但并未规定认定该"直接利害关系"的时间节点是起诉时。原股东起诉主张其在持股期间股东权益遭受侵害,应当认定为"与本案有直接利害关系"。因此,损害股东利益责任纠纷中的股东,应被解释为侵害发生时的受损股东,而不应仅限缩为在起诉时仍具有股东资格的股东。[①] 其二,《公司法》并未对原股东提起损害股东利益责任纠纷设定特殊门槛,原股东在持股期间的股东权益遭受直接侵害,即使其在起诉时已经不具备股东资格,亦不应剥夺其诉权,股东资格的丧失并不意味着索赔权消灭。其三,从立法目的来看,损害股东利益责任纠纷的目的是为股东权益受损提供救济。原股东提起诉讼时虽然已丧失股东资格,但其在持股期间和出让股权时受到的损害并未同步消失,如不赋予其为自身利益起诉的权利,则其损害难以获得救济,既不符合上述立法目的,还会增加股东、董事、高级管理人员的道德风险。因此,原股东有初步证据证明其在持股期间股东权益直接受到侵害的,属于适格原告,对其起诉应予受理。

(二)关于适格被告的认定

1. 高级管理人员范围的认定

《公司法》第216条规定,公司高级管理人员包括公司的经理、副经理、财务负责人,上市公司董事会秘书和公司章程规定的其他人员。如工作人员身处管理岗位并享有管理职权,但并不具有法律或章程规定的高级管理人员身份,则该人员一般不应被认定为高级管理人员。

实践中往往存在公司章程约定不明、公司运营不规范、公司人员职权与

[①] 刘俊海:《论控制股东和实控人滥用公司控制权时对弱势股东的赔偿责任》,载《法学论坛》2022年第2期。

职务不相符等情形。如公司分支机构负责人的职权范围包含多项公司管理职责，但在公司章程未将其列为高级管理人员的情况下，该类人员能否作为损害股东利益责任纠纷的适格被告，实践中对此尚存分歧。在审理中，可结合该类人员是否有权实际影响公司的整体经营运作，与高级管理人员享有的职责和权限是否相当进行谨慎认定。

2. 公司监事非适格被告

首先，《公司法》第 152 条规定的承担责任之主体并未包括监事，从司法谦抑的原则出发，不应轻易进行扩大解释。其次，从《公司法》规定的监事职权来看，监事在公司中行使监督权而非决策权和经营管理权，其职权性质及内容通常不对股东权益构成直接损害。《公司法》第 147 条、第 149 条已明确了监事的忠实勤勉义务及其违反法律、行政法规及公司章程造成公司损失时的赔偿责任，故即使其违反忠实勤勉义务，损害的往往是公司利益，而非股东直接利益。最后，从《公司法》规定的监事选任制度来看，监事通常系由股东会选举，而监督的对象包含董事、经理、高级管理人员。虽然我国《公司法》明确规定，董事、经理以及财务人员不得兼任监事，以避免监督主体与监督对象的身份混同，从而保障监事的独立性，但在现实运行中，监事的这种独立性往往容易被破坏。例如，一些公司在经营中，监事人选可能由控股股东操纵，使监事的选任依附于有实际控制权的大股东，对管理层的所作所为，监事无能为力。故在此客观情况下，对监事过分苛责，实属权责不相当。

三、关于案由衔接与诉讼请求确定问题

（一）与股东对公司直接诉讼请求权重叠原因分析和处理原则

《公司法》为保障股东正当行使股东权利及其股东权利不受侵害，为股东权利救济提供了股东直接诉讼的途径，包含基于某项具体股东权利内容本身而对公司提起的股东直接诉讼，以及对其他股东、董事、高级管理人员提起的损害股东利益责任纠纷诉讼。由于损害股东利益责任纠纷中的股东利益属于概括性规定，无具体范围，故而在理论上亦包含股东对公司直接诉讼所调整的股东权利范围，由此可能出现损害股东利益责任纠纷与股东对公司直接诉讼中请求权基础的重叠，即同一股东权益受损的事实而发生两个以上请求权的情形。

依民法原理，同一原因事实而发生两个以上的请求权时，若内容不同时，得为并存（请求权的聚集）；其内容同一时，则发生请求权竞合，不可一并实现的是请求权竞合。①请求权是否可以并存的原因在于请求权内容是否相同。具体而言，股东对公司直接诉讼与损害股东利益责任纠纷，因请求权所指向的相对方不同、责任形式不同，故请求权内容不同，当属于请求权聚合，可以并存。然而，上述请求权若并存，实际上可能出现股东重复受偿的情形，违反权利竞合中的避免重复赔偿的基本处理原则。因此，单以传统民法理论难以解决上述请求权的重叠问题。

　　本质上，股东直接诉讼请求权的重叠是因公司的特殊法律特征而产生。公司是社团组织，在内部关系上具有团体法的特征，公司内部纠纷涉及公司内部不同层次的主体，因公司内部治理机制失灵，或者被误用、滥用，引发利益冲突，表现为公司内部主体与公司之间及公司内部主体之间的利益诉争。公司内部诉讼与普通民事诉讼存在差异。一是主体结构的差异，普通民事诉讼的争诉主体是独立两造，结构表现为线型的或者平面的，两造之间没有包含关系；而公司法上的诉讼，两造主体之间是网状的、立体的结构，并存在特定的包含关系。二是实体法律依据的差异，公司内部诉讼的主要实体法依据为《公司法》，集中在有关公司作为组织体的相关法律关系上。通常而言，普通民事诉讼解决两方民事主体各自相互独立的权利义务争议；而在《公司法》上，由于股东权利既包括自益权又包括共益权，故其权利的行使和实现存在不同指向，并对不同主体（包括作为团体成员的股东和作为团体整体的公司）产生影响。②因此，股东直接诉讼中的请求权重叠并非传统民法意义上的请求权聚合或竞合，而是由公司内部法律关系的特殊性造成，即因公司团体法内部法律关系的多层次、多维度以及主体的特定包含关系而产生。按公司治理的基本规则，公司内部请求权的行使存在先后次序，故请求权的重叠问题亦应依次序解决。

　　从团体法视角，公司内部主体包括三个层次：（1）作为团体整体的公司；（2）公司内部机关；（3）公司内部成员。各层次主体存在递进关系，而作为团体整体的公司与后两类主体存在特定包含关系，最能体现团体的利益。因此，在出现公司内部争议时，依公司治理的基本规则应首先在作为团体整体的公司层面解决，目的是矫正公司内部治理机制的失灵；在公司整体层面无法解决或无法完全解决的情况下，按《公司法》规定的内部成员间权利义务关系确定，目的是维持内部成员的利益平衡，保障成员个体权益免受侵害。股东权利作为成员权，应依公司的程序性规范主张和行使，依此顺序，股东

---

① 王泽鉴：《民法总则（增订版）》，中国政法大学出版社2002年版，第93页。

② 参见杜万华主编：《最高人民法院公司法司法解释（四）理解与适用》，人民法院出版社2017年版，第97~99页。

权利无法正常行使或受到侵害，应当首先通过公司治理机制在公司内部解决，即使提起直接诉讼，也应当首先以作为团体整体的公司为被告，而只有在对公司的直接诉讼无法解决或损失未能填补或未能完全填补的情况下，才有股东对其他股东、董事、高级管理人员之损害股东利益责任纠纷的适用空间。

简要概括之，基于同一股东权益受损的事实产生多个请求权，原则上应先通过股东对公司的直接诉讼解决，后以损害股东利益责任纠纷为补充。具体应注意以下问题：

第一，若股东提起损害股东利益责任纠纷时，其权利受到侵害可通过对公司直接诉讼救济的，应向其释明先行对公司提起直接诉讼。

第二，处理请求权重叠的基本原则应采取填平原则。权利竞合规则是为了避免重复赔偿，是填平原则的特殊形式，[①] 即使此类案件中的请求权重叠并非权利竞合，但亦不能因此对股东重复救济。在股东财产性权益受损的情形下，股东若已通过对公司直接诉讼，如盈余分配诉讼、剩余利润分配之诉等直接弥补其受损的财产权益，基于填平原则，股东不得重复请求赔偿损失。[②] 当然，若确有损失无法弥补，亦可提起损害股东利益责任纠纷诉讼。

第三，在侵害股东身份权的情形下，若股东已无恢复身份的意愿或提起确认股东身份之诉已丧失必要性、正当性、合法性或可操作性时，可以准许其直接提起损害股东利益责任纠纷。

第四，涉及上市公司相关主体对证券投资者的赔偿责任，包括内幕交易和证券虚假陈述等赔偿责任，系典型的损害股东利益责任纠纷，但因该类型侵权责任已由《证券法》予以特别规定且已有单列的四级案由另行调整，故根据特别法优于一般法原则，涉及损害上市公司股东利益的损害赔偿纠纷，应优先适用《证券法》相关规定。

第五，实践中，存在股东同时提起损害股东利益责任纠纷和对公司直接诉讼的情形。根据《民事诉讼法》第55条，《民事诉讼法司法解释》第221条、第232条的有关规定，可以合并审理的诉主要包含三种情形：一是诉讼标的系同一或者同种类的共同诉讼；二是基于同一事实提起的诉；三是本诉

---

① 参见李锡鹤：《请求权竞合真相——权利不可冲突之逻辑结论》，载《东方法学》2013年第5期。

② 例如，深圳市中级人民法院在（2019）粤03民终20750号陈某某与邓某某等损害股东利益纠纷案中认为，在另案已经就股东的投资收益判令公司进行利润分配的情况下，股东的利润分配权已经得到实现，不能证明其存在损失；同时还认为原告关于股东会召开程序违法或未召开会议的诉求，属公司决议纠纷，应另循法律途径解决。

和反诉。损害股东利益责任纠纷诉讼和对公司直接诉讼,所涉法律关系相互独立,不属于诉讼标的同一的必要共同诉讼。同时,由于股东对公司直接诉讼以公司为被告,而损害股东利益责任纠纷以股东、董事、公司高级管理人员为被告,两种诉讼所涉法律关系类型不同、主体不同、诉讼请求不同、责任承担方式不同,并非同种类诉讼标的,亦不属于普通共同诉讼。此外,"基于同一事实发生"主要指"所依据的事实或者法律关系具有一致性或者重叠性",[1]故损害股东利益责任纠纷和对公司直接诉讼这两类诉讼虽然一般是基于同一事实而引起,但所引发的诉争法律关系不具有一致性。因此,两种诉讼不符合合并审理条件,除符合反诉受理条件情形外,原则上应分案审理,不在同一诉讼中合并审理。同时,鉴于损害股东利益责任纠纷的兜底性,应当先行处理股东对公司的直接诉讼。

在具体案件审理时,基于纠纷的一次性解决原则,在被告对原告股东资格提出抗辩的情形下,也可根据被告抗辩,结合案件事实及股东诉请的事由、性质、范围等决定是否一并审查。[2]另外,根据《公司法司法解释(四)》第12条提出的因未制作或保存公司财务账簿的赔偿诉讼请求,应以股东知情权诉讼胜诉且无法实际履行为前提。

第六,损害股东利益责任纠纷诉讼的主要特征在于损害责任,应以对侵权人的责任请求为主。当涉及多个法律关系时,若在损害股东利益责任纠纷中同时提起效力请求及责任请求,因两类诉请在法律关系、法律事实上存在同一性或牵连性,可以合并审理并纳入损害股东利益责任纠纷案由;若仅单独提起无责任请求的确认之诉而不涉及侵权责任请求,如仅请求确认某合同无效,也可根据原告诉讼请求所指向的法律关系,按确认合同无效纠纷等案由处理。

(二)诉讼请求的种类问题

损害股东利益责任纠纷属于侵权责任纠纷,责任承担的主要方式为赔偿损失,因此股东起诉时所列明的诉讼请求主要为请求侵权人向股东个人赔偿

---

[1] 参见最高人民法院(2019)最高法民终77号甘肃华远实业有限公司金融借款合同纠纷案。

[2] 例如,(2015)辽审一民再字第00017号王某某与单某某损害股东利益责任纠纷再审案中,辽宁省高级人民法院再审认为,双方当事人的诉讼请求及抗辩主张,分属不同法律关系,理应另行提起诉讼解决,鉴于本案经多次审理,为减少当事人诉累,一并进行审理。(2020)粤01民终25604号林某某与彭某某纠纷案中,广东省广州市中级人民法院认为,原告所主张的董事会决议并未被确认无效或被撤销,如原告对该董事会决议有异议,应当以公司为被告,提起公司决议纠纷的诉讼。

一定金额的损失。

　　侵权责任的承担方式有多种，特别是在《公司法》第152条并未规定具体责任承担方式的情况下，股东针对董事、高级管理人员提起的损害股东利益责任纠纷诉讼中，可以提出除赔偿损失之外的诉讼请求，包括停止侵害、消除危险、恢复原状、返还财产等。上述诉讼请求可以同时提出，但各诉讼请求之间不应存在矛盾或冲突，如果各诉讼请求之间存在冲突，人民法院在诉讼过程中应通过行使释明权方式予以解决。

　　司法实践中，除常见的赔偿损失诉讼请求，以确认直接损害股东权益的行为或文件无效的诉讼请求居多，且实践中已有不少案例对确认无效的诉讼请求予以支持。例如，辽宁省高级人民法院（2015）辽审一民再字第00017号王某某与单某某损害股东利益责任纠纷再审案中，原告股东在该案中仅提出了请求确认股权赠与协议无效的诉讼请求，法院最终支持其诉讼请求，同时认为该诉请应属于对股东权利的侵权行为确认之诉。确认无效在侵权案件中应属侵权责任的承担方式之一，实际上兼具消除危险、停止侵害、恢复原状的责任效果。股东提起确认无效之诉，是否能获得支持的前提是股东对请求确认的事项应具有诉的利益，即该文件或行为直接指向股东权益，且导致股东权益处于不确定或已经受损的状态，需要法院的确认来消除此种状态。此外，该文件不能是公司决议，否则应通过公司决议类诉讼解决。

四、关于股东利益直接受损认定的问题

（一）股东利益直接受损的识别

　　股东提起损害股东利益责任纠纷诉讼能够获得支持的一个重要前提是股东权益遭受了直接侵害而非间接侵害。股东的直接损害与间接损害的区分旨在划清公司与股东的法律边界，保护公司财产和股权价值的完整性，并设计不同救济途径，降低股东维权成本，[①]因此该区分亦是股东直接诉讼和股东派生诉讼的边界划分。然而，司法实践中，不乏股东就间接损害直接请求赔偿导致诉求被驳回的情形，原因即在于对公司领域中股东诉讼的请求权基础的识别以及对公司利益与股东利益的甄别存在误差。

　　1. 股东利益与公司利益的关系形态

　　《公司法》第1条开宗明义地规定，"保护公司、股东、债权人的合法权益"，可见，法律将公司利益与股东利益、债权人利益并列，明确阐明公司不

[①] 刘俊海：《论控制股东和实控人滥用公司控制权时对弱势股东的赔偿责任》，载《法学论坛》2022年第2期。

仅具有独立的人格,还享有独立的利益。公司利益与股东利益属于不同的两种法律利益类型,公司拥有独立的利益,才能够有效保护债权人利益。[1] 一般而言,股东利益与公司利益之间的关系可能存在三种形态:一是股东利益受损但公司利益不受影响;二是股东利益因公司利益受损而遭受损害;三是公司利益受损但股东利益未必受到影响。三种情况中,以第二种情况易发生争议,该种情形的主要特点为公司利益受损后传导至股东利益间接受损,如关联交易和侵占公司财产等,公司利益受损之余,其他股东的利益也必然因此遭受损害。股东利益是否直接受损,涉及侵权责任客体、损害后果及因果关系等要素。

2. 股东利益直接受损的识别要素

第一,侵权责任客体方面。侵权责任客体即侵权行为侵害的对象,亦是侵权法保护的对象,是界定侵权责任适用范围的重要方面,也是研究侵权构成要件的重要基点。[2] 损害股东利益责任纠纷中的侵权责任客体为股东利益,应与公司利益准确识别。公司作为法律拟制的人,具有独立的人格,公司利益与股东利益在大多数情况下是容易区分的,但囿于我国公司主体地位及独立人格的法律理念尚未深入人心和实际经营中存在人格混同的现实,实践中经常出现将公司利益等同于股东利益的错误认识。应当明确,公司利益应以公司整体观为依托,公司一经成立,股东、职工等相关利益人即已统一于公司这个团体法律关系中。从本质上说,公司利益是各相关方利益集合,但并非公司法律关系中各方主体利益的简单相加,而是实现各方利益平衡的根本依托[3],并以"公司价值的持续提升"为公司经营目标的终极目的和根本导向[4]。公司利益对内有机整合了股东、职工以及其他参与者的利益,对外还涉及公司债权人利益,股东利益不能凌驾于公司利益之上,因而不能对损害公司利益间接导致的股东利益受损进行个别赔偿。一方面,公司利益是公司对名下的财产、经营成果等(有形财产)以及商业机会、商业字号、名誉等(无形财产)拥有的独立利益。另一方面,股东利益应界定为股东权益,实际包含了股东权利以及基于股东身份可受法律保护的特定利益,亦蕴含了股东

---

[1] 参见四川省高级人民法院(2020)川民终 1459 号二审民事判决书。

[2] 曹险峰:《在权利与法益之间——对侵权行为客体的解读》,载《当代法学》2005年第 4 期。

[3] 甘培忠、周游:《公司利益保护的裁判现实与理性反思》,载《法学杂志》2014 年第 3 期。

[4] 参见杨大可:《德国法上的公司利益及其对我国的启示》,载《清华法学》2019 年第 4 期。

身份的主体性。因此，识别公司利益和股东利益，应从权益归属以及胜诉利益归属的主体出发，而公司人格就是公司利益和股东利益的隔离。股东仅能通过所持股权依《公司法》及章程规定的条件与程序分享公司的利益和成果，尚未经法定程序分配的公司利益不能成为股东利益，而公司的收益或损失也不能直接对应股东的股权价值，故公司遭受的损失不能直接等同于股东直接损失。股东利益的减损除与公司决策有关外，还与公司分红政策、股权行使方式等因素相关。①

第二，因果关系方面。侵权行为与股东利益受损之间应当存在直接因果关系，即侵权行为直接侵害的是股东权益并且造成股东利益受损的结果。由于公司内部各种利益牵连，股东权利内容相互关联，很多情况下存在一因多果的情况，因果关系链条长，侵权行为与损害后果之间也非直接对应，故所谓"直接"，并非要求侵权行为与股东利益受损的后果之间必须存在直接的、必然的对应关系，而应理解为原因事实与损害后果之间并无公司利益因素介入，因果关系链条未超出股东利益范围。股东利益遭受的间接损害通常系公司利益损失的传导和反射结果，②即公司损失导致的股东股权价值贬损或可能的分红减少等反映性损失，股东利益受损与侵权行为之间或存在事实上的因果关系，但因公司人格屏障的隔离切断了法律上的因果关系链条，故而不应认定为二者之间有法律上的因果关系。

综上，判断股东利益是否直接受损，既要确定受损客体是公司利益还是股东利益，还须确定侵权行为与股东利益受损之间是否存在直接因果关系。最简单的判断方法，就是设问：当股东利益受损后，同样的诉讼和主张，公司能不能提？如果公司可以，就是公司利益受损；如果不可以，则是股东利益直接受损。③

实践中，应当识别为公司利益受损的具体情形主要有：（1）公司对外合作或履行合同的损失；④（2）公司成立、经营、管理过程中的资产损失；⑤（3）公司股东、董事或高级管理人员不当处分公司资产的损失；⑥（4）公司股东、实际

---

① 参见四川省乐山市中级人民法院（2014）乐民终字第 836 号民事判决书。
② 刘俊海：《论控制股东和实控人滥用公司控制权时对弱势股东的赔偿责任》，载《法学论坛》2022 年第 2 期。
③ 参考朱锦清：《公司法学（修订本）》，清华大学出版社 2019 年版，第 744 页。
④ 最高人民法院（2013）民二终字第 43 号民事判决书。
⑤ 河北省高级人民法院（2018）冀民再 77 号民事判决书。
⑥ 最高人民法院（2013）民一终字第 126 号民事判决书。

控制人违法以公司财产为个人债务提供担保造成的损失;①(5)关联交易导致的损失;②(6)股东抽逃出资导致的损失;③等等。

3.识别为公司利益受损时的处理

当股东在损害股东利益责任纠纷中主张的损失被识别为公司利益时,应当以公司为主体主张或在公司怠于行使诉权时由符合条件的股东提起股东代表诉讼。由于损害股东利益责任纠纷与股东代表诉讼的诉讼标的不同,诉讼利益归属不同,且后者还存在前置程序,适用的诉讼程序不同,同时所主张的利益还可能存在冲突,故不能直接转为股东代表诉讼进行审理。此时,应当驳回原告股东的诉讼请求,股东可另行根据《公司法》第151条的规定处理。

对于识别为公司利益时应当裁定驳回起诉还是判决驳回诉讼请求的问题。一方面,损害股东利益责任纠纷并未设置股东起诉的门槛,不应据此剥夺股东的诉权。最高人民法院在(2013)民二终字第43号一案中明确股东直接起诉的诉权,认为原告股东以被告损害其股东利益为由提起损害赔偿之诉,属于股东直接诉讼,诉讼请求和事实理由明确、具体,涉案争议亦属于人民法院受理范围,符合《民事诉讼法》第122条规定,应予受理。另一方面,股东利益与公司利益的识别并非一目了然,大多需要通过实体审理才能作出判断。因此,我们认为判决驳回诉讼请求更为符合法律规定,也与目前司法实践中的主流观点保持一致。

(二)股东利益间接受损但股东可以直接主张的特殊情形

虽然区分公司利益与股东利益非常必要且意义重大,但现实中股东利益与公司利益之间存在利益流动和转化,确实存在公司损害和股东损害无法或不应甄别的灰色地带,若股东直接损害与间接损害的区分已丧失必要性、正当性、合法性或可操作性,④此时应当赋予利益遭受间接损害的股东直接向侵权股东、董事或高级管理人员主张责任的权利。实践中,可能有如下主要情形:

第一,公司注销后,在公司存续期间、清算时或者注销后,原股东、董事、高级管理人员存在的间接侵害股东利益的情形。由于公司主体资格已终止,公司原股东可以直接向上述人员提起诉讼。例如,在(2014)粤高法民

---

① 四川省高级人民法院(2020)川民终1459号民事判决书。
② 江苏省南通市中级人民法院(2021)苏06民终2084号民事判决书。
③ 最高人民法院(2014)民申字第762号民事裁定书。
④ 刘俊海:《论控制股东和实控人滥用公司控制权时对弱势股东的赔偿责任》,载《法学论坛》2022年第2期。

四终字第 31 号郑某 1 诉郑某 2 等损害股东利益责任纠纷一案中，广东省高级人民法院认为金良公司解散后租赁涉案场地的租金应作为金良公司的收益，由各股东进行分配，而金良公司转租场地的租金，在解散清算时没有结算分配，因此郑某 1 仍享有 25% 份额的投资权益。最高人民法院（2015）民申字第 2488 号裁定驳回了郑某 2 的再审申请。

第二，公司章程或决议明确规定某项公司损失由某一主体直接向股东个人承担责任的情形。基于公司的团体性，公司章程和决议具有团体法的性质，对公司内部股东具有约束力，因此，股东可以依据章程或决议中关于该个别主体责任承担的内容直接起诉。

第三，控制股东损害公司利益后又低价受让受损股东的股权，受损股东遭受的全部损害无论是直接损害还是因公司利益受损导致的间接损害，都应被识别为受损股东的直接损害，受损股东可直接提起损害股东利益责任纠纷诉讼，而不应苛求其等待公司向控制权人索赔。若公司被转化为一人公司或实质一人公司，更是如此。因为股东一旦转让股权，股东损害再也无法借助公司请求权获得填补，控制股东、董事、高级管理人员侵占公司资产导致的前股东损害就由公司直接损害（股东间接损害）转变为股东直接损害，前股东当然有权直接行使索赔权。[①]

第四，特殊情况下，依据现有的法律逻辑所作出的裁判结果可能出现对股东极度不公平，此时应当允许股东通过直接诉讼主张因公司利益受损而导致的间接损失。例如，在公司人格完全丧失沦为工具的情况下，股东已无法期待可通过公司索赔或即使可以通过股东代表诉讼索赔成功，但基于公司完全形骸化，其后续权益无法实现。

五、关于侵权行为与过错认定中的难点

认定侵权行为及过错即为对违反法律、行政法规或章程规定的行为作出否定性评价。行为人是否具有法律上的可责难性取决于其实施行为是否违反特定义务。因我国现行公司法对股东、董事及高级管理人员向股东负有何种义务尚不明确，具体案件中如何界定两类主体义务范围的边界是审判实践中的重点和难点。

（一）董事、高级管理人员侵权行为的司法审查

董事、高级管理人员侵害股东权益的违法或违反公司章程的行为，需要

[①] 参见刘俊海：《论控制股东和实控人滥用公司控制权时对弱势股东的赔偿责任》，载《法学论坛》2022 年第 2 期。

结合《公司法》第 152 条以外的其他法律规定予以具体化或进行论证补充。因为具体化规范未必体现为法律条文，在法无明文规定之处，法官的论证义务仍然存在，如此则不可避免地借助学理与案例。[①]

1. 董事及高级管理人员向股东负有忠实勤勉义务的学理依据

董事及高级管理人员向公司负有忠实勤勉义务，但公司拟制人格决定公司利益最终属于全体股东共同利益，股东人身权与财产权因公司而产生，董事及高级管理人员对公司的经营管理必然涉及并影响股东权益。对此，一种观点认为，损害股东利益责任纠纷的法理基础源于董事及高级管理人员信义义务的扩张，即"通过法律规定，要求董事在事实上存在信赖关系的特定场合直接对股东负有一定的信义义务"[②]。另一种观点认为，董事及高级管理人员对股东的义务源于董事及高级管理人员与公司之间的委托代理关系，董事为公司经营决策及处理事务时，对公司及其股东应负受任人义务，并应就其义务之违反致公司之损害，负赔偿责任。即学理上认为在特定情况下董事及高级管理人员对股东负有直接的义务，这是股东向董事及高级管理人员提起直接诉讼的理论基础。我国立法虽未明确董事及高级管理人员向股东负有忠实勤勉义务，但在董事及高级管理人员直接侵害股东利益的情况下，可依据学理进行论证。

2. 董事及高级管理人员仅在与股东存在利益冲突时负有义务

损害股东利益责任纠纷作为公司治理中股东、董事及高级管理人员间利益冲突解决机制，旨在解决公司治理中出现的各方主体利益冲突，平衡各主体间的权利义务关系。实践中既要维护股东合法权益，又不能对董事及高级管理人员过于苛责，应严格把握损害股东利益行为的界限，董事及高级管理人员一般情况下仅对公司负有忠实勤勉义务，对股东负有义务为特殊情况，且不应与公司利益冲突。概言之，董事及高级管理人员对于股东的义务为忠实勤勉履职以维护股东合法权益。

关于董事及高级管理人员向股东负有义务的情形，学理和法律规定均有列举。学理观点有，在美国，董事信义义务又称为"利益冲突规则"，其理论基础为"利益冲突理论"，意味着当董事有可能与公司或者股东之间形成利益冲突时，董事则负有信义义务。在英国，董事的信义义务主要针对公司，极

[①] 吴香香：《请求权基础——方法、体系与实例》，北京大学出版社 2021 年版，第 108 页。

[②] 刘桂清：《股东对董事之直接诉讼——对新公司法第 153 条法理基础的反思与重构》，载《法学评论》2006 年第 3 期。

少针对股东。① 另有学者认为，特定场合包括以下方面：（1）股东为行使股东权而实施的法律行为需依赖董事提供信息和咨询的场合；（2）直接与股东进行法律行为时……② 我国公司法司法解释明确规定了董事及高级管理人员负有保管及提供账册等文件的义务、股东变更时履行工商登记的义务、符合公司清算条件下的清算义务等。此外，在封闭公司中，董事为股东或由股东委派，董事受股东身份影响，"董事在法律上系由股东会多数决定或选举产生，……深受股东提名、股东表决和股东协议的实质影响，存在一种法律规范以外的事实状态"③。此时，董事与其他股东的利益冲突，实际上为控制股东与其他股东之间的利益冲突。

3. 董事及高级管理人员损害股东利益行为的司法审查路径

虽然董事及高级管理人员的义务较为抽象，但股东权益与董事及高级管理人员义务具有对应关系，如股东享有知情权，董事及高级管理人员负有保管并向股东提供账册等文件的义务；股东享有登记名称的权利，董事及高级管理人员负有适当履行变更登记的义务。由此，可以借助股东权益状态来检视董事及高级管理人员向股东负有义务的范围，目光在主体义务和职责范围与股东权益变化状态之间来回穿梭，具体检视路径为：（1）是否造成股东权益损害；（2）特定主体是否负有相关义务；（3）是否通过作为或不作为的方式违反相关义务。

实务中，除公司法司法解释明确规定董事及高级管理人员向股东负有的义务外，通过司法案例认定的董事及高级管理人员的义务还有因董事未如实披露信息造成股东不公平交易损害股东财产权益、未通知部分股东参加股东会侵害股东表决权、侵害股东剩余财产权行为等情形。需要注意的是，基于公司独立人格，公司财产独立于股东财产，在公司正常经营过程中，股东不能以公司资产减少主张股东利益受损，但在公司解散清算过程中，股东享有剩余财产分配权，发生了公司利益向股东利益的转化，侵害股东剩余财产分配权的行为损害股东利益。如最高人民法院在（2013）民一终字第126号一案中认为，侵害剩余财产分配权的形态表现为，在公司清算解散的前提下，董事、高级管理人员未按照法律、行政法规或者公司章程的规定向股东分配公司剩余财产。

---

① 参见杨姗：《封闭型公司股东权益保护的立法完善——以"股东直接诉讼"为切入点》，载《现代法学》2021年第3期。

② 参见刘桂清：《股东对董事之直接诉讼——对新公司法第153条法理基础的反思与重构》，载《法学评论》2006年第3期。

③ 叶林：《董事忠实义务及其扩张》，载《政治与法律》2021年第2期。

4. 董事、高级管理人员的免责情形——商业判断原则

对于股东主张董事及高级管理人员违反义务而权益受损，董事及高级管理人员往往以商业判断原则提出抗辩。司法不应介入公司正常商业经营，董事及高级管理人员基于商业判断作出的行为不应被责难。

关于如何判断董事及高级管理人员的行为是否符合商业判断规则，要首先具备适用经营判断法则之前提，须符合五个要件（部分要件系隐含于规定之中）：（1）经营决策；（2）为公司利益而为；（3）行为未受特别利益及不相关事务之影响；（4）基于适当咨询而为；（5）诚信。① 部分学者认为，"要求董事在知情的基础上决策，适用条件有三：一是知情；二是主观上认为符合公司的最佳利益；三是不为个人私利"。② 即如果董事、高级管理人员与其作出商业判断的内容没有利害关系，即有正当理由相信其在当时情形下掌握的有关商业判断信息充分、妥当、可靠，其商业判断符合公司利益，就应当认为其忠诚、勤勉地履行了义务，对由此发生的合理经营判断失误造成的损失，可以免除责任。

（二）控制股东损害其他股东权益行为的司法审查

《公司法》第20条规定，股东不得滥用权利损害其他股东利益，该条规定依据的基本原则为权利不得滥用，其理念为平等保护股东权利，目的为解决公司治理中股东之间的利益冲突。适用该条款时同样需结合理论及司法案例进行论证补充。基于控制股东对公司的影响力，司法实践中滥用股东权利的情形主要为控制股东③利用控制权侵害其他股东权益。

1. 控制股东对其他股东所负义务的学理依据

控制股东与其他公司参与者存在利益冲突，控制股东在公司经营决策中具有控制地位，"从委托关系或信托关系角度看，控股股东应当尽到一个善良管理人的审慎义务，正是因为非控制股东与控制股东之间存在着这样的信任与被信任关系，控制股东应当对非控制股东承担信义义务"④，故《公司法》第20条第2款隐含了控制股东信义义务的内涵。还有学者认为，"控制权源于全

---

① 参见洪秀芬：《经营判断法则对董事责任追究之影响——从美国法与德国法之比较研究观点》，载我国台湾地区《台湾财经法学论丛》2019年第2卷第1期。

② 参见朱锦清：《公司法学（修订本）》，清华大学出版社2019年版，第582页。

③ 控制股东包括控股股东，以及虽然不是公司股东，但通过投资关系、协议或者其他安排能够实际支配公司行为的实际控制人。需要注意的是，《公司法（修订草案二次审议稿）》对实际控制人的含义进行了修改，删除了"虽然不是公司股东"这一要件。

④ 王建文：《论我国构建控制股东信义义务的依据及路径》，载《比较法研究》2020年第1期。

体股东的高度信赖和嘱托、攸关公司的生死存亡和弱势股东的切身利益，控制股东无论作为代理人，抑或信托受托人，都对其他股东负有信义义务"。①另有观点认为，通过诚信义务将控股股东和实际控制人纳入公司治理主体范畴，"通过法律施加明确的诚信义务，为控股股东和实际控制人提供诚信行事的理念规范，并为中国盛行的股权集中模式下实际控制人与中小股东之间的代理冲突施加外部矫正机制"。②即学理上从控制股东与其他股东之间存在事实上的信任或代理关系、控制股东具有控制权与小股东之间存在利益冲突等方面论证了控制股东义务的法理基础，并基于诚信原则及权利不得滥用原则论证所负义务的正当性。

2. 控制股东对其他股东所负义务的司法认定

《公司法司法解释（二）》第21条、《公司强制清算纪要》第29条均规定了公司实际控制人在未依法履行清算义务的情况下应当向其他股东承担相应责任，《公司法司法解释（三）》第27条规定了对于股权转让后未及时办理变更登记有过错的实际控制人应当对由此造成损失的受让股东承担赔偿责任，故司法解释明确了部分情况下控制股东对其他股东的义务。

司法实践中，法院通过民事判决论证了除前述公司法司法解释规定外的其他控制股东义务。例如，载于2021年第3期《最高人民法院公报案例》的（2019）沪02民终8024号民事判决书载明，有限责任公司章程或股东出资协议确定的公司注册资本缴纳期限，系股东之间达成的合意，除法律或存在其他合理性、紧迫性事由需要修改出资期限的情形外，股东会会议作出修改出资期限的决议应经全体股东一致通过。公司股东滥用控股地位，以多数决方式通过修改出资期限决议，损害其他股东期限利益，其他股东请求确认该决议无效的，人民法院应予支持。即通过判决论证了股东不得损害其他股东出资期限利益的义务。

又如，上海市静安区人民法院（2006）静民二（商）初字第755号民事判决书载明，泰富公司的审计、评估报告显示，泰富公司股东会作出引进战略投资者、进行增资决定时，公司的经营状况良好，经营利润丰厚，公司净资产已达155 360 385.30元的规模。审理中，未能对公司的增资决策作出合理解释……被告致达公司系掌握泰富公司控制权的大股东，凭借其控制的多数表决权，将自己的增资意志拟制为公司的意志，对该决议的通过起到了决定

---

① 刘俊海：《论控制股东和实控人滥用公司控制权时对弱势股东的赔偿责任》，载《法学论坛》2022年第2期。

② 陈洁：《实际控制人公司法规制的体系性思考》，载《北京理工大学学报（社会科学版）》2022年第5期。

性作用,且在实施股东会决议时未能客观、公正地对被告泰富公司的净资产进行必要的审计、评估,致使原告的股权价值蒙受了巨额损失。被告致达公司的行为属于滥用股东权利,违反了大股东对小股东的信义义务,故被告致达公司对原告因此所受的损失应承担赔偿责任。该判决论证了控制股东对其他股东的信义义务。

3. 审理原则及司法介入的界限

第一,审理原则。审理时要注意在资本多数决原则和少数股东权益保护之间寻求妥当的利益平衡,对于股东因其固有的、非经股东自身同意不可剥夺的权利遭受控股股东侵害请求救济的,应予以支持;对于资本多数决处分范围内的股东权,要尊重公司多数股东的意志;对虽属资本多数决原则处分范围的股东权,但被控股股东滥用造成侵害的,要依照《公司法》第20条关于不得滥用权利的规定,保护其他股东的正当权益。

第二,对资本多数决行为进行司法审查的界限。资本多数决原则是股东意思通过股东会形成公司意思的表决规则,以股东持股数量来决定表决权的多少,通过资本进行表决集合股东意愿,实现股东在资本面前的股权平等及作为公司组织的民主决策。该原则的实质在于,"在公司内部实行少数服从多数的民主制度,让公司依据持股多数的股东意见,而不是所有股东的意见来做经营判断,以便有利于公司机关及时作出决策"。[1] 通常情况下,司法应尊重公司意思自治,承认公司机关的分化及公司独立人格。据此,有学者认为,在同时具备以下三种条件的情况下,不能认为属于资本多数决的滥用:(1)给少数股东造成的利益损害确实为实现全体股东利益所必需;(2)控股股东与少数股东均因此利益受损,而且利益受损程度与持股比例成正比;(3)在实现股东会决议目的的诸种可选择手段中,选取了少数股东利益受损程度最低的一种手段。[2]

因股东之间利益存在差异,控制股东可能会为了自身利益,在符合资本多数决原则决议下对小股东权益进行剥夺或限制,即资本多数决在实践中出现被异化的问题。出于对控制股东义务的必要规范及中小股东权益保护之切实需要,在特殊情况下,司法亦可基于"禁止资本多数决的滥用"对公司内部运行机制予以合理审慎的介入。"司法对有限责任公司增资扩股决议的内容不进行实质性审查,意味着尊重公司意思自治,赋予公司股东会决定是否增

---

[1] 朱慈蕴:《资本多数决原则与控股股东的诚信义务》,载《法学研究》2004年第4期。

[2] 张颖:《资本多数决与中小股东权益保护——救济选择与司法适用》,载最高人民法院民事审判第二庭编:《商事审判指导》2013年第3辑,人民法院出版社2014年版,第205页。

资及如何增资的自由，但这一自由实际赋予了作为董事会核心人员的控股股东，因而，面临着控股股东追求自身利益而损害或限制公司或其他股东利益的道德风险，这就有必要规范控股股东的资本多数决行为。"[①] 司法裁判显示在通过资本多数决作出的决议内容对股东固有权利和利益造成实质性影响时，司法需对相应的行为进行实质性审查。如前述 2021 年第 3 期《最高人民法院公报案例》(2019) 沪 02 民终 8024 号民事判决书显示的股东会决议损害股东出资期限利益；上海市静安区人民法院 (2006) 静民二（商）初字第 755 号民事判决书显示的增资股东会决议损害股东股权价值。

值得注意的是，认定控制股东滥用股东权利时，需考量控制股东通过控制权作出的符合资本多数决行为是否具有商业合理性，前述 (2019) 沪 02 民终 8024 号公报案例载明"除法律或存在其他合理性、紧迫性事由需要修改出资期限的情形外"以及上海市静安区人民法院 (2006) 静民二（商）初字第 755 号民事判决书载明"被告股东未能对增资作出合理解释"，均考量了决议的合理性，体现出司法介入资本多数决行为时的谨慎与谦抑。

六、关于损害赔偿确定中的难点

司法实践中，财产损害赔偿的范围与损失的计算是极易发生争议的问题。任何价值的计算，都难免受到案件事实、证据情况、裁判者的智识、生活经验、价值观等因素影响，因此，应当在基本法理、相关原则以及合理的计算方法构建的框架下，适当确定损失的金额。

（一）损失范围确定

损失范围的确定是计算具体损失的基础和前提，在损失计算前均应先予以明确识别。按财产损害赔偿遵循的完全赔偿原则，受侵害股东的所有直接损失（所受损害）和间接损失（所失利益）均属于赔偿范围。此外，纯粹经济损失，在一定条件下也属于赔偿范围。

实践中，直接损失一般较易确定，但对于间接损失，由于发生所失利益是对未来可能性的判断，在实践中较难以判断和识别，应采用推定及反证的规范模式。在损害范围确定及利益计算时，请求权人对可据以推定将来可期待获得一定利益的事实（推定的联系事实）应予陈述并为一定程序的证明，作为期待利益可能性判断的基础；侵权人反证所失利益将因一定事由不能实

[①] 范黎红：《大股东滥用资本多数决进行增资扩股的司法介入》，载《法学》2009 年第 3 期。

现。①所失利益是否能获支持，还应考量是否违反法律强制性规定和公序良俗原则，若违反则不能支持。

而对于纯粹经济损失，应有严格的构成要件和赔偿范围限制，即过错方面，应以故意为归责原则；因果关系上，应采更高标准；损失赔偿范围确定上，应遵循日常生活经验法则并以可预见性为限制。②

（二）计算损失的时间节点

《民法典》第1184条将计算损失的时间节点确定在损失发生时，损失发生前后市场价格波动的风险由各自承担。该条规定的基础计算方法采用的时间标准是损失发生时，很大程度上是出于机会公平的理由，如果被侵害财产的价格持续上涨或者持续下跌，机会公平的理由就不再成立，此时，需要对计算损失的时间标准进行修正，将损失发生后的价格波动考虑进来。③

同时应当指出，上述时间节点主要应适用于直接损失的计算，而在计算间接损失时，由于获利的可能性一般是在侵权事实发生后才发生，若基于受侵害股东权利的特殊性质，导致损失一直处于持续状态时，法院应综合相关情况确定损失计算的时间节点。

在北京市第三中级人民法院（2017）京03民终7375号黄某诉徐某某、北京华盛景科技有限公司损害股东利益责任纠纷一案中，原告的股权先因被告违法增资而被稀释，后又被违法转卖，其除存在股权被转卖的直接损失外，还存在因丧失增资机会和参与重大决策而导致的获取股权对应利益的间接损失。因此，一、二审法院均认为，虽然首次侵害事实自2007年即发生，但徐某某的侵权行为一直处于持续状态中，黄某因其侵害行为遭受的利益损失（包括股权溢价、公司市值溢价损失）亦一直处于持续状态中，故应按照一审法院2016年委托评估时的估值计算。

（三）损失的具体认定

由于股东权益的特殊性质，损害股东利益责任纠纷中的损失与一般的财产损失存在一定区别，侵害物权的后果较易确定，而侵害股权的后果较为模糊。股东损失根据受损股东权益的内容、案件事实、证据等因素不同可能存在不同的计算方式。可作如下区分。

---

① 参见王泽鉴：《损害赔偿》，北京大学出版社2017年版，第74页。

② 最高人民法院民法典贯彻实施工作领导小组主编：《中华人民共和国民法典侵权责任编理解与适用》，人民法院出版社2020年版，第189页。

③ 李承亮：《〈民法典〉第1184条（侵害财产造成财产损失的计算）评注》，载《法学家》2021年第6期。

1. 可以确定的财产损失

可以确定的财产损失主要指股东因侵权行为的发生而已经确定的实际财产损失或多支付的费用，比如，公司违法注销后股东以个人财产承担清算责任代公司偿还债务的损失；[①] 为了主张权利而产生的费用支出；已确定的股东财产性权益被侵害的损失，包括被非法占有的已分配利润或已确定的剩余财产等。这些财产损失金额是确定的，只要侵权行为与损失直接存在因果关系，即以该确定的金额计算损失，同时还需要考虑利息损失。

2. 股权价值损失或损害股东财产性权益所反映的经济利益损失

股权作为一种复合性权益，因其同时包含了股东自益权和共益权的内容，与一般的财产权在价值的确定上存在区别。一方面，股权的价值不仅包含股权本身价值，还包括基于股东身份而能享有的财产性权益。另一方面，除上市公司外，其他类型公司特别是有限责任公司的股权价值并无公开的市场价格予以直接量化，实际股权价值受公司资产和经营状况、市场行情等因素影响。因此，确定股权或者某一项股东财产权益的市场价格难有客观统一的标准，一般需根据具体案件事实和证据情况，合理判断是否有客观公允的参照标准或其他合理方式计算。实践中主要有以下几种方式：

第一，按股权被不当处分时的交易对价或可类比的交易价格计算。有限责任公司股权价值难以具体量化，在不当处分情形下，若不存在关联交易、恶意压低价格致使交易价格明显低于股权价值等影响价格公允确定的因素，该交易对价可以认定为市场价格。例如，河南省高级人民法院（2019）豫民再740号案中，以公司重组并购时的交易对价确定股东损失。在侵占股权的情形下，可以直接按照侵权人伪造的股权转让协议中约定的股权转让价格认定被侵害股权的市场价格。例如，最高人民法院（2018）最高法民申4805号民事裁定书认为，"《股权转让协议》《股东会决议》约定的股权转让价格为343万元，新华优力公司主张损失的依据也是《股权转让协议》中约定的股权转让价格343万元，在损失发生时案涉股权价值不能依法认定的情况下，二审法院据此认定新华优力公司损失为343万元并无不妥"。

第二，按审计或评估价值计算。引入第三方专业机构进行审计或评估，一般具有客观、公允的优势，但受公司财务账簿等财务资料是否按规定制备且是否能够完整获取的影响，该方法在具体案件中应视情况应用。例如，在上海市第一中级人民法院（2020）沪01民终7597号杨某某与堀雄某某损害股东利益责任纠纷案中，在被告以自己的全资公司收购公司对外投资股权的

[①] 例如，江苏省徐州市中级人民法院（2020）苏03民终5940号刘某某与梁某某、丰县韵达商贸有限公司损害股东利益责任纠纷案。

关联交易中，确定股权转让价格所依据的评估报告系根据被告提供的错误数据且采用不恰当评估方法作出，导致评估值明显低于该股权的公允市场价值，一审法院在审理过程中依法委托评估公司对被收购公司股东全部权益的公允市场价值进行评估，并最终以该评估价值与原股权交易价格的差额确定原告损失。

第三，以公司资产负债表等财务报表反映的股东权益计算。根据财务会计制度的基本原理，股权的财产价值能被资产负债表量化。财政部《企业会计准则——基本准则》（2014）第 26 条"股东权益"界定为"企业资产扣除负债后由所有者享有的剩余权益"，《企业会计准则第 30 号——财务报表列报》（2014）第 27 条要求资产负债表中的股东权益类至少单独列示反映实收资本（或股本）、资本公积、盈余公积和未分配利润四大科目。因此，资产负债表可以反映公司在特定日期的静态财产状况，核心内容是"公司资产＝负债＋股东权益"的会计恒等式，而其中的"股东权益"①科目有助于计量股东遭受财产权益的损害。②当然，资产负债表属于公司财务人员自行制作，容易存在财务造假的情形，在审理时应注意识别，一般应注意资产负债表的来源、作出时间、是否有明显瑕疵等，必要时还需要结合具体案情以及其他证据予以认定。

例如，广东省广州市中级人民法院（2020）粤 01 民终 17635 号王某某与冯某某损害股东利益责任纠纷案中，被告未通知原告即注销公司，损害原告的剩余财产分配权，但被告称无法提供公司财务账册，现有证据无法明确公司经营状况及清算后的剩余财产，一审法院向税务部门调取了公司的资产负债表、利润表等税务资料，并认为"在税务部门认可公司财务报表的情形下，法院应当认可税务部门的纳税结果，但仍应就本案的损失金额作出具体分析"，公司第三季度资产负债表载明期初所有者权益为 171 520.61 元，期末为 5341.94 元，而公司在 2019 年 7 月 17 日已出具清算报告，由于原告并未参与清算，故一审法院参考公司注销的背景因素、被告过错程度、公司的部分财务报表等因素，以期初金额为基数按原告持股比例认定股权损失，二审亦支持了该认定。

第四，以公司主要资产的价值计算。按照上述"公司资产＝负债＋股东权益"的会计规则，在不考虑负债的情况下，所有者权益所对应的股权价值与公司财产呈正相关，在无法通过公允的市场价格或第三方评估或者确定的

---

① 采狭义说，即仅限于量化股东自益权中财产权益。
② 参见刘俊海：《论控制股东和实控人滥用公司控制权时对弱势股东的赔偿责任》，载《法学论坛》2022 年第 2 期。

情况下，若公司主要资产有客观的市场价格或其他可类比的交易价格等，或者能够进行评估，则可以该公司主要资产价值为基准，并结合相关因素判断股东所遭受的损失。

例如，上述北京市第三中级人民法院（2017）京03民终7375号黄某诉徐某某、北京华盛景科技有限公司损害股东利益责任纠纷案中，法院认为，原告的实际损失应包括原有股份被违法转让的损失及因丧失对公司增资机会和参与重大决策而导致的获取股权对应利益的损失。因华盛景公司属于有限责任公司，股权价值无法进行直接的量化认定，因此在计算损失时主要考虑公司的资产状况。公司的主要资产为北内科研楼项目，其现状在原告持股期间已经形成，且无证据显示系被告个人负债借款所建，由此科研楼属于公司固定资产，其对应的市场价格应列入损失计算范围。一审法院据此对该科研楼的价值进行评估，并最终按该资产的评估价格确定损失金额。

第五，以股东出资金额计算。股东按出资额获取股权，但股东出资一旦进入公司后即成为公司财产，受公司经营状况的影响，公司资产出现波动，与公司资产及负债密切相关的股权价值与股东出资金额已不存在必然关联。因此，在确定股东权益损失时，一般不一定能以出资金额认定损失，但在特殊情况下可以作为参考。例如，新疆维吾尔自治区高级人民法院（2017）新民再115号李某1、樊某某与李某2、马某某损害股东利益责任纠纷案中，因时间久远且被告股东已经死亡等因素无法查明股权转让价格，法院按照出资金额认定损失。

必须指出的是，上述各种计算方式可单独应用，也可以结合应用，但是无论采用何种计算方式，都需要结合案件具体事实、公司财务状况、受损股东权益的性质及受损范围、股东权利行使情况等因素，选择最为合理的计算方式。

3. 难以客观确定的损失

对于侵权事实存在，但侵权造成的损害数额大小无法确定或者难以确定的，最高人民法院的观点是：在已经能够认定损害确实存在，只是具体数额尚难以确定或无法确定的情况下，法官可以结合一些间接证据和案件其他事实，遵循法官职业道德，运用逻辑推理和日常生活经验，适当确定侵权人应当承担的赔偿数额。[1]因此，可以在具体案件审理时综合受损股东权益的种类、侵权行为的性质、持续时间、范围、后果，侵权人的主观状态，侵权人的获益情况，受害人自身行为，公司规模、经营状况及股东出资金额等各种因素

---

[1] 最高人民法院民事审判第一庭编：《中国民事审判前沿》（2005年第1集），法律出版社2005年版，第158页。

予以酌情确定。

损失难以确定主要可能存在于两种情形中：一是公司财务资料无法获取或证据极其缺乏；二是股东因无法行使知情权等具有人格属性的股东权利而造成的间接损失。

实践中，董事、高级管理人员因未制备或保存公司财务资料导致股东无法行使知情权的情形比较多，而现有生效判决对损失均是酌情认定。

例如，上海市第一中级人民法院（2020）沪01民终3550号叶某与周某损害股东利益责任纠纷案中，二审法院认为被告作为执行董事，没有建立和保存公司的财务资料，导致原告作为公司股东无法通过行使股东知情权查阅、复制前述文件材料，并致其遭受了包括难以证明公司具备可分配利润并请求公司分配利润、难以证明公司具有可分配剩余财产并请求相应分配，以及因无法组织公司清算而依法应承担赔偿责任等带来的损失。对于上述"难以证明"的损失，应综合被告应当承担的职责，其在股东知情权诉讼中未反映上述公司文件材料被查封的情况，以及被告在知情权案件执行中未如实陈述并最终被司法拘留的客观情况，酌定被告应向原告赔偿10万元。

上海市松江区人民法院（2019）沪0117民初755号熊某与刘某某损害股东利益责任纠纷案中，股东因无法行使知情权，法院综合公司经营情况、原告占股比例及被告行为的违法程度等因素，酌情判令被告赔偿1万元。

（四）损失的证明责任

对于损失的证明，按照《民事诉讼法》规定的一般举证规则，受侵害股东应当承担举证证明其损失范围及金额的责任。但是，损失的证明责任在一定条件下可以转换：

一是在受侵害股东已初步证明存在损失的情况下，而具体损失金额计算依赖于公司的经营信息、财务资料等文件时，根据侵权人掌握公司信息及对公司的控制情况，确定是否由侵权人对公司的经营信息、财务资料、经营状况等承担举证证明责任。具体审理时，应对公司经营状况、财务资料的制备等情况进行询问，如认定侵权人对公司存在控制权或对某事项负有特定义务时，可责令其提交相关公司文件；如拒不提交，应当认定由侵权人承担举证不能的不利后果，并最终综合案件事实及侵权人的主观状态等因素确定具体损失金额。

例如，在北京市东城区人民法院（2017）京0101民初5692号卢森堡剑桥控股集团亚洲公司与李某某、俞某等损害股东利益责任纠纷案中，两被告系公司股东、董事及监事，原告股东已初步举证其通过在先诉讼确定当时公司尚余可变现资产，此后公司未再经营且无任何资产。法院基于被告行为及对公司的控制程度，经数次释明，但被告均未说明公司资产状况，也未提供任何公司决议、财务、经营资料，且在庭审中陈述公司"已不存在"。因此法院推定公司现已处于不经营状态并根据原告持股比例及其行使知情权的结果，认定原告损失为公司当时可变现资产的30%。

在江苏省高级人民法院（2016）苏民申1137号姜某某与朱某1、朱某2等人损害股东利益责任纠纷案中，因朱某1等实际控制公司的主体不提供主要、完整、有效的财务资料导致无法清算，法院认为可参照采用举证责任倒置的规则，支持姜某某的全部诉讼请求。

二是受侵害股东主张间接损失，并且已证明依事物发生的通常情况，若无侵权行为其大概率可以获取的利益，侵权人否认的，应当举证证明该所失利益可因一定事由不能实现。

第四节 常见争点说理示范

一、关于侵害股东利益责任纠纷管辖的裁判说理示范

（一）关于以侵权行为地作为管辖依据的裁判说理示范

【适用情形】关于由侵权行为地法院管辖的情形。

【说理示范】《民事诉讼法》第29条规定，因侵权行为提起的诉讼，由侵权行为地或者被告住所地人民法院管辖。《民事诉讼法司法解释》第24条规定："民事诉讼法第二十九条规定的侵权行为地，包括侵权行为实施地、侵权结果发生地。"本案中，原告起诉认为被告违反双方合作成立的A公司的公司章程，给其造成损失，且原告和A公司的住所地均在江苏省南京市，故南京市属于法律规定的侵权行为地，南京市中级人民法院对本案享有管辖权。

【参考裁判文书】江苏省高级人民法院（2017）苏民辖终311号南京骏发电子有限公司与李某某损害股东利益责任纠纷一案二审民事裁定书。

（二）关于以公司住所地作为管辖依据的裁判说理示范

【适用情形】原股东主张公司盈余分配，应由公司住所地管辖；公司已经注销的，不影响管辖权的确定。

【说理示范】根据原告起诉时的主张，其要求获得与被告共同设立的A

公司在 B 公司等 16 家公司中应当分得的利润，该主张系基于原告作为 A 公司的股东和 A 公司存在投资或合作开办 16 家公司的事实，原告作为原股东提起的本案诉讼，属于"与公司有关的纠纷"。依据《民事诉讼法》第 27 条规定，"与公司有关的纠纷"应当由公司住所地人民法院管辖，尽管 A 公司已经注销，但不影响本案管辖权的确定。被告提出应依据《民事诉讼法》第 22 条规定，由其经常居住地人民法院管辖本案，但上述规定是确定民事案件管辖的一般原则，在法律有特别规定的情况下，应从其特别规定。本案是因公司利润分配而引发的纠纷，属于损害股东利益责任纠纷，不能按上述规定由被告住所地人民法院管辖。

【参考裁判文书】最高人民法院（2014）民二终 177 号吴某某与卓某某损害股东利益责任纠纷一案二审民事裁定书。

（三）关于确定级别管辖的裁判说理示范

【适用情形】确定损害股东利益责任纠纷诉讼级别管辖。

【说理示范】关于级别管辖问题。根据《最高人民法院关于调整部分高级人民法院和中级人民法院管辖第一审民商事案件标准的通知》的规定，对于当事人一方住所地不再受理法院所处省级行政辖区的第一审民商事案件，高级人民法院管辖诉讼标的额 ×× 元以上一审民商事案件，所辖中级人民法院管辖诉讼标的额 ×× 元以上一审民商事案件。本案系当事人一方住所地不在受理法院所处省级行政辖区的第一审民商事案件，诉讼标的额为 ×× 元，故应由标的公司所在地的中级人民法院即 ×× 中级人民法院（高级人民法院即 ×× 高级人民法院）管辖。

二、关于主体是否适格的裁判说理示范

（一）关于原告是否适格的裁判说理示范

1. 关于登记股东是损害股东利益责任纠纷适格原告的裁判说理示范

【适用情形】原告作为登记股东，应是适格原告。

【说理示范】关于被告主张原告并非实际股东，不是适格主体。本院认为，原告作为公司登记机关登记的设立股东，在公司登记机关的登记内容没有发生变化的情况下，该登记事项应是公司之外的其他人识别公司股东的重要依据，具有公示效力。在没有生效法律文书否定其股东身份的情况下，原告据此提起本案诉讼，应是适格的权利主体。

2. 关于非显名股东不具备提起损害股东利益责任纠纷原告主体资格的裁判说理示范

【适用情形】非显名股东不是适格原告。

【说理示范】《公司法司法解释（三）》第24条第3款规定："实际出资人未经公司其他股东半数以上同意，请求公司变更股东、签发出资证明书、记载于股东名册、记载于公司章程并办理公司登记机关登记的，人民法院不予支持。"本案中，原告提交的公司《章程》《自然人股东身份证明》及《股东会决议》证实，公司的股东为A和B，并非原告。因此，在原告未被确认为公司股东的情况下，原告提起损害股东利益责任之诉不具备适格的诉讼主体资格。

【参考裁判文书】湖北省宜昌市中级人民法院（2018）鄂05民终2303号汤某某诉李某某损害股东利益责任纠纷一案二审民事裁定书。

（二）关于被告是否适格的裁判说理示范

1. 关于高级管理人员主体资格的裁判说理示范

【适用情形】是否为公司高级管理人员，除根据法律和公司章程规定外，还应结合实际委任和履行职责情况进行认定。

【说理示范一】《公司法》中高级管理人员的用语含义为公司的经理、副经理、财务负责人，上市公司董事会秘书和公司章程规定的其他人员。据此，即便公司提供的名片及邀请函显示被告为项目执行总监，被告在形式上也不满足高管的上述条件，故应当按照被告的实质职权进一步判断。其中一份劳动合同约定被告的职位为亚洲区采购，另一份劳动合同约定其职务为采购，而公司提供的邮件所载明的被告与同事、客户的沟通内容，均未超出被告作为采购人员的履职范畴，因此，不应将被告认定为公司的高级管理人员。

【参考裁判文书】上海市第二中级人民法院（2020）沪02民终135号上海加丹贸易有限公司与蒋某、上海沸鸣实业有限公司损害公司利益责任纠纷一案二审民事判决书。

【说理示范二】关于被告是否属于公司的高级管理人员，法院认为，《公司法》规定，高级管理人员，是指公司的经理、副经理、财务负责人，上市公司董事会秘书和公司章程规定的其他人员。被告是否属于公司的高级管理人员，不能仅以工商登记的信息进行认定，而应当从其在公司中享有的职权范围和实际担当工作的重要性和影响力来考量其是否实际掌握公司经营权或重大事项的执行决定权。根据被告与公司签订的劳动合同书可见，被告任职公司客户部总经理岗位，并实际负责××银行外包服务项目。从被告与××银行相关人员的电子邮件也可以看出，被告全权掌握公司与××银行外包服务业务的具体工作，实际上属于高级管理人员的职责，故应认定其为公司的高级管理人员。

【参考裁判文书】北京市海淀区人民法院（2017）京 0108 民初 32622 号博彦科技股份有限公司与魏某某、汇金智融（北京）科技有限公司损害公司利益责任纠纷一案一审民事判决书。

2. 关于监事不是适格被告的说理示范

【适用情形】监事不是损害股东利益责任纠纷的适格被告。

【说理示范】《公司法》第 152 条规定："董事、高级管理人员违反法律、行政法规或者公司章程的规定，损害股东利益的，股东可以向人民法院提起诉讼。"根据该规定，损害股东利益责任纠纷的侵权主体应当是公司董事和高级管理人员。关于公司高级管理人员的范围，《公司法》第 216 条第 1 项明确定义为"公司的经理、副经理、财务负责人，上市公司董事会秘书和公司章程规定的其他人员"。本案中，被告担任公司监事，不是损害股东利益责任纠纷中适格的侵权主体，原告要求被告承担赔偿责任，于法无据，本院不予支持。

【参考裁判文书】北京市朝阳区人民法院（2018）京 0105 民初 81563 号范某某与赵某 1、赵某 2、冉某某、徐某某、孙某某、北京升哲科技有限公司损害股东利益责任纠纷一案一审民事判决书。

三、关于股东利益是否直接受损的裁判说理示范

（一）关于原告所主张损失为公司利益受损，不属于损害股东利益责任纠纷审理范围的裁判说理示范

【适用情形】公司对外合作或履行合同的损失为公司利益受损，不属于损害股东利益责任纠纷的审理范围，原告的诉讼请求应予驳回。

【说理示范】原告股东诉称的"损失"产生于公司与案外人合作过程中，依双方约定……原告据此主张由被告股东赔偿其相应的损失，没有事实和法律依据，理由是：（1）公司在该合作项目中的"损失"不属于本案审理的范围，本院在此不能作出判定；（2）即使该"损失"存在，请求该项"损失"救济的权利人应是公司，而非原告股东；（3）如原告股东代公司主张权利，则诉讼权利受益人仍是公司，亦与本案不属于同一法律关系，不属于本案的审理范围。原告的诉讼请求不能成立，依法应予驳回。

【参考裁判文书】最高人民法院（2013）民二终字第 43 号海南海钢集团有限公司与中国冶金矿业总公司损害股东利益责任纠纷一案二审民事判决书。

（二）关于原告所主张损失应认定为公司利益受损而非股东利益直接受损的具体情形的裁判说理示范

1. 关于公司未清算股东、董事或高级管理人员不当处分公司资产属于损害公司利益的裁判说理示范

【适用情形】公司未清算的情况下，董事转让公司资产属于公司利益受损，且公司已经提出在先诉讼，原告的诉请不能得到支持。

【说理示范】原告在本案中主张各被告低价转让案涉资产侵害其利益，其实质是主张各被告转让案涉资产侵害公司的财产权益进而侵害其股权所代表的财产权益。本院认为，公司制度的核心在于股东的财产权与公司的财产权相互分离，股东以投入公司财产为代价获得公司的股权，股东对公司财产并不享有直接权利。公司是案涉资产的所有权人，原告仅对其投资享有股东权益，对公司的财产并不享有直接请求权。正是基于此，《公司法》第151条和第152条区分侵害公司权益与侵害股东权益两种情形分别作出不同规定。《公司法》第151条规定，在董事、监事、高级管理人员执行公司职务时违反法律、行政法规或者公司章程的规定，给公司造成损失的，符合一定条件的股东有权要求公司监事、执行董事提起诉讼；在公司怠于提起诉讼时，符合一定条件的股东才能提起股东代表诉讼。而本案中的公司已经根据被告的通知向××公司提起诉讼且公司在该诉讼中败诉。原告依据《公司法》第152条所享有的权利已经行使，在此情形下，原告再提起本案诉讼，其事实依据及法律理由仍然是案涉交易造成公司损失进而侵害其股东利益，显然不能成立。

《公司法》第152条规范的是直接侵害股东权益，如资产收益、参与重大决策以及选举管理者等行为。本案中，原告主张以《公司法》第152条为请求权基础，其实质是主张其作为股东享有的剩余财产分配请求权遭受损害，因而请求损害赔偿。本院认为，侵害剩余财产分配权的形态表现为，在公司清算解散的前提下，董事、监事、高级管理人员未按照法律、行政法规或者公司章程的规定向股东分配公司剩余财产。而在公司未进入清算解散程序的情况下，执行董事根据有效的股东会决议转让公司资产的行为，不能认定为侵害股东剩余财产分配权的行为。即使该转让价格明显过低，股东也只能依据《公司法》第151条规定的途径寻求救济。换言之，本案中，原告对其主张的权益不享有依据《公司法》第152条规定的权利，无权请求被告承担赔偿责任。因此，一审判决以《公司法》第152条的规定为依据，认为公司执行董事代表公司与××公司签订的《资产转让合同》侵害了原告的股东权益，显然与该规定的规范目的不相符合，也间接排除了公司解散、清算等程序和制度的适用，同时也违反了公司制度的设立目的。

【参考裁判文书】最高人民法院（2013）民一终字第126号谭某某与黎某1、黎某2、香河彩星经纬家居城有限公司损害股东利益责任纠纷一案二审民事判决书。

2. 关于股东、实际控制人违法以公司财产为个人债务提供担保造成的损失为公司利益受损的裁判说理示范

【适用情形】公司股东、实际控制人违法以公司财产为个人债务提供担保造成的损失为公司利益受损。

【说理示范】我国《公司法》严格区分股东利益与公司利益。《公司法》第1条开宗明义地规定，"保护公司、股东、债权人的合法权益"，可见，法律将公司利益与股东利益、债权人利益并列，明确阐明公司不仅有独立的人格，还有独立的利益。公司利益与股东利益属于不同的两种法律利益类型，公司拥有独立的利益能够有效保护债权人利益。公司由股东创立，股东以入股财产兑换为股权之后，股东享有的便是股权派生出来的各类自益权和共益权（股东利益）。公司利益是公司对名下的财产、经营成果等（有形财产）以及商业机会、商业字号、名誉等（无形财产）拥有的独立利益。从本案事实看，被告A利用其控制股东地位，利用公司资产为自己的债务提供担保，造成公司被法院强制执行的后果，且未提供同意担保的股东会决议，其行为使公司有形资产减少，侵害了公司的法人财产权益。被告B系公司法定代表人、董事长，利用公司财产为自己的债务提供担保，但未提供有效的公司股东会决议证明上述担保行为符合《公司法》第16条规定，违反了公司法对董事、高管人员要求的忠实义务。公司董事及控股股东的上述行为，直接侵害了公司的利益。公司作为独立经营的有限责任公司，具有独立人格，公司利益并不能等同于股东利益，原告作为公司股东，其受到的只是间接利益损失，而《公司法》第20条第2款和第152条所规定的股东直接起诉要求公司其他股东或高级管理人员赔偿损失，一般是指股东享有的知情权、表决权、分红权等直接权益的损失。故原告以股东身份请求判令公司董事及控股股东赔偿其损失的主张不能成立，本院不予支持。

【参考裁判文书】四川省高级人民法院（2020）川民终1459号四川省智慧交通科技有限责任公司与宜宾市戎宸运业有限责任公司、黄某某等损害股东利益责任纠纷一案二审民事判决书（含一审民事判决书内容）。

3. 关于公司成立、经营、管理过程中的资产损失属于公司利益受损的裁判说理示范

【适用情形】公司成立、经营、管理过程中的资产损失属于公司利益直接受损。

【说理示范】根据《公司法》第20条的规定，原告以被告滥用股东权利，

造成公司固定资产、在建工程等资产××元灭失，按股权比例折算，被告上述行为给原告造成直接经济损失××万元为由，提起损害赔偿之诉，属于股东直接诉讼，符合《公司法》第20条和《民事诉讼法》（2017年修正）第119条的规定，应予受理。但原告主张的损失来源于公司的成立、经营、管理过程中，该损失包括重组时公司原有固定资产价值××元、重组后新增固定资产价值××元及在建工程价值××元。即使该损失存在，亦属于公司的直接损失而不属于原告的直接损失，尽管原告的股东权益会受到影响，但请求该项损失的权利人应是公司。原告主张公司资产灭失，被告应按股权比例折算赔偿原告经济损失，没有事实证据和法律依据。

【参考裁判文书】河北省高级人民法院（2018）冀民再77号怀来中能贸易有限公司与冀中能源张家口矿业集团有限公司损害股东利益责任纠纷一案再审民事判决书。

4. 关于股东、董事或高级管理人员违法进行关联交易造成的损失属于公司利益受损的裁判说理示范

【适用情形】公司股东、董事违法进行关联交易造成的损失为公司利益受损。

【说理示范】《公司法》第20条规定，公司股东应当遵守法律、行政法规和公司章程，依法行使股东权利，不得滥用股东权利损害公司或者其他股东的利益。公司股东滥用股东权利给公司或者其他股东造成损失的，应当依法承担赔偿责任。该条规定中，公司股东滥用股东权利给其他股东造成损失的，系指公司股东滥用股东权利直接侵害其他股东权利的情形。本案中，根据原告的陈述，被告系以不合理的低价受让了公司所持有的A公司及B公司的股权，再以正常价格将股权转让给C公司，从而造成其在公司享有的股东权益受到损害。但被告本身即为公司持股超过85%的股东，又系公司法定代表人及执行董事，其与公司订立股权转让协议不属于公司正常经营行为，本质上属于关联交易的范畴。根据《公司法》第21条规定："公司的控股股东、实际控制人、董事、监事、高级管理人员不得利用其关联关系损害公司利益。违反前款规定，给公司造成损失的，应当承担赔偿责任。"即便被告的前述行为造成了损害，其也是直接损害了公司的利益，应当向公司承担赔偿责任。原告只是因为公司的利益受到损害而导致其享有该公司的股东权益发生损害，属于间接损害，在公司利益得到弥补后该间接损害自然也不复存在。因此，本案无论被告的行为是否侵害公司利益，原告作为公司股东都无权要求将被损害的利益直接归于自己，其本案的诉讼请求均不应予以支持。至于被告案涉关联交易是否损害了公司的利益，各方如有争议可另行处理。

【参考裁判文书】江苏省南通市中级人民法院（2021）苏06民终2084号

赵某某与符某某、如东县丰利医药化工厂有限公司损害股东利益责任纠纷一案二审民事判决书。

5.关于股东抽逃出资造成的损失属于公司利益受损的裁判说理示范

【适用情形】公司股东抽逃出资造成的损失为公司利益受损。

【说理示范】根据已经查明的事实，被告在向公司出资××元后又抽逃了该出资，该抽逃出资行为对公司造成了损害，但并无证据证明必然导致公司经营彻底失败，亦无证据证明必然导致对原告的股权及收益造成损害。而且，即使原告的股权可能受到损害，但在公司尚未清算的情况下，原告所持股权价值、是否存在损失等均无法确定。原告关于被告抽逃出资行为对其造成损害并以其实际出资额和预计收益计算损失数额，均缺乏事实和法律依据，故对其要求赔偿损失的诉讼请求不予支持。

【参考裁判文书】最高人民法院（2014）民申字第762号陈某某与蓝某某等损害股东利益责任纠纷一案申诉审查民事裁定书。

四、关于侵权行为及过错认定的裁判说理示范

（一）关于应当认定为存在侵权行为的裁判说理示范

1.关于《公司法司法解释（四）》第12条规定的损害股东知情权的裁判说理示范

【适用情形】公司董事因未依法履行职责置备公司文件材料给股东造成损失应予赔偿。

【说理示范】首先，本案系原告作为公司股东因无法行使股东知情权而引发的侵权损害赔偿之诉。由于公司是否置备有关文件材料并非股东所能证明，故股东只对公司不能提供有关文件资料，导致其无法查询、复制的事实承担举证责任。现原告已提供证据证明，相关股东知情权诉讼判决生效后，因公司未履行义务而被法院终结执行程序。故在此情况下，关于公司依法制作或保存了相关财务会计报告、会计账簿和会计凭证的举证责任应当转移，被告作为公司执行董事，应当对此承担举证责任。其次，结合案件客观事实，本院有理由认为被告主张上述资料客观上无法提供的辩解缺乏事实依据，难以采信。综上所述，被告作为公司的执行董事，对公司已建立和保存了财务会计报告、会计账簿和会计凭证未能提供证据证明，应当承担举证不能的后果。

【参考裁判文书】上海市第一中级人民法院（2020）沪01民终3550号叶某与周某损害股东利益责任纠纷案二审民事判决书。

2. 关于《公司法司法解释（三）》第 27 条规定的怠于履行变更登记义务造成股东损失的裁判说理示范

【适用情形】未及时办理变更登记，有过错的董事、高级管理人员或者实际控制人应承担赔偿责任。

【说理示范】本案为损害股东利益责任纠纷。被告作为公司董事、实际控制人，负有协助原告登记股东姓名的义务。原告自股权被违法转让后，已提起多起诉讼，致力于恢复股东身份，在此期间，被告不仅未协助其进行股权变更，反而恶意转移尚在其名下的涉案股权，致使原告始终未能恢复股东身份。自原告股权被违法转让后，公司的经营状态、股权结构均发生了重大变化，即便将涉案股权恢复至原告名下，公司的人合基础亦不复存在，被告的行为侵害了原告作为股东登记权利等多项权益，被告应承担赔偿责任。

【参考裁判文书】北京市第一中级人民法院（2015）一中民（商）终字第 5292 号李某某与焦某某等损害股东利益责任纠纷一案二审民事判决书。

3. 关于《公司法司法解释（二）》第 21 条规定的怠于履行清算义务损害股东利益的裁判说理示范

【适用情形】股东、董事和控股股东承担清算责任后，可向其余清算义务人追偿。

【说理示范】依照《公司法司法解释（二）》第 21 条的规定，原告在承担该民事责任后，有权主张其他股东按照过错大小分担责任。由于各被告均系公司股东，且被告 A 还系公司董事，被告 B 系公司法定代表人、董事长，被告 C 系公司总经理，按照《公司法》及公司章程的规定，三人均对公司经营管理和清算负有相应职责，酌定按照该三人所持公司股权比例计算各自应承担的责任份额。

【参考裁判文书】广东省深圳市中级人民法院（2018）粤 03 民终 6032 号周某某与廖某某、杨某某等损害股东利益责任纠纷一案二审民事判决书。

4. 关于《公司强制清算纪要》第 29 条规定的造成无法清算而损害股东利益的裁判说理示范

【适用情形】股东申请强制清算，人民法院以无法清算或者无法全面清算为由作出终结强制清算程序的，股东可以向控股股东等实际控制公司的主体主张有关权利。

【说理示范】关于被告一、被告二、被告三、被告四、被告五是否损害了原告的股东权利，原告作为公司股东，依法享有收益权。收益权的一项重要内容就是股东对公司清算后的剩余财产分配权，现因公司清算不能，致使原告的剩余财产分配权无法实现，造成了财产利益上的损失，存在权利被损害的客观后果。××公司系有限责任公司，各股东都是清算义务人，都应当对清算不能承担责任。公司清算不能的直接原因是公司账册、主要财产和重要文件灭失，而根本原因与公司实际控制人、控股股东相关，因为正常的公司运营，账册、主要财产、重要文件是不可能灭失的，除非负责公司资产保管和日常经营的人员保管不力或故意藏匿、转移，甚至销毁公司账册或重要文件。××公司系家族式有限责任公司，其股东人数较少且人合性较强，原告的15%股权系离婚分割夫妻共同财产所得，且经过一系列的诉讼，取得股东身份后亦未能参与公司经营管理，属弱势股东。5被告直接持有××公司85%股份，基于上述股东之间的身份关系及本案纠纷的由来及发展过程，历次股东会议的出席情况及表决的一致性，可认定被告二、三、四、五横向联合并实际形成共同控制股东，进而利用对公司的实际控制力和股东会优势表决地位，排挤处于弱势的原告股东，违反了股东的忠实和注意义务，应对公司账册、重要文件不全导致清算不能的后果对原告承担赔偿责任。被告一虽不是公司股东，但其作为公司实际控制人并利用其控制地位，阻碍清算程序的启动与运作，××人民法院在公司强制清算一案中对被告一存在严重妨碍法院组织清算工作的行为已作出认定，故被告一亦应对原告承担相应的赔偿责任。

【参考裁判文书】江苏省南通市中级人民法院（2015）通中商终字第00396号姜某某与朱某1、朱某2、朱某3、朱某4、顾某某损害股东利益责任纠纷一案二审民事判决书（含一审判决说理部分）。

5. 关于股东、董事、高级管理人员未如实披露信息损害股东利益的裁判说理示范

【适用情形】控股股东、董事未如实披露信息，导致不公平交易损害股东利益的，应予赔偿。

【说理示范】被告作为公司的董事，在以自己的全资公司收购其任职公司持有的A公司股权的关联交易中，转让股权的价格显著低于该股权的公允市场价值，有违公平、合理处理公司事务的原则，导致原告可以获得的按该股权转让款计算的股息减少，被告的行为对原告造成了不公平的损害，原告要求被告赔偿股权公允市场价值与实际股权转让价格差额的损失，应予支持。

【参考裁判文书】上海市第一中级人民法院（2020）沪01民终7597号堀雄某某与杨某某损害股东利益责任纠纷一案二审民事判决书。

6. 关于股东、董事、高级管理人员侵害股东表决利益的裁判说理示范

【适用情形】关于未依法通知原告股东即注销公司，损害原告股东利益的，应予赔偿。

【说理示范】本案为损害公司股东利益责任纠纷。根据《公司法》第20条第2款的规定，公司股东滥用股东权利给公司或者其他股东造成损失的，

应当依法承担赔偿责任。原告作为公司的股东，依法享有资产收益、参与重大决策和选择管理者等权利。被告作为公司的法定代表人及实际控制人，在公司解散、清算、注销的过程中未征求原告的意见，期间形成的股东会决议及清算报告上的签名亦非原告本人所签，故可以认定被告在公司解散、清算、注销的过程中存在滥用股东权利损害原告表决权益的情形，其应当对原告所受的损失承担赔偿责任。

【参考裁判文书】浙江省温州市中级人民法院（2015）浙温商终字第331号陈某1与陈某2等损害股东利益责任纠纷一案二审民事判决书。

7. 关于股东利用控制权损害其他股东利益的裁判说理示范

（1）关于股东在增资过程中利用控制权损害其他股东利益的裁判说理示范。

【适用情形】股东利用控制权，在增资过程中损害其他股东股权价值的应予赔偿。

【说理示范】股东滥用股东权利给公司或者其他股东造成损失的，应当依法承担赔偿责任。××公司的增资决定未按照当时公司的净资产额进行，而是以显著低于当时公司净资产额的公司注册资本进行增资，明显降低了小股东所持股权的价值，侵害了原告的权益，造成了原告损失。被告系掌握公司控制权的大股东，凭借其控制的多数表决权，将自己的增资意志拟制为公司的意志，对该决议的通过起到了决定性作用，且在实施股东会决议时未能客观、公正地对公司的净资产进行必要的审计、评估，致使原告的股权价值蒙受了巨额损失。被告的行为属于滥用股东权利，违反了大股东对小股东的信义义务，故被告对原告因此所受的损失应承担赔偿责任。

【参考裁判文书】上海市静安区人民法院（2006）静民二（商）初字第755号董某诉上海致达建设发展有限公司等损害股东利益责任纠纷一案一审民事判决书。

（2）关于未经股东同意增资侵害股东优先认购权的裁判说理示范。

【适用情形】未经股东同意增资侵害股东优先认购权。

【说理示范】××公司系原告与被告等共同出资设立，设立时原告依法持有公司××%股权。在原告没有对其股权作出处分的前提下，除非公司进行了合法的增资，否则原告的持股比例不应当降低。公司的章程明确规定公司增资应由股东会作出决议。现经过笔迹鉴定，××公司的股东会决议上非原告本人签名，不能依据书面的股东会决议认定原告知道增资的情况。出资买地与公司增资之间不具有必然的关联性。因此，在没有证据证明原告明知且在股东会上签名同意公司增资至××万元的情况下，对公司设立时的股东内部而言，该增资行为无效，对原告没有法律约束力，故不应以工商变更登记后的××万元注册资本为依据来降低原告在××公司的持股比例，本案应当依照××%的股权比例在股东内部进行股权分配。

【参考案例】黄某某诉陈某某等股东资格确认纠纷一案（《最高人民法院公报》2015年第5期）。

8. 关于不当处分原告股东股权的裁判说理示范

【适用情形】不当处分原告股东股权的，应当承担赔偿责任。

【说理示范】公司设立时，公司股东（发起人）名录上记载的股东有原告（货币出资××万元，占注册资本××%），且由××会计师事务所有限公司出具《验资报告》，确认原告缴纳××万元，款项已转入公司账户中，故原告的出资已通过会计师事务所审验，应认定其已履行出资义务。并且，公司股东名录上亦明确记载原告为公司股东，故原告应为公司实际股东。被告擅自将原告持有的公司股权转给案外人，需向原告承担赔偿责任。

【参考裁判文书】上海市第一中级人民法院（2014）沪一中民四（商）终字第156号郁某某诉黄某等损害股东利益责任纠纷一案二审民事判决书。

9. 关于侵害股东剩余财产分配权的裁判说理示范

【适用情形】股东个人账外收取公司注销前货款损害其他股东剩余财产分配权。

【说理示范】公司注销前，对案外人发生货款共计××元，且在财务账中均未发现有对以上项目的销售和收款。被告举证的收款收据，与审计报告的审计结果相冲突，不能证明其货款已经入账。上述货款并未记入公司财务账册，双方也未就收取的货款在账外进行过分配，更未在公司注销后作为剩余资产进行分配。本案中，公司由原告和被告共同出资设立，且已经注销登记。经法院裁判，该公司的剩余资产已经分配完毕。因此，被告就上述货款××元，在账外收款而未上交公司，也未分配给原告，侵害了作为股东的原告的合法利益，理应由被告根据原告在公司的股份比例，赔偿其相应的经济损失。

【参考裁判文书】江苏省苏州市中级人民法院（2015）苏中商终字第01759号蔡某1与蔡某2损害股东利益责任纠纷一案二审民事判决书。

（二）关于不应认定为侵权行为的裁判说理示范

1. 关于董事、高级管理人员正常履职行为不构成侵权的裁判说理示范

【适用情形】董事已经尽到勤勉义务，其行为不构成对其他股东利益的侵害。

【说理示范】关于被告的行为是否违反董事的勤勉义务。《公司法》第

148条[①]规定，董事、监事、高级管理人员应当遵守法律、行政法规和公司章程，对公司负有忠实义务和勤勉义务。至于勤勉义务的含义和内容，法律并没有具体界定。一般认为，公司法中的勤勉义务与侵权法中的注意义务相似，指董事、监事、高级管理人员必须像一个正常谨慎之人在类似处境下应有的谨慎履行义务，为实现公司的最大利益努力工作。据此，管理者在作出某一经营判断前，应当收集足够的信息，诚实而且有正当的理由相信该判断符合公司的最佳利益。本案被告在作出赔偿行为时已尽到了勤勉义务，原因在于：首先，相关证据已经证明，被告为赔偿问题多次赴A公司协商，说明被告为解决该问题采取了积极的行动，在多次协商的情况下，被告不可能对产品是否存在质量问题以及损失的大小没有了解。其次，××××年××月，被告与公司股东甲、乙为赔偿问题一起去过A公司，虽然最终未就质量问题达成一致意见，但至少甲和乙对A公司要求赔偿的事是知情的，股东之间必然也就质量问题商量过。再次，从被告的文化程度和从业经历来看，其业务水平显然远高于其他几位股东，被告基于其对自身业务水平的信任，认为造成质量问题的原因不经过鉴定也能够判断出来，这种自信在无相反证据的情况下应推定为合理。最后，两原告在A公司起诉后，未充分行使抗辩权利（如行使撤销权等），却自愿与A公司订立调解协议，并部分履行了协议，间接说明两原告已认可被告签订的协议。综上，被告的行为既未超越法律和公司章程所赋予的职权，也未违反法律规定的勤勉义务。

【参考裁判文书】浙江省慈溪市人民法院（2007）慈民二初字第519号慈溪富盛化纤有限公司等与施某某损害股东利益责任纠纷一案一审民事判决书。[②]

2.关于股东依法行使表决权的行为不构成侵权的裁判说理示范

【适用情形】股东依法行使表决权的行为，不构成对其他股东权利及利益的侵害。

【说理示范】××××年××月××日，A公司召开股东会，讨论了A公司与B公司合作开发事宜，并决定于同年××月××日之前全体股东就该事项进行书面表决。此后，公司的股东按照董事会要求进行了书面表决，其结果为：包括被告在内的三名股东赞成，原告等两名股东反对，另有一名股东弃权。同年××月××日，A公司董事会作出《A公司股东会决议》，公布了表决结果，称股东会以61.24%的赞成票通过了A公司与B公司的合

[①] 对应《公司法》（2018年修正）第147条。

[②] 何琼史、久瑜：《董事违反勤勉义务的判断标准及证明责任分配》，载《人民司法·案例》2009年第14期。

作开发方案。本院认为,在 A 公司股东会进行上述表决过程中,被告作为该公司的股东投了赞成票,系正当行使其依法享有表决权的行为,该表决行为并不构成对其他股东权利及利益的侵害。基于全体股东的表决结果,《A 公司股东会决议》载明:"根据公司法规定:A 公司股东会通过 A 公司与 B 公司合作开发方案。"此后,双方签订了合作开发协议,并将之付诸实施。上述行为及经营活动均是以"A 公司董事会、董事长"名义实施,其对内为董事会行使职权,对外则代表了 A 公司的法人行为,没有证据证明是被告股东实施的越权行为。

【参考裁判文书】最高人民法院(2013)民二终字第 43 号海南海钢集团有限公司与中国冶金矿业总公司损害股东利益责任纠纷一案二审民事判决书。

五、关于责任承担的裁判说理示范

(一)关于损害赔偿以受到实际损失为要件的裁判说理示范

【适用情形】因原告并未遭受实际损失,其诉讼请求缺乏事实要件。

【说理示范】董事、高级管理人员违反法律、行政法规或者公司章程的规定,损害股东利益的,股东可以向人民法院提起诉讼。原告作为××公司的股东,程序上可以此为由起诉被告并要求赔偿损失,但该请求要得到支持,应当符合法定的构成要件,其中原告因被告的行为受到实际损失就是条件之一。原告是否需要对××公司的债务承担责任尚无明确结论,且原告也在庭审中陈述其未向案外债权人实际赔偿损失,即原告所述的损失至本案诉讼前并未实际发生。由于原告未能提供证据证明其已受到相应的实际损失,故原告的诉讼请求,缺乏基础的事实要件,本院不予支持。

【参考裁判文书】上海市金山区人民法院(2016)沪 0116 民初 4267 号顾某某与陈某某损害股东利益责任纠纷一案一审民事判决书。

(二)关于共同侵权情形下责任承担的裁判说理示范

【适用情形】各被告共同侵权应承担连带责任的情形。

【说理示范】民事主体从事民事活动应当合法,是基本原则和社会生活常识,也是民事主体应尽的法律义务。两公司为实现并购目的,被告一公司委托该公司职工被告二、被告三作为新股东收购包括原告等 5 人在内的公司全部股东的股权。被告四作为公司法定代表人,为配合完成收购,在原告等 5 人不知情且未同意的情况下,利用职务便利在股权转让协议等材料上伪造原告等 5 人的签名,将原告等 5 人的股权违法转让给被告二、被告三,并完成相应的工商变更登记,剥夺了原告等 5 人的股东权利。期间的交易过程和行为，各被告之间意思表示一致，行为契合，共同侵犯了原告的股东权益，应依法承担相应的民事责任（连带责任）。

【参考裁判文书】河南省高级人民法院（2019）豫民再740号马某某等五人与解某某、鲁某某、朱某某、长葛市汇源天然气有限公司、河南省五洲能源发展有限公司损害股东利益责任纠纷及清算责任纠纷一案再审民事判决书。

（三）关于损失计算中举证责任分配的裁判说理示范

1. 关于受侵害股东应举证证明其遭受损失的裁判说理示范

【适用情形】受侵害股东应举证证明其遭受的损失。

【说理示范】本案中，原告认为被告的行为损害其股东利益，但并未举证证明其因上述行为遭受实际损失的事实证据。根据《民事诉讼法》第67条第1款关于"当事人对自己提出的主张，有责任提供证据"，以及《民事诉讼法司法解释》第90条关于"当事人对自己提出的诉讼请求所依据的事实或者反驳对方诉讼请求所依据的事实，应当提供证据加以证明……未能提供证据或者证据不足以证明其事实主张的，由负有举证证明责任的当事人承担不利的后果"的规定，原告应当承担举证不能的不利后果。原告诉请被告承担损害股东利益的侵权赔偿责任，缺乏事实和法律依据，本院不予支持。

【参考裁判文书】四川省高级人民法院（2019）川民终1137号张某1与张某2损害股东利益责任纠纷一案二审民事判决书。

2. 关于损失认定中举证责任转移的裁判说理示范

（1）关于原告股东已初步证明存在损失，被告经释明未说明情况也未提交证据，对于具体损失金额的举证责任应转移至被告的裁判说理示范。

【适用情形】原告股东已证明侵权事实并已初步证明存在损失，被告不认可原告主张，但经法院释明未说明情况也未提交证据，对于具体损失金额的举证责任应转移至被告。

【说理示范】当事人对自己提出的诉讼请求所依据的事实或者反驳对方诉讼请求所依据的事实有责任提供证据加以证明。没有证据或者证据不足以证明当事人的事实主张的，由负有举证责任的当事人承担不利后果。原告通过举证，已经证明两被告存在违反董事的勤勉义务与忠实义务的情形。就其具体损失，原告认为，根据×××年在本院进行知情权诉讼过程中对公司财务账簿的查阅及审计意见，可以确定其时公司尚余可变现资产××元，此后公司未再实际经营，现在已无任何资产。基于被告之前的行为及其对公司实际的控制程度，公司全部财产的损失都应该由被告负责。被告否认原告的上述意见，但经本院数次释明，未向本院说明公司现在的资产状况，也未提供任何证据，包括公司的历次董事会决议，以及公司的财务、经营资料等证明己方观点,且被告在庭审中以公司"已不存在"的表达对其进行描述。因此,本院推定,公司现已处于无人员、无财产、无场所的非经营状态。根据原告在公司的持股比例及其×××年行使知情权的结果,本院认定原告的损失为公司当时可变现资产××元的30%。被告不认可原告的主张,但没有提供相应证据,应当承担举证不能的法律后果。

【参考裁判文书】北京市东城区人民法院(2017)京0101民初5692号卢森堡剑桥控股集团亚洲公司与李某某、俞某等损害股东利益责任纠纷一案一审民事判决书。

(2)关于因拒不提供财务资料导致公司无法清算,由实际控制公司的侵权行为人对公司资产状况承担举证责任的裁判说理示范。

【适用情形】因拒不提供财务资料导致公司无法清算,应当由实际控制公司的侵权行为人对公司资产状况承担举证责任。

【说理示范】《公司强制清算纪要》中规定,对于股东申请强制清算,因重要账册、文件等不全无法强制清算的,股东可向控股股东等公司实际控制主体主张有关权利。对于该条的适用,最高人民法院进一步明确,"因控股股东等实际控制公司的主体的原因导致无法清算或者无法全面清算,股东因无法获得应有的剩余财产分配而向控股股东等实际控制公司的主体主张有关权利时,我们考虑可以通过举证责任倒置来解决中小股东利益的保护问题,即在控股股东控制公司的前提下该清算不清算,或者不依法提交有关财产状况说明、债务清册、债权清册、财务会计报告以及职工工资的支付情况和社保费用的缴纳情况,导致无法清算或者无法全面清算,其他股东起诉请求控股股东等实际控制公司的主体返还出资并承担损失的,除非控股股东等实际控制公司的主体能够充分证明公司已经资不抵债没有剩余财产进行分配或者不能返还出资,或者虽然公司有剩余财产可供分配但数额低于权利人主张的数额,人民法院应当依法支持其诉请"。原告作为小股东申请对公司进行强制清算,但因被告等实际控制公司的主体不提供主要、完整、有效的财务资料,导致无法清算,可参照适用举证责任倒置的规则,支持原告的全部诉讼请求。且原告主张赔偿××元,相对于公司处置的主要资产规模,并无不合理情形。一审法院根据公司注册资本确定原告有权获得的赔偿数额,既没有充分、完整的考虑双方纠纷本质,亦未能正确适用民事诉讼证据规则,基于在公司实际控制主体不诚信履行清算义务的情况下保护中小股东合法权益的原则,一审判决应予纠正。

【参考裁判文书】江苏省南通市中级人民法院(2015)通中商终字第00396号姜某某与朱某1、朱某2、朱某3、朱某4、顾某某损害股东利益责任纠纷一案二审民事判决书。

（四）关于损失金额计算的裁判说理示范

1. 关于以侵权行为造成的可以确定的实际财产损失认定损失金额的裁判说理示范

【适用情形】以公司违法注销后股东承担清算责任代公司偿还债务的实际支出认定损失金额的情形。

【说理示范】由于被告的违法注销公司行为，致使原告向案外人赔偿损失共计××元，两者存在直接因果关系，故被告应予赔偿。原告主张被告赔偿损失××元的诉讼请求，于法有据，予以支持。

【参考裁判文书】江苏省徐州市中级人民法院（2020）苏03民终5940号梁某某、丰县韵达商贸有限公司与刘某某损害股东利益责任纠纷一案二审民事判决书。

2. 关于以股权交易对价确定股权价值损失的裁判说理示范

【适用情形】根据股权交易对价确定股权价值损失的情形。

【说理示范一】关于损失如何计算的问题，根据股权转让协议和收购合同内容，收购方××成为公司新股东的事实，可以证明其对公司的收购兼具资产收购和股权收购的性质，故其支付的××元并购款应当包括公司的总资产和原告的原股东股权价值。在法院尚未查明并购款中包含多少原股东股权对价的情况下，被告明知双方就股东身份和股东权益已产生争议且待证事实需进一步查明，仍然注销了公司，且注销清算时未通知原告，亦未清偿其股东财产权益，该不当行为导致法院无法查明事实，明显存在过错，对此应承担相应的法律责任。故应以并购款作为公司全部股权的对价认定原告的经济损失，按原告持股比例计算为××元。

【参考裁判文书】河南省高级人民法院（2019）豫民再740号马某某等五人与解某某、鲁某某、朱某某、长葛市汇源天然气有限公司、河南省五洲能源发展有限公司损害股东利益责任纠纷及清算责任纠纷一案再审民事判决书。

【说理示范二】被告一出具的公司2017年12月31日的资产负债表及税务部门提供的公司2018年12月31日的资产负债表，均显示公司的所有者权益为负数，即公司确实可能存在持续亏损的情况。但在公司亏损的情况下，被告一与被告二仍在2018年5月达成协议，同意被告二转让公司25%股权且股权作价××元，此后虽无公司盈利的相关证据，但在公司2019年资产状况无法查明的情况下，只能以公司两股东即两被告自行认定的股权交易价值认定该股权价值，故原告在公司的股权损失认定为××元。

【参考裁判文书】广东省广州市中级人民法院（2020）粤01民终17635号冯某某与王某某、周某损害股东利益责任纠纷一案二审民事判决书。

3. 关于以评估方式认定损失金额的裁判说理示范

【适用情形】以评估方式认定损失金额的情形。

【说理示范】此次股权转让价款系完全参照 D 公司所做的 ×× 公司拟了解企业价值涉及的股东全部权益价值评估咨询报告形成。从该报告的评估目的及产生过程来看，其一，该报告仅系 D 公司针对 ×× 公司拟了解企业价值涉及的股东全部权益价值所作的咨询报告，评估目的并非为了股权转让；其二，在出具正式评估报告前，D 公司曾明确向 ×× 公司表示，已根据 ×× 公司提供的资料，分别采用资产基础法和收益法评估，前者评估值为 730.70 万元，后者评估值为 2600 万元，且根据 ×× 公司的历史情况和未来经营情况分析，采用收益法的结果更能体现公司的真正价值。而在 ×× 公司就上述评估意见进行讨论时，被告"强烈建议"按资产基础法进行评估，D 公司最终作出的评估结论采用资产基础法作出。虽然评估报告否认了收益法评估的适用性，但评估报告载明，其原因在于"企业管理层难以对未来经营状况进行预测"。考虑到案涉股权转让涉及与被告的关联交易，以及被告通过股权控制 ×× 公司管理层可能产生的影响，本院认为，D 公司在 ×× 公司管理层认为难以对未来经营状况进行预测的情况下，选择采用基础资产法向 ×× 公司作出的评估咨询结论，并不足以作为认定案涉股权转让公允价格的依据。本案诉讼中，经本院依法委托 E 公司对 ×× 公司股东全部权益价值在 2013 年 12 月 31 日的公允市场价值进行评估，评估结论为 25 001 300 元。依据 E 公司的评估结论，×× 公司股东全部权益截至 2013 年 12 月 31 日所表现的公允市场价值为 25 001 300 元。被告作为 ×× 控股公司的董事，在以自己的全资公司 ×× 国际公司收购 ×× 控股公司持有的 ×× 投资公司股权的关联交易中，所确定的股权转让价格显著低于该股权的公允市场价值，有违公平、合理处理公司事务的原则，导致原告可以获得的按该股权转让款的 30% 计算的股息减少，被告的行为对原告造成了不公平的损害，原告要求被告赔偿股权公允市场价值与实际股权转让价格差额的 30% 损失，符合法律规定，本院予以支持。

【参考裁判文书】上海市第一中级人民法院（2020）沪 01 民终 7597 号堀雄某某与杨某某损害股东利益责任纠纷一案二审民事判决书。

4. 关于以资产负债表认定损失金额的裁判说理示范

【适用情形】以资产负债表认定损失金额的情形。

【说理示范】至于原告的损失金额，因生效判决确定原告的股东身份至公司解散之时亦有一定期间，公司存续期间必定有所支出，也存在亏损的可能性，但被告均未能提供公司的财务账册核实其经营期间的盈余状况及清算后的剩余财产，而法院向税务部门调取的财务报表等资料确实存在报表时间不连续的情况，且调取的税务资料中有关公司的资产负债表可以看出公司2019年第二季度仍有未分配利润高达139 950.26元，但第三季度却出现了净利润-166 183.59元。在此情况下，2019年的资产负债表又为零申报，就上述情况，非经审计无法明确公司的经营状况及清算后的剩余财产，但被告均表示无法提交公司的财务账册，且公司清算时亦未对公司进行审计，导致公司的资产状况及具体清算结果无法查清，由此造成的法律后果应由被告自行承担。虽然在税务部门认可公司财务报表的情况下，法院应当认可税务部门的纳税结果，但仍应就本案的损失金额作出具体分析。对于公司清算后的资产，被告出具的2019年7月31日公司资产负债表载明公司此时所有者权益（股东权益）为171 520.61元，而公司系在2019年7月17日召开股东会决议对公司进行清算，故7月31日的资产负债表足以表明公司当时的资产状况，至于2019年第三季度的资产负债表，鉴于原告并未参与公司清算程序，本案中不应将第三季度资产负债表作为认定原告股权损失的依据，故原告的股权损失应为171 520.61元×25%即42 880.15元。至于原告表示被告一曾自认公司价值为30万元，因该陈述并未取得公司确认，且无相关证据予以佐证，故对原告主张以此认定公司的股权价值，不予采信。

【参考裁判文书】广东省广州市中级人民法院（2020）粤01民终17635号冯某某与王某某、周某损害股东利益责任纠纷一案二审民事判决书。

5.关于以公司主要资产的市场价值认定损失金额的裁判说理示范

【适用情形】以公司主要资产的市场价值认定损失金额的情形。

【说理示范】因被告侵权造成的原告实际损失应当包括两部分，即原告自有股份被违法转让的损失和原告因丧失增资机会进而导致丧失对于公司股权的比例性利益的相应损失。故认定被告承担的损害赔偿责任应当综合考量两项损害内容，尤其后者带来的损害后果更为巨大。因××公司属于有限责任公司，其股权价值无法直接进行量化认定，而公司的资产价值包括流动性资产及固定资产两部分，流动性资产系公司因经营获得的货币财产。根据审计结论，除争议待定项目的债务情况无法确认外，××公司截至××××年××月××日净资产××元。关于固定资产，××公司取得土地使用权证、施工许可证的时间均在××××年××月××日前，房屋现状亦系某年已经形成，且被告与公司均未能提交证据证明房屋建筑资金系被告个人负债借款所建，故应当认定该房产属于公司固定资产。考虑审计报告记载的资产价值为公司自行记载的账面价值，与正常的市场估价存在巨大差额，故应当按照固定资产的正常市场估价加上审计报告中的其他净资产价值确定公司的正常市值或股权价值。经计算，在不考虑公司存在争议的固定资产面积及潜在可能发生的对外负债的情况下，公司的净资产价值也达到××元左右。

原告作为公司的股东享有相应的财产权益，现原告的股权被违法转让，股权比例被非法稀释，被告应承担相应赔偿责任。根据法律规定，侵权责任的承担方式包括返还财产、恢复原状、赔偿损失。本院在通过审计、评估初步确认××公司基本资产价值的基础上，综合考量扣除相应合理的待定金额和原告为公司增资可能发生的机会成本的情况下，再结合原告原合法持股比例，认定原告要求被告承担赔偿损失××元属于合理范围，本院予以支持。

【参考裁判文书】北京市第三中级人民法院（2017）京03民终7375号徐某某与黄某、北京华盛景科技有限公司损害股东利益责任纠纷一案二审民事判决书。

6. 关于以股东出资金额认定损失金额的裁判说理示范

【适用情形】在原、被告双方均无法证明公司资本增加或减少的情形下，以股东出资金额认定损失金额的情形。

【说理示范】原告股权于2008年7月30日被盗卖，彼时其股权的具体价值，应通过对公司的资产评估予以确定，原告曾提出相关申请。因该公司全部股权自2008年7月30日之后由被告夫妇持有，故被告夫妇为公司实际控制人，对于该公司当时的财务状况，被告负有举证责任。庭审中经询问，被告表示不能提供公司2008年7月30日的相关账册等财务资料，导致评估鉴定不能进行，被告依法应对该项争议事实承担举证不能的法律后果。被告关于其受让公司股权时未移交公司财务资料的辩解有悖常理，不能成立。本案中，被告不能举证证明公司设立后存在出资不实、抽逃出资、经营亏损等减少公司资本的情形，原告亦不能举证证明公司设立后存在经营盈利等增加公司资本的情形，故本院推定××公司2008年7月30日的资产状况与设立时相同，即原告当时的股权价值仍为原告出资额100万元，被告应按此标准承担赔偿责任。

【参考裁判文书】北京市第一中级人民法院（2015）一中民（商）终字第5292号李某某与焦某某等损害股东利益责任纠纷一案二审民事判决书。

7. 关于股东因无法行使知情权致损时确定损失的裁判说理示范

【适用情形】《公司法司法解释（四）》第12条规定的股东因无法行使知情权致损时，损失应根据被告应当承担的职责、相关行为和具体案件事实确定。

【说理示范】本案系原告作为××公司的股东因无法行使股东知情权而引发的侵权损害赔偿之诉。由于被告没有建立和保存××公司的财务会计报告、会计账簿和会计凭证，该行为导致原告无法通过行使股东知情权查阅、复制前述文件材料，并致其遭受了包括难以证明公司存在可分配利润并请求公司分配利润、难以证明公司有可分配剩余财产并请求相应分配，以及因无法组织公司清算而依法应承担赔偿责任等带来的损失。对于上述"难以证明"的损失，本院认为，被告因其未依法履行职责，应当对××公司有无可分配利润或剩余财产等承担举证证明的责任。现被告未能对此予以举证证明，应承担举证不能的后果。原告在本案中主张的损失赔偿金额为××元，该损失组成的实质仍为返还其向××公司投资的剩余投资款，故原告以该金额作为其未能行使股东知情权遭受的损失，于法无据，本院难以支持。综合被告作为公司执行董事应当承担的职责，其在股东知情权诉讼中未反映上述公司文件材料"被查封"的情况，以及被告在股东知情权案件执行过程中未如实陈述并最终被法院予以司法拘留的客观情况，本院酌情认定被告应向原告支付10万元赔偿金。

【参考裁判文书】上海市第一中级人民法院（2020）沪01民终3550号叶某与周某损害股东利益责任纠纷一案二审民事判决书。

第五节　判决主文规范表述

损害股东利益责任纠纷类案裁判文书的判决主文应当符合《人民法院民事裁判文书制作规范》有关判决主文部分的要求，具体为：

"1.裁判主文中当事人名称应当使用全称。2.裁判主文内容必须明确、具体、便于执行。3.多名当事人承担责任的，应当写明各当事人承担责任的形式、范围。4.有多项给付内容的，应当先写明各项目的名称、金额，再写明累计金额。如：'交通费……元、误工费……元……，合计……元'。5.当事人互负给付义务且内容相同的，应当另起一段写明抵付情况。6.对于金钱给付的利息，应当明确利息计算的起止点、计息本金及利率。7.一审判决未明确履行期限的，二审判决应当予以纠正。判决承担利息，当事人提出具体请求数额的，二审法院可以根据当事人请求的数额作出相应判决；当事人没有提出具体请求数额的，可以表述为'按×××利率，自××××年××月××日起计算至××××年××月××日止'。"

根据原告诉讼请求的不同，损害股东利益责任纠纷案件的判决主文一般有以下几种：第一，请求赔偿损失；第二，确认某一文件或法律行为无效；第三，其他具有停止侵害、消除危险、恢复原状或返还财产等内容的主文。损害股东利益责任纠纷判决主文的规范表述详见表1。

表 1 损害股东利益责任纠纷判决主文规范表述列表

裁判类型	裁判事项	裁判主文
股东诉请赔偿损失	支持损失诉请	被告××应于本判决生效之日起十日内向原告××赔偿××元及利息损失（以××元为本金，按照××之标准，从××××年××月××日计至付清之日止）
股东诉请××文件或民事法律关系无效	支持确认无效诉请	确认××文件或民事法律关系无效
股东提出的其他诉请	支持相关诉请	根据原告的诉讼请求内容予以支持

第二章
损害公司利益责任纠纷

第一节 类型纠纷审判概述

公司作为一种新型的社会组织形式，将社会资本资源、人力资源、生产要素通过近现代法律制度有效整合，以有限责任、独立财产、独立人格等主体形态参与到市场经济活动中，自诞生以来一直发挥着推动人类社会进步的重要作用。但是，公司作为人力、资源和规则的组合体参与市场经济活动，天然具有内部矛盾的源生性和外部冲突的必然性。与人类社会事物发展规律一样，良好的公司制度可以为人类社会的发展发挥巨大推动作用，因此，自17世纪世界上第一家公司诞生以来，与公司有关的法律制度就在不断地发展和完善之中，其重点之一便是寻求构筑一套"事前防范有参考，事中控制有措施，事后补救有规则"的公司利益制度保护体系，以维护和保障公司的长远发展。而要完成上述目标和任务，司法的地位和作用不可或缺。在当前市场经济发展尚不完善、会出现损害公司利益现象的背景下，通过个案矫正的正义，达到既能限制资本逐利本性的过度发展，又能切实保护公司正当利益不受侵害，显得尤为重要。

一、公司利益保护概述

公司是有着自身权利的机构，其独立于投资者存在，不因其投资者身份的变化而受影响。[1]公司利益，作为关乎公司本质的实质性问题，其利益相关者，如股东、实际控制人、董事、监事、高级管理人员均负有不得损害公司利益的义务。对于公司利益范围的争议以及如何实现各利益主体的均衡保护，是司法实务中尤为值得研究并应重点解决的课题。

（一）公司利益的含义

1. 公司利益内涵的学说争议

对于公司利益这一团体利益的构成，存在理论上的争议，有几种学说观点。传统公司法理论认为，股东利益最大化是公司治理的首要目标。公司虽

---

[1] 参见 Andrew Keny, The Corporate Objective: Corporations, Globalization and The Law, Edward Elgar Publishing Limited, 2011, pp.18, 175-177.

然是法律上独立的主体，但其由股东投资设立而成，故理应为股东利益服务。股东整体利益说认为公司利益即公司全体股东的利益，诸如："公司的利益就是股东的利益，包括'现在和将来'的整体利益"；①"公司的利益就是全体股东的利益"；②"所有赋予公司、公司管理层或者公司内任何群体的权力，不管是由法律还是公司章程赋予的，或者是由两者共同赋予的，在任何时候都只能服务于全体股东应有的利益"；③"公司所有者的利益与公司实体的利益是相互融合的"。④英美等普通法国家立法与司法实践多采纳此种学说。

综合利益说（利益相关者综合利益说）认为，公司利益是利益相关者综合利益的集合，其认为公司利益并非一个抽象的单一体，而是无数具体的相关成员利益的整合，故主张董事会作为利益协调机构来平衡组成公司的不同成员之间的利益。⑤公司是许多利益的竞技场，董事要向作为抽象实体的公司承担责任，不得不在实践中予以平衡并解决它们之间的冲突。⑥公司的目的和那些对它的行为拥有决策权的人的基本责任应是，实现受公司影响的所有集团"利益的合理调和"。⑦由此，公司内部人员在作出决策或实施诸多与公司相关之行为时，不仅应当考虑到股东作为公司所有者的合法权益，还应当从整体利益衡量角度出发，将其他可能受到相关行为影响的群体纳入考虑范围。⑧至于参与调和而形成"公司利益"的利益相关人，则学说众多，但基本包括股东、经营者、职工、债权人、消费者、当地社区及国家等。

---

① 参见 CanGaiman v.National Association for Mental Health，1 Ch 317（1971）. 转引自何美欢：《公众公司及其股权证券》（上册），北京大学出版社 1999 年版，第 416 页。

② 参见 Paul L.Davies，Gower's Principle of Modern Company Law，Sweet & Maxwell Ltd.，Sixth Edition，1997，p.604.

③ 参见 A.A.Berle Jr.，"Corporate Powers as Powers in Trust"，Harvard Law Review，1931，Vol.44，No.2，1931，p.1049.

④ 参见美国法律研究院：《公司治理原则：分析与建议》，楼建波、陈炜恒、朱征夫、李骐译，法律出版社 2006 年版，第 170 页。

⑤ 参见 Andrew Keny，The Corporate Objective：Corporations，Globalization，and The Law，Edward Elgar Publishing Limited，2011，p.71.

⑥ 参见 John H.Farrar & Brenda Hannigan，Farrar's company Law，Butterworth，1998，pp.13-14. 转引自李小军：《董事对谁承担责任？》，载王保树：《实践中的公司法》，社会科学文献出版社 2008 年版，第 344 页。

⑦ 参见［美］罗伯特·C.克拉克：《公司法则》，胡平等译，工商出版社 1999 年版，第 571 页。

⑧ 参见 D. Millon，"Communitarianism in Corporate Law：Foundations and Law Reform Strategies"，in L. Mitchell ed，Progressive Corporate Law，Boulder，Colorado：Westview Press，1995，p.3.

采公共利益说的观点较为极端,认为公司利益即公共利益,即公司是国家为促进社会发展和经济繁荣而创造的工具。因此,公司的目的是服务于公共利益,公司并非真正的私人机构,而应被视为具有公共义务的公共机构,它们在一定程度上应当以类似于政府的方式来承担责任。[1]

公司利益构成学说的不同观点也体现在公司制度演变的历史中。"公司利益"的内涵在此中产生动态变化,公司从"致力于服务公众的政治产物到肩负着重大社会责任的私人经营实体,到在更为广阔的范畴内追求私人利益的'自然'产物,再到出于对公众利益的保护,对私人利益的追逐受到严格监管的混合体,最后发展成为接受仅仅以提升效率和利润水平为宗旨的行政当局监管的私人商业机构"。[2] 即使对同一公司,"在董事行使职权时,'公司利益'的意义可能因不同场合而有所变化:它可能指全体股东的利益、作为单独实体的法人团体的利益、或甚至在破产情况下意味着债权人的利益"。[3]

公司利益的结构,在不同情境下也呈现出动态的变化。正如罗修章与王鸣峰在《公司法:权力与责任》一书中,对不同情境下"公司整体利益"的含义所作的解释:"在不存在股东竞争性权力冲突的情况下,其最基本的含义是指公司作为一个商业实体,不同于其创立者的利益;或者当大股东与少数股东存在利益冲突时,或者在某一决策影响股东整体利益时,其基本含义是公司创立者作为一个整体的利益;或者当公司已经或预计将要破产时,其基本含义是公司债权人的利益。其并不意味着每一个案件都要在一个确定的利益分类中来判决,在特定的案件中,必定会有不同的利益重叠。一般来讲,当不同利益存在时,每一种利益都将被给予不同程度的强调,也正是在此种情况下,这一短语的使用才会有不同含义。最终,公司利益是一个事实问题,法律对董事的要求是在对'公司利益'进行主观分析时要怀有善意。"[4]

2.《公司法》条文中的公司利益

公司利益是公司的本质问题。我国《公司法》条文中,共有 4 条规定直

---

[1] 参见 D.Branson," The death of Contractarianism and the Vindication of Structure and Authority in Corporate Governance and Corporate Law", Progressive Corporate Law, Westview Press, 1995, p.93.

[2] 参见[美]查尔斯·德伯:《公司帝国》,闫正茂译,中信出版社 2004 年版,第 156 页。

[3] 参见[英]菲利普·劳顿:《英国公司治理的董事责任》,载李凯主编:《公司治理方略———欧盟中小企业公司治理研究》,知识产权出版社 2006 年版,第 47 页。

[4] 参见[马来西亚]罗修章、王鸣峰:《公司法:权力与责任》,杨飞、林海全、张辉、钟秀勇等译,法律出版社 2005 年版,第 205~212 页。

接使用"公司利益"一词，分别为：第 21 条规定"公司的控股股东、实际控制人、董事、监事、高级管理人员不得利用其关联关系损害公司利益"；第 94 条第 3 项规定"在公司设立过程中，由于发起人的过失致使公司利益受到损害的，应当对公司承担赔偿责任"；第 151 条第 2 款规定"情况紧急、不立即提起诉讼将会使公司利益受到难以弥补的损害的，前款规定的股东有权为了公司的利益以自己的名义直接向人民法院提起诉讼"；第 216 条第 4 项规定"关联关系，是指公司控股股东、实际控制人、董事、监事、高级管理人员与其直接或者间接控制的企业之间的关系，以及可能导致公司利益转移的其他关系"。但公司利益是什么，我国《公司法》却未作出明确的定义及清晰的内涵界定。缺乏公司利益的界定，司法就缺乏了比较的尺度。[①]

3. 司法裁判中的公司利益

通过对近年来损害公司利益责任纠纷案件的梳理分析，我们发现，司法实践中，公司利益的统一裁判基础亟须确立，相关问题广泛表现在将公司利益等同于股东利益、重视现有利益保护而忽视预期利益保护、侧重于有形财产保护而忽略无形财产保护等方面。而且，法官通常仅在公司利益成为案件的侵权责任构成要件或判断董事、高级管理人员履行忠实勤勉义务的行为是否损害公司利益时才考虑其内涵界定，大多数情况下，公司利益仅表现在法条上，法官也仅从条款文义出发将公司利益理解为独立法人的财产权，没有对公司利益进行清晰界定和类型化建构。因此，有必要厘清公司利益的内涵和外延，正确区分公司利益与股东利益，从而为损害公司利益责任纠纷案件的处理提供较为确定的裁判基础。

（二）公司利益范围界定

1. 公司利益不同于股东利益

在公司法层面上，公司利益即公司作为依法具有独立法律人格的法人，享有独立法人财产权，并独立享有权利、承担义务。公司是有自身权利的机构，其独立于投资者存在，不因其投资者身份的变化而受影响。[②] 股东作为另一独立的个人或法人，其利益与公司利益并不等同，股东利益不仅涉及控股股东利益，也包括中小股东利益，对公司利益的损害不一定会损害到股东的利益，如控股股东滥用职权损害公司利益谋求自身利益的情况。从我国《公司法》立法角度来考虑，即使是一人有限责任公司，公司利益和一人股东的

[①] 参见邓峰：《公司利益缺失下的利益冲突规则——基于法律文本和实践的反思》，载《法学家》2009 年第 4 期。

[②] 参见 Andrew Keny，The Corporate Objective：Corporations，Globalization and The Law，Edward Elgar Publishing Limited，2011，pp.18，175–177.

利益也是严格区别的两种法益，一人有限责任公司的股东仅以其出资额对公司负有限责任。在公司管理制度上，普遍要求一人有限责任公司与股东之间严格区分各自的资金、资产、名称等。从市场经济理论角度来考虑，如果将股东的利益等同于公司的利益，那么在股东人数众多的大型企业中，则很难准确地认识和把握整个大企业的公司利益，在大股东利益与小股东利益之间、大部分股东利益与小部分股东利益之间、股东的长期利益与短期利益之间如何确定公司的利益，是一道极其复杂的难题。由此可见，公司利益与股东利益并不是一个概念，公司并不依附于股东而享有利益，其自身对侵害公司利益的行为享有独立的诉求。

2. 公司利益的内容

公司利益不仅仅指最常见、最直观的公司财产，公司利益的权利范围远远超出财产范围，它不局限于短期的、有形的经济利益。公司的无形利益，包括具有经济价值的各种权利，如公司机会、公司商业秘密、知识产权等长期的、非财产性的、无形的、预期的利益，同样属于公司利益。只有将公司无形财产明确纳入我国《公司法》规则之中，才能更为有效的保护公司利益，因为除现实财产外，无形利益往往对公司的长远发展更为重要。因此，唯有对公司利益范围进行全面而又准确的界定，才能保证公司内部治理与司法裁判的合理平衡，确保所有公司利益都能获得保护。

第一，公司财产。我国《公司法》第3条规定了公司有独立的法人财产，享有法人财产权。"法人财产权"的概念最早在《中共中央关于建立社会主义市场经济体制若干问题的决定》中被提及，并为《公司法》所吸收采纳。财产权对应的客体是财产，在大陆法系语境中，财产往往被等同于有体物，即将公司财产等同于有形财产。《民法典》第269条规定："营利法人对其不动产和动产依照法律、行政法规以及章程享有占有、使用、收益和处分的权利。"《企业国有资产法》第16条第1款规定："国家出资企业对其动产、不动产和其他财产依照法律、行政法规以及企业章程享有占有、使用、收益和处分的权利。"可以看出，"法人财产权"已采所有权式表述，客体包括动产、不动产和其他财产，囊括占有、使用、收益和处分等权能。[①] 司法实践中，公司利益常常被简化为公司财产，包括公司的动产和不动产，即有形的、直观的物的集合，这使公司的无形利益受到极大忽视。公司利益与公司财产等同，

---

① 参见陈鑫：《"公司利益"认定之裁判逻辑与规则再造》，西南政法大学2021年硕士学位论文。

就会忽略了对公司利益保护理应更加重视的层面：公司本身的长远发展。[①]

第二，公司机会。从广泛意义上说，公司机会是指与公司有利益关系的商业机会。[②] 也有学者认为，公司机会是公司享有权益或期待利益，或者从公平角度来讲应当属于公司的交易机会。[③] 美国法律研究院在《公司治理原则：分析与建议》中对"公司机会"作了明确界定，即董事或高级职员在履行职责中获取的，或利用公司资源获取的对公司有利的机会，又或者与公司现有业务或潜在业务有密切联系的机会。[④] 对于公司机会这一概念的核心问题，诸多观点大体一致认为，公司机会是指公司正在从事或者打算从事的、与公司利益相关的、且公司享有合理期待利益的商业机会。在商业信息化的今天，作为公司在经营活动中获得利益的主要途径，公司机会直接关系公司的经营和发展，是公司赖以生存并正常运转的保障。与公司财产相比较，公司机会属于公司的无形利益、期待利益，公司机会对公司具有显著的重要性。

第三，商业秘密。商业秘密的概念来源于普通法，是指仅由其所有人掌握，不为他人所知且能使所有人在竞争中处于优势的有商业价值的信息。我国《反不正当竞争法》第9条第4款规定："本法所称的商业秘密，是指不为公众所知悉、具有商业价值并经权利人采取相应保密措施的技术信息、经营信息等商业信息。"根据该规定，可将商业秘密分为技术信息及经营信息两大类。商业秘密使其拥有者在经济活动中获得和保持对第三方的竞争或者经济优势，是公司的一种无形经济利益。随着市场经济的蓬勃发展与现代科学技术转化为生产力的速度加快，以技术信息和经营信息为主的商业秘密的价值日益增长，成为公司法人的重要资产。强调商业秘密属于公司利益，是公司正常经营发展之必需，也是现代社会科学技术发展之必然趋势。

第四，知识产权。知识产权，是现代社会的一种重要的无形财产权。公司法不应仅重视价值形态之"物"，更要重视财产的利用效能，即一切能够产生经济价值且可用作交换的利益。[⑤] 知识作为现代社会重要的生产因素，不仅能带来公司所经营的特有产品的增值，而且能满足人类社会生活的需要。我

[①] 参见甘培忠、周游：《公司利益保护的裁判现实与理性反思》，载《法学杂志》2014年第3期。

[②] 参见施天涛：《公司法论》，法律出版社2014年版，第425页。

[③] 参见曹顺明、高华：《公司机会准则研究》，载《政法论坛》2004年第2期。

[④] 参见张开平：《英美公司董事法律制度研究》，法律出版社1998年版，第276~277页。

[⑤] 参见万国华：《公司利益类型界定与保护法律问题研究》，载《南开学报（哲学社会科学版）》2019年第3期。

国立法上虽然已将知识产权的法律地位予以明确,但未将知识产权列入公司利益的涵盖范畴,不利于对公司知识产权的保护。知识产权是一种特殊的权利类型,是公司的无形资产,是与公司直接产生联系的利益。司法实践中,不仅存在难以有效认定知识产权权利归属的问题,更存在无法迅速察觉知识产权权利受损的现实情况,而这显然与能够直观、有效认定和判断的有形财产不同。正是知识产权这样的特点,对其进行合理有效的保护显得更加重要。

(三)公司利益与相关利益的冲突

传统公司作为股东个人的营利手段而设立和存在,公司的存在价值仅在于营利。公司是商法人,具有营利性,这为公司法涂上了浓厚的营利性色彩。不同于营利性这一公司与生俱来的自然属性,社会性则是公司后天培育养成的社会品德。从宏观角度看,公司作为独立的经济组织和民事主体,与自然人和其他组织一样均为重要的社会成员;从微观角度看,公司本身除了扮演股东和经营者的营利工具,还寄托和承载着债权人、劳动者、消费者、当地社区、政府、社会公众等利害关系人的切身利益。换言之,现代社会的公司不再是股东的公司、经营者的公司,还是社会的公司,是诸多利益相关者的公司。现代公司已变成多元化利益的聚焦点和多重法律关系中的义务主体。[①]因此,在公司经营过程中,必然存在公司与公司内部人如股东、实际控制人、董事、监事、高级管理人员、劳动者的利益冲突,也存在公司与外部人如债权人、消费者、社会公众等利益相关者的利益冲突。

1.股东利益与公司利益冲突

股东出资设立公司,公司是股东的营利工具,这使得长期以来存在将股东利益等同于公司利益、将股东等同于公司的认识。如前述分析,股东利益是公司利益的重要组成部分,但不等同于公司利益。公司是独立的营利法人,与股东个体相互区分。股东与公司的利益冲突体现在:(1)经营决策上的利益冲突。我国《公司法》第36条、第98条规定,股东(大)会是公司的权力机构。股东(大)会掌握着公司的重大决策权,是公司各项权力的来源。公司决策的表决程序依决策内容的不同由法律规定或章程规定,但就单个的股东来说,股东(大)会的决策不一定代表其表决意见及其利益,单个股东的利益可能因资本多数决原则而受到损害。对公司利益有利的决策可能会与单个股东的利益存在冲突。(2)公司并购中的利益冲突。公司并购的实质是在公司的控制权运动过程中,各权利主体依据公司股权所作出的一种权利让渡行为。在公司并购过程中,收购方可能为了促使低价交易,而与公司大股东协商溢价收购其股权,但对小股东则采取漠视态度。且小股东因为在信息、

---

① 参见刘俊海:《公司法学》,北京大学出版社2008年版。

股权上的劣势,而不得不成为被动的参与者。这种情况下,被低价收购的公司的利益与大股东利益、小股东利益均存在冲突的问题。对股东利益与公司利益冲突的问题,公司法理论以禁止权利滥用原则予以规制。

2. 管理者利益与公司利益冲突

公司之所以不同于合伙或独资企业,公司董事和管理人员不同于单纯的代理人,是因为存在着独立的公司利益。[1] 管理者与公司利益的冲突在英国学理中被称作"义务与利益的冲突"(conflict of duty and interest),其核心特征为公司管理者个人的利益使他的判断发生了偏移(bias)。[2] 就其具体内容而言,不同学者有着不同的观点。有学者认为,义务与利益的冲突主要体现在三个方面:(1)管理者与公司进行交易;(2)管理者利用公司的财产、机会或者信息;(3)管理者与公司进行竞争。[3] 也有学者认为,义务与利益的冲突是指:(1)管理者滥用公司信息;(2)管理者滥用公司机会;(3)管理者与公司展开竞争。[4] 诸多论述中,最经典且最经常被引用的是美国学者克拉克(Robert Charles Clark)教授的观点,他认为,公司管理者与公司之间的种种利益冲突可以概括为四个模型:(1)基本自我交易(basic self-dealing),具体包括公司与其董事或者高级职员的交易,拥有共同的或者"连锁的"(interlocking)董事或者高级职员的公司之间的交易;(2)管理者薪酬的确定,其中不仅涉及普通的薪金,还包括额外福利以及股票期权等激励性薪酬;(3)管理者占用公司的财产,其中包括公司的商业机会;(4)动机不纯的公司行为,即管理者为了满足自己的需要,借口维护公司的利益,操纵公司采取的行动,而这种行动在结果上可能不利于公司,典型的例子是管理者为了保住自己的职位,操纵公司用大量资金回购外部股东的股票,从而消除公司因被收购而更换管理者的可能。[5] 面对公司与管理者之间的利益冲突,英美法系国家及大陆法系国家的公司法都选择了为公司管理者设定忠实义务的办法,或者称忠实义务制度,对利益冲突加以规制。

---

[1] Lawrence E. Mitchell, "Fairness and Trust in Corporate Law Fairness and Trust in Corporate Law", 43 Duke Law Journal, 1993, pp.425-491.

[2] Paul L.Davies, Gower's Principles of Modern Company Law, p.610.

[3] Paul L.Davies, Gower's Principles of Modern Company Law, pp.610-623.

[4] K.R.Abbott, Company Law, D.P. Publications, pp. 181-182. 转引自张民安:《现代英美董事法律地位研究》,法律出版社2000年版,第354页。

[5] 参见张开平:《英美公司董事法律制度研究》,法律出版社1998年版,第238页;倪建林:《公司治理结构:法律与实践》,法律出版社2001年版,第70页。

3. 公司利益相关者利益与公司利益冲突

不同的公司利益本质理论存在着激烈的争论，延宕至今，并无定论。[①] 但国内外的法律规则中还是明确存在公司利益的概念和董事会中心的原则。公司利益相关者是建立在公司董事会中心模型基础上的抽象范畴，主要包括劳动者、债权人、政府及社会公众等。公司法对利益相关者的法律保护只能体现在某些特定事项上，而无法承担保护所有的使命，更无法替代合同法、劳动法、消费者权益保护法、反垄断法、破产法等法律对利益相关者的一般保护功能。如我国《公司法》第 5 条即要求公司必须遵守社会公德、承担社会责任，但没有规定公司社会责任的构成要件及具体内容，司法实践中无法直接援引该条款要求公司承担责任；而《公司法》第 17 条、第 18 条则是对职工的权益保护的一般性指导条款，同样不具备法律规范的一般属性，需要援引其他法律才能认定公司应承担的责任。

公司利益与劳动者利益的冲突主要体现在：（1）利益分配上的冲突。公司的盈利是股东投资资本增值的结果，是股东的正常投资收益，公司的利润分配权属于股东（大）会，而员工的工资则属于公司的成本支出。（2）风险承担上的冲突。公司在经营困难时，多通过裁员的方式降低支出成本，向劳动者转移风险。而长期服务于公司的劳动者想退出公司却不容易，因为劳动者能提供的人力资本较为单一。（3）决策和管理上的冲突。公司的最高权力机关为股东（大）会，为公司的决策机构，并通过选举产生董事会与监事会，执行公司的重大决策。劳动者在公司中仅遵从指示从事工作，并无决策权。

公司的资本来源于自有资本与借贷资本，前者由公司股东出资，后者则来源于公司债权人，债权人是公司的重要利益相关者。公司利益与债权人利益的冲突主要体现在风险承担和投资收益上的冲突。债权人的收益固定，不承担公司在投资上的风险，也不负担公司的盈余亏损。但同时，债权人并不了解公司的具体经营情况，无法获得真实、完整的公司财务资料，可能处于被公司欺诈的风险当中。另外，债权人的收益也不会随着公司的盈利而变化，但债权人的收益是公司的支出成本，两者存在着利益冲突。正因如此，在我国公司法的制度体系设计中，如注册资本，公司的合并、分立与解散程序，公司人格否认等，都体现了保护公司债权人的理念。

公司作为商事主体，具有逐利性，追求公司利益最大化，而政府作为社会各方面利益的集中代表，必须维护社会利益。双方的利益冲突也体现在多

[①] William T.Allen，"Our Schizophrenic Conception of the Business Corporation"，14 Cardozo Law Review，1992，pp.261-280；参见邓峰：《作为社团的法人：重构公司理论的一个框架》，载《中外法学》2004 年第 6 期。

方面，主要表现为社会成本的冲突。社会成本的形成与不适当的公司行为有关，当公司竭尽全力通过资本的有效利用为自身谋利的同时，却可能给社会造成了巨大的费用和损失。比如，一些公司把本应内化的成本予以外化转嫁给社会，并造成一系列的社会问题，如污染环境、滥用经济优势垄断价格、排挤中小竞争者等。①

（四）公司利益法律保护

禁止权利滥用是民法的基本原则之一，公司股东作为公司的投资人，享有股东权利，实际控制人则对公司拥有控制权，其权利依法应受到相应的规制，使其对公司负有诚信义务。《公司法》第20条对此作了规定，即公司股东滥用股东权利给公司造成损失的，应当依法承担赔偿责任。

董事、监事、高级管理人员作为公司选举、委派、聘任人员，对公司负有忠实义务和勤勉义务，其违反该义务造成公司损害或执行职务时损害公司利益的，应对公司承担责任，《公司法》第147条、第148条、第149条对此亦作了明确规定。我国《公司法》主要从两方面对公司利益相关主体的义务进行规制。

1. 股东、实际控制人受信义务

公司股东一般不直接执行公司事务，只是以其出资额为限对公司债务承担责任。按照传统理论，股东与公司是两个不同的法律主体，股东只是对公司承担出资义务，并在出资范围内对公司债务承担责任，此外并无其他义务，控制股东也不例外。但是，公司在实际运作中会发生异化，股东之间的利益平衡关系会被打破，因控制股东拥有优势地位，可以对公司发生实质性影响，从而有可能动摇公司法中股东平等的理念。特别在无任何有效监控时，控制股东极易滥用控制权谋取自己的私利，损害其他股东和公司的利益。控制股东对公司重大事务及公司高管人员有控制权，应对公司以及中小股东承担受信义务，即负有不利用对公司的控制权损害公司以及中小股东利益的责任。在我国，存在控股股东，尤其是上市公司的大股东滥用控制权，以关联交易、资产重组、违规担保等方式损害公司和中小股东利益的现象，如不严加制止，就会破坏投资者信心和社会经济秩序。根据我国《公司法》第20条规定，公司股东应当遵守法律、行政法规和公司章程的规定，依法行使股东权利，不得滥用股东权利损害公司或者其他股东的利益。该条就是关于股东受信义务的规定，是针对所有股东作出的规定。而《公司法》第21条还另外规定了控股股东、实际控制人利用其关联关系损害公司利益，给公司造成损失的要承

---

① 参见刘美玉：《企业利益相关者共同治理与相互制衡研究》，东北财经大学2007年博士学位论文。

担赔偿责任。该条就是要求控股股东、实际控制人在关联交易中对公司承担受信义务。

2.董事、监事、高级管理人员信义义务

信义义务的概念来源于英美法系，通说观点认为包括忠实义务（duty of loyalty）和注意义务（duty of care）两个部分。忠实义务是指董监高不得使个人利益和公司利益发生冲突，而注意义务一般强调董监高的努力程度和注意程度，与其个人能力有关，这就是信义义务"二分法"。[1]董监高"勤勉义务"的概念虽为我国《公司法》所独创，但司法实践和学术研究中基本将之等同于国外立法中的注意义务。在美国，信义义务是以信托关系为理论基础，而董监高的信义义务通常也被类比为信托关系中受托人的义务。除了"信托理论说"外，还有其他学说来解释董监高的义务，诸如"代理关系说""法定关系说""混合关系说"等，这些学说虽然各有不同，但总体上都认为董监高对公司的义务包含忠实义务和注意义务。在大陆法系中，关于董监高与公司之间的关系主要有两种观点，即以德国为代表的"代理说"和以日本为代表的"委任说"。"代理说"和"委任说"的分歧在于董监高究竟是代理人还是委托人，但是，无论是依据"代理说"还是"委任说"，董监高都需要对公司承担信义义务。

无论是信托法律关系还是委任、代理法律关系，均系基于公司对董监高的信赖，通过制定章程、双方订立合同、公司授予董监高职位与职权的方式而产生的法律关系。信任、信赖是该法律关系产生的前提与基础。现代公司制度中，所有权与经营权相分离，董事、监事由公司股东会或股东大会选举产生，高级管理人员由董事会聘任，在保证董事及高级管理人员的经营自主权、监事的监督权的同时也应防止其滥用权利。公司董事、监事、高级管理人员应当遵守法律、行政法规和公司章程，对公司负有忠实义务和勤勉义务，忠实于公司的利益，追求公司利益的最大化。

第一，董事、监事、高级管理人员忠实义务。忠实义务是指管理者在公司治理之中应当将自己的利益置于公司利益之下。[2]"'忠实义务'的概念来自英国信托法，它是处理受托人与受益人之间利益冲突的归责原则，包含两个主要的责任：一是避免利益冲突归责，即受托人应避免其个人利益与受托义务冲突；二是不牟利规则，即受托人不得利用其受托人地位牟利。"[3]忠实义

---

[1] 参见梁爽：《董事信义义务结构重组及对中国模式的反思——以美、日商业判断规则的运用为借镜》，载《中外法学》2016年第1期。

[2] 参见施天涛：《公司法论》（第2版），法律出版社2006年版，第379页。

[3] 参见王军：《中国公司法》（第2版），高等教育出版社2019年版，第367页。

务倾向于对义务人品德上的要求，通常与义务人的角色、职位相联系，更侧重于基于信赖利益从道德层面提出要求。忠实义务与勤勉义务有所区分，忠实义务要求董事、监事、高级管理人员基于诚实、善良的信念不得从事不公平的利益冲突行为，从而使公司利益受损，一般体现于自我交易、关联交易、管理报酬、公司机会、竞业禁止、违规担保等方面。

第二，董事、监事、高级管理人员勤勉义务。勤勉义务，也称"注意义务"或"审慎义务"，和忠实义务一并构成公司董监高法律义务的两大种类。勤勉义务主要是指管理者在公司治理之中应当以注意谨慎之适当行为防止损害公司的行为发生。[①] 勤勉义务倾向于对义务人能力上的要求，防止其因消极怠工、偷懒、注意不足而造成公司利益损失。勤勉义务要求董事、监事、高级管理人员勤劳、谨慎地管理与决策，对于公司经营事项尽到合理注意义务，其要求行为人履行其职责时必须表现出一般审慎者处于相似位置时在类似情况下所表现出来的勤勉、注意和技能，同时，在从事公司经营管理活动时应当恪尽职守，尽到其所应具有的经营管理水平，合理地履行职务，以达到追求公司经营的最佳效果。不同于忠实义务的道德要求，勤勉义务更倾向于基于董事的经营管理权从敬业层面提出要求。

（五）归入权的规制和适用

20世纪90年代以来，我国有不少学者对归入权的基本理论到制度架构等各方面都作了大量研究，对我国立法和实践产生了很大作用。它最初源于短线交易收益归入权，具体指上市公司董事、监事、持有法定比例以上股份的股东以及其他高级管理人员在法定期间内（6个月）对公司上市交易的股票买入后卖出或卖出后买入，由此所得收益应当归上市公司所有的一种制度。后来，我国学者从公司法的角度界定了公司归入权，立法赋予公司享有对内部人违反法定义务之特定行为而获得的利益收归公司所有的权利。现行《公司法》第148条列举了八种违反公司忠实义务的行为，并规定董事、高级管理人员违反前款规定所得收益归公司所有，这是我国立法对公司归入权发展的贡献。

1. "归入权"的相关规范

近年来，随着市场经济的不断发展，公司运营过程中因利益分配以及管理失控而引发的诉讼纠纷逐年增加，特别是因公司董监高为谋私利而违背最初的受信义务，损害公司及其他股东的合法利益最为突出。《公司法》第148条对此进行了规制。可见，公司归入权是对公司应得利益的一种救济性措施，其目的在于实现公司利益的最大化，保护股东公平享受公司利益。在现代企

[①] 参见施天涛：《公司法论》（第2版），法律出版社2006年版，第379页。

业所有权与经营权分离成为普遍趋势的社会背景下，公司的多数股东脱离对公司业务的直接管理，专业化的公司管理者控制公司的现象日益增多，如公司的管理者利用公司的资源实施损公肥私的行为，通过诚信原则的道德固化要求和公司章程的约束已经很难规制，必须依靠一种法定的责、权、利结构，由此构建一套公司管理者自觉遵守的诚信原则与法律约束相结合的制度。

2."归入权"的制度依据

公司归入权是对公司董事、监事、高级管理人员等内部人违反诚信义务的一种惩戒。为了对公司内部人的违法违规行为进行有效约束，各国《公司法》和《证券法》均规定将公司内部人违反受信义务所得利益收归公司所有。虽然公司董事、监事、高级管理人员等内部人有时违反受信义务对公司的利益没有带来不利影响，但是，公司董事、监事、高级管理人员等内部人利用公司财产或者自己享有的公司职权谋取个人私利，从根本上违反了民事活动诚信原则的要求，为此，各国立法均规定不管公司是否受到损失，都应居于受益人地位享有这部分利益。由此可见，公司归入权是对内部人违法违规行为的一种惩戒权，对于公司董事、监事、高级管理人员等内部人违反受信义务的行为，即使其在行为过程中考虑了公司利益，甚至可能给公司带来好处和利益，但对其所获得的私人利益也要收归公司所有。简言之，为保证公司董事、监事、高级管理人员等内部人能忠诚履行职责，遵守竞业禁止等义务，通过行使公司归入权对违反诚信义务者实施一定惩戒十分必要。公司归入权制度就是要在公司的利益相关者之间形成维护公司整体权益的规则，对违反诚信原则的公司高级管理人员等内部人进行法律约束，杜绝任何挖公司墙角的谋取私利行为。公司归入权能够从内部调整公司管理者的自我利益与公司利益的关系，从而促使公司大股东、董事、监事、高级管理人员等内部人自觉遵守诚信的原则，在从事同公司利益相抵触的行为时审慎地作为或者不作为，形成对公司管理者忠诚履行职责的法律约束机制，这是民法的诚信原则在公司法治理结构中的体现。归根结底，民法的诚信原则是公司归入权制度的理论基础。

3."归入权"的性质认定

公司依据《公司法》第148条主张董事、高级管理人员违反规定所得收入归公司所有时，该"归入权"的性质如何，学理上存在争议。一种学说认为，归入权属于形成权，一旦公司董事、高级管理人员实施违反忠实义务的行为，公司只需要作出将所得利益收归己有的单方意思表示，就可以使该收益发生法律上的移转；另一种学说认为，归入权属于请求权，认为董事、高级管理人员对公司有法定返还义务，公司得请求董事、高级管理人员给付因违反忠实义务的行为所得之利益。

事实上，公司归入权必须依赖请求交易人履行给付所获收益义务才能实现，公司仅凭单方的意思表示并不能直接导致利益由交易人转移到公司的后果当然发生。仅从这一点看，公司归入权符合请求权的特征，即权利的实现必须借助相对人的给付行为。同时，《公司法》第148条的表述是"收入应当归公司所有"，不以公司的意思表示为前提，"所有"二字也不表明所有权直接发生了变更。请求权学说下，公司对董事、高级管理人员的债权自始就有，无须再另行通知董事、高级管理人员以使债权发生，诉讼中也无须另行举证证明其归入权的意思表示已经作出并送达。归入权性质认定的不同会产生适用除斥期间或诉讼时效的问题，如果是形成权，则其除斥期间并无法律规定；如果是请求权，则应适用三年的诉讼时效规定。从法律的确定性出发，出于公司董事、高级管理人员违反忠实义务行为的隐秘性和对公司利益的有效保护考虑，认定其性质为请求权比较符合当前的审判实践。

4."归入权"的具体适用规则

第一，公司"归入权"的行使对象。公司负责人的范围应当予以明确。实践中公司负责人身份复杂多样，《公司法》第148条仅将董事和高级管理人员规定为归入权行使对象，但在公司日常经营管理过程中出现的公司负责人可以分为名义负责人和实际负责人。名义负责人是指虽然担任公司董事或高级管理人员但实际不参与公司具体经营管理的人，而实际负责人恰恰相反，虽不具有公司董事或高级管理人员的身份，但公司日常经营管理实际完全受其控制。在日常中并不参与公司经营管理的名义负责人，事实上也无法从事《公司法》第148条规定的八种行为，而此时的名义负责人对外从事正常的经营管理活动，即便与其公司存在业务范围竞合，也不宜将其认定为侵害公司利益，从而行使归入权。而对于公司实际负责人，虽然不具有《公司法》规定的董事、高级管理人员的身份，但其往往可以通过股权代持、隐匿身份等方法影响公司的正常经营活动，因此，如果实际控制人存在《公司法》第148条所规定的行为，应当认定为公司归入权的行使对象。总之，在司法审判过程中，应当严格区分公司负责人的真实状态，从而真正做到平衡各方利益。

第二，侵害公司权益的客观表现。作为公司负责人，对公司应当恪守忠实勤勉职责，严格履行竞业禁止义务。首先，公司负责人对公司的忠实勤勉义务源于公司授权性管理的特点。大陆法系的归入规则主要规定于商法典中的经理人竞业禁止义务，从法理上看，经理与公司的关系多建立在委任或代理的基础上。按照代理法则，代理人未经被代理人许可原则上不得与自己交易或同时代理双方当事人，竞业禁止义务从根本上就是为了防止"双方代理"而设。而随着现代公司法逐渐将公司管理从股东中心主义转向董事中心主义，明确划分所有权与经营权，董事及高级管理人员作为公司授权管理的代理人，更应当对公司以及股东坚守忠实勤勉义务，不得利用职务便利侵害公司及股东的合法权益。一旦违反忠实勤勉义务，就会导致公司的权益被非法侵害。如果出现《公司法》第148条所规定的情形，实践中均会导致公司利益的直接或间接受损，而公司负责人则会直接或间接受益。为保护公司作为独立民事主体的合法权益，对于公司负责人受益的部分，公司可以行使归入权，要求其全部收归公司所有。

关于竞业禁止义务，公司负责人违反竞业禁止义务的客观表现为利用职务便利自行或为他人谋取属于公司的商业机会，导致公司利益直接或间接受损，而公司负责人则同样会直接或间接受益。理论上只有同时具备以下三项条件，才能认定属于公司的商业机会：其一，公司负责人知悉该商业机会完全系基于履行公司职务；其二，公司利用该商业机会具有现实可能性，不存在法律及事实上的障碍；其三，市场相对方不排除与公司进行交易。如公司负责人自行或与他人串通谋取属于公司的商业机会而从中获利，公司可以对其与他人的交易行使归入权。

第三，公司行使归入权的诉求不得超出公司负责人的获利范围。公司归入权所得之"利益"既包括公司负责人因违反法定义务而获得的报酬，也包括公司负责人因违反法定义务而获得的其他货币、物品、有价证券等其他财产权益。公司归入权的行使范围应当限于可计算的利益，而归入金额的具体计算方式在司法实践中是个难点，有必要在审判实践中不断进行经验总结。

第四，公司归入权行使的主体。公司作为独立的民事法人主体，对外独立行使权利、承担法律责任。但公司毕竟是拟制的主体，其必须通过公司负责人来表达意志。因此，原则上行使归入权的主体必须是公司，由公司对侵害其权益的相关责任人提起诉讼。但基于公司行使归入权的对象为公司负责人，该特征决定了公司在行使归入权时往往缺乏诉讼动力。当公司面临实际负责人控制导致无法提起诉讼时，可以由公司股东根据《公司法》第151条规定提起股东代表诉讼。因此，有限责任公司股东在董事、监事怠于履行义务或紧急情况下可以以自己名义代表公司行使归入权，而通过诉讼所获取的利益最终归属于公司享有。

二、损害公司利益责任纠纷概述

损害公司利益责任，是指公司股东滥用股东权利或者董事、监事、高级管理人员违反法定义务，损害公司利益应承担的责任。损害公司利益责任在性质上属于商事侵权责任。商事侵权责任与传统的民事侵权责任不同，有其独立性、特殊性，具体表现在：（1）侵权性质特殊，即其行为性质是商事行为、以营利为目的的经营行为，而不是一般民事行为；（2）侵权主体特殊，即侵权主体为具有从事商事活动的行为和目的的商事主体，而且对于商事主体的注意义务要明显高于一般民事主体；（3）归责原则特殊，即商事侵权责任适用过错责任原则时更多采客观标准，不仅强调商事主体执行职务时负有合理注意义务，更以行为人是否违反法律法规、公司章程等作为判断行为人是否具有过错的客观标准，因此也降低了公司的举证难度。无过错责任原则在商事侵权责任中的地位也高于民事侵权领域，如设立股东对补足出资的连带责任、汇票出票人、背书人、承兑人和保证人对持票人的连带责任等；（4）侵权责任特殊，具体体现在责任程度、范围和形态的特殊性。

在判断是否构成商事侵权责任时，须从商事交易的角度予以考虑，而在确定是否应当赔偿及责任的大小时，则应从损害救济的理念予以考虑，这与传统的民事侵权责任体系和机制有所区别。

（一）案由释义

最高人民法院的《民事案件案由规定》"二十一、与公司有关的纠纷"第276项规定了"损害公司利益责任纠纷"。据此，"损害公司利益责任纠纷"属于二级案由"与公司有关的纠纷"项下的三级案由。

该案由是指"公司股东滥用股东权利或者董事、监事、高级管理人员违反法定义务，损害公司利益而引发的纠纷"。[1] 损害公司利益责任纠纷的请求权基础规范包括《民法典》第83条，《公司法》第20条、第147条、第148条、第149条、第151条，《公司法司法解释（四）》第23条、第24条、第25条、第26条。

虽然《民事案件案由规定》未针对三级案由"损害公司利益责任纠纷"进一步细分四级案由，但结合最高人民法院关于该案由的释义及其请求权基础规范指引的说明，司法实践中该案由主要包括两类纠纷：一是公司股东滥用股东权利给公司造成损害，应当承担损害责任的纠纷；二是公司董事、监事、高级管理人员执行公司职务时违反法律、行政法规或者公司章程的规定，给公司造成损失而发生的纠纷。

需要注意的是，公司控股股东、实际控制人、董事、监事、高级管理人员利用关联关系损害公司利益的，因"与公司有关的纠纷"项下已设立另一三级案由"公司关联交易损害责任纠纷"，由专类纠纷审理指南梳理，故本书主要研究阐述前述两种类型纠纷。对于股东违反出资义务损害公司利益引发的纠纷类型，因"与公司有关的纠纷"项下亦设立了三级案由"股东出资

---

[1] 参见人民法院出版社编著：《最高人民法院民事案件案由适用要点与请求权规范指引（第二版）》，人民法院出版社2020年版，第749页。

纠纷",故亦不属于本案由的研究范围。

另外,第三人由于侵权行为或者违约行为损害了公司利益,不属于损害公司利益责任纠纷,亦不属"与公司有关的纠纷",故不予阐释。[①]

(二)常见纠纷类型

1. 按侵权主体类型区分

第一,股东损害公司利益责任纠纷。主要包括:(1)因股东滥用股东权利引发的纠纷,如滥用股东知情权、表决权等,损害公司利益;(2)因股东怠于履行股东义务引发的纠纷,如拒不向公司交出营业证照、印鉴,使公司无法进行正常经营;(3)因股东违反对公司的诚信义务引发的纠纷,如挪用或侵占公司资产、篡夺公司机会、违反分配利润、股东之间达成保证固定回报协议侵害公司财产等;(4)因股东未履行法定职责引发的纠纷,如未履行配合清算义务,损害公司利益等。

第二,实际控制人损害公司利益责任纠纷。主要包括:(1)因实际控制人利用关联关系引发的纠纷,如实际控制人从事关联交易或关联担保行为,损害公司利益,公司行使损害赔偿请求权;[②](2)因实际控制人利用控制权引发的纠纷,如实际控制人、控制股东挪用或侵占公司资产、篡夺公司商业机会、压制中小股东、干预公司运营等,损害公司利益,公司行使损害赔偿请求权。

第三,董事、监事、高级管理人员损害公司利益责任纠纷。从侵权行为进行区分主要包括:(1)因利用职权收受贿赂或者其他非法收入引发的纠纷,如利用职权收取交易对方的贿赂,泄露公司秘密,损害公司利益;(2)因挪用公司资金引发的纠纷,如将公司资金用于个人消费或者无偿划给公司外部人使用、擅自改变资金用途等;(3)将公司资金以个人名义或以其他个人名义开立账户存储引发的纠纷;(4)因违规借贷或担保引发的纠纷;(5)因违规自我交易引发的纠纷;(6)因违规篡夺公司商业机会、同业竞争引发的纠纷;(7)因接受他人与公司交易的佣金归为己有引发的纠纷;(8)因擅自披露公司商业秘密引发的纠纷;(9)因违反勤勉义务引发的纠纷,如对股东增资未尽督促出资的勤勉义务,使注册资本未实际缴纳,造成公司损失;(10)执行职务时违反法律、行政法规或公司章程规定引发的纠纷。

2. 按具体侵权行为类型区分

第一,因挪用或侵占公司财产损害公司利益责任纠纷。主要包括:(1)挪

[①] 参见人民法院出版社编著:《最高人民法院民事案件案由适用要点与请求权规范指引(第二版)》,人民法院出版社2020年版,第750页。

[②] 该类型纠纷由关联公司损害公司利益责任纠纷规范。

用公司资金引发的纠纷，如将公司资金挪给公司外部人使用、将资金留存于公司但擅自改变资金用途、虚构交易挪用公司款项、直接将公司资金用于个人购置资产和个人消费、变更资金公积项目抵扣股东所欠债务、控股股东直接指令公司将现金存入母公司账户等；（2）因侵占公司资产引发的纠纷，如将公司资金以其个人名义或者以其他个人名义开立账户存储、个人账户不合法收取公司款项、将他人与公司交易的佣金归为己有或以公司资产抵扣股东应付的股权转让款等；（3）因违规将公司资金借贷给他人或者违规为他人提供担保引发的纠纷。

第二，因篡夺公司商业机会损害公司利益责任纠纷。因篡夺公司商业机会引发的纠纷，主要是因侵权人利用职务便利，在交易开始之前，获取第三人意图与公司进行买卖、合作、投资或者收购的商业信息，自己与第三人联系或者将信息告知其关联公司，以更优惠条件达成协议，直接截取公司机会；或者消极怠工，在交易前的准备阶段采用拒绝或消极筹备的方式，使本属于公司的商业机会因无法完成而流失，然后自己取得；或者利用自己实际管理权、特殊身份等，暗自阻挠，实际破坏，使第三人主动终止与公司合作，继而自己与第三人达成协议；等等。

第三，因违反竞业禁止损害公司利益责任纠纷。因违反竞业禁止产生的纠纷，主要是指侵权人自营或者为他人经营与任职公司相同或类似的业务，不仅包括公司持续的经营业务，也包括偶发的交易或数次的交易。

第四，因违规自我交易损害公司利益责任纠纷。主要包括：（1）公司与股东、实际控制人、董监高之间直接进行交易，损害公司利益；（2）公司与股东、实际控制人、董监高的利害关系人（包括配偶、父母、子女、兄弟姐妹以及配偶的父母、兄弟姐妹等）直接进行交易；（3）公司与其他实体（包括但不限于公司）之间的交易，而股东、实际控制人、董事、高管是该实体的控制股东（如50%以上的股份持有者）、合伙人、高级管理人员等有影响力或控制、支配能力的人，或股东、实际控制人、董事、高管在该实体中有重大的财产利益。

第五，因违反勤勉义务损害公司利益责任纠纷。主要包括：（1）董事未履行法定职责引发的纠纷。如董事不履行召集、主持股东（大）会、董事会职责；或不执行股东（大）会、董事会决议，造成公司财产流失；或在公司增资过程中未履行催收注册资本的义务，造成公司注册资本未实际缴纳。（2）董监高协助股东抽逃出资等。

（三）损害公司利益责任构成

损害公司利益行为在法律性质上属于商事侵权范畴。我国对于商事侵权行为并没有明确的司法界定,《侵权责任法》未将商事侵权作为特殊侵权种类予以规定,《民法典》侵权责任编亦未就此加以明确。对于商事侵权,一般观点认为是商事主体在从事商事经营活动中侵害他人合法权益的行为。可以达成共识的是,《民法典》侵权责任编是规制民商事侵权行为的一般法律规范,虽然商事侵权行为之主、客体与归责理念较之传统的民事侵权有所区别,但仍应在《民法典》侵权责任编的框架内予以司法评价。民事侵权领域倾向于对绝对权的保护,而商事侵权制度侧重保护商事利益,区别于民事责任的等价有偿原则,商事侵权制度的目的并非通过惩罚行为人从而对商事主体予以利益补偿,而在于厘清商事主体的权利、义务范围以及明确商事侵权行为的规制及救济途径,使商事主体得以自由、无顾虑地从事经营行为,以更高效率创造更多财富。

基于以上对自由及经济效率价值的考量,一般侵权行为的四大构成要件在损害公司利益责任纠纷领域应得以贯穿。因侵权主体类型不同,损害公司利益责任纠纷的责任构成要件虽有所区别,但一般包括以下四项内容:

第一,侵权行为。侵权行为,英语称之为"Tort",德语称为"Unerlaubte Handlung"或"Delikt",日语为"不法行为"。汉语的"侵权行为"一词则最早出现于清末编定的《大清民律草案》第二编"债权"第八章,此后相继沿用下来。我国侵权法学通说认为,侵权行为就是侵害他人受保护的民事权益,依法应承担侵权责任的行为。一般而言,损害公司利益的侵权行为具备以下两个特点:其一,侵害行为损害的对象为公司所属。损害公司利益责任纠纷案件中,被诉侵权的客体通常为公司的资产、商业机会、商业秘密等,如董事、高级管理人员等违反忠实义务自我交易、篡夺公司商业机会、违法收入等,在此类案件中,需要重点查明被诉侵权客体是否属于公司所有。其二,损害已实际产生。损害公司利益责任纠纷案件不同于传统的侵权责任纠纷案件,此类案件中原告公司提起诉讼,通常需要证明存在确定的损害结果,即公司损害事实确实产生,因此,在审查过程中,应对公司的资产是否减少、商业机会是否丧失、商业秘密是否被侵犯等事实及损害结果的产生是否系因侵权人的侵权行为所导致进行重点审查。在实践中,股东损害公司利益的行为主要表现为股东故意实施转移公司财产、虚构债务、进行不公平关联交易等直接侵害公司财产或未尽到其对公司应尽的注意义务导致公司或其他股东利益受损,且股东的作为或不作为违背了《公司法》等法律、法规或公司章程的规定等。

第二,主观过错。关于侵权行为人的行为正当性应首先遵循侵权责任的审查路径,严格认定行为人的主观过错要件,只有行为人存在故意或重大过失时,才会导致承担损害赔偿责任。事实上,在德国、日本等大陆法系国家，早已不乏通过成文法将主观过错规定为董事责任承担前提的立法实践。如《日本公司法》将董事勤勉义务描述为"注意、善管义务"，当董事违反法令或玩忽职守造成公司损失时，依据《日本民法典》及其他法律的相关规定，行为人还需对过错具有故意或重大过失方可追究其损害赔偿责任。一般情况下，如果权利人能够证明行为人违反了法定或约定的义务，就应当推定其具有过错，该过错主要为故意，亦可为过失。故意，表现为行为人明知自己的行为会对权利人的利益造成侵害，而仍然实施或听任损害发生的心理状态；过失，表现为行为人对其行为后果应当预见但由于疏忽没有预见或虽已预见但轻信能够避免，致其行为给权利人的合法利益造成了损害的心理状态。

第三，损害结果。发生损害公司利益的结果，公司利益可分为金钱利益与非金钱利益、既得利益与可得利益等。例如，公司财产产生损失或者被侵占、公司错失年检时间而被行政机关处罚、公司商业秘密被泄露、公司因商业机会被篡夺而产生的信赖利益及损失的预期利益等。损害公司利益责任纠纷案件中的损失应作广义理解，不仅包括所受损害，也包括所失利益。所受损害，是指现有财产的直接减少；所失利益，指应当获得的利益而未能获得。《公司法》上损害公司利益的责任承担方式主要有两种：一是"公司归入权"制度，即《公司法》第148条第2款规定的"董事、高级管理人员违反前款规定所得的收入应当归公司所有"。二是"损害赔偿"制度。如何判断公司利益是否受损以及受损范围，是确定损害赔偿责任的关键。实践中，对于公司主张因侵权行为受到金钱损失的，如何根据当事人的举证判断市场公允价值，因存在较大的裁量空间而缺乏统一裁判尺度；对于公司主张因侵权行为受到非金钱损失或可得利益损失的，如损失潜在客户或商机等，在损失的界定和量化上仍存在一定难度。

第四，因果关系。侵权行为与公司利益受损之间具有法律上的因果关系。在此类案件中，法院除需准确判断被告行为是否构成损害行为并确定损害后果外，还需厘清损害行为与损害后果之间的因果关系。因果关系与具体损害行为的审查要点往往紧密关联，法院需充分掌握各类损害行为的审查要点，并运用法律逻辑将各审查要点梳理串联，进而就因果关系进行论证。因此，因果关系的认定缺乏相对独立的审查标准，个案中存在较大差异。

因侵权主体类型不同，损害公司利益责任纠纷的责任构成要件仍有差异。

1. 董事、监事、高级管理人员损害公司利益责任构成

董事、监事、高管损害公司利益责任，当事人首先应证明行为人存在侵害公司利益的主观过错，其次应审查行为人是否存在违反《公司法》第149条规定的违反法律、行政法规或公司章程规定，给公司造成损失的情形。对于董事违反信义义务责任的认定及免除可参考适用"商业判断原则"，考察董

事行为是否系在获得足够信息基础上作出的合理商业判断、是否基于公司最佳利益以及与所涉交易是否存在利害关系及独立性等因素后进行综合判断。

（1）董监高人员实施了损害公司利益的行为。董监高人员损害公司利益的行为可以分为违反忠实义务的行为和违反勤勉义务的行为两类：其一，违反忠实义务的行为。《公司法》第148条列举了董事和高级管理人员违反忠实义务损害公司利益行为的具体表现。董事和高管人员应当遵循法律和公司章程，最大限度维护公司利益。如果董事和高管人员在自身利益与公司利益发生冲突时，将自身或第三人利益置于公司利益之上，就有可能违反忠实义务。其二，违反勤勉义务的行为。《公司法》没有对董监高人员违反勤勉义务的具体行为表现作出明确规定。一般认为，判断董监高人员是否违反勤勉义务需注意以下两点：①同类参照标准。即一般情况下，应当参照其他同类水平的董监高人员在同类公司、同类职位和近似情形中所应当具备的注意义务，来判断行为人是否勤勉。但在某些特定案例中，如果董监高人员具有超出一般水平的管理能力和经验，并且其获得的薪酬待遇也超出其他同类人员时，则应当考察行为人是否充分发挥自身的能力和经验。②不以经营决策失误的结果为标准。商业活动纷繁复杂，具有很强的不确定性。达成一项交易、作出一项决策，取决于诸多因素，所有交易行为往往不可复制。不同的交易情形，即便表面因素近似，但同样的决策，可能也会产生不同的结果。董监高人员是否勤勉，不应以决策的最终结果来判定。只要行为人根据其掌握的信息决策，决策程序符合公司章程等规范，也没有其他可能影响其决策正当性的因素，如行为人与决策事项存在利害关系等，则应当认定行为人勤勉诚实地履行了义务，而不管这项决策的最终结果如何。如果董监高人员遵循了正当的决策程序，只是因为自身能力、经验等因素的局限，最终出现决策失误，则不构成对公司侵权，也不必承担侵权责任，但可根据公司章程或其他内部制度规定承担行政管理责任，如降职、撤职等。

（2）董监高人员主观上存在过错。对于这种主观过错的认定应基于客观事实，如侵权行为系基于关联交易等为董事个人牟利的利益冲突行为，或侵权行为系基于对严重股东矛盾的消极、恶意处理等情形。并且，对方当事人对行为人的主观过错亦应承担相对严苛的举证或说明责任。同时，还需证明行为人违反了法律、行政法规或者公司章程的规定。如果董监高人员的行为只是不符合公司内部规章制度的规定，则可能构成公司内部行政管理责任。

（3）董监高人员的行为给公司造成损失。这是损害结果的要求。如果违反法律法规或章程的行为并没有导致损失的结果，相关董事、高管应停止相关行为，但不必承担赔偿责任。涉及董事损害公司利益的情形，是指董事执行公司职务时违反法律法规或章程规定，造成公司损失的行为。该情形对应

- 97 -

的是现行《公司法》第 148 条、第 149 条规定的董监高信义义务。其中，第 148 条对应的是忠实义务，第 149 条对应的是勤勉义务。忠实义务与勤勉义务对于损害结果的要求有所区分，忠实义务要求董事基于诚实、善良的信念不得从事不公平的利益冲突行为，而使公司利益受损。而勤勉义务要求董事勤劳、谨慎地管理与决策，对公司的经营事项尽到合理注意义务。由此看来，忠实义务更加倾向于基于信赖利益从道德层面提出要求，而勤勉义务更加倾向于基于董事的经营管理地位从职业层面提出要求。董事损害公司利益的具体案件中，当事人应依据上述法律规定对其诉请的请求权基础加以明确。

（4）董监高人员损害公司利益的行为与损害结果之间存在因果关系。《公司法》第 149 条规定："董事、监事、高级管理人员执行公司职务时违反法律、行政法规或者公司章程的规定，给公司造成损失的，应当承担赔偿责任。"根据前述规定，在认定董监高人员损害公司利益的行为与损害结果的因果关系时，应注意行为是发生在执行公司职务的过程中。如果董监高人员的行为不是发生在执行公司职务的过程中，则不必依据《公司法》的规定承担责任，而可能直接依据侵权法规承担责任。

在重视董监高人员损害公司利益责任构成要件之时，还应关注董事责任的豁免制度。《公司法》第 148 条、第 149 条对违反信义义务的董事、高管行为仅作了原则性规定，对于董事责任的豁免，我国法律中并无相关规定。各国司法实践中，对于董事责任豁免主要依据三种方式：公司决议豁免、公司章程豁免及司法豁免。美、英、日等国家在立法中均对董事违反信义义务赔偿责任的限制与免除制定了相应规则，并广泛地将违反勤勉义务的赔偿责任范围界定为任意性规则，也即公司可在章程中予以规定，亦可通过公司合理决策予以免除。我国《公司法》并未授权公司决议或章程可以免除董事损害公司利益的赔偿责任，故在此情况下，在司法审判中通过稳定的裁判规则依法妥善处理此类纠纷，做到司法豁免董事责任适用法律的统一显得尤为重要。

2. 股东损害公司利益责任构成

实践中，各种股东损害公司利益的纠纷多发。这些股东可能是公司的控股股东，同时担任公司的法定代表人、高级管理人员等，也有可能是中小股东，或者是因为股权激励等原因持股的公司员工。有限公司作为封闭型公司，在股东损害公司利益纠纷中的路径选择面临更多因素干扰，这是因为股份公司股权转让相对自由，退出更为灵活，而有限公司基于人合性强的特点，退出受到严格限制，而通过司法途径追究损害公司利益股东的责任，往往意味着公司的人合性已被根本性破坏。法律保护股东正当行使股东权利，但如果股东在行使权利时没有遵守法律或公司章程的规定，则可能损害公司、其他股东或债权人等其他主体的利益。例如，有限责任公司的股东依法享有查账权,但股东在行使此项权利时不应对公司的正常经营造成干扰;股东以其对公司的出资额为限承担有限责任,但不可滥用有限责任逃避公司债务;等等。

股东损害公司利益行为在实践中有各种不同的表现形式,但首要审查的是股东损害公司利益纠纷中的侵权主体必须是股东。首先,股东应具有相应的民事行为能力,否则其所实施的民事法律行为经法定代理人同意或追认后才有效;其次,股东委托的代理人在授权范围内行使表决权损害公司利益,股东应承担侵权责任,但是,代理人知道或者应当知道代理事项违法仍然实施代理行为,或者被代理人知道或者应当知道代理人的代理行为违法未作反对表示的,被代理人和代理人应当承担连带责任;最后,对于已经退出公司但在退出前侵害公司利益的股东,其要对损害公司利益的行为承担责任。同时,对于股东损害公司利益的责任构成,还可以从侵权责任理论的四要件角度去考察:

第一,股东实施了侵权行为。侵权行为是指一种具有法律上可归责性的行为。一般来说,股东损害公司利益的行为,是指违反法律、行政法规和公司章程的违法行为。但是,不排除有股东通过实施法律没有明文禁止的行为侵害公司利益。侵权行为包括直接加害行为和间接加害行为。股东对公司利益的侵害,很多时候就是股东通过不正当取得控制权后实施的,前期的股权交易行为很难说就是一种对公司利益的直接侵害。此外,损害公司利益的行为还可以包括不按时履行《股东会决议》的行为。实践中,股东损害公司利益的表现形式包括:(1)不正当取得表决权;(2)滥用控制权;(3)侵犯公司商业秘密;(4)利用职务之便损害公司利益或怠于行使权利;(5)滥用权利损害救济权;等等。

第二,股东存在主观过错。主观过错是指股东损害公司利益所表现出来的主观上的故意或过失。为了强化对受害者的救济,侵权法领域的过错(过失)概念已呈现客观化的趋势,判断过错逐渐从主观标准向客观标准的方向发展。在实践中,判断股东对公司利益受到损害是否存在过错的基本路径是:通过举证责任分配,对股东的行为是否具有可归责性进行价值判断。但需要注意的是,虽然一般情况下的股东侵权行为都是故意的,但也存在过失的情形。例如,股东兼任法定代表人代表公司对外签约,没有履行相应职权范围内的审查、注意义务,造成公司损失的,也应承担侵权责任。

第三,公司利益遭受损害。股东的行为使公司的合法利益遭受了一定程度上的损害,该行为才具有可归责性。一般认为,这种损害结果是一种实际的损害。在不同类型的案件中,股东损害公司利益会表现出不同的损害结果形态,股东抽逃出资、转移财产,对公司造成了直接的实际的损害,但是在股东滥用控制权作出不合理决议等情形下,却往往不一定体现为发生实际损害。同时，需要注意的是，股东损害公司利益纠纷的赔偿范围往往仅限于公司实际损失。由于股东在未兼任董监高的情况下无须承担竞业禁止的义务，在实践中，股东损害公司利益责任纠纷大多都是侵害公司财产利益的案件，鲜有涉及侵害公司预期利益的案件，即使涉及，也往往会因为无法提供证据证明确切的损失而被法院驳回。

第四，公司受到的损害与股东行为之间有内在因果关系。侵权行为与公司受到的损害事实之间具有因果关系是股东需要为其侵权行为承担责任的关键。在确定股东侵权因果关系时，应当综合考量各个原因对损害后果的不同作用。很多损害不是由于一个原因造成的，很多情况下，股东侵权是损害的原因之一，公司的内部治理、董监高的失职、其他第三人的共同作用等数个原因才可能导致损害结果的发生，甚至各个原因所发挥的作用是相等的。这时，应当根据作用的原因力大小在加害人内部确定其相应的责任分担份额。

需要特别注意的是，当某些股东特别是自然人股东同时担任公司董事或高管职位，如果其行为损害公司利益，需进一步考察其行为是基于股东身份、行使股东权利的行为，还是基于董事、高管身份在公司管理过程中发生的行为。如果是前者，则涉嫌滥用股东权利；如果是后者，则可能构成董事、高管损害公司利益。这两类纠纷行为表现相近，但法律构成差异很大，在实务操作中需仔细界定。

3.实际控制人损害公司利益责任构成

随着现代公司制度的不断发展推进，公司实际控制人的概念在市场经济活动中频频出现，一般表现为通过代为持股、相互担保、交叉投资等方式对公司进行隐名控制，从而达到防范风险、扩大收益等目的。但现行《公司法》对于实际控制人的规定过于宏观，立法规范层面仍然缺少具体的认定标准和清晰的责任界定。由于法律监督规制不完善，实际控制人隐秘而灵活地藏于幕后操纵公司、滥用控制权问题屡见不鲜，在损害公司利益诉讼的司法实践中更大量存在实际控制人损害公司、投资方或中小股东利益的案件。

实际控制人损害公司利益责任构成与其他形式的损害公司利益责任构成基本一致，主要区别在侵权行为上。分析目前的审判实践，可以发现，因实际控制人引起的民商事纠纷案件主要集中在公司运营阶段，大致可分为以下三类：一是公司为实际控制人提供担保的担保合同效力之争；二是公司债权人主张实际控制人不当处分公司财产的侵权诉讼；三是股东代表诉讼要求实际控制人赔偿公司损失的纠纷。一般情况下，当事人提起民事诉讼的法律依据主要是《公司法》第16条第2款"为实际控制人提供担保"、第21条"实际控制人利用关联关系损害公司利益"，实务中还存在以《公司法》第16条第3款关于为实际控制人提供担保的股东会决议效力为据提起诉讼。

第一，以公司名义为实际控制人作担保。如实际控制人未经授权而擅自以公司名义为其个人债务作担保，一般对公司不发生法律效力，而担保合同相对方则有权要求实际控制人向其履行担保义务或承担赔偿责任。如果在与实际控制人订立担保合同时，相对方明知或应知相关担保事项未经法定决议程序，则该相对方存在一定过错，应与实际控制人各按过错承担责任。此外，结合《民法典》第 171 条关于无权代理的规定，虽然实际控制人未经公司决议流程而以公司名义为其个人提供担保，但公司事后对其担保行为予以追认的，则担保合同对公司发生法律效力，当相对人主张由公司承担担保责任时，公司可在其承担责任的范围内向实际控制人追偿。

第二，实际控制人实施关联交易。实务中，对于是否存在违法关联交易的判断，则应当紧紧围绕"通过关联关系"和"损害公司利益"两个核心要素，通过判断交易主体之间是否具备关联关系、是否出于操纵市场或转移财产等恶意动机、交易行为是否存在明显违背商业逻辑或者常情常理的情况、交易结果是否导致公司产生现实损失或紧迫风险等方面来具体把握。如果关联交易并未损害公司利益，不存在违法情况，则不涉及法律责任的承担问题。

目前，对于实际控制人侵害公司利益责任的法律规定不够完善。随着公司结构日趋复杂、多元，在公司治理过程中，当公司的表面控制人与实际控制人相分离时，实际控制人既隐秘在重重幕后，又高居于公司权力结构的金字塔顶，而法律规定及监管制度的不完善，使其拥有了将公司当作万能挡箭牌的可能，或利用公司大肆攫取利益，或逃避公司债务的履行，导致市场交易的不确定性和风险性大大增加。因此，从完善公司治理、化解市场经济风险的目的出发，让公司实际控制人在法律制度框架下"隐于形"但"现于义"，清晰确定其权责义务和行为边界，方能达到以法治力量推动营商环境持续优化、以法治建设保障市场经济持续健康有序运转的效果。

三、损害公司利益责任法律规制梳理

现行《公司法》为公司、股东提供了股东损害公司利益纠纷的救济途径。实践中，中小股东在维护自身权益时也更倾向于寻求司法保护。正如学者所言，在非公众持股公司中，当少数股东的同事以不符合其期望的方式经营公司时，诉讼很可能是他唯一的选择。当然，通过诉讼使已被损害的权益得以修复并不是在任何时候都能达到理想的效果，诉讼周期、成本、举证责任、公司日后经营发展等因素都制约着这类诉讼策略的可行性，更遑论很多损害公司利益的行为、状态未必均符合侵权责任构成要件的要求。要真正解决现实中各种股东损害公司利益的问题，需要在实践中不断探索总结经验，通过因"司"制宜的内部治理结构，未雨绸缪地设置好章程中股东责权利的边界，灵活运用解散、退出、除名等机制，对股东损害公司利益的行为进行救济与防范。但无论如何，完备的立法、公正的司法仍是最后的有效救济手段。下面，按照侵权主体，对目前有关损害公司利益责任的法律制度进行梳理。

（一）股东损害公司利益法律规制

股东通过出资获得其在公司的权利是股东权。股东权是一种综合性的权利，是多项权利的权利束而不是单项权利，包括实体上的权利和程序上的权利，人身权和财产权。具体体现在股东身份权、表决权、收益权、知情权、退股权、优先购买权、权利损害救济权等，股东可以充分行使自己的权利为自己争取应有的利益。然而，受利益驱动，在股东个人利益与公司利益发生冲突时，股东可能会以牺牲公司利益为代价确保个人利益。尤其对控股股东而言，资本多数决原则以及封闭型公司控制权集中、管理信息不对称的特点使利用公司谋求个人利益的难度大大降低。正因如此，为规范股东责权利边界，授予公司、其他股东、债权人在股东损害公司利益时以损害赔偿请求之权利，并由《公司法》第20条、第21条、第22条、第151条进行规定。"无救济则无权利"，公司作为一种法律主体，其权利同样受到法律保护，当公司的利益受到侵害，其同样可以寻求法律途径予以救济。只有各产权主体在经济运行中，其利益能够在一点或一个区间内均衡，现代公司的运作才能有序。禁止股东滥用股东权利是权利不得滥用的民法原则在公司法中的具体应用。

股东作为公司的投资人，享有追求合法权益的正当诉求，但在公司运行中，经常出现个别股东为了追求个人利益而攫取公司利益等损害公司利益及其他股东合法权利的情形。因此，为了维护公司治理机制的良好运行、调节公司相关利益主体之间的冲突，应限制股东权利的滥用。股东应遵循诚信原则，善意地为公司利益行事。公司股东应当遵守法律、行政法规和公司章程的规定，正当行使股东权利，不得滥用股东权利损害公司或者其他股东的利益。实践中，股东损害公司利益纠纷十分常见。从结果上看，都表现为对公司的合法利益构成一定程度的损害；但从过程上看，股东损害行为呈现多种形式，致使法律规制亦须复杂多样。除了《公司法》外还可能会涉及《民法总则》《物权法》《侵权责任法》《反不正当竞争法》《证券法》等，《民法典》颁布实施后，更多地涉及《民法典》相关规定。遇到此类纠纷，如何准确适用法律有效解决，是司法实践面临的重要课题。

根据最高人民法院《民事案件案由规定》，与股东侵害公司利益责任纠纷联系最为密切的案由是"损害公司利益责任纠纷"和"公司关联交易损害责任纠纷"。"损害公司利益责任纠纷"是指公司股东滥用股东权利或者董事、监事、高级管理人员违反法定义务，损害公司利益而引发的纠纷。"公司关联交易损害责任纠纷"是指公司的控股股东、实际控制人、董事、监事、高级管理人员等关联方利用其关联关系损害公司利益的纠纷。如果该关联方损害了公司利益，但并非利用关联交易的形式，则不属于此案由。与股东侵害公司利益责任纠纷相关案件所适用的案由，除了上述两种以外，还有"公司盈余分配纠纷""股东出资纠纷""财产损害赔偿纠纷""侵权责任纠纷""对外追收债权纠纷"等。

在具体法律适用方面，《公司法》第20条第1款、第2款规定了禁止股东滥用权利原则以及赔偿责任；第21条规定了公司控股股东、实际控制人及董监高人员禁止利用关联关系损害公司利益原则以及赔偿责任。在公司股东滥用股东权利损害公司利益的情形下，对公司股东追究损害赔偿责任的法律规制则是对公司法人人格独立性的维护。众所周知，公司财产虽然来源于股东投资，但是股东投资之后的财产所有权归属于公司自身，公司财产与股东财产相互独立，股东的权益只能通过公司盈利转化为股东分红来体现，而非对公司财产的直接控制使用，这是公司法人人格独立性的重要体现。因此，公司股东（尤其是控股股东）滥用股东权利损害公司利益，一般是将公司财产与自身财产不分，将公司利益直接转化为股东自身利益，从公司人格独立性的角度来说，相当于公司股东侵占了一家独立、拟制法人的财产，对其他股东和公司债权人的利益都会带来损害。因此，《公司法》赋予公司以及利益受到损害的其他股东提起损害公司利益责任诉讼的权利。同时，《公司法》第147条至第149条规定了董监高的忠实勤勉义务、公司的归入权以及董监高的赔偿责任；第151条规定了董监高损害公司利益时，提起损害赔偿诉讼的主体。现实中，法院审理股东侵害公司利益责任纠纷案件主要还会涉及的《公司法》条文有第3条、第5条、第22条、第28条、第35条、第166条等。但在涉及案件实体责任的判断问题时，主要适用的还是《公司法》第20条和第21条。当然，除第20条和第21条外，第147条至第149条的适用也占了很大比例。这是因为，一方面，实践中很多股东侵害公司利益责任纠纷案件都存在股东与董监高身份重合的情形；另一方面，适用《公司法》第148条来追究股东的法律责任，可以大大降低举证难度及诉讼成本，而在股东没有兼任董事、高级管理人员的情况下，往往需要用更加复杂的诉讼路径去救济公司的利益。《民法典》颁布后，其中第84条规定了营利法人的控股出资人、实际控制人、董事、监事、高级管理人员不得利用关联关系损害法人利益，如利用关联关系造成法人损失的，应承担赔偿责任，这是公司主张股东损害公司利益应承担责任的请求权基础重要规范。

（二）实际控制人损害公司利益法律规制

实际控制人问题关涉公司法、证券法、刑法等领域。2005年《公司法》和《证券法》的联动修改将实际控制人对公司的不当控制问题纳入视野，并与相关的司法解释、监管规则、自律规则共同形成关于实际控制人行为规范的初步规则体系。

在公司法层面，除《公司法》第216条对实际控制人的概念予以明确外，《公司法》的第16条和第21条对实际控制人的特殊地位分别从关联担保的回避表决以及禁止不当利用关联关系两方面予以直接规制，即现行《公司法》对于实际控制人施加的责任仅仅限于关联担保和关联交易领域，对实际控制人在公司治理层面滥用控制权的规制则处于空白状态。

在证券法层面，随着中国资本市场跨越式的发展壮大，实际控制人通过欺诈上市、违规担保、非法转移资金、非法关联交易等方式掏空上市公司的乱象此起彼伏，2019年修订的《证券法》考虑实际控制人在公司治理及运营中的特殊功能作用，将其与控股股东相并列，从证券发行、交易、上市、信息披露、投资者保护等方面系统强化实际控制人的法律责任。例如，根据《证券法》第24条规定，发行人违法发行证券，发行人的控股股东、实际控制人有过错的，应当与发行人承担连带责任。《证券法》第93条规定，发行人因欺诈发行、虚假陈述或者其他重大违法行为给投资者造成损失的，发行人的控股股东、实际控制人、相关的证券公司可以委托投资者保护机构，就赔偿事宜与受到损失的投资者达成协议，予以先行赔付。先行赔付后，可以依法向发行人以及其他连带责任人追偿。与公司法相较，证券法层面为应对资本市场的监管实践率先实现了对控股股东和实际控制人的一体化监管，这种一体化的规制模式展示了资本市场对滥用控制权行为更深入的规范认识及其应然的监管意义。

至于证券监管规则层面，除了诸多监管规则对《证券法》关于控股股东和实际控制人的义务及责任等相关内容作具体化规范外，值得注意的是证监会颁布的《上市公司治理准则》以及《上市公司章程指引》等规范性文件中明确规定上市公司的控制股东及实际控制人对公司负有诚信义务。例如，《上市公司章程指引》第40条第2款规定："公司控股股东及实际控制人对公司和公司社会公众股股东负有诚信义务。"《上市公司治理准则》第63条规定，控制股东、实际控制人对上市公司及其他股东具有诚信义务。上海证券交易所 2010 年《上市公司控股股东、实际控制人行为指引》[①]第一章总则规定："控股股东、实际控制人应当遵守诚实信用原则，依照法律法规以及上市公司章程的规定善意行使权利。"这些规则初步提出了实际控制人应当遵守诚信原则、善意行使股东权利的主张，进而谋求公司和全体股东利益的共同发展，具有重大的立法和实践意义。在公司法理上，这些规则从实际控制人责任基础层面明确提出其对公司和公司社会公众股股东负有诚信义务，从而为实际控制人滥用控制权的具体范围以及应当承担的法律责任提供了法理支撑。

在司法解释层面，《公司法司法解释（二）》第 18 条至第 20 条规定控股股东与实际控制人在公司清算过程中的勤勉义务要求，明确控股股东与实际控制人因怠于履行义务，导致公司主要财产、账册、重要文件等灭失而无法进行清算的，以及公司解散后恶意处置公司财产给债权人造成损失等情形时，控股股东与实际控制人应对公司债务承担相应责任。此外，2022 年 1 月《最高人民法院关于审理证券市场虚假陈述侵权民事赔偿案件的若干规定》第 20 条特别规定追究虚假陈述中实际控制人的民事责任，即投资者可以起诉请求直接判令发行人控股股东、实际控制人就其组织指使的虚假陈述行为承担责任。该规定的立法意图是追究虚假陈述违法活动中的主谋和首要分子，让上市公司背后的实质违法者得到惩罚。该规定展示了"追首恶"的理念，但在制度设计上并未突破《证券法》第 93 条规定的连带责任框架。在具体实践中，根据《证券法》第 93 条规定，控股股东、实际控制人本身就是虚假陈述的连带责任人，并且实行过错推定的归责原则。而该司法解释第 20 条规定，应该由投资者证明控股股东、实际控制人组织、指使发行人实施虚假陈述。这对原告而言是不可能完成的任务。所以，上述规定主要是起到宣示性作用。

《民商审判会议纪要》第 11 条针对"过度支配与控制"规定为："控股股东或实际控制人控制多个子公司或者关联公司，滥用控制权使多个子公司或者关联公司财产边界不清、财务混同，利益相互输送，丧失人格独立性，沦为控股股东逃避债务、非法经营，甚至违法犯罪工具的，可以综合案件事实，否认子公司或者关联公司法人人格，判令承担连带责任。"该纪要主要是对实际控制人滥用控制权导致关联公司丧失人格独立性时如何对债权人承担责任的指导性意见，但其不具有法律渊源的效力。

需要说明的是，公司实际控制人是否能够成为损害公司利益责任纠纷的适格被告问题。因公司实际控制人的常见身份为隐名股东，通过委托他人持

[①] 该指引已于 2022 年 1 月 7 日被《关于发布〈上海证券交易所上市公司自律监管指引第 1 号——规范运作〉的通知》废止。

股，对公司施以控制。这种情况下，作为隐名股东的公司实际控制人，对其损害公司利益的行为，公司或其他小股东是否可以以"股东损害公司利益责任纠纷"起诉公司及代其持股的股东，《公司法司法解释（三）》通过对隐名股东相关法律适用问题作出规定，一定程度上缓解了司法判案中存在的法律适用不统一问题。如果隐名股东为公司的董事或高级管理人员，可以适用董事损害公司利益责任纠纷相关规定；如果公司实际控制人并未在公司担任任何职务，对于损害公司利益的行为，应根据公司章程、实际出资额、相关代持协议、是否半数以上股东认可其身份等一系列事实进行综合判断，将其从"幕后"引到"前台"。

目前，实际控制权人是游离于公司权力法律配置之外而客观存在的特殊经济现象。《公司法》与《证券法》已经从概念界定到责任设置为实际控制人问题提供了初步的制度方案，但由于实际控制权涉及多维的法律关系以及复杂的运行机制，《公司法》的相关文本未能基于实际控制人控制权配置的动因、对公司法定权力控制形态的影响以及实际控制人滥用控制权的法律后果进行清晰明确的规范。故如何顺应公司股权结构和公司治理的发展态势，围绕公司实际控制权的正当行使构建科学、合理、系统的法律规则体系，以防止某些不显示为公司控股股东但事实上却能控制公司的人员不法损害公司及股东权益的行为发生，同时又尽可能利用和发挥实际控制人在公司治理中的积极作用，是公司法修改面临的一个重要课题。

（三）董事、监事、高级管理人员损害公司利益法律规制

为规范公司董事、监事、高级管理人员的行为，《公司法》第112条、第147条、第148条、第149条分别对其所负的忠实义务和勤勉义务提出概括性的要求并进行列举式的规范，具体规定了公司对董事、高级管理人员违反忠实义务的利益归入权及对董事、监事、高级管理人员执行公司职务时违反法律、行政法规或公司章程的规定，给公司造成损失的赔偿请求权。

1.董监高违反法定义务损害公司利益的情形下，对前述人员追究损害赔偿责任的法律规定

该义务的确定主要来源于董监高的忠实及勤勉义务。《公司法》第147条主要规定了董监高人员负有忠实和勤勉义务，不得侵占公司财产；而第148条则主要针对公司董事和高级管理人员的忠实和勤勉义务进行了列举式的规定，有七种具体的禁止行为和一项兜底条款，具体包括：（1）挪用公司资金；（2）将公司资金以其个人名义或者以其他个人名义开立账户存储；（3）违反公司章程的规定，未经股东会、股东大会或者董事会同意，将公司资金借贷给他人或者以公司财产为他人提供担保；（4）违反公司章程的规定或者未经

股东会、股东大会同意，与本公司订立合同或者进行交易；（5）未经股东会或者股东大会同意，利用职务便利为自己或者他人谋取属于公司的商业机会，自营或者为他人经营与所任职公司同类的业务；（6）接受他人与公司交易的佣金归为己有；（7）擅自披露公司秘密；（8）违反对公司忠实义务的其他行为。上述列举的"其他行为"具有兜底性质，实践中具体的行为表现多种多样。尽管如此，实务中多认为，《公司法》第 148 条规定的七种具体禁止行为更像是董事、高级管理人员忠实义务的具体表现，而勤勉义务应如何界定，并无具体标准。但是，《公司法司法解释（三）》第 13 条规定了当公司增资但股东未履行出资义务时，董事、高级管理人员未尽勤勉义务使公司出资未缴足，相关董事、高管应在一定范围内承担赔偿责任，这一条可以看作是董事、高管勤勉义务的具体表现形式之一。除此之外，一般认为，董监高的勤勉义务可以从三个原则来判断，即：（1）善意，即对公司经营管理行为（作为或不作为）产生的后果对公司是否有利尽到适当的注意和判断义务；（2）注意，即以处于同一位置的理性人标准判断、处理公司经营决策；（3）合理，即有理由相信其行为符合公司的最佳利益，即所谓"商业判断原则"。

2. 董监高损害公司利益侵权赔偿责任认定的法律规定

《公司法》第 149 条规定："董事、监事、高级管理人员执行公司职务时违反法律、行政法规或者公司章程的规定，给公司造成损失的，应当承担赔偿责任。"根据前述规定，认定董监高损害公司利益侵权赔偿责任需满足一定的构成要件，从《公司法》规定的内容来看，认定董监高的赔偿责任，不需要认定行为人的主观过错。但实际上，违反法律、法规或公司章程的行为本身已暗含过错，即便不是故意，至少也属于重大过失。

3. 董监高损害公司利益纠纷救济程序的法律规定

（1）股东为公司利益代位起诉。董监高损害公司利益，公司作为权益受害方，具有原告主体资格；损害公司利益的董监高是被告。如果损害公司利益的董事、高管实际掌控公司，此时可能产生两方面问题，一是如果公司提起诉讼，则可能产生利益冲突；二是公司根本不会采取诉讼行动。现实中，后一种情况更常见。根据《公司法》第 151 条的规定，如果董事、高级管理人员有损害公司利益的行为，有限责任公司的股东、股份有限公司连续 180 日以上单独或者合计持有公司百分之一以上股份的股东，可以书面请求监事会或者不设监事会的有限责任公司的监事向人民法院提起诉讼；如果监事损害公司利益，股东可以书面请求董事会或者不设董事会的有限责任公司的执行董事向人民法院提起诉讼。监事会、不设监事会的有限责任公司的监事，或者董事会、执行董事收到股东的书面请求后拒绝提起诉讼，或者自收到请求之日起 30 日内未提起诉讼，或者情况紧急、不立即提起诉讼将会使公司利益受到难以弥补的损害的，符合前述条件的股东有权为了公司的利益以自己的名义直接向人民法院提起诉讼。上述规定了股东代位提起诉讼的前置程序。股东代位起诉是对公司内部监督制度的补救，所以股东在以自己名义直接起诉之前，应当"用尽内部救济"程序。只有在"情况紧急"时，才可以不经前置程序，直接起诉。这一要点在《民商审判会议纪要》第25条中予以明确。实务中常见的情形有：第一，公司没有设置监事或监事会等机关，或者公司已经陷入经营僵局，相关人员已经不履职，股东没有提出书面请求的对象；第二，公司监事或董事受到被起诉对象的控制，或者监事、董事与损害公司利益的行为有利害关系，此时，即使股东提出书面请求，该监事或董事也不可能起诉；第三，公司董事或监事本身就是将要被起诉的被告，不存在提起诉讼的可能性。可见，"情况紧急"的认定，需要根据具体案情来判断。（2）股东为自身利益直接起诉。股东是公司的投资人，在公司内部，股东享有资产收益、参与重大决策和选择管理者等权利。股东自身的利益与公司利益相互独立，不完全一致。《公司法》第152条规定，董事、高级管理人员违反法律、行政法规或者公司章程的规定，损害股东利益的，股东可以向人民法院提起诉讼。这一规定赋予股东为自身利益直接起诉董事和高管人员的权利。此类诉讼只要求具备股东资格，没有持股数量和时间方面的要求。由此可见，利益受损主体的不同，决定了股东的救济方式是代位起诉还是直接起诉。

以上规定构成了公司主张董事、监事、高级管理人员损害公司利益应承担责任的请求权基础规范。董事、监事、高级管理人员损害公司利益的具体案件中，当事人应依据上述法律规定对其请求权基础加以明确。

（四）关于确定损害公司利益诉讼主体法律规制

1. 确定原告主体范围的法律规定

根据《公司法》第151条规定，损害公司利益责任纠纷案件的起诉主体有两种，分别是公司直接诉讼和股东代表诉讼。其中公司直接诉讼既包括了公司以自己名义直接提起诉讼，也包括在公司不能自行提起诉讼时，公司股东请求监事对董事、高级管理人员或者请求董事对监事提起诉讼。在公司监事对董事、高级管理人员或者董事对监事提起诉讼的场合，应当列公司为诉讼原告，但监事或者董事作为诉讼代表人进行诉讼。此外，在符合条件的公司股东已经提起损害公司利益责任纠纷诉讼后，其他符合条件的股东可以相同的事由和诉讼请求，在一审法庭辩论终结前申请以共同原告的身份参加诉讼。实务中，股东资格是股东代表诉讼中的常见争议焦点，需要注意的要点包括两方面：其一，股东身份的获得和持续时间对提起股东代表诉讼是否有影响。关于取得股东身份的时间，在之前的股东代表诉讼司法实务中，被告常常提起的抗辩点之一是，原告并非公司利益损害行为发生时的股东，其股东资格系在此之后取得，因此不是适格原告。现《民商审判会议纪要》第24条对此已予明确，即股东提起股东代表诉讼不受取得股东资格的时间影响，只要在起诉时具备股东资格即可。除此之外，如对上述《民商审判会议纪要》第24条规定进行反向解读，不难看出，原告提起诉讼时如不具备股东资格，则无权以股东代表诉讼的方式提起损害公司利益责任纠纷诉讼。进一步而言，不仅提起诉讼时要具有股东资格，诉讼过程中也需要持续具备股东资格，这是股东代表诉讼的基础。实务中较为常见的争议在于，股东提起代表诉讼时具有股东身份，但在诉讼过程中被公司股东会决议取消股东身份，此时，虽然被决议取消股东身份的股东可能另有冤情，但由于以股东代表诉讼提起损害公司利益责任纠纷诉讼的审理范围并不包括股东资格争议，且经公司股东会决议取消股东身份还涉及决议效力的判断问题，无论案由、诉讼参加主体还是案件的审理范围等，都与损害公司利益责任纠纷不同，因此，法院一般要求待股东资格确定后再依法处理。其二，隐名股东是否有权代表公司提起损害公司利益责任纠纷诉讼。实务中，常有隐名股东提起股东代表诉讼，但如前文所述，提起股东代表诉讼的前提是具备合法股东资格，隐名股东既不是工商登记股东，也不是股东名册上记载的显名股东，而且，其与显名股东之间基于股权代持是否存在纠纷也会影响其隐名股东的资格认定。因此，法院一般遵循股东资格争议并非损害公司利益责任纠纷审理范围的原则，并以此驳回隐名股东的起诉，在生效判决确认其股东资格之前，隐名股东无权提起代表诉讼。

2. 确定被告主体范围的法律规定

根据《公司法》第20条、第21条以及第151条的规定，损害公司利益责任纠纷诉讼中最常见的被告范围包括公司的董事、监事、高级管理人员以及滥用股东权利的公司股东。实务中，公司董事和股东的认定比较容易，但高级管理人员的范围是争议的高发点。其原因在于，虽然《公司法》第217条对高级管理人员的范围作出了规定，即"公司的经理、副经理、财务负责人，上市公司董事会秘书和公司章程规定的其他人员"。但是，实务中，公司经理、副经理、财务负责人的人数有限，而实际有经营管理权限却不在《公司法》规定人员范围内的管理人员不在少数。因此，实务中是否应当将高级管理人员局限于《公司法》第217条规定的范围，是比较常见的争议。司法实践中，法院审查高级管理人员的范围时，仍然会以公司章程规定的高级管理人员为原则，重点审查公司章程是否有规定公司经理、副经理、财务负责人等。此外，工商登记中的高级管理人员名单也是法院审查的重点。当通过前述两方面文件都无法确定被告的高级管理人员身份时，法院还会从公司与管理人员签订的劳动合同或者公司内部系统的职位和职责权限等材料，综合管理人员的实际经营管理权限来综合认定其是否属于高级管理人员。而实际经营管理权限的判断，则有赖于其对外意思表示内容、对内职权的汇报层级、签署重要文件情况等具体事实进行判断。除此之外，《公司法》第151条第3款进一步规定，他人侵犯公司合法权益，给公司造成损失的，符合条件的股东同样可以请求公司监事或董事提起诉讼，也可以提起股东代表诉讼。同样的，如果公司董事、高管和第三人都实施了损害公司利益的行为，公司股东同样也可以按照前述方式，将董事、高管和第三人列为共同被告提起诉讼，此时，董事、高管和第三人是作为共同侵权的人员而承担连带责任。而另一个比较重要的问题是，《公司法》第151条第3款所规定的"他人"到底是指哪些人？对此，从共同侵权的角度来说，"他人"即第三人，一般是与公司董事、高级管理人员、滥用股东权利的股东这三类人员有关联关系且共同实施损害公司利益行为的主体，包括公司内部人员（不属于董事、高级管理人员范畴的人员）、公司外部人员（常见于亲属、朋友等），以及前述三类人员另行设立的其他竞争性公司等。

四、损害公司利益责任纠纷审理原则

"法律的生命不在于逻辑，而在于经验"的格言在学界可谓家喻户晓，对于实务问题的分析而言，从逻辑的角度作抽象分析，仍不愧为一种有效的方法。由于"现代公司制度实行所有权和经营权两权分离"的制度特征和实践中责任主体的机会主义心理及对法律规范的漠视态度等，致使损害公司利益责任纠纷在公司治理过程中时常出现，成为"与公司相关民事纠纷"案由中最高频的纠纷类型之一。而司法实践中关于此类诉讼中诉讼主体如何确定、损害公司利益及行为表现方式如何认定以及最终责任承担方式等问题均是损害公司利益责任纠纷重点关注的问题。《公司法》及相关法规、司法解释对损害公司利益责任有关问题规定较少，条文的原则性较强而具体适用标准不明，面对实践中出现的大量问题，在审判中需要根据法律原则和《公司法》立法精神对相关条文进行解释，以准确地适用法律处理纠纷。另外，在具体案件中应综合考量公司经营过程中的具体情形，可以适当扩大对法律的解释。

（一）坚持程序审查与实质审查相结合的原则

在审查董事、监事、高级管理人员是否违反忠实义务和勤勉义务时，不仅需要形式上审查上述人员是否违反法律、行政法规和公司章程规定的义务，某项行为是否经过股东会或股东大会的同意,还需要对可能违反概括性的忠实义务或勤勉义务的行为进行实质性审查,结合忠实义务和勤勉义务的要求,通过对案件中涉及的具体事实认定董事、监事、高级管理人员是否忠于公司利益、履职时是否怀有善意、是否与处于相似位置的普通谨慎人在类似情况下同样尽到注意义务、是否为公司的最佳利益行事。

(二)坚持构成要件式审查理念

公司主张损害公司利益赔偿责任,在性质上属于侵权责任,因此司法实践中应从总体上审查是否符合侵权责任的构成要件,包括行为人是否存在违反法律、行政法规、公司章程等法定或约定义务的侵权行为,行为人是否存在主观上的过错,公司是否发生损害结果,行为人的侵权行为与公司的损害结果之间是否存在因果关系等。审查过程中要避免唯结果论,即仅以损害结果的发生推定侵权行为的存在或者因果关系的成立等。对于公司主张利益归入权的损害公司利益责任,则仅需审查董事及高级管理人员是否存在违反忠实义务的行为且获得了收益,该项责任不要求公司存在损失,在审判实践中需要加以区分。

(三)注重对中小股东权利的保护

保护中小股东的权利是维护市场经济秩序稳定、优化法治化营商环境的基本要求。在公司经营管理过程中,控股股东或控制股东利用优势地位以及董事及高级管理人员利用管理层对公司财产、公司机会、公司商业秘密的把握和控制,损害公司利益的纠纷屡见不鲜。在审判实践中应注重对中小股东权利的保护,合理界定公司与股东、董事、监事、高级管理人员之间的权利与义务,妥善分配各方的举证责任,有效遏制控股股东或控制股东滥用职权,维护公司及中小股东的利益。

(四)保护公司利益与其他利益相关者原则

我国《公司法》中强调公司应当诚实守信、接受政府和社会公众的监督,承担社会责任。强调公司的社会责任,是新的公司法理念。公司一旦成立,便不仅是只追求自身利益的商事主体,也会对周围的社会、经济、人群产生不同意义的影响,这是公司应当承担社会责任的由来。在损害公司利益责任纠纷案件审理过程中,不仅应当重视公司利益的保护,还应当考虑保护公司利益相关者——职工、债权人、消费者、周围社区居民等受公司及其经营行为影响的人群的合法权益。保障公司的正常生存和运营,保护公司利益相关者的合法权益,不仅是对社会经济发展的贡献,也对一定范围内的社会和谐稳定有着重要意义。

(五)正确处理司法干预与公司自治之间的关系

商事法律是一切法律中方式最为自由的,而同时又是最为严格的法律。[①] 坚持私法自治原则,尊重公司团体自治和决策,正确处理司法干预与公司自治之间的关系,是审理损害公司利益责任纠纷的关键所在。司法实践中,应当审慎而为,对属于公司章程规定股东、董事、高管可以行使的相关权利,应当保持司法谦抑,给公司留有自治的空间;对属于公司正常商业判断的决策,应当保持一定的尊重,只要公司决策的内容无碍于交易安全、社会稳定,则应当尊重公司内部的意思表示自由和民事行为自由,不能以司法权取而代之。对于涉及公司组织健全、交易安全的问题,如控制股东滥用权利、董事违反忠实义务及勤勉义务使公司合法利益遭受损害,人民法院则应依法干预,以司法裁判介入商事组织的运行。

第二节 基本要素审理指引

一、程序要素

(一)主管要素

损害公司利益责任纠纷为民事纠纷,属于法院受理民事案件的范围。原告在提起损害公司利益责任纠纷诉讼时,应当符合《民事诉讼法》第122条规定的起诉条件。

股东与股东之间达成协议设立公司,后双方发生争议,如双方未就损害公司利益责任等情形达成仲裁条款,此前就合同履行过程中约定的仲裁条款不能对损害公司利益责任纠纷产生管辖约束,对此,在诉讼与仲裁的关系上,应准确界定当事人约定的仲裁事项范围。

最高人民法院在(2013)民申字第2302号"三维公司与嘉吉公司损害公司利益责任纠纷案"中认为,原、被告虽然是合营合同的签订主体,但并不代表双方之间的所有争议都应当通过仲裁解决,还要看双方争议的性质,以及是否属于合同约定的应当提交仲裁的争议范围。本案中,原告以被告滥用

[①] 参见李永祥等:《公司诉讼的诉讼特点及其规范化审理》,载《中国民商审判(总第6集)》,法律出版社2004年版,第164页。

股东权利为由提起股东代表诉讼，不属于双方当事人约定的因解释、执行合营合同发生的争议，因此，不受合营合同中仲裁条款的约束。

【规范依据】《民事诉讼法》第 122 条。

（二）管辖要素

1. 地域管辖

第一，损害公司利益责任纠纷由侵权行为地或者公司住所地法院管辖。案件适用何种管辖规定，应以其诉争的诉讼标的为判断标准，并以具体案由所反映的民事法律关系性质确定管辖。《民事案件案由规定》的二级案由"与公司有关的纠纷"共有三级案由 25 个，涉及公司设立、确认股东资格、公司解散等公司组织类纠纷，股权转让等合同纠纷，损害公司利益责任、股东损害公司债权人利益责任等侵权纠纷。"与公司有关的纠纷"下属三级案由，都是公司诉讼，但并非当然适用《民事诉讼法》第 27 条规定的公司诉讼特殊管辖。虽然《民事案件案由规定》将损害公司利益责任纠纷列为"与公司有关的纠纷"，但不属于《民事诉讼法》第 27 条规定的应当由公司住所地法院管辖的情形，应按照《民事诉讼法》第 29 条规定由侵权行为地或被告住所地法院管辖。

第二，公司住所地与实际经营地不一致时，以公司注册地或登记地为住所地。根据《民事诉讼法司法解释》第 3 条的规定，法人或者其他组织的住所地是指法人或者其他组织的主要办事机构所在地。法人或者其他组织的主要办事机构所在地不能确定的，法人或者其他组织的注册地或登记地为住所地。《公司法》规定了公司营业执照应当载明的事项包括了公司住所，并规定如记载事项发生变更应当依法办理变更登记，即公司住所属于依法需办理注册或登记的公司事项。公司在主要办事机构所在地发生变更后未办理变更登记的，应当以其注册地或者登记地为管辖依据。

第三，侵权行为地与公司住所地不一致时，公司住所地并不必然为侵权结果发生地。一般而言，损害公司利益责任纠纷的侵权行为损害的是公司利益，公司住所地即为侵权结果发生地。但若侵权行为一经实施即产生损害后果，则侵权结果发生与侵权行为密不可分，为同一地点，若公司住所地与侵权行为地不一致，公司住所地不应当然为侵权结果发生地。

第四，与清算案件有关的损害公司利益责任纠纷案件，应当由受理强制清算的法院管辖，但在清算案件受理之前，其他法院已经受理的案件应由原受理法院继续审理。根据《公司强制清算纪要》的有关规定，与清算案件有关的衍生诉讼的审理，应当由受理强制清算的法院管辖，但在清算案件受理之前，其他法院已经受理的案件应由原受理法院继续审理。据此，与清算案件有关的损害公司利益责任纠纷案件,在纠纷发生前已提起强制清算申请的,应由受理强制清算的法院管辖。最高人民法院在处理(2014)民四终字第6号案件的管辖权异议时明确以上观点。

【规范依据】《民事诉讼法》第29条;《民事诉讼法司法解释》第3条、第22条。

2. 级别管辖

损害公司利益责任纠纷为侵权责任纠纷,主要涉及损失赔偿等金钱给付的诉讼请求,应当根据诉讼标的数额确定级别管辖法院。

【规范依据】《民事诉讼法》第18条、第19条、第20条、第21条;《民事诉讼法司法解释》第1条;《最高人民法院关于调整中级人民法院管辖第一审民事案件标准的通知》第1条、第2条、第4条、第5条。

(三)案由要素

根据《民事案件案由规定》,"损害公司利益责任纠纷"属于二级案由"与公司有关的纠纷"项下的三级案由。"损害公司利益责任纠纷"是指,"公司股东滥用股东权利或者董事、监事、高级管理人员违反法定义务,损害公司利益而引发的纠纷"。① 因此,司法实践中将公司或股东依照《公司法》第20条、第147条、第148条、第149条规定请求股东、董事、监事、高级管理人员赔偿损失或要求确认董事、高级管理人员违法所得收入归公司所有的纠纷确定为损害公司利益责任纠纷,不存在疑义。对于原告仅主张被告利用关联交易形式损害公司利益的,应确定为公司关联交易损害责任纠纷。

【规范依据】《民事案件案由规定》二十一、与公司有关的纠纷/276. 损害公司利益责任纠纷。

(四)原告主体要素

提起损害公司利益责任纠纷的原告包括公司和公司股东。

1. 公司

根据侵权责任法原理,损害公司利益责任纠纷的原告应当为利益被损害的一方,即公司。在损害公司利益责任纠纷中,公司是直接的权利主体,是适格原告。在司法实践中,代表公司参加诉讼的人员主要有以下几种情况:

第一,法定代表人或经法定代表人委派的公司人员。《民事诉讼法》第51条第2款规定:"法人由其法定代表人进行诉讼。其他组织由其主要负责人

---

① 人民法院出版社编著:《最高人民法院民事案件案由适用要点与请求权规范指引(第二版)》,人民法院出版社2020年版,第749页。

进行诉讼。"故一般情况下,由法定代表人代表公司进行诉讼。

第二,监事会主席或监事、董事会主席或执行董事。股东履行请求公司提起诉讼的股东代表诉讼前置程序后,根据《公司法司法解释(四)》第23条的规定,公司对董事、高级管理人员提起诉讼的,应由监事会主席或监事代表公司进行诉讼;公司对监事提起诉讼的,应由董事长或执行董事代表公司进行诉讼。

在实践中,可能存在董事长或执行董事、监事会主席或监事无法提供委任状等文件证明自己的身份,或者因已存在公司权力分配纠纷,导致董事长、执行董事、监事会主席、监事等人的身份确定发生争议。对此,应当结合工商行政管理部门的登记、公司章程以及公司股东会或者股东大会、董事会有效决议等文件予以确定,必要时可通过适当的法律程序先行确定相关人员身份后再行处理损害公司利益责任纠纷。

对于公司监事代表公司提起诉讼后被免除监事职务的,不影响案件启动程序的合法性,亦不当然阻却案件诉讼程序的正常进行,江苏省南京市中级人民法院在(2017)苏01民终7525号案件中即采此观点。

第三,法定代表人与公司之间出现诉讼代表人冲突情况的解决。一般情况下,公司的法定代表人有权对外代表公司处理公司事务,但在担任法定代表人的股东或董事与公司发生纠纷时,如允许股东、董事继续以法定代表人身份代表公司诉讼,将可能导致股东、董事个人利益与公司利益发生冲突。当担任公司法定代表人的股东、董事因与公司之间发生诉讼而出现公司诉讼代表人冲突时,首先,为确保案件审理的正常进行,法院应当明确告知股东或董事在诉讼中不得同时代表公司参加诉讼,并要求公司另行确定诉讼代表人。其次,公司无法确定诉讼代表人的,应按照以下顺序确定公司的诉讼代表人:(1)公司章程有规定的,按照章程规定;(2)公司章程没有规定的,建议公司召开临时股东会或以股东协商的方式选定;(3)股东会或协商方式不能确定的,对于设有董事会的公司,由副董事长参加诉讼,对于未设董事会的公司,通知其他董事参加诉讼,其他董事有两人以上的,可协商确定其中之一,协商不成的,由法院指定;(4)公司董事无合适人选的,由法院指定监事会主席或监事作为公司诉讼代表人;(5)以上均不能确定的,由法院指定没有明显利害关系的其他股东作为公司诉讼代表人。

第四,公司意思代表否定的特别情形。在未经法定代表人或股东会同意诉讼或股东请求公司机关提起诉讼的情况下,"公司"凭借加盖公章的起诉状和授权委托书提起诉讼,不能认定为公司的意思表示。股东(大)会决议或经章程授权的董事会决议确定的法定代表人与工商登记的法定代表人不一致时,工商登记的法定代表人提起损害公司利益责任纠纷诉讼不能视为公司的真实意思表示。

2. 公司股东

在公司利益受到侵害，公司怠于向相关侵权人追究责任或实现其他权利时，公司股东可按照法定程序代表公司提起诉讼，即股东代表诉讼。股东代表诉讼赋予股东在公司权益受到侵犯而管理层却怠于主张损害赔偿时，以自己名义为公司之利益，向执行职务时违反法定或公司章程规定的董事、监事、高级管理人员提起诉讼的权利。通常情况下，股东需要先请求相应的公司机关以公司名义提起诉讼，此为股东代表诉讼的前置程序。

根据《公司法》第 151 条第 1 款[①]、《公司法司法解释（一）》第 4 条[②]规定，提起股东代表诉讼的股东根据公司类型的不同应分别符合以下条件：（1）有限责任公司的股东；（2）股份有限公司符合"连续一百八十日以上单独或者合计持有公司百分之一以上股份"持股条件的股东。180 日以上连续持股时间，是指股东向法院提起诉讼时已期满的持股时间；合计持有公司 1% 以上股份，是指两个以上股东持股份额的合计。

【注意事项】

对于股东代表诉讼中股东资格的审查，应注意以下要点：

第一，股东应在起诉时及诉讼中均满足持股条件。为防止股东代表诉讼成为滥诉的工具，阻止无意义及恶意的诉讼，各国在规定股东代表诉讼制度时均规定"股东持股"原则，对股东持股的数量和时间加以限制。股东在起诉时及诉讼中均应符合《公司法》第 151 条规定的持股条件。

如果在诉讼过程中，原告自行转让股权导致自己不再具备股东身份，则意味着原告对公司已不享有任何利益，如果仍允许其提起诉讼或继续参加诉讼，则违背了代表诉讼的立法本意。故股东在起诉后因股权变更等原因不再具备《公司法》第 151 条规定的持股条件的，也就意味着股东与本案不再有直接利害关系，不符合《民事诉讼法》第 122 条规定的起诉条件，应裁定驳回起诉。

[①] 参见《公司法》第 151 条第 1 款规定："董事、高级管理人员有本法第一百四十九条规定的情形的，有限责任公司的股东、股份有限公司连续一百八十日以上单独或者合计持有公司百分之一以上股份的股东，可以书面请求监事会或者不设监事会的有限责任公司的监事向人民法院提起诉讼；监事有本法第一百四十九条规定的情形的，前述股东可以书面请求董事会或者不设董事会的有限责任公司的执行董事向人民法院提起诉讼。"

[②] 参见《公司法司法解释（一）》第 4 条规定："公司法第一百五十一条规定的 180 日以上连续持股期间，应为股东向人民法院提起诉讼时，已期满的持股时间；规定的合计持有公司百分之一以上股份，是指两个以上股东持股份额的合计。"

另外，如果在诉讼过程中，原告被公司股东会决议取消股东身份，虽然该决议可能存在不成立、可撤销、无效等情形，但股东会决议未经司法裁判，均应认定为有效，且损害公司利益责任纠纷诉讼的审理范围并不包括股东资格争议，故原告应另循公司决议纠纷或股东资格确认纠纷等途径解决股东资格争议。由于原告的股东身份处于不确定状态，法院应指定其在合理期限内解决相关的股东资格争议并中止诉讼，待相关争议解决后继续审理。

但我国采用的股东持股规则仍较为宽松，即不要求在被告的过错行为发生时原告应具有股东身份。《民商审判会议纪要》第24条规定，被告以行为发生时原告尚未成为公司股东为由抗辩该股东不是适格原告的，不予支持。

第二，对公司自成立到起诉尚不满180日的，不应受180日持股时间的限制。对于公司从成立到起诉之日尚未满180日的特殊情况，因股东代表诉讼本来就是针对情况紧急、不立即提起诉讼将会使公司利益受到损害的情况设计的，如果要求股东待其持股时间满足180日期间后方可提起诉讼，可能对公司造成无法挽回的利益损失。因此，如果出现公司从成立到起诉之日不足180日的特殊情况，不应再受180日的限制。

第三，隐名股东不是适格原告。隐名股东未经工商登记，也未经股东名册记载，其与显名股东之间基于股权代持协议是否存在争议，可能会影响隐名股东的资格认定。隐名股东未经生效法律文书确认其股东身份，而股东资格确认又非损害公司利益责任纠纷的审理范围，故不应在本案由中一并处理。因此，隐名股东不符合提起诉讼的股东资格，不是适格原告，应裁定驳回其起诉。

第四，公司股东的股东不是损害公司利益责任纠纷的适格主体。提起股东代表诉讼的原告应为公司股东，公司股东的股东不直接享有利益受损公司股东的权利，不符合原告主体资格。最高人民法院在（2021）最高法民申6233号案件中已明确该观点。

第五，股东代表诉讼中，股东被反诉恶意起诉的，应予受理；公司被反诉的，不予受理。根据《民商审判会议纪要》第26条规定，股东提起股东代表诉讼后，被告以原告股东恶意起诉侵犯其合法权益为由提起反诉的，人民法院应予受理；被告以公司在案涉纠纷中应当承担侵权或者违约等责任为由对公司提起的反诉，因不符合反诉的要件，应裁定不予受理。

第六，股东提起诉讼后，其他符合条件的股东可列为共同原告且无须审查是否履行前置程序。根据《公司法司法解释（四）》第24条第2款规定，在一审法庭辩论终结前，符合《公司法》第151条第1款规定条件的其他股东，以相同的诉讼请求申请参加诉讼的，应当列为共同原告。多个股东共同作为原告的股东代表诉讼，既不同于《民事诉讼法》第55条规定的必要共同诉讼，也不同于普通共同诉讼。因原告提起诉讼时，法院已就前置程序及持股条件进行了审查，故其他股东可受惠于已起诉的股东，无须另行审查是否已履行前置程序，但仍应符合相应的持股条件。

第七，股东提起诉讼后死亡、离婚分割股权，法人主体被吸收或合并的，应中止诉讼或终结诉讼。股东代表诉讼中，如果出现作为原告的自然人股东死亡，其股权由他人继承；或者因离婚与配偶分割股权；或者作为原告的法人股东被吸收、合并等情形的，应按照《民事诉讼法》关于诉讼中止、终结的规定，变更诉讼主体或者终结诉讼。

第八，作为法定代表人的股东可提起股东代表诉讼。一般而言，股东本身是公司的法定代表人，不应舍近求远提起股东代表诉讼，但如法定代表人不掌握公司公章，或难以证明自身的公司法定代表人身份，以公司名义提起诉讼在实践中确有困难，如不允许其选择股东代表诉讼，将使其丧失救济自身权利的合理途径，对此，应当允许作为法定代表人的股东在履行前置程序后提起股东代表诉讼。

【规范依据】《公司法》第151条；《公司法司法解释（一）》第4条；《公司法司法解释（四）》第23条、第24条第2款；《民商审判会议纪要》第24条、第26条。

（五）被告主体要素

在损害公司利益责任纠纷中，被告主要包括股东、实际控制人、董事、监事、高级管理人员。

1. 股东

《公司法》第20条第1款规定"公司股东应当遵守法律、行政法规和公司章程，依法行使股东权利，不得滥用股东权利损害公司或者其他股东的利益"；第2款规定"公司股东滥用股东权利给公司或者其他股东造成损失的，应当依法承担赔偿责任"。故在公司股东滥用股东权利给公司造成损失的情况下，可以股东为被告提起诉讼。对于股东作为被告的，需要审查当事人所主张的持股情况是否与工商登记情况一致。

2. 实际控制人

《公司法》第216条第3项规定："实际控制人，是指虽不是公司的股东，但通过投资关系、协议或者其他安排，能够实际支配公司行为的人。"我国《公司法》所指的实际控制人包括通过间接持股方式成为控制股东的人、通过契约方式取得公司控制权的人、通过各种方式取得投票权而控制公司的人、通过亲属关系或者其他代理关系实际控制公司的人。①

根据《公司法》第 21 条规定，公司的实际控制人不得利用其关联关系损害公司利益；违反前述规定，给公司造成损失的，应当承担赔偿责任。该条系对实际控制人禁止关联交易的相关规定，属公司关联交易损害责任纠纷所依据的法律规范。

对于未以关联交易形式而以其他形式损害公司利益的实际控制人，鉴于其相对于公司而言并非普通侵权人，而是可以对公司施加影响，控制公司股东会的决策权、董事会的经营管理权，并能够支配公司行为的特殊主体，故实际控制人应当为适格的被告，应纳入《公司法》的相关规范中。

3. 董事、监事、高级管理人员

公司董事、监事由股东会或职工大会选举产生。高级管理人员，根据《公司法》第 216 条第 1 项的规定，是指公司的经理、副经理、财务负责人，上市公司董事会秘书和公司章程规定的其他人员。即高级管理人员一般是经法律或公司章程或董事会授权，由董事会聘任，对内执行公司日常经营管理业务，对外代表公司的公司行政负责人。

法院在审查董事、监事的身份时可参照公司工商登记信息以及股东（大）会决议，但在审查高级管理人员身份时，不应仅考虑其担任的工作岗位名称，还应重点审查其职务的形成、职权的范围、是否实际掌握公司整体经营权或核心性事务的执行决定权等。如北京市第一中级人民法院在审理该院（2021）京 01 民终 7044 号案件中即认为，被告虽为原告公司销售经理，但其并不能对公司的整体性事务拥有执行决定权，因此被告并非《公司法》第 49 条意义上的"经理"或高级管理人员。

董事、监事、高级管理人员在公司机关中行使法定或章程规定的职权时，应当遵守法律、行政法规及公司章程的规定，对公司尽到忠实义务和勤勉义务。董事、监事、高级管理人员违反上述义务给公司造成损失的，公司可以董事、监事、高级管理人员为被告提起诉讼。

4. 上述主体以外的共同侵权人

股东、实际控制人、董事、监事或高级管理人员与《公司法》第 147 条、第 216 条所列主体之外的人员主观合谋或行动上配合一致，损害公司利益的，属于故意侵权，其他人员应当作为共同侵权人承担相应的侵权责任。在实践中，其他人员往往包括公司的一般职员，以及与股东、实际控制人、董事、监事或高级管理人员存在交叉持股、交叉任职或者其他关联关系的第三人等。

---

① 参见朱慈蕴：《将实际控制人纳入公司法人人格否认适用中的法律思考》，载《中国法律》2011 年第 4 期。

【注意事项】审查损害公司利益责任纠纷案件的被告要素时，还应注意共同被告问题。

第一，多名股东、实际控制人、董事、监事或高级管理人员共同实施侵害公司利益的侵权行为、造成公司利益受损的，根据《民法典》第1168条关于"二人以上共同实施侵权行为，造成他人损害的，应当承担连带责任"的规定，应当作为共同被告承担连带责任。

在公司领域，基于公司的特殊治理结构，可能会存在多主体共同实施侵害公司利益的侵权行为。共同侵权往往呈现出股东、董事、监事或高级管理人员与关联方等组成利益共同体实施共同侵权行为，在此情况下公司治理机构极易异化为系统性、协同性的侵权决策和执行平台，[①]侵害公司的利益。因此，在公司领域的侵权责任中，共同侵权的比例要大大超过传统民事侵权领域。对于公司内部人员如股东、董事、监事或高级管理人员共同侵权损害公司利益的，应由其对公司承担连带责任。

第二，对于股东、实际控制人、董事、监事或高级管理人员与《公司法》第147条、第216条所列主体之外的人员主观合谋或行动上配合一致，损害公司利益的，应根据侵害方式的不同区别对待：（1）公司股东、实际控制人、董事、监事或高级管理人员违背公司利益、利用职权之便直接侵害公司利益，该行为本质上属于故意侵权，与一般侵权行为无异，其与其他人员进行合谋或在行动上配合一致，可以构成《民法典》第1168条规定的共同侵权行为。（2）董事、监事或高级管理人员因执行公司职务客观引发了公司利益受损，对于参与合谋或协助的其他人员，例如，公司的其他一般职员或公司外第三人等，其既不享有公司决策性职权，也不受勤勉义务的规制或督促，未获得法律基于勤勉义务专门为董事、监事或高级管理人员提供的责任豁免，同样也不应与董事、监事或高级管理人员共同承担违反勤勉义务的责任。但就其行为可另行评价，法院仍可依其过错及因果关系等要件判断是否让其承担一般侵权责任。

（六）第三人主体要素

股东作为原告提起诉讼的，根据《公司法司法解释（四）》第24条、第25条的规定，应当将公司列为第三人参加诉讼，且诉讼利益归于公司所有。

【规范依据】《公司法司法解释（四）》第24条第1款、第25条。

[①] 参见刘俊海：《论控制股东和实控人滥用公司控制权时对弱势股东的赔偿责任》，载《法学论坛》2022年第2期。

（七）"一事不再理"要素

第一，前诉股东已起诉，其他股东以相同事由起诉的，裁定不予受理。在股东代表诉讼案件中，法院审理的并非原告股东与被告之间的纠纷，而是公司与被告之间的纠纷。未提起诉讼的其他股东，就公司与被告之间的纠纷起诉同一被告，虽然从表面上看与前案的原告不同，但实质上的纠纷主体及纠纷内容是相同的，法院不应就同一纠纷重复审理、执行。故其他股东以与原告相同的事实和理由起诉的，应裁定不予受理。

第二，前诉股东诉请已被驳回，其他股东以相同事由再次起诉的，裁定不予受理。股东提起代表诉讼，法院驳回其诉讼请求，其他股东以相同的事实和理由再次起诉的，应裁定不予受理。

第三，前诉股东已起诉，公司以相同事由起诉的，裁定不予受理。公司以与股东代表诉讼相同的事实和理由提起诉讼的，应裁定不予受理。

第四，公司已起诉的，股东提起股东代表诉讼的，裁定不予受理。公司已经提起诉讼的，股东依据《公司法》第151条所享有的权利已经得以实现，股东不得再行提起股东代表诉讼。

（八）股东代表诉讼审查要素

当公司利益受到侵害，公司怠于通过诉讼途径或其他途径追究相关侵权人的民事责任或实现其他权利时，符合法定资格的股东有权为了公司利益代表公司提起诉讼，即股东代表诉讼。股东提起代表诉讼应履行一定的公司内部前置程序。

1. 股东履行前置程序应具备的要素

第一，触发情形。（1）公司董事、监事、高级管理人员存在违反《公司法》第149条[①]规定的情形。（2）他人侵犯公司合法权益，给公司造成损失的情形。

需要注意的是，"他人侵犯公司合法权益"，从条文文义上看，该规定并未排除合同之诉，不能从字面意义上当然得出股东代表诉讼的诉因仅限于侵权之诉的结论。从股东代表诉讼制度的设立目的看，是解决对董事、监事、高级管理人员的监督和制约问题，而非处理合同纠纷或侵权责任。因此，在股东因公司拒绝或者怠于行使诉权而向法院起诉时，法院应考虑股东代表诉讼制度设立的目的，不管是合同、侵权或是其他行为，只要是他人侵犯公司合法权益给公司造成损失的，股东都可以提起股东代表诉讼。

[①] 参见《公司法》第149条规定："董事、监事、高级管理人员执行公司职务时违反法律、行政法规或者公司章程的规定，给公司造成损失的，应当承担赔偿责任。"

对于公司而言，股东、实际控制人均属于公司"外部人员"，其损害公司利益，造成公司损失的，亦属于"他人"侵犯公司合法权益，其他股东可以行使股东代表诉讼的权利。

第二，股东资格。详见前述原告主体要素（公司股东）相关内容。

第三，请求对象。（1）起诉董事、高级管理人员的，应请求监事会或不设监事会的有限责任公司的监事提起诉讼。（2）起诉监事或他人的，应请求董事会或不设董事会的有限责任公司的执行董事提起诉讼。需要注意的是，《公司法》第151条第3款没有对他人侵权（通常是指除董事、高级管理人员、监事以外的其他人，包括公司股东在内的其他人）情况下股东请求提起诉讼的对象进行规定。对此种情况，应向董事会或不设董事会的有限责任公司的执行董事提起，理由如下：首先，基于《公司法》第151条第1款对董事会或不设董事的有限责任公司的执行董事作为公司直接代表诉讼的规定，可作为本条规定情形下的公司直接诉讼代表机关的参考。其次，我国《公司法》对公司对外意思表示代表权的分配规范与公司治理中的公司权力安排规范，可以确定董事会基于公司管理权而享有对外代表公司的能力，对他人造成公司损失的求偿应当属于董事会的职权范围。因此，由于公司存在独立于股东的利益、地位和权力，当出现本条规定的情形时，股东应请求董事会或不设董事会的有限责任公司的执行董事提起诉讼。（3）公司处于清算阶段时，已成立清算组的，应向清算组负责人提出请求；未成立清算组的，应向原法定代表人提出请求。公司依法进行清算的，根据《公司法司法解释（二）》第10条第2款的规定，公司成立清算组的，由清算组负责人代表公司参加诉讼；尚未成立清算组的，由原法定代表人代表公司参加诉讼。因此，股东在提起股东代表诉讼之前，如已成立清算组，则应向清算组负责人请求提起诉讼；如未成立清算组，因此时公司已因解散而具备清算的条件，公司的各机关不再正常运转，故股东应向公司原法定代表人请求提起诉讼。

第四，请求方式。股东应以书面方式发起请求。

第五，提起诉讼的条件（符合其中一种情况即可）。（1）前述公司机关拒绝提起诉讼；（2）前述公司机关在30日内未提起诉讼；（3）情况紧急、不立即提起诉讼会使公司利益受到难以弥补的损害，符合资格的股东可以不经向董事会、监事会等书面请求程序，有权为了公司的利益以自己的名义直接提起诉讼，即前置程序豁免。

2. 股东代表诉讼前置程序豁免要素

第一，情况紧急下的前置程序豁免。根据《公司法》第151条第2款规定，如情况紧急，不立即提起诉讼将会使公司利益受到难以弥补的损害的，股东有权直接提起诉讼。何谓情况紧急，《公司法》没有具体列举。司法实践中，如发生以下情况，可认定为情况紧急：（1）针对公司的侵权行为正在进行，经过前置的内部救济程序将对公司产生难以弥补的损害结果；（2）等待答复将使公司的权利期间届满，如诉讼时效期间届满或保证期间届满；（3）侵害人正在转移公司财产或者公司财产可能发生灭失或者有关财产即将被强制执行；等等。

第二，如公司有关机关不存在提起诉讼的可能性，则不应以原告未履行前置程序为由驳回起诉。例如，在股东向公司有关机关提出书面申请之时，公司有关机关不存在或公司已陷入经营僵局，相应的公司机构或者有关人员已不在其位或不司其职，股东无从提起请求；又如，股东准备起诉的被告与请求的公司有关机关同属控股股东或实际控制人控制，公司有关机关不存在起诉控股股东的可能性；再如，公司有关机关与被告身份重合，与案涉纠纷有利害关系，不可能起诉自己等，在上述情况下应当豁免股东代表诉讼的前置程序。

第三，公司特定机构或人员同意股东书面请求并提起诉讼后又撤诉的，股东无须再履行前置程序。实践中，在公司股东向公司特定机构或人员履行前置程序后，公司特定机构或人员代表公司提起了诉讼，但又基于某些原因撤回起诉，应视为没有提起诉讼，或发生与未起诉相同的效果。此时股东不需要再履行前置程序，有权直接提起股东代表诉讼。

第四，股东兼监事可以直接提起股东代表诉讼。董事损害公司利益造成公司损失的，公司股东兼监事身份，且公司未设监事会的，股东无须先履行书面请求自己提起诉讼的前置程序，可直接提起股东代表诉讼。

3. 股东代表诉讼胜诉利益归属于公司

根据《公司法司法解释（四）》第25条[①]的规定，股东代表诉讼的胜诉利益归属于公司。股东虽以自己的名义提起诉讼，但其实质是为了公司的利益提起诉讼，针对的也是损害公司利益的行为，公司是实质意义上的原告，股东仅为名义原告，因此，股东代表诉讼的胜诉利益归属于公司。

4. 股东代表诉讼调解协议需经股东（大）会、董事会决议通过且调解结果归属于公司

由于股东代表诉讼的特殊性在于股东代位行使的是公司诉权，处分的实质是公司权利，股东代表诉讼的诉讼结果对于公司和其他股东具有既判力。因此，需对原告股东的处分权利进行相应的限制，即对其与被告达成和解限

[①] 参见《公司法司法解释（四）》第25条规定："股东依据公司法第一百五十一条第二款、第三款规定直接提起诉讼的案件，胜诉利益归属于公司。股东请求被告直接向其承担民事责任的，人民法院不予支持。"

定相应条件，以防止原告股东与被告恶意串通损害公司和其他股东的利益。

根据《民商审判会议纪要》第 27 条的规定，公司是股东代表诉讼的最终受益人，为避免因原告股东与被告通过调解损害公司利益，法院应当审查调解协议是否为公司的意思。只有在调解协议经公司股东（大）会、董事会决议通过后，法院才能出具调解书予以确认。至于具体决议机关，取决于公司章程的规定。公司章程没有规定的，应当以公司股东（大）会为决议机关。

调解结案的，因公司参与调解，对调解结果接受，故调解结果应归属于公司。

5. 股东代表诉讼费用负担

根据《公司法司法解释（四）》第 26 条①的规定，股东代表诉讼胜诉（或部分胜诉）的，公司应负担股东支出的合理费用。

该条规定了对原告出于公益目的而支出的合理费用予以补偿的原则，同时坚持保障股东诉权与防止滥诉并重，仅在原告股东胜诉的情况下，由公司承担合理费用。股东代表诉讼具有公益性，公司和其他股东是受益方，胜诉情形下，胜诉利益归属于公司，按照权利义务平衡的原则，公司既然享受了诉讼的利益，就应当负担因该利益所付出的成本。因此，除诉讼费用外，公司还应当承担股东为此支出的合理费用，如合理的律师费以及为诉讼支出的调查费、评估费、公证费等合理费用。

原告在提起股东代表诉讼的同时，请求由公司承担合理诉讼支出的，可以合并审理，也可分开审理，由法院根据实际情况决定。原告股东对公司主张的律师费、调查费、评估费、公证费等与诉讼请求相关的支出，法院应审查其合理性。合理费用的分担比例应当根据胜诉比例也就是诉讼请求得到支持的比例确定，属于被告负担的除外。

6. 股东代表诉讼的股东有权申请强制执行

股东代表诉讼法律条文虽着重于诉讼程序，未涉及执行程序，但是考虑到股东代表诉讼的立法目的是制止董事、监事或高级管理人员、第三人对公司的侵害行为，维护公司利益，如果股东代表诉讼胜诉后，公司仍然怠于行使申请执行的权利，则胜诉利益无法实现，股东代表诉讼制度的立法目的亦无从实现。在股东代表诉讼中，股东有权提起诉讼，但胜诉利益应当归属公司；在执行程序中，股东依然享有申请执行的权利，但其权利内容不是实际

---

① 参见《公司法司法解释（四）》第 26 条规定："股东依据公司法第一百五十一条第二款、第三款规定直接提起诉讼的案件，其诉讼请求部分或者全部得到人民法院支持的，公司应当承担股东因参加诉讼支付的合理费用。"

获得利益,而是确保公司获得胜诉判决所确认的利益。①按照这一原则,提起诉讼的原告股东在执行程序中享有申请强制执行的权利。

7.公司在其利益受损后未提起诉讼,但已积极采取其他措施维护公司利益,公司拒绝提起诉讼有正当理由的,股东无权提起股东代表诉讼,已受理的,应裁定驳回起诉

股东代表诉讼是为了维护公司利益及少数股东利益,但同时应防止股东滥用诉权,避免干扰、侵害公司自治,故《公司法》对股东代表诉讼制度设置了前置程序。

前置程序是股东代表诉讼"穷尽内部救济原则"的体现,对于尊重公司自治、过滤无价值诉讼、实现股东代表诉讼的真正价值、避免扰乱公司正常的经营活动具有重要作用。股东代表诉讼的诉权来源在于股东个人或者公司利益有受损之虞而无其他挽救之机会,因此在司法实践中应当结合制度目的与诉权来源正确理解股东代表诉讼前置程序的规定。②

对于《公司法》第151条关于"向人民法院提起诉讼"的条文理解,应视为旨在敦促公司积极行使权利,强调公司应当在利益受损后依法积极寻求救济,保护公司利益,而非规定公司仅有向法院提起诉讼这一救济途径。在吕某诉彭某、彭某某、王某某、重庆渝嘉建筑安装工程有限公司、重庆旺聚贸易有限公司、重庆品尊投资咨询有限公司、重庆首成房地产开发有限公司及一审第三人重庆竣尊房地产开发有限公司损害公司利益责任纠纷一案(2021年全国法院十大商事案件)中,法院认为公司发现资金被挪用后虽未提起民事诉讼,但已经通过刑事报案、协商及和解的方式积极采取补救措施挽回公司损失,并不存在公司利益受损而无挽救的情形,股东提起诉讼不会再增加公司利益,此时赋予股东提起代表诉讼的权利已经缺乏必要性,有违股东代表诉讼制度设置之本旨,故对此行为予以否定性评价,裁定驳回原告的起诉。

【规范依据】《公司法》第151条;《公司法司法解释(一)》第4条;《公司法司法解释(四)》第23~26条;《民商审判会议纪要》第24~27条。

---

① 参见时晓克、周建康:《股东代表诉讼制度在执行程序中的适用》,载《人民司法·案例》2012年第8期。

② 参见《2021年全国法院十大商事案件》,载最高人民法院网站2022年1月29日,https://www.court.gov.cn/zixun-xiangqing-344441.html。

二、实体要素

（一）责任构成要件要素

1. 侵权行为要素审查

第一，按侵权主体划分。

一是股东损害公司利益责任。股东损害公司利益的侵权行为包括作为和不作为两种情况。不作为是违反积极作为的法定义务的行为，以行为人负有作为义务为前提，不作为的情形主要包括：怠于行使股东权利、拒不返还公司证照等。作为是违反法律规定的不作为义务的行为，作为的情形主要包括：挪用或侵占公司资产、违法分配利润、通过不正当行使表决权进行营业让与、不当清算、不合法增资减资、抽逃出资、利用职务之便篡夺公司商业机会、股东之间通过达成保证固定回报的协议侵害公司财产、侵犯公司商业秘密、通过虚假诉讼滥用权力损害救济权等。

二是实际控制人损害公司利益责任。实际控制人损害公司利益的侵权行为，既包括利用关联关系从事关联交易或关联担保行为，也包括利用控制权侵占或挪用公司资产、篡夺公司交易机会、压制中小股东、干预公司运营等行为。

三是董事、监事、高级管理人员损害公司利益责任。董事、监事、高级管理人员的侵权行为，主要包括侵占或挪用公司财产、违反竞业禁止、擅自披露公司秘密、篡夺公司机会、对增资未尽督促出资的勤勉义务、私自对外借款、私自提供担保或垫付资金、履行职务不当导致公司损失等违反忠实义务和勤勉义务的行为。

第二，按具体侵权行为划分。

一是挪用或侵占公司资金。《公司法》第148条规定："董事、高级管理人员不得有下列行为：（一）挪用公司资金；（二）将公司资金以其个人名义或者以其他个人名义开立账户存储；（三）违反公司章程的规定，未经股东会、股东大会或者董事会同意，将公司资金借贷给他人或者以公司财产为他人提供担保……（六）接受他人与公司交易的佣金归为己有……"

实践中，挪用公司资金的行为主要包括将公司资金挪给公司外部人使用、将资金留存于公司但擅自改变资金用途、虚构交易挪用公司款项、直接将公司资金用于个人购置资产和个人消费、变更资本公积项目抵扣股东应偿还债务、控股股东直接指令公司将现金存入母公司账户等。

侵占公司资金主要有以个人名义或者以其他个人名义开立账户存储公司资金、个人账户不合法收取公司款项（包括接受他人与公司交易的佣金归为己有)、以公司资产抵扣股东应付的股权转让款、未经股东会决议直接出售公司资产获取收益、利用公司资金清偿个人债务或提供无法偿还之担保、利用关联方向公司借款等。

在审查方面，需要注意：（1）行为人使用公司资金或者转移公司财产的行为是否具有正当性和合理性，即收取或者使用公司款项有合法、正当理由的，应排除在损害公司利益行为之外，如符合公司内部政策规定、有相应的合同依据或其他为公司利益考虑的情况。（2）在原告主张被告违规报销费用侵占资金的纠纷中，要重点审查行为人的报销行为是否符合公司财务制度、票据是否真实合法、所报销费用是否在正常合理范围内。

二是篡夺公司机会。《公司法》第148条规定："董事、高级管理人员不得有下列行为：……（五）未经股东会或者股东大会同意，利用职务便利为自己或者他人谋取属于公司的商业机会……"

认定是否构成篡夺公司机会，需要审查：（1）机会的来源。公司董事、高级管理人员基于职务获取的一切机会均应当推定为公司机会，除非其可以举证证明该机会是基于个人身份获得，才应当推定为与公司无关。（2）该商业机会本属于公司。需要考虑以下三点：①与公司的经营范围相关，包括公司是否具备相应的经营能力，是否在该领域有过合作、是否与公司的经营活动存在紧密关联等；②通过公司行为造就。包括商业机会的形成、发展以及相关变化过程存在利用、借助公司资源的情形，且利用的公司资源包括有形资源与无形资源；③该商业机会可实际被公司所利用。（3）董事、高管是否存在篡夺商业机会的行为。具体表现包括：利用职务便利，在交易开始之前，获取第三人意图与公司进行买卖、合作、投资或者收购的商业信息，自己与第三人联系或者将信息告知其关联公司，以更优惠条件达成协议，直接截取公司机会；消极怠工，在交易前的准备阶段采用拒绝或消极筹备的方式，使本属于公司的商业机会因无法完成而流失，从而为己所用；利用实际管理权或者董事、高管的特殊身份，暗自实施阻挠、破坏等行为，使第三人主动提出终止与公司合作，继而自己与第三人达成协议等。（4）是否存在免责事由：①公司是否明示同意；②董事、高管是否履行了披露义务。

三是竞业禁止。《公司法》第148条规定："董事、高级管理人员不得有下列行为：……（五）未经股东会或者股东大会同意……自营或者为他人经营与所任职公司同类的业务……"认定董事、高级管理人员是否构成竞业禁止，需审查：（1）董事、高管的经营同类业务行为是否为公司任职期间。（2）关于"同类业务"的认定。"同类业务"的范围既包括与所任职公司完全相同的经营业务，也可以是同种或者类似的业务，并非指完全一致的产品，不仅包括公司持续的经营业务，也包括偶发的交易或数次的交易，且该业务与原任职公司业务之间具有实质性竞争关系。(3)董事、高管从事的业务是否经过股东会或股东大会的事先许可或事后追认,即并非"绝对禁止",董事、高级管理人员有权在获得同意批准的前提下经营同类业务。

四是自我交易。《公司法》第148条规定:"董事、高级管理人员不得有下列行为:……(四)违反公司章程的规定或者未经股东会、股东大会同意,与本公司订立合同或者进行交易……"认定董事、高级管理人员是否构成自我交易,需要审查:(1)认定董事、高级管理人员是否构成自我交易行为时,不以是否损害公司利益为前提或要件;(2)公司董事、高管与公司的交易对手是否存在关联关系;(3)自我交易的对价是否公允;(4)自我交易的程序是否合法合规、是否符合公司章程规定、是否向公司披露、是否经股东(大)会同意。

五是侵犯公司商业秘密。《公司法》第148条规定:"董事、高级管理人员不得有下列行为:……(七)擅自披露公司秘密……"公司股东或者董事、监事、高级管理人员可凭借其有利地位,通过盗窃、贿赂、欺诈、胁迫、电子侵入等不正当手段获取公司商业秘密,或者违反保密义务、公司规定,披露、使用其所掌握的商业秘密等行为,都是对公司商业秘密的侵犯,会对公司利益造成损害。侵犯商业秘密的行为不仅受到《反不正当竞争法》的规制,商业秘密作为一种知识产权的客体,公司股东或者董事、监事、高级管理人员实施的上述行为还应承担相应的侵权责任。

六是股东不正当行使表决权。控股股东可利用其占优势的表决权作出内容违反法律、行政法规或者公司章程规定的决议,损害公司利益,如将公司赖以生存的主要业务或者优良资产转让给关联公司、表决同意不当的清算协议、通过不合法的增加公司资本或者减少公司资本的决议、以增资或与关联公司合并等方式稀释中小股东股权等。法院在审查时,需考虑:(1)行使权利的形式合法;(2)股东行使该权利的主观意图是使自己或者关联公司获益;(3)实际发生了公司利益受损的后果。

七是怠于行使职权。股东怠于行使职权的行为包括长期不召开股东会等。《公司法》第147条规定,董事、监事、高级管理人员应当遵守法律、行政法规和公司章程,对公司负有忠实义务和勤勉义务。公司董事、监事或高级管理人员违反勤勉义务怠于行使职权的行为主要有以下几种:不执行股东(大)会、董事会决议造成公司损失;不按期申报年检;不履行召集、主持股东(大)会、董事会的职责;在公司增资过程中未履行催收注册资本的义务;怠于履职、未按时催收公司应收账款等。法院在审查时需注意:(1)怠于行使职权的行为属于法律、行政法规或者公司章程规定的具有必要性与时效性的行为,是义务主体在一定时间内需履行的法律责任;(2)因义务主体怠于行使权力的行为,导致公司利益损害;(3)义务主体在主观上具有怠于行使的故意。

【规范依据】《公司法》第 20 条、第 147 条、第 148 条、第 149 条。

2. 过错要素审查

民事侵权领域倾向于对绝对权的保护,而商事侵权制度则侧重保护商事利益。区别于民事责任的等价有偿原则,商事侵权制度的目的并非通过惩罚行为人而对商事主体予以利益补偿,而是在于厘清商事主体的权利、义务范围,明确商事侵权行为的规制及救济途径,使商事主体得以自由、无顾虑地从事经营行为,以更高效率创造更多财富。基于以上对自由及经济效率价值的考量,过错责任原则及有限责任原则应贯穿于商事侵权领域。

对于侵权诉由之归责原则,股东滥用职权、董事、监事、高级管理人员违反忠实、勤勉义务对公司造成损害的行为,并不属于我国《民法典》规定的适用无过错责任原则的特殊侵权行为,故以适用过错责任原则为宜。考量被告的主观过错应结合案件的具体情况,根据主客观相结合的标准进行衡量,以是否存在故意或重大过失为准。(1)股东损害公司利益的情形。股东通过出让其财产权,获得享有公司资产收益、参与重大决策和选择管理者的权利。股东与公司形成股权投资关系,其享有追求合法权益的股东诉求,但是股东行使股东权利,应善意行事、诚实守信,应以法律、行政法规和公司章程的规定为依据,如存在违反上述规定的行为,应当认定其在主观上存在过错,原告无须再就此举证。(2)董事、监事、高级管理人员损害公司利益的情形。现代经济活动中,市场行情变幻莫测,商业机会瞬息万变,为了给予董事、高级管理人员充分的决策权,从公司利益最大化出发,在对董事、高级管理人员的职务行为进行评判时,除了考量是否违反法律、行政法规、公司章程的规定,还应当考虑其在处理公司事务时是否出于善意,按照公司的日常运作模式发挥了管理作用,根据公司决策认真执行,尽到一个普通谨慎之人在相似的地位和情况下所应尽的合理注意义务,并以公司的利益最大化为最终目的。

法院在审查与忠实义务相关的主观过错时需考虑董事、监事、高级管理人员在实施侵占或挪用公司财产、违反竞业禁止、自我交易、擅自披露公司秘密、篡夺公司机会、私自收取公司应收账款、违规对外借款、违规为个人或关联方进行担保等行为时是否存在主观故意或重大过失。

法院在审查与勤勉义务相关的主观过错时需考虑以下两点:第一,参照同类人标准。即一般情况下,应当参照其他同等水平的董事、监事、高级管理人员,在同类公司、同类职位和近似情况中应当具备的注意义务、能力与经验,来判断行为人是否尽到勤勉义务。第二,不以经营决策的结果是否盈利为标准。商业活动受时效、营商环境、行业前景等各种因素制约，各种不确定性导致经营者作出的交易与决策即使相近也可能产生截然不同的商业结果。判断董事、监事、高级管理人员是否尽到勤勉义务，应当以行为人实际掌握的信息情况、决策能力及其决策行为是否符合章程规定等综合判断。只要行为人根据其掌握的信息决策，决策程序合法合规，就应当认定其已勤勉诚实地履行相关义务。

如果董事、高级管理人员能尽到以上忠实、勤勉义务，即使在决策中存在一般过失，法院亦不宜对公司内部行为过多干涉，不应要求董事、高级管理人员承担相应的赔偿责任。此外，对于这种主观过错的认定应基于客观事实，如侵权行为系基于关联交易等为董事个人牟利的利益冲突行为，或侵权行为系基于对严重股东矛盾的消极、恶意处理等情形。另外，对方当事人亦应对行为人主观过错承担相对严苛的举证或说明责任。

但是，高管的注意义务就其管理职权而言应属于特别注意义务，因而应当高于一般人的注意义务，特别是高于普通员工的注意义务；对于公司生产经营影响重大、金额较大的事项，高管的注意义务应当更高。对于公司监事，其法定职责是检查公司财务，监督、纠正董事、高级管理人员的行为等，监事承担的是监督职能而非管理、决策职能，为了避免监事懈怠履职，强化监事履职动力，对于其主观过错的考量应以是否存在故意或过失为准。

【注意事项】公司或股东依据《公司法》第148条规定主张董事、高级管理人员违反忠实义务所得收入归公司所有时，因该责任性质不属于侵权赔偿请求权，无须要求董事、高级管理人员存在主观上的过错。

【规范依据】《公司法》第20条、第149条。

3. 损害结果要素审查

损害公司利益责任纠纷中的损害结果，主要是公司发生财产损失、公司丧失商业机会、公司商业秘密被泄露等。实践中，对损害结果应审查以下内容：（1）公司财产的现状，公司资金是否被挪用、资产是否被侵占，直接财产损失的范围；（2）公司商业机会被篡夺后的直接经济损失及预期利益损失；（3）公司证照被不当占有导致公司无法继续经营产生的经济损失等。

在判断公司利益受损范围时，应根据当事人的举证判断市场公允价值，赔偿数额按照法律的规定并结合侵权人的收入或公司实际损失确定，不宜使裁量空间、裁判尺度过大。另需注意，原告主张的公司款项支出不仅包含公司损失，还应扣除公司的正常经营成本、费用开支等。

【注意事项】公司或股东依据《公司法》第148条规定主张董事、高级管理人员违反忠实义务所得收入归公司所有时，仅要求董事、高级管理人员有获得的收益，不要求公司存在利益损失。

【规范依据】《公司法》第 20 条、第 149 条。

4.因果关系要素审查

损害公司利益责任在性质上属于侵权责任，在司法审查中应当审查股东滥用权利及董事、监事、高级管理人员违反法律、行政法规或公司章程的规定与公司利益受损之间是否存在因果关系。

我国司法实践对于损害公司利益责任纠纷的因果关系认定没有统一标准，法院对于违反义务与损失结果之间关系的认定和分析也不够细致。以某国法院的做法为例，法院通常会对不法行为与损失之间分别进行事实上和法律上的因果关系分析。在分析损失与不法行为是否存在事实上的因果关系时，法院通常的判断依据是：行为人尽到合理注意义务就能够避免公司损失，如果行为人没有尽到合理注意义务，并且有损失的发生，那么行为人的行为与损失之间存在事实上的因果关系，否则不存在事实上的因果关系；在分析损失与不法行为是否存在法律上的因果关系时，法院通常还需要判断不法行为是否对损失造成实质性影响（近因）。对于实质性影响的分析，法院通常会考虑行为人的作为或者不作为是否能够阻止损失的发生，如即使行为人坚决反对但仍不能阻止其他人对公司采取不利行动，法院会认为行为人的不作为与公司损失之间的因果关系过于微弱，不足以构成公司损失的实质性因素，由此判断行为人的不作为与损失之间不存在法律上的因果关系。可见，从司法实践来看，一方面，因果关系存在是董事等管理者对损失负担责任的条件；另一方面，因果关系认定往往会考虑公平性和合理性，属于衡平的范畴。在重庆某农业公司与刘某损害公司利益责任纠纷一案中，我国法院亦采取了上述实质性影响的观点，认为某农业公司已于 2011 年因其自身问题陷入经营困境，即使在此期间内存在刘某占用该公司营业执照及公章等证照的行为，这一行为与该公司因此不能正常经营承租土地的项目并据此获取收益或补贴也不具备直接必然的因果联系，此外，公司经营困难甚至不能经营是由多种原因的作用力所致，仅凭刘某的前述行为并不足以毁损某农业公司的经营秩序，故对某农业公司诉请的因承租土地产生的收益损失，法院不予支持。[①]

在损害公司利益责任纠纷案件中，因果关系的认定较为困难，厘清公司利润减少是违反合理注意义务而非其他因素所导致尤为困难，因此，我们认为，可以借鉴"实质性影响"因素作为因果关系认定依据，以案件事实为基础，结合公平原则综合认定侵权行为与损失之间是否存在直接必然的因果关系。（1）挪用公司资金的情形。主要审查：将公司资金挪给公司外部人使用是否有合法根据，与公司损失是否存在因果关系；将资金留存于公司但擅自

---

① 参见重庆市第五中级人民法院（2014）渝五中法民终字第 2635 号民事判决书。

改变资金用途，是否有利于公司发展、公司利益，是否导致公司损失；变更资本公积项目后是否造成公司实际资产减少等。（2）侵占公司资金的情形。主要审查：开立个人账户收取公司款项、个人账户收取公司佣金是否有公司内部政策规定或者有相应的合同依据；收取款项的行为是否直接导致公司损失；以公司资产冲抵股东应付款项是否直接导致公司资产减少等。（3）谋取公司机会的情形。主要审查：如行为人不实施侵权行为该商业机会是否归属于公司；行为人实施侵权行为后是否必然导致公司丧失机会；公司丧失机会后是否存在损失及该损失产生与行为之间的直接关联性等。（4）违反竞业禁止的情形。主要审查：董事、高级管理人员另设的公司是否与任职公司存在相同或类似的经营范围，从事的业务是否与公司存在实质性竞争关系且导致公司同类型业务收入减少，董事、高级管理人员违反竞业禁止规定获得的业务收入与其行为之间的因果关系等。（5）违反自我交易的情形。主要审查：董事、高级管理人员与公司的交易对手进行关联交易或者自我交易的，该交易行为与董事、高级管理人员所获利益之间的因果关系。（6）侵犯公司商业秘密的情形。主要审查：董事、高级管理人员利用其职权或者通过不当手段获取公司商业秘密后，违反保密义务、公司规定，披露、使用其所掌握的商业秘密的行为与公司损失之间的因果关系。（7）股东不正当行使表决权的情形。主要审查：股东行使权利的行为与公司利益受损之间的因果关系，如将公司赖以生存的主要业务或者优良资产转让给关联公司导致公司资产减少；承认不当清算协议导致公司被强制清算；违反法律、行政法规或者公司章程规定增资或者减资对公司注册资本造成实际影响；以增资或与关联公司合并等方式稀释中、小股东股权。（8）怠于行使职权的情形。主要审查：董事、高级管理人员不执行股东（大）会、董事会决议导致公司损失；怠于履职、未按时催收公司应收账款导致公司损失等。

【规范依据】《公司法》第20条、第149条。

（二）举证责任分配要素

关于损害公司利益责任纠纷的举证要素审查，应当按照《民事诉讼法》第67条、第68条，《民事诉讼法司法解释》第90~96条，《民事诉讼证据规定》第1~10条、第51~57条关于当事人提供起诉证据的义务、举证责任的分配、自认规则等进行审查和处理。结合损害公司利益责任纠纷案件的特点，注意以下问题。

1. 举证责任分配原则

损害公司利益责任纠纷适用一般民事诉讼的基本举证原则，即"谁主张，谁举证"的举证责任分配原则。另外，考虑到中小股东与公司实际经营管理者、控股股东相比，对公司的控制能力及信息获取能力较弱，可适当行使自由裁量权，合理分配举证责任。

2. 违反忠实义务的相关举证责任

第一，原告举证范围：（1）负有忠实义务的人实施的违反忠实义务行为；（2）行为人违反忠实义务侵害了公司利益；（3）行为人获益；（4）行为人获益与公司利益受损之间存在因果关系。如果原告同时主张损害赔偿，还应举证证明公司因此遭受的损失。

一是证明挪用资金或侵占公司资产。主要包括公司账户的银行交易流水、不动产登记权证、股权登记权证等财产证明文件；证明款项支出的相关凭据、交易合同、应收账款证明；公司章程、公司财务制度规定；会计账簿及会计凭证；财务报表；审计报告；股东会决议、董事会决议等。

二是证明篡夺商业机会。主要包括公司经营范围（不仅限于登记范围）；该机会系董事、高管基于职务获取（具体职务、业务范围及工作内容、工作记录等）；该机会属于公司（与公司经营范围相关、公司为此已实际投入资源和精力如聘请员工、购买项目相关设施、商业活动的前期筹备等）；篡夺行为的实施（如截取商业信息给第三方或关联公司、消极怠工或者暗中破坏导致公司丧失机会）；公司发生的损失且损失与行为之间存在因果关系等。

三是证明竞业禁止。主要包括公司经营范围、经营地点；董事、高管的劳动合同（如合同中约定了竞业禁止条款）；董事、高管的任职期间；公司章程；行为人是否实际从事了与公司经营范围相同或类似业务，如同类业务的交易合同（该业务可以是一段时间内的持续交易，也可以是偶发性的一次或数次交易）；同类业务公司成立的工商登记资料等。

四是证明自我交易。主要包括董事、高管与公司的交易对手存在关联关系（直接参股、通过其利害关系人间接参股或者为实际控制人、同时担任交易公司的董监高）；交易合同；交易相关凭证如银行流水、对账单、送货单、验收单等；交易对价是否公允（交易价格与一般市场价格存在差价的证明）；公司章程等。

五是证明滥用股东权利。主要包括股东（大）会决议（证明不正当行使表决权）；不当处分公司财产的实施（如折价或低价出售公司资产）；不当增资或减资行为的实施；公司章程；处分财产的后果；公司的实际损失等。

六是证明违规对外担保、借款。主要包括借款（担保）合同；款项支付凭证；公司章程；股东会决议等。

七是证明侵犯商业秘密。主要包括相关信息属商业秘密；董事、高管通过贿赂、欺诈、电子侵入等不正当手段获取了公司商业秘密；董事、高管违反保密义务、公司规定，披露、使用其所掌握的商业秘密；公司因此遭受损失等。

八是证明怠于行使职权。主要包括公司章程；股东未按时召开股东（大）会的事实；股东会、董事会决议；公司未按期申报年检；董事、监事、高级管理人员未及时催收增资、未按时催收公司应收账款等。

第二，被告的举证范围。在原告就侵权行为举证后，被告应举证证明被诉行为，如处分公司财产、保管公司证照、利用公司机会等存在合理性，或事先已向公司披露、经公司股东会或者董事会合法批准、商业机会已被公司明示放弃等。

3.违反勤勉义务的相关举证

原告需证明：（1）被告的职责范围以及勤勉义务的具体内容；（2）被告的行为并非出于善意；（3）被告在商业判断过程中没有合理地进行信息收集和调查分析即参与决策或者放任其他人的行为，其行为构成重大过失；（4）站在一个通常谨慎的董事、监事或高级管理人员立场上，在当时情形下经营判断的内容存在明显不合理。

（三）责任形态要素

1.承担责任的方式及其责任范围

《民法典》第179条规定："承担民事责任的方式主要有：（一）停止侵害；（二）排除妨碍；（三）消除危险；（四）返还财产；（五）恢复原状；（六）修理、重作、更换；（七）继续履行；（八）赔偿损失；（九）支付违约金；（十）消除影响、恢复名誉；（十一）赔礼道歉。法律规定惩罚性赔偿的，依照其规定。"本条规定的承担民事责任的方式，可以单独适用，也可以合并适用。根据《公司法》第20条、第148条、第149条的规定，并结合司法实践，损害公司利益责任的承担方式主要包括停止侵害、排除妨碍、返还财产、恢复原状、所得收入归公司所有、赔偿损失等。

第一，停止侵害。这一责任形态适用于具有持续性特征的侵害行为。停止侵害的前提是侵害行为正在进行，若侵害行为已经过去，则只能请求侵权人承担其他责任。从原则上讲，股东、董事、监事或高级管理人员违反义务的行为都可能侵害公司权益，因此，当侵权人的侵害行为在持续进行时，均应当立即停止侵害，且停止侵害并不影响对其他责任的主张。如股东滥用股东权利侵占公司资金，当该行为正在进行之时，公司可请求其立即停止侵害行为。

在该责任承担方式下，侵权人应承担的责任范围限于停止其侵权行为。如侵权人侵占公司资金，应立即停止侵占行为；侵权人进行违法自我交易的，应立即停止交易行为等。

第二，返还财产。返还公司财产适用于以下情形：（1）侵权人侵占公司财产；(2)侵权人与公司进行不当自我交易从而不当获得公司财产；(3)侵权人利用公司机会获得本应由公司获得的财产；(4)侵权人因违法要求公司提供担保或借款而获得的财产。

《公司法》第3条规定，公司有独立的法人财产，享有法人财产权。公司的财产权益包括货币、债权、不动产、动产等资产，也包括证照（营业执照、许可证等）、印鉴（公章、合同章、财务章等）、账册（各类财务账簿等）等非金钱权益。他人非法侵犯公司财产的，公司可要求返还财产。

在该责任承担方式下，责任范围仅限于返还公司被侵占或挪用的资金、物品等。

一是返还公司资金。股东、董事、监事、高级管理人员侵占公司财产的，应当归还公司财产；挪用公司资金或者未经股东会、股东大会或董事会同意，将公司资金借贷给他人的，应当退还公司资金；股东会、股东大会或董事会违反《公司法》规定，在公司弥补亏损和提取法定公积金之前向股东分配利润的，股东必须将违反规定分配的利润退还公司；协助抽逃出资的董事、监事、高级管理人员，应连带返还公司出资。如（2020）沪民再1号案件中，法院认为，资本公积金的用途仅限于扩大公司生产经营或者转为增加公司资本，资本公积是企业收到的投资者超出其对企业注册资本所占份额部分的资金，以及直接计入所有者权益的利润和损失等。资本公积与企业收益无关而与资本相关，本案控股股东、高级管理人员利用其对公司的控制权，将涉案款项从资本公积调出后并非用于扩大公司生产经营，也未用于增加公司注册资本，而是增加公司负债、减少所有者权益，违反《公司法》关于资本公积用途的强制性规定，司法予以介入，将公司相关会计核算予以更正，恢复该款项金额至公司资本公积科目。

二是返还公司物品。对于股东、董事、监事、高级管理人员非法控制公司的公章，非法占有公司的营业执照、财务账册等行为，公司可以诉请要求返还。

第三，所得收入归公司所有。该责任形态主要适用于董事、高级管理人员违反对公司的忠实义务，进行自我交易、篡夺公司商业机会、竞业竞争等情形。董事、高级管理人员违反忠实义务的，所得收入归公司所有，学理上称为"归入权"，它不同于损害赔偿请求权。在侵权人违反忠实义务时，公司享有对其收益的返还请求权，实质在公司与侵权人之间形成返还之债。公司归入权的行使必须符合两个实质要件：一是侵权人事实上有违反忠实义务的行为；二是侵权人因违反忠实义务的行为获得了收入。如（2017）鄂民终3078号案件中，作为公司执行董事的被告在事实上有违反忠实义务的行为（从事竞业禁止行为），且得到了法院的确认，但是由于没有充足的理由证明被告因违反忠实义务获得收入（任职时间仅两个月、原告未证明被告的实际收入），故未支持原告主张归入权的诉讼请求。

在该责任承担方式下，责任范围为公司董事、高级管理人员违反忠实义务获取的收入。对于收入应如何界定？有观点认为，"收入"应当是本人直接获取的报酬，而非利润；也有观点认为，"收入"除本人所得的报酬外，还应当包括所得利润（包括既得利润与可得利润）；还有观点认为，"收入"除报酬及可分配利润外，还应当包括其他所得物品、其他可得利益以及既得或可得商业利益，即"收入"并非仅指金钱收入。我们认为，该收入应以实际利益为计算标准，不包括期待利益、可得利益。在计算期间上，应自违反忠实义务行为发生时起至法庭辩论终结止。关于收入计算的标准，现有法律及司法解释并未规定收入的计算方法。实践中，当收入无法确定时，赔偿责任并不因公司对具体数额的举证不能而免除，公司可根据损害行为所侵害的商业机会造成的实际损失及可期待收益等内容提出初步的数额。收入的计算通常包括以下方法：方法一，通过账户往来金额测算个人因违反忠实义务所得的实际收入，该方法适用于账户直接进行结算的情形，但无法适用于直接现金往来（除非当事人自认）。方法二，计算自营业务（或为他人经营同类业务）的利润，具体包括两种类型：一种是根据业务收入扣除相应成本进行测算；另一种是收入无法测算的情况下，按照行业普遍利润率酌定。

如果董事、高级管理人员获益而公司并无损失，则系体现归入权惩罚性特征的典型形态，公司获得董事、高级管理人员的所得收入不存在争议。但如果获利数额特别巨大，如将获利完全归入公司，是否存在公司获取"意外利润"的问题？鉴于归入权的制度初衷是通过"利润剥夺"实现惩罚与威慑，并非救济或全面补偿公司，故"意外利润"的获得并未超越目的解释的范畴，应予支持。如果侵权人的获利包含个人付出的成本，是否应在返还公司的数额中扣除成本？有观点认为，返还获利应指向行为人的净利润，而非全部所得，否则有将"获利""收入"泛化之嫌，[1]但侵权人对此应承担举证责任。我们认为，根据制度设计初衷，董事、高级管理人员所得收入与公司在正常情况下能否获得及获得多少并无直接联系，故不应考虑董事、高级管理人员对其收入所付出的成本。

另外，董事、高级管理人员在外另设公司，所得收入属于该另设公司所有，公司是否能主张该另设公司的收入？对此，虽然另设公司的收入不等于该董事、高级管理人员本人的收入（涉及该另设公司其他股东的利益），但是

---

[1] 参见王利明：《侵权获利返还若干问题探讨——兼评民法典草案二审稿第959条》，载《广东社会科学》2019年第4期。

可以结合另设公司的收入、经营项目的市场盈利情况及董事、高级管理人员在该另设公司的股权比例认定其所得收入并收归公司所有。例如，(2015) 沪二中民四（商）终字第793号案件中，虽然对于侵权人违反忠实义务所获得的收益无法确定，但结合销售额及侵权人在同业经营的公司中所占的股权比例，法院最后酌定了侵权人所获利益，以此确定原告的损失。又如，(2018) 鲁10民终2538号升安海运公司与马某损害公司利益责任纠纷案件中，法院经向税务局调取马某另设的同业竞争公司的资产负债表及利润表发现，该公司未分配利润均为负，但法院仍根据该公司同业竞争的经营范围即中介服务费的增值税发票金额及马某在同业竞争公司的持股比例计算得出马某的收入数额，并判令该收入归升安海运公司所有。

审判实务中，因高级职员经营的竞业业务多以其他企业为载体，而归入权的范围及具体金额的确定须查清上述企业经营同类业务取得的营业收入及董事、监事、高级管理人员的个人收入。在这种情况下，鉴于公司经营管理的内部性，对董事、监事、高级管理人员经营同类业务所得收入的举证责任应进行合理分配。在查明董事、监事、高级管理人员存在开办关联企业经营同类业务损害公司利益行为，且有初步证据证明该关联企业有营业收入的情况下，董事、监事、高级管理人员需提交反驳证据证明关联企业营业收入并非来自同类业务以及其未从关联企业获得收入。企业的营业收入可通过审计核算，对于因企业经营不规范，无法提供审计所需的财务账册、原始凭证，董事、监事、高级管理人员无正当理由拒不提供证据或其证据的证明力不足等情形导致营业收入难以查明，无法准确判定董事、监事、高级管理人员违反忠实义务所得收入的归入范围及其具体金额的问题，法院可综合个案案情及证据，参考同行业一般盈利水平，以及董事、监事、高级管理人员在关联企业的持股比例、担任职务、过错程度等情况，根据诚信原则，酌定董事、监事、高级管理人员的归入金额。

第四，确认违法合同无效。该责任形态主要适用于侵权人与公司进行不当自我交易、篡夺公司商业机会的情形。对于侵权人与公司订立的合同、侵权人利用公司机会与他人订立的合同，应当根据《民法典》关于民事法律行为的效力规定认定合同效力，且应当考虑相关的责任豁免情节。

合同被确认无效后，若合同尚未得到履行，则不再履行；若合同正在履行，则中止履行。若合同已经履行完毕，则一般不再确认无效，仅由侵权人对公司所受的损失进行赔偿。确认违法合同无效并不影响侵权人承担其他责任。

在该责任承担方式下，责任范围仅限于违法合同效力，如侵权人与公司之间不当自我交易的合同效力、侵权人篡夺公司商业机会与他人签订的合同效力等。

第五，取消违法担保。该责任形态仅适用于公司违法对侵权人提供担保的场合。公司可依据《公司法》第16条的规定，区分内部担保和外部担保两种情形，举证证明相对人未审查股东（大）会或董事会决议，不属于善意相对人，并主张该担保行为无效，从而取消违法担保，使公司财产恢复至被侵害前的状况。如公司的担保责任已经执行，或相对人属善意第三人无法取消担保，则公司可另行主张侵权人对公司承担损害赔偿责任。

第六，赔偿损失。该责任形态是实践中最为常见的，适用范围也最广。侵权人对公司承担责任时，前述一种或数种责任的执行，如无法弥补公司的损失，则侵权人需就公司的损失承担赔偿责任。

损害公司利益责任纠纷中，责任人承担赔偿责任的情形包括：股东滥用股东权利给公司造成损失，董事、监事、高级管理人员执行公司职务时违反法律、行政法规或公司章程的规定给公司造成损失。承担赔偿责任是损害公司利益责任的主要承担方式，其法理基础在于法定义务向法律责任的转变。股东负有遵守法律、行政法规、忠于公司章程的义务，公司董事、监事、高级管理人员除了负有以上义务外，还负有对公司的忠实义务和勤勉义务，这是公司实现正常运转、发挥社会经济体作用的基本保障，一旦股东、董事、监事、高级管理人员利用其权利损害公司利益，造成公司损失，必须追究其法律责任。因此，损害公司利益责任是股东、董事、监事、高级管理人员法定义务的转化，在上述人员违反法定义务时，则法定义务转化为对公司的赔偿责任。

一是赔偿责任范围。我国《公司法》第149条仅规定董事、监事、高级管理人员执行公司职务时违反法律、行政法规或者公司章程的规定给公司造成损失的，应承担赔偿责任，但未对赔偿责任范围进一步规定。审判实践中，一般适用《民法典》第1184条的规定，财产损失按照损失发生时的市场价格或者其他合理方式计算。

损失赔偿是承担侵权责任的主要方式。根据侵权损害赔偿的矫正主义与"填平原则"，损失赔偿额应与被侵权人受到的损害相当。审判实践中，责任范围的界定一般根据侵权人给公司造成的实际损失判定赔偿数额（该损失应当包括无形损失），或者参照市场动态或违反忠实和勤勉义务签订的协议等确定赔偿责任范围。同时，如当事人之间有明确约定，应尊重当事人的约定；如涉及公司商业机会被篡夺、商业秘密被擅自披露，则应综合考虑公司可能失去的预期利益损失，在预期利益损失无法认定的情况下，可依据商业项目的运营成本、发展前景等情况酌定赔偿数额。

在损害公司利益责任纠纷案件中，原告主张被告的损失赔偿责任一般分为一次性损失及持续性损失。一次性损失一般为侵权行为造成的损失数额加上利息，持续性损失为被侵害方采取了适当措施后所有损失之和。如（2016）陕民终 228 号案件中，原告与被告是公司股东，原告称公司 5 年间闲置多层楼层与客房，原告多次致函公司提出闲置问题，但均未得到回复，并提交了损失统计表，主张损失数额为 4000 万元。法院认为酒店是通过出售客房及综合服务措施向客人提供服务，从而获得经济收益的组织，被告向公司委派的董事长对原告提出的异议未提交董事会讨论，违反公司章程规定，损害了公司利益。法院依据酒店经营规模、经营成本费用、酒店所在位置、客房闲置期间、酒店客房入住率以及目前该公司标准间客房房价等因素，酌情确定了闲置 5 年的总损失共计 700 余万元。

二是赔偿责任的免除与限制。关于赔偿责任的免除与限制，可直接适用《民法典》第 1173~1178 条"法定侵权责任免除或者减轻规则"的规定。就本案由所涉赔偿责任的免除与限制而言，主要是针对勤勉义务而非忠实义务，因忠实义务以个人道德品质及职务准则为重要基础，而勤勉义务与个人的能力、专业素养息息相关，个人的品德要求高于对能力的要求。考虑到商业风险的变幻莫测，董事、高级管理人员即使尽到谨慎注意义务也难免会作出导致公司损失的错误决策，故应允许董事、高级管理人员在尽到善良管理人的高度注意义务、以公司利益最大化为出发点时，免除或减轻其承担的责任。

【规范依据】《民法典》第 179 条；《公司法》第 20 条、第 148 条、第 149 条。

2. 共同侵权人之间的责任承担规则

对于股东、实际控制人、董事、监事及高级管理人员实施损害公司利益行为后的责任承担方式，有三种方案：一是连带责任，二是比例责任，三是主要负责人责任。连带责任是行为人对于造成的损失均负有赔偿责任；比例责任是根据行为人之间过错程度来决定每个行为人责任的承担；主要负责人责任是指仅对作出决定的负责人追究责任。

对此，分析如下：第一，由于公司股东会、董事会和监事会决议方式是合议制，在股东、董事和监事责任层面上，不存在主要负责人责任；第二，除股东会外，由于董事会决议或监事会决议经董事或者监事表决形成，因此不存在比例责任。为了避免董事或者监事之间在决策时逃避责任，如果决策仅由某一特定高级管理人员作出，该高级管理人员应当承担主要负责人责任，由同意决议的其他董事或者监事对决议行为所导致的损失承担连带责任。由于损害公司利益责任纠纷的侵权行为具有多样性，在多个共同侵权人的情况下，各行为人之间是否应承担连带责任，应当适用《民法典》第 1168 条中共同侵权的规定，即不考虑共同侵权人之间是否具有共同意思联络，只要系多个侵权人共同故意或者共同过失实施的行为相结合造成公司利益损害的结果，且损害具有不可分割性，各行为人应当对公司承担连带赔偿责任。

【规范依据】《民法典》第178条、第1168条。

（四）责任豁免要素

各国司法实践中，对于董事责任豁免主要依据三种方式：公司决议豁免、公司章程豁免及司法豁免。美、英、日等国家在立法中均对董事违反勤勉义务赔偿责任的限制与免除制定了相应规则，并广泛地将违反勤勉义务的赔偿责任范围界定为任意性规则，也即公司可在章程中予以规定，亦可通过公司合理决策予以免除。

1. 商业判断原则

我国《公司法》并未授权公司决议或章程免除董事损害公司利益赔偿责任，现有相关立法短期内亦不会有明确的改变，但对于董事违反勤勉义务责任的认定及免除可参考适用"商业判断原则"，具体应考察以下几点：（1）董事的行为是否系在获得足够信息基础上作出的合理商业判断；（2）董事的行为是否基于公司最佳利益之考量；（3）董事的行为是否基于商业决策内部性之考量。

2. 公司章程许可

根据《公司法》第148条的规定，对于公司章程规定允许股东、董事、监事或高级管理人员与公司订立合同或者进行交易的，应视为股东、董事、监事或高级管理人员的自我交易行为已事先获得公司许可，股东、董事、监事或高级管理人员可获得相应的责任豁免。

3. 股东会、股东大会同意

根据《公司法》第148条的规定，对于经过股东会或股东大会同意的自我交易行为、获取公司商业机会、同业竞争行为，应视为公司许可的行为，不构成对公司利益的侵犯，股东、董事、监事或高级管理人员可获得相应的责任豁免。

4. 依照公司章程的规定，并经股东会、股东大会或董事会决议同意

根据《公司法》第148条的规定，对于依照公司章程的规定，经股东会、股东大会或董事会同意的对外借贷及对外担保，应视为公司许可的行为，不构成对公司利益的侵犯，股东、董事、监事或高级管理人员可获得相应的责任豁免。

【规范依据】《公司法》第148条。

（五）诉讼时效审查要素

《公司法》及其司法解释未对损害公司利益责任纠纷的诉讼时效作特别规

定，故应适用《民法典》关于侵权类案件诉讼时效的一般规定。

《民法典》第 188 条规定，诉讼时效期间自权利人知道或者应当知道权利受到损害以及义务人之日起计算，一般情况下，向法院请求保护民事权利的诉讼时效期间为三年。同时，应当审查是否存在《民法典》第 194 条及第 195 条关于诉讼时效中止或中断的情形。

【规范依据】《民法典》第 188 条、第 194 条、第 195 条。

第三节 实务难点裁判思路

一、关于诉讼管辖确定问题

审判实践中，对于损害公司利益责任纠纷应当适用侵权责任纠纷的管辖规定还是公司组织纠纷的特殊地域管辖规定确定管辖，有不同看法和主张。

一种观点认为，损害公司利益的行为是股东、实际控制人、董监高人员以及第三人对公司利益的侵权行为，不属于公司组织诉讼，因此，应当按照《民事诉讼法》第 29 条有关侵权行为的管辖规定确定管辖，由侵权行为地或被告住所地人民法院管辖。

另一种观点认为，《民事诉讼法》第 27 条规定："因公司设立、确认股东资格、分配利润、解散等纠纷提起的诉讼，由公司住所地人民法院管辖"；《民事诉讼法司法解释》第 22 条规定："因股东名册记载、请求变更公司登记、股东知情权、公司决议、公司合并、公司分立、公司减资、公司增资等纠纷提起的诉讼，依照民事诉讼法第二十七条规定确定管辖"，这两条规定采取了列举加兜底的方式，对公司组织诉讼的管辖作了特别规定。基于损害公司利益责任纠纷属于"与公司有关的纠纷"项下的三级案由，纠纷涉及公司利益，当事人为多方，且判决效力及于公司及其利益相关方，由此应当由公司住所地法院管辖。

对于上述争议，倾向采纳第一种观点。《民事案件案由规定》以民法理论对民事法律关系的分类为基础，是人民法院将诉讼争议所包含的法律关系进行的概括。《民事案件案由规定》的二级案由"与公司有关的纠纷"共有三级案由 25 个，涉及公司设立、确认股东资格、公司解散等公司组织类纠纷，也包含股权转让等合同纠纷，还包含损害公司利益责任、股东损害公司债权人利益责任等侵权纠纷。"与公司有关的纠纷"下属三级案由，都是公司诉讼，但并非当然全部适用《民事诉讼法》第 27 条规定的公司诉讼特殊管辖。公司诉讼特殊管辖规定的纠纷类型大多关涉公司组织行为，涉及多数利害关系人的多项法律关系变动，与公司的组织变更和组织行为密切相关，且作出的判决往往具有对世效力。案件适用何种管辖规定，应以其诉争的诉讼标的为判断标准，以具体案由所反映的民事法律关系的性质确定管辖。损害公司利益责任纠纷，是指公司股东滥用股东权利或董事、监事、高级管理人员违反法定义务或他人侵犯公司合法权益，损害公司利益而引发的纠纷，属于侵权责任纠纷，不属于公司组织类诉讼，应按照《民事诉讼法》第 29 条的规定，由侵权行为地或被告住所地人民法院管辖。

二、关于高级管理人员认定问题

（一）一般认定规则

实践中，如被告抗辩称其并非公司高级管理人员，应根据公司备案登记的工商信息及《公司法》第 216 条第 1 项的具体规定[①]进行认定，并结合个案情况予以判断，具体可以考察以下五方面。

1. 公司章程的有关规定

公司章程是否规定了被告为公司高级管理人员，如公司章程有明文记载，可以认定其高级管理人员的身份。

2. 相关职务任免文件或公告

公司是否有决定聘任公司高级管理人员的董事会决议、当事人的任免手续，是否有关于任命或免除被告高级管理人员身份的公告。高级管理人员通常由董事会或者执行董事决定聘任和解聘，当公司的聘任或者解聘手续完备时，可推定高管聘任或者解聘的事实成立。

3. 劳动合同的约定

公司与被告签订的劳动合同是否有关于高级管理人员职权范围的约定。

4. 实际经营管理权限

从被告日常及涉案实际履职过程中行使的权利是否符合高级管理人员的职权范围等方面考察其在公司管理中的权力地位，如股东在公司中享有相应的经营管理权，可以认定其符合高级管理人员的任职要求。

[①] 参见《公司法》第 216 条第 1 项规定："高级管理人员，是指公司的经理、副经理、财务负责人，上市公司董事会秘书和公司章程规定的其他人员。"

5. 其他间接证明被告高管身份的材料

如（2010）沪一中民四（商）终字第615号上海日伸公司与李某某损害公司利益赔偿纠纷案中，公司章程规定聘用总经理需经董事会决定，但公司在诉讼中未提供董事会决议证明，也未提供工商机关备案登记的相关资料及聘任书等证据。在不能确认当事人为公司总经理的情况下，法院结合公司提供的与客户签订的合同契约书、基本住房公积金基数调整汇总表、用工协议书后面的"特别约定或续签变更"、与其他职工签订的劳动合同及附在劳动用工合同后面的"特别约定或续签变更"上的签名，认定当事人的身份是高级管理人员。

（二）实质审查规则

在综合以上情况进行认定时，应着重实质要件的审查，即审查被告是否实际掌握公司的整体经营权或整体事务的执行决定权。例如，股东、实际控制人虽持有或间接持有公司股权，但并无直接参与公司经营管理的权限，如其在公司实际经营中享有实际管控与决策权，应视为实质上行使了公司高级管理人员的职权，符合高级管理人员的身份。又如，在家族企业中，某些家族成员在公司未显名任职也不领取薪酬，但实际行使公司经理职权或作为公司财务负责人，亦应认定其属于高级管理人员。另外，如果实际职权所对应的职位在该公司中并未设立，也能从反面印证实质标准的合理性，如公司虽未设置财务总监或相应职位，但被告实际全面负责公司的财务决策和监管，即可印证其财务负责人的地位。综上，人合属性决定了每个公司都可能有脱离法律范式的个性化公司治理方式和习惯，法院应查明并适当尊重这些治理惯例，对责任主体资格进行实质性判断。例如，北京市第一中级人民法院审理的（2021）京01民终7044号联泰集群（北京）科技有限责任公司与赵某某、中科泰坦（北京）科技有限责任公司损害公司利益责任纠纷案件中，原告公司依据《公司法》第148条规定，以被告违反《劳动合同书》的约定从事与原告同类业务，给原告造成损失为由，对被告提起损害公司利益责任纠纷之诉，并称被告原系原告销售经理，属于公司高级管理人员。北京市第一中级人民法院认为，《公司法》第六章所涉"高级管理人员"，是指法律或者章程规定的由董事会聘任、对内执行公司业务、对外代表公司的人员。作为公司高级管理人员的"经理"，享有《公司法》第49条规定的法定概括授权。原告并未提交充分证据证明被告在原告处担任实际掌握公司整体经营权或整体事务执行决定权的职务，故被告并非《公司法》意义上的"经理"或高级管理人员。至于《劳动合同书》约定的被告相关义务与《公司法》第148条规定的内容一致，并不能说明其对原告负有公司高级管理人员之法定义务。

根据原告起诉的事实和理由，一审法院认定该案争议内容属劳动争议范畴，并因原告未经劳动仲裁前置程序径行提起诉讼，存在程序不当，进而裁定驳回原告的起诉，该处理结果并无不当。又如，北京市第一中级人民法院审理的（2020）京01民终6780号北京托马斯教育咨询有限公司与陈某某损害公司利益责任纠纷案中，从原告公司提交的《人事任命公告》所载陈某某岗位信息以及陈某某现任职公司有关简介材料来看，法院认定陈某某在原告公司任职期间担任副总经理兼教研教学部总监，另结合《人事任命公告》中所载陈某某岗位职责情况，可认定陈某某在职期间属于原告公司的高级管理人员范畴。

以上两个案例均体现了人民法院对高级管理人员身份进行审查认定时，更多注重审查高级管理人员是否实际掌握公司的整体事务经营管理权，从而从实质性要件方面界定其身份属性。

另外，如公司在个案中对被告已不履行其公司高级管理人员职务并实际为其他公司进行服务予以认可的，应当认定被告实际已不享有该公司高级管理人员的职权及职务便利，不得再要求其对公司负有忠实及勤勉义务。但是，如果高级管理人员在合同约定的聘用期届满后虽未与公司续签聘用合同，但实际继续行使职权的，在该实际行使职权的期间内，对公司仍负有忠实及勤勉义务。

三、关于监事出任高级管理人员的处理问题

《公司法》第51条第4款规定，董事、高级管理人员不得兼任监事。如果经公司章程确认并经工商登记公示的监事，因公司内部临时决策由其担任公司领导、全面负责公司日常经营，如何认定其法律效力，应根据公司的性质、体量大小、现实情况具体分析。

一种观点认为，董事、高级管理人员与监事在公司治理结构中承担不同的职责，董事、高级管理人员在公司中的主要作用是管理和经营公司业务，负责具体实施股东会的决议，与其执行机构的权利角色相一致；而监事会作为监督机构，监事的主要作用是制衡和约束董事会的权利并对其加以监督，防止因公司管理层的道德风险而侵害股东尤其是小股东的利益。监事与董事、高级管理人员是监督与被监督的关系，两者的职责存在冲突，如果让董事、高级管理人员兼任监事，则无法履行监事监督与约束的职能，无法维护股东和职工的合法权益，监事一职形同虚设。由于《公司法》第51条第4款属于法律的强制性规定，因此应当认为高管与监事互相兼任的行为无效，如果此两种职务是同时任命的，两项任命均无效；如果此两种职务是先后任命的，

后一项任命无效。

另一种观点认为，董事和高级管理人员的职责是执行公司决策，负责公司日常经营，监事的职责是监督并纠正董事、高级管理人员的行为，两者的职责存在冲突。对于股东人数众多且分散的股份有限公司，或者大股东兼任高级管理人员、小股东利益难以得到保障的公司，内部监督不可或缺，如监事和高级管理人员互相兼任，则应认定该行为无效，如果两种职务是同时任命的，则两项任命均无效；如果两种职务有先后任命次序，则后一项任命无效。[①] 对于股东人数少、管理层规模小的有限责任公司，应基于保护公司利益、促进经济发展的出发点，通过考察公司临时决策的意思表示，有条件地认可瑕疵决议的效力，避免公司出现经营僵局。从具体股东会决议分析，监事出任高级管理人员是否属于职务的转任，如可以认定该意思表示，则其身份转换不违反《公司法》第51条第4款的强制性规定，可认定其为公司的高级管理人员。

对于上述争议，实务中多采纳第二种观点。监事和董事、高级管理人员都属于公司机关不可或缺的组成部分，各自发挥不同的作用。对于股东人数众多、职业经理人权利较大，或大股东兼任高级管理人员、小股东处于弱势地位，或因经营领域特殊或受到特别监管的上市公司来说，内部监管不可或缺、至关重要。因此，对高管以及监事职务重要性的评价不能脱离公司的现实处境，否则将有失客观。高管与监事互相兼任的外观表现是同一主体同时具有高管和监事的双重身份，其实质则是公司内部有权机构授予同一主体同时履行高管和监事两种职权。因此，兼任的认定应当从形式要件与实质要件两个方面加以考虑。形式要件是两种身份的兼具，具体表现为公司章程的规定、工商登记的记载、任命书等；实质要件是指公司内部有权机构的真实意思表示，具体表现为股东的合意、公司对兼任者工作报告的采纳和业绩考核等。一般而言，身份是权利义务的彰显，因此形式要件与实质要件具有同一性，然而实践中有不少小公司时常出现形式要件瑕疵的情形，这是由小公司高度的人合性所决定的。与股东规模稍大的有限责任公司相比，小公司的人合性更为突出，表现在：股东人数少、管理层规模小、股东身兼数职，股东之间多为亲朋好友等关系较密切的人员，彼此比较了解和信任，公司向心力强，经营决策受股东个人因素影响大；小公司的经营业绩多依赖于某一位股东的专业知识、业务经验、人际交往等无形资源，一旦该股东无法继续履行职责，公司将面临经营瘫痪甚至解散的风险；小公司抗风险能力差，经营决

---

① 参见沈竹莺：《公司监事兼任高管的法律后果及其勤勉义务》，载《人民司法·案例》2011年第2期。

策追求"短平快",面对复杂的市场行情和各类突发情况,必须迅速应对以求生存发展,因此可能会存在省略程序、忽略形式等情况,导致形式要件的瑕疵。《公司法》对有限责任公司的机构设置作了普遍性的规定,为搭建现代公司治理结构提供了模板。然而在实践中,不同的有限责任公司在经营规模、管理水平、所处环境上存在差异,由此导致其在权责利配置和经营方式上具有特殊性。在审理涉及小公司的案件时,应充分认识《公司法》保护公司利益的立法原则,通过考察公司具体经营规模及所处环境、股东人员构成,弥补公司决策在程序要件或形式要件上的瑕疵,有条件地认可瑕疵决议的效力,避免因决议无效导致公司陷入经营僵局。

《人民司法·案例》刊载的案例中,亦持该观点,认为公司高级管理人员与监事互相兼任的认定应当综合形式与实质两个要件,具有高度人合性的小公司在决策过程中时常发生形式要件瑕疵的情形,司法应从《公司法》保护公司利益,促进经济发展的立法原则出发,考察股东的真实合意,有条件地认可瑕疵决议的效力,避免因决议无效导致公司陷入经营僵局。对公司高管勤勉义务的认定应当以客观标准为一般标准,同时兼顾个案正义,结合具体案情在一般判断标准允许的范围内作出更为妥当和准确的判定。对人合性较高的有限责任公司监事代行总经理职务的,两类职责出现交叉,后果是其作为监事的任职无效,应当认定为高级管理人员。

四、关于公司实际控制人主体和责任认定问题

(一)实际控制人判断基准

从理论和立法上看,公司是独立实体,但在现实经济活动中,公司常常是一个"稻草人",由实际控制人隐身其后进行管理运作。为防止实际控制人不当控制而损害公司、中小股东和债权人的利益,《公司法》《证券法》及相关部门规章在借鉴行政监管经验的基础上,对实际控制人的概念、义务与责任等问题都作了相应的规定。

一般认为,控制权是指对一个公司的经营管理或方针政策具有决定性的影响力,对公司的经营计划、方针、财务、人事等事务的决定权。[1]首先,控制权的核心内容是控制权人对公司所有重大事项的单方面决定权或重大影响能力。公司股东会作为公司的最高权力机构,需要按照资本多数决的原则对公司的所有重大事项进行表决,由此,控制权在某种程度上通过表决权加以

---

[1] 参见彭冰:《中国证券法学》,高等教育出版社2005年版,第307页。

体现；其次，控制权的法律基础是控制权人对于公司直接、间接持有或控制的股份数额。① 不管是以股权为基础的控制（直接控股、金字塔形持股结构、交叉持股等）还是非以股权为基础的控制（委托投票、征集投票权、股权托管等），归根结底其基础都源于授权人所持有的股权。故而，对于控制权的审查、判断，公司的股权关系结构是最基本的出发点。

《公司法》第 216 条第 3 项规定："实际控制人，是指虽不是公司的股东，但通过投资关系、协议或者其他安排，能够实际支配公司行为的人。"如何理解"实际支配公司行为"，《公司法》并没有作更明确的解释。对此，可以参照证监会、证券交易所的有关规定来理解。中国证券监督管理委员会发布的《上市公司收购管理办法》（2020 年修订）从上市公司收购人的角度对实际控制权进行了解释。该办法第 84 条规定："有下列情形之一的，为拥有上市公司控制权：（一）投资者为上市公司持股 50% 以上的控股股东；（二）投资者可以实际支配上市公司股份表决权超过 30%；（三）投资者通过实际支配上市公司股份表决权能够决定公司董事会半数以上成员选任；（四）投资者依其可实际支配的上市公司股份表决权足以对公司股东大会的决议产生重大影响；（五）中国证监会认定的其他情形。"此外，《上海证券交易所股票上市规则》及《深圳证券交易所股票上市规则》也对"控制"作了大致相同的界定。基于以上规定可以看出，对于实际控制人的判断，现行监管立法采取了以表决权为基本，同时根据实质重于形式的监管原则，以支配性影响力的有无作为兜底的判断原则。

以支配性的影响力作为实际控制人的判断基准，重点是考察实际控制人对于公司机关的组成、议事程序和决策步骤是否具有绝对性的影响力，以表决权的审查为基本依据。② 必要时，可由人民法院商请证券监督管理机构、证券交易所等监管部门共同研究确定。

（二）实际控制人认定路径

基于以上分析，对于公司控制权的审查、判断，公司的股权关系结构是最基本的出发点，实际控制人控制的表决权的判断也应当以此为出发点。通过审查表决权的实际持有和控制情况，逐步追溯表决权背后的实际控制人。

1.通过追溯、分析公司股权关系，认定公司的实际控制人

首先是通过追溯、分析公司的股权关系，层层向上追溯、框定公司最终

---

① 参见周伦军：《上市公司实际控制人案件若干问题研究》，载《人民司法·应用》2008 年第 11 期。

② 参见周伦军：《上市公司实际控制人案件若干问题研究》，载《人民司法·应用》2008 年第 11 期。

的股东，即终极控制人，并对终极控制人的实际控制能力进行计算并确认，对实际控制人加以认定。最早要求以控制关系方框图形式披露股权结构关系的是《关于上市公司重大购买、出售、置换资产若干问题的通知》（证监公司字〔2001〕105号，现已失效）的规定。该通知要求上市公司在发生重大购买、出售、置换资产等行为时，必须将相关情况报请审核，并要求以方框图或者其他有效形式，全面披露与交易对方相关的股权及控制关系，包括交易对方的直接持有人、各层之间的股权关系结构图，以及与上市公司之间的股权关系结构图，直至披露到出现自然人或国有资产管理部门为止，并以文字简要介绍交易对方的主要股东及其他关联人的基本情况，以及其他控制关系（包括人员控制）。① 要求公司以股权结构图来描述股权控制关系能够较为直观地呈现公司的实际控制结构，但也仅是审查认定实际控制人的一个基本证据，还应当结合其他相关证据进行分析认定。

2. 通过审查公司董事会的构成，确认实际控制人的实际支配影响能力

通过这一环节的审查，确定公司董事会成员的来源及其与股东、实际控制人之间的关系。公司董事会成员由股东选举产生，与股东表决权有紧密联系。不管通过什么样的方式行使表决权，一旦确定了半数以上的公司董事，就实现了对公司的实际控制。

3. 举证责任分配

在涉及实际控制人的案件中，当事人的举证难是一个突出的普遍问题。在此情况下，如何合理分配举证责任，审判实践中尚未形成统一看法。"谁主张，谁举证"是举证责任分配的一般原则，在这一原则之下，主张责任和举证责任是合一的。在公司实际控制人的证明责任方面，主张者负有两个方面的证明责任：一是证明被告为实际控制人；二是证明被告行使了滥用控制权的行为导致公司损失。但是，如果原告为小股东，仅能获取关于公司的公开信息，则应综合考量当事人之间对于证据占有和取得能力的实际情况，引入举证责任倒置的举证规则。此时，作为原告的小股东仅负有指认被告为实际控制人的主张责任及提供初步证据的举证责任，而被指认为实际控制人的被告应当承担证明其事实上不是特定公司的实际控制人的举证责任。采用上述举证责任分配机制，在诉讼法理论上及实体法规范目的之达成方面，都有合理性依据。

（三）实际控制人损害公司利益责任分析

《公司法》涉及实际控制人的法律条文较少，仅有第16条第2款、第3

---

① 参见周伦军：《上市公司实际控制人案件若干问题研究》，载《人民司法·应用》，2008年第11期。

款[1]、第 21 条[2]、第 216 条第 3 项[3]，其中，第 16 条、第 21 条着眼于关联担保、关联交易的规制，第 216 条则是概念界定条款。对于公司未以关联担保、关联交易，而以《公司法》第 20 条[4]、第 149 条[5]主张实际控制人损害公司利益的，实际控制人是否为适格责任主体，应否承担赔偿责任，值得探讨。

  有观点认为，《公司法》第 20 条、第 149 条并未明确将实际控制人纳入损害公司利益赔偿责任的主体范围，故其所规定的权利滥用规则、违法违规赔偿责任不能直接适用于实际控制人。而且，公司实际控制人的常见身份为隐名股东，通过委托他人持股，对公司施以控制。《公司法司法解释（三）》虽对隐名股东相关法律适用问题作了相关规定，一定程度上缓解了司法中存在的法律适用不统一问题，但其规定比较简单。实践中，对于损害公司利益的相关责任难以认定。一般而言，损害公司利益责任纠纷的当事人应当是法律明确规定的主体，隐名股东并非公司的登记股东或出现在公司章程或记载于公司的股东名册，如果直接认定隐名股东为此类纠纷的适格被告，存在不妥之处：一是对隐名股东身份的确定与损害公司利益责任的诉讼并非同一法律关系；二是隐名股东的股东资格确认的发起人往往是隐名股东自身，在公司作为原告起诉隐名股东时，隐名股东身份的确定往往陷入僵局。因此，如果隐名股东为公司的董事或高级管理人员，可以适用董事损害公司利益责任纠纷相关认定；如果公司实际控制人并未在公司担任任何职务，依据《公司法》第 21 条规定，实际控制人仅有不得利用关联关系损害公司利益的义务。因此公司的实际控制人不宜作为损害公司利益责任纠纷的被告，而应采取其他救济途径解决。

---

[1] 参见《公司法》第 16 条第 2 款规定："公司为公司股东或者实际控制人提供担保的，必须经股东会或者股东大会决议。"第 3 款规定："前款规定的股东或者受前款规定的实际控制人支配的股东，不得参加前款规定事项的表决。该项表决由出席会议的其他股东所持表决权的过半数通过。"

[2] 参见《公司法》第 21 条规定："公司的控股股东、实际控制人、董事、监事、高级管理人员不得利用其关联关系损害公司利益。违反前款规定，给公司造成损失的，应当承担赔偿责任。"

[3] 参见《公司法》第 216 条第 3 项规定："实际控制人，是指虽不是公司的股东，但通过投资关系、协议或者其他安排，能够实际支配公司行为的人。"

[4] 参见《公司法》第 20 条规定："公司股东应当遵守法律、行政法规和公司章程，依法行使股东权利，不得滥用股东权利损害公司或者其他股东的利益……公司股东滥用股东权利给公司或者其他股东造成损失的，应当依法承担赔偿责任……"

[5] 参见《公司法》第 149 条规定："董事、监事、高级管理人员执行公司职务时违反法律、行政法规或者公司章程的规定，给公司造成损失的，应当承担赔偿责任。"

也有观点认为，实践中，实际控制人侵害公司的方式多样，既包括关联担保、关联交易等侵权行为，也包括挪用公司资金、侵占公司资产、篡夺公司机会、侵犯公司秘密、压制中小股东、干预公司运营等行为。实际控制人可以通过其对公司的支配、影响，控制公司股东会的决策权、董事会的经营管理权，能够支配公司的行为，其相对于公司而言，并非普通侵权人，故实际控制人应作为损害公司利益的责任主体，应纳入公司法的相关规范中。由于实际控制人责任的复杂性，有学者将实际控制人的责任类型化为实际参与决策的情形和施加决定性影响的情形，进而主张前者适用董事责任，后者适用控制股东责任。[①]

对于上述争议和分歧，第二种观点更符合《公司法》禁止权利滥用、保护公司利益的理念。《公司法》通过设置股东会、董事会、监事会、高级管理人员等公司机关，规范公司的治理机制，使决策权和经营管理权相分离。而实际控制人通过投资关系、协议或者其他安排取得对公司的控制地位，其对公司及其他股东负有诚信义务，但其可能利用自身对公司日常事务和重要决策享有的影响力来实施不当控制行为，从而将公司变为自己获利的工具，如操纵股东大会的表决权对公司经营决策施加影响、控制董事会使其成为实际控制人谋取私利的工具、实际控制人直接作为事实董事管控公司的活动等。《公司法》需要规制这类实际控制人滥用控制权的问题。

全国人大常委会于2021年12月公开征求意见的《公司法（修订草案）》也对实际控制人滥用控制权的规制问题进行立法规范。修订草案在第259条第3项变更了《公司法》对实际控制人的定义，将《公司法》第216条第3项"虽不是公司的股东"几字删除，修改为："实际控制人，是指通过投资关系、协议或者其他安排，能够实际支配公司行为的人。"并增加了第191条，规定："公司的控股股东、实际控制人利用其对公司的影响，指使董事、高级管理人员从事损害公司或者股东利益的行为，给公司或者股东造成损失的，与该董事、高级管理人员承担连带责任。"该条款规定实际控制人与董事、高级管理人员承担连带责任，《公司法》上述修订使公司追究实际控制人责任更加有法可依。

五、关于挪用或侵占公司资金认定问题

挪用或侵占公司资金是侵害公司利益中最常见的情形。公司资金是公司

[①] 参见叶敏、周俊鹏：《公司实际控制人的法律地位、义务与责任》，载《广东行政学院学报》2007年第6期。

的"血液",与公司兴衰存亡紧密相连,公司资金的管理及使用有严格的会计制度。公司资金应当在董事、高级管理人员统筹组织下,借助专业财会人员的协助,根据法律、行政法规及公司章程的规定进行管理,每一会计年度终了时应当将资金使用情况编制成年度财务会计报告,并依法经会计师事务所审计。公司向会计师事务所提供的会计资料应当是真实的、完整的。公司除法定的会计账簿外,不得另立会计账簿;对公司资产,不得以任何个人名义开立账户存储。

(一)挪用或侵占公司资金的常见情形

1. 挪用公司资金的常见情形

董事、高级管理人员不得违反法律、行政法规及公司章程的规定,任意使用公司资金,随意改变资金用途,将公司资金挪为己用。挪用公司资金的行为,构成对公司资产的侵犯。

实践中,挪用公司资金的行为主要有:(1)将公司资金挪给公司外部人使用(包括违反公司章程的规定,未经股东会、股东大会或者董事会同意,将公司资金借贷给他人);(2)将资金留存于公司但擅自改变资金用途;(3)虚构交易挪用公司款项;(4)将公司资金用于个人购置资产和个人消费。例如,上海市浦东新区人民法院在(2008)浦民二(商)初字第1743号案件中认定,控股股东用公司支票为自己购买房屋、汽车,取走公司大量现金,属挪用公司资金行为,严重损害公司利益;又如,北京市朝阳区人民法院在(2014)朝民初字第7515号案件中认定,股东从原告公司转账至另一公司后,再从另一公司提现并用于偿还夫妻共同债务、支付共同支出,属于挪用公司资金的行为。

2. 侵占公司资金的常见情形

实践中,侵占公司资金主要有以下情形:(1)以个人名义或者以其他个人名义开立账户存储公司资金。如上海市第二中级人民法院在(2017)沪02民终9802号案件中认为,原、被告两人共同设立公司,该公司一直由被告实际负责经营,并在经营过程中出现公司经营与个人收支混同的情况。被告将公司的租金收入转为个人收入并以其个人账户内的款项用于家庭生活支出及公司支出,且被告作为公司的法定代表人及实际控制人,多年来不设置财务账册,导致其无法提供相应财务账册证明其个人财产独立于公司财产,被告存在将公司收入归入其个人所有、侵占公司财产的行为。(2)个人账户不合法收取公司款项(包括接受他人与公司交易的佣金归为己有)。例如,上海市第一中级人民法院在(2018)沪01民终8053号案件中认为,被告作为公司总经理,虚设职位,以虚设的职务人员名义领取工资并发放给自己及其他员

- 151 -

工，属于侵占公司资金行为；又如，北京市第二中级人民法院在（2016）京02民终2813号案件中认为，被告通过隐瞒销售记录的方式，将销售分成归为己有，属于侵占原应归属于公司财产的行为。（3）以公司资产抵扣股东应付的股权转让款。（4）利用公司资金清偿个人债务或提供无法偿还之担保等。

（二）审查认定要点

在审理案件过程中，如被告举证其收取或使用公司款项有公司内部政策规定，或有相应的合同依据，或存在其他为公司利益考虑的情况，或其资金使用符合公司内部财会制度，且其本身不能控制资金去向，可综合全案证据认定被告不存在挪用或侵占公司资金、损害公司利益的行为。反之，如被告未能证明收取公司款项、使用公司款项有合法、正当的理由，则应认定构成挪用或侵占公司资金的侵权行为。

在审查方面，需要注意以下几点：

第一，行为人使用公司资金或者转移公司财产的行为是否具有正当性和合理性，即收取或者使用公司款项是否有合法、正当的理由，如符合公司内部政策规定、有相应的合同依据或其他为公司利益考虑的情况。例如，最高人民法院在（2012）民二终字第66号案件中，对公司高管以公司名义对外签订转让重大资产行为的合法性，就是从该高管人员是否取得了公司有权机关的决议、是否向公司支付公允的对价、交易对手与高管人员是否存在关联关系方面进行审查，进而认为被告利用其在原告公司有权代理法定代表人签字及担任总经理职务的便利，利用公司名义与其关联公司签订涉案股权转让协议，在未交付股权转让款的情况下安排将原告公司的股权过户给关联公司，系双方联手侵占原告公司利益的行为。又如，最高人民法院在（2020）最高法民申2634号案件中认为，被告作为公司原股东以分得利润款的名义，多次从公司账户转款，而根据该公司章程规定，只有股东会有权审议、批准公司的利润分配方案。被告在该案诉讼过程中，未提供公司关于利润分配方案的股东会决议，亦未提供全体股东一致同意而形成的关于利润分配的书面意见。在公司未形成符合《公司法》和公司章程规定的利润分配方案，以及公司于新股东入股前是否存在利润、利润金额等均不明确的情况下，公司原股东以分得利润款为名，从公司账户转出款项的行为，不符合《公司法》的相关规定，属于侵占公司资金行为。

第二，在原告主张被告违规报销费用挪用资金的纠纷中，要重点审查行为人的报销行为是否符合公司财务制度、票据是否真实合法、所报销费用是否在正常合理范围内。审查难点在于，首先，出于避税等考虑公司可能设有两套账目，客观上可能存在使用股东、实际控制人或者董事、高管个人账户收支公司资金的情况，法院需要根据账目之间的往来综合判断是否存在挪用或者侵占公司资金的客观事实；其次，如中小规模公司本身财务管理制度与审批流程并不健全或者会计账簿、报表有瑕疵，在审查原告证据时需注意是否可形成完整证据链，适用高度盖然性证明规则判断挪用、侵占公司资金的事实是否存在。

六、关于篡夺公司商业机会认定问题

（一）公司商业机会的定义

公司机会是指与公司利益相关的商业机会。公司董事、高级管理人员禁止谋取属于公司的商业机会是现代公司法的一项普遍规则，该项规则是指禁止公司董事、高级管理人员将公司拥有期待利益、财产利益或财产权利的交易机会，或从公平角度而言应属于公司的交易机会予以篡夺自用，该规则被简称为公司机会规则。《公司法》第148条第1款第5项是对篡夺公司机会的具体规定。

（二）公司商业机会规则规范的义务主体

根据《公司法》的规定，公司机会规范的义务主体仅为公司的董事、高级管理人员。但应当看到，"高级管理人员"的概念具有开放性，尤其对于有限责任公司来说，因其存在较高的人合性及封闭性，规模一般也较小，可能存在管理人员身兼数职或股东并无具体职务、但实际管理公司的情况，对此应结合具体案情认定侵权人拥有的职权是否符合高级管理人员的相应职能。董事、高级管理人员在事实上掌握公司的信息和业务执行权，始终存在基于职务判断争取或放弃商业机会的两种选择，这涉及对商业机会的判断，是董事、高级管理人员自由裁量权的内容。如董事、高级管理人员基于自身利益考虑篡夺该商业机会，使公司失去商业机会而使其从中受益，则董事、高级管理人员构成违反对公司的忠实义务。

（三）审查认定要点

1. 机会的来源

公司董事、高级管理人员对公司负有受信义务，源于其在公司担任职务。由此推定，其基于职务获取的一切机会均可能被认定为公司机会，而其基于个人身份获得的机会，则应当推定为与公司无关。我国《公司法》亦规定公司董事、高级管理人员不得"利用职务便利"谋取属于公司机会，根据上述规定，如果董事、高级管理人员并非基于职务便利，则其获取的机会就不应当认定为公司机会。但对于"利用职务便利"怎样理解仍存在争议，一般认为不应当仅理解为在执行职务过程中获取的机会，公司董事、高级管理人员在工作之外，基于其董事、高级管理人员身份获取的机会亦应当认定为公司可利用的机会。但因公司董事、高级管理人员职务身份与私人身份往往不能完全分开，其生活习惯、接收的信息往往与其担任的职务息息相关，在诉讼中，往往难以认定其获取机会是否利用了职务身份的优势。因此，一般倾向于认为诉讼中应当推定董事、高级管理人员获取的机会均为基于职务获取，只有公司董事、高级管理人员能够举证证明其获取诉争机会完全是基于个人身份、与公司职务无关，才可以认定诉争机会不构成公司机会。

2. 该商业机会是否属于公司

第一，公司是否为获得商业机会有相应的资源投入，包括人力、物力和财力，公司是否曾就该商业机会进行谈判，商业机会的形成、发展以及相关变化过程中的每一阶段是否存在利用、借助公司资源的情形，且利用的公司资源包括有形资源与无形资源。例如，公司是否为这一商业机会进行过前期准备，包括与潜在的交易对手进行过谈判，或者投入人力、物力和财力进行过宣传并因此产生了商业机会等，公司是否为获得商业机会有相应的资源投入，公司在经济上是否有能力开发该商业机会等。

第二，公司是否具备相应的经营能力，是否在该领域有过合作，是否与公司的经营活动存在密切关联，是否与公司的经营范围相关等。事实上，商业机会只有属于公司经营范围或者与公司经营范围相关，才有可能被公司利用。应当注意的是，对于公司经营范围的判断不应当仅限于工商登记的经营范围，公司未来可能拓展的经营范围也应考虑在内，法院可以结合所拓展经营范围的属性与现有属性是否具备一定的相关性以及公司是否对经营范围的拓展进行过相应的申请等外化行为来加以判断。如上海市第一中级人民法院（2014）沪一中民三（民）终字第1218号案件中，法院认为：公司商业机会是指与公司的经营活动密切相关的各种机会。其中，不仅包括与公司目前经营活动具有密切相关性，还包括与公司未来经营活动具有密切相关性。在实践中，很多公司登记的经营范围与其实际经营的业务并不相符，而现代公司法理论对于超范围经营的行为持宽容态度，因此，在司法实践中，应当对公司的实际经营范围进行审查。同时，关于公司的经营范围，应当由公司举证。

3. 董事、高管是否存在篡夺商业机会的行为

需要考虑的因素包括：（1）是否经过股东会或股东大会的同意，如经同意批准，则不应认定构成篡夺行为。（2）是否利用职务便利获得了机会。在交易开始之前，获取第三人意图与公司进行买卖、合作、投资或者收购的商业信息，自己与第三人联系或者将信息告知其关联公司，以更优惠条件达成协议，直接截取公司机会；董事、高级管理人员在与执行公司职务无关的时

间和场合获得的商业机会不应视为公司机会,但同时亦应考虑相对人是否基于其所任公司董事、高级管理人员职务而提供机会。(3)是否利用了公司资源。(4)是否履行了披露义务,如董事、高管已向公司报告、披露该商业机会,但公司在合理期限内表示放弃或者无法利用机会,则董事、高管为自己或他人获取该商业机会不属于篡夺公司机会。

4. 公司是否具有利用诉争商业机会的条件

对此,应当主要结合案件的实际情况,考察商业机会是否能够实际被公司所用,包括公司是否具有该商业机会所需的资源、能力等因素。同时,公司是否存在某些不利于获取该商业机会的不利因素,如不良记录或资金短缺等,或是否存在其他与商业机会提供方无法交易的客观情形,如商业机会提供方拒绝与该公司交易。公司具备初步符合获取该商业机会的条件,亦应当由公司举证,而如果董事、高级管理人员认为公司具有某些不利于获取该商业机会的因素,应当举证予以证明。

(四)免责事由

1. 公司同意

根据《公司法》关于公司机会规则的规定,其所禁止的是公司董事、高级管理人员未经公司股东会或者股东大会同意谋取属于公司的商业机会。换言之,如已经公司股东会或者股东大会同意,则董事、高级管理人员利用该商业机会即不应为《公司法》所禁止,董事、高级管理人员亦不应承担责任。

2. 公司拒绝

虽然公司并未同意董事、高级管理人员利用公司机会,但是在董事、高级管理人员向公司披露该商业机会之后,公司已经作出股东会决议,或者以其他形式明确表示不再利用该商业机会,这种情况下,也应当允许公司董事、高级管理人员对商业机会加以利用。这一方面比较符合商业效率,另一方面也更能激发董事、高级管理人员的进取心。在董事、高级管理人员已经向公司披露商业机会之后,还可能存在另一种情况,即公司并未表态是否利用该机会。在这种情况下,公司董事、高级管理人员是否能够加以利用,我国《公司法》并无规定。多数观点倾向认为,公司未表态的情况下不应视为公司拒绝,董事、高级管理人员在此情况下也不应径行利用该商业机会。如果其出于专业判断,认为该机会不构成公司机会而加以利用,则双方争议即变成该机会是否构成公司机会,而不涉及免责问题。

七、关于竞业禁止认定问题

竞业禁止，是忠实义务的典型形态，是指竞业禁止义务主体不得将自己置于其责任和个人利益相冲突的地位，从事损害公司利益的活动。[①]《公司法》第 148 条第 1 款第 5 项要求董事、高级管理人员未经股东会或者股东大会同意，不得自营或者为他人经营与所任职公司同类的业务。需注意的是，竞业禁止与篡夺公司机会存在一定的交叉，但仍有明显的不同，最根本的区别为公司机会规则强调不得利用公司机会以自肥，损害公司的期待利益；而竞业禁止规则强调禁止经营公司同类业务，避免与公司产生竞争。

（一）对于"同类业务"的认定

对于"同类业务"的理解，应该是指可以获得实际经济利益的业务，不仅包括公司持续的经营业务，也包括偶发的交易或数次的交易。对于"同类"的认定，除对形成同业竞争关系的公司经过工商备案登记的经营范围进行审查外，还应根据其实际从事的业务是否具有实质性竞争关系进行判断，即采取形式与实质相结合的判断标准。首先由原告证明董事、高级管理人员所从事的业务与公司的经营范围相同或类似，如董事、高级管理人员予以否认，则应证明其所从事的业务与公司不具有竞争关系。如董事、高级管理人员所从事的业务与公司的经营范围不相同或不相类似，则应由原告证明董事、高级管理人员所从事的业务与公司具有竞争关系。

（二）审查认定要点

认定董事、高级管理人员是否构成竞业禁止，应注意以下要点：（1）要求原告明确其请求权基础。是根据《公司法》主张侵权责任，还是根据《劳动合同法》主张劳动合同的违约责任。如为后者，则应先履行劳动争议仲裁前置程序的要求。（2）审查董事、高级管理人员经营同类业务的行为是否为公司任职期间。对于解任或辞职后从事的竞争营业，因董事、高级管理人员不再对公司负有忠实义务，可告知原告以侵犯商业秘密或者依据劳动合同中的竞业禁止条款另循劳动争议途径解决。（3）审查董事、高级管理人员从事的业务是否经过股东会或股东大会的同意。即并非"绝对禁止"，董事、高级管理人员有权在获得同意批准的前提下竞争营业。

（三）特殊情况

第一，如公司形成股东会决议解散公司，在解散决议形成后、办理注销

[①] 参见梅慎实：《现代公司机关权力构造论：公司法人治理结构的法律学分析》，中国政法大学出版社 2000 年版，第 224 页。

手续之前，公司董事在外另行设立公司，擅自经营原公司同类业务，给原公司造成损失，原公司是否可以主张损害赔偿？一般认为，股东会决议解散公司，该决议未违反《公司法》及章程的规定，解散决议有效。股东会虽同意解散公司，但公司主体还存在。经委任产生的公司董事，无论是在公司准备营业阶段或试营业阶段、公司正常营业阶段还是股东会决议解散公司阶段，只要属于公司主体存续期间，董事均不得违反竞业禁止的规定。公司董事未经股东会同意，自营与原公司相竞争的同类业务，明显违反竞业禁止，所得收入应归原公司所有。

第二，董事对公司所负的忠实义务、竞业禁止义务的范围是否包括下属全资子公司或控股公司？根据《公司法》的规定，董事、高管仅对其所在公司有勤勉尽职之义务，并无对下属全资子公司或控股公司有勤勉尽职的义务。但司法实践中，最高人民法院认为，《公司法》关于董事对公司所负的忠实义务、竞业禁止义务应不限于董事所任职的公司自身，还应包括公司的全资子公司、控股公司等，如此方能保障公司及其他股东的合法权益，真正实现《公司法》设置忠实义务、竞业禁止义务的立法本意。

八、关于自我交易行为认定问题

《公司法》第148条将"自我交易"界定为"（董事、高管）违反公司章程的规定或者未经股东会、股东大会同意，与本公司订立合同或者进行交易"，一般认为，自我交易是指董事、高级管理人员与公司之间发生的交易。但股东及实际控制人与公司交易，同样应受自我交易规则的规制。《公司法》第148条对于未经披露的董事、高管自我交易采取禁止的态度，因为相比于一般交易，董事、高管自我交易更容易倾向自身利益而置公司利益于不顾，该规定有利于避免公司与董事、高管之间发生利益争议冲突。对于自我交易，《公司法》经历了从严格禁止到逐步放松的过程，现代公司法往往并不禁止董事、高级管理人员与公司的自我交易，但是须经过公司批准，其目的仍是防止董事、高管在与公司交易时损害公司利益。在实际操作中，股东、实际控制人、董事、高管本人直接与公司进行交易的情况很少，大多是股东、实际控制人、董事、高管另设其他公司与其任职的公司进行对手交易。

（一）自我交易的类型

（1）公司与股东、实际控制人、董事、高管之间直接交易。（2）公司与股东、实际控制人、董事、高管的利害关系人之间的交易。这里的利害关系人应当包括股东、实际控制人、董事、高管的配偶、父母、子女、兄弟姐妹以及配偶的父母、兄弟姐妹等。(3) 公司与其他实体 (包括但不限于公司) 之间的交易,而股东、实际控制人、董事、高管是该实体的控制股东 (如50%以上的股份持有者)、合伙人、高级管理人员或其他有影响力或控制、支配能力的人,或者股东、实际控制人、董事、高管在该实体中有重大的财产利益。

(二) 自我交易合同的效力

有观点认为,《公司法》第148条规定的自我交易属于相对禁止,也就是要求自我交易须符合公司章程的规定,或者经过股东 (大) 会的决议。如果自我交易不符合前述规定或未经决议,该交易行为效力待定,如果公司事后未予追认,则直接导致该交易无效。

对此不宜一概而论,一般而言,自我交易行为并不必然因公司的否认而无效。审查合同效力应依据《民法典》的相关法律规范,如无《民法典》规定的通谋虚伪意思表示、恶意串通损害他人利益、以合法形式掩盖非法目的等情形,不应轻易否认自我交易的合同效力。

(三) 自我交易行为的认定

1. 认定董事、高级管理人员是否构成自我交易行为时,不以是否损害公司利益为前提或要件

自我交易本质上是公司意思表示缺少或属于不真实的交易行为,这种情形是董事、高级管理人员违反忠实义务造成的。《公司法》第148条未将是否损害公司利益作为责任要件,该条款是对董事、高级管理人员忠实义务的具体化,并不因该行为未损害公司利益而豁免义务。而且,法院不宜代替公司对是否损害公司利益进行商业判断。在公司以其董事、高级管理人员违反法律规定进行自我交易提起诉讼时,公司已结合市场环境、商业机会等对自身利益是否遭到侵害作出判断,法院如再次进行评价,有可能不符合公司的实际利益。

2. 公司董事、高管与公司的交易对手是否存在关联关系

《公司法》第216条第4项对关联关系进行了定义,即公司控股股东、实际控制人、董事、监事、高级管理人员与其直接或者间接控制的企业之间的关系,以及可能导致公司利益转移的其他关系。此外,也包括公司的控股股东、实际控制人、董监高等人员间接控制的关联公司,其中的间接控制主要包括通过前述相关人员的父母、配偶、子女、兄弟姐妹等亲属间接控制,或者通过协议或者投资关系等间接控制。

3. 自我交易的对价是否公允

交易价格是否公允是判断自我交易到底合法还是不正当的关键因素,这

也是上市公司监管中所考察的核心因素。而公允价格的判断可以参照上市公司对关联交易监管的相关规定，即"关联交易应当具有商业实质，价格应当公允，原则上不偏离市场独立第三方的价格或收费标准等交易条件"，一般可以通过对比关联交易合同约定的对价与市场上同类交易的平均价格或者一般行情来判断是否公允，当公司或者股东提起代表诉讼时，应当提供初步证据证明交易价格的不公允。①

4.自我交易的程序是否合法合规、是否符合公司章程规定、是否向公司披露、是否经股东（大）会同意

首先，要审查自我交易本身是否存在法律、行政法规禁止交易的情形，还需要核查公司章程是否一律禁止自我交易。如果这方面审查无法通过，则应当认定为不正当的自我交易而予以禁止。其次，如果不存在上述禁止性规定，则需要进一步核查该自我交易是否向公司和股东（大）会披露，同时在披露后还要核查该交易是否取得公司股东（大）会的决议通过。尽管如此，已履行披露和股东（大）会决议程序并不是认定自我交易合法的充分条件。根据《公司法司法解释（五）》第1条规定，如果实施关联交易的相关人员"仅以该交易已经履行了信息披露、经股东会或者股东大会同意等法律、行政法规或者公司章程规定的程序为由抗辩的，人民法院不予支持"。自我交易是否合法、正当的审查仍侧重于实质审查，也就是自我交易是否公允、是否损害公司利益。最后，关于自我交易的正当性审查，法院还可以从交易目的是否正当（交易动机是否存在诸如操纵市场、转移利润或财产、虚假报表、逃避税收等恶意）、交易是否具有商业必要性、是否符合商业惯例等其他因素综合判定。

（四）自我交易中损失的认定

对于不正当自我交易造成损失的认定，一般来说，主要是不正当自我交易价格与已查明的同类交易市场价格之间的差额。另外，《公司法》还规定董事、高管违反该条规定的忠实义务，所得的收入应当归公司所有。

九、关于违反勤勉义务认定问题

公司董事是基于股东的信任由股东会或者股东大会选举产生的。董事组成董事会，董事会是公司经营决策机关，享有经营管理公司的权力，董事会

---

① 参见杨光明、曾强：《损害公司利益责任纠纷案件中的实体法律要点研究》，载北京德和衡律师事务所网站2022年4月2日，http://www.deheheng.com/Archives/indes/a_id/8040.html。

的职权由董事集体行使。董事基于股东的信任取得了法律和公司章程赋予的参与公司经营决策的权力，就应该在遵循法律和公司章程的前提下，为公司的最大利益服务。

董事、监事、高级管理人员的勤勉义务要求：（1）董事、监事、高级管理人员负有遵守法律、行政法规和公司章程的义务，在守法和遵守公司章程的前提下，履行勤勉义务，不得采取非法手段为公司牟取不正当利益，不得从事违法经营活动。（2）董事、监事、高级管理人员的勤勉义务是对公司承担的法定义务，不是对单个或者部分股东所承担的义务。董事、监事、高级管理人员作为公司财产的监督管理者，应当为公司利益，而不是为单个或者部分股东利益经营管理公司财产、监督公司财产运营、保证公司财产安全，实现公司的经济利益。

不同于忠实义务要求董事、监事、高级管理人员品德方面的忠诚、诚实，勤勉义务要求董事、监事、高级管理人员在处理公司事务时，应当出于善意，并尽到普通谨慎之人在相似的地位和情况下所应有的合理的谨慎、注意义务。如（2018）浙07民终5602号案件中，被告作为高级管理人员，明知客服存在做私单行为，未向公司进行汇报，违反了勤勉义务；被告作为公司的高级管理人员，应该使公司利益最大化，在明知有员工损害公司利益的情况下，仍知情不报，可以判断其主观上处于非善意的状态，违背了其应尽的勤勉义务，故法院判决其承担部分赔偿责任。判断董事、监事、高级管理人员是否违反勤勉义务，首先，应从形式上审查其行为是否违反法律、行政法规及公司章程的规定，是否经过公司内部认可；其次，应结合行为人在作出行为时实际掌握的信息情况、决策能力等具体因素，判断其在作出决策或任职期间是否从有利于公司利益最大化的角度，严格履行自身工作职责，是否以适当的方式尽到合理的谨慎和注意义务。董事、监事、高级管理人员的决策失误不能当然被认为违反了勤勉义务。如（2018）粤07民终1019号案件中，被告作为原告的执行董事和法定代表人，原告诉称被告擅自以同期租赁市场的1/10的价格将商铺出租给他人，并未事先请示，属于滥用职权以明显不合理的价格出租，给原告造成损失，应承担赔偿责任。法院经调查认为，被告作为董事，签订合同时未经业务部门核查市场租金情况，只能认为其决策时依据不足，不能据此认定其违反章程规定的勤勉义务。关于原告据此请求赔偿损失，应为实际损失，不应是可能存在的损失。原告也不能举证证明期间有他人愿以更高的价格承租，即其评估价值无证据证明可以通过交易行为实现，只是其主观认为的损失，并非客观存在的损失，不能作为评判原告损失的依据，据此驳回了原告的诉讼请求。

但决策失误并非逃避勤勉义务的借口，应以类似地位的具有一般性商业知识的人在处理事务时能尽到的合理注意为判断标准。如（2009）沪一中民三（商）终字第 969 号案件中，被告作为原告公司的高级管理人员，与相对方发生交易行为，却采取口头方式订立协议，且在离职时未向原告公司交接交易凭证，导致原告公司在另一案件向相对方催讨款项时被法院以证据不足为由驳回诉讼请求，造成原告公司无法向相对方主张债权的困境，法院据此认定被告构成违反勤勉义务，应对公司承担赔偿责任。

十、关于董事责任豁免认定问题

各国司法实践中，对于董事责任豁免主要依据三种方式：公司决议豁免、公司章程豁免及司法豁免。美、英、日等国家在立法中均对董事违反勤勉义务赔偿责任的限制与免除制定了相应规则，并广泛地将违反勤勉义务的赔偿责任范围界定为任意性规则，即公司可在章程中予以规定，亦可通过公司合理决策予以免除。

（一）商业判断原则

我国《公司法》并未授权公司决议或章程免除董事损害公司利益的赔偿责任，但对于董事、高级管理人员违反勤勉义务责任的认定及免除可参考适用"商业判断原则"，考察董事、高级管理人员行为是否系在获得足够信息基础上作出的合理商业判断，是否基于公司最佳利益，以及与所涉交易是否存在利害关系及独立性等因素进行综合判断。

1. 基于获取足够信息之考量

商业判断原则实际上包含了对董事道德层面及职业层面的双重考量，其核心在于要求董事被豁免的行为系在获得足够信息的基础上基于公司最佳利益之考虑。获得足够信息意味着董事需要勤勉地对交易之背景、相关事实进行合理尽调，以免轻率作出决策。

2. 基于公司最佳利益之考量

其核心是董事行为对公司最佳利益的认知和指向。董事由于代表的股东阵营利益不一致，职务行为难免存在差异性。但董事不管代表何方利益，在公司法原理上其均由股东会统一任命，按多数决原则产生，是各方利益平衡的结果。基于此，董事不直接对任何股东负有义务，其只直接对公司负责，董事会决议及董事行为作为公司集体决策的一部分，应指向公司之整体利益、最佳利益。我国《公司法》并未对公司利益明确定性，公司利益应是多元化的概念，根据德国法对于董事损害公司利益的解释，董事应同时兼顾公司的股东、职工及其他利益相关者的利益并以这些利益的持续增加也即公司整体价值的持续增加为目标。据此，简单地将公司利益等同于股东利益或将公司财产视为公司利益的表征都是较为片面的理解。

3. 基于商业决策内部性之考量

在司法实践中，董事损害公司利益责任纠纷案件下真正认定公司利益受损的裁判并不多，绝大部分案件主要涉及的还是公司控制权的争夺问题。公司法具有私法性质，对于董事侵权案件的法律适用应贯穿尊重商事主体意思自治、维护交易秩序、促进交易繁荣的商事审判理念。与此同时，商事领域奉行有限责任原则，建立风险分配机制的目的在于提高商事主体的运行效率，从而促进整个社会经济发展。根据董事行为的内部性，司法应基于商业判断原则对于董事会决议、董事行为对应的商业决策事项保持谨慎的态度。对于非因故意或重大过失严重损害公司或第三人利益、公共利益、公司参与方利益的董事行为，不宜从司法层面主动予以否定性评价。

（二）公司章程许可

根据《公司法》第148条的规定，对于公司章程允许股东、董监高与公司订立合同或者进行交易的，应视为股东、董监高的自我交易行为已事先获得了公司的许可，股东、董监高可获得相应的责任豁免。

（三）股东会、股东大会同意或依照公司章程的规定，经股东会、股东大会或董事会同意

根据《公司法》第148条的规定，对于经过股东会或股东大会同意的自我交易行为、谋取公司商业机会、同业竞争行为，应视为公司许可的行为，不构成对公司利益的侵犯，股东、董监高可获得相应的责任豁免；对于依照公司章程的规定，经股东会、股东大会或董事会同意的对外借贷及对外担保，应视为公司许可的行为，不构成对公司利益的侵犯，股东、董监高亦可获得相应的责任豁免。

对于董事、高级管理人员在损害公司利益责任纠纷案件审理过程中，抗辩认为其相关行为系执行股东会决议、董事会决议，应如何处理？该问题实质反映了董事、高级管理人员所面临的义务冲突。一方面，《公司法》第46条、第49条、第108条、第113条对董事会、高级管理人员的职权作了规定，其中有执行股东会、董事会的决议，董事会、高级管理人员负有执行股东会决议、董事会决议的义务，即便其执行行为给公司造成了损害，也应由决策者承担责任，而非由执行者来承担，董事、高级管理人员理论上应当可以对此免责。另一方面，董事、高级管理人员对公司负有勤勉义务，应以公司利益最大化行事，对于违反该义务给公司造成的损失，应当对公司承担赔偿责任。如此一来，即在董事、高级管理人员的执行义务与勤勉义务之间产

生了矛盾和冲突。

实践中如何处理此类义务冲突，一般而言，董事、高级管理人员以执行股东会决议、董事会决议为由免责的，首先，应以股东会决议、董事会决议合法有效为前提，即此类决议应是公司的真实意思表示，在程序和内容上都符合法律规定。一方面，程序上确保全体股东、董事能够参与和表决，并在股东、董事民主参与下形成表决结果；另一方面，内容上未损害国家、集体、公共利益及第三人利益，未超出法律所允许的范围。其次，董事、高级管理人员应证明其已履行审查股东会决议、董事会决议的义务。董事、高级管理人员履行勤勉义务维护公司利益是其根本义务，其应依据商业规则判断，从维护公司利益的根本要求出发，审查决议效力并对是否以及如何执行作出自己的职业判断，而非机械、无条件地服从。我国《公司法司法解释（四）》第1条对董事请求确认股东会或者股东大会、董事会决议无效或者不成立的诉权进行了确认和规定，这也充分肯定了董事享有审查无效、不成立的股东会决议的权利。同时需要注意的是，如果董事、高级管理人员基于其当时所能获得的信息及其合理的职业判断仍不能发现决议无效的事实，比如股东、董事故意向其他董事、高级管理人员隐瞒了必要信息，从而造成了董事、高级管理人员对决议效力误判，那么，即使决议事后被判定为无效并造成了公司损失，董事、高级管理人员也无须承担责任。

十一、关于归入权与损害赔偿请求权关系问题

董事、高级管理人员如存在违反法定忠实义务的行为，包括《公司法》第148条所列举的挪用公司资金，将公司资金以其个人名义或者以其他个人名义开立账户存储，违反公司章程规定，未经股东会、股东大会或董事会同意，将公司资金借贷给他人或者以公司财产为他人提供担保，接受他人与公司交易的佣金归为己有，擅自披露公司秘密等，且因上述违反法定忠实义务的行为获得了收益，包括为个人利益经营而获得的竞业收入，或为他人利益而获得的竞业报酬，公司可就董事、高级管理人员的收益主张归入权。

董事、高级管理人员在执行公司职务时违反法律、行政法规或者公司章程的规定，例如，侵占或挪用公司财产、违反竞业禁止、擅自披露公司秘密、对增资未尽督促出资的勤勉义务、私自对外借款、私自提供担保或垫付资金等，给公司造成损失的，如公司财产产生损失或者被侵占、公司错失年检时间而被行政机关处罚、公司因商业机会被篡夺而产生信赖利益及损失预期利益等，董事、高级管理人员应当承担赔偿责任。

当董事、高级管理人员违反忠实义务造成公司损失，且董事、高级管理

人员从中有所获益时，公司是否可以同时主张董事、高级管理人员的收入归公司所有并要求其赔偿公司损失？由于公司归入权与损害赔偿请求权相互独立又相互渗透，容易出现归入权与损害赔偿权竞合的法律现象。从各国和地区的规定来看，主要有"择一""重叠""单一"三种模式处理竞合问题。如德国，选择采用"择一"模式。在德国，法律将归入权与损害赔偿请求权同时赋予公司，公司依据实际情况和自己的意愿，可以行使归入权，也可以行使损害赔偿请求权。[①] 损害赔偿请求权的行使意味着，董事必须赔偿因其行为而给公司造成的损害；归入权的行使意味着，董事必须将其为个人利益而从事的商事活动看作是为公司的利益而从事的商事活动，以及要求董事交出其在为他人利益从事的商事活动中所获得的报酬或者放弃对该报酬的要求。[②] 瑞士和日本则选择采用"重叠"模式。瑞士法律规定，当归入权与损害赔偿权竞合时，公司可以重叠行使上述两种权利，若公司行使归入权后还有损害，可以行使损害赔偿请求权；日本也采取了相同的处理方式。我国台湾地区则选择采用"单一"模式。当董事、经理违反竞业禁止义务，公司依法可将该行为之所得视为公司之所得。当公司负责人违反竞业禁止义务时，公司应请求因其行为所得之利益，作为损害赔偿。因归入权替代了损害赔偿权，故公司得以行使归入权后，不得再行使其他损害赔偿请求权。

采"择一"模式的观点认为，归入权与损害赔偿请求权所承担的责任内容指向同一，都是具有惩罚性质的"损害赔偿"权，属于权利竞合关系。请求权竞合是同一给付目的的数个请求并存，当事人得选择行使之，其中一个请求权因目的达到而消灭时，其他请求权亦因目的达到而消灭。[③] 故应择一行使，由当事人自己选择。

采"重叠"模式的观点认为，这是解决公司归入权与损害赔偿权竞合的一种好办法，能够最大限度地保护权利人的合法权益。当公司归入权与损害赔偿权竞合时，权利人只有在行使归入权后，损害仍不能够弥补，公司才可行使损害赔偿权，赔偿的数额应不包含权利人行使归入权所取得的收入，只

[①] 参见欧阳经宇：《民法债编各论》，我国台湾地区汉林出版社1978年版，第159页。

[②] 参见杨立新、蔡颖雯：《论违反竞业禁止的侵权行为》，载《法律适用》2004年第11期。

[③] 参见王泽鉴：《请求权基础理论体系：民法思维》，北京大学出版社2009年版，第131页。

有这样，才符合公平正义的法治原则。[①]

采"单一"模式的观点认为，出现公司归入权与损害赔偿请求权竞合的行为与情形时，法律只赋予公司一种救济权利，即以归入权替代损害赔偿请求权，这种由法律来排除其中一种权利救济方式，是较为简单、明朗的解决方法。

对于以上观点，应从两种行为的性质和目的进行分析认定。归入权主要是一种对违反忠实义务的董事、高级管理人员的惩罚性措施，而损害赔偿请求权主要是为了弥补、"填平"因董事、高级管理人员违反忠实义务给公司造成的损失，两者的立法目的不同，而且我国《公司法》对该两项请求权规定两个上下相连的条文，并未明确禁止两项权利同时行使。"重叠"模式的观点更符合《公司法》保护公司利益、促进经济发展的立法本意。司法实践中，原告可以同时主张两项权利，在行使归入权后如还有损失，可以要求行为人赔偿损失，且赔偿的数额应不包含权利人行使归入权所取得的收入。采用这种"重叠"模式，可以最大限度地保护公司的合法权益，起到恢复最初状态的作用。

第四节 常见争点说理示范

一、关于管辖的裁判说理示范

（一）关于损害公司利益责任纠纷管辖规则的裁判说理示范

【适用情形】损害公司利益责任纠纷，虽然《民事案件案由规定》将其列为"与公司有关的纠纷"，但不属于《民事诉讼法》第27条规定的应当由公司住所地人民法院管辖的情形，应按照《民事诉讼法》第29条规定由侵权行为地或被告住所地人民法院管辖。

【说理示范】损害公司利益责任纠纷，是指公司股东滥用股东权利或董事、监事、高级管理人员违反法定义务或他人侵犯公司合法权益，损害公司利益而引发的纠纷。当公司利益受到损害或侵害而公司法定诉讼机关不能、

[①] 参见杨立新、蔡颖雯：《论违反竞业禁止的侵权行为》，载《法律适用》2004年第11期。

拒绝或怠于追究损害人或侵害人责任时，具备法定资格的股东为了公司利益，可以自己的名义对损害人或侵害人提起诉讼，追究其法律责任，为股东代表诉讼。《民事案件案由规定》以民法理论对民事法律关系的分类为基础，是人民法院将诉讼争议所包含的法律关系进行的概括。《民事案件案由规定》的二级案由"与公司有关的纠纷"共有三级案由25个，涉及公司设立、确认股东资格、公司解散等公司组织类纠纷，也包含股权转让等合同纠纷，还包含损害公司利益责任、股东损害公司债权人利益责任等侵权纠纷。"与公司有关的纠纷"下属三级案由，都是公司诉讼，但并非当然适用《民事诉讼法》第27条规定的公司诉讼特殊管辖。案件适用何种管辖规定，应以其诉争的诉讼标的为判断标准，按照具体案由所反映的民事法律关系的性质确定管辖。在本案中，由A公司的股东代表其向B公司请求返还转走的A公司在某营业部资金账户内的款项，并要求公司法定代表人承担连带赔偿责任，虽然根据本院《民事案件案由规定》列为"与公司有关的纠纷"，但不属于《民事诉讼法》第27条规定的应当由公司住所地人民法院管辖民事案件的情形，本案应当按照《民事诉讼法》第29条规定由侵权行为地或者被告住所地人民法院管辖。

【参考裁判文书】最高人民法院（2018）最高法民辖终42号湖北福汉木业（集团）发展有限责任公司与中国航空技术国际控股有限公司损害公司利益责任纠纷一案二审民事裁定书。

（二）损害公司利益责任纠纷公司所在地与侵权行为地关联性判断的裁判说理示范

【适用情形】若侵权行为一经实施即产生损害后果，则侵权结果发生与侵权行为实施密不可分，在同一地点，此时公司所在地与侵权行为地不一致，侵权行为地应为行为发生地，公司所在地不应当然为侵权结果发生地。

【说理示范】A公司上诉认为被上诉人B公司和一审被告赵某实施的侵权行为损害的是第三人C公司的财产利益，C公司住所地海南省海口市是侵权结果发生地，因此海南省高级人民法院对本案有管辖权。本院认为，A公司诉称的B公司和赵某的侵权行为一经实施即产生C公司财产受到损害的后果，在本案中侵权结果发生和侵权行为实施密不可分，直接体现为C公司在涉案证券营业部开立的证券账户的资金减少，因此，一审裁定认定本案的侵权行为地在江苏省徐州市是正确的，A公司主张侵权结果发生地在海南省海口市的上诉理由不能成立。

【参考裁判文书】最高人民法院（2014）民二终字第234号海南盛鼎实业有限公司与徐州市国盛投资控股有限公司、赵某损害公司利益责任纠纷一案二审民事裁定书。

（三）合同的仲裁条款对损害公司利益责任纠纷案件管辖权影响的裁判说理示范

【适用情形】当双方未就损害公司利益责任等情形达成仲裁条款时，此前就合同履行约定的仲裁条款不能对损害公司利益责任纠纷产生管辖约束。

【说理示范】关于本案是否属于人民法院主管问题。申请人 A 公司和被申请人 B 公司虽然是《合营合同》和《修改协议》的签订主体，但并不代表双方之间的所有争议都应当通过仲裁解决，还要看双方争议的性质，以及是否属于《合营合同》和《修改协议》约定的应当提交仲裁的争议范围。在本案中，A 公司是以 B 公司滥用股东权利为由，依照《公司法》第 20 条规定提起的股东侵权诉讼，不属于双方当事人约定的因解释、执行《合营合同》发生的争议，因此，不受《合营合同》和《修改协议》中仲裁条款的约束。

【参考裁判文书】最高人民法院（2021）最高法民再 293 号太仓市森茂汽车城开发有限公司、江阴森茂汽车城开发有限公司等损害公司利益责任纠纷一案再审民事裁定书。

（四）股东与公司之间管辖权的约定对股东代表诉讼约束的裁判说理示范

【适用情形】股东代表针对第三人提起的诉讼受公司与第三人订立的合同管辖权条款约束。

【说理示范】在股东代表诉讼案件中，由于公司怠于或者拒绝提起诉讼，而由股东代其提起诉讼。股东代表诉讼是股东为了公司的利益而以股东的名义直接提起的诉讼，胜诉后的法律后果归于公司。因此，股东代表针对第三人提起的诉讼受公司和第三人之间合同管辖权条款的约束。具体到本案而言，A 公司作为 B 公司的股东，依据《公司法》第 151 条第 3 款提起股东代表之诉，应当受 B 公司与各关联公司签署的《备忘录》和《补充备忘录》中约定的管辖权条款约束。

【参考裁判文书】最高人民法院（2019）最高法民辖终 404 号汕头高新区露露南方有限公司与万向三农集团有限公司公司关联交易损害责任纠纷一案二审民事裁定书。

（五）与清算案件有关的损害公司利益责任纠纷案件管辖问题的裁判说理示范

【适用情形】与清算案件有关的损害公司利益责任纠纷案件，应当由受理强制清算的法院管辖，但在清算案件受理之前，其他法院已经受理的案件应由原受理法院继续审理。

【说理示范】本案系损害公司利益纠纷管辖权异议案件。A 集团称其在本案管辖权异议纠纷发生前已提起强制清算申请,进而主张本案应由受理强制清算的法院管辖。根据最高人民法院《公司强制清算纪要》的有关规定,与清算案件有关的衍生诉讼的审理,应当由受理强制清算的法院管辖,但在清算案件受之前,其他法院已经受理的案件应由原受理法院继续审理。本案中,A 集团并未提供证据证明该法院在某高院受理本案之前已受理了相关强制清算案件,故某高院受理本案并不违反上述"会议纪要"的规定。

【参考裁判文书】最高人民法院(2014)民四终字第 6 号国际管理有限公司与武汉武商集团股份有限公司其他合同纠纷一案二审民事裁定书。

二、关于责任主体的裁判说理示范

(一)衡量公司高管身份标准的裁判说理示范

【适用情形】判断工作人员是否为公司的高级管理人员并不仅仅是公司内部治理的问题,还涉及法律责任的确定,除应重点审查其职务的形成、职责的范围外,还需综合考量其是否实际行使了高级管理人员的职权、负责的具体事项是否为公司的核心业务及其与公司之间有无正式的劳动合同关系等因素。

【说理示范】被告是 A 公司海外代表处的总代表,其从公司离职后另外成立 B 公司,并促成 B 公司与 A 公司的前磋商对象 C 公司达成买卖合同。原告认为,被告的行为导致 A 公司与 C 公司合作失败,被告违反公司高级管理人员的忠实义务,故要求被告赔偿公司损失。对此,应结合《公司法》、公司章程及劳动合同的具体约定确定被告是否为公司高管。在本案中,被告与上列公司之间没有正式的劳动合同关系,且基于《公司法》或公司章程的规定,被告的职务亦非法定公司高级管理人员的范围;根据《合作协议》约定,被告只是 A 公司派出机构的负责人,被告的职权范围明确限定于负责、执行海外代表处的工作事务,同时依约收取项目的效益佣金和业务提成,且被告实际履行职务范围也仅限于海外代表处负责人的职责范围。被告对公司的整体经营管理不享有任何职权,只是作为公司雇佣的一个驻外机构及特定项目的执行负责人,不具有公司高级管理人员的职位,也未行使过公司高级管理人员的职权。故被告不属于法律和公司章程规定的公司高级管理人员,也不属于法律规定的归入权义务主体。

【参考裁判文书】上海第一中级人民法院(2017)沪 01 民终 12579 号北京新月长城投资管理有限公司与马某某损害公司利益责任纠纷一案二审民事

判决书（上海一中院、上海浦东法院联合发布的自贸区司法保障十大典型案例之二）。

（二）判断高管身份实质要件的裁判说理示范

【适用情形】法院在审查被告是否为高管身份时更看重实质要件，即审查被告在公司的职责，认定其是否在公司担任实际掌握公司整体经营权或整体性事务执行决定权的职务。

【说理示范】原告公司依据《公司法》第148条之规定，以赵某违反《劳动合同书》约定从事与原告公司同类业务，给原告公司造成损失为理由，对赵某提起损害公司利益责任纠纷之诉，并称赵某原系原告公司销售经理，应属公司高级管理人员。对此法院认为，《公司法》第六章所涉"高级管理人员"，是指法律或者章程规定的由董事会聘任，对内执行公司业务，对外代表公司的人员。作为公司高级管理人员的"经理"，享有《公司法》第49条规定的法定概括授权。本案原告公司并未提交充分证据证明赵某在原告公司担任实际掌握公司整体经营权或整体性事务执行决定权的职务，赵某并非公司法意义上的"经理"或高级管理人员。《劳动合同书》约定的赵某所负相关义务与《公司法》第148条的规定的内容一致，并不能说明其对原告公司负有公司高级管理人员之法定义务。故应认定本案争议内容属劳动争议纠纷范畴，原告公司未经劳动仲裁前置程序径行提起诉讼，存在程序不当，裁定驳回起诉。

【参考裁判文书】北京市第一中级人民法院（2021）京01民终7044号联泰集群（北京）科技有限责任公司等与赵某某损害公司利益责任纠纷一案二审民事裁定书。

（三）法定代表人身份发生争议时确定公司意思表示主体的裁判说理示范

【适用情形】股东会或经章程授权的董事会决议确定的法定代表人和工商登记的法定代表人不一致时，工商登记的法定代表人提起损害公司利益责任纠纷诉讼不能视为公司的真实意思表示。

【说理示范】《民事诉讼法》（2017年修正）第48条第2款规定："法人由其法定代表人进行诉讼。其他组织由其主要负责人进行诉讼。"有限责任公司股东会或董事会依据公司章程通过决议授权的人，也有权代表公司进行诉讼。根据《公司法》第13条的规定："公司法定代表人依照公司章程的规定，由董事长、执行董事或者经理担任，并依法登记。公司法定代表人变更，应当办理变更登记。"公司法定代表人的确定是公司通过章程表达全体股东共同意志的结果。《民事诉讼法司法解释》规定，法人的法定代表人的地位以依法登记的为准，但法律另有规定的除外，但该规定并不意味公司法定代表人是公司登记机关赋予的。公司法定代表人登记只是行政机关对公司全体股东有关法定代表人意思表示的确认。公司法定代表人依法登记具有对外公示效力，但不具有确定公司在法定代表人问题上真实意思表示的效力。因此，在对内效力方面，公司法定代表人应当以章程体现出来的股东意志表示为准。本案中，虽然工商登记资料中载明 A 公司的法定代表人仍是潘某，但其被推选为董事长的 A 公司董事会决议已被生效民事判决撤销。因此，一审判决不认可潘某为公司法定代表人，认定事实有证据支持。鉴于直至二审期间，公司也没有证据证明该公司又召开新的董事会，并形成提起本案诉讼或明确授权潘某提起本案诉讼的决议，故仅根据起诉状加盖 A 公司公章的事实，不足以认定本案诉讼为 A 公司的真实意思表示。

【参考裁判文书】最高人民法院（2021）最高法民终 2 号真功夫餐饮管理有限公司、东莞市双种子饮食管理有限公司、潘某某与蔡某 1、蔡某 2、王某某及原审第三人润海资本有限公司、中山市联动创业投资有限公司损害公司利益责任纠纷一案二审民事裁定书。

（四）未经法定代表人或股东会同意提起的损害公司利益责任纠纷诉讼效力认定的裁判说理示范

【适用情形】只有法定代表人才能代表公司进行诉讼，在未经法定代表人或股东会同意诉讼的情形下，"公司"凭借加盖公章的起诉状和授权委托书提起的损害公司利益责任诉讼不能认定为公司的意思表示，应予驳回。

【说理示范】根据我国法律规定，公司作为法人提起诉讼，与自然人不同，必须由公司法定代表人进行。本案中，公司的起诉状虽加盖有该司的公章，但该起诉行为没有经过法定代表人同意，没有经过股东会讨论通过，公司股东也没有请求监事会起诉本案被告，故公司起诉状上的公章和授权委托书上的公章皆非公司的法定代表人或股东会同意加盖，不能认定为是公司的意思表示。公司"代理人"的授权委托取得不合法，公司的"代理人"无权代理本案诉讼，其以公司名义提起的诉讼不能认定为是公司的意思表示，因此，本案的起诉既不符合《民事诉讼法》第 51 条第 2 款的规定，也不符合《公司法》第 151 条的规定，应予驳回。

【参考裁判文书】最高人民法院（2014）民提字第 128-1 号冯某某、中信银行股份有限公司宁波分行等与冯某某、青海碱业有限公司损害公司利益责任纠纷一案申请再审民事裁定书。

（五）股权转让后无权以股东身份提起公司利益诉讼的裁判说理示范

【适用情形】股东在诉讼过程中将股权全部转让，主张权利的事实基础已不存在，则无权再以股东身份就公司利益进行诉讼。

【说理示范】股东代表诉讼的适格原告应为公司股东。甲在起诉后将其享有的公司股份转让给乙并办理股权变更登记，已经不再是公司的股东。公司现任股东在一审时明确表示不同意甲继续本案诉讼，甲在二审时亦未提交公司其他股东同意作为原告继续诉讼的证据，故甲作为股东为公司主张权利的事实基础已不存在，无权再以股东身份为公司利益继续进行本案诉讼。

【参考裁判文书】最高人民法院（2019）最高法民申 2862 号浙江九龙山国际旅游开发有限公司与海航资产管理集团有限公司损害公司利益责任纠纷一案再审审查与审判监督民事裁定书。最高人民法院（2019）最高法民申 4358 号牟某某、韩某某损害公司利益责任纠纷一案再审审查与审判监督民事裁定书。

（六）股东的股东无权提起损害公司利益诉讼的裁判说理示范

【适用情形】民办非企业单位举办者的股东不能以该单位利益受损为由提起股东代表诉讼。

【说理示范】本案的争议焦点为：A 公司是否为本案的适格原告。A 公司、B 公司及其关联公司 C 公司为 D 公司股东，本案系 A 公司主张 D 公司全资举办的涉外经济学院权益受到 B 公司及 C 公司的侵害而提起的诉讼。第一，《民事诉讼法》（2017 年修正）第 119 条第 1 项规定："原告是与本案有直接利害关系的公民、法人和其他组织。"本案中，涉外经济学院由 D 公司全资举办，A 公司作为 D 公司的股东，虽然涉外经济学院的利益受损可能间接影响其利益，但并不构成法律上的直接利害关系。第二，根据《公司法》第 151 条第 2 款规定，股东有权为了公司的利益以自己的名义直接向人民法院提起诉讼。涉外经济学院系民办非企业单位，如参照适用《公司法》及相关司法解释的规定，以涉外经济学院利益受损为由提起股东代表诉讼的适格主体应为其举办者，即 D 公司。而在本案中，A 公司与 B 公司均为 D 公司的股东，而非涉外经济学院的举办者，故 A 公司无权依据《公司法》第 151 条的规定代表涉外经济学院提起股东代表诉讼。因此，A 公司作为本案原告的主体身份不适格，应驳回其起诉。如 A 公司认为 D 公司作为涉外经济学院的举办者，对于其股东被告 B 公司的相关行为导致 D 公司遭受损失，进而致使 A 公司受损，其未采取措施而存在过错，可以 D 公司股东的身份，依照《公司法》等法律法规及相关司法解释的有关规定，依法向 D 公司主张权利。

【参考裁判文书】最高人民法院（2019）最高法民终 521 号南博公司与 LEI Lie Ying Limited、劳瑞德公司损害公司利益责任纠纷一案二审民事裁定书。最高人民法院（2021）最高法民申 6233 号任某某、杜某某等损害公司利益责任纠纷一案申请再审审查民事裁定书。

（七）不能扩大《公司法》公司控股股东、实际控制人及高级管理人员概念范围的裁判说理示范

【适用情形】被告系公司的首席科学家、顾问和隐名股东，公司不能援引《公司法》关于公司控股股东、实际控制人及高级管理人员的责任规定要求被告承担相应的赔偿责任。

【说理示范】本案中，A 公司主张，甲对 A 公司负有忠实义务和竞业禁止义务，但甲设立了 B 公司与 C 公司，明显违反了忠实义务与竞业禁止义务，并将 A 公司的资源和专利成果转移到上述两公司，故甲、B 公司、C 公司应当承担损害公司利益责任。本院认为，A 公司的上述主张缺乏事实与法律依据，不能成立，具体理由为：A 公司主张甲系 A 公司的股东及员工，对公司负有忠实义务与竞业禁止义务，但甲设立了 B 公司与 C 公司，明显违反了忠实义务与竞业禁止义务，故甲应当依据《公司法》《劳动合同法》等相关规定承担侵权责任。对此本院认为，第一，甲系 A 公司的首席科学家、顾问及隐名股东，并非公司法所规定的控股股东、实际控制人及高级管理人员，故 A 公司以甲违反《公司法》关于公司控股股东、实际控制人及高级管理人员的义务为由主张甲应当承担相应的赔偿责任缺乏事实与法律依据。第二，A 公司并未提供证据证明甲设立 B 公司与 C 公司的行为属于滥用股东权利、损害公司利益的行为。第三，甲与 A 公司签订的《劳动合同书》第 3 条、第 26 条规定，甲履行保守 A 公司商业秘密，不得利用 A 公司的商业秘密为本人或其他经济组织和个人谋取不正当的经济利益；甲不得在掌握 A 公司商业秘密的保密期限内提出解除劳动合同或自动离职，经协商解除合同后，亦不得在规定期限内自行或在与 A 公司有竞争关系的单位从事与原在职时相同或有关的经营活动，但 A 公司在本案中并未主张其具有商业秘密，甲未与 A 公司签订保密协议，本案的情形也不属于甲在掌握 A 公司商业秘密期间设立 B 公司与 C 公司，故 A 公司的上述主张亦缺乏事实与法律依据，本院不予支持。

【参考裁判文书】江苏省高级人民法院（2019）苏民终 313 号北京天星讯通电子科技有限公司与陈某、南京兆宝电子科技有限公司等损害公司利益责任纠纷一案二审民事判决书。

三、关于股东代表诉讼的裁判说理示范

（一）关于股东代表诉讼前置程序的裁判说理示范

【适用情形】提起股东代表诉讼须履行前置程序或"情况紧急"的例外情况。

【说理示范】股东以自己名义代表公司提起损害赔偿之诉，须先以书面请求监事会、监事或者董事会、执行董事向人民法院提起诉讼，在监事会、监事或者董事会、执行董事拒绝提起诉讼或者30日内未提起诉讼的情况下，股东方可提起诉讼。该程序即股东代表诉讼之前置程序，设立的目的在于保障公司的自主决策权，充分利用公司内部机制保障股东权利。《公司法》第151条同时也规定了该前置程序的例外情形，即当情况紧急、不立即提起诉讼会使公司利益受到难以弥补的损失的，股东有权直接起诉。本案中，A公司并未在诉前向B公司监事提出书面请求，其二审上诉主张本案存在可以自行提起诉讼的例外情形，但未能提供充分证据予以证明，故其以自己的名义提起本案股东代表诉讼，不符合上述法律规定的前置条件和例外情形，原审判决据此驳回A公司的起诉，处理结果并无不当。

【参考裁判文书】最高人民法院（2019）最高法民申1162号武汉百嘉欣投资有限公司、徐某某损害公司利益责任纠纷一案再审审查与审判监督民事裁定书。最高人民法院（2015）民二终字第343号内蒙古新井煤业有限公司与陈某某损害公司利益责任纠纷一案二审民事裁定书。

（二）公司能够行使诉权的情形下应排除股东代表诉讼适用的裁判说理示范

【适用情形】如果公司具备提起直接诉讼的条件，应通过直接诉讼的方式进行，不应提起股东代表诉讼。股东代表诉讼能够得以提起的前提是公司怠于行使自己的诉权。如果公司事实上能够行使诉权，或者说提起诉讼的原告股东事实上能够代表公司提起直接诉讼，则不应当提起股东代表诉讼。

【说理示范】A公司是B公司的控股股东，两公司的法定代表人都是甲一人，在客观上也不存在以B公司名义提起诉讼的障碍。为此，就目前情形，A公司作为B公司的股东尚不具备提起股东代表诉讼的法定条件；在申请再审程序中，B公司向最高人民法院出具的授权委托书加盖了公司印章且甲作为B公司的法定代表人在该授权委托书上签字确认。因此，本案并无证据证明B公司以自身名义提起诉讼在法律和事实上存在任何障碍。在A公司能够通过行使股东权利以B公司名义提起直接诉讼的情况下，不符合提起股东代表诉讼的条件，其起诉应予以驳回。

【参考裁判文书】最高人民法院（2013）民申字第 2361 号利高有限公司与辛某、陕西华建塑胶制品有限公司股东代表诉讼纠纷一案申请再审民事裁定书。

（三）对控股股东提起诉讼的可能性不存在时应豁免股东代表诉讼前置程序的裁判说理示范

【适用情形】当可以判断不存在对控股股东提起诉讼的可能性时，应豁免履行股东代表诉讼的前置程序。

【说理示范】根据《公司法》第 151 条规定，股东代表诉讼的前置程序针对的是公司治理的一般情况，即在股东向公司有关机构提起书面申请时，公司有关机构存在提起诉讼的可能性。本案中，公司董事会和监事会的组成人员绝大多数均为控股股东派遣，具有利害关系，基本不存在对控股股东提起诉讼的可能性，原告作为股东提起股东代表诉讼的前置程序已无必要。

【参考裁判文书】河南省南阳市中级人民法院（2020）豫 13 民终 7111 号陈某某、范某某损害公司利益责任纠纷一案二审民事判决书（河南省南阳市中级人民法院发布 2021 年度中小投资者保护十大典型案例之七）。

（四）公司议事机构不健全导致履行前置程序不可能时股东代表诉讼前置程序豁免的裁判说理示范

【适用情形】公司没有设立监事机构，且公司董事会成员与股东身份重合，可以认定履行股东代表诉讼的前置程序已无必要。

【说理示范】股东先书面请求公司有关机关向人民法院提起诉讼，是股东提起代表诉讼的前置程序。一般情况下，股东没有履行前置程序的，应当驳回起诉。但是，该前置程序针对的是公司治理的一般情况，即在股东向公司有关机关提出书面申请之时，存在公司有关机关提起诉讼的可能性。如果不存在这种可能性，则不应当以原告未履行前置程序为由驳回起诉。本案中，第一，没有证据证明涉案公司设立了监事会或监事，股东对该公司董事提起股东代表诉讼的前置程序客观上无法完成；第二，因涉案公司未设监事会或监事，原告针对被告股东提起代表诉讼的前置程序应当向公司董事会提出，但是根据查明的事实，公司董事会成员均为被告股东的董事或高级管理人员，与该被告股东具有利害关系，基本不存在涉案公司董事会向被告股东提起诉讼的可能性，故要求原告完成对公司提起股东代表诉讼的前置程序已无必要。综合上述情况，原告主张可以不经股东代表诉讼前置程序直接提起本案诉讼的理由成立。

【参考裁判文书】最高人民法院（2019）最高法民终 1679 号周某某与庄士中国投资有限公司损害公司利益责任纠纷一案二审民事裁定书（《最高人民

法院公报》2020 年第 6 期)。

(五)董事会陷入僵局无法达成协议时可豁免股东代表诉讼前置程序的裁判说理示范

【适用情形】因股东之间存在重大分歧导致公司面临清算,董事会已陷入僵局且无法达成有效决议,有权代表公司提起诉讼的公司机构基本不存在提起诉讼的可能性,股东履行股东代表诉讼的前置程序已无必要。

【说理示范】股东 A 公司于 2013 年 11 月 4 日向中国国际经济贸易仲裁委员会申请仲裁,请求裁决合资双方延长其参股的 C 公司经营期限,并于 2013 年 12 月 12 日向法院提出不得解散和清算合资公司的行为保全申请,而 C 公司另一股东 B 公司于 2014 年 1 月 15 日向法院申请强制清算合资公司,上述事实足以证明股东双方对 C 公司是否继续经营存在严重分歧。另外,从双方 2013 年 11 月至 2014 年 1 月的多次函件往来以及 2014 年 1 月 15 日董事会临时会议的召开情况来看,短期内股东之间存在的分歧无法协商解决,而 C 公司面临清算,董事会已陷入僵局且无法达成有效决议,其股东要求 C 公司董事会或监事会提起代表诉讼已无实际可能。同时,因 C 公司与出租方之间的租赁合同即将到期,出租方已提出解除租赁协议请求,C 公司对出租方发出的《解除通知书》未提出异议。由于 A 公司作为 C 公司的合资方之一,并非租赁合同的缔约方,无法对解除租赁合同提出异议,而租赁协议的解除可能会损害 C 公司的合法利益,故本案属于《公司法》第 151 条第 2 款"情况紧急、不立即提起诉讼将会使公司利益受到难以弥补的损害"的情形,A 公司有权提起股东代表诉讼。

【参考裁判文书】最高人民法院(2019)最高法民终 594 号国际管理有限公司与武汉武商集团股份有限公司损害公司利益责任纠纷一案二审民事判决书。

(六)公司清算期间股东代表诉讼前置程序履行规则的裁判说理示范

【适用情形】在公司进入清算程序但未办理注销登记时,股东仍有权提起代表诉讼且应当履行前置程序,即书面请求清算组负责人或原法定代表人提起诉讼。

【说理示范】《公司法》第 151 条规定:"董事、高级管理人员有本法第一百四十九条规定的情形的,有限责任公司的股东、股份有限公司连续一百八十日以上单独或者合计持有公司百分之一以上股份的股东,可以书面请求监事会或者不设监事会的有限责任公司的监事向人民法院提起诉讼;监事有本法第一百四十九条规定的情形的,前述股东可以书面请求董事会或者不设董事会的有限责任公司的执行董事向人民法院提起诉讼。监事会、不设监事会的有限责任公司的监事,或者董事会、执行董事收到前款规定的股东书面请求后拒绝提起诉讼,或者自收到请求之日起三十日内未提起诉讼,或者情况紧急、不立即提起诉讼将会使公司利益受到难以弥补的损害的,前款规定的股东有权为了公司的利益以自己的名义直接向人民法院提起诉讼。他人侵犯公司合法权益,给公司造成损失的,本条第一款规定的股东可以依照前两款的规定向人民法院提起诉讼。"但上述规定并未对公司状态作出限定,故被告认为该条规定仅适用于公司正常运营状态下的股东代表诉讼,于法无据。《公司法司法解释(二)》第23条规定:"清算组成员从事清算事务时,违反法律、行政法规或者公司章程给公司或者债权人造成损失,公司或者债权人主张其承担赔偿责任的,人民法院应依法予以支持。有限责任公司的股东、股份有限公司连续一百八十日以上单独或者合计持有公司百分之一以上股份的股东,依据公司法第一百五十一条第三款的规定,以清算组成员有前款所述行为为由向人民法院提起诉讼的,人民法院应予受理。公司已经清算完毕注销,上述股东参照公司法第一百五十一条第三款的规定,直接以清算组成员为被告、其他股东为第三人向人民法院提起诉讼的,人民法院应予受理。"根据上述规定可知,公司清算期间,符合条件的股东仍可依法提起股东代表诉讼。且根据《公司法》第151条第3款之规定,他人侵犯公司合法权益,给公司造成损失的,符合条件的股东均可提起股东代表诉讼,其中的"他人"并不以清算组成员为限。应注意的是,股东代表诉讼的提起应以竭尽内部救济为前提,公司清算期间,董事会和监事会的职能基本丧失,由清算组代表公司行使内外职权,应由清算组作为内部救济机关。本案中,原告为A公司股东,原告就A公司与被告合作开发项目提请A公司清算组讨论并要求提起诉讼,A公司清算组自成立至今已逾五年,清算组成员经多次商议,仍无法就是否对被告提起诉讼达成一致意见或形成多数意见,已竭尽公司内部救济,故原告有权向被告提起股东代表诉讼。

【参考裁判文书】最高人民法院(2016)最高法民申字663号江苏星源房地产综合开发有限公司、扬州同基房地产开发有限公司与南通东江房地产开发有限公司、南通开发区东江建筑安装工程有限公司、扬州天一投资发展有限公司合资、合作开发房地产合同纠纷一案申请再审民事裁定书。

(七)股东身份是提起股东代表诉讼前提的裁判说理示范

【适用情形】股东身份是提起股东代表诉讼的前提,股东代表诉讼须以股东经书面请求监事会或监事、董事会或执行董事提起诉讼而监事、执行董事等拒绝或者怠于提起诉讼为前置程序。在符合前述条件的情况下,股东即具备提起损害公司利益责任纠纷案件的诉权,至于是否存在损害事实,应由法院进入实体审理后查明。

【说理示范】关于甲、乙是否为本案适格的原告问题。甲、乙持有集团39.79%的股权,其作为投资成立A公司的集团股东,主张以丙、丁等集团董事、高级管理人员恶意串通B公司、C公司等对A公司增资入股,损害了集团的利益,因而提起本案诉讼。在集团怠于行使诉权的情况下,上述股东起诉认为申请人等恶意串通,损害其利益,符合公司股东代表诉讼的法定条件,应当赋予其相应诉权。申请人认为甲、乙不能请求否定董事、监事、高级管理人员执行职务的法律效力,更不能请求A公司的增资股东退回增资,在本案中不具备原告主体资格,于法无据,法院不予支持。至于集团投资A公司是否构成对集团利益的损害,有待于实体审理进行查明。

【参考裁判文书】最高人民法院(2015)民申字第514号徐某1、徐某2与李某某、范某某等损害公司利益责任纠纷一案申诉、申请再审民事裁定书。

(八)确定股东代表诉讼诉因范围的裁判说理示范

【适用情形】股东代表诉讼制度的设立目的是解决对董事、高管人员的监督和制约问题,而非处理合同纠纷或侵权纠纷,其诉因不局限于侵权之诉,还包括合同之诉。

【说理示范】本案中,A公司的公司类型为有限责任公司,原告系A公司股东。因此,原告在申请A公司主张权利而A公司不主张的情况下,有资格代表A公司提起诉讼。关于股东代表诉讼的诉因范围问题,《公司法》第151条第3款规定:"他人侵犯公司合法权益,给公司造成损失的,本条第一款规定的股东可以依照前两款的规定向人民法院提起诉讼。"从条文文义看,上述规定并未排除合同之诉,不能当然认为股东代表诉讼的诉因仅限于侵权之诉。从股东代表诉讼制度的设立目的看,是解决对董事、高级管理人员的监督和制约问题,而非处理合同纠纷或侵权责任。同时,股东代表诉讼本就是在公司不起诉的情况下、股东代表公司主张权利、诉讼结果归于公司的诉讼方式,因此不应以公司法人人格独立理论来否认股东代表诉讼。

【参考裁判文书】最高人民法院(2019)最高法民终597号陈某某与浙江万达建设集团有限公司损害公司利益责任纠纷一案二审民事裁定书。

(九)股东代表诉讼诉权适用范围的裁判说理示范

【适用情形】股东代表诉讼的诉权属于公司。只要公司享有诉权并怠于行使诉权,股东符合相关条件的,就可以提起代表诉讼,不受案由规定及诉讼类型的限制。

【说理示范】《公司法》第151条规定的股东代表诉讼,是指当公司的合法权益受到不法侵害而公司却拒绝或者怠于通过诉讼手段追究有关侵权人的责任时,具有法定资格的股东为了公司利益而依据法定程序,以自己的名义代表公司对侵权人提起诉讼,追究其法律责任,所获赔偿归于公司的一种法律制度。股东提起代表诉讼的目的是维护公司的合法权益,如果对代表诉讼的对象和范围加以限制,无疑就是对公司自身诉讼权利的间接限制。只要是公司利益受到了损害而公司却拒绝或者怠于起诉,符合法定条件的股东都有权提起代表诉讼。因此,只要公司享有诉权而怠于起诉的情况发生,就可以提起股东代表诉讼。不仅在一、二审程序中可以提起代表诉讼,在再审、执行程序中也可以提起股东代表诉讼,《民事诉讼法》确定的第三人撤销之诉、执行异议之诉等程序中也可以提起相应的股东代表诉讼。本案中,甲与乙均系公司股东,其中乙系受让丙公司 90% 的股权并担任公司法定代表人。在未召开股东会,也未告知甲的情况下,将公司名下土地对外转让,侵害了公司及甲的利益。当地政府向第三人重新颁发相关地块《国有土地使用证》的主要依据是《土地转让协议》,现该协议已被法院确认为无效合同,当地政府依据该协议向第三人颁发的《国有土地使用证》已侵害了公司及其股东的合法权益。甲作为公司的股东之一,在公司不诉请撤销该《国有土地使用证》的情况下,为维护股东的合法权益,以个人名义提起行政诉讼并无不妥,应予支持。

【参考裁判文书】海南省第二中级人民法院(2012)海南二中行终字第 13 号郭某 1、郭某 2 诉儋州市人民政府土地行政登记一案二审行政判决书。

四、关于具体损害行为的裁判说理示范

(一)勤勉义务要求尽一个普通谨慎之人在类似情况下应尽到的合理注意,是一个经过实践而被逐渐总结出来的标准

【适用情形】面对市场不断变化的商事交易实践,在不涉及公司高级管理人员个人利益与公司利益冲突等可能违反忠实义务的情形中,公司高级管理人员依照法律和公司章程履行经营管理职责的行为,应受到法律的认可和保护。

【说理示范】关于被告是否违反忠实和勤勉义务以及是否应当对公司在案涉交易中的损失承担赔偿责任的问题。

《公司法》第 147 条第 1 款规定:"董事、监事、高级管理人员应当遵守法律、行政法规和公司章程,对公司负有忠实义务和勤勉义务。"第 148 条列举了董事、高级管理人员违反忠实义务的具体情形。从上述法律规定看,忠

实义务是指公司高级管理人员应当忠实履行职责，在其自身利益与公司利益发生冲突时，应当维护公司利益，不得利用高级管理人员的地位牺牲公司利益，为自己或者第三人牟利；勤勉义务是指公司高级管理人员履行职责时，应当为公司的最佳利益，尽到一个善良管理人应有的细心、普通谨慎人应有的合理注意义务。从公司的具体诉请和依据的事实看，其并未提供证据证明被告在履行总经理职务期间存在获利情况，故其实际上针对的是被告违反勤勉义务而非忠实义务。因此，本案审查的重点问题是：被告在公司案涉交易中是否违反勤勉义务以及是否应当对公司在案涉交易中的损失承担赔偿责任。

从法律规定看，《公司法》仅原则性规定了公司高级管理人员的勤勉义务，并未规定违反勤勉义务的具体情形。综观公司法实践，勤勉义务所要求的尽一个普通谨慎之人在类似情况下应尽到的合理注意，系经过实践而被逐渐总结出来的标准。面对市场不断变化的商事交易实践，如果要求每一个经营判断都是正确的，其结果会使公司高级管理人员过于小心谨慎，甚至裹足不前，延误交易机会，降低公司经营效率，最终不利于实现公司和股东权益。特别是在不涉及公司高级管理人员个人利益与公司利益冲突等可能违反忠实义务的情形中，公司高级管理人员依照法律和公司章程履行经营管理职责的行为，应受到法律的认可和保护。被告作为 A 公司的总经理，享有依照法律和公司章程主持公司生产经营管理工作的职权。从公司提交的《公司章程》的具体内容看，公司赋予了总经理组织领导公司日常生产技术和经营管理工作的广泛职权。案涉交易中，包括公司与 B 公司签订供货合同、与 C 公司签订产品采购合同、在指定市场采购布料，均系被告为开展公司日常经营而履行总经理职权的行为，并未超越公司章程规定的职责范围，被告并未违反公司高级管理人员的忠实义务和勤勉义务。公司主张被告承担因案涉交易给其造成的损失，不符合《公司法》第 149 条关于"董事、监事、高级管理人员执行公司职务时违反法律、行政法规或者公司章程的规定，给公司造成损失的，应当承担赔偿责任"的规定。具体可从以下几方面进行分析认定：

其一，在案涉货物生产前，公司已请示其股东 D 公司。无论 D 公司对请示是形式审查还是实质审查，都可以证明其对公司生产案涉货物是知情的。且根据公司的证人证言，案涉货物未能出售成功的原因是 B 公司对包装、吊牌有异议而拒绝收货，并非因 B 公司没有验货或者 B 公司已经停止经营导致货物未能出售成功。

其二，对于被告任职期间在指定地区采购的布料，因公司所提交《损失价值公估报告》的保险评估机构不具有布料质量鉴定的资质，故不能依据该公估报告认定案涉布料存在质量问题，也不能因此证明被告采购布料的行为导致公司发生了具体损失。另外，A 公司虽主张被告违反公司内部审核、财务等制度以及存在虚假陈述、推卸责任行为，但没有提供相关的财务制度等证据，故被告不应承担赔偿责任。

【参考裁判文书】最高人民法院（2020）最高法民申 640 号山东海之杰纺织有限公司与艾某某损害公司利益责任纠纷一案再审审查与审判监督民事裁定书。

（二）高管的正常经营行为不应被认定为违反忠实和勤勉义务的裁判说理示范

【适用情形】公司高管未违反章程规定而从事的正常经营行为，不应认定为违反对公司负有的忠实和勤勉义务。

【说理示范】《公司法》第 149 条规定，董事、监事等公司高管在执行公司职务时违反法律、行政法规或公司章程的规定，并给公司造成损失时，才承担相应的赔偿责任。本案中，贺某指示抚顺营业部从事国债回购、委托理财业务，不属于《公司章程》规定的需要经过股东会、董事会决定的经营方针、投资计划或重大经营业务，应是属于营业部的正常经营行为。上述事实说明，公司总部及贺某在发现某营业部所从事的业务可能存在违规的情况下，多次下达通知，并要求某营业部立即整改。如果孙某按照公司的指示及时平仓，营业部的资金损失就不会产生。可见，证券公司主张的利益损失是由于营业部违规操作造成，而证券公司所提供的证据，不足以证实贺某指示该营业部从事了违规业务或违反了对公司负有的忠实和勤勉义务，且贺某以公司名义对外借款的行为也未给公司造成利益损失。因此，证券公司主张贺某违反了法律、行政法规或公司章程的规定，并要求贺某承担赔偿责任，缺乏事实与法律依据，理由不能成立。原审判决认定事实清楚，判决结果正确，依法应予维持。

【参考裁判文书】最高人民法院（2016）最高法民终 265 号九州证券股份有限公司与贺某损害公司利益责任纠纷一案二审民事判决书。

（三）公司股东基于利益权衡考量，确定不提起诉讼或仲裁的决策不构成损害公司利益的裁判示范说理

【适用情形】作为公司的股东，同时也是利益方的关联企业，不同意由公司对利益方提起诉讼或仲裁，从而导致公司对利益方的诉讼或仲裁无法启动的，可能基于多种因素考虑，不构成对公司利益的损害。

【说理示范】通常来说，公司利益既包括实体性利益，也包括程序性利益。如果因为公司股东的原因使公司程序性权利无法启动，进而导致公司的实体利益无法律途径进行救济，可以认定是滥用股东权利损害公司利益的行为。A 公司在《会议纪要》中表示不同意以 B 公司的名义对 C 公司提起诉讼，

故 D 公司认为 A 公司的表决意见损害了 B 公司的利益。本院认为，首先，严格地说，A 公司在《会议纪要》中投出反对票所针对的是"关于要求 C 公司即时恢复供应一万吨一期大鹏气并补足之前停供量的议案"，并非针对 D 公司提出的是否对 C 公司提起诉讼的议案。而且，A 公司仅表示不同意以 B 公司的名义提起诉讼，并未明确反对以 B 公司的名义提起仲裁。其次，即使采用类推的方式认定 A 公司必然也不会同意 B 公司对 C 公司提起仲裁的议案，也不能就此直接认定 A 公司滥用股东权利损害 B 公司的利益。股东代表诉讼制度是公司自治机制失灵时允许司法适当介入和干预，以保障公司和中小股东合法权益的制度。本案中，A 公司既是 B 公司的股东，也是 C 公司的关联企业，A 公司可能基于多种因素考虑不同意由 B 公司对 C 公司提起诉讼或仲裁，由此导致 B 公司对 C 公司的诉讼或仲裁无法启动。根据《公司法》第 151 条的规定，此时可以引入股东代表诉讼制度来保障 B 公司的程序性利益得以实现。根据原审查明的事实，虽然 D 公司曾通过股东代表诉讼的方式对 C 公司提起诉讼，但法院以 B 公司和 C 公司订立的仲裁条款对 D 公司同样具有约束力为由，裁定驳回 D 公司的起诉。在 D 公司提起的股东代表诉讼被裁定驳回后，本案没有证据证明 D 公司曾代表 B 公司对 C 公司申请过仲裁，也没有证据证明仲裁机构对 D 公司的仲裁请求不予受理。因此，D 公司不能证明因为 A 公司的表决意见导致 B 公司完全丧失了法律救济的途径，由此就不能认定 A 公司滥用控股股东地位损害 B 公司的利益。既然本案不能认定 A 公司损害了 B 公司的利益，原审据此驳回其诉讼请求，并无不妥。同时，《公司法》第 42 条规定："股东会会议由股东按照出资比例行使表决权；但是，公司章程另有规定的除外。"第 48 条规定："董事会的议事方式和表决程序，除本法有规定的外，由公司章程规定。董事会应当对所议事项的决定作成会议记录，出席会议的董事应当在会议记录上签名。董事会决议的表决，实行一人一票。"公司股东或者其派出董事依照公司章程或者《公司法》的规定享有参与重大决策并根据自己的意思表决的权利。对于公司议案，公司股东或其派出的董事有权独立进行判断，即便表决意见可能构成滥用股东权利损害公司利益，其后果应通过《公司法》第 20 条规定的股东赔偿责任制度来进行规制，而不应在法律上强制公司股东或者其派出的董事必须投赞同票或者反对票，否则就损害了公司股东或其派出董事的独立表决权。原审据此驳回 D 公司要求人民法院判令 A 公司在 B 公司董事会或股东会上就同意提起仲裁事项必须投赞同票的诉讼请求，并无不妥。

【参考裁判文书】最高人民法院（2018）最高法民申 3884 号佛山市顺德区南华投资有限公司与佛山市燃气集团股份有限公司损害公司利益责任纠纷一案再审审查与审判监督民事裁定书。

（四）股东依规行权不构成公司利益损害的裁判示范说理

【适用情形】在公司具有合同解除权的情况下，主张股东单方以公司名义解除合同构成对公司利益的损害没有事实依据。

【说理示范】公司解散并不意味着公司法人资格立即消灭，公司于清算期间仍然维持法人地位，但公司从事经营活动的行为能力受到限制，其职能只限定在清算目的范围内。《公司法》第186条就此明确规定，清算期间公司不得开展与清算无关的经营活动。故在某公司因经营期限届满而进入解散清算程序的情况下，其不得再从事商业经营。因某公司不具有承租案涉房产从事商业经营之行为能力，《租赁合同》的目的无法实现，某集团有权依据《合同法》第94条之规定解除《租赁合同》。在某集团具有合同解除权的情况下，国际公司主张某集团解除《租赁合同》给某公司造成营业损失，并要求其按照某公司的月度平均收入等因素折算的数额进行赔偿，没有事实依据。

【参考裁判文书】最高人民法院（2019）最高法民终594号国际管理有限公司与武汉武商集团股份有限公司损害公司利益责任纠纷一案二审民事判决书。

（五）谋取公司商业机会构成违反勤勉忠诚义务的裁判示范说理

【适用情形】公司高管利用高管职务及承办经手项目便利谋取属于公司的商业机会，违反了对公司的勤勉忠实义务。

【说理示范】A公司提供了甲社会保险个人权益记录、工资发放记录、补发甲工资的事实，原审据此认定甲与A公司之间在2017年9月底前存在劳动关系有证据证明。A公司任命甲为公司副总经理，再结合甲代表A公司在"授权签字人"处签字同意与C公司签订合作协议、与管委会签订《项目投资协议》等相关事实，原审据此认定甲系A公司的高管亦有充分证据。甲成立B公司的名称与A公司近似，足以让经贸局的工作人员误以为B公司系A公司授权；甲成立B公司时尚为A公司的高管，且正在磋商合作及项目投资事宜；甲在代表A公司与管委会签订《项目投资协议》后，在合同履行过程中成立了B公司，之后不足一个月时间B公司就与管委会签订《项目投资协议》及相关补充协议；比较A、B公司分别与管委会签署的《项目投资协议》及相关补充协议，其内容与合作模式基本一致，仅存在合作方名称等细微差异。原审从甲的行为脉络分析，认为其行为违反了对A公司的勤勉忠诚义务，据此认定甲利用高管职务及承办经手项目便利谋取了属于A公司的商业机会，有事实和法律依据。依据《公司法》第21条"公司的控股股东、实际控制人、董事、监事、高级管理人员不得利用其关联关系损害公司利益。违反前款规定，给公司造成损失的，应当承担赔偿责任"的规定，甲作为A公司的高管,在代表 A 公司与管委会就项目进行磋商过程中,作为持股 90% 的股东成立了 B 公司,并以 B 公司名义谋取了属于 A 公司的商业机会,B 公司违反诚信原则,故 B 公司与甲应对 A 公司的损失承担连带赔偿责任,原审相关认定有事实和法律依据。

【参考裁判文书】最高人民法院(2020)最高法民申 1025 号贵阳华业联合物流有限公司与北京华业联合投资集团有限公司损害公司利益责任纠纷一案再审审查与审判监督民事裁定书。

(六)挪用公司资金构成损害公司利益的裁判说理示范

【适用情形】股东虚构典当交易挪用公司资金,属于损害公司利益。

【说理示范】关于被告是否损害公司利益。首先,从公司的记账凭证来看,账目显示支付款项性质为典当款,但房屋并未办理抵押手续。其次,该记账凭证所列的典当款由 A 公司直接支付给被告,并未按照典当的规定给付出典人,该款项的支付不属于正常的公司经营支付。此外,依照《典当管理办法》的规定,典当期限最长为 6 个月,典当期内或典当期满后 5 日内,经双方同意可以续当,但续当期限不得超过 6 个月。本案中,房屋的典当期限于某年某月届满,财务资料中未发现有典当期续展的相应证据。综合上述事实,被告作为公司的法定代表人,该款项由其个人从公司领取,A 公司的记账凭证是典当款,但没有实际典当物。被告的行为可以认定为损害了公司的利益。因此,原告要求被告向 A 公司返还挪用的资金,有事实和法律依据,应予支持。

【参考裁判文书】北京市朝阳区人民法院(2015)朝民(商)初字第 66235 号王某某与吴某某、尹某损害公司利益责任纠纷一案一审民事判决书(北京市朝阳区人民法院 2017—2020 年度中小股东权利保护白皮书典型案例九)。

(七)怠于履职造成损害后果构成损害公司利益的裁判说理示范

【适用情形】公司高管未积极履行职责,致使公司未能收取工程管理费,构成损害公司利益。

【说理示范】根据《公司法》第 151 条规定,董事、高级管理人员执行公司职务时违反法律、行政法规或者公司章程的规定,给公司造成损失的,有限责任公司的股东可以书面请求监事会或者不设监事会的有限责任公司的监事向人民法院提起诉讼;监事收到股东书面请求后拒绝提起诉讼,或者自收到请求之日起 30 日内未提起诉讼,或者情况紧急、不立即提起诉讼将会使公司利益受到难以弥补的损害的,股东有权为了公司的利益以自己的名义直接向人民法院提起诉讼。本案中,甲、乙、丙作为有限责任公司的股东,以丁未按规定交纳案涉工程管理费，损害公司利益为由，在发函要求公司监事对丁提起诉讼并在公司监事收到函件之日起 30 日内未提起诉讼的情形下，以自己名义提起诉讼，主张丁作为公司高级管理人员违反诚实、善良管理人的义务，致使公司遭受损失，请求法院判令翁某赔偿公司管理费损失，符合上述法律规定的情形。二审判决将本案认定为损害公司利益责任纠纷，并无不当。丁作为公司董事长及法定代表人，应当遵守公司制定的《管理费及税费规定》，维护公司利益，但其未按《管理费及税费规定》要求，积极履行职责，致使公司未能收取案涉工程管理费，损害了公司利益，二审判决判令其承担相应的赔偿责任，并无不妥。其关于《管理费及税费规定》不属于法律、行政法规和公司章程范围，二审判决据此判令其赔偿公司案涉工程管理费损失错误的主张，不能成立。

【参考裁判文书】最高人民法院（2019）最高法民申 6486 号翁某某与陈某某等损害公司利益责任纠纷一案再审审查与审判监督民事裁定书。

（八）法定代表人未依规履职构成损害公司利益的裁判说理示范

【适用情形】法定代表人未经股东会决议擅自出售公司房产以获取个人收益，构成损害公司利益。

【说理示范】按照《公司法》第 3 条的规定，公司是企业法人，有独立的法人财产，享有法人财产权，公司以其全部财产对公司的债务承担责任；第 149 条规定，董事、监事、高级管理人员执行公司职务时违反法律、行政法规或者公司章程的规定，给公司造成损失的，应当承担赔偿责任。本案中，甲作为公司的法定代表人，在未经公司股东会决议同意的情况下，擅自将案涉 4 套房产进行销售，且售房所得价款也并未进入公司的共管账户，而是进入了公司名下但由其实际控制的其他账户，相应款项最终付至第三方以偿付其个人债务。甲的上述行为损害了公司的利益，依法应当承担赔偿责任。

【参考裁判文书】最高人民法院（2021）最高法民申 7294 号陈某与湖南愿景城镇建设投资有限公司等损害公司利益责任纠纷一案民事申请再审审查民事裁定书。

（九）股东利用法定代表人身份为自身牟利构成损害公司利益的裁判说理示范

【适用情形】利用法定代表人身份为自身牟利实施损害公司利益的行为，应承担相应的赔偿责任。

【说理示范】公司财产独立于股东财产，股东担任公司法定代表人期间代表公司履行职务时，应当根据法律、行政法规和公司章程的规定，按照公司的意志行为。在本案中，被告在担任公司法定代表人期间，多次向案外人转款，但无法说明款项支出的合法性、必要性，也并未能提供足够证据证明公司与案外人存在经济往来的基础法律关系，因此，被告应当对该转出款项及对应的利息承担赔偿责任。

【参考裁判文书】最高人民法院（2019）最高法民再 332 号李某某与宁夏唐华实业有限公司损害公司利益责任纠纷一案再审民事判决书。

（十）股东及董事未履行维护公司资产安全构成违反忠实和勤勉义务的裁判说理示范

【适用情形】公司控股股东以及董事在经营管理公司期间未履行维护公司财产安全的责任，导致公司重大财产损失，构成违反忠实、勤勉义务的，应当承担赔偿责任。

【说理示范】本案中，被告作为共计持有公司 50% 以上股权的控制股东及董事，在控制、经营管理公司期间，第一，未经公司股东会或董事会决议，擅自处分公司财产（车辆）并转移至与其有关联关系的公司，且没有支付对价，致公司财产损失；第二，虽经股东会决议出售涉案房屋及停车位，但相关款项长期未归入公司，致公司财产损失。被告在控制、经营管理公司期间，擅自处置、转移公司财产且未使公司获得合理对价，并在作出出售公司财产决议并负责执行过程中，未尽审慎管理和诚信履职的义务，造成公司长期不能取得应收款项，严重损害公司利益，违反《公司法》规定的控制股东、实际控制人、董事对公司负有的忠实义务和勤勉义务，没有维护公司财产的安全，导致公司重大财产损失，应当承担损失赔偿责任。

【参考裁判文书】北京市高级人民法院（2016）京民终 210 号王某 1、尤某某、钱某某、王某 2 与中地不动产评估有限公司等损害公司利益责任纠纷一案二审民事判决书。

（十一）董事未依规使用公司资金对外投资造成损失构成违反忠实和勤勉义务的裁判说理示范

【适用情形】公司董事违反章程规定，未经过股东会同意，对外投资造成公司损失的，应承担赔偿责任。

【说理示范】有限责任公司是建立在成员相互信任基础上的社团性法人，具有人合性和资合性的双重特点。有限责任公司作出重要决定时并非均按严密的会议制度和规范的表决程序进行，常常是通过公司长期经营过程中形成的习惯决策。确定有限责任公司的投资决策主体时，除依据公司章程规定外，还要考虑长期形成的公司治理模式和经营决策方式。本案的争议焦点有三方面：（1）关于 A 公司投资养殖场损失的承担主体问题。参与养殖场投资决策的董事和监事均应当承担相应的责任。相关董事应当承担责任的理由是，根据A公司的章程，公司的经营方针和投资计划应当由董事会提议，股东会决定。被告等董事在未经过股东会同意的情况下，决定投资设立养殖场，违反公司章程的规定，给公司造成损失，应当承担相应赔偿责任。同时，董事有忠实和勤勉义务，董事会成员对投资养殖场决策持有异议的，应当通过公司内部治理方式提请召开董事会和股东会，对该投资行为重新进行决议。本案中，相关董事知晓投资养殖场的决策但并未对该投资决策提出异议，并直接参与了投资过程，因此，对于投资行为给公司造成的损失应当承担赔偿责任。相关监事应当承担责任的理由是，根据A公司的章程，监事的职责包括对董事、经理履行公司职务时违反法律、法规或公司章程的行为进行监督；当董事和经理的行为损害公司利益时，要求董事和经理予以纠正；提议召开临时股东会、董事会。本案中，相关公司监事知晓部分董事擅自决定投资养殖场的行为业已违反公司章程的规定，却并未履行监督的职责，未提请召开董事会和股东会对董事违反公司章程的行为予以纠正。因此，相关监事应当对其未履行职责造成的公司投资损失承担赔偿责任。（2）关于A公司投资养殖场的损失金额问题。原告提交了投资损失的专项鉴定报告，被告对该报告不认可，但并未提出相反证据推翻该鉴定报告，经本院向其释明，也未向法院提出重新鉴定的申请，故该报告应予以采信。根据该报告，确定养殖场的投资损失金额为30余万元。（3）关于A公司投资决策与损失之间的因果关系问题。本案中，A公司投资养殖场的投资决策和损失之间具有一定的因果关系。主要事实和理由是：①导致养殖场损失的原因有多方面，投资行为本身不一定会导致损失的必然发生，有的损失是因市场原因所致；②投资决策存在多个程序和步骤，包括市场可行性研究、投资考察、提交股东会讨论决定、签订合同、实施生产等，未提交股东会讨论决定仅仅是其中一个步骤，其与损失之间可能存在一定的因果关系，但非唯一原因；③被告作为公司的高级管理人员，已经尽了一定的勤勉和忠实义务，从A公司投资养殖场的过程看，相关的董事和监事到当地进行了考察，之后连续召开了两次董事长办公会安排布置养殖场的工作。根据查明的事实，相关董事和监事均知晓并参与了养殖场的筹备、组建过程，其对投资决策的过程是清楚的。综上，A公司投资养殖场的投资决策和损失之间具有一定的因果关系。考虑到上述原因，法院斟定因投资决策程序不到位导致的损失不超过损失金额的三分之一，即10余万元。

【参考裁判文书】重庆市高级人民法院（2012）渝高法民提字第00091号陈某某等与韦跃公司纠纷一案再审民事判决书。

（十二）董事的消极不作为构成违反勤勉义务的裁判说理示范

【适用情形】董事未能提交证据证明其在股东出资期限届满之后向股东履行催缴出资的义务，以消极不作为的方式构成了对董事勤勉义务的违反。

【说理示范】根据《公司法》第 147 条第 1 款规定，董事、监事、高级管理人员应当遵守法律、行政法规和公司章程，对公司负有忠实义务和勤勉义务。上述规定并没有列举董事勤勉义务的具体情形，但是董事负有向未履行或未全面履行出资义务的股东催缴出资的义务，这是由董事的职能定位和公司资本的重要作用决定的。根据董事会的职能定位，董事会负责公司业务经营和事务管理，董事会由董事组成，董事是公司的业务执行者和事务管理者。股东全面履行出资是公司正常经营的基础，董事监督股东履行出资是保障公司正常经营的需要。《公司法司法解释（三）》第 13 条第 4 款规定："股东在公司增资时未履行或者未全面履行出资义务，依照本条第一款或者第二款提起诉讼的原告，请求未尽公司法第一百四十七条第一款规定的义务而使出资未缴足的董事、高级管理人员承担相应责任的，人民法院应予支持；董事、高级管理人员承担责任后，可以向被告股东追偿。"上述规定的目的是科以董事、高级管理人员对股东增资的监管、督促义务，从而保证股东全面履行出资义务、保障公司资本充实。在公司注册资本认缴制下，公司设立时认缴出资的股东负有的出资义务与公司增资时是相同的，董事、高级管理人员负有的督促股东出资的义务也不应有所差别。本案 A 公司是外商独资企业，实行注册资本认缴制。参照《公司法司法解释（三）》第 13 条第 4 款的规定，在公司注册资本认缴制下，股东未履行或未全面履行出资义务，董事、高级管理人员负有向股东催缴出资的义务。根据《公司法》第 149 条的规定，董事、监事、高级管理人员执行公司职务时违反法律、行政法规或者公司章程的规定，给公司造成损失的，应当承担赔偿责任。在本案中，甲等 6 名董事在股东 B 公司认缴出资额期限届满之后均担任过公司董事，甲等 6 名董事作为 A 公司的董事，同时又是股东 B 公司的董事，对股东 B 公司的资产情况、公司运营状况均应了解，具备监督股东 B 公司履行出资义务的便利条件，但甲等 6 名董事未能提交证据证明其在股东出资期限届满之后向股东履行过催缴出资的义务，其上述不作为的行为违反了董事的勤勉义务。

【参考裁判文书】最高人民法院（2018）最高法民再 366 号斯曼特微显示科技（深圳）有限公司、胡某某损害公司利益责任纠纷一案再审民事判决书。

（十三）高管兼任监事情形下构成违反勤勉义务的判断标准的裁判说理示范

【适用情形】公司高级管理人员与监事互相兼任实施的行为是否构成违反

勤勉义务，应当综合形式与实质两个要件进行判断。

【说理示范】被告身为 A 公司的监事，后又代行总经理之职，两类职责出现交叉，后果是其作为监事的任职无效，应当认为被告是 A 公司的高级管理人员。具有高度人合性的小型公司在决策过程中时常发生形式要件瑕疵的情形，对公司高管勤勉义务的认定应当以客观标准为基础，同时兼顾个案正义，结合具体案情在一般判断标准允许的范围内作出更为妥当和准确的判定；故司法应从《公司法》保护公司利益、促进经济发展的立法原则出发，考察股东真实合意，有条件地认可瑕疵决议的效力，避免因决议无效导致公司陷入经营僵局。在本案中，被告未对公司的经营尽到合理审慎的注意义务，仅以口头方式与案外人订立协议，亦未能提供能够证明合同履行情况的文件资料，致使 A 公司的应收款债权无法得到有效救济。被告的行为明显违反了勤勉义务，应当对 A 公司因此遭受的损害承担赔偿责任。

【参考裁判文书】上海市闵行区人民法院（2009）闵民二（商）初字第 1724 号上海川流机电专用设备有限公司与李某某损害公司利益赔偿纠纷一案一审民事判决书。

（十四）未签续聘合同情形下确立忠实义务和竞业禁止义务的裁判说理示范

【适用情形】高级管理人员虽然在合同约定的聘用期届满后未再与公司续签聘用合同，但只要继续履行职务，在履职期间内，对公司仍依法负有忠实义务和法定竞业禁止义务。

【说理示范】《公司法》第 148 条规定："董事、高级管理人员不得有下列行为：……（五）未经股东会或者股东大会同意，利用职务便利为自己或者他人谋取属于公司的商业机会，自营或者为他人经营与所任职公司同类的业务……"本案认定甲是否违反忠实义务和竞业禁止义务，应先确认甲担任公司高级管理人员的时间。根据公司与甲签订的《聘用合同》，甲的聘用期限为 2012 年 1 月 1 日至 2014 年 12 月 31 日。合同约定的聘用期满后，双方未再续签聘用合同。二审法院根据 2015 年 1 月至 7 月甲曾签批多份不同工作文件的证据情况，认定甲在 2015 年 1 月至 7 月继续实际行使总经理职权，符合客观实际，应予支持。但是，根据公司在原审和申请再审中提供的证据，不足以认定甲在 2015 年 8 月以后仍实际行使总经理职权。至于公司提交的绩效文件、甲与案外人的微信聊天记录等所谓新证据，在原审庭审结束前已客观存在，亦不属于因客观原因无法取得或在规定期限内不能提供的证据，依法不能作为认定本案事实的依据。因此，2012 年 1 月至 2015 年 7 月甲担任公司总经理或实际行使总经理职权期间，对公司依法负有忠实义务和法定竞业禁止义务。

【参考裁判文书】最高人民法院（2021）最高法民申 6043 号哈尔滨麻雀装饰工程设计有限公司与汪某损害公司利益责任纠纷一案申请再审审查民事裁定书。

（十五）同类业务范围认定的裁判说理示范

【适用情形】公司营业执照上的经营范围是公司可能开展的业务范围，竞业禁止范围应以营业执照载明的内容为准。

【说理示范】公司营业执照上的经营范围是公司可能开展的业务范围，如果仅将竞业禁止范围限缩于实际经营范围，负有竞业禁止义务的主体就有机会利用公司资源为私利开展业务，剥夺公司开展其他业务的机会，使公司不能开展经营范围内的其他业务，这与《公司法》设立董事、高管等人的忠实义务的制度目的相违背，故竞业禁止的业务范围应以营业执照载明的内容为准。B 公司与 A 公司之间的工商登记信息重叠，营业范围具有较高相似性，业务内容亦高度相同，注册地、经营地均属同一市区，属于同类经营。

【参考裁判文书】广东省广州市中级人民法院（2019）粤 01 民终 18964 号广州市湘力电机维修有限公司与黄某某、周某损害公司利益责任纠纷一案二审民事判决书［广州市中级人民法院与公司有关的纠纷十大典型案例（2019）案例七］。

（十六）确立竞业禁止构成要素的裁判说理示范

【适用情形】同业竞争既可以是完全相同的业务，也可以是同种或类似的业务，是否为同类或类似业务的标准应以公司所面对的受众、具体的业务内容、业务的开展方式、公司主要营业地点等综合判断。

【说理示范】所谓竞业禁止，是指对与权利人有特定关系之人的特定竞争行为的禁止。我国《公司法》要求公司董事、高级管理人员应当对公司负有忠实和勤勉义务，要求董事、高级管理人员在执行公司业务时或担任公司职位期间全心全意为公司服务，以公司最佳利益为出发点行事，不得追求公司利益以外的利益。因此，董事、高级管理人员对公司负有竞业禁止义务，既包含禁止自营或为他人从事与公司营业有竞争性的活动，也包含禁止利用职务便利谋取属于公司的商业机会。董事、高级管理人员未经股东会同意另行经营与所任职公司同类业务，当然违反竞业禁止义务，损害公司现实利益或者可预见的预期利益。被告成立的 B 公司与 A 公司的工商登记信息重叠，营业范围存在相同或类似项目，业务内容亦高度相同，注册地、经营地均属同一市区，属于同类经营。虽两公司的营业执照分类不同，但不足以证明其不能经营同类业务，且根据 A 公司提交的证据，可以认定被告成立的公司经营了与 A 公司的同类业务。根据《公司法》第 148 条第 1 款第 5 项的规定，被告的行为构成竞业禁止，应赔偿原告的经济损失。

【参考裁判文书】广东省广州市中级人民法院（2019）粤 01 民终 18964 号广州市湘力电机维修有限公司与黄某某、周某损害公司利益责任纠纷一案二审民事判决书［广州市中级人民法院与公司有关的纠纷十大典型案例（2019）案例七］。

（十七）竞业禁止义务及于子公司、控股公司的裁判说理示范

【适用情形】《公司法》关于董事对公司所负的忠实义务、竞业禁止义务应不限于董事所任职的公司自身，还应包括公司的全资子公司、控股公司等，如此方能保障公司及其他股东的合法权益，真正实现《公司法》设置忠实义务、竞业禁止义务的立法本意。

【说理示范】关于被告是否违反了对 A 公司、B 公司所负忠实义务和竞业禁止义务的问题。首先，被告对 A 公司负有忠实义务和竞业禁止义务。原审查明，某年某月某日之前，被告担任 A 公司的法定代表人、董事长和总经理。根据《公司法》第 147 条、第 148 条、第 149 条规定，被告在担任 A 公司的董事长、总经理期间对 A 公司负有法定的忠实义务和竞业禁止义务，不得篡夺 A 公司的商业机会。其次，被告对 B 公司亦负有忠实义务和竞业禁止义务。《公司法》关于董事对公司所负的忠实义务、竞业禁止义务应不限于董事所任职的公司自身，还应包括公司的全资子公司、控股公司等，如此方能保障公司及其他股东的合法权益，真正实现《公司法》设置忠实义务、竞业禁止义务的立法本意。本案中，A 公司是 B 公司的全资股东，双方利益具有显见的一致性，被告对 A 公司所负的忠实义务和竞业禁止义务应自然延伸至 A 公司的子公司 B 公司。最后，被告实施了损害 B 公司利益的行为。本案中，B 公司于某年某月已经获得案外人 C 公司项目的商业机会，C 公司系在与案外人 D 公司签订合作协议后，转而与 D 公司合作该项目并终止与 B 公司的项目的合作。根据被告出具的《情况说明》中关于其代表 A 公司技术方、创始人团队和资本方在经营 A 公司、B 公司过程中出现矛盾等陈述，可以证明被告在担任 A 公司董事长、总经理及技术团队主要负责人期间，未经 A 公司股东会同意，另行操控 D 公司将 B 公司与 C 公司的合作项目交由 D 公司经营，非法获取了本属 B 公司的商业机会，损害了 B 公司及其母公司 A 公司的利益。据此，应认定被告违反了对 A 公司和 B 公司所负忠实义务和竞业禁止义务。

【参考裁判文书】最高人民法院（2021）最高法民申 1686 号李某与深圳市华佗在线网络有限公司等损害公司利益责任纠纷一案再审审查与审判监督民事裁定书。

（十八）篡夺公司商业机会的裁判说理示范

【适用情形】公司高管利用任职公司未完成、已放弃且不可能再取得的商业机会，对公司不具有损害性竞争，不应认定损害公司利益。

【说理示范】对于争议焦点一，被告是否为原告公司的高管。根据已经查明的事实，原告与被告之间虽未签订聘用合同，但被告至少在××××年×月至×月领取原告工资，且至××××年仍在行使原告单位财务、其他业务方面的审批职权并负责软件开发工作，故可认定被告曾是原告单位的高管。对于争议焦点二，被告是否谋取了本属原告公司的商业机会。本案中，由于原告与案外人A公司未直接签订过合同，作为与案外人B公司合作方的原告，在案外人B公司与案外人A公司的合同终止后，理论上虽具有获得与案外人A公司再行签订合同的商业机会，但就本案而言，原告已不存在商业机会。理由是：（1）原告公司在与案外人B公司合作开发过程中，因未能按期顺利完成约定义务，致使案外人B公司与案外人A公司合同解除，且在此后商谈中，原告法定代表人表示退出该项目，故是原告放弃了商业机会；（2）案外人A公司不满意原告原来的工作，至此，原告在该项目上已经失去了案外人A公司的信任，原告在该项目上已不存在商业机会；（3）无证据证明原告向案外人A公司争取该项目的商业机会并签订合同，案外人A公司也未向原告表示再进行合作，而该项目又是有履行期限的项目，不可能无期限地拖延，这也说明原告在该项目上已没有商业机会。即使原告并未放弃商业机会，在案外人A公司不愿与其合作的情况下，作为公司高管的被告在获得商业机会后是否还需要向原告履行如实披露的程序和义务，法律亦未明确规定。参照2005年10月27日通过的《公司法》第149条第1款第5项规定，认定高管是否谋取商业机会，只要证明案外人A公司已不愿与原告合作（原告也无相反证据证明案外人A公司的表示是不真实的）、原告已经失去商业机会，就可以认定被告自然获得了商业机会，而非夺取所谓的本属原告的商业机会，故被告的行为并未损害原告的权益，不构成侵权。如果案外人A公司不愿与原告合作，原告又不能拥有商业机会，在此情况下仍不允许被告获得和利用该商业机会，则是对公司高管忠实义务的不当理解，会造成社会资源的浪费。当然，被告作为原告公司的高管，在取得该商业机会后，未向原告披露，并隐瞒实情，有违公司高管的忠实义务，是不妥当的，但并未对原告造成损失，故被告不应承担赔偿责任。

【参考裁判文书】浙江省宁波市鄞州区人民法院（2007）甬鄞民二字第2号浙江省宁波市科技园区新华信息技术有限公司与徐某某等与公司有关的纠

纷一案一审民事判决书。[①]

（十九）另行开立会计账簿或账户构成损害公司利益的裁判说理示范

【适用情形】股东通过另立会计账簿、个人名义开立账户存储的方式以个人账户收取公司款项的行为既违反法律禁止性规定，也侵害了公司的法人独立性，构成损害公司利益。

【说理示范】公司作为独立法人，根据《公司法》第171条规定，公司除法定的会计账簿外，不得另立会计账簿；对公司资产，不得以任何个人名义开立账户存储。该规定属禁止性规定。本案中，被告在公司经营中存在通过个人账户收取公司经营款项的事实，违反了该规定，也侵害了公司的法人独立性，构成对公司利益的侵害，应当予以返还。

【参考裁判文书】广东省广州市中级人民法院（2019）粤01民终8671号广州优一信息科会有限公司与魏某某损害公司利益责任纠纷一案二审民事判决书［广州市中级人民法院与公司有关的纠纷十大典型案例（2019）案例八］。

（二十）协议免除忠实义务条款无效的裁判说理示范

【适用情形】董事、高级管理人员的忠实义务不能通过当事人之间私下协议免除，超越公司权力机构私下达成的豁免协议，应认定无效。

【说理示范】董事、高级管理人员对公司负有的竞业禁止义务来源于法律的强制性规定，公司原则上无权放弃，董事、高级管理人员互相之间亦无权通过私下协议免除该义务。本案中，被告在担任A公司董事期间，通过妻子和女儿名义在外开设B公司，经营与A公司相同业务，且A公司、B公司经营范围基本相同，甚至企业名称也雷同，图标极其相似，极易造成交易相对方混淆。被告将A公司客户转至B公司并获取利润，而B公司股东是被告的妻子和女儿，被告同时在B公司开展业务，是B公司的实际控制人，故B公司可分配利润按被告妻子和女儿股权折算比例后应归入A公司。《公司法》规定董事、高级管理人员的忠实义务是为了保护公司利益，是对公司独立人格的保护，是法律强制性规定的义务，不得通过私下协议免除。对于股东、董事、高级管理人员等来说，更无权豁免自己对公司的忠实义务，也不能以各自均侵犯公司利益为由相互豁免对公司的责任，否则即是恶意串通损害作为第三人的公司利益。本案中，董事之间的口头协议即使存在，亦属于董事、

[①] 参见国家法官学院、中国人民大学法学院编：《中国审判案例要览（2008年商事卷）》人民法院出版社2008年版，第239页。

高级管理人员之间私自达成的协议，该协议明显损害公司利益，应否认其效力。即使股东达成一致协议不再经营公司，亦应先对原公司债权债务进行清理。

【参考裁判文书】上海市第二中级人民法院（2016）沪02民再26号梁某与上海胶尔贸易有限公司、蔡某某等损害公司利益责任纠纷一案再审民事判决书。[①]

五、关于过错认定的裁判说理示范

（一）关于忠实和勤勉义务主观过错的裁判说理示范

【适用情形】违反忠实、勤勉义务损害公司利益的认定，要求高级管理人员主观上存在故意或重大过失。只要高管在其内心对其行为尽到了适当、合理的注意义务，按照公司的日常运作模式发挥了管理作用，根据公司决策认真执行，并善意地相信公司其他人员的行为、意见以及提供的信息是真实可信的，其据此作出的行为即应认定为符合公司利益。即使存在一定过失，法院亦不宜对公司的内部行为进行过多干预。只有结合案件的具体情况，根据主客观相结合的标准进行衡量，能够明显确认属于重大过失、故意的情况下，才能直接认定高管行为构成违反忠实、勤勉义务。

【说理示范】高级管理人员损害公司利益，既有可能是违约责任，又有可能是侵权责任，在无明确约定的情形下，高管违反忠实、勤勉义务损害公司利益，公司可提起侵权责任之诉。关于本案是否符合高级管理人员损害公司利益相关构成要件，应从以下几方面进行分析。（1）被告属于原告的高级管理人员，应当依法依约履行忠实和勤勉义务。在判断被告是否违反忠实、勤勉义务时，应当审视其在职责范围内是否存在违反上述义务的行为，即其是否履行了职责。被告作为公司的总经理，并非是公司的财务管理人员，不必然负责公司的财务审批。（2）违反忠实勤勉义务的高级管理人员，主观上应当存在重大过失，且原告应就此进行举证。在审查每一笔款项是否应由被告承担赔偿责任时，应考虑其主观过错，对于非其主观过错造成的损失，不应由被告承担赔偿责任。（3）公司的支出不一定全部是损失，公司的支出中除去正常经营成本和费用外，才是损失。对于原告所主张的款项中，如果属于公司的正常经营成本和费用，则应从公司损失中剔除。本案中，原告主张应由被告赔偿的款项中，存在非公司原因产生且被告无法作出合理解释的支出，

[①] 参见《人民司法·案例》2017年第11期，第76页。

应认定原告存在损失。(4)只有在公司的损失系因高级管理人员违反忠实、勤勉义务造成的情况下，才应由高级管理人员承担赔偿责任。本案中的因果关系体现在公司的费用等损失是否系被告的行为造成，但原告主张被告作为总经理利用职务便利侵占公司资产，应当承担举证责任。

【参考裁判文书】北京市第三中级人民法院（2019）京03民终1111号魏某某与北京红海鸿易人力资源服务有限公司损害公司利益责任纠纷一案二审民事判决书（北京三中院公司类纠纷审判白皮书典型案例十七）。

（二）判断高管是否未尽勤勉义务存在主观过错，应结合其职责范围及应负的合理监督义务来确定的裁判说理示范

【适用情形】高管勤勉义务要结合高管的职责范围及应负的合理监督义务确定其具体内容，从而判断高管是否存在过错及其应承担的责任。

【说理示范】勤勉义务中的监督义务不能作扩大解释，监督义务必须以甲主观上知晓为前提，而与员工签订劳动合同属行政部的职责。如果行政部已将未与员工签订劳动合同的事项报给甲审批，而甲并未及时进行纠正，则甲违反了勤勉义务中的监督职责。本案中，行政部没有草拟与员工的劳动合同，也未将初步劳动合同报给甲审批，甲主观上不知晓，无法履行监督义务，不应承担赔偿责任。

【参考裁判文书】重庆市第一中级人民法院（2012）渝一中法民终字第4533号重庆东亚防水建材有限公司与杨某某损害公司利益责任纠纷一案二审民事判决书。

（三）公司高管明知公司与其未签订书面劳动合同未向公司提示应认定存在过错的裁判说理示范

【适用情形】公司高管在明知公司的管理存在漏洞之时，有义务提示公司，否则视为未尽管理职责，应承担与其过错程度相适应的赔偿责任。

【说理示范】本案为损害公司利益责任纠纷。根据原审法院查明，A公司因未与甲签订劳动合同而被法院二审判决向甲支付二倍工资差额168 750元。甲为A公司的股东及总经理，根据公司章程规定，主持公司的生产经营管理工作。因此，甲对A公司签订书面劳动合同负有管理职责，其明知用人单位应当依法与劳动者签订书面的劳动合同以及用人单位不与劳动者签订劳动合同的法律后果，但其在无法代表A公司与自己签订劳动合同时，未向A公司进行提示，有失管理职责。根据《公司法》第149条规定，董事、监事、高级管理人员执行公司职务时违反法律、行政法规或者公司章程的规定，给公司造成损失的，应当承担赔偿责任。原审法院结合案情，根据其过错程度，酌情确定甲对该损失承担70%的责任，并无不当。法院判决A公司因未与甲

签订劳动合同而向其支付二倍工资差额,系依据《劳动法》的相关规定,在该案中,甲作为劳动者,依法应受《劳动法》的保护;而本案中,法院判决甲承担赔偿责任,系依据《公司法》的相关规定,其作为公司的高管,依法应对其执行公司职务过程中未尽勤勉义务造成公司的损失承担赔偿责任,二者并不矛盾,既未加重甲的责任,亦未豁免A公司的责任。甲主张其作为公司总经理,对签订书面劳动合同并不负有管理职责,依据不足,本院不予采信。甲所提理由及请求,理据不足,本院不予采纳。

【参考裁判文书】广东省高级人民法院(2017)粤民申3716号沈某与深圳市润丰源实业发展有限公司损害公司利益责任纠纷一案再审审查与审判监督民事裁定书。

(四)确定高管承担违反勤勉义务责任时应考量过错程度的裁判说理示范

【适用情形】公司高管在案涉项目违反了一定的勤勉义务,但未有证据足以证明其对公司所遭受的损失具有重大过错,应酌情判决其承担公司相应的损失。

【说理示范】本案系损害公司利益责任纠纷。根据一审、二审法院查明的事实,A公司章程内容为:……合营企业经营范围包括物流信息处理服务及相关业务咨询业务,利用计算机网络管理和运作公司内部物流、仓储业务等。甲、乙为A公司引入的案涉金融物流项目,兼具了物流功能及金融融资功能,一审、二审法院认为案涉项目属于传统物流项目中的创新物流形式并无不当。甲时任A公司的副总经理(后任总经理),乙时任A公司的财务总监。甲、乙已将案涉项目向上级部门汇报,上级部门虽然未明确表示同意,亦未明确表示反对,而当地政府亦鼓励金融物流发展。甲、乙虽然在引入金融物流项目时违反了一定的谨慎义务,但主观上并不存在损害公司利益的故意。另外,公司章程规定甲、乙除支付TCL系统的货款外无权审批超过500万元的资金,而甲、乙将应付案外公司的资金102 181 515.6元分为24笔进行支付,该拆分支付资金的行为明显属于规避公司财务制度的情形,在一定程度上加重了公司经营的风险。综上,甲、乙作为公司的高级管理人员,在经营案涉项目过程中违反了一定的勤勉义务,但未有证据足以证明其二人对A公司所遭受的损失具有重大过错,且A公司所遭受的损失系诈骗罪犯的犯罪行为所致,故一审、二审法院酌情判决甲、乙按A公司诉请的300万元的10%即30万元支付赔偿金并无不当。甲、乙属于A公司的高级管理人员,A公司在本案中仅起诉甲和乙,故一、二审法院未追加A公司其他高级管理人员参加本案诉讼,并未违反法律规定。A公司及乙分别提交的有关证据不足以推翻二审判决。综上所述，A 公司、乙再审申请的依据不足，本院予以驳回。

【参考裁判文书】广东省高级人民法院（2019）粤民申 7740 号速必达希杰物流有限公司与蓝某某损害公司利益责任纠纷一案再审审查与审判监督民事裁定书。

（五）过错行为及时修正未造成损害结果，可以免除公司高管责任的裁判说理示范

【适用情形】公司高管作出有损公司利益的不当行为已通过内部决议予以修正，因过错情况得以修复而不承担责任。

【说理示范】根据 A 公司的上诉及黄某某的答辩，本案双方的争议焦点为：A 公司是否应向 B 公司承担清偿 1.58 亿元款项及利息的责任。经查，黄某某作为 B 公司的股东，主张 B 公司在本身负有债务的情况下，仍作出向 A 公司出借款项 1.78 亿元且不积极主张另一笔 1.58 亿元债权的行为，损害公司利益，故代表 B 公司起诉要求 A 公司还款 1.58 亿元、马某某等股东及监事承担相应的责任。根据 A 公司、B 公司提交的两份审计报告记载，从 2008 年 11 月开始，B 公司通过代 A 公司支付投资款，A 公司收购 B 公司下属公司等形式，双方之间形成债权债务，截至 2011 年 8 月 31 日，A 公司欠 B 公司款项 1.58 亿元。在 A 公司与 B 公司仍存在债务而未予清偿的情况下，B 公司于 2010 年 10 月 9 日形成《董事会第四次会议决议》，同意借与 A 公司 1.78 亿元作为其流动资金，借款期限一年，借款利息按银行同期利率收取。2011 年 6 月 30 日，B 公司又作出《关于撤销借款决议的决定》，决定"撤销同意借予 A 公司 1.78 亿元"的决议，同时要求 A 公司应在一年内还清欠款，该欠款自 2010 年 10 月 1 日起至还清之日止，按银行同期利率收取利息。因此，对于 B 公司借给 A 公司有损公司利益的不当行为，B 公司已通过内部决议予以修正，该行为不存在损害公司利益情形，故黄某某以此理由要求 A 公司承担责任、马某某等被告承担连带补充责任的依据不足。A 公司上诉认为 B 公司关于出借款项的董事会决议已被撤销，因此不存在损害公司利益的理由成立，本院予以支持。

【参考裁判文书】广东省高级人民法院（2013）粤高法民四终字第 28 号深圳市中泰来投资控股股份有限公司与黄某某及马某某等损害公司利益责任纠纷一案二审民事判决书。

（六）对于将公司资金从注册资金账户转入股东私人账户的行为主张损害赔偿，在特殊情形下也应举证股东存在过错的裁判说理示范

【适用情形】公司验资完成后将公司资金从注册资金账户转入股东私人账户，后公司起诉股东要求其向公司承担赔偿责任，在特殊情形下也应提供证

据证明该股东存在过错且给公司造成损失。

【说理示范】公司主张 B 公司、甲对转入乙账户的 1100 万元承担侵权赔偿责任,应当对其主张的侵权行为、损失及行为与损失之间的因果关系等要素提供证据予以证明。

关于 A 公司主张的侵权行为。2011 年 11 月 23 日,A 公司股东会决议变更公司名称和法定代表人,变更后的法定代表人为甲。2011 年 11 月 28 日,A 公司使用名称变更前的公司印章将 1100 万元从 A 公司注册资金账户转出,转入公司股东、前法定代表人乙的私人账户,当时 A 公司的股东只有 B 公司和乙,两股东对款项转出均未提出异议,A 公司当时亦未提出异议,现 A 公司在公司股东发生变更、原股东 B 公司退出公司之后才对上述转款行为的合法性不予认可,有悖常理。转款发生在甲担任 A 公司法定代表人期间,款项转至甲私人账户时甲还具有 B 公司董事、总经理的身份,由此可以说明 B 公司、甲不具有滥用股东权利、未尽勤勉义务和协助转款的主观故意。A 公司主张 B 公司、甲的行为构成侵权,证据不足,本院不予采纳。

关于 A 公司的损失。B 公司作为 A 公司当时的股东,不认可 1100 万元转给另一股东乙的行为给公司造成损失,A 公司与乙之间存在公司与股东的关系,亦不排除 A 公司与乙之间存在其他的资金往来,A 公司主张该 1100 万元属于乙抽逃出资给其造成的损失,证据不足,本院不予采纳。乙目前仍为 A 公司股东,A 公司未向乙主张权利,直接以 B 公司、甲滥用股东权利、未尽勤勉义务、协助转款为由要求 B 公司、甲对该 1100 万元承担侵权赔偿责任,证据和理由均不充分,一审法院对 A 公司该部分诉讼请求予以支持有误,本院予以纠正。

【参考裁判文书】最高人民法院(2018)最高法民终 664 号青海金达成矿业有限责任公司与河南金建建设有限公司损害公司利益责任纠纷一案二审民事判决书。

六、关于损害结果的裁判说理示范

(一)董事、高级管理人员挪用公司资金构成损害公司利益的裁判说理示范

【适用情形】董事、高级管理人员挪用公司资金,构成对公司利益的损害,应承担赔偿责任。

【说理示范】本案为损害公司利益责任纠纷。根据《公司法》的规定,公司高级管理人员对公司负有忠实义务和勤勉义务,其在履职过程中,违反法

律、行政法规或者公司章程的规定，给公司造成损失，应承担赔偿责任。本案中，被告作为公司的法定代表人（总经理），如违反对公司的忠实和勤勉义务，给公司造成损失，应当向公司承担损害赔偿责任。对此，本院认为，被告应当向公司赔偿损失款项及相应利息。理由如下：第一，公司存在受到损害的事实。被告擅自挪用公司资金，且无法合理说明已经将该资金用于公司，使公司在客观上产生损失。第二，被告执行公司的职务行为具有违法性。根据《公司法》第148条第1款第1项、第8项规定，董事、高级管理人员不得有挪用公司资金及违反对公司忠实义务的行为。所谓忠实义务，是指董事、高级管理人员在管理公司、经营业务和履行职责时，必须代表全体股东为公司的最大利益开展工作，最大限度地将保护公司利益作为衡量自己执行职务的标准，当自身利益与公司利益发生冲突时，必须以公司利益为重，不得将自身利益或者与自己有利害关系的第三人的利益置于公司利益之上。本案中，被告在未经公司其他股东同意的情况下，擅自将公司所有的款项转账至其个人账户，且未能提供充分证据证明该款项用于公司的实际经营活动。尽管被告抗辩认为其已经将该款项用于店铺经营，但该店系被告以其个人名义设立，即上述店铺系个体工商户，经营者是被告而非公司。而且，被告无法提供充分证据证明公司的其他股东同意其以个体工商户的形式设立上述店铺。此外，即便如被告所称用于店铺的款项就是用于公司，但被告并未将店铺的销售所得交付公司。因此，被告在执行公司职务时违反忠实义务。第三，被告的违法行为与损害事实之间存在因果关系。由于被告擅自挪用公司资金并将该资金用于其所设立的个体工商户店铺经营，且被告并未将该店的销售所得交付公司，导致公司损失。第四，被告在主观上存在过错。被告擅自挪用公司资金和设立个体工商户的行为表明其存在侵害公司利益的主观故意。综上，被告应赔偿公司损失并支付资金占用利息。

【参考裁判文书】上海市第一中级人民法院（2016）沪01民终13372号周某与施某损害公司利益责任纠纷一案二审民事判决书。

（二）股东转移公司资金构成损害公司利益的裁判说理示范

【适用情形】股东转移公司资金至其自身账户，需符合公司内部章程、财务管理制度规定，并经有权决策机关的授权和认可，否则应视为侵犯了法人财产权，应承担返还款项的责任。

【说理示范】公司是企业法人，有独立的法人财产，享有法人财产权，公司以其全部财产对公司的债务承担责任。本案中，被告作为公司股东，要求A公司将其所有的6200万元存至被告开立的结算账户，该行为已导致A公司不能直接控制和处分自有资产，被告未提供相应证据证明上述存款行为经有权决策机关授权和认可，故该行为已侵犯了 A 公司的法人财产权。被告认为其行为符合 A 公司的公司章程以及财政部《企业国有资本与财务管理暂行办法》规定，对此，公司章程第 60 条规定"公司应依照法律、行政法规和国务院财政主管部门的有关规定建立公司的财务、会计制度和内部审计制度"；财政部《企业国有资本与财务管理暂行办法》第 7 条对母公司的主要职责规定为"实行企业内部资金集中统一管理，依法管理子公司投资、融资事项"，而 A 公司系依法设立的法人，并非被告的分支机构，本案 6200 万元资金存至被告账户的行为亦不属于公司投资、融资事项范畴，被告该主张与查明的事实不符。被告还主张本案资金存至上级公司账户的行为系总经理的权限范围，决策程序合法。对此，公司章程第 19 条规定"股东会行使下列职权：（一）决定公司的经营方针和投资计划……（四）审议批准公司的年度财务预算方案、决算方案……"；第 47 条规定"公司总经理行使下列职权：（一）主持公司日常生产经营管理工作，组织实施董事会决议；（二）组织实施公司年度经营计划和投资方案……"，上述公司章程中均未赋予总经理享有将公司其他资金存至上级公司账户的权限。综上，被告应当向 A 公司返还涉案款项 6200 万元。

【参考裁判文书】最高人民法院（2016）最高法民终 646 号江西省能源集团公司与福建双林农业开发有限责任公司损害公司利益责任纠纷一案二审民事判决书。

（三）确定归入权损失金额对照因素的裁判说理示范

【适用情形】董事、高级管理人员应将违反忠实义务的收入、报酬归于公司，在无法确定其具体收入的情况下，可参照当地同行业就业人员年平均工资计算收入。

【说理示范】所谓归入权，是指公司可以要求董事、高级管理人员将其为个人利益或为他人利益而获得的竞业收入、报酬归于公司，从而将董事、高级管理人员的竞业交易视为公司的交易。法律之所以赋予公司归入权，是因为董事、高级管理人员的竞业行为给公司造成的损失往往是潜在的，公司很难证明自己的实际损失，通过归入权的行使对违反竞业禁止义务的董事、高级管理人员予以惩戒，并补偿自己可能的损失。故原告要求被告将违反竞业禁止义务期间在竞争公司获得的工资薪金和分红收入归入其公司，并以当地同行业就业人员年平均工资计算合理，法院予以支持。

【参考裁判文书】广东省广州市中级人民法院（2019）粤 01 民终 18964 号广州市湘力电机维修有限公司与黄某某、周某损害公司利益责任纠纷一案二审民事判决书。

（四）确定归入权具体金额时应综合考量诸多因素的裁判说理示范

【适用情形】人民法院确认归入权金额时，应参照公司的规模、经营范围、获利金额等情况，并在此基础上根据实际情况予以酌定。

【说理示范】生效判决已认定被告另行设立的 A 公司与原告的经营范围均涉及中央式管道洗尘、清洁，属同类业务，而 A 公司经营范围包括设计、生产和销售住宅和商用建筑内机械式中央通风系统、中央式管道洗尘系统、真空泵及配件、风机配件，以及暖通空调系统的风口、消声器及上述同类产品的批发、进出口业务及相关配套业务，因此，被告任职 A 公司所获取收入只有涉及中央式管道洗尘、清洁部分收入方属原告可请求归入权的范畴。对此收入具体数额，原、被告均未举证证明，根据法院调取证据显示，在被告竞业禁止起止时间点期间，被告在 A 公司申报工资额为 179 万余元。鉴于原告 2006 年开业以来直至 2008 年均处于亏损状态且 2009 年未年检，两公司规模不一样，重合范围仅有一种，故酌定原告涉及中央式管道洗尘、清洁部分业务收入为 20 万元，判决被告支付原告竞业禁止收入 20 万元。

【参考裁判文书】北京市第一中级人民法院（2013）一中民初字第 13957 号北京法博洋国际科技发展有限公司与陈某某损害公司利益责任纠纷一案一审民事判决书。[①]

（五）公司在行使归入权时无须证明具体损失的裁判说理示范

【适用情形】公司归入权不以董事、高级管理人员获得溢价收益或损害公司利益为条件，只要违反公司章程的规定或者未经股东会、股东大会同意，其与公司进行交易获得收入即应归公司所有，公司无须证明损失。

【说理示范】《公司法》第 147 条第 1 款规定："董事、监事、高级管理人员应当遵守法律、行政法规和公司章程，对公司负有忠实义务和勤勉义务。"第 148 条规定："董事、高级管理人员不得有下列行为：……（四）违反公司章程的规定或者未经股东会、股东大会同意，与本公司订立合同或者进行交易；（五）未经股东会或者股东大会同意，利用职务便利为自己或者他人谋取属于公司的商业机会，自营或者为他人经营与所任职公司同类的业务……董事、高级管理人员违反前款规定所得的收入应当归公司所有。"根据以上法律规定，公司行使归入权，并不以董事、高级管理人员的交易行为获得溢出利益，或者其行为给公司造成损害或损失为前提。只要董事、高级管理人员的交易行为违反公司章程的规定或者未经股东会、股东大会同意，其与公司进

[①] 参见国家法官学院、中国人民大学法学院编：《中国审判案例要览（2015 年商事审判案例卷）》，中国人民大学出版社 2017 年版，第 189 页。

行交易获得的收入即应归公司所有。

【参考裁判文书】江苏省高级人民法院（2016）苏民再296号江苏乐辉医药科技有限公司（原江苏乐辉医药有限公司）与谢某、上海信好实业有限公司损害公司利益责任纠纷一案再审民事判决书。

（六）正常商业价格的波动差价不宜直接认定为公司损失的裁判说理示范

【适用情形】交易双方在实际操作中，存在各自的利益需求和权衡因素，譬如货品规格、库存、运输、账款周期等，交易价格应该是以上各种因素叠加形成的最终结果。因此，不能简单以挂牌价与交易价存在价差，就认定存在损失。关于损失的关联性，即使前述的差价客观存在，如差价控制在一定合理范围内，也应当属于卖方盈利的合理范围。

【说理示范】被告作为原告公司的高级管理人员，促成其亲属参股的A公司与原告进行交易，该交易持续数年、数额巨大，被告当时并未将上述主体的关联情况完全地、明确地告知原告公司，据此可以确定被告的行为构成了法律所禁止的自我交易。被告作为原告公司高级管理人员、财务部协理，在选择供应商、签订采购合同、审核报价单、审批付款凭证、支付货款等方面享有重大权力，其深度参与了原告公司对外采购钢材的全流程，但并不能以此认定被告完全排除了原告公司选择其他供应商的权利。首先，原告公司内部有较为完善的采购流程，除被告之外也有其他高级管理人员，原告公司放任采购权流离于监管程序之外，也有公司自身治理不善或管理失当的因素，原告公司本身存在过错。其次，原告公司每年均有审计，公司内部也掌握对外签订合同的情况，即被告并未向原告公司刻意隐瞒业务开展情况，尤其是2015年度审计报告明确将应付被告亲友参股的A公司的欠款予以载明，将A公司列为大额债权人，原告公司对于其交易对象为A公司系明知；根据原告公司提交的2006年至2019年历年审计报告，可见原告公司存在除A公司之外的其他大额交易相对方，并非如原告公司所述仅从A公司采购；原告公司在审理过程中亦自认可以通过公开渠道获得钢材行业相关成本和利润，并掌握本公司每年的利润率，若认为公司利润率因采购成本过高而显著低于行业水平，应该及时发现并提出主张，但原告公司却在十余年之后才提出本案诉求。原告主张损失的构成为A公司自2010年至2017年期间与其交易的实际价格与上海钢联挂牌价之间的差价，但上海钢联的挂牌价只是钢材大宗交易的市场参考价，仅针对裸钢，且在不同区域范围内钢材价格亦随时间变化而变化，并非交易主体必须遵循的政府指导价。交易双方在实际操作中，基于交易时间、交易周期、交易区域、运输及仓储成本、商品质量等各个因素的综合考量，必然会出现挂牌价与实际交易价格不一致的情形。原告公司是以特殊规格钢材为基本原材料的生产企业，其对原材料的价格成本核算应当较为敏感和审慎，不可能对人为控制、持续数年的高价采购完全不知情。按照原告公司提交的《质量管理手册》来看，其各部门之间的运作存在完整的体系管理。况且，被告并非采购部门的负责人，本案中无证据证明被告在此过程中采取了恶意隐瞒的手段，以达到其不法目的。虽被告作为公司高级管理人员，违背其忠实义务及其承诺，主导自我交易，实属不当，但原告既不能证明损失的具体金额，亦不能证明因果关系存在，根据现有证据其主张难以得到支持。

【参考裁判文书】上海市高级人民法院（2020）沪民终 249 号上海元阳金属制品有限公司与上海际奇金属制品有限公司、张某某等损害公司利益责任纠纷一案二审民事判决书。

（七）损害公司利益责任的赔偿数额以侵权人的收入或公司实际损失为准的裁判说理示范

【适用情形】如何判断公司利益是否受损以及受损范围，是确定损害赔偿责任的关键。实践中，对于公司主张因侵权行为受到金钱损失的，应根据当事人的举证判断市场公允价值，赔偿数额以法律的规定并结合侵权人的收入或公司实际损失为准，不宜使裁量空间、裁判尺度过大。

【说理示范】本案中，原告和 A 公司均系 B 公司股东，A 公司向 B 公司借款数额巨大且长期不归还，侵害了 B 公司及其他股东的合法权益，原告向 B 公司董事会、监事会均发出函件，要求对 A 公司提起诉讼，但 B 公司董事会、监事会在收到函件后，没有在法定期限内提起诉讼，B 公司在本案诉讼中亦明确表示不会向 A 公司提起诉讼，故在 B 公司怠于行使权利的情况下，原告以自己名义提起本案诉讼，符合上述法律规定。关于原告主张 A 公司应向 B 公司偿还 1800 万元借款本息的问题，法院认为，2015 年 12 月 28 日，B 公司《备忘录》中约定原告向 B 公司放款 5 亿元时，其中 2000 万元借与 A 公司，利率 12.5%。根据该《备忘录》，B 公司分两笔向 A 公司提供借款 1800 万元，A 公司对此不持异议，B 公司虽不认可其向 A 公司提供的 1800 万元借款来自融资资金，但并未提供证据证明其款项来源，故法院对其主张不予采信。根据《最高人民法院关于审理民间借贷案件适用法律若干问题的规定》第 25 条规定，再结合 B 公司款项来源于融资资金，故对于 B 公司将款项出借给 A 公司而产生的融资资金利息损失，应由 A 公司承担。原告主张按照《备忘录》中载明的年利率 12.5% 标准计算，具有事实及法律依据，法院予以支持。关于原告主张 A 公司应向 B 公司偿还 3000 万元借款本息的问题，其提供了 A 公司与 B 公司签订的《借款合同》，该合同系双方的真实意思表示，内容未违反我国法律、行政法规的强制性规定，应为有效。B 公司自 2016 年 8 月 17 日至 2017 年 7 月 26 日分 6 笔向 A 公司提供了借款 3000 万元，原告主张每笔借款期限均为 10 个月，A 公司对此不持异议，应予确认。A 公司未如约偿还借款本息，构成违约。原告主张借款利息及违约金分笔计算，自每一笔款项发生之日起计算至每笔借款期限届满之日止，以该笔借款本金为基数，按照年利率 12.2% 的标准计算，该笔借款逾期后，违约金则以该笔借款本金为基数，按日万分之六的标准计算至款项实际清偿之日止，具有合同依据，法院予以支持。A 公司对合同期内利息并无异议，但不同意支付违约金，无事实及法律依据，不予采信。关于原告主张应由 B 公司承担其为本案支付的律师费 35 万元的问题，最高人民法院《公司法司法解释（四）》第 26 条规定："股东依据公司法第一百五十一条第二款、第三款规定直接提起诉讼的案件，其诉讼请求部分或者全部得到人民法院支持的，公司应当承担股东因参加诉讼支付的合理费用。"本案中，因 B 公司怠于行使权利，原告以自己名义提起本案诉讼，故在其诉讼请求部分得到支持的情况下，B 公司应当承担其支出的律师费，并以实际支出数额 25 万元为限，尚未发生部分，法院不予支持。关于原告主张应由 A 公司承担保全费 5000 元及其支出的财产保全责任保险费 11.2 万元，法院亦予以支持。

【参考裁判文书】北京市高级人民法院（2020）京民终 332 号瀚宏控股有限公司等与深圳创智信投资管理有限公司损害公司利益责任纠纷一案二审民事判决书。

（八）对公司的实质性影响未有效举证不予支持赔偿请求的裁判说理示范

【适用情形】实践中，即使法院认定被告确属公司董事、高级管理人员，其行为亦违反法定义务，原告要求被告赔偿损失的主张也不必然得到支持。所以，因侵权行为对公司产生实质性影响的举证显得尤为必要。

【说理示范】《公司法》规定了公司高管人员对公司的忠实义务，其中，第 148 条第 1 款第 5 项规定的"未经股东会或者股东大会同意，利用职务便利为自己或者他人谋取属于公司的商业机会，自营或者为他人经营与所任职公司同类的业务"，即属高级管理人员违反忠实义务的情形。本案中，被告作为公司的高级管理人员，在未从公司离职的情况下，另行参与设立新公司，存在违反公司高级管理人员忠实义务的情形，一审法院对此认定正确，本院予以确认。高级管理人员违反忠实义务，公司可以以该高级管理人员为被告，主张其取得的收入归公司所有，如果公司因此受到的损失大于高级管理人员取得收入，可以要求其赔偿损失。本案中，关于原告公司所主张的陈某违反忠实义务取得的收入，法院认为，陈某享有新公司 35% 的股权，系基于股东资格而享有的从新公司获得财产利益并参与公司治理的权利，并非陈某经营与原告公司同类业务所取得的收入，原告公司参考上述标准主张权利，缺乏法律依据。关于原告公司所主张的赔偿责任，其并未举证证明所主张的培养员工投入情况，也未能举证证明员工离职与陈某的竞业行为存在直接因果关系，其以培养员工投入为参考计算实际损失，亦缺乏法律依据。综上，原告公司提交的在案证据不足以证实陈某在离职前参与设立新公司的行为给其公司合法权益造成实质性影响，因此，原告公司要求陈某停止侵权并赔偿损失的相关诉请内容，依据不足，法院不予支持。

【参考裁判文书】北京市第一中级人民法院（2020）京01民终6780号北京托马斯教育咨询有限公司与陈某某损害公司利益责任纠纷一案二审民事判决书。

（九）损害后果限于实际发生的裁判说理示范

【适用情形】在损害公司利益责任纠纷中，公司或股东代表之诉的股东需提供足够的证据证明董事、高级管理人员违反法定义务的行为给公司带来经济损失，且该损失已实际发生、金额明确，二者之间有因果关系，否则原告（公司或股东代表之诉的股东）要求董事、高级管理人员承担赔偿责任的主张有可能不会得到法院支持。

【说理示范】郑某作为原告公司董事长、法定代表人期间，未经公司董事会同意，以原告公司名义为谭某提供担保，违反法律规定，应对因此给原告公司造成的损失承担赔偿责任。但由于原告公司被法院扣划2820万元是因承担保证责任的结果，原告公司可以向谭某追偿，其行使追偿权后不能得到清偿的部分才是实际损失。在原告公司未向谭某追偿的情况下，其损失并不确定，故原告公司要求郑某赔偿2820万元及利息的诉讼请求，法院不予支持。郑某以原告公司名义签署的《执行和解协议》给原告公司造成100万元的损失，虽然该损失亦是由于为谭某提供担保造成的，但因是原告公司、郑某承诺支付的，不存在向谭某追偿的情形，故损失是确定的，郑某应当赔偿原告公司100万元及其利息损失。

【参考裁判文书】北京市第三中级人民法院（2021）京03民终10251号北京合生绿洲房地产开发有限公司与郑某某损害公司利益责任纠纷一案二审民事判决书。

七、关于因果关系的裁判说理示范

（一）确定高管的行为构成篡夺公司商业机会考量因素的裁判说理示范

【适用情形】不得谋取属于公司商业机会的义务主体为公司董事、高级管理人员。认定公司高级管理人员是否违反公司商业机会规则，应考量涉案商业机会是否为公司机会，包括是否属于公司的经营范围，公司是否具有相应的资质、能力获取该机会等因素，以及公司高级管理人员是否实施了谋取公司商业机会的行为。

【说理示范】A 公司以损害公司利益责任纠纷为案由起诉被告，并主张被告在担任公司经理期间将公司享有著作权的计算机软件转移给 B 公司使用，剥夺了该公司与 C 公司的交易机会。根据 A 公司主张的上述案由及事实理由，本案系公司因其高级管理人员违反忠实义务、损害公司利益而引发的纠纷，此类纠纷主体仅限于公司股东或者董事、监事、高级管理人员，而 B 公司不具有公司高级管理人员或者股东身份，其是否因侵权行为或者违约行为损害了公司利益，不属于损害公司利益责任纠纷所应审理的范围。在当事人之间并无约定，且相关法律亦无规定的情况下，B 公司作为第三人亦不对公司高级管理人员违反忠实义务的行为承担连带赔偿责任。综上，对 A 公司主张 B 公司对被告损害公司利益行为承担连带赔偿责任的请求不予支持。本案仅针对被告是否应对 A 公司承担赔偿责任进行论述：（1）A 公司于 2005 年 3 月 31 日开发完成涉案探测器采集控制软件，2005 年 4 月 8 日首次发表该软件，但被告所在 B 公司于 2004 年 7 月与 C 公司签订买卖合同，从软件开发与合同签订的先后顺序，无法认定被告将公司享有著作权的计算机软件转移给 B 公司使用。（2）A 公司曾于 2011 年以被告利用职务之便将 A 公司享有著作权的技术转移给 B 公司生产探测器并与 C 公司签订合同为由，主张 B 公司侵权并要求 B 公司停止侵权行为、赔偿公司款项。该案生效法律文书并未认定 B 公司构成侵权，并裁定驳回了 A 公司的起诉。在生效裁判文书未认定 B 公司生产的探测器侵犯其软件著作权的情况下，亦无法认定被告存在私自将公司计算机软件及技术转移给 B 公司的行为。（3）根据《公司法》第 148 条第 1 款第 5 项规定，董事、高级管理人员未经股东会或者股东大会同意，利用职务便利为自己或者他人谋取属于公司的商业机会，自营或者为他人经营与所任职公司同类的业务，所得的收入应当归公司所有。A 公司依据上述法律规定提起本案诉讼，并主张被告剥夺了本应属于公司的商业机会，应承担赔偿责任。本院认为，认定被告行为是否构成篡夺公司商业机会，首先应判断与 C 公司签订买卖合同是否为 A 公司的商业机会。本案中，A 公司于 2005 年 3 月 31 日开发完成涉案探测器采集控制软件，2005 年 4 月 8 日首次发表该软件，该事实表明 A 公司于 2005 年 3 月 31 日方具有以该软件技术生产探测器的商业机会，而 B 公司于 2004 年 7 月即与 C 公司签订了相关探测器买卖合同，即 A 公司与 C 公司签订探测器买卖合同在 A 公司取得相关计算机软件著作权之前，故根据该公司提供的现有证据无法认定被告篡夺了公司的商业机会。本院对于 A 公司关于被告剥夺其商业机会的意见，不予支持。

【参考裁判文书】北京市第一中级人民法院（2015）一中民（商）终字第 435 号北京全圣时代数字技术有限公司与郅某某等损害公司利益责任纠纷一案二审民事判决书。

（二）判断董事的行为构成谋取属于公司商业机会前提条件的裁判说理示范

【适用情形】认定董事违反忠实义务，利用职务便利谋取属于所任职公司的商业机会，或者经营与所任职公司同类的业务，存在两个前提条件：一是担任公司董事并实际从事公司的经营决策等管理行为；二是没有经过股东会的同意而实施上述行为。

【说理示范】《公司法》规定，董事、高级管理人员不得在未经股东会或股东大会同意时，利用职务便利为自己或他人谋取属于公司的商业机会，自营或为他人经营与所任职公司同类的业务。认定董事违反忠实义务，利用职务便利谋取属于所任职公司的商业机会，或者经营与所任职公司同类的业务，存在两个前提条件：一是担任公司董事并实际从事公司的经营决策等管理行为；二是没有经过股东会的同意而实施上述行为。在本案中，首先，甲虽系 A 公司董事，但未参与公司的经营决策。甲在 A 公司设立以后从未参与该公司的经营管理，甲与 A 公司之间仅仅是药品委托加工关系。其次，乙和 A 公司对于甲先后设立经营同类业务的其他公司是知情并认可的，且接受甲的委托代为加工药品。综合以上情况判断，甲虽然被选举为 A 公司董事，但并未实际参与公司的经营管理等具体事务，而乙等其他股东对于甲经营同类业务也是同意的，直到 2014 年 11 月仍然代为甲加工药品。因此，不应认为甲的行为违反了《公司法》规定的董事忠实义务。

【参考裁判文书】山东省高级人民法院（2016）鲁民终 1454 号孙某某与候某某、山西联邦制药有限公司等损害公司利益责任纠纷一案二审民事判决书。

（三）判断高管的行为构成同业竞争的裁判说理示范

【适用情形】原告主张被告违反高级管理人员对公司的忠实义务，构成同业竞争，应审查被告是否为公司的高级管理人员，是否利用职务便利谋取公司的商业机会进行同业竞争。

【说理示范】本案为损害公司利益责任纠纷。本案的争议焦点为：一是被告是否为 A 公司的高级管理人员；二是被告是否利用职务便利谋取 A 公司的商业机会进行同业竞争。关于焦点一，《公司法》中高级管理人员的用语含义为公司的经理、副经理、财务负责人，上市公司董事会秘书和公司章程规定的其他人员。据此，即便 A 公司提供的名片及邀请函显示被告为项目执行总监，被告在形式上也不满足高管的上述条件，故只能从被告实际行使的职权进行进一步判断。对此，双方所签第一份劳动合同约定被告的职位为亚洲区采购，第二份劳动合同约定被告的职务为采购，而 A 公司提供的邮件所载被告与同事、客户的沟通内容，均未超出被告作为采购人员的履职范畴，因此，不应将被告认定为 A 公司的高级管理人员。虽然被告并非高级管理人员，但如果被告利用履职的便利，谋取公司商业机会进行同业竞争，亦应承担相应赔偿责任。关于焦点二，A 公司未提供证据证明被告谋取公司商业机会导致客户流失，亦未提供证据证明被告另设的新公司已实际开展业务，被告离职前，新公司的税务申报金额为 0 元，在被告不当行为与 A 公司损失均难以确定的情况下，应驳回 A 公司的全部诉讼请求。

【参考裁判文书】上海市第二中级人民法院（2020）沪 02 民终 135 号上海加丹贸易有限公司与上海沸鸣实业有限公司、蒋某损害公司利益责任纠纷一案二审民事判决书。

（四）判断高管的关联交易不正当的裁判说理示范

【适用情形】关联交易是否正当主要从程序公平和实质公平两个标准进行衡量。程序公平标准主要指根据法律和公司章程的规定，关联交易需经股东会、股东大会同意，并且履行了信息披露义务。实质公平标准是指交易内容公平合理，公司所得与公司所失相等，公司愿意以同等条件与第三人进行交易。实践中，需由被控关联交易的董事、高级管理人员承担举证责任，证明关联交易符合双重公平标准，若举证不能，该关联交易应认定为不具有正当性。

【说理示范】韩某与原告公司之间的股权转让以及韩某个人独资企业与原告公司签订的协议，均系韩某与原告公司之间的关联交易。韩某需举证证明该关联交易的公平性。韩某承认上述两项交易均未经过股东会决议，也未举证证明曾就该交易履行了信息披露义务。其主张曾跟公司股东进行了沟通，但并未提交相关证据予以证明，不符合《公司法》以及司法解释规定的程序性公平标准。在韩某与原告公司之间的股权转让关系中，韩某提交了多组证据拟证明标的公司在股权变更时处于经营状态并有实际收入，但该公司曾因没有真实业务且没有支付款项等涉税问题被处罚，该处罚与韩某主张的标的公司良好的经营状况相矛盾。韩某亦未进一步提交对标的公司的资产状况、发展前景和预期利润等方面的尽职调查和评估报告，无法证明该交易的具体作价，由此导致的举证不能后果应由韩某自行承担。而在韩某个人独资企业与原告公司的交易中，韩某未提交证据证明与韩某领取的制作费对价相当的合同履行结果。因此，该关联交易不符合实质性公平标准，损害了原告公司的合法利益。韩某基于不公平的关联交易所得的收入应该归原告公司所有，最终判决韩某归还原告公司制作费和股权转让款。

【参考裁判文书】北京市第三中级人民法院（2020）京03民终7060号韩某某与孙某某损害公司利益责任纠纷一案二审民事判决书。

（五）判断股东的关联交易正当的裁判说理示范

【适用情形】关联交易是指公司与其关联人之间发生的可能导致转移资源或者义务的行为。正常的关联交易可以稳定公司业务、分散交易风险，有利于公司发展。因此法律仅对不正当的关联交易予以规制，以矫正控股股东、实际控制人、董监高与公司之间因为关联交易导致的利益失衡。

【说理示范】本案中，2014年10月之前A公司除经营其自有的门店业务之外，还为被告公司参股的B公司实施共同采购和配送业务，该共同采购和配送业务构成公司的主要利润来源。根据合营合同及公司章程的规定，A公司的经营范围主要包括商业零售、组织国内产品出口、自营产品的进出口、少量与商场配套的餐饮服务、部分商场设施出租业务等。原告与被告作为A公司股东，双方签订合营合同并设立公司的目的并不包含共同采购和配送业务，董事会决议中有关营运成果及营业计划的内容虽涉及B公司，但其实质系董事会从合作企业的角度就其企业自身的发展作出的规划，该董事会决议并不能成为上列公司取得共同采购和配送业务的依据，被告亦未在合营合同中承诺将其参股的B公司的共同采购和配送业务授权给A公司经营。B公司原为A公司共同采购业务的委托方，现B公司不再委托A公司共同采购，原告主张是被告设立的B公司侵夺其主营业务的结果。但综上可认定B公司与A公司之间存在委托合同关系，也正是基于该委托合同关系，A公司开展了共同采购和配送业务，故该委托合同关系是A公司开展共同采购和配送业务的依据和前提。被告参股的B公司与A公司之间建立的原有合作关系实质上亦可认定为被告在无法定或约定义务的情况下，利用关联关系为合作公司提供的商业机会。B公司作为独立的法人，具有民事权利能力和民事行为能力，依法独立享有权利并承担义务；作为市场主体，其亦享有独立的经营自主权，即有权根据市场情况作出符合其利益的商业判断和决策。就本案而言，B公司可自行决定是否与 A 公司建立委托合同关系，也可依据该合同决定是否解除双方间的委托关系。被告作为 B 公司的参股或控股股东，虽能够对 B 公司选择共同采购和配送商这一交易对象的商业决策产生影响，但此仅系被告作为 B 公司的股东行使重大决策权的体现。在被告并无法定或约定的义务将该共同采购和配送业务授权给 A 公司的情况下，即使 B 公司系根据其股东被告的意志，解除与 A 公司的合作合同，亦不能以此推定被告侵害了 A 公司的利益并应就此承担责任。否则，如认为被告在同时具备委托合同双方股东身份的情况下，任何一方解除合同，对方即可追究股东的责任，则无异于限制了合同主体的交易自由。

【参考裁判文书】最高人民法院（2019）最高法民终 991 号济南人民商场股份有限公司与康成投资（中国）有限公司损害公司利益责任纠纷一案二审民事判决书。

（六）公司股东发生变更后不宜对股东变更前原高管主张损害公司利益的裁判说理示范

【适用情形】公司财产独立于股东财产。作为公司原法定代表人，代表公司履行职务时，应当按照法律、行政法规和公司章程的规定并依据公司的意志作出相应行为。

【说理示范】A 公司在《增资扩股协议》中将增资扩股后的公司名称定义为新 A 公司。该协议第 3 条对新旧 A 公司的债权债务进行了约定。案涉转款在 A 公司财务账上有记载，其法定代表人和股东甲并未向公司隐瞒转款事实。因此，按照《增资扩股协议》签订的时间将案涉转款分为两部分，分别论述：（1）在签订《增资扩股协议》前，A 公司账户自 2008 年 10 月 7 日至 2009 年 12 月 25 日分别经三方共计转款 7 915 900 元，上述转款均发生在《增资扩股协议》签订之前。上述转款期间，A 公司的股东除甲外，其余股东乙、丙并未提出异议，不能证明损害了当时 A 公司的利益。对于《增资扩股协议》签订之后的新 A 公司而言，因该协议第 3 条对增资扩股前后 A 公司的债权债务进行了约定，A 公司在承担了增资扩股前的公司债务时，可依据协议约定主张责任，故不能证明上述转款损害了 A 公司的利益。A 公司认为此部分转款损害其利益的理由不能成立。（2）在签订《增资扩股协议》后，A 公司自 2010 年 1 月 4 日至 2010 年 1 月 25 日向第三方共计转款 187 万元。公司财产独立于股东财产。甲作为 A 公司的原法定代表人，其在代表公司履行职务时，应当按照法律、行政法规和公司章程的规定以及公司的意志行事。在上述转款期间 A 公司并非一人公司。现无证据证明上述 187 万元转款经过公司股东会授权或认可，也无证据证明上述转款的合法事由，甲在任职期间从 A 公司账户向案外人转款187万元，侵害了A公司的财产权益，甲应对该转款及对应的利息承担赔偿责任。

【参考裁判文书】最高人民法院（2019）最高法民再332号李某某、宁夏唐华实业有限公司损害公司利益责任纠纷一案再审民事判决书。

（七）委派董事或高管的行为与公司利益损害的结果无因果关系的裁判说理示范

【适用情形】董事或高级管理人员损害公司利益的，委派该董事或高级管理人员的公司股东不因委派行为而承担连带责任，其对董事或高级管理人员无法定监管义务。

【说理示范】依据A公司的章程规定，A公司的董事由股东委派，但该委派行为不能认定为股东的个人行为，公司董事与公司股东之间不存在管理与被管理的关系，公司股东没有管理公司董事的法定职责，公司董事亦没有对公司股东负责的法定义务，公司董事只对公司承担忠实义务和勤勉义务，原审法院认定"被告B公司作为A的控股股东应对其委派的人员负有管理责任"，没有法律依据，其据此认定B公司"作为实际控制人主观上故意不履行职责，B公司、王某、党某共同承担A公司的财产损失"的结论亦没有法律依据，应予纠正。

【参考裁判文书】陕西省高级人民法院（2016）陕民终255号赵某某诉王某某、党某、海航控股集团有限公司损害公司利益纠纷一案二审民事判决书。

八、关于责任认定的裁判说理示范

（一）关于高管违反竞业禁止义务责任认定的裁判说理示范

【适用情形】公司高级管理人员违反竞业限制义务，当出现侵权责任与违约责任竞合时，法院应向原告释明并要求其明确请求权基础。请求权基础确定后，依照已确定的责任构成要件予以审查，不得与另一责任混淆。

【说理示范】公司高级管理人员损害公司利益责任纠纷，是指高级管理人员执行公司职务时违反法律、行政法规或者公司章程的规定，给公司造成损失而发生的纠纷。依照《公司法》第147条规定，高级管理人员应当遵守法律、行政法规和公司章程，对公司负有忠实义务和勤勉义务。忠实义务是指高级管理人员管理公司、经营业务、履行职责时应当代表全体股东为公司重大利益而工作，不得为个人利益损害公司利益。本案中，原告主张被告离职后成立存在竞争关系的新公司造成其公司损失。案件审理过程中，原告明确表示起诉基于《公司法》关于被告违反高级管理人员义务的规定。因此，原告在本案中的请求权基础是《公司法》关于高级管理人员履行职务存在过错的规定。公司高级管理人员损害公司利益责任有四个构成要件：（1）主体要件，即责任主体应为高级管理人员；（2）损害行为要件，即高级管理人员在执行公司职务过程中有违反法律、行政法规或者公司章程规定的行为；（3）损害事实要件，即公司遭受了直接或间接的损失；（4）因果关系要件，即高级管理人员的损害行为与公司遭受损失的后果之间具有引起与被引起的关系。本案中，被告在设立新公司时已非原告的高级管理人员，被告注册新公司的行为亦与履行该公司的职务没有关联性，故原告相应主张所依据的事实不符合上述构成要件中的主体要件及损害行为要件。因此，原告基于《公司法》关于高级管理人员履职过错导致公司损害的规定要求被告承担赔偿责任，没有事实依据且不符合法律规定。

【参考裁判文书】北京市第三中级人民法院（2017）京03民终13040号北京市铭泰热力与吕某某损害公司利益责任纠纷一案二审民事判决书（北京市第三中级人民法院公司类纠纷审判白皮书典型案例十六）。

（二）关于高管违反忠实义务责任认定的裁判说理示范

【适用情形】公司董事、高级管理人员在任职期间，另行设立其他公司与其任职公司经营同类业务的，董事、高管因此获得的收入应当归入其任职的公司。虽然董事、高管另设公司从事同业经营的收入属于该另设公司所有，但可以根据董事、高管在该另设公司的持股比例并结合其他证据，酌定董事、高管在其另设公司同业经营中所获得的个人收益，并判令董事、高管将该收益归还其所任职的公司。

【说理示范】根据《公司法》规定：董事、监事、高级管理人员应当遵守法律、行政法规和公司章程，对公司负有忠实义务和勤勉义务；如若利用职务便利为自己或者他人谋取属于公司的商业机会，自营或者为他人经营与所任职公司同类业务，违规所得的收入归公司所有；给公司造成损失的，应当承担赔偿责任。本案诉辩双方的争议焦点为：一是被告作为A公司原高管是否因违反《公司法》及公司章程有关高管忠实、勤勉义务的规定而获利或给公司造成损失，从而应当承担相应的赔偿责任；二是A公司主张的赔偿金额是否有相应依据。对于争议焦点一，被告受聘担任A公司总经理，全权负责加工、销售香肠肉制品等公司业务。但其在任职期间，另行与其父亲及案外人共同设立了B公司。B公司的经营范围包括销售香肠、火腿等肉制品，且实际在1号店网店中大量销售A公司生产的香肠类制品，存在获利。另需说明的是，被告与其父亲合计持有B公司80%的股权，故被告称其并不参与B公司的经营决策，亦从未获利，有悖常理。B公司另一股东同时是C公司的法定代表人，C公司曾经在被告担任A公司总经理期间受托为A公司代为申请办理香肠品牌的商标注册，但C公司最终将该品牌据为己有，被告亦未对此提出异议或采取相应措施。基于此，结合一般商业规律、普通大众认知及公序良俗，可以推定被告利用职务便利为自己及B公司谋取了本属于A公司的商业机会，并为B公司经营与A公司同类业务，违反了《公司法》规定的高管忠实、勤勉义务，损害了A公司的利益，并使自身获利，故而应当承担相应法律责任。对于争议焦点二，虽然A公司对其主张的被告在B公司取得20万元收入事实缺乏明确的证据印证，但并不意味被告即可免除赔偿责任。首先，在被告本人拒绝提供其在B公司收入证明的情况下，A公司确无法通过合法途径取得证据；其次，经法院要求，被告仍拒绝提供B公司的资产负债表及其销售香肠类制品的统计数据，导致法院无从核实B公司的具体经营项目、销售盈亏状况以及职员工资收入等情况；再次，被告亦未提供证据证实B公司于网店中销售的香肠类制品系通过正常的商业途径从A公司取得，并有权进行转售；最后，被告对于A公司提供的有关B公司20余万元的网店销售记录，仅以截图未经公证、真实性无法确认、时间不明等为由粗略质证，而未提供其自行统计的销售记录、销售成本、盈利数据等加以反证，应承担不利后果。基于上述分析，结合查明的事实及现有证据，并参考香肠类制品的一般盈利情况以及被告在B公司30%的持股比例，认定被告应赔偿A公司8万元。

【参考裁判文书】上海市第二中级人民法院（2015）沪二中民四（商）终字第793号鑫波食品（上海）有限公司与宋某某损害公司利益责任纠纷一案二审民事判决书。

（三）关于高管违反勤勉义务责任认定的裁判说理示范

【适用情形】认定公司高级管理人员是否违反勤勉义务，应通过公司章程或者其他规章制度审查高级管理人员的职责范围及应负的合理监督义务，确定公司高级管理人员勤勉义务的具体内容。再根据认定的勤勉义务内容，审查该违反义务行为有无给公司造成损失，从而确定其是否应当承担相应的赔偿责任。

【说理示范】本案为损害公司利益责任纠纷。根据《公司法》的规定，公司高级管理人员对公司负有忠实义务和勤勉义务，其在履职过程中，违反法律、行政法规或者公司章程的规定，给公司造成损失的，应承担赔偿责任。在本案中，原告主张被告在与案外人签订建设工程施工合同后，未经原告同意，擅自与案外人约定在合同外增加工程量，造成原告额外支出工程款及利息；被告则主张其为正当履职行为。故本案的争议焦点是被告有无违反忠实、勤勉义务给原告造成损失。首先，原告提供的公司章程规定，总经理应当根据董事会或者监事会的要求，向董事会或者监事会报告公司重大合同的签订、执行情况，资金运用和盈亏情况。但被告作为原告的负责人，其与案外人签订的四份施工合同书的预算价合计不足30万元，应当不属于该章程规定的情形。其次，《财务预算审批授权管理规定》列明了公司需上报总公司审批的具体项目，但该规定下发时间晚于被告在施工联系单上签字确认的时间。因此，原告主张被告执行职务时违反法律、行政法规或者公司章程的规定，依据不足。最后，在建设工程施工过程中，设计文件、技术规范的改变及业主的需求变动等均会引起合同内容、范围发生变更。虽然案涉装修工程在合同外增加的工程量占比较高，但在原告未提供证据（如委托有资质的机构审定最终工程造价）证明合同外增加工程量不合理的情况下，法院难以认定被告与案外人约定在合同外增加工程量的行为给原告造成损失。据此，原告主张被告违反忠实、勤勉义务给其造成损失，缺乏事实和法律依据，不予支持。

【参考裁判文书】浙江省台州市黄岩区人民法院（2018）浙1003民初4397号农银人寿保险股份有限公司台州支公司与於某某损害公司利益责任纠纷一案一审民事判决书。

（四）关于高管忠实义务责任免除的裁判说理示范

【适用情形】公司对高级管理人员未在公司履行高级管理人员职务并已为其他公司服务的事实认可的，不得再要求其对公司负忠实义务。

【说理示范】本案系公司高级管理人员违反忠实义务损害公司利益责任纠纷。原告主张被告系A公司的高级管理人员，通过B公司谋取该公司的商业机会，经营与其公司的同类业务，给公司造成了损失，以此主张禁止被告通过B公司实施的同业竞争行为，将被告在B公司的收入归入其公司并赔偿其损失。原告根据《公司法》第148条的规定向被告主张权利，应举证证明被告系A公司的高级管理人员且实施了违反《公司法》第148条规定的行为。被告担任A公司副总经理，符合《公司法》关于高级管理人员的规定，应认定为该公司的高级管理人员。但是，原告提交的证据并未体现其所主张的被告操控C公司扣货、拖延向原告方客户出口订单货品等事实，亦不能证明其所主张的被告利用所掌握的公司商业信息操控原告参与重组C公司、使原告的客户对B公司与C公司产生混淆从而导致原告的客户将属于A公司的订单更改至B公司的事实，原告亦未提交证据证明被告于2013年8月6日成立B公司后，有实际利用其公司的客户信息、销售渠道等行为。因此，原告提交的证据不足以证明被告存在谋取公司商业机会的行为。被告于2013年5月开始已实际未在原告所属公司履行职务，且该公司亦于2013年6月开始停发被告的工资并停止为其缴交社保费用。原告提交的邮件内容可以体现，公司已认可被告未实际在其处履行高级管理人员职务并为 B 公司服务，亦未对被告以 B 公司名义发送邮件与公司联系合作事宜提出异议，故在此情况下继续要求被告对公司履行忠实义务，有违公平，于法无据。被告自 2013 年 5 月开始实际未在 A 公司履行高级管理人员职务，实际已不享有该公司高级管理人员的职务便利。因此，即使被告有谋取公司的商业机会、自营或为他人经营与该公司同类业务的行为，也是基于其之前任职时知悉的信息，而不是基于现实的职务便利，对此公司应以竞业禁止或侵犯商业秘密为诉由对被告主张权利，而不能以违反高级管理人员对公司的忠实义务为诉由向被告主张权利，但原告明确本案不涉及竞业禁止和侵犯商业秘密问题，故对此不作审查。原告关于被告立即停止同业竞争行为、不得担任 B 公司法定代表人以及在 B 公司任职的主张，于法无据，不予支持。

【参考裁判文书】厦门市集美区人民法院（2013）集民初字第 2992 号客贝利（厦门）休闲用品有限公司与夏某、博希尼亚（厦门）休闲用品有限公司、杨某、文某某损害公司利益责任纠纷一案一审民事判决书。

（五）关于高管忠实义务和勤勉义务责任免除情形的裁判说理示范

【适用情形】公司提交的证据不能证明行为人违反了对公司的忠实义务和勤勉义务或有违反法律、行政法规或者公司章程的行为，且行为人给公司造成的损失源于难以预料和抗拒的政府行为，而非其本人疏忽或失职造成，人民法院应当认定行为人不承担责任。

【说理示范】本案为损害公司利益责任纠纷。根据《公司法》的规定，公司高级管理人员对公司负有忠实义务和勤勉义务，其在履职过程中，违反法律、行政法规或者公司章程的规定，给公司造成损失的，应承担赔偿责任。本案中，被告作为公司的法定代表人、执行董事，只有在执行职务时违反对公司的忠实义务和勤勉义务，违反法律、行政法规或者公司章程的规定，给公司造成损失，才承担赔偿责任。而依据双方提交的公司章程、借款单、报销单、财务欠款单等证据及当庭陈述，被告从公司借款，并以招待费、差旅费、会议费等支出冲抵借款等行为属于职务行为，相关证据未能证明被告违反了对公司的忠实义务和勤勉义务，也未能证明被告有违反法律、行政法规或者公司章程的行为，故对此项借款被告不应承担偿还责任。对于另一股东在捐赠抗震救灾物资中的损失问题，源于政府部门相关文件的变化，并非被告在执行职务时违反相关义务而给公司造成的损失，且公司并未支出该笔费用，故被告亦不应承担赔偿责任。

【参考裁判文书】北京市东城区人民法院（2011）东民初字第 00883 号

北京怡和百生科贸有限公司与刘某某损害公司利益责任纠纷一案一审民事判决书。

（六）关于强制清算程序期间提出的责任追究特殊处理的裁判说理示范

【适用情形】标的公司已进入强制清算程序，对其股东提出的损害公司利益责任纠纷所涉的诉求，应当在公司强制清算程序中解决。

【说理示范】涉案公司的股东A公司主张该公司的另一股东B公司在其公司经营期限届满后尚未自行清算前，直接在其经营场所设立同业的购物中心从事经营活动，存在侵犯该公司资产的行为并提出诉求。因涉案公司在2013年12月30日合资经营期限届满后，根据《公司法》第180条第1项和第183条的规定，应在解散事由出现之日起15日内成立清算组，开始清算。公司进入清算程序后，只能从事与清算有关的事项，不得从事经营活动。公司的股东B公司于2014年1月15日向法院申请强制清算涉案公司，法院于2015年1月16日裁定受理B公司对涉案公司的强制清算申请。由此可见，在本案诉讼发生同时，涉案公司已进入强制清算程序，因此，其股东A公司提出的B公司需赔偿侵占涉案公司资产的请求，实质涉及该公司的资产清算，其主张的赔偿请求金额均须建立在租赁合同解除后公司相关资产的评估结果之上。对于资产评估，A公司于2015年10月提出评估该公司有形资产和无形资产的申请，但直到2017年3月才确认评估财产的范围（B公司和A公司于2017年1月11日已对涉案公司的《清算方案》签字确认），因B公司从2014年1月起已在原涉案公司经营场所从事商业经营，且A公司在签字确认书面清算方案以后才明确评估财产的范围，客观上已无法区分原涉案公司的资产和B公司从2014年接手以后的资产范围，缺乏评估的可操作性。由此，对A公司提出的诉求不予支持。

【参考裁判文书】最高人民法院（2019）最高法民终594号国际管理有限公司与武汉武商集团股份有限公司损害公司利益责任纠纷一案二审民事判决书。

（七）关于外商投资企业董事、高级管理人员竞业禁止的法律适用及归入权范围的裁判说理示范

【适用情形】外商投资企业董事等高管人员对公司亦负有忠实和勤勉义务，《公司法》对董事竞业禁止的限制适用于外商投资企业。

【说理示范】根据《公司法》规定，"外商投资的有限责任公司和股份有限公司适用本法"。我国《公司法》对董事、高级管理人员竞业禁止规定，源于公司董事、高级管理人员对公司负有的忠实和勤勉义务，在关于"三资"

企业董事的竞业禁止问题上适用《公司法》规定,符合新法优于旧法的法律适用原则和董事、高级管理人员竞业禁止义务的立法目的,应认定被告对原告负有竞业禁止义务。根据《公司法》第 148 条规定,董事、高级管理人员不得未经股东会或股东大会同意,利用职务便利为自己或者他人谋取属于公司的商业机会,自营或者为他人经营与所任职公司同类的业务。上述规定强调的是董事、高级管理人员利用职务便利从事竞业禁止行为,而本案查明的事实显示,原告投产开业期为 2006 年 7 月 1 日,2009 年 1 月 6 日被告以书面形式依法向原告提出查阅、复制财务资料申请,原告于 2009 年 1 月 10 日以回函形式予以拒绝。显然,最迟至 2009 年 1 月 10 日,原告已出现公司公章持章人与公司法定代表人、董事长即被告意志不一致的情形。被告作为工商登记的法定代表人、董事长,已在公司内部纠纷中不能代表公司意志,故被告竞业禁止起止点为 2006 年 7 月 1 日至 2009 年 1 月 10 日。

【参考裁判文书】北京市第一中级人民法院(2013)一中民初字第 13957 号北京法博洋国际科技发展有限公司与陈某某损害公司利益责任纠纷一案一审民事判决书。①

(八)归入权责任对象及范围的裁判说理示范

【适用情形】公司归入权适用于中外合作经营企业董事、高级管理人员,且公司工商登记经营范围均为上述人员的竞业禁止范围,无论公司是否实际经营相关业务。

【说理示范】我国《公司法》中规定的公司归入权源于其董事、高管等对公司的忠实义务,因其在管理公司过程中能够知悉商业机会、使用公司资源,故《公司法》要求上述主体不得以牺牲公司利益为代价追求自己或第三人的私利。虽然《中外合作经营企业法》②对竞业禁止义务没有作出明确规定,但中外合作经营企业负有管理职责的人也受《公司法》调整,应负有竞业禁止义务。辛某、汪某、张某等称中外合作经营企业的董事由合作双方委派,代表股东利益,故不负有竞业禁止义务。但从合作合同和 A 公司章程来看,董事均负有部分管理公司事务的职责,其受合作方委派,对公司仍然负有忠实义务,不得从事竞争业务,损害公司利益。竞业禁止的业务范围应以营业执照载明为准。辛某、汪某、张某等主张竞业禁止的范围应限于实际经营范围,A 公司的经营范围仅为系统集成产品的开发、生产和销售等,本案诉争的软件业不应纳入竞业禁止的范围。本院认为,首先,应从诚信角度来理解《公

---

① 国家法官学院、中国人民大学法学院编:《中国审判案例要览(2015 年商事审判案例卷)》,中国人民大学出版社 2015 年版,第 189 页。

② 该法已于 2020 年 1 月 1 日《外商投资法》施行时废止。

司法》规定的董事的忠实义务。公司营业执照上的经营范围是公司可能开展的业务范围，如果仅将竞业禁止范围限缩于实际经营范围，负有竞业禁止义务的主体就有机会利用公司资源为私利开展业务，剥夺公司开展其他业务的机会，使得公司不能开展经营范围内的其他业务，这与公司法设立董事、高管等人的忠实义务的制度目的相违背，故竞业禁止的业务范围应以营业执照载明的内容为准。

【参考裁判文书】江苏省高级人民法院（2015）苏商终字第00680号南京南华擎天资讯科技有限公司与辛某某、汪某某等损害公司利益纠纷一案二审民事判决书。

（九）关于董监高设立"小金库"构成犯罪后公司可向其主张罚金损失的裁判说理示范

【适用情形】公司董事、监事、高级管理人员执行公司职务过程中设立"小金库"、偷逃企业应缴税款等违法行为已被法院认定构成偷税罪，并被判处罚金刑，由此产生的额外支出即为公司损失，其有权向责任人追偿。

【说理示范】《公司法》第149条规定，董事、监事、高级管理人员执行公司职务时违反法律、行政法规或者公司章程的规定，给公司造成损失的，应当承担赔偿责任。上述规定并未就有关人员违反"法律"范围作出特别限制，对此应作通常理解。《刑法》为国家基本法律，属于上述规定的法律之一，而在执行职务过程中遵守法律、行政法规系公司董事、监事、高级管理人员的首要义务，故公司董事、监事、高级管理人员执行公司职务时违反《刑法》给公司造成损失的，应向公司承担赔偿责任。本案中，两被告作为公司董事、高级管理人员，在执行职务过程中私自设立"小金库"、偷逃企业应缴税款等违法行为已被生效刑事判决确认，原告因上述行为已被法院认定构成偷税罪，并被判处罚金，由此产生的额外支出即为公司损失，其有权向责任人追偿。《企业所得税法》第10条第4项明确规定，在计算应纳税所得额时，罚金、罚款和被没收财物的损失支出不得扣除。据此，企业依法缴纳的罚金不能作为企业成本支出在其应纳税所得额中扣除，即企业应以其税后利润缴纳罚金，如企业当年没有利润，应以企业往年积累或其他自有资金缴纳罚金，企业并不因缴纳罚金而被多征企业所得税。本案中，原告虽缴纳罚金，但其并未因此多交企业所得税，故两被告无须赔偿企业所得税损失。两被告应连带赔偿原告罚金损失。

【参考裁判文书】江苏省高级人民法院（2008）苏民二终字第260号扬州维扬豆制食品有限公司与曲某某、程某某损害公司权益纠纷一案二审民事判决书（《江苏省高级人民法院公报》2011年第1辑）。

九、关于责任承担方式的裁判说理示范

（一）违规提取利润返还责任的裁判示范说理

【适用情形】股东会、股东大会或董事会违反《公司法》规定，在公司弥补亏损和提取法定公积金之前向股东分配利润的，股东应将违反规定分配的利润退还公司。

【说理示范】本案系 A 公司起诉股东乔某、王某损害公司利益责任纠纷，审查重点是公司股东是否存在损害公司利益的行为，即乔某、王某分配 A 公司利润是否符合法律规定。《公司法》第 166 条规定："公司分配当年税后利润时，应当提取利润的百分之十列入公司法定公积金。公司法定公积金累计额为公司注册资本的百分之五十以上的，可以不再提取。公司的法定公积金不足以弥补以前年度亏损的，在依照前款规定提取法定公积金之前，应当先用当年利润弥补亏损。公司从税后利润中提取法定公积金后，经股东会或者股东大会决议，还可以从税后利润中提取任意公积金。公司弥补亏损和提取公积金后所余税后利润，有限责任公司依照本法第三十四条的规定分配；股份有限公司按照股东持有的股份比例分配，但股份有限公司章程规定不按持股比例分配的除外。股东会、股东大会或者董事会违反前款规定，在公司弥补亏损和提取法定公积金之前向股东分配利润的，股东必须将违反规定分配的利润退还公司。公司持有的本公司股份不得分配利润。"根据上述规定，公司在分配利润前，应当提取公积金，而法定公积金不足以弥补亏损的，还应用当年利润弥补亏损，公司在弥补亏损和提取公积金并缴纳税款后所余利润，公司可以进行分配。本案中，乔某、王某以分得利润款的名义，多次从 A 公司账户转款，其中乔某实际用款 3220 万元，王某实际用款 2755 万元。而根据 A 公司《公司章程》规定，只有股东会有权审议、批准公司的利润分配方案。乔某、王某在本案诉讼过程中，未提供 A 公司有关利润分配方案的股东会决议，亦未提供全体股东一致同意而形成的关于利润分配的书面意见。即 A 公司未形成符合《公司法》及其公司章程规定的利润分配方案。在 A 公司于另一公司入股前是否存在利润、利润金额等均不明确的情况下，乔某、王某以分得利润款为名，从 A 公司账户转出款项的行为，不符合《公司法》的相关规定。二审法院根据上述事实，依据《公司法》第 166 条关于"股东会、股东大会或董事会违反前款规定，在公司弥补亏损和提取法定公积金之前向股东分配利润的，股东必须将违反规定分配的利润退还公司"的规定，判决乔某、王某应将以分配利润的名义占有的 5975 万元返还给 A 公司，认定事实和适用法律并无不当。

【参考裁判文书】最高人民法院（2020）最高法民申2634号乔某、王某某损害公司利益责任纠纷一案再审审查与审判监督民事裁定书。

（二）出资未到位损失责任承担的裁判说理示范

【适用情形】董事未履行向股东催缴出资的勤勉义务，对公司遭受的股东出资未到位的损失，承担连带赔偿责任。

【说理示范】本案A公司是外商独资企业，实行注册资本认缴制。参照《公司法司法解释（三）》第13条第4款的规定，在公司注册资本认缴制下，股东未履行或未全面履行出资义务，董事、高级管理人员负有向股东催缴出资的义务。根据《公司法》第149条的规定，董事、监事、高级管理人员执行公司职务时违反法律、行政法规或者公司章程的规定，给公司造成损失的，应当承担赔偿责任。根据查明的事实，A公司股东B公司应在2006年3月16日前缴清全部认缴出资额，其于2005年3月16日至2005年11月3日分多次出资后，仍欠缴出资5 000 020美元。一审法院（2010）深中法民四初字第54号民事裁定书裁定追加B公司为被执行人，经强制执行，B公司仍欠缴出资4 912 376.06美元。2005年1月11日至2006年12月29日，胡某某、薄某某、史某某担任A公司中方董事；2006年12月30日起，贺某某、王某某、李某某担任A公司中方董事，本案胡某某等6名董事在股东B公司认缴出资额期限届满即2006年3月16日之后均担任过A公司的董事。胡某某等6名董事作为A公司的董事，同时又是股东B公司的董事，对股东B公司的资产情况、公司运营状况均应了解，具备监督股东B公司履行出资义务的便利条件。胡某某等6名董事未能提交证据证明其在股东出资期限届满即2006年3月16日之后向股东履行过催缴出资的义务，即以消极不作为的方式构成了对董事勤勉义务的违反。一审法院依据（2012）深中法执恢字第50号执行裁定，强制执行了B公司财产后，该公司没有其他可供执行的财产，一审法院于2012年3月21日裁定终结该次执行程序。后A公司被债权人申请破产清算。由此可见，股东B公司未缴清出资的行为实际损害了A公司的利益，胡某某等6名董事消极不作为放任了实际损害的持续。股东B公司欠缴的出资即为A公司遭受的损失，B公司欠缴出资的行为与胡某某等6名董事消极不作为共同造成损害的发生、持续，胡某某等6名董事未履行向股东催缴出资义务的行为与A公司所受损失之间存在法律上的因果关系。一、二审判决认为胡某某等6名董事消极不作为与A公司所受损失没有直接因果关系，认定错误，应予纠正。综上，胡某某等6名董事未履行向股东催缴出资的勤勉义务，违反了《公司法》第147条第1款的规定，对A公司遭受的股东出资未到位的损失，应承担相应的赔偿责任。胡某某等6名董事应向A公司连带赔偿 4 912 376.06 美元（以 A 公司破产案件受理日 2013 年 6 月 3 日当日美元兑人民币汇率中间价折算，折合人民币 30 118 760.10 元）。

【参考裁判文书】最高人民法院（2018）最高法民再 366 号斯曼特微显示科技（深圳）有限公司、胡某某损害公司利益责任纠纷一案再审民事判决书。

（三）抽逃出资返还责任的裁判说理示范

【适用情形】协助抽逃出资的董事、监事、高级管理人员，构成损害公司利益，应对返还出资承担连带责任。

【说理示范】陈某作为 A 公司和 B 公司的法定代表人，其利用 A 公司控股 B 公司的便利条件，在几家关联公司之间以工程款的名义进行资金流转，并使用其个人账户协助将 A 公司在 B 公司的出资 2600 万元转出抽回，构成抽逃注册资本。根据《公司法司法解释（三）》第 14 条的规定，陈某应当对该 2600 万元承担连带责任。

【参考裁判文书】最高人民法院（2020）最高法民终 87 号新疆锦龙电力集团有限公司（原新疆锦龙电力有限责任公司）与中网电力投资有限公司损害公司利益责任纠纷一案二审民事判决书。

（四）商业机会丧失的责任承担方式、范围及损失金额认定的裁判说理示范

【适用情形】高管利用职务便利为他人谋取原属于公司的商业机会，构成损害公司利益，应对公司的损失承担赔偿责任。

【说理示范】该问题涉及 A 铁路专用线、B 铁路专用线以及杨某某主张的占用资金和利息三部分。就该三个部分分析如下：

第一，关于 A 铁路专用线问题。依据相关规定，A 铁路专用线可以由 A 公司自己经营，也可以与他人共同经营。根据法院查明以及双方确认的事实，A 铁路专用线的产权单位 A 公司有权决定是否允许他人使用及其具体使用主体，而实际情况是，A 公司自己经由案涉铁路专用线经营国内运输代理服务业务，同时还有 C 公司、D 公司和其他公司经营国内以及国际运输代理服务业务。在 A 公司的公司决议已明确约定公司不采取对外承包经营的情况下，B 公司作为控股股东，将本应属于 A 公司经营的运输代理服务交由其关联公司 C 公司和 D 公司经营，违反了公司决议，减少了 A 公司可能获得的业务机会并造成损失。依据《公司法》第 21 条"公司的控股股东、实际控制人、董事、监事、高级管理人员不得利用其关联关系损害公司利益。违反前款规定，给公司造成损失的，应当承担赔偿责任"的规定，法院认定 B 公司滥用股东权利，将公司业务交由关联公司经营损害公司利益，依法有据，本院予以维持。

一是关于 A 铁路专用线的侵权范围。根据一审查明事实，C 公司经 A 铁路专用线的运输服务业务为国内运输业务，D 公司经 A 铁路专用线的运输服务业务为国际运输业务。杨某某未能举证证明 A 公司有代理国际货物运输的经营范围及代理资质，故经由该专用线的国际货运代理服务业务不属于 A 公司当然拥有经营权范围，且客观上该部分业务经由 A 铁路专用线运输会给 A 公司带来仓储和装卸的业务收入机会，因此，虽然 D 公司未与 A 公司签订共用该专用线经营的合同，但该部分国际业务交由 A 公司以外的公司经营并未减少 A 公司当然可能获得的业务机会，故 D 公司经由该专用线的国际运输业务具有合理依据，不构成对 A 公司经营权的侵犯，不属于本案代理服务费损失的侵权范畴。C 公司在 A 铁路专用线上的国内运输业务与 A 公司的业务范围重合，属于 A 公司依据股东会决议所独立享有的经营范畴，C 公司经由该专用线的国内运输代理服务业务为本案的侵权范围。

二是关于国内运输业务的侵权数额。本案国内运输业务涉及发货、到货。因到货的代理服务在发货时已经确定，不属于 A 公司可以控制的范围，依法不属于 A 公司当然的商业机会，杨某某也未举证证明 C 公司或 D 公司收取了到货的相关费用，故对到货部分不计入本案侵权范围，依法有据，本院予以维持。本案的侵权范围以发货业务为限，涉及的侵权损失为丧失上述业务中的代理服务费所造成的损失。而上述代理服务费的计算涉及运输的车辆数、吨位数、单价、成本。按照 A 铁路专用线国内发运业务，参照第三方合同约定的单价，依据双方认可的发货统计表计算代理服务费损失，并无不当，本院予以维持。

第二，关于 B 铁路专用线问题。A 公司认为案外人 E 公司在 A 铁路专用线上开岔未经其同意已构成侵权，已授权杨某某作为诉讼代理人向法院提起诉讼。（2014）博中民二终字第 34 号裁定认为，E 公司在 A 公司 A 铁路专用线上出岔接轨的行为已经过铁路行政机关审批许可实施，并有铁道部向 E 公司作出的铁许准字（2006）第 29 号行政许可决定书及《铁路专用线与国铁接轨许可证》为证，属于行政许可范畴，不属于民事调整范畴，故驳回 A 公司的起诉。依据该生效裁定及本案事实，E 公司目前拥有 B 铁路专用线的所有权和经营权，其将货运代理业务交由 D 公司等公司系合法自主经营行为，E 公司和 B 公司、C 公司、D 公司不具有关联关系。杨某某主张 B 铁路专用线上 C 公司、D 公司的代理运输服务也系 B 公司滥用股东权利侵权的结果，依据不足，依法不能成立。对杨某某关于 B 公司、C 公司、D 公司应赔偿 B 铁路专用线上运输代理服务费损失的上诉主张，本院不予支持。

第三，关于杨某某主张的占用资金以及利息问题。C 公司在本案审理期间，提交了 2013 年至 2015 年 C 公司与 A 公司的往来账目清单及相应的财务凭证。财务凭证中均有 A 公司财务人员的签字、印章或者盖有 A 公司的公章，杨某某虽对财务凭证不认可，但并未提供足以反驳的理由和证据。财务凭证能够证明 C 公司与 A 公司之后仍存在账目往来，亦多次向 A 公司支付款项，双方并未最终结算。因某一时间节点的账务并不能反映双方最终的债权债务结果，故杨某某仍然依据 2012 年 12 月 31 日该时间节点的财务审计结果主张 C 公司侵占 A 公司资金，证据不足。杨某某要求 B 公司、C 公司返还资金并承担利息损失的请求，依法不能成立，不予支持。

　　同时，《侵权责任法》第 8 条规定："二人以上共同实施侵权行为，造成他人损害的，应当承担连带责任。"[1] 鉴于 B 公司和 C 公司利用其关联关系经营本应属于 A 公司的国内运输业务，给 A 公司造成损失，其双方的侵权行为与 A 公司的利益损失具有因果关系，B 公司和 C 公司应承担连带责任。C 公司称其不构成侵权，不应承担连带责任的理由，依法不能成立。D 公司的国际货运业务不属于本案代理服务费损失的侵权范围，杨某某主张 D 公司应当承担连带责任的理由，依法不予支持。

　　【参考裁判文书】最高人民法院（2019）最高法民终 350 号杨某某与新疆亚欧大陆桥国际物流有限责任公司等损害公司利益责任纠纷一案二审民事判决书。

（五）违规出借资金返还责任的裁判说理示范

　　【适用情形】公司高管未经股东会同意，擅自将公司资金转给第三人使用且无法证明具有合理用途时，构成损害公司利益，应与第三人连带承担还款责任。

　　【说理示范】林某作为 A 公司的股东，主张林某 1 在担任 A 公司执行董事期间，从 A 公司账户向其个人及其他人账户转移款项，损害公司利益。根据公司监事出具的《情况说明》，公司监事于 2017 年 10 月收到林某递交的《关于公司监事依法履行监事职责之请求书》，因公司监事未予签收，林某才在 2017 年 11 月通过邮政特快专递形式再次向公司监事邮寄。自林某于 2017 年 10 月向公司监事递交《关于公司监事依法履行监事职责之请求书》，至林某于 2017 年 12 月 6 日向一审法院提起股东代表诉讼，已达 30 日，林某起诉符合《公司法》第 151 条规定的监事自收到请求之日起 30 日内未提起诉讼的条件，且《公司法》第 151 条同时规定了情况紧急、不立即提起诉讼将会使公司利益受到难以弥补的损害的，股东有权为了公司的利益以自己的名义直接向人民法院提起诉讼。由此，林某提起股东代表诉讼符合法定条件。林某 1 未能提供其从 A 公司账户中转出的款项具有合理用途，一、二审法院认定其从

---

[1] 对应《民法典》第 1168 条。

A 公司账户向其个人及他人账户转款的行为，损害了 A 公司利益，并据此判决林某 1、B 公司、徐某某返还 A 公司账户转出的款项并赔偿利息损失，林某 1 与 B 公司、徐某某连带承担还款责任，并无不当。

【参考裁判文书】最高人民法院（2019）最高法民申 1407 号林某 1 与上海明鹏实业有限公司损害公司利益责任纠纷一案再审审查与审判监督民事裁定书。

（六）具体损失金额无法确定时考量参照因素的裁判说理示范

【适用情形】高管牟取公司的商业机会，由此取得的收入归公司所有，对此损失如无法认定，可依据运营成本、发展前景等情况酌定赔偿数额。

【说理示范】关于李某对 A 在线公司损失承担的赔偿责任问题。本案中，李某将其任职高管的 B 公司全资子公司 A 在线公司的业务交由其实际控制的 C 公司经营，谋取了属于 A 在线公司的商业机会，损害了 A 在线公司的利益，违反了对 A 在线公司所负忠实义务和竞业禁止义务。根据《公司法》第 148 条第 2 款、第 149 条的规定，李某由此获得的收入归 A 在线公司所有，以弥补 A 在线公司的实际损失。但在 A 在线公司损失标的系商业机会难以准确认定数额且李某的个人获益和 B 公司及其股东的实际损失亦无法认定的情况下，原判决综合考虑 C 公司的运营成本、网络项目的发展前景和技术团队、资本团队对网络项目的投入、贡献情况，酌定李某向 A 在线公司赔偿 2916 万元以弥补 A 在线公司和 B 公司及其背后投资人的实际损失及合理期待利益，亦无不当。

【参考裁判文书】最高人民法院（2021）最高法民申 1686 号李某、深圳市华佗在线网络有限公司损害公司利益责任纠纷一案再审审查与审判监督民事裁定书。

第五节 判决主文规范表述

根据损害公司利益责任纠纷案件责任承担方式的不同，区分判决主文关于被告承担方式的表述。损害公司利益责任纠纷判决主文规范表述详见表 2。

表2　损害公司利益责任纠纷判决主文规范列表

裁判类型	裁判事项	裁判主文
损害公司利益责任	被告所得收入归公司所有	被告甲应于本判决生效之日起××日内向原告乙（或乙公司）返还其所得收入××元
	被告赔偿公司损失	被告甲应于本判决生效之日起××日内向原告乙（或乙公司）赔偿损失××元（或写明损失的计算方式）
	被告返还原物	被告甲应于本判决生效之日起××日内向原告乙（或乙公司）返还公司公章、财务章、营业执照
	被告停止侵害	被告甲应于本判决生效之日起××日内停止对原告乙（或乙公司）的××行为

第三章
损害公司债权人利益责任纠纷

第三章 损害公司债权人利益责任纠纷

第一节 类型纠纷审判概述

公司债权人和公司股东[①]是与公司关系最为密切的两类利益群体。公司作为商事主体，在生产经营过程中，不可避免地要与外部主体发生关系，外部主体亦可能基于自愿或者非自愿与公司产生债权，成为公司债权人。但与作为公司财产最终所有者的股东[②]相比，公司债权人仅能依据各类契约或侵权关系对公司享有相应财产请求权，除此以外，并不享有更多权利。基于公司的有限责任制度，债权人依法只能在公司资产范围内实现其债权。并且，在现代公司制度体系下，公司债权人对公司并不享有经营管理权，容易导致其未来到期债权的实现处于不稳定状态，即债权人的权益相对公司股东而言处于不利地位。鉴于上述情况，《公司法》为了平衡保护公司债权人利益，规定公司股东滥用公司法人格和股东有限责任，或者违反出资清算等义务，严重损害公司债权人利益行为的，应当对公司债务承担责任。[③]《公司法》这种始于公司设立，贯穿于公司营运全过程，终于公司清算注销的债权人权益保护理念与制度，对于促使股东依法正当行使权利，规范股东行为，促进公司健康、诚信发展，维护社会经济秩序和交易安全，具有重要意义。

---

① 2020年12月29日最高人民法院修改《民事案件案由规定》将第二级案由"与公司有关的纠纷"项下原"257.股东损害公司债权人利益责任纠纷"修改为"277.损害公司债权人利益责任纠纷"，并下设"股东损害公司债权人利益责任纠纷"和"实际控制人损害公司债权人利益责任纠纷"，意味将实际控制人与股东并列为损害公司债权人利益追责主体，而且从实际控制人法律含义来看，实际控制人往往与股东属于同一方利益主体，因此本章节概述部分阐述的股东利益应从广义上理解，包括公司股东和实际控制人利益。

② 公司股东作为公司投资者，依公司法规定享有所有者的资产收益、重大决策和选择管理者等权利，对外而言与公司利害关系一致。

③ 由于最高人民法院历次修正发布的《民事案件案由规定》二级案由"与公司有关的纠纷"项下均独立设置"损害公司债权人利益责任纠纷"和"清算责任纠纷"三级案由，因此本章除第一节理论介绍外，在以下具体法律适用实务问题梳理和研究时未将"清算责任纠纷"纳入分析范围。

一、公司债权人利益保护概述

（一）公司债权人与股东利益保护差序地位

1. 公司债权人含义

公司之债权，根据债权法律关系形成形式可分为公司债券之债、合同之债和侵权损害赔偿之债三种类型。公司债权人是指与公司存在债的法律关系对公司享有债权请求权的权利主体。根据形成原因，公司债权人可分为主动债权人、被动债权人、社会债权人等。主动债权人是指基于其自主意思与公司发生契约之债的债权人，包括一般性债权和公司债债权。其中，公司债债权人是指以投资者的身份购买公司债券而对公司享有债权的债权人。因公司债券具有有价证券性、流通性、可转换性等特征，公司债债权人身份类似于股东；被动债权人是指非出于其自身意愿，而被动与公司发生债务关系的债权人，如常见的侵权之债；社会债权人是指代表社会公共利益的主体基于税收、环境生态保护、劳动者保护等原因而对公司享有社会债权的债权人。

2. 公司债权人利益保护的劣势性

公司股东是指持有股份公司或有限责任公司股权的投资主体，其投资行为是公司存在和经营的基础。如前所述，公司债权人是对公司享有债权请求权的权利主体，不管是因主动、被动抑或基于社会责任原因成为公司债权人，其对公司享有的债权从性质上均可最终表现为公司的经营性资产。债权人与股东是公司最主要的利益关联方，作为公司经营性资产的提供者，在多数情况下，双方可从公司生产经营利润中各取所需，股东可以获得股本增值，享受投资收益；而债权人可以收回债权或获得资金利息收入。从这一层面分析，公司股东和债权人都希望公司可以创造更多价值，二者具有休戚与共的利益共同体关系。

但不容忽视的是，当股东向公司注入注册资金，该出资财产即与股东个人财产相分离，其所有权归属公司，成为公司独立财产。股东与公司之间人格独立，公司以其全部法人财产独立承担责任。相应对股东而言，其依约缴纳认缴出资后，即享受有限责任待遇，不再对公司的债务承担责任，而其作为公司所有权人，仍对公司享有财产分配权，故其基于追求公司利益和自身价值最大化考虑，更愿意进行高风险投资经营。特别当公司面临财务困境时，债权人比股东有优先受偿权，股东决策会变得更为激进，更愿意从事投资冒险行为。因为此时公司已经营不善，股东原本即无收回投资可能，即使高风险项目亏了，由于股东只承担有限责任，其情况不会更为糟糕，但如果冒险投资成功了，股东即可扭转不利。因此，股东更愿意冒险从事高风险投资项目。但是，对于公司债权人而言，公司市场价值的变化对其并无明显影响，只要公司资产足以清偿其债务即可。因此，债权人更为关注按期收回债权本息，更希望公司稳健经营。但是，由于公司的经营决策是由公司股东及其委任的董事会和高管作出，债权人并无参与的权利，股东往往会利用债权人的信息劣势，作出损害债权人利益的行为。由此可见，两者利益关系存在明显冲突，从自身利益考虑，相比之下，债权人利益保护较之股东处在弱势地位。一方面，公司的有限责任制度安排使债权人只能以公司资产为限实现债权；另一方面，公司债权人对公司的经营管理无法定权利，使其债权实现始终处于自己无法控制的风险之中。

实践中，有些股东或其委托的管理者在公司经营过程中滥用公司法人独立地位和股东有限责任，恶意转移公司资本，或者私自占有公司财产，造成公司财产与个人财产混同，导致公司资产外流，甚至将公司资产掏空，使公司名存实亡；有的公司股东未依法履行出资义务或抽逃出资，或者在公司结束经营时怠于履行清算义务，甚至恶意处置公司资产，导致公司资产流失或无法清算，严重损害债权人利益。

综上所述，股东与债权人的法律地位、权利义务安排迥异，加之现实中不少股东违反法律、行政法规和公司章程规定，滥用公司法人独立地位和股东权利及其有限责任，使债权人利益面临极大交易风险。因此建立和完善债权人利益保护法律制度尤为重要。

3. 债权人利益保护法理基础

传统公司法理念以公司营利和股东利益为重。20世纪以来，为适应经济发展，公司法律制度特别是债权法律制度得以完善，公司立法加强了公司利益保护的制度建构，对公司成立、公司行为限制更为重视，规定了较为严格的公司设立条件和责任，并加强了司法和行政对公司设立过程的监督，同时规定了诚信、权利不得滥用、公序良俗、债权不可侵犯等债权保护法律制度。整体而言，债权人利益法律保护的理论基础主要有以下方面：

（1）社会责任理论。公司社会责任[①]理论的提出是公司债权人保护法律制度发展的主要理论前提。该理论认为，公司应兼顾社会利益包括债权人利益、劳动者利益、消费者利益、社区利益、环境利益以及社会公共利益等，其中，债权人利益保护是主要内容之一。

（2）公平原则理论。公平是法律追求的最高价值目标，其强调在公司债权人和股东相互关联的主体之间合理分配和分担权利义务，建立和完善相关

[①] 公司社会责任，是指公司不能仅以最大限度为股东谋利作为唯一存在目的，而强调应当兼顾股东利益之外的其他社会利益。

责任制度，以实现两者权益平衡作为立足点。

（3）维护交易安全理论。债权人利益法律保护是促进交易安全和维护社会信用的重要手段，而良好的交易秩序和诚信体系是维护健康有序市场经济和社会秩序的基石。

（4）利害关系人理论。该理论是支持债权人利益保护的重要法理基础，强调公司组织体作为一种社会存在，其经营和发展必然会受到包括公司债权人在内的各种利害关系人的影响，因此，治理结构构建必须考虑股东之外的其他利害关系人的利益保护。

（二）公司债权人利益保护法律制度安排

保护公司债权人利益逐渐发展成为公司法的基本理念，现代各国公司法都将债权人利益保护作为其立法目的之一。从各国立法例来看，公司债权人保护贯彻于公司设立、营运、清算注销的全过程。

1.各国公司法债权人利益保护立法例

（1）设立阶段。主要通过公司注册资本额、股份认缴制度、股东出资方式与比例、发起人责任等措施强化对公司债权人保护。如基于权利义务一致、利益风险并存原则，一般规定公司最低资本额；[1] 基于防止虚假出资，对股东认购缴纳股份，英美法系国家采取授权资本制，大陆法系国家采取法定资本制，德、日、法等采取认可制；基于规制滥设公司行为，对公司设立采取严格准则制，并对募集股份、发行公司债券等涉及公众利益的重大行为实行严格审批制度；基于保证出资充足，对股东出资方式[2]和比例规定限制制度；[3]基于规范公司设立，各国公司法一般都规定发起人在享有优于其他股东权利[4]的

---

[1] 大陆法系国家公司法一般对人合性较强的有限责任公司最低资本额要求不高，对具有资合性的股份有限公司往往规定较高的最低资本额；英美法系国家公司法对最低资本额要求不严，甚至无规定。

[2] 最通常出资形式包括现金、实物、无形财产、劳务四类。《美国标准公司法》第19条规定，发行股份的对价可全部地或部分地以现款、以其他财产——有形的或无形的或以实际为公司完成的劳务或服务来缴付。德国、法国等大陆法系国家允许以信誉出资，但劳务不能算作实物出资。

[3] 关于股东出资比例，一般规定公司创办人必须在设立公司前以一定比例（总股本额的20%~30%）数额的现款来缴付股份对价。如德、法等国的公司法规定股份有限公司注册的初始股东，必须在公司正式成立前以现金缴纳其持有的股票面额的25%，其余额可分期在5年内缴纳；如果用实物支付股金，则需在公司成立前一次付清全部股金。

[4] 如取得优先股、获得相应报酬、公司解散时优先分得财产以及取得其他特别利益等，我国《公司法》未作此规定。

同时承担较重义务和责任,如对公司资本的充实责任、对公司延误设立的损害赔偿连带责任、基于公司成立时的恶意或重大过失而对第三者的损害赔偿连带责任、公司不能成立时对设立行为所产生的债务和费用所负的连带责任以及对认股人已缴纳股款和利息的返还责任;等等。

(2)营运阶段。具体包括以下债权人利益保护制度:①资本维持制度。为了防止资本实质减少,防止股东进行过高盈利分配,故而要求公司存续过程中应当保持与其资本额相当的财产。具体包括禁止公司低于票面金额发行股票、禁止公司不合理处分财产、设立公积金以保持公司财产的正常状况、特定情况下公司可回购自有股份等。②资本不变制度。为了防止公司资本总额减少导致公司责任范围缩小,公司章程需载明公司资本数额且不得随意增减。③股份转让限制制度。对股份转让作必要限制,如限制公司设立登记前股份有限公司股份转让、限制公司正式成立前认购股份的转让、限制特别持有人[①]持有的股份转让、为防止垄断限制收购公司股票等。④规制越权行为。为了保护作为交易相对方的债权人知悉公司的权利能力和行为能力范围,要求公司在章程规定的经营范围内从事经营活动。但从公司法发展趋势看,公司越权行为绝对无效已被相对无效或有效所取代。[②] ⑤公司信息公开披露制度。为了让交易相对方了解公司资信状况、责任性质等,要求公司公示其重大事项,如实行登记注册事项公开制度,公司的设立、变更、注销等均应在登记机关登记,实行公司财务情况公开制度,凡公开发行股份及公司债的公司需公告资产负债表、损益计算表、盈余分配或亏损弥补决议等各项会计表册。⑥债权人参与公司特定经营事项机制。从积极、主动的角度规定股份公司债券持有人会议制度、债务和解制度、公司重整制度等。

(3)清算注销阶段。具体包括:在公司合并或分立时债权人有权请求提前清偿债务或提供相应担保;公司破产时债权人优先获得清偿;[③] 为了防止公司股东或清算人非法处分公司财产,公司清算时应当依法及时组成清算组织并依照法律规定的财产接管和清算规则开展各项清算活动;规定公司在即将

---

① 发起人、董事、监事、高管等。

② 欧共体1968年关于公司法的第一号指令中规定,凡经公司董事会所决定的交易,对于与该公司进行交易的善意第三人来说,均应视为在该公司的行为能力范围内的交易。英国、美国、德国公司法也有相应规定。

③《德国公司法》第272条规定,只有在第三次公开要求债权人申报权利时之日起一年后,股东才可分配财产。

解散或破产前非法处分公司财产的行为无效;[①] 规定公司清算欺诈性交易追究责任制度[②] 等。

2. 我国公司法债权人利益保护制度

我国《公司法》自1993年颁布以来,历经2005年、2013年两次重大调整以及1999年、2018年两次修正,对于公司债权人等多元利益主体保护方法和体系也随之不断完善。

(1)公司资本制度。我国《公司法》长期以来在资本制度设计上严格贯彻资本确定、资本维持、资本不变三原则。1993年《公司法》确立了最严苛的法定资本制,体现在畸高的最低资本门槛、一次性足额缴纳、仅限于五种出资形式、非货币出资比例不超过20%的限制、强制验资与非货币出资评估等方面。但是,严苛的法定资本制并未实现保护债权人利益与发挥资本信用优势之初衷,相反,与社会经济脱节的制度阻滞了资本市场的进步发展。2005年《公司法》的修订虽对上述各层面的规则予以保留,但大幅缓和了规制手段的严苛性,依托对首次实缴比例与后续出资期限的限制,实现了从资本信用到资产信用的"软着陆"。这次修订虽然放松了资本限制,但总体上仍属于法定资本制。[③] 相较于此,2013年《公司法》修正的意义则明显更为深远,可以称得上是资本制度与商事登记的"革命性"改革:一是取消了公司注册资本最低限额;二是取消对公司注册资本实缴的限制;三是取消对公司货币出资的比例限制;四是取消公司登记提交验资证明的要求,公司营业执照不再记载"实收资本"事项。有关公司资本制度的规定可见《公司法》

---

① 《英国公司法》规定,在公司破产时或公司清算开始前6个月内,公司隐匿、私分或无偿转让财产的行为,非正常压价出售财产的行为,对原无担保的债务提供担保的行为,对未到期的债务提前清偿的行为以及放弃自己的债权的行为,均为无效行为。

② 根据《英国公司法》规定,在公司清算中,如果发现公司任何交易带有欺诈债权人的意图,法庭可以在接到公司注册署、公司清算人、公司债权人保护或负有连带偿还责任的人的申请后,宣布有关人士为知悉欺诈交易情况的内幕人士,该人士即应对公司债务承担无限清偿责任。

③ 陈国富、田珺:《公司资本制度改革与债权人利益保护——基于偿债能力的考察》,载《南开经济研究》2021年第3期。

（2013年修正）第28条[①]、第83条[②]、第35条[③]、第91条[④]。

公司资本制度设计背后的利益冲突与协调，实则发生在公司股东与债权人之间，如过于严苛，则不利于作为创业人的股东；反之，则不利于债权人利益的保护。《公司法》确定认缴资本制，允许股东出资自由约定，在市场主体诚信意识仍显不足、国家信用体系尚未有效运作的背景下，对债权人利益保护产生了冲击，也引发了一些担忧甚至质疑。[⑤]2021年12月发布的《公司法（修订草案）》引入了英美法系有限度的授权资本制，即公司章程或者股东会可以授权董事会决定公司发行股份总数中除设立时已发行股份数之外的股份发行事宜，并可以对授权发行股份的期限和比例作出限制。这或许是未来资本制度改革的方向，并在该方向指引下，结合市场主体的制度需求，破除先前以资本信用和债权人保护为核心的路径依赖，着手构建维持公司、股东及债权人之间利益平衡的新制度。[⑥]

（2）公司重大事项公开制度。我国《公司法》规定的公开制度主要包括以下两方面内容：一是登记、注册事项公开制度，公司必须向注册登记机关申请登记，包括设立信息和应予注册的信息等重要情况和事项；[⑦]二是公司财务状况公开制度，规定凡公开发行股份和公司债的公司应当公开资产负债表、

---

① 《公司法》第28条第1款规定："股东应当按期足额缴纳公司章程中规定的各自所认缴的出资额。股东以货币出资的，应当将货币出资足额存入有限责任公司在银行开设的账户；以非货币财产出资的，应当依法办理其财产权的转移手续。"

② 《公司法》第83条第1款规定："以发起设立方式设立股份有限公司的，发起人应当书面认足公司章程规定其认购的股份，并按照公司章程规定缴纳出资。以非货币财产出资的，应当依法办理其财产权的转移手续。"

③ 《公司法》第35条规定："公司成立后，股东不得抽逃出资。"

④ 《公司法》第91条规定："发起人、认股人缴纳股款或者交付抵作股款的出资后，除未按期募足股份、发起人未按期召开创立大会或者创立大会决议不设立公司的情形外，不得抽回其股本。"

⑤ 甘培忠：《企业与公司法学》，北京大学出版社2018年版，"序言"部分。

⑥ 李建伟：《授权资本发行制与认缴制的融合——公司资本制度的变革及公司法修订选择》，载《现代法学》2021年第6期。

⑦ 《公司法》第6条规定："设立公司，应当依法向公司登记机关申请设立登记……"第7条规定："依法设立的公司，由公司登记机关发给公司营业执照。公司营业执照签发日期为公司成立日期。公司营业执照应当载明公司的名称、住所、注册资本、经营范围、法定代表人姓名等事项。公司营业执照记载的事项发生变更的，公司应当依法办理变更登记，由公司登记机关换发营业执照。"

损益表、盈余分配和亏损弥补决议等会计报表。① 此外，《公司法》第 207 条规定中介机构提供虚假信息所应承担的行政责任和民事责任，② 为债权人合法权益因中介机构提供的虚假信息而遭受损失的损害赔偿提供了法律依据，填补了该方面的立法空白。

（3）债权人优先权制度。鉴于债权人不能参加公司经营管理却实际承担公司因经营不善及不可抗力带来的债权无法实现的风险，我国《公司法》规定公司因合并、分立、破产、解散等原因导致终止或进入清算程序时债权人享有特殊的优先受偿权利。对于上述权利，《公司法》第 184 条③、第 186 条第 2 款和第 3 款④对此作了相应规定。

（4）提前请求清偿债务制度。债权人的债权一般应按约定期限请求清偿，但在公司发生合并、分立、减少注册资本时，债权人有权请求公司提前清偿

---

① 《公司法》第 134 条第 1 款规定："公司经国务院证券监督管理机构核准公开发行新股时，必须公告新股招股说明书和财务会计报告，并制作认股书。"《公司法》第 154 条规定："发行公司债券的申请经国务院授权的部门核准后，应当公告公司债券募集办法。公司债券募集办法中应当载明下列主要事项：（一）公司名称；（二）债券募集资金的用途；（三）债券总额和债券的票面金额；（四）债券利率的确定方式；（五）还本付息的期限和方式；（六）债券担保情况；（七）债券的发行价格、发行的起止日期；（八）公司净资产额；（九）已发行的尚未到期的公司债券总额；（十）公司债券的承销机构。"

② 《公司法》第 207 条规定："承担资产评估、验资或者验证的机构提供虚假材料的，由公司登记机关没收违法所得，处以违法所得一倍以上五倍以下的罚款，并可以由有关主管部门依法责令该机构停业、吊销直接责任人员的资格证书，吊销营业执照。承担资产评估、验资或者验证的机构因过失提供有重大遗漏的报告的，由公司登记机关责令改正，情节较重的，处以所得收入一倍以上五倍以下的罚款，并可以由有关主管部门依法责令该机构停业、吊销直接责任人员的资格证书，吊销营业执照。承担资产评估、验资或者验证的机构因其出具的评估结果、验资或者验证证明不实，给公司债权人造成损失的，除能够证明自己没有过错的外，在其评估或者证明不实的金额范围内承担赔偿责任。"

③ 《公司法》第 184 条规定："清算组在清算期间行使下列职权：（一）清理公司财产，分别编制资产负债表和财产清单；（二）通知、公告债权人；（三）处理与清算有关的公司未了结的业务；（四）清缴所欠税款以及清算过程中产生的税款；（五）清理债权、债务；（六）处理公司清偿债务后的剩余财产；（七）代表公司参与民事诉讼活动。"

④ 《公司法》第 186 条第 2 款和第 3 款规定："公司财产在分别支付清算费用、职工的工资、社会保险费用和法定补偿金，缴纳所欠税款，清偿公司债务后的剩余财产，有限责任公司按照股东的出资比例分配，股份有限公司按照股东持有的股份比例分配。清算期间，公司存续，但不得开展与清算无关的经营活动。公司财产在未依照前款规定清偿前，不得分配给股东。"

或提供相应担保,这是债权人利益保护的变通手段。对此,我国《公司法》第 173 条[①]、第 175 条[②]和第 177 条[③]规定了相应的保护性制度。

(5)公司人格否认制度。公司人格否认制度,又称揭开公司面纱、刺破公司面纱制度,该制度是我国公司法发展过程中具有里程碑意义的安排。法人是法律所认可的权利义务主体,是具有民事权利能力和民事行为能力,依法独立享有民事权利和承担民事义务的组织。法人的本质特征是其具有区别于成员的独立人格。《公司法》第 3 条规定:"公司是企业法人,有独立的法人财产,享有法人财产权。公司以其全部财产对公司的债务承担责任。有限责任公司的股东以其认缴的出资额为限对公司承担责任;股份有限公司的股东以其认购的股份为限对公司承担责任。"这是我国有关公司法人人格和股东有限责任的规定。《公司法》在 2005 年修订时对公司股东滥用公司法人地位和股东有限责任明文作出规定,明确确立公司人格否认制度,开创了以制定法形式规定公司人格否认制度的先例。[④]该制度是在承认公司具有法人人格的前提下,在特定的法律关系中对公司的法人人格及股东有限责任加以否定,以制止股东滥用公司法人格及有限责任,保护公司债权人的利益。[⑤]

(三)公司债权人利益法律救济

实务中常见的损害公司债权人利益行为包括:公司股东滥用公司法人独立地位和股东有限责任损害公司债权人的利益;公司股东虚增注册资本、虚假出资或者抽逃出资等违反出资义务行为损害公司债权人的利益;公司股东

---

① 《公司法》第 173 条规定:"公司合并,应当由合并各方签订合并协议,并编制资产负债表及财产清单。公司应当自作出合并决议之日起十日内通知债权人,并于三十日内在报纸上公告。债权人自接到通知书之日起三十日内,未接到通知书的自公告之日起四十五日内,可以要求公司清偿债务或者提供相应的担保。"

② 《公司法》第 175 条第 2 款规定:"公司分立,应当编制资产负债表及财产清单。公司应当自作出分立决议之日起十日内通知债权人,并于三十日内在报纸上公告。"

③ 《公司法》第 177 条规定:"公司需要减少注册资本时,必须编制资产负债表及财产清单。公司应当自作出减少注册资本决议之日起十日内通知债权人,并于三十日内在报纸上公告。债权人自接到通知书之日起三十日内,未接到通知书的自公告之日起四十五日内,有权要求公司清偿债务或者提供相应的担保。"

④ 参见甘培忠:《企业与公司法学》,北京大学出版社 2018 年版,第 132 页。

⑤ 人民法院出版社编著:《最高人民法院民事案件案由适用要点与请求权规范指引(第二版)》,人民法院出版社 2020 年版,第 752 页。

在公司清算过程中损害公司债权人的利益。[1] 针对上述不同情形，我国《公司法》规定了不同的债权人权利救济内容。

1. 股东或实际控制人滥用法人独立地位和股东有限责任需对公司债务承担连带责任

若公司股东在公司运行过程中，滥用其权利，逃避债务，严重损害公司债权人利益，债权人可以依据《公司法》第 20 条第 3 款规定诉请否认公司人格，滥用股东权利的股东应当与公司一起共同承担法律责任，此种责任类型为连带责任。《民商审判会议纪要》第 11 条规定了实际控制人滥用控制权造成公司人格混同、逃避债务的，亦可否认公司法人人格。当然，股东或实际控制人对公司债务承担连带责任应有严格的适用条件，只有在股东滥用公司法人地位及股东有限责任、严重损害公司债权人利益、导致公司财产不足以清偿公司债权人的债权情况下，该股东才需对公司债务承担连带责任。

2. 股东到期未履行或未全面履行出资义务需在出资义务本息范围内对公司债务不能清偿部分承担补充赔偿责任，债权人也可直接请求对该股东承担连带责任的发起人承担赔偿责任

《公司法司法解释（三）》第 13 条规定，公司债权人可要求未履行或未全面履行出资义务的股东在未全面出资的本息范围内对公司债务不能清偿的部分承担补充赔偿责任，也可直接请求对该股东承担连带责任的发起人承担赔偿责任。要注意的是，股东对其认缴的出资享有期限利益。公司或公司债权人不得随意让未届出资期限的股东承担其未到期的出资责任。目前，根据《民商审判会议纪要》的规定，只有在两种特殊情况下，股东的出资可加速到期，一是公司作为被执行人的案件，人民法院穷尽执行措施无财产可供执行，已具备破产原因，但不申请破产的；二是在公司债务产生后，公司股东会决议或以其他方式延长股东出资期限的。2021 年 12 月发布的《公司法（修订草案）》与《民商审判会议纪要》上述规定精神一致，但对加速到期的条件放宽，即"公司不能清偿到期债务，且明显缺乏清偿能力的"，[2] 不要求公司作为被执行人的案件经穷尽执行措施无财产可供执行，公司或债权人即有权要求其提前缴纳出资。股东等责任主体瑕疵出资侵权行为导致公司债权人债权未获清偿，公司属于第一顺位清偿义务人，股东等责任主体是第二顺位清偿义

---

[1] 参见唐青林、李舒主编：《公司法 25 个案由裁判综述及办案指南》，中国法制出版社 2018 年版，第 661 页；索宏钢主编：《类型化案件审判指引（商事卷）》，人民法院出版社 2019 年版，第 660 页。

[2]《公司法（修订草案二次审议稿）》第 53 条规定："公司不能清偿到期债务的，公司或者已到期债权的债权人有权要求已认缴出资但未届缴资期限的股东提前缴纳出资。"

务人。亦即，股东等相关责任主体对公司债权人仅承担补充清偿义务，其享有先诉抗辩权，即公司债权人只有在公司确定不能履行到期债务时才可要求瑕疵出资股东等在差额范围内承担清偿责任。

3. 股东抽逃出资需在抽逃出资本息范围内对公司债务不能清偿部分承担补充赔偿责任，协助抽逃出资的其他股东、董事、高级管理人员或者实际控制人对此承担连带责任

《公司法司法解释（三）》第14条规定，公司股东恶意抽逃出资，公司债权人可要求其在抽逃出资本息范围内对公司债务不能清偿的部分承担补充赔偿责任，同时规定协助抽逃出资的其他股东、董事、高级管理人员或者实际控制人对此承担连带责任。

4. 股东及实际控制人未及时清算、怠于清算、恶意处置公司资产等导致公司资产流失或无法清算需对公司债务承担连带清偿责任或赔偿责任

《公司法司法解释（二）》第18条规定了股东等主体未在法定期限内组织清算给公司财产造成损失的赔偿责任、怠于履行清算义务导致公司无法清算的连带清偿责任；第19条规定了股东等恶意处置公司财产以及欺诈注销的赔偿责任；第20条规定了股东等未经清算即办理注销登记的清偿责任。

二、损害公司债权人利益责任纠纷概述

（一）案由释义

1. 股东损害公司债权人利益责任纠纷

股东损害公司债权人利益责任纠纷是指"公司股东因滥用公司法人独立地位和股东有限责任，逃避债务，严重损害公司债权人利益，对公司债务承担责任的民事纠纷"。[①]

2. 实际控制人损害公司债权人利益责任纠纷

实际控制人损害公司债权人利益责任纠纷的释义可参照上述股东损害公司债权人利益责任纠纷释义，仅主体有所不同。关于何谓实际控制人，《公司法》第216条第3项明确了含义，"实际控制人，是指虽不是公司的股东，但通过投资关系、协议或者其他安排，能够实际支配公司行为的人"。有不少学者指出上述立法定义关于"虽不是公司股东"的界定存在漏洞，[②] 在2021年12

[①] 人民法院出版社编著：《最高人民法院民事案件案由适用要点与请求权规范指引（第二版）》，人民法院出版社2020年版，第752页。

[②] 李建伟：《关联交易的法律规制》，法律出版社2007年版，第35页；周伦军：《上市公司实际控制人案件审理中若干问题研究》，载《人民司法·应用》2008年第11期。

月 24 日公布的《公司法（修订草案）》第 259 条第 3 项规定中已将"虽不是公司股东"的内容删去，变更了《公司法》对实际控制人的定义。[①]

（二）常见纠纷类型

根据我国《公司法》关于公司债权人利益法律救济规定以及纠纷引发原因，损害公司债权人利益责任纠纷的常见类型如下。

1. 因股东瑕疵出资引发的纠纷

公司资本制度基本原理是股东以出资义务换取有限责任，而股东的有限责任又有可能将投资风险一定程度上转嫁给债权人。作为对债权人承担风险的补偿，我国《公司法》秉承大陆法系公司资本三原则制度，将股东未依法履行到期出资义务或者股东与实际控制人等抽逃出资等行为均认定为严重损害债权人利益的不法行为。相对应，公司债权人可以基于对应的请求权基础对瑕疵出资股东和协助抽逃出资的实际控制人、董事、高级管理人员提起损害公司债权人利益纠纷诉讼。股东常见的违反出资义务有两种情形：一是未履行出资义务和未完全履行出资义务；二是股东抽逃出资或实际控制人协助抽逃出资。股东出资责任与公司法人人格否认之诉中的股东连带责任完全不同。股东出资责任是股东对公司的出资义务，仍在股东有限责任的范畴之内；而公司法人人格否认之诉中的股东责任是股东在出资义务之外的责任，是股东有限责任的例外。按照权利行使主体的不同，可将股东出资责任区分为内部责任和外部责任。对内责任是指其他股东或公司对违反出资义务的股东行使诉权，要求未出资股东补缴出资或向公司返还应出资金额；对外责任是指公司债权人要求违反出资义务的股东或相关责任人对公司债务承担补充责任或连带责任。对于损害公司债权人利益责任纠纷而言，仅涉及股东违反出资义务的对外责任。

2. 因公司人格否认引发的纠纷

公司作为独立民事主体，以其拥有的责任财产承担民事责任，公司人格独立和股东有限责任是公司法的基本原则。但如果公司与股东人格混同，公司没有独立的财产，其就没有成为独立民事主体的基础，失去独立存在的价值。对于股东滥用公司法人独立地位和股东有限责任的行为，有必要矫正股东有限责任在上述特定法律事实发生时对债权人保护的失衡，从而否认公司独立人格，由滥用公司法人独立地位和股东有限责任的股东对公司债务承担连带责任。公司债权人可以基于股东滥用公司法人独立地位和股东有限责任行为而提起债权人利益损害责任纠纷诉讼。公司人格与股东人格混同最根本的判断标准是公司是否具有独立意思和独立财产。对公司人格进行否认，由

---

① 《公司法（修订草案二次审议稿）》调整该条序号为第 261 条。

侵权股东对公司债务承担连带责任，属于股东承担有限责任的例外情形。只有在股东实施了严重损害公司债权人利益的滥用公司法人独立地位及股东有限责任行为才能适用，而且，公司人格否认不是全面、彻底、永久地否定公司独立人格，仅是针对具体案件根据特定法律事实和法律关系否认公司的独立人格，突破股东有限责任，例外地判令侵权股东承担连带责任。个案中否认公司人格裁判的既判力仅约束该案当事人，不当然适用于其他诉讼，但生效判决认定的事实可以作为其他相关案件的依据。实践中，常见法人人格否认适用情形包括人格混同、过度支配与控制以及资本显著不足等。在审理案件时，要根据查明的案件事实进行综合判断，既审慎适用，又当用则用。实践中存在标准把握不严而滥用这一例外制度的现象，同时也存在因法律规定较为原则、抽象，适用难度大，而不善于适用、不敢于适用的现象，均应当引起高度重视。①

3. 因股东怠于履行清算义务引发的纠纷

根据《公司法司法解释（二）》第18条第2款规定，有限责任公司的股东、股份有限公司的董事和控股股东因怠于履行义务，导致无法进行清算，债权人可以主张其对公司债务承担连带清偿责任。上述司法解释实施后，积极推动了公司股东在公司解散后及时、主动启动清算程序，但也被资产管理公司等职业债权人滥用，如以超低价收购"僵尸企业"的债权，然后批量对这些企业的股东等相关主体提起强制清算诉讼，进而对全体股东及其他相关主体提起连带赔偿责任诉讼，导致大量未参与公司管理或无过失的小股东承担赔偿责任。《民商审判会议纪要》第14条、第15条规范了"股东怠于履行清算义务"的认定标准，对小股东进行倾斜保护。

4. 因清算组违法清算引发的纠纷

为规范有限公司自行清算行为，《公司法司法解释（二）》第19条、第20条规定有限责任公司股东、股份有限公司董事和控股股东以及公司实际控制人在公司解散后恶意处置公司财产给债权人造成损失或者欺诈清算注销公司的，债权人可以请求其对公司债务承担相应赔偿责任。

由于最高人民法院历次修正发布的《民事案件案由规定》二级案由"与公司有关的纠纷"项下均独立设置"损害公司债权人利益责任纠纷"和"清算责任纠纷"三级案由，因此本编的法律适用实务问题梳理和研究未将上述即"清算责任纠纷"纳入分析范围。

---

① 最高人民法院民事审判第二庭编著：《〈全国法院民商事审判工作会议纪要〉理解与适用》，人民法院出版社2019年版，第10页。

（三）损害公司债权人利益责任认定标准

损害公司债权人利益责任在性质上属于侵权责任，债权人与股东不存在合同权利义务的约定，双方之间没有合同关系，债权人之所以可以起诉股东，是因为股东违反了《公司法》义务，损害了公司对外偿债能力，侵犯了债权人对公司债务求偿权的实现，债权人基于《公司法》规定，享有对侵权股东及相关责任人的侵权损害赔偿请求权。不难理解，构成此类纠纷项下侵权责任之主体，被侵权人应为公司的债权人，侵权人为公司的股东或实际控制人。对其他构成要件分述如下。

1. 公司人格否认侵权责任构成要件

公司人格否认侵权责任构成要件主要包括：（1）从主观要件来看，股东需具有逃避公司债务故意，但不应过分强调权利滥用的主观要件。（2）从行为要件来看，包括公司财产与股东财产混同且无法区分，亦即"纵向人格混同"，其认定标准主要是《民商审判会议纪要》第10条；多个子公司或关联公司被控制股东或实际控制人过度支配与控制而完全丧失独立性，亦即"横向人格混同"，其认定标准主要是《民商审判会议纪要》第11条第2款；资本显著不足，亦即股东投入的资本与公司经营风险明显不匹配，其认定标准主要是《民商审判会议纪要》第12条。（3）从结果要件来看，股东的行为严重损害了债权人利益。（4）从因果关系要件来看，股东滥用公司法人独立地位和股东有限责任的行为与公司债权人利益严重受损之间必须具有直接因果关系。

2. 股东瑕疵出资侵权责任构成要件

认定股东未依法履行出资义务，或者股东抽逃出资等股东瑕疵出资行为是否构成损害债权人利益的侵权行为，构成要件主要包括：（1）从主观要件来看，股东等责任主体具有未依法履行到期出资义务或抽逃出资的故意。（2）从行为要件来看，股东等责任主体具有虚假出资、抽逃出资、出资期限届满后未出资（包括破产或清算引发的认缴出资加速到期）、未依约履行增资义务、公司减资或解散时未依法通知债权人、简易程序注销公司并签署承诺书等瑕疵出资情形。（3）从结果要件来看，股东等责任主体瑕疵出资行为客观上削弱了公司的偿债能力，导致债权人向公司提出的债权求偿权无法实现。（4）从因果关系要件来看，股东瑕疵出资行为与债权人利益受损之间具有因果关系。

三、损害公司债权人利益责任纠纷法律规制梳理

为了全面梳理损害公司债权人利益责任纠纷法律规制的内容和体系，现

从广义层面，即涵盖法律、法规、规章、具体应用法律的解释等不同层级规则梳理相关规范性规定。

（一）关于法人人格否认侵权行为法律规制内容

1.法律规范层面

公司法人人格否认适用中最为传统、最为典型的情形是股东滥用公司的独立人格和股东有限责任，此时的法律责任是从公司指向股东，由股东来承担公司的责任。

《公司法》第3条第1款规定："公司是企业法人，有独立的法人财产，享有法人财产权。公司以其全部财产对公司的债务承担责任。"公司的独立人格突出表现在财产独立上，只有在财产分离的情况下，公司才能以自己的财产独立地对其债务负责。当关联公司的财产无法区分，丧失独立人格时，就丧失了独立承担责任的基础。因此，该条款作为否认公司法人格的适用条款，也是适当的。[1]

《公司法》第20条第1款从总体层面规定公司股东应当遵守法律、行政法规和公司章程，依法行使股东权利，不得滥用公司法人独立地位和股东有限责任损害公司债权人的利益；第3款规定公司股东滥用公司法人独立地位和股东有限责任，逃避债务，严重损害公司债权人利益的，应当对公司债务承担连带责任。[2]

《公司法》第63条规定一人公司的债务承担，规定一人有限责任公司的股东不能证明公司财产独立于股东个人财产的，应当对公司债务承担连带责任。该条规定为保障一人公司债权人的合法权益，实行举证责任倒置，即由股东承担公司财产与股东财产相互独立的举证责任。

《民法典》第83条规定营利法人的出资人不得滥用出资人权利损害法人或者其他出资人的利益；滥用出资人权利造成法人或者其他出资人损失的，应当依法承担民事责任。营利法人的出资人不得滥用法人独立地位和出资人有限责任损害法人债权人的利益；滥用法人独立地位和出资人有限责任，逃避债务，严重损害法人债权人的利益的，应当对法人债务承担连带责任。该条是在《公司法》第20条基础上，考虑到出资人滥用权利的现象并非公司所独有，将该

---

[1] 刘净：《指导案例15号〈徐工集团工程机械股份有限公司诉成都川交工贸有限责任公司等买卖合同纠纷案〉的理解与参照》，载《人民司法》2013年第15期。

[2] 《公司法（修订草案二次审议稿）》已将原第20条第3款调整至第23条，并增加了有关公司人格混同的规定：公司股东利用其控制的两个以上公司实施前款行为的，各公司应当对任何一个公司的债务承担连带责任。

项规定加以归纳、提炼,作为对所有营利法人出资人的一般原则要求。① 此外,《民法典》第 7 条规定民事主体从事民事活动,应当遵循诚信原则,秉持诚实,恪守承诺。诚信原则是民法的基本原则,而关联公司人格混同、逃避债务行为均严重违反诚信原则,故该条可以作为否认公司法人格的法律依据。

2. 最高人民法院指导案例和其他规定层面

公司法对于关联公司人格混同行为尚无明确规定。有观点认为《公司法》第 20 条第 1 款是针对公司法人人格否认的总括性规定,只要属于股东滥用法人人格和股东有限责任的情形,无论是传统情形还是扩张情形,均在本款的规制范围之内。② 不过从《公司法》第 20 条第 1 款文义来看,其规制的对象是股东,行为主体和责任主体都是股东,将股东扩张解释至关联公司,则显然超出了扩张解释的范畴。③ 最高人民法院第 15 号指导案例徐工集团工程机械股份有限公司诉成都川交工贸有限责任公司等买卖合同纠纷一案明确,关联公司之间人格混同、严重损害债权人利益的,其行为本质和危害结果与《公司法》第 20 条第 3 款规定的情形相当,按照类似情况类似处理的原则,应参照适用《公司法》第 20 条第 3 款规定,判决关联公司之间承担连带清偿责任。

对于实际控制人滥用控制权造成公司人格混同、逃避债务的,目前暂无法律层面的规制,可根据《民商审判会议纪要》第 11 条④ 规定的横向人格混

---

① 最高人民法院民法典贯彻实施工作领导小组主编:《中华人民共和国民法典总则编理解与适用(上)》,人民法院出版社 2020 年版,第 421 页。

② 朱慈蕴:《公司法人格否认制度理论与实践》,人民法院出版社 2009 年版,第 211 页。

③ 刘净:《指导案例 15 号〈徐工集团工程机械股份有限公司诉成都川交工贸有限责任公司等买卖合同纠纷案〉的理解与参照》,载《人民司法》2013 年第 15 期。

④《民商审判会议纪要》第 11 条规定:"【过度支配与控制】公司控股股东对公司过度支配与控制,操纵公司的决策过程,使公司完全丧失独立性,沦为控制股东的工具或躯壳,严重损害公司债权人利益,应当否认公司人格,由滥用控制权的股东对公司债务承担连带责任。实践中常见的情形包括:(1)母子公司之间或者子公司之间进行利益输送的;(2)母子公司或者子公司之间进行交易,收益归一方,损失却由另一方承担的;(3)先从原公司抽走资金,然后再成立经营目的相同或者类似的公司,逃避原公司债务的;(4)先解散公司,再以原公司场所、设备、人员及相同或者相似的经营目的另设公司,逃避原公司债务的;(5)过度支配与控制的其他情形。控制股东或实际控制人控制多个子公司或者关联公司,滥用控制权使多个子公司或者关联公司财产边界不清、财务混同、利益相互输送,丧失人格独立性,沦为控制股东逃避债务、非法经营,甚至违法犯罪工具的,可以综合案件事实,否认子公司或者关联公司法人人格,判令承担连带责任。"

同精神确定公司法人人格否认标准。此外,《民商审判会议纪要》第 10 条[①]、第 12 条[②]分别对纵向人格混同、资本显著不足的判断标准进行了明确规定。

（二）关于股东瑕疵出资侵权行为法律规制内容

根据前述阐述,《公司法》第 28 条、第 83 条、第 35 条、第 91 条规定公司资本制度内容。对于股东瑕疵出资侵权行为的规制，除《公司法》第 35 条有关公司成立后，股东不得抽逃出资规定外，基本上都体现在司法解释、会议纪要层面。《公司法司法解释（三）》第 8 条至第 21 条就股东等相关责任主体瑕疵出资行为及责任认定进行了系统的规定。主要条款内容有：

《公司法司法解释（三）》第 9 条规定："出资人以非货币财产出资，未依法评估作价，公司、其他股东或者公司债权人请求认定出资人未履行出资义务的，人民法院应当委托具有合法资格的评估机构对该财产评估作价。评估确定的价额显著低于公司章程所定价额的，人民法院应当认定出资人未依法全面履行出资义务。"该条是关于股东非货币财产出资的规定。

《公司法司法解释（三）》第 12 条规定："公司成立后，公司、股东或者公司债权人以相关股东的行为符合下列情形之一且损害公司权益为由，请求认定该股东抽逃出资的，人民法院应予支持：（一）制作虚假财务会计报表虚增利润进行分配；（二）通过虚构债权债务关系将其出资转出；（三）利用关联交易将出资转出；（四）其他未经法定程序将出资抽回的行为。"

---

① 《民商审判会议纪要》第 10 条规定："【人格混同】认定公司人格与股东人格是否存在混同，最根本的判断标准是公司是否具有独立意思和独立财产，最主要的表现是公司的财产与股东的财产是否混同且无法区分。在认定是否构成人格混同时，应当综合考虑以下因素：（1）股东无偿使用公司资金或者财产，不作财务记载的；（2）股东用公司的资金偿还股东的债务，或者将公司的资金供关联公司无偿使用，不作财务记载的；（3）公司账簿与股东账簿不分，致使公司财产与股东财产无法区分的；（4）股东自身收益与公司盈利不加区分，致使双方利益不清的；（5）公司的财产记载于股东名下，由股东占有、使用的；（6）人格混同的其他情形。在出现人格混同的情况下，往往同时出现以下混同：公司业务和股东业务混同；公司员工与股东员工混同，特别是财务人员混同；公司住所与股东住所混同。人民法院在审理案件时，关键要审查是否构成人格混同，而不要求同时具备其他方面的混同，其他方面的混同往往只是人格混同的补强。"

② 《民商审判会议纪要》第 12 条规定："【资本显著不足】资本显著不足指的是，公司设立后在经营过程中，股东实际投入公司的资本数额与公司经营所隐含的风险相比明显不匹配。股东利用较少资本从事力所不及的经营，表明其没有从事公司经营的诚意，实质是恶意利用公司独立人格和股东有限责任把投资风险转嫁给债权人。由于资本显著不足的判断标准有很大的模糊性，特别是要与公司采取'以小博大'的正常经营方式相区分，因此在适用时要十分谨慎，应当与其他因素结合起来综合判断。"

《公司法司法解释（三）》第 13 条前 3 款规定："股东未履行或者未全面履行出资义务，公司或者其他股东请求其向公司依法全面履行出资义务的，人民法院应予支持。公司债权人请求未履行或者未全面履行出资义务的股东在未出资本息范围内对公司债务不能清偿的部分承担补充赔偿责任的，人民法院应予支持；未履行或者未全面履行出资义务的股东已经承担上述责任，其他债权人提出相同请求的，人民法院不予支持。股东在公司设立时未履行或者未全面履行出资义务，依照本条第一款或者第二款提起诉讼的原告，请求公司的发起人与被告股东承担连带责任的，人民法院应予支持；公司的发起人承担责任后，可以向被告股东追偿。"上述第 2 款关于"未出资本息范围"的表述实际是限定了未出资股东的最大责任范围，该款还进一步明确，补足出资责任绝不应重复追究或承担。要注意的是，股东对其认缴的出资享有期限利益。公司或公司债权人不得随意让未届出资期限的股东承担其未到期的出资责任。目前，根据《民商审判会议纪要》的规定，只有在两种特殊情况下，股东的出资可加速到期，一是公司作为被执行人的案件，人民法院穷尽执行措施无财产可供执行，已具备破产原因，但不申请破产的；二是在公司债务产生后，公司股东会决议或以其他方式延长股东出资期限的。2021年 12 月发布的《公司法（修订草案）》与《民商审判会议纪要》上述规定精神一致，但对加速到期的条件放宽，即"公司不能清偿到期债务，且明显缺乏清偿能力的"，不要求公司作为被执行人的案件经穷尽执行措施无财产可供执行，公司或债权人即有权要求其提前缴纳出资。

《公司法司法解释（三）》第 14 条第 2 款是关于股东抽逃出资责任以及公司债权人对实际控制人等人员可以连带提起出资责任之诉的规定，规定"公司债权人请求抽逃出资的股东在抽逃出资本息范围内对公司债务不能清偿的部分承担补充赔偿责任、协助抽逃出资的其他股东、董事、高级管理人员或者实际控制人对此承担连带责任的，人民法院应予支持；抽逃出资的股东已经承担上述责任，其他债权人提出相同请求的，人民法院不予支持"。

根据《公司法司法解释（三）》第 18 条规定，有限责任公司的股东未履行或者未全面履行出资义务即转让股权，受让人对此知道或者应当知道，公司债权人依照《公司法司法解释（三）》第 13 条第 2 款向该股东提起诉讼，同时请求前述受让人对此承担连带责任的，人民法院应予支持。受让人根据前款规定承担责任后，向该未履行或者未全面履行出资义务的股东追偿的，人民法院应予支持。但是，当事人另有约定的除外。

四、损害公司债权人利益责任纠纷审理原则

（一）遵循商事外观主义处理外部纠纷

公司的团体性特征决定了公司纠纷案件涉及公司内外两个层面的法律关系及公司、债权人、股东等多方利益主体。对于内部纠纷，应着重探究并尊重内部各相关主体的真实意思表示。对于损害公司债权人利益责任纠纷这类外部纠纷，则应坚持商法的外观主义，在维持公司内部当事人约定的效力同时，保护善意债权人对公示信息的信赖利益。当内部法律关系相关主体的利益与外部法律关系相关主体的利益产生冲突时，应当优先保护外部善意第三人的利益，以维护交易安全。比如，实际出资人与记载于股东名册的股东之间有关"明实分离"的约定，一般只在订约人之间产生效力，按照外观主义的要求，即使未办理相关手续导致公司登记机关的登记与实际权利状况不一致，也应优先保护善意第三人因合理信赖公司登记机关的登记而作出的行为效力。[①]

（二）认缴资本制并不改变资本三原则

《公司法》将法定资本制改为认缴资本制后，股东的出资义务由法律强行规定调整为由股东通过公司章程自行约定。虽然引发了一些法律适用难题，但司法必须贯彻资本制度改革的立法本意，树立鼓励投资理念。同时也要注意到，不能因为《公司法》将出资事宜交由股东灵活决定，就无视注册资本法律规则，放纵投资者背信行为，公司资本制度改革并未改变资本三大原则，即资本确定、资本维持、资本不变原则，公司股东必须按照章程的规定缴纳出资。股东未依照公司章程规定缴纳出资时，法院仍应当按照《公司法》和《公司法司法解释（三）》中的出资责任相关规定判令股东履行出资义务。尤其还要注意，公司大股东通过股东会决议修改章程，延长股东出资期限或者减少出资数额的，应当按照《公司法》第22条的规定审查修改公司章程的决议是否有效，或者按照《公司法》规定的减资规则审查股东减少出资的程序是否合法。股东作出减资决议减少出资数额，但未进行变更登记的，不得对抗善意第三人。[②]

[①] 宋晓明：《二十年来公司诉讼司法的有关情况——在纪念〈公司法〉颁布20周年研讨会上的讲话》（2013年11月30日），载最高人民法院民事审判第二庭编：《商事审判指导》2013年第3辑（总第35辑），人民法院出版社2014年版，第11~12页。

[②] 杨临萍：《关于当前商事审判工作中的若干具体问题》（2015年12月24日），载最高人民法院民事审判第二庭编：《商事审判指导》2016年第1辑，人民法院出版社2016年版，第42~43页。

（三）审慎适用公司法人人格否认

法人独立人格和股东有限责任是公司法两大基石，法人人格否认制度是法人制度具体运用发生异化时应运而生的一种法律制度。该制度涉及的理念是为个案中债权人权利提供司法救济，以对失衡的公司利益关系进行事后规制，实现法律公正、公平的价值目标，而不是为了对公司法人人格作出是否合法的评价。目的是通过揭示事实上已经丧失独立人格特征的法人状态来凸显隐藏于公司背后的人格滥用者，借此突破股东有限责任的局限，以使滥用者的责任由有限责任向无限责任复归。该制度的适用是在承认公司具备独立法人人格前提下针对特定法律关系对法人人格暂时地、个案地否认，而不是从根本上、全面地否认其法人人格。且个案中对法人人格否认的效力不及于公司其他法律关系，也不影响该公司作为独立法人的继续存在。[①]

在公司人格独立制度和公司人格否定制度的关系上，前者始终属于本位的主导性规则，后者仅为适用于特定场合和特定事由的例外性规定。人民法院在审判实践中要坚持标准，依法实施，慎重权衡，审慎适用，防止滥用。如严格禁止受害债权人以外的其他人"揭开公司面纱"；严格禁止在母公司对子公司的控制程度未达到过度程度、过度控制没有造成实际损失或虽有损失但并非子公司不能弥补的情形下"揭开公司面纱"等。同时，该规则应只适用于审判程序，不能扩展至诸如执行程序、行政执法程序和商事仲裁程序。不完全符合适用条件的，不能适用法人人格否定制度。否则，不仅会导致整个公司法人制度处于不稳定状态，也会违背立法创立公司法人人格否定制度的本来意旨，从而严重减损公司人格独立制度的价值，影响社会经济的稳定和发展。[②]

（四）平衡兼顾股东和债权人利益

现代公司是牵涉公司、股东、债权人等多元利益主体的有机统一体。公司纠纷源于不同主体之间的利益冲突，保护公司、股东利益是公司法应有之义，但债权人等其他利益相关者的权益也应予以平等保护。"无论是公司股东向公司投入资产还是公司资产对股东实施分配，公司债权人和公司股东的利

[①] 刘敏：《公司法人否认制度的适用》，载中外民商裁判网 www.zwmscp.com。转引自人民法院出版社编：《最高人民法院司法观点集成（第三版）·商事卷》，人民法院出版社 2017 年版，第 414~415 页。

[②] 李国光、王闯：《审理公司诉讼案件的若干问题——贯彻实施修订后的〈公司法〉的司法思考》，载最高人民法院民事审判第二庭编：《民商事审判指导》2005 年第 2 辑（总第 8 辑），人民法院出版社 2006 年版，第 65~70 页。

益都是对立的。股东们希望前者最小化而后者最大化，债权人则恰好相反。"[1]在审理损害公司债权人利益责任纠纷时，要注意维护公司主体经营稳定性，不应轻易否定公司的法人人格，对股东违反出资义务进行审慎认定，既不能过于宽松，也不可过于严苛，只有同时符合法律规定的构成要件，才能准确认定，避免造成社会资源的浪费，进而影响社会稳定，妥善平衡好股东和债权人的利益。

第二节 基本要素审理指引

一、立案要素审查

（一）主管要素

损害公司债权人利益责任纠纷，属于人民法院受理民事案件的范围，该案由规定于《民事案件案由规定》第277条，具体包含了股东损害公司债权人利益责任纠纷和实际控制人损害公司债权人利益责任纠纷。公司债权人在提起损害公司债权人利益责任纠纷诉讼时，应当符合《民事诉讼法》第122条规定的起诉条件。

【规范依据】《民事诉讼法》第122条；《公司法》第20条；《公司法司法解释（三）》第13条、第14条。

（二）管辖要素

1.地域管辖

股东或实际控制人因人格混同、未履行或未完全履行出资义务或者其他行为损害公司债权人利益的，属于侵权行为，该纠纷属于侵权责任纠纷，应当依据《民事诉讼法》关于侵权责任纠纷的管辖规定由侵权行为地或者被告住所地法院管辖。

根据《民事诉讼法司法解释》第24条规定，侵权行为地包括侵权行为实施地、侵权结果发生地。就损害公司债权人利益责任纠纷而言，侵权行为表现为未履行或未全面履行出资义务、抽逃出资及滥用公司法人独立地位和股

---

[1] ［美］Bayless Manning、［美］James J. Hanks Jr.：《法律资本制度》，后向东译，载王保树主编：《商事法论集》2007年第1辑，法律出版社2007年版，第90页。

东有限责任,侵权结果表现为公司财产的减少或股东财产与公司财产混同无法区分,导致债权无法清偿,故债务人公司住所地即是侵权行为实施地,也是侵权结果发生地。同时,债权人作为受害人,其所在地亦可认定为侵权结果发生地。因此,在确定损害公司债权人利益责任纠纷的管辖法院时,"侵权行为地"应认定为债务人公司住所地;债权人所在地,则可认定为侵权结果发生地。公司的住所地为公司的主要办事机构所在地,主要办事机构所在地不能确定的,公司的注册地或者登记地为其住所地。

2. 级别管辖

损害公司债权人利益责任纠纷为侵权行为引起的损害赔偿争议,为给付之诉,应根据诉讼标的额确定级别管辖的法院。

【规范依据】《民事诉讼法》第22条、第29条;《民事诉讼法司法解释》第3条、第24条;《最高人民法院关于调整中级人民法院管辖第一审民事案件标准的通知》第1条、第2条、第4条、第5条。

(三)案由要素

损害公司债权人利益责任纠纷,主要系股东或实际控制人不履行法定义务或实施了侵害公司法人财产的侵权行为,导致公司债权人的债权未能得到清偿,只要符合上述特征,均可纳入该纠纷范围之内。

1. 与清算责任纠纷案由的区分

《公司法司法解释(二)》第18条、第19条、第20条规定了股东作为清算义务人违反清算义务产生的法律责任。清算责任纠纷与损害公司债权人利益责任纠纷均属于"与公司有关的纠纷"项下的三级案由。若公司债权人以股东作为清算义务人未履行清算义务为由,要求股东承担赔偿责任,是按清算责任纠纷,还是按股东损害公司债权人利益责任纠纷确定案由容易混淆。根据《最高人民法院民事案件案由规定理解与适用》一书关于"清算责任纠纷"的释义,清算责任纠纷是指"清算组成员在清算期间,因故意或者重大过失给公司、债权人造成损失,应当承担赔偿责任的纠纷"。虽然广义上讲,股东违反清算义务,损害债权人利益,也属于股东损害债权人利益的情形,但债权人依据《公司法司法解释(二)》第18条、第19条、第20条规定针对股东所提起的诉讼,均是股东作为清算义务人违反清算义务所导致的纠纷,其争议的核心是清算义务人违反清算义务所应承担的法律责任,在性质上应属于清算责任纠纷。鉴定此类纠纷产生于"清算"这一特殊事由期间,将股东作为清算义务人违反清算义务给债权人造成损失引起的纠纷,归属于清算责任纠纷更为适当。

2. 债权人主张公司债务的同时，一并主张股东或实际控制人损害公司债权人利益时案由的确定

债权人主张公司债权时，一并提起股东损害公司债权人利益责任纠纷诉讼的，应根据侵权的不同情形及股东所承担责任方式的不同分别处理：

一是在股东需要承担连带责任的情况下，根据《民商审判会议纪要》第13条关于"债权人对债务人公司享有的债权提起诉讼的同时，一并提起公司人格否认诉讼，请求股东对公司债务承担连带责任的，列公司和股东为共同被告"的规定，在股东需要承担连带责任的情况下，债权人对债务人公司主张权利的同时，可一并向损害其利益的股东要求赔偿。此时，债权人所提起的诉讼中既包含了债权人与公司之间的债权债务法律关系，也包含了股东损害公司债权人利益责任两种不同的法律关系。当一个诉讼中同时存在两种法律关系时，应依不同法律关系的性质确定并列的两个案由。

二是股东承担责任的方式为补充赔偿责任的，如在股东未履行或者未完全履行出资义务、抽逃出资等情况下对公司债务承担补充赔偿责任，因补充赔偿责任是以公司不能清偿债务为前提，在未有证据证明债务人公司资产不足以清偿债务情况下，尚不足以证明承担赔偿责任的条件已成就。在这种情况下，该两类纠纷不宜合并审理。具体把握标准可按是否有生效法律文书确认公司资产不足以清偿债务区别处理：有生效法律文书（如其他关联案件终审裁决）确认的，可合并起诉；否则，只能先起诉公司确认基础债权，经执行确无财产可供执行，再行起诉股东承担补充责任。

【规范依据】《民事案件案由规定》二十一、与公司有关的纠纷/284. 清算责任纠纷。

二、主体要素审查

（一）相关当事人的诉讼地位

债权人主张股东或实际控制人损害其对公司债权的，属于侵权责任纠纷，应以实施侵权行为的股东或实际控制人及相关责任主体为被告。同时，侵权人在该诉讼中的主张是以其对公司的债权受到损害为前提，而该债权的范围、清偿情况与公司存在利害关系。因此，除前述《民商审判会议纪要》第13条规定的共同被告情形外，债务人公司应作为第三人参加诉讼。

（二）原告主体要素

损害公司债权人利益责任纠纷中被损害的对象是公司债权人的利益，因此应由公司的债权人作为原告提起诉讼，审查时应注意以下几点：

第一，债权人提起损害公司债权人利益责任诉讼的，应当提供证据证明其对公司享有债权，以及该债权受到损害，即不能清偿的事实。

第二，债权人对债务人公司的债权尚未经生效裁判确认的，是否应当先行通过诉讼或仲裁确认其对公司享有债权，即履行前置程序。

针对这一问题，可根据股东承担责任的方式分两种情况处理：一是因股东与公司人格混同等原因，股东应对公司债务承担连带责任，债权人在向公司主张债权提起诉讼的同时，可以一并提起公司人格否认诉讼，要求股东对公司债务承担连带责任，此时无须以其提起诉讼或仲裁确认对公司享有债权为前提。二是因股东未履行或者未完全履行出资义务、抽逃出资等损害公司债权人利益，应承担补充赔偿责任的，鉴于该补充赔偿责任的范围是债权人对公司的债权不能清偿的部分，故债权人应当先就其对公司享有的债权进行确认，并证明其债权经人民法院强制执行仍未得到清偿的前提下，才可提起股东损害公司债权人利益责任纠纷的诉讼，即此时应以其提起诉讼或仲裁确认对公司享有债权为前提。但如果在股东提起该项诉讼前，已有生效裁判确认公司已无财产对外清偿债务，如执行程序中依法作出的终结本次执行程序的裁定等，则属于例外情形，股东可一并对公司和股东提起诉讼，无须履行前置程序。

第三，同一案件被侵害的公司债权若由多名债权人共同享有，则所有的债权人应为共同原告，仅有部分债权人提起诉讼的，人民法院应当通知其他债权人作为共同原告参加诉讼。

第四，未履行或者未完全履行出资义务的股东已对公司债权人承担过赔偿责任的，其他公司债权人基于同一事实又提出相同请求的，不再予以支持。

【规范依据】《民事诉讼法》第135条；《公司法司法解释（三）》第13条。

（三）被告主体要素

损害公司债权人利益责任纠纷的被告为滥用公司法人独立地位和股东有限责任，逃避债务、未履行或者未完全履行出资义务、抽逃出资及实施其他损害公司法人财产的股东或实际控制人。同时《公司法司法解释（三）》第13条、第14条分别规定了公司发起人、其他股东、董事、高级管理人员与被告股东一并承担责任的情况：（1）股东在公司设立时未履行或者未完全履行出资义务的，公司的发起人与被告股东承担连带责任；（2）股东在公司增资时未履行或未全面履行出资义务，未尽《公司法》第147条第1款规定义务的董事、高级管理人员承担相应责任；（3）股东抽逃出资的，公司其他股东、董事、高级管理人员或者实际控制人协助抽逃出资的，应承担连带责任。

在上述三种情形下，债权人同时主张相关人员承担责任的，应作为共同被告。其中不同的是，在第一种和第二种情形下，发起人及承担责任的董事、高级管理人员承担责任后，可以向被告股东追偿，而在第三种情形下，协助抽逃出资的其他股东、董事、高级管理人员不享有追偿权。

【注意事项】

第一，关于股东身份的确定标准问题。根据《公司法》第32条的规定，"记载于股东名册的股东，可以依股东名册主张行使股东权利""公司应当将股东的姓名或者名称向公司登记机关登记；登记事项发生变更的，应当办理变更登记。未经登记或者变更登记的，不得对抗第三人"。另外，根据《公司法司法解释（三）》第24条、第25条的规定，实际出资人向名义股东之外的第三方主张股东权利的，不予支持。该解释的第26条则规定了公司债权人以登记于公司登记机关的股东未履行出资义务为由，请求其承担相应责任的，股东以其仅为名义股东而非实际出资人为由进行抗辩的，不予支持。根据上述规定，实际出资人仅凭其出资事实主张股东权利，或登记股东以其未实际出资为由主张免除责任的，均不应支持。由此看出，依据目前法律和司法解释，在认定股东身份时仍应以公司登记机关登记的股东为准。另外，若非股东的公司实际控制人构成损害公司债权人利益，则与股东损害公司债权人利益责任纠纷性质上相同，只是侵权主体不同，相应的案由应确定为"实际控制人损害公司债权人利益责任纠纷"，但具体的处理原则及依据可参照股东损害公司债权人利益责任纠纷。如果存在实际出资人与名义股东相互配合，共同实施损害公司债权人利益行为的，根据《民法典》第1168条关于共同侵权的规定，构成共同侵权人的，可以作为共同被告。

第二，关于瑕疵出资股东转让股权后，是否仍应对债权人承担责任的问题。《公司法司法解释（三）》第18条第1款规定："有限责任公司的股东未履行或者未全面履行出资义务即转让股权，受让人对此知道或者应当知道，公司请求该股东履行出资义务、受让人对此承担连带责任的，人民法院应予支持；公司债权人依照本规定第十三条第二款向该股东提起诉讼，同时请求前述受让人对此承担连带责任的，人民法院应予支持。"[①] 根据该规定，在公司原股东存在未履行或者未全面履行出资义务的情况下，并不因其转让了股权而免除其对债权人的责任。股东损害公司债权人利益责任属于侵权责任，而侵权责任在侵权行为发生时已产生，侵权人身份的变化不应影响其责任的承

---

① 《公司法（修订草案二次审议稿）》第88条第1款对此作出了新的规定：股东转让已认缴出资但未届缴资期限的股权的，由受让人承担缴纳该出资的义务；受让人未按期足额缴纳出资的，出让人对受让人未按期缴纳的出资承担补充责任。

担。对于其他损害公司债权人利益的行为，如抽逃出资、人格混同等，同属于损害公司债权人利益的情况，亦可参照适用。

第三，被冒名登记的股东是否需要承担责任的问题。损害公司债权人利益责任属于侵权责任，适用《民法典》关于侵权责任的一般过错责任原则，即行为人存在过错。而被冒名登记的股东，对其被登记为股东的事实并不知情或存在其他过失，其姓名被他人冒用，被冒用者本身并不存在过错，因此不符合侵权责任的构成要件，其后果应由具体的行为人承担。《公司法司法解释（三）》第28条规定："冒用他人名义出资并将该他人作为股东在公司登记机关登记的，冒名登记行为人应当承担相应责任；公司、其他股东或者公司债权人以未履行出资义务为由，请求被冒名登记为股东的承担补足出资责任或者对公司债务不能清偿部分的赔偿责任的，人民法院不予支持。"

而如果被冒名股东存在过错，则应承担相应责任。在实务中，有些被冒名股东虽然不知道自己出借身份证件会被他人冒名登记为公司股东，但其对出借身份证件的后果应当能够预见，并放任这一结果的发生，则应视为其对该结果存在过错。此时，该冒名股东以不知道被登记为公司股东为由抗辩的，不应得到支持。

第四，关于公司的诉讼地位问题。债权人要求股东承担损害公司债权人利益责任的，公司的诉讼地位分以下两种情况：一是债权人对公司的债权已经过生效裁判确认的，公司可作为第三人；二是债权人对公司的债权尚未经生效裁判确认，应向债权人释明，告知其追加公司为共同被告，债权人拒绝追加的，应裁定驳回起诉。

【规范依据】《公司法》第32条；《公司法司法解释（三）》第18条、第24条、第25条、第26条；《民法典》第1168条。

三、损害公司债权人利益责任纠纷中举证责任问题

一般民事案件中，在举证责任上实行"谁主张，谁举证"的原则，由人民法院根据当事人的主张和审理情况，确定当事人应当提供的证据。损害公司债权人利益责任纠纷属于侵权纠纷，在遵循上述举证责任原则的前提下，可根据承担责任的不同方式及原因，确定相应的举证责任。

（一）公司法人人格否认的举证责任

主张否认公司法人人格的案件具有自身的特殊性，即主张否认公司法人人格的债权人在客观上难以或无法提供关键证据，如果适用举证责任分配的

一般原则，会使当事人之间的举证责任分担不均衡。[①]因此，对于否认公司法人人格纠纷，债权人提供的证据只需证明被告股东存在可能导致公司法人人格否认的初步证据，达到合理怀疑程度即可，此后被告股东则应对相应的疑点作出合理解释，并承担证明公司人格独立、不存在人格否认情形等方面的举证责任。

（二）一人有限责任公司举证责任的特殊规定

一人有限责任公司由于仅有一名股东，《公司法》第63条专门就一人有限责任公司规定了举证责任倒置，即一人有限责任公司的股东应当举证证明股东财产独立于公司财产。未能提供相应证据的，则推定一人有限责任公司股东的财产与公司财产混同，应对公司债务承担连带责任。

（三）股东是否履行出资义务的举证责任

《公司法司法解释（三）》第20条规定："当事人之间对是否已履行出资义务发生争议，原告提供对股东履行出资义务产生合理怀疑证据的，被告股东应当就其已履行出资义务承担举证责任。"该规定是关于股东瑕疵出资举证责任的分配，依该规定，只要债权人提供了对股东未履行出资义务产生合理怀疑的证据，股东就要对其已履行出资义务承担举证责任。[②]

四、公司法人人格否认责任要素审查

公司人格否认案件是侵权纠纷案件，公司股东滥用公司独立法人地位和股东有限责任，侵犯了公司债权人的利益，应当按照侵权责任的构成要件承担相应的侵权赔偿责任。包括主体要件、主观要件、行为要件、结果要件和因果关系要件。主体要件已在上文说明，在此不再重复。

（一）侵权构成要件要素

1. 主观要件

从被告的主观过错来看，滥用公司法人独立地位和股东有限责任的股东，其目的是逃避债务，主观上有明显过错，是故意为之。如果股东主观上没有过错，或者过错不明显，属于过失，也没有必要否定公司人格。换言之，公司股东的行为必须达到"滥用"公司法人独立地位和股东有限责任的程度，

[①] 人民法院出版社编：《最高人民法院司法观点集成（第三版）·商事卷》，人民法院出版社2017年版，第435页。

[②] 魏大勇编著：《最高人民法院执行异议之诉裁判规则与典型案例》，中国法制出版社2019年版，第388页。

才有必要否定公司人格。如果没有达到"滥用"的程度,就没有必要否定公司人格。

2. 行为要件

人格独立与股东有限责任作为公司制度得以确立的基石,表现为公司具有独立财产、独立承担民事责任以及股东仅以出资额为限对公司债务承担责任两个方面,但股东与公司债务的分离常导致股东利用其优势地位滥用法人人格从事损害债权人利益的行为,为实现公平正义的法律价值,《公司法》第20条第3款规定特定情形下公司债权人可直接请求股东偿还公司债务,股东不再受有限责任的保护。[①]具体包括人格混同、过度支配与控制以及资本显著不足。其中,人格混同包括纵向人格混同与横向人格混同,纵向人格混同指的是,公司与股东财产混同且无法区分,丧失独立意思和独立财产。横向人格混同指的是,控制股东或实际控制人控制多个子公司或关联公司,其滥用控制权使多个子公司或关联公司财产边界不清、财务混同,丧失人格独立性。

第一,人格混同。公司与股东人格混同,又称公司人格的形骸化、公司与股东关系不清,意指公司失去独立存在的价值,应否定其人格,由股东对公司债务承担连带责任。认定公司人格与股东人格是否存在混同,最根本的判断标准是公司是否能作出独立意思表示,拥有独立的财产,最主要的表现是公司的财产与股东的财产是否混同且无法区分。在认定是否构成人格混同时,《民商审判会议纪要》第10条规定应当综合考虑以下因素:"(1)股东无偿使用公司资金或者财产,不作财务记载的;(2)股东用公司的资金偿还股东的债务,或者将公司的资金供关联公司无偿使用,不作财务记载的;(3)公司账簿与股东账簿不分,致使公司财产与股东财产无法区分的;(4)股东自身收益与公司盈利不加区分,致使双方利益不清的;(5)公司的财产记载于股东名下,由股东占有、使用的;(6)人格混同的其他情形。在出现人格混同的情况下,往往同时出现以下混同:公司业务和股东业务混同;公司员工与股东员工混同,特别是财务人员混同;公司住所与股东住所混同。人民法院在审理案件时,关键要审查是否构成人格混同,而不要求同时具备其他方面的混同,其他方面的混同往往只是人格混同的补强。"

对此应说明以下四点:一是人格混同有多种表现形式,须结合多种形式进行综合判断。根据《民商审判会议纪要》的观点,目前以财产混同作为认定人格混同最主要的标准。如果公司债权人无法证明公司与股东存在财产混同,则即使其他方面存在混同,也不足以支持公司债权人的人格混同主张。

[①] 唐青林、李舒主编:《公司法25个案由裁判综述及办案指南》,中国法制出版社2018年版,第662页。

二是人格混同应具有相当的持续性和广泛性。一次性、暂时性、个别性的人员重合、场所重合等行为，属于公司的正常活动范畴，不应认定为人格混同。三是从司法案例看，目前人格混同是认定构成公司法人人格否认之诉最常见的理由。四是人格混同除了常见的纵向人格混同之外，还包括关联公司之间的横向人格混同。

第二，过度支配与控制。公司控制股东对公司过度支配与控制，操纵公司的决策过程，使公司完全丧失独立性，沦为控制股东的工具或躯壳，严重损害公司债权人利益，应当否认公司人格，由滥用控制权的股东对公司债务承担连带责任。《民商审判会议纪要》第 11 条指出实践中常见的情形包括："（1）母子公司之间或者子公司之间进行利益输送的；（2）母子公司或者子公司之间进行交易，收益归一方，损失却由另一方承担的；（3）先从原公司抽走资金，然后再成立经营目的相同或者类似的公司，逃避原公司债务的；（4）先解散公司，再以原公司场所、设备、人员及相同或者相似的经营目的另设公司，逃避原公司债务的；（5）过度支配与控制的其他情形。控制股东或实际控制人控制多个子公司或者关联公司，滥用控制权使多个子公司或者关联公司财产边界不清、财务混同，利益相互输送，丧失人格独立性，沦为控制股东逃避债务、非法经营，甚至违法犯罪工具的，可以综合案件事实，否认子公司或者关联公司法人人格，判令承担连带责任。"

第三，资本显著不足。资本显著不足，是指公司设立后在经营过程中，股东实际投入公司的资本数额与公司经营所隐含的风险相比明显不匹配。股东利用较少资本从事力所不及的经营，表明其没有从事公司经营的诚意，实质是恶意利用公司独立人格和股东有限责任将投资风险转嫁给债权人。[①] 除了一些特定行业和特定公司类型，目前《公司法》已基本取消了最低注册资本额的限制，因而难以法定最低资本额作为判断"资本显著不足"的参照标准。即使有最低资本作为参照，实际也难以判断资本额与实际经营风险之间的对应关系。由于资本显著不足的判断标准有很大的模糊性，特别是要与公司采取"以小博大"的正常经营方式相区分，因此，在适用时要十分谨慎，应当与其他因素结合起来综合判断。

3. 结果要件

从原告来看，因股东实施的"滥用"公司法人独立地位和股东有限责任的行为所受到的损害必须达到"严重"程度，即公司无力清偿其对债权人所负的到期债务，才有必要否定公司人格，由股东对公司债务承担连带责任。否则，没有必要对公司独立人格和股东有限责任进行突破。这意味着，即使

[①]《民商审判会议纪要》第 12 条。

公司股东有滥用法人独立地位和股东有限责任的行为，只要公司仍能够清偿其到期债务，或者通过债的担保、保全等途径仍能使公司对外清偿债务，公司债权人就不得提起公司法人人格否认之诉。如此才能防止公司法人人格否认制度被滥用。

4. 因果关系要件

债权人的债权受到"严重"损害，是由股东"滥用"公司法人独立地位和股东有限责任行为造成，股东实施"滥用"行为是"因"，债权人受到"严重"损害是"果"。如果债权人受到"严重"损害，不是因股东"滥用"行为造成，而是其他原因，如市场原因、公司经营管理不善等原因，就不能突破公司法人独立地位和股东有限责任的原则。[①]实务中，在认定公司法人人格否认之诉的构成要件时，往往着重于分析滥用法人人格独立的行为，而对于公司是否已无力清偿债务，以及股东滥用行为与公司无力清偿债务之间是否存在因果关系等未予具体说明，因此在裁判说理时，要重视对结果要件及因果关系要件进行分析论证，以防止公司法人人格否认制度的不当适用。

【规范依据】《民法典》第83条；《公司法》第20条；《民商审判会议纪要》第10~12条。

（二）公司法人人格否认之诉阻却事由

1. 公司未丧失清偿能力

股东虽然存在滥用公司法人独立地位和股东有限责任的行为，但公司并未丧失清偿债务的能力，此时应认定未产生严重损害债权人利益的结果。

2. 通过债的担保、保全等途径可维护公司债权人利益

公司法人人格否认之诉是公司法人独立人格地位和股东有限责任的例外规则，故必须在"非常谨慎"和"极端"的情况下才能适用。如果债权人的债权之上已经设定了保证、质押等债的担保，债权人的债权基本上能够通过债的担保获得救济，则没有必要适用法人人格否认。另外，如果作为债务人的公司对外还有未获清偿的债权，公司债权人可以通过行使代位权或撤销权的方式使自己的债权得到清偿，同样没有必要适用法人人格否认制度。

（三）几种特殊结构的公司法人人格否认

一些公司中，由于具有独特的股东结构或者公司之间的特殊关系，比较容易产生公司人格被控制股东滥用的情况，典型的主要有一人公司、母子公司、关联公司等。对于这些公司，有必要确立不同的公司法人人格否认的标准。

---

① 最高人民法院民事审判第二庭编著：《〈全国法院民商事审判工作会议纪要〉理解与适用》，人民法院出版社2019年版，第146页。

1. 一人有限责任公司

一人公司的公司人格被股东滥用的可能性极大。一人公司只有一个股东，不可能像其他公司那样建立比较规范的公司组织机构，股东之间可以相互制约和监督，往往其唯一股东既是所有者，又是管理者，很难将公司意志和行为与股东个人的意思和行为相区分，故一人公司较之有数个股东的公司更容易发生公司人格与股东人格混同的情况。所以，《公司法》对一人公司的规定更加严格。《公司法》第 63 条规定："一人有限责任公司的股东不能证明公司财产独立于股东自己的财产的，应当对公司债务承担连带责任。"由此可见，《公司法》对一人有限责任公司的人格否认实行举证责任倒置，即股东不能证明公司财产独立于其个人财产的，应当对公司债务承担连带责任，这与一人有限责任公司人格容易被股东滥用的情况相适应。

与此相关的情况有股东为夫妻二人的有限责任公司，是否可以作为一人有限责任公司的一种特殊形态对待。由于夫妻财产共同所有的制度，如果有限责任公司仅有夫妻二人两名股东，则其之间存在财产共有关系，故在其性质上区别于一般的有限责任公司。最高人民法院在（2019）最高法民再 372 号案件中认为，"公司虽系二人成立，但二人为夫妻，公司成立于双方婚姻关系存续期间，且公司工商登记备案资料中没有二人财产分割的书面证明或协议。公司全部股权实质来源于同一财产权，并为一个所有权共同享有和支配，该股权主体具有利益的一致性和实质的单一性。该公司与一人公司在主体构成和规范适用上具有高度相似性，认定该公司系实质意义上的一人有限责任公司，并无不当"。即最高人民法院认为，在有限责任公司的股东为夫妻二人的情况下，可以参照适用一人有限责任公司的规定。

2. 关联公司

关联公司指由同一股东控制的数个公司。虽然表面上彼此独立，但由于各公司的经营决策权力掌握在同一个股东手中，容易导致各公司在财产、盈利分配等方面形成一致，从而在各个关联公司之间、公司与该控制股东之间发生人格混同。

关联公司之间的人格否定尚未有明确的法律规定。最高人民法院 2013 年的第 15 号指导案例确立了该情形下法人人格否定的先例。此后《民商审判会议纪要》第 11 条第 2 款规定："控制股东或实际控制人控制多个子公司或者关联公司，滥用控制权使多个子公司或者关联公司财产边界不清、财务混同、利益相互输送，丧失人格独立性，沦为控制股东逃避债务、非法经营，甚至违法犯罪工具的，可以综合案件事实，否认子公司或者关联公司法人人格，判令承担连带责任。"该条关于过度支配与控制的规定，填补了关联公司法人人格否定裁判规则的空白。但是，会议纪要不是正式意义上的法律渊源，判决书无法引用为裁判依据，只能作为司法裁判的参考。

在关联公司中，比较常见的一种形态为母子公司。母子公司虽然均为独立法人，但由于母公司可以利用其控股地位，为了自身利益完全控制子公司的经营决策，甚至可以通过签署合约转移子公司的利润，无偿划拨子公司的财产和收益。过度控制使"母公司变为被代理人，子公司成为代理人"，出现这种情形即应当"揭开公司的面纱"。

实际运营中，如果子公司事实上是作为母公司的一个部门或者分支机构存在，完全缺乏独立性，或者子公司的业务完全由母公司决定，且子公司与母公司、同一母公司的不同子公司之间的业务被母公司混同管理，或者母公司与子公司、不同的子公司之间由共同的管理人员进行管理，并且职责不清，或者母子公司的财产处于混同状态，如使子公司为母公司提供担保，不遵守正常的贷款程序将资金从一公司转移到另一公司，或者使用共同的银行账户等，则表明子公司实际已在母公司的过度操纵之下，完全成了母公司的代理人，子公司已成为母公司规避法律、逃避债务的工具。此时，子公司的人格应予否认，由母公司对债权人承担连带责任。

【规范依据】《公司法》第63条。

五、股东违反出资义务责任要素审查

股东违反出资义务是否要对债权人承担责任，同样也要从主体、主观方面、客观行为、损害后果、因果关系五个方面进行审查。主体要素审查可参照公司法人人格否认部分，其他要素审查分述如下。

（一）主观要素审查

股东损害公司债权人利益责任属于一般侵权责任，根据《民法典》关于侵权责任中归责原则的规定，适用过错责任。股东应全面履行出资义务、不得抽逃出资及股东不得滥用公司法人独立地位和股东有限责任等情形，《公司法》均有明确的强制性和禁止性规定，股东违反上述规定损害债权人利益的，即应认定其主观上存在过错。

（二）行为要素审查

股东应当按期足额缴纳公司章程中规定的各自认缴的出资额。股东以货币出资的，应当将货币出资足额存入有限责任公司在银行开设的账户，以非货币财产出资的，应当依法办理其财产权的转移手续。股东出资的财产形态大致可分为四种：货币、实物、知识产权、土地使用权。据此，对是否足额出资可从以下标准进行判断：（1）以货币出资的股东，是否已将货币足额存入有限责任公司在银行开设的账户;(2)以实物出资的股东,是否将实物交付有限责任公司;(3)以需要办理财产权转移手续的实物出资的,是否已将该实物的财产权过户至有限责任公司名下;(4)以知识产权出资的股东,是否已将知识产权登记在有限责任公司名下或交付公司使用;(5)以法律、行政法规规定不得作为出资的财产出资的股东,属于未出资。

《公司法司法解释(三)》第13条第2款规定:"公司债权人请求未履行或者未全面履行出资义务的股东在未出资本息范围内对公司债务不能清偿的部分承担补充赔偿责任的,人民法院应予支持;未履行或者未全面履行出资义务的股东已经承担上述责任,其他债权人提出相同请求的,人民法院不予支持。"此外,《公司法司法解释(三)》第14条第2款也规定:"公司债权人请求抽逃出资的股东在抽逃出资本息范围内对公司债务不能清偿的部分承担补充赔偿责任、协助抽逃出资的其他股东、董事、高级管理人员或者实际控制人对此承担连带责任的,人民法院应予支持;抽逃出资的股东已经承担上述责任,其他债权人提出相同请求的,人民法院不予支持。"根据上述法律规定,股东出资瑕疵,即股东违反出资义务的表现形式,主要包括以下情形。

1. 抽逃出资或协助抽逃出资

根据《公司法司法解释(三)》第12条规定,认定股东存在抽逃出资行为,应同时符合该条法律所规定的形式要件和实质要件,并列举了四种股东抽逃出资的情形:(1)制作虚假财务会计报表虚增利润进行分配。公司财务会计报表是否存在虚假,涉及财务会计专业内容,认定该事实通常要由专业机构进行审计或已经生效裁判确认。(2)通过虚构债权债务关系将其出资转出。债权人主张被告股东存在该情形的,应当就其主张提供初步证据。被告股东应就债权人主张的事实及初步证据,提供相应的反证,以证明债权债务的真实性。被告股东所提供的证据一般应能够证明债权债务产生的基础法律关系、交易基本流程、标的物的实际交付等。(3)利用关联交易将出资转出。认定该情形需注意一点,这里所述的关联交易特指以将出资转出为目的,而非所有的关联交易均属于抽逃出资。另外,若股东通过关联交易损害公司利益,给公司造成损失,同时也相应降低了公司清偿债务的能力,间接损害了债权人利益,亦应对债权人承担相应的补充赔偿责任,但该情形已不属于抽逃出资的情况。(4)其他未经法定程序将出资抽回的行为。该规定是对上述三种情形之外的兜底,包括了其他以非法抽回出资为目的的行为,主要是应对实践中可能出现的抽逃出资情形。

需要注意的是,最高人民法院已于2014年对2011年颁布实施的《公司法司法解释(三)》进行了修正,将认定股东抽逃出资的原第12条第1项法定情形"将出资款项转入公司账户验资后又转出"予以删除。

2. 未按期足额缴纳出资

按期足额出资既是一种义务,也属于股东的期限利益。股东在认缴期限届满前可拒绝出资,除非发生股东出资加速到期的情形。按照《民商审判会议纪要》的意见,在注册资本认缴制下,股东依法享有期限利益。债权人不得以公司不能清偿到期债务为由,请求未届出资期限的股东在未出资范围内对公司不能清偿的债务承担补充赔偿责任,除非发生以下两种法定情形:第一,公司作为被执行人的案件,人民法院穷尽执行措施无财产可供执行,已具备破产原因,但不申请破产的;第二,在公司债务产生后,公司股东(大)会决议或以其他方式延长股东出资期限的。

3. 出资不实

出资不实是指股东的非货币出资额的价值明显低于出资协议、公司章程所定的价额。《公司法》第 27 条对公司出资方式以概括和列举并用的方式予以规范,包括货币出资和非货币出资。非货币出资要具备三个条件,即可以货币估值、可依法转让、非禁止作为出资的财产。常见的非货币出资包括动产、房产等不动产、国有土地使用权、集体建设用地使用权(《土地管理法》第 60 条)、农村土地经营权(《农村土地承包法》第 53 条)、知识产权、股权、股份(《公司注册资本登记管理规定》)等。有些财产或财产性权利能否用于股东出资,存在一定的争议,如知识产权许可使用权、动产或不动产使用权(非用益物权)、债权等。实践中不得用于出资的财产包括划拨用地使用权、信用、自然人姓名、商誉、特许经营权、设定了担保的财产、劳务等。

出资不实的表现形式包括:用于出资的有形资产(房屋、机器设备、原材料、工具、零部件等)作价不实;用于出资的有形资产权属存在瑕疵;用于出资的无形资产(包括知识产权、土地使用权、土地承包经营权、采矿权、探矿权、企业承包经营权、企业租赁权、股权、债权等)作价不实;用于出资的无形资产权属瑕疵;用于出资的形式不合法(包括以劳务、信用、自然人姓名、商誉、特许经营权或者设定担保的财产出资等)。

4. 虚假出资

虚假出资的法律规范,有《公司法》第 27 条、第 28 条、第 83 条以及《公司法司法解释(三)》第 6 条、第 8 条、第 10 条、第 11 条规定。虚假出资和抽逃出资均属于瑕疵出资,虚假出资是指股东表面上出资而实际未出资或未足额出资,本质特征是股东未支付相应对价或未足额支付对价而取得公司股权;抽逃出资则是指股东在公司成立后将所缴出资全部或部分暗中撤回。抽逃出资与虚假出资主要有三个方面的不同:(1)责任依据不同。虚假出资往往导致公司不成立,公司自始没有形成独立的人格;而抽逃出资严重侵害公司财产权,债权人依据法人人格否认追究公司责任。(2)违反义务的方式不同。虚假出资的股东自始至终没有足额履行出资义务；而抽逃出资的股东先足额履行了出资义务，而后又违反出资义务将出资抽回。（3）发生的时间不同。虚假出资发生在公司成立之前或者成立之后；抽逃出资发生在公司成立后。

虚假出资的具体表现形式包括：以无实际资金流转的虚假的银行进账单、对账单骗取验资报告，从而获得公司登记；以虚假的实物投资手段骗取验资报告，从而获得公司登记；以实物、知识产权、土地使用权出资，但未办理财产权转移手续等。实践中最常见为借款出资，通常以所谓"过桥借款"的形式，从第三人处取得借款，将借入资金交付公司并取得公司股权后，再将公司资金直接或间接地归还给出借人，用以抵销股东对出借人的欠款。其本质是有出资资金转移占有的行为，但没有永久和真实地转移资金所有权的真实意图，因此构成虚假出资。另外还存在一种"凝固出资"，即股东名义上完成出资，但股东仍实际保留对出资财产的占有、使用和收益，公司仅保留名义上的处置权但不处置，构成凝固出资。该"出资"并未成为公司实际可用资产的一部分，这种凝固出资亦属虚假出资行为。

5. 出资不足

出资义务是股东的法定义务。股东要取得股东资格、行使股东权利，应及时履行出资义务。按照《公司法》第28条第2款规定，股东未按期足额缴纳出资，应当向公司足额缴纳；《公司法》第30条规定了出资不足的补充责任，即有限责任公司成立后，发现作为设立公司出资的非货币财产的实际价额明显低于公司章程所定价额的，应当由交付该出资的股东补足其差额；公司设立时的其他股东承担连带责任。因此，当股东未履行或未全面履行出资义务时，公司或其他股东可要求其补足相应出资并支付利息。而对于股东的非货币财产出资不足的情形，《公司法》第30条给予特别规定，要求交付该非货币财产出资的股东补足其差额。

股东以非货币财产出资，仍需注意的一个问题是：出资后财产出现贬值，出资人是否承担补足义务？一般认为，按照《公司法司法解释（三）》第15条规定，如果出资人在出资时已对非货币财产评估作价，且价格与章程所规定的出资额相同，则后期因市场或者其他客观因素导致出资财产减值，应属公司应承担的正常商业风险。若出资人无过错，除非当事人另有约定，则该风险不可归责于出资人。但若减值在出资时即可预料且可避免，或减值是出资人故意造成的，则此时出资人应承担补足出资的责任。

6. 其他侵害公司法人财产的行为

公司作为法人以其全部法人财产对外承担责任，任何侵害公司法人财产的行为，都影响到公司向债权人清偿债务的能力。股东或实际控制人在经营管理公司过程中，如果实施了侵害公司财产的行为，导致公司不能清偿债权人的债权的，则同样属于损害公司债权人利益的行为。比如违反《公司法》规定，将应归入公司财产的公积金作为利润进行分配或通过关联交易等其他行为，损害公司利益，上述侵害公司财产的行为，若存在损害债权人利益的情形，亦应在造成公司财产减损的范围内，对债权人承担补充赔偿责任。

另外需要注意的一个问题，存在出资不足、抽逃出资、虚假出资或出资不实等瑕疵出资的股东对外转让股权的，受让方是否承担补足义务？一般认为，股权转让行为是一种合同行为，转让人与受让人意思表示一致合同即成立，受让人支付相应价款即可取得转让人持有的公司股权。在转让股东瑕疵出资时，原则上并不能要求受让人承担出资义务，因为法律与公司章程仅对发起人科以承担出资义务，无论其持有股权是否转让，在未履行出资义务的情况下，均需承担资本充实责任。所以，补足义务应当由股权转让方承担，而非由受让方承担。但存在例外情形，即如果受让人在股权转让时明知或应当知道转让股东存在出资不足仍受让股权，即非善意受让股权，公司及债权人可以请求其承担连带责任。

7. 股东是否已履行出资义务的审查

根据出资的不同方式，股东出资分为货币出资和非货币出资。货币出资的，主要审查股东是否已向约定的公司账户转入出资资金。审查时需注意以下几个方面的问题：（1）根据股东主张的出资事实，审查其出资凭证。如通过银行转账履行出资义务的，通常核实其账户明细；代为支付公司应付款的，则核实公司的付款义务及股东已实际代为支付的凭证等。（2）注意查看完整的公司账户交易明细，防止股东通过"过桥"资金虚假出资。

股东以非货币方式出资的，主要审查两方面内容：一是是否已办理非货币财产的权利变更手续；二是审查出资财产的价值是否明显低于股东应缴的出资额或者存在权利负担的情况，具体包括以下情况：（1）股东以房屋、土地使用权、其他公司股权或者需要办理权属登记的知识产权等财产出资的，是否已办理权属变更手续；（2）股东以划拨的土地使用权出资，或者以设定权利负担的财产出资的，是否已解除权利负担；（3）股东以未依法评估作价的财产出资，应要求其委托具有合法资格的评估机构对该财产评估作价，进而审查评估确定的价格是否明显低于公司章程所规定的出资数额。

关于股东提供的验资报告，是股东履行出资义务的证据之一，但不能仅以验资报告作为认定股东履行出资义务的标准，实务中应结合股东的出资方式，全面审核其出资事实。

【规范依据】《民法典》第1165条；《公司法》第27条、第28条、第30

条、第 83 条、第 166 条、第 167 条、第 168 条；《公司法司法解释（三）》第 6 条、第 8 条、第 10~15 条、第 19 条。

（三）损害结果要素审查

股东损害公司债权人利益责任纠纷中的损害结果，主要是债权人对公司所享有的债权未能得到清偿。在股东违反出资义务的情况下，股东实施了侵害公司财产的行为，造成公司责任财产的减少，导致公司不能清偿所负债务，则产生损害公司债权人利益的结果。在此情况下，股东仅对公司债务不能清偿部分承担补充赔偿责任。在审查时，需核实以下方面：（1）债权人主张的债权能否确认；（2）公司财产是否足以清偿债务；（3）债权人对公司的债权是否已经强制执行，仍未能得到完全清偿；（4）股东承担责任的范围。其中前 3 项是股东承担补充赔偿责任的条件，第 4 项是确定股东承担赔偿责任的范围，即股东仅在未出资、抽逃出资本息范围内或者给公司财产造成损失的范围内，对债权人的债权不能清偿部分承担赔偿责任。

（四）因果关系要素审查

股东损害公司债权人利益责任属于侵权责任，应审查股东违反《公司法》规定的相关行为与债权人利益受损之间是否存在因果关系。公司财产是公司清偿债务的基础，如果股东未履行《公司法》等法律、法规规定的义务，造成公司财产减损，则其违法行为与债权人的债权未能获得清偿之间存在直接的因果关系。就股东出资义务而言，股东已缴纳和尚未缴纳的出资应为公司财产，股东未依照公司章程的规定缴纳出资，或者抽逃已缴纳的出资，侵害了公司财产权，造成公司能够用以清偿债务的财产减少，导致债权人的债权不能得到清偿。

六、股东承担责任方式和范围

（一）承担责任方式

根据不同的情形，股东损害公司债权人利益责任的承担方式分为连带清偿责任和补充赔偿责任。

1. 承担连带清偿责任的情形

《公司法》第 20 条第 3 款的规定："公司股东滥用公司法人独立地位和股东有限责任，逃避债务，严重损害公司债权人利益的，应当对公司债务承担连带责任。"该规定引入的法人人格否定制度，是对股东有限责任的限制。股东实施侵害公司独立财产等行为，包括公司与股东的人格混同、对公司的过度控制、资本显著不足等情形，属于明显滥用公司法人独立地位和股东有限责任，逃避公司债务，严重损害公司债权人利益的范畴，由股东直接对公司债务承担连带清偿责任。

2. 承担补充赔偿责任的情形

《公司法司法解释（三）》第 13 条、第 14 条规定了股东未履行或未全面履行出资义务、抽逃出资，债权人可以请求股东在未出资和抽逃出资本息范围内承担补充赔偿责任。与连带清偿责任的主要区别在于赔偿顺序问题，债权人所享有的债权是对公司的债权，公司是第一顺位的清偿义务人，责任股东、实际控制人是第二顺位的清偿义务人。只有当公司不能清偿债务时，才由股东、实际控制人承担赔偿责任。而"不能清偿"，通常系债权人已就相应债权通过人民法院对公司财产进行强制执行，在穷尽执行措施后，债权人的债权仍未得到全额清偿的情况下，才能认定公司已"不能清偿"债务。

3. 第三人承担责任的情形

在股东未履行或者未全面履行出资义务、抽逃出资的情况下，除股东外，还存在以下三种由第三方与股东一并承担责任的情形：（1）股东在公司设立时未履行或者未全面履行出资义务，公司的发起人与被告股东承担连带责任。（2）股东在公司增资时未履行或者未全面履行出资义务，未尽《公司法》第 147 条第 1 款规定义务而使出资未缴足的董事、高级管理人员承担相应责任。（3）股东抽逃出资的，协助抽逃出资的其他股东、董事、高级管理人员或者实际控制人与被告股东承担连带责任。需注意的是，该连带责任系针对被告股东所应承担的责任范围而言，而非针对债权人的全部债权。

4. 未变更登记的公司原股东是否承担责任

公司登记事项具有公示公信力，债权人对此具有信赖利益。《公司法》第 32 条第 3 款规定："公司应当将股东的姓名或者名称向公司登记机关登记；登记事项发生变更的，应当办理变更登记。未经登记或者变更登记的，不得对抗第三人。"因此，当股东基于股权转让或其他法律关系，丧失股东身份的，应及时办理变更登记，未办理变更的，仍需对善意第三人承担责任。

债权人根据公司登记的公信力，有理由相信该原股东依然享有股东权利，此时未变更登记的公司原股东，仍然要对外承担赔偿责任。至于登记事项应当变更的基础法律关系，是登记股东与他人之间的法律关系，不能对抗债权人。

（二）责任范围

1. 连带清偿责任

股东承担连带责任，是基于股东滥用公司法人独立地位和股东有限责任，造成无法确定公司独立财产的范围，故应推定公司的实际财产不足以清偿债权人的债权，该后果应由实施侵权行为的股东承担。因此，股东承担连带清偿责任的，其责任范围是债权人未获清偿的全部债权。

2. 补充赔偿责任

股东承担补充赔偿责任，是基于股东未履行或者未全面履行出资义务、抽逃出资及其他侵害公司财产的行为，造成公司在特定范围内财产减少，因该情形下所造成公司财产减少的数额是确定的，因此股东只需在未出资、抽逃出资等造成公司财产减损部分的本息范围内承担赔偿责任。该赔偿责任为补充责任，还应同时根据债权人债权实现的情况，在债权人债权未受到清偿范围内承担责任。

【规范依据】《公司法司法解释（三）》第13条、第14条、第18条。

七、诉讼时效要素审查

损害公司债权人利益责任纠纷包含两个方面的法律关系：一是债权人与公司之间的债权债务基础法律关系；二是股东、实际控制人的侵权行为对债权人利益造成损害而产生的损害赔偿法律关系。《民商审判会议纪要》第16条第1款规定："公司债权人请求股东对公司债务承担连带清偿责任，股东以公司债权人对公司的债权已经超过诉讼时效期间为由抗辩，经查证属实的，人民法院依法予以支持。"《公司法司法解释（三）》第19条第2款规定："公司债权人的债权未过诉讼时效期间，其依照本规定第十三条第二款、第十四条第二款的规定请求未履行或者未全面履行出资义务或者抽逃出资的股东承担赔偿责任，被告股东以出资义务或者返还出资义务超过诉讼时效期间为由进行抗辩的，人民法院不予支持。"从上述规定，可以看出对于诉讼时效需把握以下两点：（1）债权人以损害其对公司的债权为由要求股东、实际控制人对公司债务承担责任的，应当在其对公司享有债权的诉讼时效期间内主张。若股东、实际控制人以债权人对公司的债权已超过诉讼时效抗辩，经查证属实的，应予以支持。（2）根据《最高人民法院关于审理民事案件适用诉讼时效制度若干问题的规定》，针对"基于投资关系产生的缴付出资请求权"提出的诉讼时效抗辩，不予支持。因此，股东对其未履行或者未全面履行出资义务、抽逃出资的行为，并不享有诉讼时效的抗辩权利。但是，这里需要重点指出的是，如果此时股东不是针对其出资行为提出诉讼时效抗辩，而是提出债权人早已知晓其未履行或未全面履行出资义务，或者抽逃出资，却未在诉讼时效期间内要求其对公司债务承担责任，即债权人明知其出资瑕疵行为损害债权人利益，即未及时向股东主张损害赔偿责任，则该时效抗辩明显不同于法律规定的"基于投资关系而产生的出资请求权"时效抗辩，法院应当进行审查并根据实际情况作出支持与否的认定。

【规范依据】《民法典》第188条；《公司法司法解释（三）》第19条；《民商审判会议纪要》第16条。

八、债权人要求股东承担损害公司债权人利益责任纠纷在破产程序中的特别规定

债务人公司一旦进入破产程序，则其财产的处置应依照《企业破产法》规定的特殊规则进行。股东应向公司缴纳的出资或抽逃的出资等，其实质为公司的财产，应纳入公司破产财产。因此，不应允许债权人通过提起股东损害公司债权人利益责任的诉讼，实现对其债权的个别清偿。对此《最高人民法院关于适用〈中华人民共和国企业破产法〉若干问题的规定（二）》第21条规定，债权人主张债务人公司的出资人、发起人和负有监督股东履行出资义务的董事、高级管理人员，或者协助抽逃出资的其他股东、董事、高级管理人员、实际控制人等直接向其承担出资不实或者抽逃出资责任的诉讼，以及以债务人公司的股东与债务人法人人格严重混同，主张债务人的股东直接向其偿还债务人对其所负债务的诉讼均应中止审理。在破产申请受理后，债权人提起的上述诉讼，法院不予受理。债务人公司破产宣告后，根据《企业破产法》第44条规定，应判决驳回债权人上述诉讼提出的诉讼请求。同理，被告股东以其享有对公司的债权为由，主张与其出资义务进行抵销的，其实质也是要求公司对其个人的债权予以个别清偿，也不应准许。

需说明的是，在公司进入破产程序后，判决驳回债权人上述诉讼提出的请求，并非免除股东或其他责任人因损害公司债权人利益而应承担的责任，而是涉及的相关财产属于公司的破产财产，应由破产程序中的管理人统一主张，在《最高人民法院关于适用〈中华人民共和国企业破产法〉若干问题的规定（二）》第20条的规定中，则明确了管理人相应权利。

【规范依据】《最高人民法院关于适用〈中华人民共和国企业破产法〉若干问题的规定（二）》第20条、第21条。

第三节　实务难点裁判思路

一、关于债权人以损害公司债权人利益纠纷起诉股东或者实际控制人是否应先通过诉讼、仲裁等方式确认其对公司享有债权为前提的问题

债权人要求股东、实际控制人承担损害公司债权人利益责任的，首先应能够证明其对公司享有债权，且该债权受到侵害的事实。而该债权的确认，通常需要通过法院判决、仲裁裁决或公证债权文书解决。在司法实务中，债权人向公司主张债权时一并要求该公司股东、实际控制人等承担损害公司债权人利益责任的，应根据承担责任的不同方式予以分别处理：

第一，对于被告股东、实际控制人因出资瑕疵承担补充赔偿责任的，因补充赔偿责任是以债权人的债权不能清偿为前提，而"不能清偿"的认定，通常要由人民法院穷尽执行措施后债权仍未获得清偿的事实予以证明。否则，在未经过人民法院执行程序的情况下，如何判断和认定公司资产不能清偿债务的事实，不仅债权人难以举证，法院认定也存在困难。因此，在这种情况下，对于债权人向公司主张债权的同时，一并对股东、实际控制人提出赔偿请求的，不应支持。司法实务中，可引导债权人先行确认对公司的债权，并根据实际执行的结果再另行提起损害公司债权人利益诉讼，以避免不必要的诉累。

即使公司对债权人主张的债权明确表示认可，且确认其无力偿还债务，债权人也不能对股东、实际控制人提起诉讼。公司对债权人主张的事实予以认可的，构成自认，法律对于自认规则予以认可，是基于诉讼当事人对自身权利的处分，但当该权利的行使影响他人合法权益时，应当对其作出合理的限制。结合《民事诉讼证据规定》第8条和《民事诉讼法司法解释》第96条的规定，对于当事人有恶意串通损害他人合法权益可能的，不适用有关自认的规定。公司对债权人所主张的债权及自己清偿债务能力的认可，由于直接影响股东、实际控制人的合法权益，故即使公司对该部分事实认可，仍应先通过法庭审理对该事实进行审查，而非直接认定，并作为审理债权人对股东、实际控制人所提出诉求的依据。

当然，如果已有生效裁判确认公司资产不足以清偿对外债务，如终结本次执行程序的裁定等，则属于例外情形，此时债权人可一并起诉公司和股东、实际控制人，无须分别起诉。

第二，对于被告股东、实际控制人因公司人格否认需对公司债务承担连带责任的，因连带责任情况下债权人可向任一债务人主张全部债权，因此，债权人在对公司主张债权的同时，一并要求股东、实际控制人承担赔偿责任的，法院可一并审理。债权人对债务人公司享有的债权尚未经生效裁判确认，直接提起公司人格否认诉讼，请求公司股东对公司债务承担连带责任的，人民法院应当向债权人释明，告知其追加公司为共同被告。债权人拒绝追加的，人民法院应当裁定驳回起诉。若存在股东、实际控制人需对公司债务承担连带责任，债权人可以公司及股东、实际控制人为共同被告，一并主张权利。[1]

二、关于公司实际控制人侵权责任法律适用问题

（一）实际控制人概念

对公司的实际控制权是游离于公司法律配置之外而客观存在的现象。由于实际控制权涉及多个法律关系及复杂的运行机制，现行《公司法》相关条文未能对实际控制人的控制形态、影响及滥用控制权的后果作出清晰明确的规范。围绕公司实际控制权的正当行使构建科学、合理、系统的法律规则体系，防止实践中不显示为公司控股股东但事实上却控制公司的实际控制人损害公司、股东及债权人的权益，同时又尽可能发挥实际控制人在公司治理中的积极作用，是公司法无法回避的课题。[2]

《公司法》2005年修改时首次引入实际控制人的概念，现行《公司法》第216条第3项规定："实际控制人，是指虽不是公司股东，但通过投资关系、协议或者其他安排，能够实际支配公司行为的人。"从该规定可以看出，实际控制人应具备三个要素：第一，不是公司股东；第二，能够实际支配公司行为；第三，通过投资关系、协议或者其他安排实现对公司的控制与支配。而"能够实际支配公司行为"是把握实际控制人概念的核心要素，对于该要素如何理解，《公司法》未作进一步的解释。按照实务中较为普遍的共识，"能够实际支配公司行为"是指实际控制人能够对公司的经营管理、决策、人

---

[1] 人民法院出版社编：《民事案件案由适用要点与请求权规范指引（第二版）》，人民法院出版社2020年版。

[2] 陈洁：《实际控制人公司法规制的体系性思考》，载《北京理工大学学报（社会科学版）》2022年第5期。

事，甚至财产具有支配性影响力，其中的"支配性"具体表现为对公司所有重大事项具有单方面的决定权或重大影响能力。现代公司采取一股一权和资本多数决的制度设计，控制权在公司法意义上应该通过股东的表决权予以体现。因此，从公司控制权的来源上讲，可以将对公司的控制形式分为直接以股权为基础的控制和非直接以股权为基础的控制，前者对应的是控股股东的概念，后者即为与控股股东相并列的实际控制人概念。《公司法》将实际控制人作为与控股股东相并列的主体，则明确排除了股东身份与实际控制人身份重合的情形。这种概念的界定无法涵盖所有情况，比如若一投资者所取得的公司股份未达到控股股东的标准，但其又实际控制了公司，按现有《公司法》的概念，该投资者应居于控股股东和实际控制人的范围之外。[1]

在我国的证券资本市场上，中国证监会的部门规章及规范性文件中，对公司控制权人的规范则体现了"实质重于形式"，只要投资者对公司具有实际支配力，就可被认定为对公司具有控制权，进而被界定为公司的实际控制人，从而把公司法下的控股股东和实际控制人统一认定为对公司具有控制权的主体。实际控制人这一概念的提出，就是为了弥补公司权力配置上法律模型与现实状况之间的差距，使那些不具有控股股东之名而实际控制公司经营管理的主体承担起其作为控制人应当承担的义务和责任。而要达到这一预设目标，实际控制人的概念应当涵盖控股股东之外，所有能够控制并实际上实施了控制公司行为的主体。"事实控制"是界定实际控制人的关键，也是确定实际控制人的充分条件。2021年12月公布的《公司法（修订草案）》中已经明确删除实际控制人不是股东的表述，表明实际控制人的概念向"事实控制"方面的转变。

（二）公司法对实际控制人的法律规制

在公司法层面，除《公司法》第216条对实际控制人的概念予以明确外，仅在第16条、第21条从关联担保的回避表决和禁止不当利用关联关系两方面对实际控制人予以直接规制，对实际控制人最核心的在公司管理层面滥用控制权问题基本没有体现。在司法解释层面，《公司法司法解释（二）》第18条至第20条规定了实际控制人在公司清算过程中的勤勉义务要求，这是对《公司法》有关实际控制人滥用控制权规制的有益补充，但也仅涉及公司清算过程中。司法指导性文件《民商审判会议纪要》第11条针对过度支配与控制也作了规定，"控股股东或实际控制人控制多个子公司或者关联公司，滥用控制权使多个子公司或者关联公司财产边界不清、财务混同、利益相互输

---

[1] 参见李建伟：《关联交易的法律规制》，法律出版社2007年版，第35页；周伦军：《上市公司实际控制人案件审理中若干问题研究》，载《人民司法·应用》2008年第11期。

送，丧失人格独立性，沦为控制股东逃避债务、非法经营，甚至违法犯罪工具的，可以综合案件事实，否认子公司或者关联公司法人人格，判令承担连带责任"。这一规定是对实际控制人滥用控制权导致关联公司丧失人格独立性时如何对债权人承担责任的意见，可作为司法指导性意见。

上述法律、司法解释、司法指导性文件的规定，初步形成了对实际控制人滥用控制权行为的规范架构，但对于实际控制人的行为规范整体上尚缺乏体系化的制度规范，未能全面涵盖公司治理范畴，无法对实际控制人因实施控制权所要达到的权责统一实现有效规制。

（三）实际控制人对公司债权人侵权责任认定

实际控制人公司法规制的核心内容是追究实际控制人公司法上的法律责任，即追究实际控制人违反诚信义务，滥用控制权损害公司、股东及债权人利益的个人责任。其中对债权人责任方面，主要针对的是实际控制人滥用目标公司控制权以逃避债务、严重损害债权人利益的现象。

如果实际控制人滥用控制权破坏公司法人人格，导致公司债权人利益受损，能否适用公司法人人格否认制度？这时可分两种情况：一是实际控制人本身就是公司股东，如果实际控制人与公司存在人格混同，可以依据《公司法》第20条适用法人人格否认制度。二是实际控制人并不是公司股东的法律适用问题。对该问题在第一章的法律规制中已有涉及，结合最高人民法院指导案例第15号徐工集团工程机械股份有限公司诉成都川交工贸有限责任公司等买卖合同纠纷案，进一步归纳如下：首先，非公司股东与公司股东控制公司损害债权人利益的行为在性质上并无区别，具有同质性，可以产生相同的法律后果；其次，从《公司法》第20条规定的立法目的来看，也应涵盖公司实际控制人滥用公司法人人格的情况，刻意将股东与实际控制人作为不同的主体加以区分并无意义；最后，法人人格否认规则的本质是否认公司的独立责任能力，要求滥用公司人格的主体对公司债务承担连带清偿责任，对实际控制人适用法人人格否认制度并无障碍。综合上述分析，可以考虑对实际控制人参照适用《公司法》第20条关于股东滥用公司法人独立地位和股东有限责任的规定。另外，在《公司法》及其司法解释未将实际控制人纳入法人人格否认制度适用范围的情况下，也可依一般民事侵权的处理规则，适用《民法典》侵权责任编的有关规定。

三、关于关联公司法人人格否认判断标准问题

确认关联公司及关联公司之间对公司债务承担一体责任应当非常谨慎。

各成员公司已经具备了法律赋予的独立承担责任的全部要件,而各公司内部及成员公司之间的关系并非通过简单方式即可识别,并且在存在纠纷的情况下,还存在成员公司规避责任等因素,认定关联公司对债权人承担责任较为困难。①

(一)关联公司类型

关联公司有纵向建立的,也有横向建立的。通过纵向投资关系建立的关联公司通常是单向控制,比较典型的是母子公司关系、公司与控股公司关系等。《公司法》第 15 条规定:"公司可以向其他企业投资;但是,除法律另有规定外,不得成为对所投资企业的债务承担连带责任的出资人。"依该规定,法律允许设立关联公司,但对被投资公司的类型进行了限制,即不得直接建立承担连带责任的公司关系。这样从投资公司的角度保持独立,避免承担另一公司债务的连带责任。通过横向建立的关联公司,公司之间的控制并非是单向的控制与从属关系,有可能是彼此互为控制,比较典型的是相互投资、交叉持股或共同受控于同一投资人等。横向关联公司之间的互相控制或制约,应当保持在法律允许的范围内,如果超出法律规定的范围,导致各关联公司丧失独立的意志和利益,出现人格非独立的情形的,在对外承担民事责任时关联公司就有可能被视为一个整体,共同承担连带责任。

(二)关联公司法律特征

无论是纵向还是横向建立的关联公司,它们之间有一些共同的特点,即关联公司之间实际存在控制与从属关系,或互相控制关系,这种关系是持续的、经常的,是关联公司之间存在的一种管理体制,关联公司整体存在统一组织、相互配合等利益关系。因履行合同或者其他关系存在的一次的、偶然的控制,不构成关联公司。关联公司的控制一般体现在人事控制、财务控制及业务经营控制等方式,比如控制公司任命从属公司的董事、经理等高管人员,统一主管财务,安排利润转移,统一安排调度业务经营,使从属公司进行不符合常规的业务或者不利益的经营,等等。

(三)关联公司一体责任情形

关联公司是公司法律允许建立的,因此即使构成了关联公司,在具体民事法律关系中也不当然承担一体责任。关联公司是否承担一体责任,应当结合引发民事责任的事实,关联环节对事实的参与程度,根据具体情况作出判断。关联公司对外承担的民事责任主要是合同责任和侵权责任,两种责任的

---

① 人民法院出版社编:《最高人民法院司法观点集成(第三版)·商事卷》,人民法院出版社 2017 年版,第 446 页。

法律构成要件亦有所区别。

1. 在合同关系中引起的一体责任

关联公司各成员往往参与了合同的签订、履行，或者实际享受了合同利益。如一个公司并非合同签订主体，但实际上积极参与了合同的履行，享有合同的权利而未支付合理对价，或者隐藏在合同背后，仅享有合同的权利而不愿承担合同义务，签约公司为表面上的合同当事人，将合同权利无偿让渡给隐藏在背后的公司。有两种情况要排除适用：第一种是合同表面当事人和隐藏在合同背后的公司之间不构成关联公司，不能依据关联公司制度确认其承担一体责任。当然，不依据关联公司关系认定责任的承担，并不排除适用其他法律制度，要求两公司对债务承担连带责任。第二种是隐藏在合同背后的公司支付了合理对价，存在正当交易。虽然存在关联公司关系，但彼此保持相对独立人格，其经营符合公司法律对公司独立人格、独立意志的要求，应排除适用关联公司制度。

2. 在侵权关系中引起的一体责任

首先应满足侵权责任的一般构成要件，即在侵权要件确定存在且侵权主体应当承担责任的前提下，再考虑关联公司是否要承担一体责任。关联公司承担侵权民事责任应当考虑的是侵权行为环节，着重考虑在侵权行为上关联公司的参与度。比如在环境污染案件中，被告是发生污染的企业，排放污染的主要生产环节被其关联公司管理和控制，由关联公司组织实施生产或者提供主要技术支持，关联公司应当与被告污染的企业承担一体责任。关联公司承担侵权一体责任的特点，在外观上看往往是侵权公司的行为，但在这个侵权公司内部的某个生产或销售管理环节，关联公司直接参与了，关联公司在侵权公司内部的活动内容对侵权行为发挥了一定的作用，因此关联公司与侵权公司应对侵权行为承担共同侵权责任。

（四）关联公司人格否认判断标准

对于未直接参与侵权事实，但关联公司之间的控制足以导致人格混同的，基于人格混同也应承担一体责任。实践中，对关联公司人格混同的认定，应当极为慎重和严谨，不宜简单否定公司法人资格。结合司法实践，认定公司人格混同的几个参考环节：第一，资产混同。主要表现为公司之间的财务安排未分离，没有单独的财务账册，未单独核算经营利润等，各公司之间转移资产、利益及交易机会等没有对价，互相挪用。第二，人员混同。主要表现为董事、高管等企业的核心管理人员混同，或者被统一的实际控制人控制。第三，业务混同。各公司混同经营业务，生产或销售及其他业务混同操作，没有明显界限。第四，对外没有可见的分开的公司形式。主要表现为办公地点或者营业场所一致，对外互相代表，经常表明两家公司是一体的，共享利润，或者其他行为曾经误导公众认为其系一体公司，等等。关联公司之间人格非独立与股东滥用公司法人资格刺破公司面纱略有不同，关联公司的建立法律并不禁止，而股东滥用法人资格是法律禁止的，但如果关联公司建立和运行超出法律规定的范围，就有可能构成滥用关联关系，应承担相应的法律后果。[1]

四、关于股东是否完全履行出资义务判断问题

公司资本制是公司制度的基石。公司资本制原则包括：资本确定（充实）原则、资本维持原则、资本不变原则。上述资本三原则并不旨在保证注册资本等同于公司实际资产或公司清偿能力，其更强调的是规范出资人缴付出资、规范公司法人运营或调整自身资产，使公司具备和彰显独立财产、独立利益以及独立人格，以使得债权人能够与一个足够独立的民事主体进行交易。因此，公司股东出资应当遵循法定的出资程序，不得虚假出资或抽逃出资。实务中围绕股东的出资所存争议，有以下几个方面。

（一）出资人仅提供第三方机构出具的《验资报告》，能否认定已足额出资

从举证责任上看，股东作为出资义务人，应当对已履行出资义务的事实承担举证责任。公司在设立时，提供的《验资报告》对股东出资方式、数额有明确记载的，可以作为认定股东已完成出资的依据。债权人仍认为股东未完成出资义务的，则应提供相应的反证。最高人民法院作出的法释〔1997〕10号《关于验资单位对多个案件债权人损失应如何承担责任的批复》认为，"金融机构、会计师事务所为公司出具不实的验资报告或者虚假的资金证明，公司资不抵债的，该验资单位应当对公司债务在验资报告不实部分或者虚假资金证明金额以内，承担民事赔偿责任"。从该批复内容可以看出，验资报告及资金证明对债权人产生信赖利益，从而也从反向印证了《验资报告》或资金证明具有证明出资人完成出资的证明效力。

至于债权人以《验资报告》未在登记机关进行登记备案为由，不认可其内容真实性的问题。《公司法》第28条第1款规定："股东应当按期足额缴纳公司章程中规定的各自所认缴的出资额。股东以货币出资的，应当将货币出

---

[1] 人民法院出版社编：《最高人民法院司法观点集成（第三版）·商事卷》，人民法院出版社2017年版，第450页。

资足额存入有限责任公司在银行开设的账户；以非货币财产出资的，应当依法办理其财产权的转移手续。"该内容是对股东出资方式的规定，依该规定，股东只需将货币出资缴付至公司银行账户，将非货币财产出资交付及办理权利转移手续，即完成了出资义务，并未将《验资报告》的登记备案作为履行出资义务的条件，《验资报告》从性质上亦属于证明股东履行出资义务的证据，在其本身真实的情况下，以其未登记备案为由否认其内容的，不应采纳。

（二）股东出资资金来源非法是否影响出资认定

对于股东使用违法所得出资，出资行为是否有效的问题，实践中争议较大。观点一：认为此类股东出资来源于非法财产，损害了社会公共利益，应属无效。观点二：认为股东出资行为应当与其违法犯罪行为区别对待，不能混同。《公司法司法解释（三）》第7条第1款规定："出资人以不享有处分权的财产出资，当事人之间对于出资行为效力产生争议的，人民法院可以参照民法典第三百一十一条的规定予以认定。"《民法典》第311条规定："无处分权人将不动产或者动产转让给受让人的，所有权人有权追回；除法律另有规定外，符合下列情形的，受让人取得该不动产或者动产的所有权：（一）受让人受让该不动产或者动产时是善意；（二）以合理的价格转让；（三）转让的不动产或者动产依照法律规定应当登记的已经登记，不需要登记的已经交付给受让人。受让人依据前款规定取得不动产或者动产的所有权的，原所有权人有权向无处分权人请求损害赔偿。当事人善意取得其他物权的，参照适用前两款规定。"结合上述法律规定，由于货币是种类物，货币占有人推定为货币所有人，货币出资投入公司后，公司作为善意相对人依据协议约定获得股东出资，即对该笔货币出资享有所有权，出资相应转化为公司的独立财产。另外，《公司法司法解释（三）》第7条第2款对于股东出资来源非法的问题如何追究也作了相应规定："以贪污、受贿、侵占、挪用等违法犯罪所得的货币出资后取得股权的，对违法犯罪行为予以追究、处罚时，应当采取拍卖或者变卖的方式处置其股权。"从上述规定分析，观点二更符合相关法律规定。在办理此类案件时，不但要坚持惩治犯罪行为，还要根据客观事实保障善意第三人的权益，准确区别赃款赃物与合法财产所有权的处理方式。出资资金来源非法并不影响出资行为的有效性，也不影响出资人据此取得股东资格。

（三）股东向公司交付资金时未注明款项性质，但以账册记载或付款凭证主张已履行了出资义务的能否支持

股东向公司缴纳的出资具有明确的用途，由此也要求股东在履行出资义务时应明确所交付款项或交付财产的性质。仅以股东向公司支付过相应款项的事实，不足以认定股东已履行了出资义务。首先，股东向公司的转账并未

经过注册资本验资等出资程序，相应款项也不能当然地被视为股东的出资，仅以付款或交付财产的事实，并不能排除股东与公司之间存在其他法律关系的可能；其次，公司自行制作的财务账册即使出现"收到股东出资"等表述，也不能充分证实股东与公司之间的全部资金往来关系。公司虽然是独立民事主体的法人，但法人行为的具体实施要通过实际控制人进行。缴纳出资是股东对公司的义务，在认定具体的款项是否为出资的问题上，股东存在明显的利害关系。因此，股东通过制作账册对自己往来资金的性质进行认定，系股东自行确定自己的义务已经履行，该认定理由不够充分。在实务中，对于股东缴纳注册资本，应严格审查其是否符合相应的出资程序，股东除提供付款凭证还应提交相关款项属于履行出资义务的其他证据予以印证，如付款时间、资金流向等，应形成较为完整的证据链条证明属于股东出资。

（四）部分股东以其"人脉""经验"等无形资产或带领的工作团队作为出资约定的效力认定

有限责任公司章程或股东出资协议确定的出资内容，系股东之间达成的合意，内容不违反法律、行政法规的强制性规定的，应为有效。部分股东以无形资产出资，其出资比例及关于公司的表决权、利润分配权等事项，股东之间可以通过约定的方式确定并无不当。但同时，公司法也对有限责任公司的出资及决策、管理机构的设置、权限等有相关强制性规定，该部分内容影响其他市场主体的合法权益，属于社会公共利益范围，不应由公司股东之间的约定来确定。关于公司的出资，《公司法》第27条第1款规定："股东可以用货币出资，也可以用实物、知识产权、土地使用权等可以用货币估价并可以依法转让的非货币财产作价出资；但是，法律、行政法规规定不得作为出资的财产除外。"该规定明确了可以用于公司出资的财产范围，应当具备"可以用货币估价""可以依法转让"等条件。而股东的"人脉""经验"或带领的工作团队等，均不具备上述条件，因此不能作为股东的出资，该部分股东仍应按公司章程确定的出资数额依法履行出资义务。实务中，公司内部纠纷中部分股东以此约定主张相应股东未履行出资义务或者主张约定无效，则应区别处理。

五、关于增资过程中未履行出资义务的股东，对公司债务是否承担责任问题

对于公司设立之后决定增加注册资本，若股东未依约定或章程规定履行增资部分的出资义务，在公司不能清偿债务时，是否应承担损害公司债权人

利益的责任，存在正反两方面观点。

否定观点认为，《公司法司法解释（三）》第 13 条对于股东未履行或未全面履行出资义务，各权利主体可以请求履行义务的主体、条件等作了明确规定，其中第 3 款和第 4 款分别规定了公司设立时和增资时两种不同情况，并且各款之间具有相对独立性。该条第 3 款对于股东在公司设立时未履行或未全面履行出资义务，规定公司的发起人和被告股东应当承担连带责任；而第 4 款[①]规定了董事、高级管理人员未保证股东出资缴足时，属于未尽《公司法》第 147 条第 1 款[②]规定的义务，应承担相应责任。从文义上看，第 3 款限于公司设立时的情形，对这一款的解释不能扩张适用于公司增资的情形；第 4 款是关于增资瑕疵的规定，限于对董事、高级管理人员提出诉讼请求。因此，对这一款的解释不能扩张适用于股东。[③]

肯定观点认为，根据《最高人民法院执行工作办公室关于股东因公司设立后的增资瑕疵应否对公司债权人承担责任问题的复函》规定，公司增加注册资金与公司设立时的初始出资是没有区别的，公司股东若有增资瑕疵，应承担与公司设立时的出资瑕疵相同的责任。因此，股东的增资责任应与公司债权人基于公司的注册资金对公司责任能力产生的判断相对应。当股东的增资行为影响公司债权人的交易判断时，未履行增资出资义务的股东也要对公司债务承担补充赔偿责任。

结合《公司法司法解释（三）》第 13 条第 2 款内容，"公司债权人请求未履行或者未全面履行出资义务的股东在未出资本息范围内对公司债务不能清偿的部分承担补充赔偿责任的，人民法院应予支持"，该款规定概括了未履行或者未全面履行出资义务股东应承担的责任，而无论公司设立时还是增资时，均会产生股东的出资义务，故从文义理解上看，上述条款规定的责任条件应包含了公司设立时和增资时两种情况。另从该条第 4 款内容上看，只是明确了公司董事、高级管理人员在公司增资过程中，未尽忠实、勤勉义务导致股东出资未缴足时，应当对公司、其他股东及债权人承担责任，并未明确

[①]《公司法司法解释（三）》第 13 条第 4 款规定："股东在公司增资时未履行或者未全面履行出资义务，依照本条第一款或者第二款提起诉讼的原告，请求未尽公司法第一百四十七条第一款规定的义务而使出资未缴足的董事、高级管理人员承担相应责任的，人民法院应予支持；董事、高级管理人员承担责任后，可以向被告股东追偿。"

[②]《公司法》第 147 条第 1 款规定："董事、监事、高级管理人员应当遵守法律、行政法规和公司章程，对公司负有忠实义务和勤勉义务。"

[③] 唐青林、李舒主编：《公司法 25 个案由裁判综述及办案指南》，中国法制出版社 2018 年版，第 670 页。

免除作为出资义务人的股东责任。而且该责任的产生是基于负有出资义务的股东未履行义务，董事、高级管理人员仅是在职责范围内承担相应的过错责任，而非替代负有出资义务的股东责任。因此，第一种观点据此认为负有出资义务的股东不应承担责任的观点，不符合侵权责任的归责原则。

股东的出资义务无论产生于公司设立时还是增资时，在性质上并无明显区别。未履行或未全面履行出资义务是否应向债权人承担责任，则需分析是否对债权人的权益造成了损害。公司的注册资本需进行登记和公示，公示内容对债权人具有公信力。若债权人的债权产生于公司的增资事项办理登记之后，则债权人对增资后的注册资本数额具有信赖利益，当增资后的出资未缴足时，损害债权人利益的，股东应当承担相应的补充赔偿责任。反之，若债权人的债权产生于公司增资决定之前，或虽已作出增资决定，但尚未办理登记时，则增资部分内容对债权人而言不存在上述信赖利益，此时未履行或未全面履行增资部分出资义务的股东，无须对债权人承担责任。《最高人民法院执行工作办公室关于股东因公司设立后的增资瑕疵应否对公司债权人承担责任问题的复函》即采纳了此观点。

六、关于出资人可否基于增资协议解除要求将已按照增资协议交付的出资退还问题

该类纠纷所涉及的增资协议，其内容通常是合同当事人就向目标公司出资并成为该公司股东的相关事宜进行协商后确定的权利义务。该类纠纷表面上仅是合同当事人之间的合同关系，但由于合同内容涉及有限责任公司的出资、注册资本的增加和减少、股东的退出等公司法所调整的范围。因此，除依据合同法相关法律规范进行处理外，还应依据公司法的相关内容进行审查认定。

（一）增资尚未办理变更登记时，出资人可要求退还出资款

增资协议如果系各方当事人的真实意思表示，内容不违反法律、行政法规的强制性规定，则合法有效。该协议中约定了合同解除条件的，依据《民法典》第562条、第563条的规定，该增资协议可以解除。对于合同解除的后果，《民法典》第566条第1款规定："合同解除后，尚未履行的，终止履行；已经履行的，根据履行情况和合同性质，当事人可以请求恢复原状或者采取其他补救措施，并有权请求赔偿损失。"合同当事人在增资协议解除后，虽可以要求恢复原状，返还出资款，但仍要根据合同性质，依照法律的具体规定进行处理，而非一概而论地予以返还。对于尚未办理工商变更登记的，

根据最高人民法院（2019）最高法民申 1738 号案件①的观点，股东增资尚未在工商登记部门办理变更登记，该增资款对公司债权人尚未产生公示效力，公司债权人尚无保护其信赖利益的合理性，股东依约定条件解除增资协议并请求返还投资款，并不涉及抽逃出资或不按法定程序减资损害公司债权人利益的问题。

（二）增资已办理变更登记，出资人未经法定减资或股东退出程序不得要求退还出资款

增资协议的内容通常是合同当事人作为目标公司的股东向公司缴纳出资。该内容属于公司章程和公司登记公示的范围，在经过公司章程修改及变更登记后，协议中出资人的股东身份、出资数额、股权比例及公司注册资本已对外公示，其出资已转化为公司资本，成为公司的财产，此时出资人因增资协议解除而要求返还出资，本质是基于其股东身份的退出。而公司股东的退出、注册资本的减少应当适用《公司法》的特别规定。

此外，增资协议中约定的出资人以"恢复原状"为由，要求将其出资返还，实质上系股东未经法定程序抽回出资，会造成公司资产的减少，显然有违公司资本的确定、维持和不变原则，直接影响公司的经营能力和债权人利益。

综合上述分析，增资协议的解除虽适用合同法律规范，但该协议解除的后果实际系处理合同当事人作为原增资股东的退出问题。在出资已转化为公司财产的情况下，应适用《公司法》的规定处理。因此，增资协议虽受到合同相对性的约束，但该协议的解除并不当然发生股东退出、公司资本变更、股东出资返还的效果，故增资协议中约定的出资人以增资协议已解除为由，直接要求公司返还出资实际属于抽回出资，损害了公司债权人的利益，其诉讼请求不应支持。

七、关于在办理公司减资过程中未履行通知债权人程序应否承担损害公司债权人利益责任问题

公司在经营过程中，可以依照法定条件和程序减少注册资本。《公司法》第 177 条第 2 款规定："公司应当自作出减少注册资本决议之日起十日内通知债权人，并于三十日内在报纸上公告。债权人自接到通知书之日起三十日内，未接到通知书的自公告之日起四十五日内，有权要求公司清偿债务或者提供

---

① 最高人民法院（2019）最高法民申 1738 号韩某某与邹某某公司增资纠纷一案民事裁定书。

相应的担保。"

上述规定显示的通知义务人虽然是公司，但公司是否减资及如何进行减资，取决于实际负责公司经营管理的股东或实际控制人。《公司法》及其司法解释未具体规定公司不履行减资法定程序导致债权人利益受损时股东、实际控制人的责任，但结合近年最高人民法院的裁判观点可知，公司在未向债权人履行通知义务的情况下，公司原股东经公司股东会决议减资退股，违反了公司资本不变和资本维持的原则，与股东未履行出资义务及抽逃出资侵害债权人利益的行为本质上并无不同，可根据《公司法司法解释（三）》第13条第2款关于"公司债权人请求未履行或未全面履行出资义务的股东在未出资本息范围内对公司债务不能清偿部分承担补充赔偿责任的，人民法院应予支持"的规定，判令股东承担补充赔偿责任，[1] 或者从《民法典》关于侵权责任的规定上追究具体股东和实际控制人的责任。因公司减资行为在通知债权人的程序上存在瑕疵，致使减资前形成的公司债权之后未能清偿的，负责公司管理的股东、实际控制人应在公司减资数额范围内对公司债权人不能清偿的部分承担补充赔偿责任。[2] 另需说明，公司减资时对已知债权人应履行通知义务，不能在未先行通知的情况下直接以公告形式代替通知义务。

八、关于债权人能否要求出资期限尚未届满的股东承担未出资范围内补充赔偿责任问题

公司资本认缴制使股东享有了出资期限利益，有效激发了市场经济活力，但也使公司债权人利益与股东期限利益之间存在一定的矛盾。公司股东的出资期限，可根据公司章程进行规定，属于公司自治范围，由此股东可以约定较长的出资期限，还可通过修改公司章程对出资期限再进行延长。虽然股东认缴的出资属于公司的财产，但对于债权人而言，在公司未能清偿其债务时，其并不能直接对股东催缴出资，从而实际上对债权人的利益造成损害。根据目前法律规定，只有公司进入破产程序，才能对股东的出资期限予以加速到期。但《民商审判会议纪要》第6条规定了两种情况下出资期限加速到期的情形：（1）公司作为被执行人的案件，人民法院穷尽执行措施无财产可供执行，已具备破产原因，但不申请破产的；（2）在公司债务产生后，公司股东（大）会决议或以其他方式延长股东出资期限的。同时，在该条规定中，再次强调了"债权人以公司不能清偿到期债务为由，请求未届出资期限的股东在

---

[1] 参见最高人民法院（2017）最高法民终422号民事判决书。
[2] 参见上海市第二中级人民法院（2016）沪02民终10330号民事判决书。

未出资范围内对公司不能清偿的债务承担补充赔偿责任的,人民法院不予支持"。在 2022 年 12 月公布的《公司法(修订草案二次审议稿)》中,对此规定为"公司不能清偿到期债务",显示出已不再强调公司作为被执行人,且穷尽执行措施而无财产可供执行作为加速到期的条件。结合上述规定及新的立法精神,对于债权人要求股东出资期限加速到期的,实务中可注意以下两个方面:

第一,股东出资期限的加速到期,原则上适用于破产程序和《民商审判会议纪要》中所规定的两种情形,对于其他情况下要求加速到期,参照《公司法》修订草案的内容严格审查。股东对出资享有期限利益,该期限利益非因法定事由不应受到限制。股东出资的期限为公示事项,债权人作为与公司交易的相对人,对出资期限是可知和应知的,因此对相应的风险事先应有充分认知。另外,股东未足额出资,损害债权人利益的,承担的为补充赔偿责任。如前所述,补充赔偿责任的前提是公司不能清偿债务,而非经执行程序则不能证明公司已达到不能清偿债务的情形。而经过人民法院在执行程序中穷尽执行措施后债务仍不能清偿的,通常也达到了破产条件,因而也没必要在一般情况下适用加速到期。

第二,对于股东适用出资加速到期,但加速到期的后果不能单独归于提出该主张的债权人。股东认缴的出资属于公司财产,根据上述规定,因出资加速到期时公司已符合破产条件,则公司的财产应归于破产财产,其分配应按照破产程序处理,而不能对债权人单独清偿。若允许在具体的个案中实行股东出资加速到期,并对债权人单独承担赔偿责任,则与破产制度相矛盾,也有损其他债权人的利益。

九、关于公司使用股东个人账户对外进行资金转入、转出,是否构成人格混同

股东有限责任是公司制度的基石,非因法定事由不能对此予以突破,而要求股东对公司债务承担责任。《公司法》第 20 条虽对否认公司法人人格作出了规定,但对其适用仍应坚持审慎和严格的标准。公司与股东之间的人格混同,一个重要的认定标准系财产混同。我国实行银行账户实名制,原则上账户名义人即是账户资金的权利人。同时,根据《会计法》《税收征收管理法》《企业会计基本准则》等相关规定,公司应当使用单位账户对外开展经营活动,公司账户与管理人员、股东账户之间不得进行非法的资金往来,以保证公司财产的独立性和正常的经济秩序。公司在实际经营活动中,使用股东

个人账户收支公司款项，使第三方有可能对股东与公司财产混同产生合理怀疑。如何认定是否达到财产混同的程度，应当根据股东个人账户的实际使用情况，结合案情作出认定：

第一，股东以个人账户收支公司款项仅是偶然、个别行为，该情形下资金性质及往来较为清晰，不足以认定股东个人与公司财产混同。但是该行为客观上转移并减少了公司资产，也降低了公司的偿债能力，根据举重以明轻的原则并参照《公司法司法解释（三）》第14条关于股东抽逃出资情况下的责任形态之规定，要求公司股东对公司债务不能清偿的部分在转移资金的金额及相应利息范围内承担补充赔偿责任。最高人民法院（2019）最高法民终960号公报案例即采取该种处理方式。

第二，公司账户与股东的个人账户之间存在大量、频繁的资金往来，且资金用途复杂，导致公司财产与股东财产无法进行区分情况下，可以认定公司与股东之间构成财产混同。此时公司已经失去了独立承担责任的基础，严重损害了公司债权人的利益，符合《公司法》第20条关于公司法人人格否认的规定，则股东应当对公司债务承担连带责任。最高人民法院作出的（2017）最高法民申2646号判决即根据该情况，认定股东个人对公司债务承担连带责任。

第三，公司在经营过程中虽使用股东个人账户收支公司款项，若无证据证明股东与公司之间存在资产不分、账目不清，或者人事交叉、业务相同导致与其交易的第三人无法分清是与股东还是与公司进行交易等情形，则并未达到法人人格混同可能性的合理怀疑程度，此时不应适用公司法人人格否认制度。最高人民法院作出的（2016）最高法民再306号判决即反映了这一标准。经核算，若股东使用个人账户占有公司款项，仍可参照上述第（1）项的情况，要求股东在涉案款项金额本息范围内，对债务不能清偿部分对债权人承担补充赔偿责任。

综合上述最高人民法院的裁判结果，司法实务中对公司法人人格否认的适用，仍应坚持较为严格的认定标准，对股东使用个人账户收支公司款项，且确实不能对个人财产与公司财产明确区分，严重损害债权人利益的，才能依据《公司法》第20条的规定，要求股东对公司债务承担连带责任。

十、关于一人有限责任公司的股东证明公司财产独立于股东自己财产的认定标准问题

一人有限责任公司只有一个股东，不可能像其他公司那样建立比较规范

的公司组织机构，从而起到股东之间相互制约和监督的作用。在一人有限责任公司中，公司的股东既是所有者，又是管理者，很难将公司的意志和行为与股东个人的意思和行为相区分，所以《公司法》对一人有限责任公司的规定更加严格。《公司法》第63条规定："一人有限责任公司的股东不能证明公司财产独立于股东自己的财产的，应当对公司债务承担连带责任。"依据该规定，一人有限责任公司的人格否认实行举证责任倒置，即股东应当证明公司财产独立于其个人财产，否则股东应当对公司债务承担连带责任。而对于股东如何证明，以及完成该举证责任的标准如何确定，目前《公司法》及其司法解释和其他政策性文件均未明确提及，司法实务中股东通常提供公司的《审计报告》证明公司财产与其个人财产独立。结合司法实务中具体的裁判结果，作如下总结：

第一，股东提供的《年度审计报告》形式上符合《公司法》第62条规定的要求时，应认定一人有限责任公司的股东已初步完成证明责任。《公司法》第62条规定："一人有限责任公司应当在每一会计年度终了时编制财务会计报告，并经会计师事务所审计。"上述规定是《公司法》对一人有限责任公司提出的财务规范要求，一人有限责任公司的股东应当遵守。如果一人有限责任公司的股东能够提供《年度审计报告》及编制的相应财务会计报告，则说明其严格履行了该项法定义务，当然应当认定其完成了公司财产独立于其个人财产的证明责任。但是，如果存在以下情况，则应当对《审计报告》的内容进一步予以核实，必要时可责令股东进行专项审计：（1）根据审理查明的事实，可以确认《审计报告》内容存在明显遗漏。比如已公开查询到的负债没有编入相应的资产负债表，已发现的经营支出未在报告中体现等，上述情况说明审计结论不足以完全采信。（2）债权人提供了相反证据，足以证明一人有限责任公司的《年度审计报告》明显与实际财务情况不符或者存在重大疏漏。如果股东不能作出合理解释，或者无法提供证据反驳债权人的主张，则不应采信《年度审计报告》。

第二，《专项审计报告》与《年度审计报告》内容吻合，可认定股东已完成相应的举证责任。[①]如果独资股东就其与公司财产相互独立情况提供了《专项审计报告》，该报告内容具体明确，且与公司以往《年度审计报告》及在案证据相互印证的，则独资股东已完成相应的举证责任，在没有其他相反证据情况下，可认定公司财产与股东财产之间的独立。

第三，独资股东已举证证明公司财产与其个人财产独立。一人有限责任公司的股东提供的证据已证明了公司财产与股东财产分别列支列收、单独核

[①] 参见最高人民法院（2017）最高法民终569号民事判决书。

算、利润分别分配和保管、风险分别承担，应视为已完成初步的举证责任。债权人未提出一人有限责任公司股东与公司之间可能存在财产混同的任何证据，亦未能指出股东提供的审计报告等证据中可能存在财产混同的问题，则对于债权人提出一人有限责任股东与公司财产混同的意见，不予支持。[①]

关于一人有限责任公司股东证明公司财产与股东财产独立的证明标准问题，至今尚没有统一明确的意见。司法实务中应坚持举证责任倒置，对股东提供的证据进行必要审查，如有证据表明股东与公司之间存在资金往来，应要求股东作出合理解释，并结合上述最高人民法院的裁决标准，对具体案件作出处理。

十一、关于有限责任公司的股东仅为夫妻二人能否参照适用一人有限责任公司举证责任倒置问题

有限责任公司中仅有两名股东，且该两名股东为夫妻二人，通常称为"夫妻型公司"，其特殊性在于夫妻之间的财产关系受婚姻法律规范调整。根据《民法典》的规定，夫妻在婚姻关系存续期间生产、经营、投资所得收益归夫妻共同所有。基于夫妻双方共同财产制，对于"夫妻型公司"是否应视为一人有限责任公司，存在不同观点：

否定观点认为，"夫妻型公司"虽有其特殊性，但财产共有制不能等同于人格统一性。夫妻双方均是人格独立的个体，即使在婚姻关系中，夫妻也可以约定婚姻关系存续期间所得的财产归各自所有。因此没有理由将"夫妻型公司"等同于一人有限责任公司。

肯定观点认为，公司的注册资本来源于夫妻共同财产，公司股权实质来源于同一财产权，并为一个所有权共同享有和支配，股权主体具有利益的一致性和实质的单一性，公司系实质意义上的一人有限责任公司。因此，在夫妻双方不能证明公司财产独立于夫妻共同财产的情况下，应对公司债务承担连带责任。

分析上述两种观点，第二种观点更符合相关立法规定内容和精神。如果公司设立于夫妻双方婚姻关系存续期间，依《民法典》的规定，除约定财产制外，夫妻在婚姻关系存续期间所得的财产为夫妻共同所有，在夫妻不能证明双方对婚后财产有约定的情况下，且在公司登记资料中，如果也没有夫妻双方自愿备案的财产分割证明或协议的，则夫妻以共同财产出资将股权登记在各自名下也不构成对夫妻共同财产分割的约定。公司的注册资本来源于夫

[①] 参见最高人民法院（2020）最高法民终479号民事判决书。

妻共同财产，进而公司的全部股权属于夫妻二人婚后所取得的财产，也为双方共同所有。而股东为夫妻关系，双方利益高度一致，亦难以形成有效的内部监督，夫妻其他共同财产与公司财产亦容易混同，从而损害债权人利益。在此情况下应参照《公司法》一人有限责任公司举证责任倒置的规则，加强对债权人的保护。最高人民法院（2019）最高法民再372号民事判决，即采用了第二种观点及理由，将公司财产独立于股东自身财产的举证责任分配给作为股东的夫妻二人，夫妻二人不能举证证明自身财产独立于公司财产的，应承担举证不利的法律后果。

第四节 常见争点说理示范

一、关于程序问题的裁判说理示范

（一）关于诉讼主体是否适格的裁判说理示范

【适用情形】债权人对公司的债权已经过生效裁判确认的，原股东系损害公司债权人利益责任纠纷的适格被告，目标公司并非必须参加诉讼的当事人。

【说理示范】关于本案诉讼主体是否有误的问题。本案是原告以被告A作为B公司股东与公司人格混同为由，提起的股东损害公司债权人利益责任诉讼，案涉原告与B公司的债权债务关系发生于被告A任B公司法定代表人、股东期间，因此，原告以A为被告，符合法律规定。被告A主张变更后的股东C吸收被告A的在先行为，没有法律依据，本院不予支持。同时，作为股东损害公司债权人利益责任纠纷，B公司系目标公司，并非必须参加诉讼的当事人，因此被告A主张一审遗漏B公司作为第三人，没有事实及法律依据，本院亦不予支持。

【参考裁判文书】北京市第一中级人民法院（2022）京01民终925号胡某某与刘某某股东损害公司债权人利益责任纠纷一案二审民事判决书。

（二）关于诉讼时效的裁判说理示范

【适用情形】诉讼时效应当从债权人知道或者应当知道权利被侵害时起算。

【说理示范】本案系股东损害公司债权人利益责任纠纷，本质上为侵权之诉，诉讼时效应当从债权人知道或者应当知道权利被侵害时起算。原告主张本案应自××××年×月×日执行终本裁定作出后才开始起算诉讼时效，因原告在××××年×月×日收到终结本次执行程序裁定后首次得知无财产可供执行，故其知道权利被侵害的时间应该在此之后，本院首次收到起诉状在××××年×月×日。综上，本院认为本案未超过诉讼时效。

【参考裁判文书】北京市第二中级人民法院（2021）京02民终14972号北京圣势百弘国际商务顾问有限责任公司与何某某等股东损害公司侵权人利益责任纠纷二审民事判决书。

（三）关于管辖的裁判说理示范

1. 关于本案由不适用公司住所地管辖规则的裁判说理示范

【适用情形】损害公司债权人利益责任纠纷不适用公司住所地管辖规则，应由侵权行为地法院或被告住所地法院管辖。

【说理示范】为确定公司诉讼的管辖法院，避免管辖争议，便于法院审理案件及查明事实，《民事诉讼法》第27条对公司诉讼案件作出了特殊地域管辖的规定。但是，并非所有与公司有关的诉讼都属于公司诉讼，也并非所有与公司有关的诉讼都适用公司住所地管辖的规则。因公司股东未履行或者未全面履行出资义务，或者公司股东未履行清算责任给公司债权人造成损失，债权人起诉股东对公司债务承担相应赔偿责任，其性质是股东损害公司债权人利益责任纠纷，不适用民事诉讼法由公司住所地人民法院管辖的特殊地域管辖规定。本案并非公司诉讼，而是债权人与公司股东之间因债务问题产生的纠纷，属侵权之诉。依据法律规定，因侵权行为提起的诉讼，由侵权行为地或者被告住所地人民法院管辖。侵权行为地包括侵权行为实施地、侵权结果发生地。本案中，原告系被侵权人，其住所地系直接侵权结果发生地，应认定为侵权行为地。原告公司住所地位于××法院辖区，故××法院对本案具有管辖权。

【参考裁判文书】广东省深圳市中级人民法院（2020）粤03民终1301号深圳市恒创利科技有限公司与郑某等股东损害公司债权人利益责任纠纷一案二审民事判决书。

2. 关于原被告住所地均可作为确定管辖依据的裁判说理示范

【适用情形】在股东损害公司债权人利益责任纠纷中，侵权行为实施地、侵权结果发生地及被告住所地人民法院对案件均有管辖权。即原被告住所地均可以作为确定案件管辖法院的连接点。

【说理示范】《公司法司法解释（二）》第18条第1款规定："有限责任公司的股东、股份有限公司的董事和控股股东未在法定期限内组成清算组开始清算，导致公司财产贬值、流失、毁损或者灭失，债权人主张其在造成损失范围内对公司债务承担赔偿责任的，人民法院应依法予以支持。"本案中，原告以朱某某、李某某为被告提起诉讼，属于上述司法解释规定的股东损害公司债权人利益责任之诉。根据《民事诉讼法》第29条关于"因侵权行为提起的诉讼，由侵权行为地或者被告住所地人民法院管辖"的规定，以及《民事诉讼法司法解释》第24条关于"民事诉讼法第二十九条规定的侵权行为地，包括侵权行为实施地、侵权结果发生地"的规定，本案侵权结果发生地即原告住所地、两名被告朱某某、李某某住所地，均可以作为确定案件管辖法院的连接点。

【参考裁判文书】最高人民法院（2018）最高法民辖162号科伦比亚户外传媒广告（北京）有限公司与朱某某、李某某股东损害公司债权人利益责任纠纷一案民事裁定书

（四）关于执行程序中不适用公司法人人格否认制度的裁判说理示范

【适用情形】执行程序中不能适用公司法人人格否认制度，债权人如认为被执行人与其他公司存在财产混同、法人人格混同情形，可以另案提起诉讼，请求否认相关公司法人人格并承担原本由被执行人承担的债务。

【说理示范】实践中，追加案外人为被执行人应严格依照法律、司法解释的规定，唯有符合法定适用情形，执行法院才能裁定追加被执行人并对其采取强制执行措施，本案所涉企业法人财产混同不属于司法解释明确规定可以追加为被执行人的法定情形。执行程序中追加案外人为被执行人有严格的法定条件限制，无论本案情形是否构成财产混同或者法人人格混同，均不是追加被执行人的法定事由。债权人如认为被执行人与其他公司存在财产混同、法人人格混同的情形，可以另案提起诉讼，请求否定相关公司法人人格并承担原本由被执行人承担的债务。又因本案属民间借贷纠纷，债权人也可依照《最高人民法院关于审理民间借贷案件适用法律若干问题的规定》诉请使用借款的企业承担相应责任。

【参考裁判文书】最高人民法院（2015）执申字第90号深圳长城燃料物资有限公司、青龙满族自治县燕山矿业有限公司等与董某某、孟某某等企业借贷纠纷一案执行裁定书

（五）关于是否准许鉴定的裁判说理示范

【适用情形】伪造签名的情形在冒名登记和借名登记中均可能存在，签名真伪并非认定"冒名"的唯一标准。被告就相关签名真伪情况申请鉴定，对证明待证事实和认定结果无意义，不予准许。

【说理示范】本案系股东损害公司债权人利益责任纠纷。关于被告是否被冒名登记为 A 公司股东的问题。依照《公司法司法解释（三）》第 26 条、第 28 条的规定，公司工商登记具有公示公信效力，债权人作为善意相对人，有权以公司登记信息为依据向公司股东依法主张相关权利，除非该股东提交充分证据证明其系被"冒名"登记，而"冒名"和"借名"在实践中均常见，但会产生不同的法律后果。冒名登记是指将没有出资设立公司、参与公司经营管理、分享利润并承担责任意思表示，且根本不知道其名义被冒用的民事主体登记为公司股东。冒名登记和借名登记的主要区别是当事人对其被登记为公司股东是否知情、默认。本案中，根据 A 公司工商档案显示，其设立时有加盖了核对印章的被告、李某 1 的身份证复印件等资料，2005 年 11 月 3 日，某交易所出具 × 号《股权转让见证书》，载明被告、李某 1 等合同主体签订的《股权转让协议书》系各方当事人的真实意思表示，各方当事人签字属实，发生的交易过程真实。由于上述工商登记信息及见证书系有权机关依职权作出，在未经法定程序撤销且被告并未提交充分证据证明上述信息及见证过程和结果不真实的情况下，一审法院采信上述证据并据此认定被告知悉其被登记为公司股东，并无不当，故被告关于其系被冒名登记为公司股东、不应承担相应股东责任的主张缺乏事实依据，本院不予采信。伪造签名的情形在冒名登记和借名登记中均可能存在，即使相关工商登记文件上的签名并非当事人本人所签，由于存在授权代签等情况，故亦不能单以此为由认定当事人对于其被登记为公司股东并不知情，故签名真伪并非认定"冒名"的唯一标准。因此，被告就相关签名真伪情况申请鉴定，对证明待证事实和认定结果无意义，本院不予准许。如被告嗣后有新证据证明其系被冒名登记为公司股东，可依照相关规范性文件向市场监管部门或依其他途径主张权利。

【参考裁判文书】广东省深圳市中级人民法院（2020）粤 03 民终 13986 号白某某与李某 1、李某 2、深圳市艾弗科技有限公司及第三人深圳市利原宏通信技术有限公司股东损害公司债权人利益责任纠纷一案二审民事判决书。

二、关于责任主体认定的裁判说理示范

（一）关于违反出资义务的原股东承担补充赔偿责任的裁判说理示范

【适用情形】被告未履行或未全面履行出资义务，即使原告起诉时其已不是公司股东，也应在其未履行出资义务范围内对公司债务不能清偿的部分承担补充赔偿责任。

【说理示范】依据《公司法司法解释（三）》第18条的规定，有限责任公司的股东未履行或者未全面履行出资义务即转让股权，受让人对此知道或者应当知道，公司请求该股东履行出资义务、受让人对此承担连带责任的，人民法院应予支持。本案中，被告在作为公司股东期间，未履行出资义务的行为已损害了公司债权人的利益，应对公司债务不能清偿部分承担补充赔偿责任，其转让股权的行为并非免除其责任的法定事由。被告虽已将其股权转让，但仍应对公司债务连带承担补充赔偿责任。

（二）关于名义股东承担瑕疵出资责任的裁判说理示范

1. 关于对被告称其仅是名义股东，不应对公司债务承担责任的抗辩不予支持的裁判说理示范

【适用情形】被告抗辩称其仅是名义股东，不应对公司债务承担责任，不予支持。

【说理示范】关于被告辩称其仅是名义股东，且未实际参与公司经营管理，未实施损害公司债权人利益行为的问题。本院认为，根据公司登记公示公信原则，公司登记的信息对外具有公示公信的效力，即使登记内容与股东实际出资、持股情况不相符，亦不能以此对抗善意第三人。《公司法司法解释（三）》第26条第1款规定："公司债权人以登记于公司登记机关的股东未履行出资义务为由，请求其对公司债务不能清偿的部分在未出资本息范围内承担补充赔偿责任，股东以其仅为名义股东而非实际出资人为由进行抗辩的，人民法院不予支持。"故被告作为公司的登记股东，仅以其系名义股东为由提出其不应对公司债务承担赔偿责任，本院不予支持。

2. 关于被告抗辩其已将股权转让但无证据显示已办理股权过户手续，作为名义股东仍要对债权人承担责任的裁判说理示范

【适用情形】被告抗辩称其已将股权转让，但无证据显示被告已办理股权过户手续，被告作为名义股东仍要对债权人承担责任。

【说理示范】原告依据生效的法律文书享有对A公司的债权，为合法债权人。B公司系A公司工商登记的股东，B公司经主管部门批准将A公司72.72%的股权转让给C公司，双方已签订《股权转让合同书》，但没有证据显示已经完成股权过户手续。根据《公司法》第32条第3款规定，"公司应当将股东的姓名或者名称向公司登记机关登记；登记事项发生变更的，应当办理变更登记。未经登记或者变更登记的，不得对抗第三人"。A公司在2004年被吊销营业执照前，其工商登记的控股股东仍为B公司，并未进行变更登记，原告有理由相信B公司仍在行使A公司的股东权利，故B公司仍是A公司的控股股东和清算义务人。B公司作为A公司的控股股东，在A公司被吊

销营业执照后未对 A 公司进行清算，导致公司主要财产、账册、重要文件等灭失，无法进行清算，应对公司债务承担连带责任。

【参考裁判文书】广东省高级人民法院（2017）粤民申 7962 号深圳市投资控股有限公司与中国华融资产管理股份有限公司深圳市分公司股东损害公司债权人利益责任纠纷一案民事裁定书。

（三）关于冒名股东是否需要向公司债权人承担瑕疵出资责任的裁判说理示范

1. 关于被冒名股东无须承担责任的裁判说理示范

【适用情形】被冒名登记的股东无须对公司债务承担责任。

【说理示范】《公司法司法解释（三）》第 28 条规定："冒用他人名义出资并将该他人作为股东在公司登记机关登记的，冒名登记行为人应当承担相应责任；公司、其他股东或者公司债权人以未履行出资义务为由，请求被冒名登记为股东的承担补足出资责任或者对公司债务不能清偿部分的赔偿责任的，人民法院不予支持。"本案中，在最终形成的《出资协议》《公司章程》等公司设立的重要文件中出现的被告签名均非被告所签，××冒用被告的名义出资并将被告作为股东在公司登记机关进行登记，原告并无充分证据证明被告授权××签名或事后予以追认。故原告请求被告承担补充赔偿责任的主张不应支持。

【参考裁判文书】最高人民法院（2017）最高法民申 2602 号张某某与王某某等股东损害公司债权人利益责任纠纷一案民事裁定书。

2. 关于出借证件的人不属于冒名股东的裁判说理示范

【适用情形】被告自愿将身份证件、银行卡交予他人使用，视为对他人进行无限授权，被告据此主张其属于冒名股东，不予采信。

【说理示范】被告 A 主张其被冒名登记为股东，且公司设立登记资料中没有其本人亲笔签名，故不应当承担赔偿责任。对此，首先，被告 A 主张 B 公司登记资料中的签名并非其所签，但其未能举证证明；其次，被告 A 自称其将身份证件、银行 U 盾、银行卡交予案外人 C，C 冒其名办理了公司申请手续，上述行为应视为被告 A 对案外人 C 使用上述资料进行无限授权，被告 A 应当承担相应的法律后果。且被告 A 在得知案外人 C 涉嫌诈骗后，将该股权转让，可认定被告 A 对其为 B 公司的股东是知晓的，现其主张为被冒名的股东，有违诚信原则，本院不予采纳。

【参考裁判文书】广东省深圳市中级人民法院（2021）粤 03 民终 12405 号程某某与马某某等股东损害公司债权人利益责任纠纷一案二审民事判决书。

（四）关于实际控制人承担公司法人人格否认责任的裁判说理示范

【适用情形】实际控制人对公司过度支配与控制，使公司丧失独立性，严重损害公司债权人利益，应对公司债务承担连带清偿责任。

【说理示范一】《民事诉讼法司法解释》第 108 条第 1 款规定："对负有举证证明责任的当事人提供的证据，人民法院经审查并结合相关事实，确信待证事实的存在具有高度可能性的，应当认定该事实存在。"根据查明的事实，被告 A 持有 B 公司 97.83% 的股权，为 B 公司控股股东、法定代表人；B 公司持有 C 公司 99.69% 的股权，为 C 公司控股股东；C 公司持有 D 公司 93.75% 的股权，为 D 公司控股股东。因被告 A 是 B 公司控股股东及法定代表人，通过 B 公司投资、控股 C 公司，再通过 C 公司投资、控股 D 公司，以此方式实际控制、支配 C 公司、D 公司，且同时为两公司的个人股东和高管人员，故被告 A 系三公司的实际控制人存在高度可能性。C 公司、B 公司、被告 A 均否认被告 A 的实际控制人身份，但未提供相应的反驳证据，应承担不利后果。被告 A 作为三公司的实际控制人，对公司过度支配与控制，滥用控制权使三公司财产边界不清、财务混同，丧失人格独立性，导致 D 公司欠付原告大额债务无法清偿，严重损害公司债权人利益，应对公司债务承担连带责任。

【参考裁判文书】江苏省高级人民法院（2019）苏民终 1528 号国发节能环保发展集团有限公司、北京国发机关后勤服务有限公司与国电光伏有限公司股东损害公司债权人利益责任纠纷一案二审民事判决书。

【说理示范二】关于被告 A、B 的责任认定。C 公司的法定代表人甲、监事乙和 D 公司法定代表人丙的当庭指认和证言显示，C 公司的实际出资人和发起人为被告 A、B，甲和乙受 C 公司实际控制人被告 A、B 的指示担任公司法定代表人、监事，C 公司的经营收入已由被告 A、B 转入其控制的关联公司 D 公司；丙受 D 公司实际控制人被告 A、B 的指示代持股份并担任法定代表人，未参与公司经营管理，该公司全部业务均由被告 A、B 负责处理。某人民法院于××××年×月×日作出的×限制消费令认定，被告 A、B 为 D 公司的实际控制人，被告 A 在本案中认可其系甲和乙之舅。原告预付 C 公司的部分货款 4200 万元由 D 公司收取，D 公司未能提供充分证据证明其收取 C 公司款项存在正当合理理由，C 公司现已不再实际经营，无力偿还多笔到期债务。故综合全案事实和证据，认定被告 A、B 利用其实际控制人地位，转移 C 公司财产，致使 C 公司无力偿还原告债务，严重损害了债权人原告的合法权益，被告 A、B 应对 C 公司案涉债务承担连带赔偿责任。

【参考裁判文书】最高人民法院（2021）最高法民申 4488 号日照丰亿国际能源有限公司、内蒙古力天煤焦化工有限公司与梁某 1、梁某 2、宁夏泰裕益通能源有限公司、杨某买卖合同纠纷一案民事裁定书。

（五）关于与公司存在关联或控制关系的非公司股东等主体可类推适用公司人格否认制度的裁判说理示范

【适用情形】非公司股东，但与公司存在关联或控制关系的主体通过操作或控制公司损害公司债权人利益，可类推适用公司人格否认制度予以规制。

【说理示范】原告主张 A 公司与 B 公司人格混同，应对 B 公司的债务承担连带责任。对此，《公司法》第 20 条第 3 款规定："公司股东滥用公司法人独立地位和股东有限责任，逃避债务，严重损害公司债权人利益的，应当对公司债务承担连带责任。"该条确立的公司人格否认制度主要适用于公司及公司股东之间，对于非公司股东但与公司存在关联或控制关系的主体是否适用未予明确。本院认为，公司人格否认制度旨在矫正有限责任制度在特定情形下对债权人利益保护的失衡，非公司股东但与公司存在关联或控制关系的主体通过操作或控制公司而损害公司债权人利益，与公司股东滥用公司人格损害债权人利益具有同质性。对此应基于公平及诚信原则，类推适用《公司法》第 20 条第 3 款规定予以规制，以实现实质公正。本案中，B 公司的控股股东 C 公司是 A 公司的全资子公司，A 公司与 B 公司存在关联关系，应根据公司人格否认制度的法律规定判断 A 公司应否对 B 公司的债务承担连带责任。

【参考裁判文书】最高人民法院（2020）最高法民终 185 号柳某某、马某某与贵州肥矿光大能源有限公司、山东能源集团贵州矿业有限公司采矿权转让合同纠纷一案二审民事判决书。

三、关于滥用公司法人人格的裁判说理示范

（一）关于认定横向人格混同的裁判说理示范

1. 关于关联公司人员、业务、财务混同导致人格混同的裁判说理示范

【适用情形】关联公司的人员、业务、财务等方面交叉或混同，导致各自财产无法区分，丧失独立人格的，构成人格混同；关联公司人格混同，严重损害债权人利益的，关联公司相互之间对外部债务承担连带责任。

【说理示范】A 公司与 B 公司、C 公司人格混同，B 公司、C 公司应对 A 公司的债务承担连带清偿责任。

第一，A 公司、C 公司、B 公司人员混同。

（1）C 公司与 B 公司的股东相同，均为王某等人。A 公司的股东虽与 B 公司、C 公司不同，但拥有 90% 股份的控股股东张某 1 系王某之妻。此外，A 公司的其他股东均为 C 公司的高级管理人员。

（2）C 公司从 1994 年 4 月成立至 2007 年 10 月期间，法定代表人为王某；B 公司从 2004 年 9 月成立至今，法定代表人亦为王某；A 公司的法定代表人吴某是 C 公司的综合部行政经理。

（3）三公司的财务负责人均为凌某，出纳会计均为卢某，工商手续经办人均为张某 2。

（4）根据公司章程，三公司行使生产经营管理工作等职权的均为经理，且三公司聘任的经理均为王某。

综上，三公司的股东、法定代表人或相同或具有密切关联，三公司主持生产经营管理的经理均为王某，在人事任免上存在统一调配使用的情形，其他高级管理人员交叉任职，且重要部门任职人员相同，构成人员混同。

第二，A 公司、C 公司、B 公司业务混同。

一是 A 公司、C 公司、B 公司的经营范围基本重合。在案涉交易发生期间，三公司在工商行政管理部门登记的经营范围均涉及工程机械且基本重合，其中，A 公司的经营范围被 C 公司的经营范围完全覆盖。此外，在实际经营中，三公司均经营工程机械相关业务，且仅有 B 公司的经营范围曾包括公路及市政工程施工，但 C 公司同样实际经营市政工程施工等业务，并将之确定为三大业务板块之一。

二是 A 公司、B 公司、C 公司对外进行宣传时信息混同、未作区分。

（1）根据 ×× 号《公证书》，A 公司、B 公司在网上共同招聘员工且所留联系方法等招聘信息一致；在网上对企业进行宣传时未区分不同主体，如以 A 公司、B 公司名义出具的招聘信息包括了大量 C 公司的介绍，在以 A 公司名义发出的招聘信息中介绍的内容是 B 公司及 C 公司的成立时间、企业精神等。

（2）C 公司登记的地址为 ××，A 公司登记的住所地为 ××。但是，C 公司报刊所载的地址并非 C 公司的地址，而是 A 公司的地址。

（3）C 公司报刊将 A 公司的人事任免情况作为简讯进行刊登。

三是 A 公司、C 公司、B 公司在工程机械销售等业务中不分彼此。

（1）根据三公司于 2005 年 8 月 15 日共同出具的《说明》以及 A 公司、B 公司于 2006 年 12 月 7 日共同出具的《申请》，在三公司与 D 公司业务往来过程中，三公司不仅要求将相关业务统计到 A 公司名下，还表示今后的业务尽量以 A 公司的名义操作。因此，A 公司是三公司相关交易的名义相对人，记载于 A 公司名下的交易同时包括了 C 公司与 B 公司的业务。可见，在案涉交易模式中，三公司将自身视为一体，刻意要求不进行明确区分。

（2）A 公司与 B 公司共用统一格式的《销售部业务手册》，且封面载有上述两公司的名称，手册中载明两公司的结算开票资料，其中结算账户为两公司共同的财务人员卢某的个人银行账户，而手册中的《发货申请单》表明该手册用于 × 机械的销售。以上事实表明，A 公司、B 公司销售 × 机械时对其主体不加区分或者视为一体。

（3）C 公司以 D 公司四川地区（攀枝花除外）唯一经销商的身份对外宣传并开展相关业务，在制作的《××协议》中明确扩大 C 公司所销售产品的市场占有率，要求二级经销商在制作广告时突出"C"的品牌，但作为合同签约人在该协议上盖章的是 A 公司。以上事实表明，以唯一经销商身份经营相关业务时，C 公司与 A 公司未区分彼此。

（4）在 A 公司向其客户开具的收据中，有的盖有 A 公司的财务专用章，有的盖有 B 公司的财务专用章，而一公司签订的合同由另一公司履行的情况是业务混同在实践中的重要表现之一。

第三，A 公司、C 公司、B 公司财务混同。

（1）A 公司、C 公司、B 公司使用共同的账户。根据 A 公司与 B 公司共用的《销售部业务手册》、三公司共同的财务管理人员卢某、凌某个人银行账户的往来情况以及卢某、凌某在公安部门调查时所作的陈述，三公司均使用卢某、凌某的个人银行账户，往来资金数额巨大，其中凌某的个人账户资金往来达 1300 余万元，卢某的个人账户资金往来高达 8800 余万元。

（2）A 公司、C 公司、B 公司未提供证据证明对其共同使用的银行账户中相关资金的支配使用进行了区分。根据卢某向公安部门所作的陈述，A 公司、C 公司、B 公司高达 8800 余万元的款项在进入其个人银行账户后，具体用款仅需三公司经理王某签字，资金走向中包括 B 公司，亦包括对外支付工程保证金、施工材料款等。在原审法院明确要求 B 公司、A 公司、C 公司进一步举证的情况下，三公司并未提供充分证据证明其共同的财务人员对共用账户中的资金进行了必要区分并有相应记载。

（3）根据 2005 年 8 月 15 日的《说明》及 2006 年 12 月 7 日的《申请》，三公司与 D 公司之间的债权债务、业绩、账务均计算至 A 公司名下。

（4）三公司与 D 公司之间业务往来的返利均统计在 A 公司账户内，且对返利的分配未做约定，即对相关业务的收益未加区分。

综上，A 公司、C 公司、B 公司在经营中无视各自的独立人格，随意混淆业务、财务、资金，相互之间界限模糊，无法严格区分，使得交易相对人难以区分准确的交易对象。在均与 D 公司有业务往来的情况下，三公司还刻意安排将业务统计在 A 公司名下，客观上削弱了 A 公司的偿债能力，有滥用公司独立人格以逃废债务之嫌。三公司虽在工商登记部门登记为彼此独立的企业法人，但实际上人员混同、业务混同、财务混同，已构成人格混同，损害了债权人的利益，违背了法人制度设立的宗旨，其危害性与《公司法》第 20 条规定的股东滥用公司法人独立地位和股东有限责任的情形相当。为保护债权人的合法利益，规范公司行为，参照《公司法》第 20 条的规定，C 公司、B 公司应当对 A 公司的债务承担连带清偿责任。

【参考裁判文书】江苏省高级人民法院（2011）苏商终字第 0107 号四川瑞路建设工程有限公司、成都川交工程机械有限责任公司与徐工集团工程机械股份有限公司、成都川交工贸有限责任公司等买卖合同纠纷一案二审民事判决书（最高人民法院指导案例 15 号）。

2. 关于姐妹公司构成人格混同的裁判说理示范

【适用情形】存在股权关系交叉、均为同一法人出资设立、由同一自然人担任各个公司法定代表人的关联公司，如果该法定代表人利用其对上述多个公司的控制权，无视各公司的独立人格，随意处置、混淆各个公司的财产及债权债务关系，造成各个公司的人员、财产等无法区分的，该多个公司法人表面上虽然彼此独立，但实质上构成人格混同。因此损害债权人合法权益的，该多个公司法人应承担连带清偿责任。

【说理示范】关于 A 公司、B 公司、C 公司是否存在人格混同的问题，根据查明的事实，A 公司、B 公司、C 公司股权关系交叉，均为关联公司，实际均为 D 公司出资设立，沈某作为公司的董事长，同时身兼三公司的法定代表人，其利用对三公司的控制权，将 A 公司贷款大量投入 B 公司项目；在未办理工商变更登记的情况下，将 C 公司对 A 公司的欠款 7392 万元和对 B 公司的欠款 1086 万元转为两公司对 C 公司的投资款，且 2003 年后 A 公司对 C 公司的投资只有 2795 万元，A 公司的 4597 万元投资款去向不明；将 D 公司对 B 公司的投资用于支付 C 公司项目设计费；A 公司、B 公司、C 公司还共同为 A 公司贷款还本付息，A 公司、B 公司、C 公司均认为对某项目的资产享有处分权，以并不存在的某集团名义向贷款人出具函件，致使贷款人也无法区分三者间的人员及财产。A 公司、B 公司、C 公司还存在办公地址相同、联系电话相同、财务管理人员在一段时期内相同的情况。上述事实表明，A 公司、B 公司、C 公司表面上是彼此独立的公司，但各公司之间已实际构成了人格混同，其行为违背了法人制度设立的宗旨，违反了诚信和公平原则，损害了债权人利益。因此，A 公司的债务应由 B 公司和 C 公司承担连带清偿责任。

【参考裁判文书】最高人民法院（2008）民二终字第 55 号中国信达资产管理公司成都办事处与四川泰来装饰工程有限公司、四川泰来房屋开发有限公司、四川泰来娱乐有限责任公司借款担保合同纠纷一案二审民事判决书（《最高人民法院公报》2008年第10期）。

（二）关于认定纵向人格混同的裁判说理示范

1. 关于公司使用股东账户收支款项是否构成财产混同的裁判说理示范

（1）关于公司账户与股东账户之间存在大量、频繁的资金往来导致财产无法区分可认定为财产混同的裁判说理示范。

【适用情形】公司账户与股东账户之间存在大量、频繁的资金往来，导致公司财产与股东财产无法区分，可认定公司财产与股东财产存在混同，股东应对公司债务承担连带清偿责任。

【说理示范一】我国实行银行账户实名制，原则上账户名义人即是账户资金的权利人。同时，根据《会计法》《税收征收管理法》《企业会计准则——基本准则》等相关法规规定，公司应当使用单位账户对外开展经营活动，公司账户与管理人员、股东账户之间不得进行非法的资金往来，以保证公司财产的独立性和正常的经济秩序。根据本案认定的事实，原告出借的款项均汇入了 A 公司股东 B 的账户，A 公司亦通过 B、C 等股东账户向原告偿还借款。同时，A 公司的账户与 B、C 等股东的账户之间存在大量、频繁的资金往来，且资金用途复杂，导致公司财产与股东财产无法进行区分。A 公司、股东 B、C 称 A 公司实际控制 B、C 等股东账户，股东账户的资金属于公司资金，但未提供足以证明该主张的证据。因此，应认定 A 公司与股东之间构成财产混同，公司已经失去了独立承担债务的基础。同时，股东 B、C 在本案诉讼期间退出 A 公司，致使公司变为一人有限公司。以上情形严重损害了公司债权人的利益，根据《公司法》第 20 条的规定，公司股东滥用公司法人独立地位和股东有限责任，逃避债务，严重损害公司债权人利益的，应当对公司债务承担连带责任。

【参考裁判文书】最高人民法院（2017）最高法民申 2646 号李某与山东协同教育信息技术有限公司、田某某、宋某某、肖某某民间借贷纠纷一案民事裁定书。

【说理示范二】本案争议焦点是被告 A 是否应当对案涉债务承担连带责任。经查，B 公司成立于 ××××年×月×日，注册资本×元，其中 A 担任 ××（职务），出资×元，占投资比例×%。A 在经营 B 公司期间，通过个人账户代收 B 公司的款项再转付 B 公司，且从 B 公司多个账户的交易流水可知，A 与 B 公司多个账户之间持续发生数额巨大的资金往来，A 自认其常以个人账户为 B 公司代收代付货款及其他费用。根据《公司法》第 20 条第 1 款、第 3 款的规定，公司财产是公司债权人的债权得以清偿的保障，A 违反了上述规定,对 B 公司的资金存在过度控制,导致其个人财产与 B 公司的财产界限模糊,存在财产混同的事实。A 也未能在判决作出前提供股东会决议、财务账册、司法审计报告等证据,其在二审提供的账户信息、银行流水,均不足以证明其所主张的与 B 公司账目资产界限明晰,A 对此应当承担举证不能的不利后果。因此,A 应当对案涉债务承担连带清偿责任。

【参考裁判文书】广东省高级人民法院(2017)粤民申 7587 号叶某某与海南晟钢物资贸易有限公司股东损害公司债权人利益责任纠纷一案民事裁定书。

(2)关于公司偶尔使用股东个人账户转入、转出资金,二者财产能够区分,不构成财产混同的裁判说理示范。

【适用情形】公司利用其控股股东个人账户对外进行资金转入、转出,未达到无法区分的程度,不构成人格混同。

【说理示范】《公司法》第 20 条第 3 款规定:"公司股东滥用公司法人独立地位和股东有限责任,逃避债务,严重损害公司债权人利益的,应当对公司债务承担连带责任。"原告主张被告 A 股东与 B 公司人格混同,则应举出盖然性的证据证明股东存在滥用公司法人独立地位和股东有限责任的行为,以及由此产生的损害结果。本案中,原告所提交的证据仅能证明 B 公司在转入和转出案涉合同价款时曾使用了时任法定代表人、控股股东被告 A 的账号,但是并无证据证明被告 A 与 B 公司之间存在资产不分、账簿合一、账目不清,或者人事交叉、业务相同等导致与其交易的第三人无法分清是与股东还是与公司进行交易的后果。被告 A 曾是 B 公司的控股股东,但 B 公司账户内资金的增减与被告 A 是否滥用公司法人独立地位并无直接关系。因此,原告提交的证据并未达到合理怀疑 B 公司法人人格混同的程度。被告 A 关于其不应承担连带责任的主张,本院予以支持。

【参考裁判文书】最高人民法院(2016)最高法民再 306 号武汉大通窑炉机械设备有限公司、吴某某与甘肃福明高新建筑材料有限公司、林某某承揽合同纠纷一案再审民事判决书。

(3)公司仅单笔向股东账户转移资金,股东对公司债务不能清偿的部分在其转移资金的金额本息范围内承担补充赔偿责任的裁判说理示范。

【适用情形】公司股东仅存在单笔转移公司资金的行为,不足以否认公司独立人格,不应判决股东对公司债务承担连带责任。但该行为客观上转移并减少了公司资产,降低了公司的偿债能力,根据"举重以明轻"的原则参照股东抽逃出资情况下的责任形态之规定,可判决股东对公司债务不能清偿的部分在其转移资金的金额本息范围内承担补充赔偿责任。

【说理示范】公司人格独立和股东有限责任是公司法的基本原则。否认公司独立人格,由滥用公司法人独立地位和股东有限责任的股东对公司债务承担连带责任,是股东有限责任的例外情形。否认公司法人人格,须具备股东实施滥用公司法人独立地位及股东有限责任的行为及该行为严重损害公司债权人利益的法定要件。具体到本案中,2017年8月7日,原告向A公司转账3.2亿元,次日A公司向被告(A公司股东)转账2951.8384万元,被告提交了《借款协议》《还款协议书》以及A公司向某人民法院转账3000万元的转账凭证,但未提交其向A公司支付《借款协议》约定的2000万元借款的银行转账凭证,未能形成证据链证明被告与A公司之间存在真实有效的借款关系。故被告所提交证据不能证明A公司向被告转账支付的2951.8384万元是A公司向其归还的借款。但是,认定公司与股东人格混同,需要综合多方面因素判断公司是否具有独立意思、公司与股东的财产是否混同且无法区分、是否存在其他混同情形等。本案中,A公司该单笔转账行为尚不足以证明A公司和被告构成人格混同。并且,A公司以《资产转让合同》约定的目标地块为案涉债务设立了抵押,原告亦未能举证证明A公司该笔转账行为严重损害了其作为债权人的利益。因此,A公司向被告转账2951.8384万元的行为,尚未达到否认A公司的独立人格的程度。作为A公司股东的被告在未能证明其与A公司之间存在交易关系或者借贷关系等合法依据的情况下,接收A公司向其转账的2951.8384万元,虽然不足以否定A公司的独立人格,但该行为在客观上转移并减少了A公司资产,降低了A公司的偿债能力,被告应当承担相应的责任。该笔转款2951.8384万元超出了被告向A公司认缴的出资数额,根据举重以明轻的原则并参照《公司法司法解释(三)》第14条关于股东抽逃出资情况下的责任形态的规定,被告应对A公司的3.2亿元及其违约金债务不能清偿的部分在2951.8384万元及其利息范围内承担补充赔偿责任。

【参考裁判文书】最高人民法院(2019)最高法民终960号海南碧桂园房地产开发有限公司与三亚凯利投资有限公司、张某某、梁某、西藏圣方投资有限公司及第三人中国建设银行股份有限公司三亚分行确认合同效力纠纷一案二审民事判决书(《最高人民法院公报》2021年第2期)。

2.关于审计报告不足以认定公司财产与股东财产区分的裁判说理示范

【适用情形】公司财产与股东财产混同且无法区分,可认定二者构成人格混同,股东应对公司债务承担连带清偿责任。

【说理示范】认定公司人格与股东人格是否存在混同,最根本的判断标准是公司是否具有独立意思和独立财产,最主要的表现是公司的财产与股东的财产是否混同且无法区分。根据本案现有证据,可以认定被告A股东和B公司之间构成人格混同,被告A应对B公司的债务承担连带清偿责任。

首先,本案应对B公司和被告A的账册同时进行审计,或者就B公司的账册进行审计，再由被告 A 就争议款项提供证据予以解释说明，而不应仅审计被告 A 的账册。在 B 公司的账册无法提供的情况下，应根据举证责任，确定是原股东的责任还是新股东的责任，并在此基础上依法裁判。根据审计人员的陈述，审计的账册系被告 A 自行挑选的其认为与 B 公司有关的账册，故该部分账册能否真实完整地反映被告 A 和 B 公司的往来情况值得商榷。

其次，根据本案现有证据，可以认定 B 公司不具备独立意思和独立的财产权，与其股东被告 A 构成人格混同。从审计报告记载的款项往来情况，可以印证被告 A 可以随意调配 B 公司的财产，致使 B 公司不具有独立的财产支配权。如……又如……再如……据此，可以认定 B 公司不具备独立的财产权，其和被告 A 存在财产混同。

最后，至于是否存在人员混同，根据审计报告……也可予认定。被告 A 向 B 公司派驻人员，该部分人员的社保费用、住房公积金等应由 B 公司负担，但被告 A 认可相关人员与其保持劳动合同关系，却又无法说清人员的具体名单及从事的工作，如 B 公司的总账会计即由被告 A 委派。在此情况下，也可以认定 B 公司和被告 A 存在人员混同的情形。

【参考裁判文书】江苏省高级人民法院（2021）苏民再 403 号启东建筑集团有限公司与南通银洲房地产开发有限公司、南通西欧房地产有限公司及第三人启东金地房地产开发有限公司股东损害公司债权人利益责任纠纷一案再审民事判决书。

3. 关于控股公司对子公司的一体化管理并不必然构成人格混同的裁判说理示范

【适用情形】控股公司对子公司的一体化管理并不必然构成人格混同，合并报表仅表明母公司对子公司的控制，并不能以合并报表为由简单得出子公司丧失独立法人人格的结论。

【说理示范】关于一体化管理是否表明 A 公司丧失独立人格。本案中，B 公司是 C 公司的控股股东，C 公司是 A 公司的控股股东，B 公司通过 C 公司间接控股 A 公司，而对 A 公司等企业实行统一管理，可以基于股权法律关系，通过行使股权来实现。因此，不能简单地认为控股公司对子公司的一体化管理必然会导致子公司丧失独立法人人格。原告以 B 公司对 A 公司实行一体化管理为由认为二者存在人格混同，缺乏事实依据。原告在缺乏充分理由的情况下，要求对 A 公司、C 公司、B 公司的财务进行审计，缺乏法律依据，不予支持。

关于合并报表是否表明 A 公司丧失独立人格。根据财政部制定的《企业合并报表会计准则——合并财务报表》规定，合并财务报表，是指反映母公司及其全部子公司形成的企业集团整体财务状况、经营成果和现金流量的财务报表；母公司，是指控制一个或一个以上主体（含企业、被投资单位中可分割的部分，以及企业所控制的结构化主体等）的主体；控制，是指投资方拥有对被投资方的权力，通过参与被投资方的相关活动而享有可变回报，并且有影响被投资方回报金额的能力和权利。可见，合并报表仅表明母公司对子公司的控制，并不能以合并报表为由简单得出子公司丧失独立法人人格的结论。因此，在原告未提交其他证据证明 A 公司、C 公司、B 公司在业务、人员、财产等存在混同的情况下，仅以合并报表为由要求 B 公司、C 公司承担连带责任，缺乏事实和法律依据，不予支持。

【参考裁判文书】最高人民法院（2015）民二终字第 244 号中国华融资产管理股份有限公司深圳市分公司与青海水泥厂、青海水泥股份有限公司等金融借款合同纠纷一案二审民事判决书。

4. 关于开办单位无过错的不应承担连带责任的裁判说理示范

【适用情形】经国家主管部门核准登记的具有法人资格的企业，依法应当独立承担民事责任。确定该企业的开办单位是否应当对该企业的债务承担民事责任，应严格审查开办单位对该企业的出资情况以及开办单位有无抽逃该企业注册资本、有无恶意转移该企业财产等情形。开办单位在上述方面无过错的，不应对该企业的债务承担连带赔偿责任。

【说理示范】原告提起本案诉讼的债权产生于其与 B 公司之间的购销合同，该合同纠纷已经经过仲裁裁决。原告与被告 A 之间并没有直接的合同关系（债权债务关系），原告提起本案诉讼的主要理由是被告 A 违法设立了 B 公司。《民法典》第 57 条规定，法人是具有民事权利能力和民事行为能力，依法独立享有民事权利和承担民事义务的组织。《公司法》第 3 条第 2 款规定，有限责任公司的股东以其认缴的出资额为限对公司承担责任，股份有限公司的股东以其认购的股份为限对公司承担责任。原告提起本案诉讼的实质是要否认 B 公司的公司人格。股东滥用公司人格、利用有限责任的面纱侵犯公司及其债权人利益的实质有多种表现形式，包括转移财产、逃避债务并以其财产成立新公司，或者新公司成立后抽逃资本，或者将公司财产与股东财产混同，或者股东任意干预公司的事务使公司的经营自主权名存实亡，等等。在对公司登记的管理体制上，我国主要是通过工商行政管理部门的企业登记来确定有限责任的适用范围，凡登记为法人的企业，其设立者或者投资人只对企业的债务负有限责任。从公司管理角度看，工商行政管理部门在进行企业法人登记时，无法对所有被申请设立的企业是否具备法人条件进行实质的、严格的审查。而防止有限责任被滥用，仅凭形式要件是不够的，还需要具备实质要件。从本案的实际情况看，B 公司的设立过程以及注册资本的变更均经过了政府主管部门的批准，原告并没有证据证明被告 A 转移财产恶意逃债的事实存在，也没有证据证明被告 A 有抽逃资本的事实存在。况且，原告是在 B 公司成立六年后与 B 公司进行的贸易行为。因此，否认 B 公司的公司人格缺乏事实依据。

【参考裁判文书】最高人民法院（2004）民四终字第 4 号美国矿产金属有限公司与厦门联合发展（集团）有限公司债务纠纷一案二审民事判决书（《最高人民法院公报》2005 年第 12 期）。

（三）关于审慎适用公司法人人格否认制度的裁判说理示范

1. 关于不足以认定构成人格混同的裁判说理示范

【适用情形】关联公司的人员、业务、财务等方面交叉或混同，导致各自财产无法区分，丧失独立人格的，构成人格混同。不符合上述标准的，不足以认定构成人格混同。

【说理示范一】最高人民法院指导案例 15 号的裁判要点为，关联公司的人员、业务、财务等方面交叉或混同，导致各自财产无法区分，丧失独立人格的，构成人格混同；关联公司人格混同，严重损害债权人利益的，关联公司相互之间对外部债务承担连带责任。原告以被告 A 与 B 公司系关联公司构成人格混同为由提起本案诉讼。首先，在人员方面，根据被告 A 与 B 公司《企业信用信息公示报告》显示，两公司之间股东并不一致，公司董事、监事、高级管理人员也未出现严重交叉任职情形，财务、出纳工作人员也不一致，无法证明两者存在相互持股或均被同一主体实际控制的情形；其次，被告 A 与 B 公司的经营范围中均有项目投资，但两公司的经营地址分属两地，故在业务受众上可作区分，原告提供的证据尚不足以证明两公司在经营过程中已经达到了彼此不分的程度；最后，在财务或者财产方面，被告 A 与 B 公司的债权转让行为先于原告受让取得本案债权，且经两公司的股东会决议通过并足额支付了约定对价，转账凭证中两公司的账号也属于各自独立的账户，并不存在两公司账簿、账户混同或财产混同的现象。综合考虑上述因素，参照指导案例 15 号的裁判要点，原告提交的证据不足以证明两公司存在人格混同。

【参考裁判文书】最高人民法院（2021）最高法民申 7224 号昆明邦兆商贸有限公司与云南吉泰投资有限责任公司等股东损害公司债权人利益责任纠纷一案民事裁定书。

【说理示范二】公司人格否认制度是公司法人独立人格制度的例外，应审慎适用，否则会损害公司法人和股东有限责任制度的基础。适用公司人格否认制度的关键前提是公司人格混同，对此最根本的衡量标准是公司是否具有独立意思和独立财产，公司与股东或关联方是否已相互融合、无法区分，进而实质上成为单一主体。案涉《转让协议》约定煤矿采矿权转移至B公司名下。在实际履行过程中，煤矿资产亦由B公司承接。除在相关申报材料、日常文件中A公司将案涉煤矿表述为其公司集团资产外，并无证据显示A公司实际管理、经营或直接享有该煤矿收益。原告亦未提供证据证明A公司无偿使用、转移B公司财产或滥用控制地位操纵B公司决策而导致B公司丧失独立性。至于原告主张A公司与B公司在业务、人员、办公场所等方面交叉混同，经查B公司的控股股东C公司是A公司的全资子公司，该三家公司在业务、工作人员等方面存在一定重合是投资关联关系的正常表现，不违反法律规定。如前所述，适用公司人格否认制度的关键是审查公司人格是否混同，公司其他方面是否混同只是人格混同的补强。在现有证据不能证明A公司与B公司人格混同的情况下，仅凭两公司在人员、业务等方面的关联表象不能认定B公司人格已形骸化而成为A公司牟取利益的工具。原告要求A公司与B公司承担连带责任主张的依据不足，依法不予支持。

【参考裁判文书】最高人民法院（2020）最高法民终185号柳某某、马某某与贵州肥矿光大能源有限公司、山东能源集团贵州矿业有限公司采矿权转让合同纠纷一案二审民事判决书。

【说理示范三】我国公司法所指的财产混同表现为公司在经营场所、主要办公生产设备以及财务等方面的混同，严重影响公司对外清偿债务的物质基础。组织机构混同表现为公司的股东、董事、负责人与其他公司的同类人员相混同，导致公司不能形成独立的完全基于本公司利益而产生的意志，公司独立承担责任的基础丧失。本案中，A公司与B公司虽然是关联公司，但从两公司形成的《协议》来看，A公司为B公司提供管理服务与指导，A公司的《资金结算管理办法》明确集团资金管理原则为"资金权属不变、保持相对独立。各级子公司业务收入全部打入该公司收入账户，收入账户资金原则上只能定向上存到结算中心主账户，结算中心定期向支出账户划拨资金，日常经营性支出从支出账户对外支付"。从前述文件及案涉结算凭证、对账函等证据来看，A公司对集团总部及各子公司之间资金进行管理，是在资金权属独立的基础上进行的财务统一管理行为，与公司法上的财产混同存在区别。A公司成立时间晚于B公司，两公司系集团总公司与子公司的关系，从高管人员任职期间的比对情况来看，高管人员在两公司的任职期间不同，且A公司在2011年聘任相关人员时已明确其原在B公司的职务自然免除。即使过渡时期存在少数人员任职交叉、部分员工同属集团工会的情况，亦不足以达到公司法规定的人格混同的严重程度。

【参考裁判文书】江苏省高级人民法院（2019）苏民终1285号南通盛强建设工程有限公司与嘉隆高科实业有限公司、河北融投担保集团有限公司等民间借贷纠纷一案二审民事判决书。

2.关于否认公司人格的个案判决不当然适用于其他诉讼的裁判说理示范

【适用情形】人民法院在个案中否认公司人格的判决的既判力仅仅约束该诉讼的各方当事人，不当然适用于涉及该公司的其他诉讼，不影响公司独立法人资格的存续。

【说理示范】本院认为，本案是损害公司债权人利益责任纠纷。原告依据《公司法》第20条之规定，主张股东A、B、C与D公司人格混同，应当对公司的债务承担连带责任。原告所主张的参考案件中，案涉股东和公司存在人格混同情况，属于在具体案件中依据特定的法律事实、法律关系，突破股东对公司债务不承担责任这一一般规则，例外地判令其承担连带责任，并非全面、彻底、永久地否认公司的法人资格。参考案件否认公司人格的判决的既判力仅约束该案各方当事人，不能当然适用于涉及D公司与其他人纠纷产生的诉讼，故原告在本案中仍应举证证明D公司在与其货款纠纷案件中存在股东与公司人格混同的事实，而原告未提交相关证据，仅以另案判决主张A、B、C与D公司存在人格混同，证据不足，不能成立。

【参考裁判文书】广东省深圳市中级人民法院（2020）粤03民终16053号连某某与骆某、刘某某、林某某股东损害公司债权人利益责任纠纷一案二审民事判决书。

（四）关于认定股东过度支配与控制的裁判说理示范

1.关于认定母子公司之间进行利益输送构成过度支配与控制的裁判说理示范

【适用情形】母子公司之间进行利益输送的，可认定构成过度支配与控制。

【说理示范】经查明，A公司系B公司的出资人，二者均属集体所有制企业。2004年改制后，B公司取消独立核算制改为报账制，即B公司向A公司报送支出需求，A公司根据需求进行拨款；B公司不经营具体业务，不享有资产处置权，财务来源于A公司拨款，B公司的员工工资及一切福利待遇均由A公司发放，B公司事实上已不具备自主经营、自负盈亏的条件。A公司于2012年通过查封实际控制了B公司名下的主要资产，但一直未申请对上述资产进行拍卖，同时又将B公司的全部资产收益转移至A公司账户，导致B公司丧失独立的偿债能力，损害了B公司债权人的利益。A公司的行为构成滥用法人独立地位和出资人有限责任，应当对B公司所负原告债务承担连带责任。

【参考裁判文书】最高人民法院（2020）最高法民申2302号辽宁嘉丰农

资有限公司与中国农业生产资料集团公司、中国农业生产资料沈阳公司借款合同纠纷一案民事裁定书。

2. 关于认定设立相同或类似公司逃避债务构成过度支配与控制的裁判说理示范

【适用情形】股东先从原公司抽走资金，然后再成立经营目的相同或者类似的公司，逃避原公司债务的，可认定构成过度支配与控制。

【说理示范】A公司原经营地址为××××，系租赁的他人物业。被告B、C答辩称自两人成为A公司股东后，该公司一直保持着良好的运营状态。如该公司持续亏损，难以经营下去，一般情况下应是歇业清算或申请破产，而事实上A公司在D公司设立前一直在租赁该房产经营。如A公司的经营难以为继，被告B、C应不会与他人在原址再成立经营同类业务的公司，且字号也不会再使用"××"二字，以与A公司相切割。从某号民事判决可知，A公司从原告采购润滑油，可见其并非仅仅经营洗车业务。现A公司虽然登记有住所地，但本院到该地址亦无法送达法律文书。原告仅因销售润滑油与A公司偶有业务往来，对A公司资产状况难以了解，难以承担关于A公司资产转移至D公司的举证责任。现因A公司下落不明，原告起诉主张被告B、C将A公司资产转移至D公司用于经营，而被告B、C实际参与A公司、D公司的经营，则有能力、有条件证明A公司另在他处开展经营业务或将资产另存他处，或D公司的资产均为重新购置。被告B、C未能提交上述证据进行抗辩，应承担举证不能的不利后果，本院采信原告关于被告B、C将A公司的财产转移至D公司继续经营的主张。在本院某号案判决生效后，被告B、C以1元的价格转让A公司的股权，再成立经营业务相同的公司，且字号亦有相同文字，应认定其目的是逃避原公司债务。被告B、C对A公司过度支配与控制，使其完全丧失独立性，沦为控制股东的躯壳，严重损害债权人利益，应当否认其公司人格，由滥用控制权的被告B、C对A公司债务承担连带责任。

【参考裁判文书】广东省深圳市中级人民法院（2019）粤03民终10846号深圳市爱德龙润滑油有限公司与宋某某、余某某及第三人深圳市鸿发行汽车服务有限公司股东损害公司债权人利益责任纠纷一案二审民事判决书。

3. 关于股东未对公司事务进行过度干预不构成人格混同的裁判说理示范

【适用情形】股东与公司之间财产边界清晰，股东未对公司事务进行过度干预，不构成滥用控制权。

【说理示范】过度支配和控制，是指股东通过对公司的控制而实施不当影响，使公司丧失独立意志和利益，成为为股东谋取利益的工具，控制股东将自己的意志强加于公司之上，将公司视为实现自己目的的工具，其独立意思完全被股东个人意志所取代，致使公司丧失自我意志和自我决策能力。其中，股东滥用控制权往往表现为对公司事务的过度干预，从而引起股东与公司的人格混同。就本案而言，第一，……发生之时，虽然被告 A 持股比例达到 51%，但尚不足以认定被告 A 系有实质控制权的股东，亦不能认定因被告 A 滥用控制权，操纵 B 公司形成……的相关决策；第二，B 公司向案外人 C 支付 × 万元系基于双方签订的《××协议》约定，具有合同依据，并非基于被告 A 滥用公司控制权的结果，原告主张被告 A 将 B 公司利益输送至其关联公司 C，属滥用股东权利，依据不足；第三，关于 B 公司转账 × 元至 × 账户一节，被告 A 对款项转账原因及用途均作了解释说明，且转账记录显示，其中 × 元用于 B 公司日常经营，并且被告 A 和 B 公司均有独立账册，对于款项的流转均有相应记载，财产边界清晰。综上所述，虽然被告 A 系 B 公司的控股股东，但原告在本案中主张被告 A 存在过度支配与控制的情形所展现出来的深度、广度及跨度明显不足，亦不足以认定被告 A 与 B 公司之间构成财务混同，故对于原告的诉请，本院不予支持。

【参考裁判文书】北京市第一中级人民法院（2021）京 01 民终 7130 号杨某某等与北京上投柏勇资产管理中心（有限合伙）等股东损害公司债权人利益责任纠纷一案二审民事判决书。

（五）关于认定资本显著不足的裁判说理示范

【适用情形】股东实际投入公司的资本数额与公司经营所隐含的风险相比明显不相匹配，构成资本显著不足，属于滥用公司法人人格的行为，股东应对公司债务承担连带清偿责任。

【说理示范一】关于被告应否对 A 公司的涉案债务承担责任的问题。本案中，A 公司的注册资本尽管为 2000 万元，但股东的认缴出资期限为 × 年 × 月 × 日，庭审时其实缴出资仍为 0 元，而根据本案的合同标的额，其从事的经营行为高达 1 亿多元，故足以认定 A 公司实际经营过程中，其股东投入公司的资本数额与公司经营所隐含的风险相比明显不相匹配，其股东利用较少资本从事力所不能及的经营，表明没有从事公司经营的诚意。并且，其股东在没有任何实际出资、又缺乏合法原因的情况下，擅自转走 A 公司的账内资金 408.3 万元，势必导致 A 公司缺乏清偿能力，从而严重损害公司债权人的利益，其实质是滥用公司独立人格和股东有限责任将投资风险转嫁给债权人。根据《公司法》第 20 条第 3 款之规定，被告应当在其转走的 408.3 万元范围内对 A 公司所负债务承担连带责任。

【参考裁判文书】最高人民法院（2019）最高法民终 1069 号上海福佩克石油化工有限公司与中海外赛宝（上海）实业有限公司买卖合同纠纷一案二

审民事判决书。

【说理示范二】A 公司与案外多人以与本案《××协议》相同的模式合作经营，收取的投资款数额极大地超过了股东投入公司的资金，导致公司在经营过程中，股东实际投入公司的资金数额与公司经营所隐含的风险相比明显不匹配。A 公司经营过程中存在资本显著不足、经营模式不符合商事行为一般规律等问题，现其公司资产明显不足以偿还公司债务，严重损害了公司债权人原告的利益。

【参考裁判文书】新疆维吾尔自治区乌鲁木齐市中级人民法院（2019）新 01 民终 3909 号乌鲁木齐时代命之运企业咨询管理有限公司与杨某某合同纠纷一案二审民事判决书。

四、关于股东违反出资义务的裁判说理示范

（一）关于股东未履行或未全面履行出资义务的裁判说理示范

1. 关于认定股东未履行出资义务的裁判说理示范

【适用情形】股东出资为要式行为，股东仅能提供转账凭证，无其他证据佐证款项性质为股东出资且工商登记未予记载的，不足以证明股东已履行出资义务。

【说理示范】本院认为，本案系股东损害公司债权人利益责任纠纷。本案的争议焦点为二被告的出资问题。对被告 A 出资问题，被告 A 提交了证据以证明其已于 2013 年分三次将 70 万元投资款支付到 C 公司，该证据上有一笔摘要为"借款"，被告 A 未能证明该款为出资款；另外两笔虽然摘要为"投资款"，但股东出资为要式行为，被告 A 未合理说明该两笔款项的具体性质，而工商登记资料亦未对此变更事项予以载明，故本院对被告 A 的主张不予支持。对被告 B 的出资问题，被告 B 提交的证据仅有复印件，且该证据上虽然显示被告 B 分两次付款给 C 公司财务的银行账户，但未注明用途，故被告 B 提交的证据不符合法定的证据形式，其未对该两笔款项汇给公司财务个人账户的必要性予以说明，而工商登记资料亦未对此变更事项予以载明，因此，本院对被告 B 的主张亦不予支持。

【参考裁判文书】广东省深圳市中级人民法院（2019）粤 03 民再 158 号刘某某与郑某某、贡某某、胡某某、李某股东损害公司债权人利益责任纠纷一案再审民事判决书。

2. 关于股东在出资期限届满前转让股权不属于未履行或者未全面履行出资义务的裁判说理示范

【适用情形】股东在认缴出资期限届满前转让股权，不属于未履行或者未全面履行出资义务。

【说理示范】根据《公司法司法解释（三）》第 13 条第 2 款和第 18 条第 1 款的规定，有限责任公司的股东未履行或者未全面履行出资义务，公司债权人可以请求该股东在未出资本息范围内对公司债务不能清偿的部分承担补充赔偿责任。在注册资本认缴制下，股东应当按期足额缴纳公司章程规定的认缴出资额，股东对于认缴的出资享有期限利益，在出资期限届满前无实际出资的义务。因此，股东在认缴出资期限届满前转让股权，不属于未履行或者未全面履行出资义务。本案中，被告 A 将其 500 万元出资转让给某公司时，该出资的认缴期限尚未届满，亦无证据表明该转让行为存在恶意串通或违反法律、行政法规强制性规定的情形，该转让行为不属于未履行或者未全面履行出资义务即转让股权。且原告对 B 公司享有的债权发生在被告 A 转让股权之后，即公司债权在股权转让时并不存在，原告在与 B 公司发生交易时应当知晓被告 A 已不是股东，其与 B 公司之间的法律关系与被告 A 无关，其对被告 A 不存在期待利益或信赖利益。因此，被告 A 在认缴出资期限届满前转让股权，其出资义务一并转移，不属于未履行或未全面履行出资义务。

【参考裁判文书】最高人民法院（2020）最高法民申 5769 号边某某诉高某等申请执行人执行异议之诉一案民事裁定书。

3. 关于瑕疵股权的转让股东需承担责任的裁判说理示范

【适用情形】股东未履行或未全面履行出资义务，即便将股权转让，其补足出资的义务也不因股东身份丧失而免除。

【说理示范】关于被告 A 在本案中的责任，涉及已转让股权的未全面履行出资义务的股东是否应就公司债务对公司债权人承担相应赔偿责任的认定问题。《公司法》第 28 条第 1 款规定："股东应当按期足额缴纳公司章程中规定的各自所认缴的出资额……"股东出资义务是法律赋予股东享有有限责任制度保护的前提条件，既是股东的契约义务，同时更是股东必须履行的法定义务。股东不履行或不适当履行出资义务，不仅会对公司和其他股东的利益造成损害，而且会对公司债权人等利益主体造成损害，因此股东须对自己违反出资义务的行为承担相应的民事责任。即便未尽出资义务的股东将股权转让，其补足出资的义务也不因股东身份丧失而免除。鉴于此，《公司法司法解释（三）》第 13 条第 2 款对此作出相关规定。具体到本案，被告 A 作为 B 公司设立时的原始股东，虽将股权转让，但其出资义务并不因股东身份的丧失而免除，公司债权人仍有权请求转让股东履行出资义务，被告 A 应在未出资

×万元本息范围内对 B 公司欠付原告的债务承担补充赔偿责任。

【参考裁判文书】最高人民法院（2017）最高法民申 1433 号常某某等诉濮阳市广建建设集团有限公司等建设工程施工合同纠纷一案民事裁定书。

（二）关于抽逃出资认定的裁判说理示范

1. 关于构成抽逃出资的裁判说理示范

（1）验资后即转出注册资金，股东未提供转账依据的，可认定构成抽逃出资的说理示范。

【适用情形】验资次日即转出注册资金，股东未提供转账依据，可认定构成抽逃出资。

【说理示范】关于 A、B 是否构成虚假出资或者抽逃出资。涉案证据显示，A、B 为设立 C 公司，于 2004 年 5 月 10 日在某银行为 C 公司开立了银行账户，并于当日分别向银行借款 1500 万元、500 万元作为注册资金，存入为 C 公司开设的银行账户，履行了出资义务；出资当日，C 公司即完成验资询证工作；验资次日，A、B 向银行归还了借款本金 2000 万元及利息。由此可见，原告有理由怀疑 A、B 将出资款项转入 C 公司账户验资后又转出，A、B 经本院合法传唤，无正当理由未到庭参加诉讼，视为对自己诉讼权利的放弃，依法应当承担举证不能的不利后果。因此，应当认定 A、B 构成抽逃出资。

【参考裁判文书】山东省高级人民法院（2016）鲁民终 1392 号德州市重点建设投资公司与德州陵城农村商业银行股份有限公司、孟某 1、孟某 2、刘某某、张某某、张某某股东损害公司债权人利益责任纠纷一案二审民事判决书。

（2）无真实交易基础的资金汇出应认定为抽逃出资的说理示范。

【适用情形】无真实交易基础的资金汇出应认定为抽逃出资。

【说理示范一】公司资本是公司的血液，资本是否充实关系与公司相关众多主体的利益能否实现。股东抽逃出资破坏了公司资本"确定、维持、不变"的基本原则，损害了公司、其他股东和相关债权人的利益。因此，我国公司法明确规定公司成立后股东不得抽逃出资。现实中，公司股东抽逃出资主观上存在故意，且往往具有很强的隐蔽性，即以所谓合法合规的形式虚构有关事实从而达到抽回出资的非法目的，如制作虚假财务会计报表虚增利润进行分配、虚构债权债务关系将出资转出、利用关联交易将出资转出以及未经法定程序将出资抽回等情形。本案中，A 公司和 B 公司在《合资经营合同》中约定由 A 公司出资 2450 万元（占 49%）、B 公司出资 2550 万元（占 55%）成立中外合资公司 C 公司。此后，A 公司在出资金额到位且合资 C 公司成立后，以涉案项目境外销售费用为由要求 C 公司支付 2500 万元，C 公司据此以前期工作费名义向 A 公司支付了 2500 万元。上述事实，A 公司和 C 公司均予认

- 307 -

可，但A公司在本案诉讼过程中自始均未提交前期工作费用或其所称海外销售费用的支付凭证，因此，在A公司无法证明前期工作费真实存在的情况下，其收取C公司2500万元缺乏事实基础。同时，鉴于本案《合作协议书》第3条关于A公司可以取回注册资本金296万美元的约定，反映A公司主观上有明确的抽逃注册资本金的意思表示；而A公司未经C公司董事会决议实际转取2500万元亦违反了本案《合资经营合同》《章程》关于公司注册资本减少或增加须经董事会半数以上同意并履行相关审批及变更登记手续的规定。故本院认定A公司在出资到位后以"前期工作费用"名义从C公司转走的2500万元构成抽逃出资。

【参考裁判文书】最高人民法院（2017）最高法民申3185号仲圣控股有限公司与山东慧谷商贸有限公司与公司有关的纠纷一案民事裁定书。

【说理示范二】B主张其以代A公司支付项目开发资金的形式履行了出资义务，不存在抽逃出资。本院认为，B的该项主张依据不足，不应支持。根据《公司法》第28条规定，股东应当按期足额缴纳公司章程中规定的各自所认缴的出资额；第35条规定，公司成立后，股东不得抽逃出资。所谓抽逃出资，是指在公司成立后，股东未经法定程序而将其已缴纳出资抽回的行为。就本案而言，第一，根据查明的事实，A公司于2012年10月31日成立，注册资本1000万元，股东为B、C两人，2012年12月10日，B、C分别向A公司的基本账户转入780万元和220万元资金，作为股东投资款即公司的注册资金，但次日该1000万元注册资金便分两笔转至B的账户。可见，B确有抽回注册资本的行为。第二，B主张其将该1000万元中的950万元分两笔450万元和500万元代A公司支付了项目开发资金。但根据B提交的证据显示，该450万元和500万元涉及的两个共管账户均系B个人与第三人共同开设，与A公司的项目并无直接关联，而B又未能提供证据证明该950万元进入两个共管账户后，被进一步用于A公司的项目开发，形成了项目资产。因此，现有证据并不足以证明B转出的950万元注册资金系用于A公司的经营业务。第三，B也自认A公司注册登记时因股东资金紧张，经全体股东协商决定以借款的方式筹措资金，以满足验资要求，待完成验资后再还给出借人。可见，B为了在验资完成后将该出资归还出借人，并没有将出资用于A公司经营活动的意思。第四，A公司的股东会决议在一审判决作出之后才形成，其有关B的垫款冲抵投资款的内容，仅具有内部效力，不能对抗A公司股东以外的第三人，不能作为B已补足出资的证据。综上，依据《公司法司法解释（三）》第12条之规定，B未经法定程序抽回其在A公司的780万元注册资本，构成抽逃出资。

【参考裁判文书】最高人民法院（2018）最高法民终865号赵某某与沈某

执行异议之诉一案二审民事判决书。

2. 关于抽逃出资后是否补足出资的裁判说理示范

【适用情形】股东抽逃出资后，主张其已补足出资，仅能提供转账凭证的，不足以证明已补足到位。

【说理示范】本院认为，本案争议焦点为被告是否抽逃出资。根据本院查明，A公司设立时的50万元注册资金在公司设立后不到半个月就全部一次性转给了案外人B公司；而A公司增资时的200万元增资款更是在增资当天就全部一次性转给了案外人C。根据证据优势原则，本院认定A公司设立时的50万元注册资金以及增资时的200万元增资款均被抽逃。至于被告称其实际投入资金远远大于应缴注册资本的主张，本院不予支持。理由如下：首先，被告未举证证明其投入资金的数额；其次，被告向A公司投入运营资金属于流动资金，就投入流动资金而言，被告与A公司之间存在债权债务关系，被告获得的对价为相应的债权；而被告应当缴纳的注册资金为其作为股东承诺的出资，就注册资金而言，被告与A公司之间存在投资与被投资的关系，被告获得的对价为股东权益。两者不是同一个法律关系，也不能相互替代。

【参考裁判文书】广东省深圳市中级人民法院（2021）粤03民终1398号杨某某与林某某、湖南美特新材料科技有限公司及第三人深圳市科普仕能源有限公司股东损害公司债权人利益责任纠纷一案二审民事判决书。

3. 关于不构成抽逃出资的裁判说理示范

（1）投资方转出资金并未使目标公司资产减少，不视为抽逃出资的说理示范。

【适用情形】投资方转出资金并未使目标公司资产减少的，不视为抽逃出资。

【说理示范】关于被告A公司是否存在抽逃出资行为、是否应对B公司所欠原告的债务本息不能清偿部分承担补充赔偿责任。本案中，B公司虽向A公司转款1.2亿元，但不能因此认为A公司存在抽逃出资行为，A公司无须承担补充赔偿责任。理由为：第一，根据B公司2015年8月16日修订的公司章程，B公司重组后的股东为38人，注册资本总额为2.2亿元，且均为货币和实物出资。可见，B公司的注册资本并未因其向A公司转款1.2亿元受到影响，原告的债权并未受到侵害，原告要求A公司承担补充赔偿责任，缺乏事实依据。第二，根据《增资扩股协议》《股权收购协议》的约定，A公司虽通过增资扩股方式成为B公司股东，但其目的并不在于参与或者控制B公司的经营管理，而是为了获取固定投资回报，A公司亦未实际参与B公司的经营管理。B公司虽向A公司转款1.2亿元，但并没有证据证明该转款行为是A公司控制B公司实施的，亦没有证据证明A公司参与B公司的转款行为，不能仅以 A 公司从 B 公司获得款项即认为构成抽逃出资。故对于 A 公司关于其不存在抽逃出资、不应承担补充赔偿责任的主张，本院予以支持。

【参考裁判文书】最高人民法院（2015）民二终字第 435 号中航信托股份有限公司与毛某某股东损害公司债权人利益责任纠纷一案二审民事判决书。

（2）股东增资尚未办理工商变更登记即要求返还增资款，不构成抽逃出资的说理示范。

【适用情形】股东增资尚未办理工商变更登记，股东要求返还增资款，不构成抽逃出资。

【说理示范】关于股东是否违反不得抽逃出资的规定。各方当事人均确认，股东被告 A 增资 B 公司的 × 万元尚未在工商行政管理部门办理增资变更登记。公司法规定股东不得抽逃出资，以及公司减少注册资本应当履行相应的法定程序并依法向公司登记机关办理变更登记，主要目的之一在于保护公司债权人的利益。案涉 × 万元增资款尚未在工商登记部门办理变更登记，该增资款对公司债权人尚未产生公示效力，公司债权人尚无保护其信赖利益的合理性，股东被告 A 依约定条件解除案涉《增资协议》并请求返还投资款，并不涉及因抽逃出资或不按法定程序减资损害公司债权人利益的问题。

【参考裁判文书】最高人民法院（2019）最高法民申 1738 号韩某某与邬某某公司增资纠纷一案民事裁定书。

（三）关于虚假出资认定的裁判说理示范

【适用情形】股东已提交出资的证据，原告未提供反证推翻的，不足以认定股东虚假出资。

【说理示范】关于虚假出资 170 636 500 元的问题。原告主张被告 A 存在虚假出资的主要依据是 B 评估公司于 2009 年 10 月 31 日出具的《资产评估报告书》，该报告载明 × 酒店在评估基准日即 2009 年 9 月 30 日的股权评估价值与同一基准日该公司的净资产（所有者权益）价值相差 1.7 亿多元。但《资产评估报告书》在"十、评估结论"中明确其"采用资产基础法评估得出在评估基准日 2009 年 9 月 30 日 × 酒店股东全部权益价值评估值为 25003.94 万元"。而资产基础法是在企业整体资产的基础上，基于企业的持续经营及资料的完整性，对企业的各项资产价值所作的评估，且已对净资产（所有者权益）价值与采用资产基础法评估得出的股权价值进行了比较说明。B 评估公司具有相应的评估资质，评估程序合法，其作出的《资产评估报告书》可以作为确定 × 酒店股权价值的依据。原告主张该《资产评估报告书》评估结论错误，被告 A 存在虚假出资，并未提供证据予以证明，不足以认定被告 A 虚假出资。

【参考裁判文书】最高人民法院（2021）最高法民申 2540 号南通盛强建设工程有限公司与嘉隆高科实业有限公司民间借贷纠纷一案民事裁定书。

（四）关于股东出资不足的裁判说理示范

【适用情形】缴纳注册资本应当经过验资等法律规定的出资程序，股东仅以其与公司之间的资金往来为由主张其已完成了缴纳出资的义务，依据不足，不予支持。

【说理示范】首先，《公司法司法解释（三）》第 12 条规定："公司成立后，公司、股东或者公司债权人以相关股东的行为符合下列情形之一且损害公司权益为由，请求认定该股东抽逃出资的，人民法院应予支持：（一）制作虚假财务会计报表虚增利润进行分配；（二）通过虚构债权债务关系将其出资转出；（三）利用关联交易将出资转出；（四）其他未经法定程序将出资抽回的行为。"本案中，被告 A 于 × 年 × 月 × 日通过其名下账户向 B 公司"公司注册资本入资专用存款账户"转入 500 万元，完成了出资义务，但 B 公司在次日又将该账户中的 500 万元转给了被告 A，且当事人无法说明该款项转回的依据。因此，上述行为应当认定为抽逃出资行为（虚假出资）。其次，公司资本制是公司制度的基石。公司资本制原则包括：资本确定（充实）原则、资本维持原则、资本不变原则。上述资本三原则并不仅在于保证注册资本等同于公司实际资产或公司清偿能力，更为了规范出资人缴付出资、公司依法运营或调整自身资产等行为，确保并彰显公司具有独立财产、独立利益以及独立人格，以使债权人确信与其交易的主体是依法具有独立地位、能够独立承担责任的民事主体。因此，股东出资应当遵循法定出资程序，不得虚假出资或抽逃出资。本案中，股东与 B 公司之间的资金往来并未经过验资等法律规定的出资程序，即便属实也不能当然地被视为股东的出资。再次，《××报告》系 B 公司自行委托制作，依据的是 B 公司自行制作的现金、银行日记账中"收股东出资"这一摘要描述，不能完全证实被告所主张的其与 B 公司之间的全部资金往来关系。且如前所述，缴纳注册资本应当经过验资等法律规定的出资程序，被告仅以其与 B 公司之间的资金往来为由主张其已完成了缴纳出资的义务，依据不足，本院不予支持。

【参考裁判文书】广东省广州市中级人民法院（2021）粤 01 民终 19377 号刘某某与广州市安信小额贷款股份有限公司等股东损害公司债权人利益责任纠纷一案二审民事判决书。

（五）关于股东未经法定程序减资承担责任的裁判说理示范

【适用情形】公司未按照法定程序减资，减资股东应当对未经法定程序减资行为给债权人造成的损失承担赔偿责任。

【说理示范一】本案系因公司减资而引起的纠纷,由于减资减少了公司承担责任的能力,直接影响公司债权人的利益,因此我国公司法对公司减资规定了比增资更为严格的法律程序,其目的就在于有效保护债权人的利益。根据《公司法》第 177 条的规定,"公司需要减少注册资本时,必须编制资产负债表及财产清单。公司应当自作出减少注册资本决议之日起十日内通知债权人,并于三十日内在报纸上公告。债权人自接到通知书之日起三十日内,未接到通知书的自公告之日起四十五日内,有权要求公司清偿债务或者提供相应的担保"。因此,公司减资时,应当采取及时有效的方式通知债权人,以确保债权人有机会在公司责任财产减少之前作出相应权衡并进行利益选择,公司则根据债权人的要求清偿债务或者提供担保。上述行为既是公司减资前对债权人应当履行的义务,同时也是股东对公司减资部分免责的前提。根据本案查明的事实,×年×月×日,B 公司经股东会决议将注册资本由 × 万元减少至 × 万元时,但 B 公司在明知欠付原告债务的情况下,仅在报纸上刊登减资公告,未采取及时、有效的方式告知原告,亦未在办理工商变更登记时向工商登记部门如实报告其负有大额债务未清偿的情况,其刊登公告的行为不构成已依法履行通知已知债权人的义务,故不符合公司减少注册资本的法定程序。

根据减资前 B 公司章程的规定,被告 A 的出资应于 × 年 × 月 × 日前到位。庭审中,被告 A 也认可因公司章程规定的出资时间未到,其出资未完全履行到位。在此情况下,B 公司经股东会决议,同意被告 A 以退股方式退出公司,并将公司注册资本减至 × 万元。但在减资时,B 公司未依法通知已知债权人原告,致使原告丧失了要求减资公司清偿债务或提供相应担保的权利。此后,虽经原告申请强制执行,但因 B 公司无财产可供执行,原告的债权无法实现。根据《公司法》的规定,有限责任公司的股东应按其认缴的出资额履行足额出资义务,股东认缴的出资未经法定程序不得抽回、减少。本案中,B 公司在未向原告履行通知义务的情况下,其原股东被告 A 经公司股东会决议减资退股,违反了公司资本不变和资本维持的原则,与股东未履行出资义务及抽逃出资侵害债权人利益的行为本质上并无不同,依照《公司法司法解释(三)》第 13 条第 2 款关于"公司债权人请求未履行或者未全面履行出资义务的股东在未出资本息范围内对公司债务不能清偿的部分承担补充赔偿责任的,人民法院应予支持"的规定,被告 A 应在减资范围内对 B 公司欠付原告的债务承担补充赔偿责任。

【参考裁判文书】最高人民法院(2017)最高法民终 422 号中储国际控股集团有限公司、山西煤炭运销集团曲阳煤炭物流有限公司公司减资纠纷一案二审民事判决书。

【说理示范二】《公司法》第 177 条规定："公司需要减少注册资本时，必须编制资产负债表及财产清单。公司应当自作出减少注册资本决议之日起十日内通知债权人，并于三十日内在报纸上公告。债权人自接到通知书之日起三十日内，未接到通知书的自公告之日起四十五日内，有权要求公司清偿债务或者提供相应的担保。"本案被告 A 减资时，原告的债权已经存在，但 B 公司在办理减资手续时仅在相关报纸发布了减资公告，未就减资事项直接通知原告，该通知方式不符合法定程序，B 公司的减资程序存在瑕疵，被告 A 作为减资股东，应当对未经法定程序的减资行为而给原告债权造成的损失承担赔偿责任，即被告 A 应在 × 万元减资范围内对 B 公司欠付原告的债务不能清偿部分即 × 元及利息承担补充赔偿责任。

【参考裁判文书】广东省深圳市中级人民法院（2021）粤 03 民终 22046 号纪某某与深圳市美通视讯科技有限公司股东损害公司债权人利益责任纠纷一案二审民事判决书。

（六）关于认定未依法调整资本公积金并以资本公积金转增公司资本不能认定已履行增资义务的裁判说理示范

【适用情形】公司在未出现法定重估或产权变动的情况下，将公司资产重估后的增值全部调账计入资本公积金，再将资本公积金转增公司资本，不得认定该股东已履行其出资义务。

【说理示范】《公司法》第 168 条规定："公司的公积金用于弥补公司的亏损、扩大公司生产经营或者转为增加公司资本。但是，资本公积金不得用于弥补公司的亏损。法定公积金转为资本时，所留存的该项公积金不得少于转增前公司注册资本的百分之二十五。"因此，B 公司以资本公积金转增公司资本符合我国公司法规定。但本案的焦点问题是 B 公司对公司资产重新进行评估，得出净资产评估值增值 × 元的评估结果后，将该增值全部调账计入原本为 0 的资本公积金，再以该资本公积金作为各股东的出资。被告 A 认为其以前述方式出资即已履行相应的出资义务，对此，《公司法》第 164 条规定："公司应当在每一会计年度终了时编制财务会计报告，并依法经会计师事务所审计。财务会计报告应当依照法律、行政法规和国务院财政部门的规定制作。"故公司在提取公积金时应当严格按照相关法律、法规、规章的规定进行。只有在法定重估和企业产权变动的情况下，才允许公司将资产评估增值部分入账，进而才有转增注册资本的可能性，且评估后的财产增值部分，还要转入"资本公积－其他资本公积转入"科目方能按相关程序转增公司资本。B 公司在本次增资时发生的股权转让系公司内部的股权结构变动，不属于因兼并、收购其他企业股权而导致被购买企业或购买企业产权发生变动的情形。

B公司在未出现法定重估或产权变动的情形下,将公司资产重估后的增值全部调账计入资本公积金,且未见转入相应会计科目,使资本公积金从无增加到×元,进而实施转增公司资本,使得股东完成履行增资义务。被告A以前述方式缴纳出资,不符合《公司法》第28条所确立的股东应当足额缴纳认缴出资的基本原则以及资本公积转增资本相关的公司会计、财务规章的规定,不能认定履行了增资义务。

【参考裁判文书】北京市高级人民法院(2017)京民终601号上海爱建信托有限责任公司等与方大炭素新材料科技股份有限公司股东损害公司债权人利益责任纠纷一案二审民事判决书。

(七)关于股东出资能否加速到期的裁判说理示范

1.关于公司无财产可供执行但股东不申请破产的属于出资加速到期的裁判说理示范

【适用情形】公司作为被执行人的案件,人民法院穷尽执行措施无财产可供执行,已具备破产原因,但不申请破产的,未届出资期限的股东应当对公司债务不能清偿的部分承担补充赔偿责任。

【说理示范】注册资本对于债权人有担保的功能和作用,是债权人据以信赖公司清偿能力的重要依据。在注册资本认缴制下,股东依法对出资享有期限利益。一般而言,债权人不能以公司无法清偿到期债务为由,请求未届出资期限的股东在未出资范围内对公司不能清偿的债务承担补充赔偿责任。但根据本案查明的事实,B公司已经生效判决确认应向原告支付加工费×万元及利息,B公司未主动履行生效判决,经一审法院强制执行,穷尽执行措施亦未发现可供执行的财产。本案中,B公司及股东A、C、D均未到庭对B公司财产情况提出抗辩,故依据《企业破产法》第2条,《最高人民法院关于适用〈中华人民共和国企业破产法〉若干问题的规定(一)》第2条、第4条的规定,B公司不能清偿到期债务且明显缺乏清偿能力,已具备破产原因。但B公司在已具备破产原因的情况下未申请破产,故其股东的出资应加速到期。根据《公司法司法解释(三)》第13条第2款的规定,A、C、D在本案中没有到庭证明其实缴出资情况,故三人应分别在未出资范围内,即A在×元范围内、C在×元范围内、D在×元范围内对B公司不能清偿的债务向原告承担补充赔偿责任。

【参考裁判文书】广东省广州市中级人民法院(2021)粤01民终29808号广州市明辉纸品有限公司与林某某等股东损害公司债权人利益责任纠纷一案二审民事判决书。

2. 关于股东恶意延长出资期限时股东出资按原约定到期的裁判说理示范

【适用情形】股东在对外负债情况下延长出资期限，仍应按照原出资期限约定对债权人承担责任。

【说理示范】关于被告应否对 A 公司欠原告的债务承担补充赔偿责任的问题。2014 年 12 月在 A 公司对原告负有债务的情况下，A 公司的股东通过修订章程决定将余额 4000 万元的出资期限延长至 2021 年，该行为损害了原告对 A 公司章程的信赖，导致 A 公司没有可供执行的财产及原告的债权未能受偿，侵害了原告的合法权益。故对债权人原告而言，A 公司当时包括被告在内的六股东的出资期限仍为 2015 年 1 月 11 日，其应在未出资的本息范围内对 A 公司不能清偿的债务承担补充赔偿责任，如此认定亦符合《公司法司法解释（三）》第 13 条第 2 款之规定。被告提出修改章程延长出资期限时案涉债权尚未作出仲裁裁决，其作为公司股东依法享有期限利益的主张，本院不予采纳。2013 年 10 月被告通过受让案外人 B 持有的 A 公司股权成为 A 公司股东后，其作为股东负有按照公司章程有关认缴期限的约定向公司缴纳出资的义务。被告提交的银行转款记录仅能证实 2013 年 7 月至 2013 年 12 月期间向案外人 B 转款的事实，而不能直接证明其已实际向 A 公司缴纳第二期出资款。被告据此主张其已履行出资义务，证据不足，本院不予采纳。

【参考裁判文书】广东省深圳市中级人民法院（2020）粤 03 民终 14331 号尹某某与任某某、代某、张某、王某某、王某、王某、应某、刘某某、孙某某、胡某某、费某、林某某、吕某某及第三人深圳文华泰富基金管理有限公司股东损害公司债权人利益责任纠纷一案二审民事判决书。

3. 关于依法保护股东期限利益的裁判说理示范

【适用情形】《民商审判会议纪要》第 6 条规定的情形（公司被列为被执行人，穷尽财产无法执行但股东拒不申请破产的；债务发生后延长出资期限的）出现时，股东的认缴出资责任才加速到期，否则债权人无权要求未出资股东在未出资本息范围内对公司债务承担补充赔偿责任。

【说理示范】根据《公司法》第 26 条的规定，有限责任公司的注册资本为公司登记机关登记的全体股东认缴的出资额。而 A 公司股东认缴的出资期限为 × 年 × 月 × 日前，在此之前，股东无须实际出资。因此，作为公司的债权人无权要求公司股东承担出资责任，只有在公司解散、破产等法定情形出现时，股东的认缴出资责任才加速到期，公司债权人才能依照《公司法司法解释（三）》第 13 条第 2 款的规定，要求未履行或者未全面履行出资义务的股东在未出资本息范围内对公司债务不能清偿的部分承担补充赔偿责任。故在 A 公司未出现法定或协议约定的股东出资责任加速到期的情况下，原告诉请 B、C、D 在未出资范围内对 A 公司拖欠的款项承担连带补充赔偿责任，本院不予支持。

【参考裁判文书】浙江省高级人民法院（2017）浙民申1111号苗某某与徐某某股东损害公司债权人利益责任纠纷一案民事裁定书。

五、关于责任承担方式和范围的裁判说理示范

（一）关于损害公司债权人利益责任承担方式的裁判说理示范

【适用情形】违反出资义务（增资或公司设立时）的股东对公司债权人承担补充赔偿责任，但对公司设立时发起人之间的出资瑕疵应适用连带责任。连带责任是法定责任，只有法律明确规定时才能适用，故连带责任并不适用于股东增资瑕疵的情形。对于增资瑕疵问题，股东仅须对债权人承担补充赔偿责任，其他股东、董事、高管或实际控制人对此有协助情形的，应当承担连带责任。

【说理示范】原告主张，《公司法》第178条第1款规定"有限责任公司增加注册资本时，股东认缴新增资本的出资，依照本法设立有限责任公司缴纳出资的有关规定执行"；《最高人民法院执行工作办公室关于股东因公司设立后的增资瑕疵应否对公司债权人承担责任问题的复函》规定：公司增加注册资金与公司设立时的初始出资是没有区别的，公司股东若有增资瑕疵，应承担与公司设立时的出资瑕疵相同的责任。原告据此主张增资不实时，各股东均应承担连带责任。本院认为，《公司法》第178条第1款仅针对增资过程中出资瑕疵股东的责任，并没有涉及股东之间的责任；最高人民法院执行工作办公室的复函是个案批复，不能扩大适用，更不能扩张解释为增资与设立时的股东责任相同。因此，上述法律规定及复函均不能支持原告的诉讼请求。

《公司法司法解释（三）》第13条对于股东未履行或未全面履行出资义务，各权利主体可以请求履行义务的主体、条件等作了明确规定，且各款之间相对独立，该条第3款对于股东在公司设立时未履行或未全面履行出资义务的情形作了规定，在这种情形下，公司发起人与被告股东应当承担连带责任，该条第4款则是针对公司增资时股东未履行或者未全面履行出资义务的情形进行规定，在这种情形下，债权人可以请求未尽法定义务导致出资未缴足的董事、高级管理人员或者实际控制人承担连带责任。从上述第3款、第4款的文义看，第3款适用于公司设立时的出资瑕疵责任，不能将其扩张解释适用于公司增资，第4款则是专门针对增资瑕疵的规定，限于对董事、高级管理人员或实际控制人提出诉讼请求，亦不能将其扩张解释适用于股东。因此，原告依据该规定的第3款要求被告承担连带责任的主张不能成立，本院

不予支持。

【参考裁判文书】山东省高级人民法院（2014）鲁民四终字第 155 号厦门卓信成投资有限责任公司与浪潮集团有限公司、福海工业（私人）股份有限公司股东损害公司债权人利益责任纠纷一案二审民事判决书。

（二）关于损害公司债权人利益责任承担范围的裁判说理示范

【适用情形】抽逃出资的股东应当在抽逃出资本息范围内对公司债务不能清偿的部分承担补充赔偿责任。

【说理示范】关于 A、B 承担责任的范围。原告主张 A、B 应当在出资范围内对 C 公司的涉案债务承担连带清偿责任。根据《公司法司法解释（三）》第 14 条第 2 款关于"公司债权人请求抽逃出资的股东在抽逃出资本息范围内对公司债务不能清偿的部分承担补充赔偿责任、协助抽逃出资的其他股东、董事、高级管理人员或者实际控制人对此承担连带责任的，人民法院应予支持；抽逃出资的股东已经承担上述责任，其他债权人提出相同请求的，人民法院不予支持"的规定，原告请求 A、B 在抽逃出资范围内承担责任的主张成立，但要求 A、B 承担连带清偿责任的主张缺乏法律依据。因此，本案中，A、B 应当在抽逃出资范围内对 C 公司涉案债务不能清偿的部分承担补充赔偿责任。

【参考裁判文书】山东省高级人民法院（2016）鲁民终 1392 号德州市重点建设投资公司与德州陵城农村商业银行股份有限公司、孟某 1、孟某 2、刘某某、张某 1、张某 2 股东损害公司债权人利益责任纠纷一案二审民事判决书。

六、关于损害后果和因果关系的裁判说理示范

（一）关于股东未履行增资义务是否损害债权人利益的裁判说理示范

【适用情形】增资之前的交易与增资是否到位并无直接因果关系，股东未履行增资义务，仅对增资之后的债权人承担补充赔偿责任。

【说理示范】本案争议焦点为若被告 A 未履行股东增资义务，则应否对第 ×× 号判决（指原告与 B 公司的借款合同纠纷）内容负有补充赔偿责任。原告与 B 公司的 ×× 合同关系发生在 B 公司增资之前，原告对于 B 公司责任能力的判断应以其当时的注册资本为依据，而 B 公司能否偿还原告的债务与此后 B 公司的股东，即被告 A 增加注册资金是否到位并无直接的因果关系。即使被告 A 存在增资瑕疵行为，亦仅对 B 公司增资完成之后的债权人承

担相应的责任。鉴于原告主张的××合同关系发生在××年间，早于B公司作出增资决议之日，故被告A无须向原告承担补充赔偿责任。

【参考裁判文书】广东省高级人民法院（2017）粤民申7587号叶某某与海南晟钢物资贸易有限公司股东损害公司债权人利益责任纠纷一案民事裁定书。

（二）关于低价转让股权是否损害债权人利益的裁判说理示范

【适用情形】低价转让股权并非必然构成滥用法人人格，应着重审查是否损害债权人利益。

【说理示范】被告A、被告B低价转让C公司股权是否属于滥用法人人格逃避债务、损害债权人利益的情形。《公司法》第20条第3款规定："公司股东滥用公司法人独立地位和股东有限责任，逃避债务，严重损害公司债权人利益的，应当对公司债务承担连带责任。"该条是关于公司人格否认制度的规定。人格独立与股东有限责任作为公司制度得以确立的基石，表现为公司具有独立财产、独立承担民事责任和股东仅以出资额为限对公司债务承担责任两个方面，但股东与公司债务的分离往往引起股东利用其优势地位从事滥用法人人格、损害债权人利益的行为，为实现公平正义的法律价值，《公司法》第20条第3款规定特定情形下公司债权人可直接请求股东偿还公司债务，股东不再受有限责任的保护。本案中，被告A分别以0元及1元的价格将其持有的C公司共计××%的股权转让给被告B，被告B又将其持有的该公司××%的股权以1元价格转让给案外人，上述股权转让行为是否属于滥用公司人格、损害债权人利益的行为，应从公司人格与股东人格是否混同、股权转让行为是否造成公司责任财产不当减少进而降低公司对外偿债能力等方面进行分析判断。首先，公司法人人格独立性建立在财产独立的基础上，是否贯彻财产、利益、业务、组织机构等方面的分离，是判断是否构成人格混同的标准。本案中，C公司的工商登记资料载明，C公司增资后实收资本为80 734万元，其中被告A以货币和实物出资方式实缴出资80 594万元。工商登记资料具有推定效力，在无相反证据推翻的情况下，依据该证据能够认定被告A履行了出资义务。股东出资后其出资即与股东财产相分离成为公司财产，故C公司具有独立于控股股东被告A的独立财产。结合两公司的企业法人营业执照、C公司章程等证据来看，两公司的住所地、法定代表人及组织机构等并不相同，亦无证据证明二者存在业务和利益分配上的混同，故不能认定C公司与其控股股东被告A之间存在人格混同的情形。其次，股权与公司财产相分离，股东转让股权是股东对自有权利的处分，影响的是股东自身权益，对公司财产并不产生直接影响。股权转让价格的高低在一定程度上反映公司的经营状况，对此被告 A 在本案庭审中也陈述低价转让股权的原因是 C 公司存在巨额负债，经营状况严重恶化。从之后不久 C 公司即被债权人申请破产的事实来看，被告 A 所陈述的低价转让股权的原因具有一定的可信度。本案并无证据证明被告 A、被告 B 通过低价转让股权的方式处分了 C 公司的财产，导致该公司偿债能力降低，损害了原告的利益。因此，被告 A、被告 B 低价转让股权的行为不属于《公司法》第 20 条第 3 款规定的情形，原告依据该规定上诉主张被告 A、被告 B 应对 C 公司的欠债承担连带责任，理据不足，本院不予支持。

【参考裁判文书】最高人民法院（2017）最高法民终 87 号亿达信煤焦化能源有限公司与四平现代钢铁有限公司买卖合同纠纷一案二审民事判决书。

（三）关于公司减资后又增资与债权人利益受损之间有无因果关系的裁判说理示范

【适用情形】公司减资后又增资，公司股东发生了变化，且债权人的债权未得到清偿，股东的不当减资行为与债权人利益受损之间存在因果关系。

【说理示范】对于被告 A 提出 B 公司在减资后又将注册资本增至 × 万元，未影响 B 公司偿债能力的问题。在公司注册资本实缴制的情况下，公司减资后又增资，确实没有导致公司清偿能力和责任财产的减损。但在公司注册资本认缴制的情况下，交易相对人对公司清偿能力和注册资本的信赖只能基于对股东的信赖，公司减资后又增资，导致公司股东发生了变化，对股东的信赖也就丧失了基础。本案系债权人以债务人违反法定程序减资导致债权实现受损为由主张的侵权赔偿之诉，根据 × 号执行裁定，可以认定 B 公司名下无财产可供执行，且案涉多项担保均未得到实际履行，原告的债权未因 B 公司的增资和多个担保人提供担保而得到清偿，B 公司的增资行为未对原告的债权实现产生影响，债权不能实现的损害结果已实际发生。故被告 A 提出 B 公司已将注册资本增至 × 万元，未影响公司偿债能力的理由缺乏事实依据，不能成立，本院不予支持。作为减资股东，被告 A 的不当减资行为违反了公司资本维持原则，导致 B 公司不能全面清偿其减资前所负债务，损害了债权人原告的利益。被告 A 主张其减资行为与原告债权受损没有因果关系的理由亦不能成立，本院亦不予支持。

【参考裁判文书】最高人民法院（2017）最高法民终 422 号中储国际控股集团有限公司与山西煤炭运销集团曲阳煤炭物流有限公司公司减资纠纷一案二审民事判决书。

七、关于举证责任分配的裁判说理示范

（一）关于原告应尽举证责任的裁判说理示范

1. 关于被告是否为隐名股东和实际控制人的举证责任由原告承担的裁判说理示范

【适用情形】原告主张被告为隐名股东或实际控制人，应对此承担举证责任。

【说理示范】关于被告A是否应对B公司的债务承担连带责任。原告主张被告A承担连带责任的法律依据是《公司法》第20条第3款关于"公司股东滥用公司法人独立地位和股东有限责任，逃避债务，严重损害公司债权人利益的，应当对公司债务承担连带责任"的规定，根据该规定，滥用公司法人独立地位和股东有限责任并对公司债务承担连带责任的主体限定为公司股东。原告主张被告A系B公司的隐名股东，但是未有任何证据加以证明，本院对其主张不予采信。被告A作为B公司的高管，原告诉请其承担《公司法》第20条第3款规定的连带责任，缺乏法律依据。另外，原告主张被告A与B公司构成人格混同，虽然被告A与B公司之间存在频繁的转账，但不足以据此认定被告A可以任意支配B公司的资金，以致B公司丧失独立的法人人格。至于被告A在原告对账单上签字，被告A系B公司高级管理人员，其在对账单上签字属于职务范围内的工作，不能据此认为被告A完全控制了B公司。原告主张被告A与B公司之间构成人格混同缺乏事实依据。

【参考裁判文书】广东省深圳市中级人民法院（2018）粤03民终15027号东莞顺威印染设备有限公司与深圳益联鑫电子有限公司、马某某与公司有关的纠纷一案二审民事判决书。

2. 关于原告需初步举证证明被告存在侵权行为后，才可将举证责任转移至被告的裁判说理示范

（1）关于公司债权人已经提供初步证据证明股东存在滥用公司法人独立地位的行为，是公司法人人格举证责任倒置的前提的说理示范。

【适用情形】公司债权人已经提供初步证据证明股东存在滥用公司法人独立地位的行为，是公司法人人格否认举证责任倒置的前提。

【说理示范】在审理法人人格否认案件时，考虑到债权人处于信息劣势而举证困难等因素，人民法院通常会合理分配举证责任，在债权人用以证明股东滥用公司法人独立地位和股东有限责任的证据令人产生合理怀疑的情形下，将没有滥用的举证责任分配给被诉股东。但上述举证责任调整的前提，应是作为原告方的债权人已举出盖然性的证据证明股东存在滥用公司法人独立地

位和股东有限责任的行为以及由此产生了损害的结果，而不是当然的举证责任倒置。

【参考裁判文书】最高人民法院（2015）民二终字第85号三亚嘉宸房地产开发有限公司与海马汽车集团股份有限公司股东损害公司债权人利益责任纠纷一案二审民事判决书（最高人民法院第一巡回法庭2015系列精品案例）。

（2）关于当事人之间对是否已履行出资义务发生争议，原告提供对股东履行出资义务合理怀疑证据的，被告股东应当就其已履行出资义务承担举证责任的说理示范。

【适用情形】当事人之间对是否已履行出资义务发生争议，原告提供对股东履行出资义务产生合理怀疑证据的，被告股东应当就其已履行出资义务承担举证责任。

【说理示范】本院认为，本案为股东损害债权人利益责任纠纷，本案的争议焦点为被告是否存在抽逃出资的情形。根据《公司法司法解释（三）》第12条的规定，未经法定程序将出资抽回的行为属于抽逃出资。本案中，被告于2005年4月26日缴纳出资后，A公司于2005年4月30日将出资款100万元一次性全部转出，并于收款人信息有误被退回后再次转至另一案外人账户中。从款项的金额及转出时间、频次看，原告怀疑被告存在将出资抽回的行为具有一定的合理性。根据《公司法司法解释（三）》第20条的规定，"当事人之间对是否已履行出资义务发生争议，原告提供对股东履行出资义务产生合理怀疑证据的，被告股东应当就其已履行出资义务承担举证责任"，故被告应对其主张的上述款项转出系A公司的正常经营行为加以举证证实。被告作为A公司的发起人和原始股东，完全有能力就该笔款项的去向及支付依据提交相应的证据，但其仅以款项的支付系公司行为与其无关为由进行抗辩，不足以对抗原告对其抽回出资的合理怀疑，应承担举证不能的不利后果。

【参考裁判文书】广东省深圳市中级人民法院（2021）粤03民终7779号广东亨得利实业有限公司与肖某某、李某1、何某某、丁某、李某2、史某某、孙某某股东损害公司债权人利益责任纠纷一案二审民事判决书。

（3）关于股东是否抽逃出资的举证责任分配，须在原告提供了对被告抽逃出资产生合理怀疑的证据后，才将举证责任转移至被告股东的说理示范。

【适用情形】就股东是否抽逃出资的举证责任分配，须在原告提供了对被告股东抽逃出资产生合理怀疑的证据后，才将举证责任转移至被告股东。

【说理示范】关于原告主张的被告抽逃出资的问题。首先，《公司法司法解释（三）》第12条规定："公司成立后，公司、股东或者公司债权人以相关股东的行为符合下列情形之一且损害公司权益为由，请求认定该股东抽逃出资的，人民法院应予支持：（一）制作虚假财务会计报表虚增利润进行分配；

(二)通过虚构债权债务关系将其出资转出;(三)利用关联交易将出资转出;(四)其他未经法定程序将出资抽回的行为。"原告并未说明并初步证明被告存在该规定所列举的抽逃出资行为。其次,从被告提交的对账单看,在被告缴纳所认缴出资后,A公司确有频繁对外转账行为,但收款方均非被告,且款项系非等额支出,备注用途也符合公司使用资金开展经营活动的商业惯例。被告提交的补充证据也进一步说明A公司的购车事实。原告主张被告应提供证据证明其没有抽逃出资,但根据《公司法司法解释(三)》第20条关于"当事人之间对是否已履行出资义务发生争议,原告提供对股东履行出资义务产生合理怀疑证据的,被告股东应当就其已履行出资义务承担举证责任"的规定精神,就股东是否抽逃出资的举证责任分配,须在原告提供了对被告股东抽逃出资产生合理怀疑的证据后,才将举证责任转移至被告股东。原告并未提供对被告抽逃出资产生合理怀疑的证据,故举证责任不应转移。因此,原告关于被告抽逃出资的主张,缺乏事实依据,本院不予采信。

【参考裁判文书】广东省深圳市中级人民法院(2019)粤03民终21664号深圳市华天安电子有限公司与徐某某、孙某某、喻某某股东损害公司债权人利益责任纠纷一案二审民事判决书。

(二)关于一人有限责任公司股东举证责任的裁判说理示范

1. 关于一人有限公司股东财产独立证明标准的裁判说理示范

【适用情形】一人有限责任公司证明股东财产与公司财产之间相互独立,需提交符合《公司法》规定形式的财务报告,否则应当承担举证不能的法律后果。

【说理示范一】本院认为,《公司法》第63条规定,一人有限责任公司的股东不能证明公司财产独立于股东自己的财产的,应当对公司债务承担连带责任;第62条规定,一人有限责任公司应当在每一会计年度终了时编制财务会计报告,并经会计师事务所审计;《最高人民法院关于民事执行中变更、追加当事人若干问题的规定》第20条规定,作为被执行人的一人有限责任公司,财产不足以清偿生效法律文书确定的债务,股东不能证明公司财产独立于自己的财产,申请执行人申请变更、追加该股东为被执行人,对公司债务承担连带责任的,人民法院应予支持。本案中,B公司欠付原告之款项已经生效判决确认,该交易发生期间,被告A系B公司唯一股东,且本案现有证据证明被告A曾收取原告合同款,故被告A有义务证明其作为B公司股东期间,公司财产独立于其个人财产。被告A虽提交自制的公司账户明细,但不符合《公司法》规定的财务报告形式要件,本案现有证据无法证明B公司财产独立于被告A个人财产,被告A应承担举证不能的法律后果。

【参考裁判文书】北京市第三中级人民法院（2021）京 03 民终 17987 号宋某某与于某某股东损害公司债权人利益责任纠纷一案二审民事判决书。

【说理示范二】本案争议焦点为被告 A 是否应对 B 公司的案涉债务承担连带清偿责任。一人有限责任公司应当在每一会计年度终了时编制财务会计报告，并经会计师事务所审计。一人有限责任公司的股东不能证明公司财产独立于股东自己的财产的，应当对公司债务承担连带责任。当事人对自己提出的诉讼请求所依据的事实或者反驳对方诉讼请求所依据的事实，应当提供证据加以证明，但法律另有规定的除外。在作出判决前，当事人未能提供证据或者证据不足以证明其事实主张的，由负有举证证明责任的当事人承担不利的后果。本案中，被告 A 作为 B 公司股东，应当对其自身财产与公司财产相互独立承担举证证明责任，但其提交的资产负债表、利润表、资产清单等证据并不足以证明 B 公司财产与其财产相互独立、不存在混同，本院根据查明事实及在案证据综合认定被告 A 应对 B 公司的案涉债务承担连带责任。被告 A 申请对 B 公司进行专项审计以证明其财产独立于 B 公司，应系其自行举证范畴，本院对其申请不予准许。被告 A 主张其与 B 公司财产相互独立，但并未提供充分有效证据予以佐证，本院对其主张不予采纳。

【参考裁判文书】北京市第三中级人民法院（2021）京 03 民终 19960 号中科文旅产业发展有限公司等与华某等股东损害公司债权人利益责任纠纷一案二审民事判决书。

2. 关于一人有限公司股东财产独立证据是否充分的裁判说理示范

【适用情形】一人有限公司股东虽然提交了年度审计报告，但原告提交了反证证明该审计报告存在明显问题的，一人股东提交的审计报告不足以证明公司财产独立于股东财产。

【说理示范】在案涉债务发生时，B 公司的唯一股东是被告 A，根据法律规定，被告 A 如不能证明 B 公司的财产与其自身财产相互独立，应对 B 公司的债务承担连带责任。被告 A、B 公司虽然提供了 2013 年度至 2020 年度的审计报告，但年度审计报告仅能反映被告 A 及 B 公司的年度财务状况、经营成果和现金流量，无法证明被告 A 与 B 公司财产是否相互独立，不能达到被告 A 的证明目的。同时，原告提交的《财务咨询意见书》也指出，B 公司与被告 A 债务债权金额无法对应，账务核算不清晰；B 公司 2014—2019 年报告"关联方应收应付款项余额表"显示，B 公司对被告 A 其他应付款金额与被告 A 的 2014—2019 年报告"母公司财务报表主要项目注释""期末余额前五名的其他应收款单位"无法对应；被告 A 报告中应付账款披露与原告提供的数据不一致。因此被告 A 及 B 公司提交的年度审计报告存在明显问题，二公司亦未作出合理解释。原告据此主张上述审计报告不能证明 B 公司财产独立于其股东被告 A 的财产，有事实依据。因此，在被告 A 未能提供充分证据证明其与 B 公司财产相互独立的情况下，其应当对 B 公司的债务承担连带责任。

【参考裁判文书】北京市高级人民法院（2021）京民终 652 号京格林伟迪科技股份有限公司与长城宽带网络服务有限公司等股东损害公司债权人利益责任纠纷一案二审民事判决书。

（三）关于夫妻公司举证责任分配的裁判说理示范

【适用情形】夫妻公司参照《公司法》第 63 条的规定适用举证责任倒置。

【说理示范】本案争议焦点为 A 公司是否属于一人有限公司。《公司法》第 57 条第 2 款规定："本法所称一人有限责任公司，是指只有一个自然人股东或者一个法人股东的有限责任公司。"本案中，A 公司虽系被告 B、被告 C 两人出资成立，但 B、C 为夫妻，A 公司设立于双方婚姻存续期间，且 A 公司工商登记备案资料中没有 B、C 财产分割的书面证明或协议，B、C 亦未补充提交。根据《民法典》第 1062 条的规定，除该法第 1063 条规定的财产，以及根据《民法典》第 1065 条规定的约定财产之外，夫妻在婚姻关系存续期间所得财产归夫妻共同共有。据此可以认定，A 公司的注册资本来源于 B、C 的夫妻共同财产，A 公司的全部股权属于 B、C 婚后取得的财产，应归双方共同共有。由此可见，A 公司的全部股权实质来源于同一财产权，并为一个所有权共同享有和支配，该股权主体具有利益的一致性和实质的单一性。另外，一人有限责任公司区别于普通有限责任公司的特别规定在于《公司法》第 63 条，即一人有限责任公司的法人人格否认适用举证责任倒置规则。之所以如此规定，原因系一人有限责任公司只有一个股东，缺乏社团性和相应的公司机关，没有分权制衡的内部治理结构，缺乏内部监督。股东既是所有者，又是管理者，个人财产和公司财产极易混同，极易损害公司债权人利益，故通过举证责任倒置，强化一人有限责任公司的财产独立性，从而加强对债权人的保护。本案 A 公司由 B、C 夫妻二人在婚姻关系存续期间设立，公司资产归 B、C 共同共有，双方利益具有高度一致性，亦难以形成有效的内部监督。B、C 均实际参与公司的管理经营，夫妻其他共同财产与 A 公司财产亦容易混同，从而损害债权人利益。在此情况下，应参照《公司法》第 63 条的规定，将公司财产独立于股东自身财产的举证责任分配给股东 B、C。综上，A 公司与一人有限责任公司在主体构成和规范适用上具有高度相似性，A 公司系实质意义上的一人有限责任公司。

【参考裁判文书】最高人民法院（2019）最高法民再 372 号熊某某、沈某某与武汉猫人制衣有限公司、江西青曼瑞服饰有限公司申请执行人执行异议之诉一案再审民事判决书。

（四）关于调取公司财务账册和银行流水的裁判说理示范

1. 关于准许原告调取公司财务账册和银行流水的裁判说理示范

【适用情形】原告已提供初步证据证明股东与公司存在人格混同可能性，或者公司控制股东对公司可能过度支配与控制等，原告申请调取公司财务账册和银行流水，以进一步证明股东与公司财务混同，可予以准许。

【说理示范】根据《民事诉讼证据规定》第2条的规定，当事人确因客观原因不能自行收集的证据，可以申请法院调查收集。本案原告主张A公司三股东B、C、D对公司债务承担连带责任，应对公司股东存在滥用公司法人独立地位和股东有限责任、逃避债务，严重损害公司债权人利益的情形承担举证责任，包括证明A、B、C存在人格混同，公司控制股东对公司过度支配与控制等滥用情形。原告提供的三公司企业公示信息及招聘信息等证据，已证明三公司住所地、联系方式、高管人员、业务范围等存在混同或交叉的情形；三公司股权结构反映D系三公司股东及高级管理人员，已构成其为三公司控制股东的较高盖然性。在此情况下，原告申请法院调取三公司自×年×月至×年×月共同存续期间的全部财务账册及银行流水，以进一步证明三公司存在财务混同，具有一定的合理性，该取证行为并不违反法律规定。

【参考裁判文书】江苏省高级人民法院（2019）苏民终1528号国发节能环保发展集团有限公司、北京国发机关后勤服务有限公司等与国电光伏有限公司股东损害公司债权人利益责任纠纷一案二审民事判决书。

2. 关于公司及其股东有义务配合提供财务账册的裁判说理示范

【适用情形】在法院释明有必要启动审计的情况下，公司及其股东作为财务账册的持有人，有责任和义务配合提供财务账册，否则应承担相应的不利后果。

【说理示范】认定公司人格与股东人格是否存在混同，最根本的判断标准是公司是否具有独立意志和独立财产，最主要的表现是公司的财产与股东的财产是否混同且无法区分。从法院调取的A公司五个银行账户往来明细，可以反映其与股东之间资金往来非常频繁，其中A公司有多笔大额款项流向其股东B公司、C公司，鉴于A公司庭审中表示不清楚多笔资金转账原因，故对三公司的财务账册（尤其是独立性）进行审计，有利于查明三公司资金往来的性质，进而判断A公司与其三股东是否存在财产混同且无法区分。在此情形下，原告申请启动司法审计，具有合理性及必要性。A公司及其股东作为财务账册的持有人，有责任和义务配合提供，A公司及其股东在本院明确释明法律后果的情况下，仍不同意财务审计并配合提供财务账册，本院依据《民事诉讼证据规定》第95条以及《民事诉讼法司法解释》第112条之规定，认定由 A 公司及其股东自行承担不利后果。

【参考裁判文书】江苏省高级人民法院（2019）苏民终 1528 号国发节能环保发展集团有限公司、北京国发机关后勤服务有限公司等与国电光伏有限公司股东损害公司债权人利益责任纠纷一案二审民事判决书。

第五节 判决主文规范表述

损害公司债权人利益责任纠纷诉讼对于支持债权人诉请的表述主要分两种情况：第一种是依法否定公司人格、由股东或实际控制人对公司债务承担连带清偿责任；第二种是基于股东存在未履行或未全面履行出资、抽逃出资等违反股东出资义务情形，进而损害债权人利益，由股东在相应财产范围内承担补充赔偿责任。此类纠纷的裁判主文规范表述见表 3。

表 3　损害公司债权人利益责任纠纷判决主文规范表述列表

裁判类型	裁判事项	裁判主文
损害公司债权人利益责任纠纷	公司法人人格否认之诉中，股东或实际控制人对公司债务承担连带清偿责任	被告对××公司欠付原告的××款××元（或写明债务的计算方式，或写明生效文书确定的债务内容）承担连带清偿责任，限于本判决生效之日起×日内支付。
	股东违反出资义务对公司债务承担补充赔偿责任	被告应于本判决生效之日起×日内在未实缴出资/抽逃出资/虚假出资（等）××元本息范围内对××公司欠付原告的××元/××号民事判决书中××公司不能清偿的债务承担补充赔偿责任。 或：被告应于本判决生效之日起×日内赔偿原告损失××元（或写明损失的计算方式）。

续表

裁判类型	裁判事项	裁判主文
损害公司债权人利益责任纠纷	根据《公司法司法解释（三）》第13条第4款的规定判令股东违反出资义务承担补充赔偿责任，董事、高级管理人员承担相应责任	一、被告（股东）应于本判决生效之日起×日内在未实缴出资××元本息范围内对××公司欠付原告的××元/××号民事判决书中××公司不能清偿的债务承担补充赔偿责任； 二、被告（董事、高级管理人员）对被告（股东）的上述债务承担连带清偿责任。其承担责任后，可向被告（股东）追偿。

第四章
公司关联交易损害责任纠纷

第一节 类型纠纷审判概述

公司的关联交易一般是指具有投资关系或合同关系的不同主体之间所进行的交易，又称为关联方交易。[1]作为一种经济行为，关联交易广泛地存在于公司企业的日常经营活动中。关联交易本身是中性的，法律并不禁止正当的关联交易。关联交易也是一把"双刃剑"，正当的关联交易，有助于稳定公司业务，分散经营风险，在一定程度上也可降低交易成本，提升交易效率，从而有利于公司生产经营，但同时，因交易主体间关联关系的存在，关联交易显然不同于一般平等市场主体间的基于意思真实、合法而达成的公平交易。关联交易会对传统民法奉行的平等原则、自愿原则及公平原则形成挑战和冲击，实践中相关主体利用关联关系和控制地位，迫使公司从事对其不利的关联交易，故意挪用公司资金、转移利润至关联方，甚至恶意"掏空"公司等损害公司和其他股东利益的情形确有发生。我国公司立法对于不正当的关联交易行为进行了一系列的规制。正确审理公司关联交易损害责任纠纷案件，在司法实务中准确界定法律所禁止的关联交易行为和应承担的责任问题，对于规范关联关系，促进正当关联交易，遏制不正当关联交易，保护公司和其他股东利益，有着重要的意义。

一、关联交易概述

（一）关联交易的含义

关联交易是关联方（或称关联人）之间发生的交易，理解关联交易的含义，需要从"关联方"和"交易"两个概念着手。

1.关联方的含义

关联交易这一法律概念最为核心的要素在于这种交易是发生于关联方之间的，如何界定关联方系明确这一概念的重要问题。[2]《公司法》第216条规

---

[1] 宋燕妮、赵旭东主编：《中华人民共和国公司法释义》，法律出版社2019年版，第36页。

[2] 参见赵旭东主编：《新公司法制度设计》，法律出版社2006年版，第410页。

定了"高级管理人员""控股股东""实际控制人""关联关系"的含义，但对于实务中经常使用的"关联方"或"关联人"等称谓，却并未明确界定其概念。有观点认为，从《公司法》第216条第4项关于"关联关系，是指公司控股股东、实际控制人、董事、监事、高级管理人员与其直接或者间接控制的企业之间的关系，以及可能导致公司利益转移的其他关系"这一内容上看，《公司法》上的"关联关系"不是指公司与公司内部人的关系，而是指公司内部人与其直接或者间接控制的企业之间的关系。可见，这种关联人是除公司内部人以外的与公司发生交易的当事人。① 也有观点认为，关联交易的主体包括公司内部人，按《公司法》第21条的规定，可将关联交易人界定为公司控股股东、实际控制人、董事、监事、高级管理人员等自然人和其直接控制或者间接控制的企业法人。②

顾名思义，关联方是指相互之间具有关联关系的人，从《公司法》第216条对"关联关系"的定义，并结合我国现行会计准则以及上市公司、银行、保险公司的相关监管规则内容③看来，如以概括式方式界定关联方的内涵，可将之定义为：一方控制、共同控制另一方或对另一方施加重大影响，以及两方或两方以上同受一方控制、共同控制或重大影响的，则构成关联方。同时，因对关联方的界定，强调关联关系中一方对另一方的控制或者重大影响，尤其是对其财务或经营决策能够形成实质性控制或者重大影响，如以列举方式界定其外延，则关联方既包括公司控股股东、实际控制人、董事、监事、高级管理人员这些公司内部人，也包括与这些人员存在控制、重大影响关系的公司外部人，例如，其近亲属、受其控制、影响的其他企业、受其近亲属控制、影响的其他企业等。

2. 交易的含义

上述关联方的定义在于确定关联交易的主体范围。关于"交易"的定义则决定了关联交易的事项范围。

---

① 参见杨心忠等：《公司纠纷裁判精要与规则适用》，北京大学出版社2014年版，第225页。

② 参见最高人民法院民事审判第二庭编：《民商事审判指导》2005年第2辑（总第8辑），人民法院出版社2006年版，第78页。

③《企业会计准则第36号——关联方披露》第3条第1款规定："一方控制、共同控制另一方或对另一方施加重大影响，以及两方或两方以上同受一方控制、共同控制或重大影响的，构成关联方。"第4条、第5条分别列举了构成或不构成关联方的情形。《银行保险机构关联交易管理办法》对关联方的定义表述类似，《股票上市规则》则以列举式规定关联人的范围，包括关联法人和关联自然人的范围。

有学者指出，世界各国公司法鲜有直接定义关联交易中"交易"的含义，但在一些税法规范上有其定义，例如，国际会计准则及我国企业会计准则都将"关联者之间的交易"定义为"关联方之间发生转移资源或义务的事项，而不论是否收取价款"；美国法院曾在案例中解释，交易是指能够引起一定法律后果的任何处理事务的行为，是一个比合同（contract）更宽泛的术语；《韩国商法》也未对"董事与公司之间的交易"中的"交易"下定义，但学理上一般认为该条所引之"交易"意指一切财产上的行为；我国沪深证券交易所《股票上市规则》也将关联交易中的"交易"定义为"转移资源或义务的事项"，因此，从最宽的含义理解，关联交易中的"交易"可定义为一切转移资源或义务的法律行为。①

从上述角度考虑，并结合我国现行会计准则的相关规定，②可将"交易"的内涵界定为：转移资源、劳务或义务的行为，而不论是否收取价款。

就"交易"的外延而言，我国《公司法》及现行会计准则均未将关联交易限制在合同方面。从《公司法》第148条第1款第4项关于"违反公司章程的规定或者未经股东会、股东大会同意，与本公司订立合同或者进行交易"的表述亦可见，其专门区分了"订立合同"和"进行交易"两种形态，显然其所规制的行为除"订立合同"之外，还有其他交易形式。事实上也确实存在公司单方对关联方免除债务或者承认债务等单方法律行为或者准法律行为的情形，但合同形态的关联交易无疑是关联交易最为基本和常见的形式。③

综上所述，可将关联交易的含义界定为：关联交易，是指关联方之间转移资源、劳务或义务的行为，而不论是否收取价款；既包括公司内部关联方即控股股东、实际控制人、董事、监事、高级管理人员与公司间进行的交易，也包括与这些人员存在控制、重大影响关系的公司外部关联方与公司间进行的交易；交易形式以合同为主，同时也包括非合同形式的其他转移资源或义务的事项。

---

① 参见李建伟：《关联交易的法律规制》，法律出版社2007年版，第55~56页。
② 《企业会计准则第36号——关联方披露》第7条规定："关联方交易，是指关联方之间转移资源、劳务或义务的行为，而不论是否收取价款。"
③ 参见陈洁：《论不当关联交易的司法救济》，载《人民司法·应用》2014年第19期。

（二）关联交易常见形式

财政部有关企业会计准则[①]及证券交易所《股票上市规则》[②]均以列举方式罗列了若干常见关联交易事项。实践中，关联方交易的类型通常包括下列各项：（1）购买或销售商品。集团企业各个成员之间互相购买或者销售商品，从而构成了关联交易。（2）购买或销售商品以外的其他资产。如集团公司之间相互出售设备或者不动产等。（3）提供或接受劳务。如集团公司各个企业之间互相提供设备维修服务、支付设备维修服务费用等。（4）担保。如关联各方互相提供对外贷款、债务履行的担保等。（5）提供资金（贷款或股权投资）。包括以现金或者实物形式提供的资金或者贷款以及股权投资等。（6）租赁。租赁合同是关联交易的主要表现方式，包括设备的租赁、厂房的租赁等。（7）代理。关联各方相互之间代理某些事务，如产品销售、签订协议等。（8）研究与开发项目的转移。在存在关联关系时候，一方所研究开发的项目，会基于另一方的要求而放弃或转移，从而形成了关联交易。（9）许可协议。在存在关联关系的时候，关联各方可能达成某种协议，允许一方使用另一方的商标、专利等。（10）代表企业或由企业代表另一方进行债务结算。（11）关键管理人员薪酬。关联企业给付关键管理人员报酬也被视为一种关联关系。[③]

关联交易形态具有多样性，几乎涵盖了企业日常经营中的常见交易形式，如不考虑关联方的身份特质，不探究交易过程中潜在的利益冲突，其交易外观

[①]《企业会计准则第36号——关联方披露》第8条规定："关联方交易的类型通常包括下列各项：（一）购买或销售商品。（二）购买或销售商品以外的其他资产。（三）提供或接受劳务。（四）担保。（五）提供资金（贷款或股权投资）。（六）租赁。（七）代理。（八）研究与开发项目的转移。（九）许可协议。（十）代表企业或由企业代表另一方进行债务结算。（十一）关键管理人员薪酬。"

[②] 以深圳证券交易所2022年修订的《深圳证券交易所股票上市规则》为例，第6.3.2条列举的关联交易事项包括：（1）本规则第6.1.1条规定的交易事项；（2）购买原材料、燃料、动力；（3）销售产品、商品；（4）提供或者接受劳务；（5）委托或者受托销售；（6）存贷款业务；（7）与关联人共同投资；（8）其他通过约定可能造成资源或者义务转移的事项。第6.1.1所列事项为重大交易事项，包括：（1）购买资产；（2）出售资产；（3）对外投资（含委托理财、对子公司投资等）；（4）提供财务资助（含委托贷款等）；（5）提供担保（含对控股子公司担保等）；（6）租入或者租出资产；（7）委托或者受托管理资产和业务；（8）赠与或者受赠资产；（9）债权或者债务重组；（10）转让或者受让研发项目；（11）签订许可协议；（12）放弃权利（含放弃优先购买权、优先认缴出资权利等）；（13）本所认定的其他交易。

[③] 参加江必新、何东宁等：《最高人民法院指导性案例裁判规则理解与适用·公司卷》，中国法制出版社2012年版，第74页。

与一般商事交易并无明显区别。

（三）关联交易法律特征

关联交易是一种商事法律行为，但显然，因交易双方关联关系存在，使其相较于一般商事法律行为而言具有特殊性，其法律特征主要体现为：一是交易主体表面平等但实质不平等，二是利益冲突客观存在，三是不公平风险较高。

1. 交易主体表面平等但实质不平等

在一般商事交易中，交易双方彼此人格独立、法律地位平等，能够遵循公平竞争的市场交易规则，从各自的利益出发，相互博弈，最终协商一致，通过真实的意思表示实现彼此利益的最大化。在关联交易中，交易主体表面看来属于民法上的平等主体，具有法律上的平等地位，但因交易最终是由关联人对公司进行控制或施加重大影响而达成，这种平等仅是名义上的平等，其实质并不平等。关联人的控制权或重大影响力决定了关联人在关联交易中拥有实质上的单方决定能力，这使得关联交易不再由当事人基于平等的讨价还价能力而达成，从而区别于公司所参与的独立交易。①

2. 利益冲突客观存在

作为公司内部人的关联方，对公司采取的行动具有控制力或决策影响力，其直接与公司交易或者与交易存在利益关系，如果交易或交易的附带结果对相对人而非对公司更有利，那么，这些内部人就会从相对人的收益中获取更大的直接或间接的私人利益。②在关联交易当中，公司内部人将面临选择是超越公司利益促进自身利益，抑或是忠于公司、追求公司利益最大化，这种立场冲突使得关联交易中的利益冲突客观存在。

3. 不公平风险较高

关联交易本身是中性的，其结果既可能是公平、公正的，也可能是不公平、不公正的。较早期的观点认为，关联交易不公平后果为一种系数极高的风险，或其客观上存在不公平的巨大风险，因为根据我国上市公司的实证，关联交易通常会导致不公平结果的发生，相关公司及其少数股东、公司债权人在绝大多数情况下是关联交易的受害者，以内部人为代表的关联人作为受

---

① 参见李建伟：《关联交易的法律规制》，法律出版社2007年版，第57页。
② ［美］罗伯特·C·克拉克：《公司法则》，胡平等译，工商出版社1999年版，第120页。转引自李建伟：《关联交易的法律规制》，法律出版社2007年版，第57页。

害者的情况极少发生。[①] 随着关联交易法律规制的逐步完善，此种不公平结果的发生概率或有所下降，但不可否认，相较于一般商事交易而言，关联交易由于交易主体实质不平等及利益冲突因素的存在，其仍然存在较高的不公平风险。

二、关联交易法律规制考察

公司的经营管理本属于公司自治范畴，国家不宜过度干预，但基于关联交易的上述法律特征，不正当、不公平的关联交易或将严重损害公司、公司中小股东、公司债权人利益，对此进行特别规制具有合理性及必要性。各个国家对关联交易进行法律规制，也是对现代市场经济体制运行的重要法治保障。

（一）域外关联交易规制考察

在英美法系国家，美国公司法上的关联交易形式主要包括董事自我交易和控股股东自我交易，控股股东自我交易既不普遍，也不构成一个主要问题。因此，美国公司法把董事自我交易作为规制的重点。美国规制关联交易的历程最初极为严苛，对关联交易合同无论公正与否，均可被判定无效，后演变为除非受理异议诉讼的法院认为该合同不公平，即使是有利害关系的董事会没有批准该合同，一般也认为具有法律效力，在20世纪60年代后，逐步发展为准许进行公平且经过适当告知的大多数股东批准的自我交易。[②] 因为绝对化否定的规则并不符合公司实践的需要，虽然董事与公司之间的交易十分可疑，但是并非所有这类交易都会损害公司利益，事实上有不少交易是董事为了照顾公司利益而实施的。[③] 美国法院通过1983年的Weinberger v. UOP, Inc.案确立了实质公平标准，对实质公平的判断包括公平交易和公平价格两方面，前者意指整个交易过程是公平的，重在程序层面；后者意指交易达成的价格对双方来说是公平的，实体上的判断主要立足于对交易价格的判断。法定程序的效力究竟为何，与法院裁判时的社会大背景及所作出的价值选择有关。总之，就目前而言，存在两种做法：一是关联交易如履行披露和非利害关系

[①] 参见李建伟：《关联交易的法律规制》，法律出版社2007年版，第60页；另见江必新、何东宁等：《最高人民法院指导性案例裁判规则理解与适用·公司卷》，中国法制出版社2012年版，第74页。

[②] 参见江必新、何东宁等：《最高人民法院指导性案例裁判规则理解与适用·公司卷》，中国法制出版社2012年版，第76页。

[③] 参见朱锦清：《公司法学（下）》，清华大学出版社2017年版，第123页。

人多数同意两个程序要件，则不受法院司法审查；即只有当没有取得非利害关系董事或股东会的同意时，才会退而求其次对交易本身进行实质公平标准考量。二是满足程序条件并不等同于关联交易合法正当，即使程序要件被技术性满足，关联交易的公平性和正当性也可以被审查。[①]

英国也经历了类似的发展历程，1844年《英国合股公司法》规定，董事在公司的任何契约中取得的直接或间接利益，都要被取消；后英国信托法开始放宽限制，允许职业受托人就其履行受托人职责而向委托人收取费用；代理人经本人明示同意，也可以与本人交易；1929年起，英国将自我交易纳入强行法规范；1985年英国公司法规定，在自我交易契约中有利害关系的董事，必须就其在该交易中直接或间接利益的性质向董事会充分披露，并经非利害关系董事同意此项交易，做到上述要求，此项交易就不得因其具有利益冲突性质而主张其无效或可撤销，但该项交易仍可依衡平原则而被撤销。[②]

在大陆法系国家，代表之一的德国采取对关联公司进行专章立法以规制关联交易，主要包括：一是关联公司的基本概念及法律界定。德国对于关联公司采取了比较宽泛的界定，涵盖了多数参与企业和被参与企业、从属企业与控制企业、相互参与企业、康采恩企业[③]。二是控制公司对从属公司的损害赔偿责任。赋予股东或债权人以代位请求权，以避免由于从属公司未向控制公司主张权利而导致利益受损。三是关联关系形成过程中的信息披露。主要针对公开发行股票的股份公司而言，关联公司应当向被关联公司公告，使后者知晓公司股份持有情况的变化，这样才能加大关联公司之间的透明度，满足中小股东的知情权。四是关联公司经营中的报告义务。德国公司法规定了从属公司董事会制作关联交易报告，对公司发生的关联交易在年度报告中进行披露的义务。这使得公司股东及其他利害关系方可以比较全面地知晓关联交易的情况。五是抵消权禁止及债权公平居次。如果控制公司指使从属公司为不公平的关联交易，则控制公司对从属公司享有的债权在其对从属公司应负担的损害赔偿范围内不得主张抵消；在从属公司破产或清算时，控制公司

[①] 参见朱岩、冯琴：《论关联交易程序审查与实体审查的效力及关联》，载《判解研究》2019年第2辑。

[②] 参见江必新、何东宁等：《最高人民法院指导性案例裁判规则理解与适用·公司卷》，中国法制出版社2012年版，第76页。

[③] 德语Konzern音译，意指多种企业集团，通常由一个母公司和若干子公司组成。康采恩法是德国股份法的重要组成部分。

所享有的债权应当次于其他债权受偿。①《德国股份有限公司法》中亦有关于因不当关联交易导致的股东、董事责任问题，如公司的股东应当返还因违反该法规定而从公司所获得的给付，董事违反注意义务情形下公司享有的损害赔偿请求权等。②

相较而言，德国等大陆法系国家对关联交易的规制更具有系统性与宏观性，有繁复、全面的立法体系支撑，其借鉴意义更多体现在立法层面。英美法系国家因司法判例系其法的重要来源，就司法对法律关系的审查层面而言，其对关联交易正当性的审查标准往往更具参考性，也多成为我国关联交易审查相关理论研究中的重要比较法研究对象。

（二）我国关联交易法律规制梳理

我国的公司关联交易现象随着经济的发展、公司规模逐渐扩大、公司内部结构逐渐复杂而逐步增多，在较大公司和上市公司中，关联交易现象更多。我国对关联交易的法律规制，存在于广义的"法"的层面，包括法律、司法解释、部门规章以及相关机构发布的具有规范效力的行业规则，主要体现在市场监管与法律关系规范两个层面。

1. 市场监管层面

在市场监管层面，相关规制现广泛存在于金融市场领域。据考证，我国官方文件最早使用"关联交易"一词是在1997年6月24日，中国证监会发文规定上市公司1997年中期报告必须按《企业会计准则第1号》披露关联交易事项。③经过多年来监管制度的发展与完善④，现行立法中，针对上市公司关联交易，《证券法》第80条明确将关联交易规定为上市公司应当披露、报告的重大事项之一。上海、深圳证券交易所除在各自的《股票上市规则》中以专章规范关联交易外，还就此分别发布《上海证券交易所上市公司自律监管指引第5号——交易与关联交易》《深圳证券交易所上市公司自律监管指引第7号——交易与关联交易》。银保监会等行业监管部门亦针对商业银行、保险公司等特殊行业中的关联交易制定了特别规范，如《银行保险机构关联交易

---

① 参见江必新、何东宁等：《最高人民法院指导性案例裁判规则理解与适用·公司卷》，中国法制出版社2012年版，第76页。
② 参见［德］托比亚斯·莱特尔：《德国公司法案例研习》，陈汪杰、沈小军译，中国法制出版社2022年版，第5页、第18页。
③ 参见李建伟：《关联交易的法律规制》，法律出版社2007年版，第8页。
④ 证监会等部门原制定的《上市公司章程指引》《上市公司治理准则》（现已失效）中亦包括规制关联交易相关内容。

管理办法》[①]。税收、财政等部门在企业税收、财务等方面亦设有相关规范，如现行有效的《企业会计准则第 36 号——关联方披露》等。

2. 法律关系规范层面

在法律关系规范层面，相关规制主要体现在公司法领域的立法及相关司法解释中。我国《公司法》在 2005 年修订时，新增第 21 条"公司的控股股东、实际控制人、董事、监事、高级管理人员不得利用其关联关系损害公司利益。违反前款规定，给公司造成损失的，应当承担赔偿责任"的规定，考虑到关联交易的情况较为复杂，该条仅作了一般原则性规定，即仅明确了该五类人员利用关联关系损害公司利益的法律后果。《民法典》立法过程中，吸收了这一观点，并将此规定扩展至所有营利法人，在总则编第 84 条规定"营利法人的控股出资人、实际控制人、董事、监事、高级管理人员不得利用其关联关系损害法人的利益；利用关联关系造成法人损失的，应当承担赔偿责任"。其余公司法层面的相关规制则散见于《公司法》各章节条文，其中既有专门针对关联交易的直接规范，又有概括性规制相关主体行为、同样适用于规制关联交易的间接规范。直接规范包括：第 16 条关于为公司股东或者实际控制人提供担保的规定；第 115 条关于股份有限公司不得直接或者通过子公司向董事、监事、高级管理人员提供借款的规定；第 116 条关于股份有限公司应当定期向股东披露董事、监事、高级管理人员从公司获得报酬的规定；第 124 条关于上市公司关联关系董事表决回避的规定；第 148 条关于禁止或限制董事、高级管理人员为一定交易行为，违反该禁止或限制所得收入归于公司的规定；第 216 条关于关联关系定义的规定。间接规范则包括：第 20 条关于股东不得滥用股东权利损害公司、其他股东、债权人利益的规定；第 147 条关于董事、监事、高级管理人员应当遵守法律、行政法规和公司章程，对公司负有忠实义务和勤勉义务的规定；第 149 条关于董事、监事、高级管理人员违法、违规、违章给公司造成损失的赔偿责任规定；第 150 条关于董事、高级管理人员应当如实向监事报告的规定；第 152 条关于董事、高级管理人员损害股东利益时，股东享有诉权的规定等。

在最高人民法院制定的相关司法解释中，2011 年 2 月 16 日施行的《公司法司法解释（三）》第 12 条第 4 项[②]中首次明确使用了"关联交易"一词，该条款将"利用关联交易将出资转出"且损害公司权益作为认定股东抽逃出

[①]《银行保险机构关联交易管理办法》系在原银监会、保监会分别制定的《银行保险机构关联交易管理办法》《商业银行与内部人和股东关联交易管理办法》的基础上修订而成。

[②] 对应《公司法司法解释（三）》（2020 年修正）第 12 条第 3 项。

资的情形之一。

　　党的十八大以来，党中央高度重视营商环境的优化，而"保护中小投资者"为世界银行评价营商环境的重要指标之一。在这一历史背景下，为进一步提升中国营商环境全球排名，2019年4月29日起施行的《公司法司法解释（五）》将规范关联交易作为了其中一项重要内容，对《公司法》第21条规定的关联交易的相关规则进行了进一步明确。《公司法司法解释（五）》第1条明确规定了关联交易损害公司利益的，履行法定程序不能豁免关联交易赔偿责任，强调了关联交易的核心是公平。第2条则规定了在公司未否定该交易效力的情形下，符合条件的股东可根据法律规定提起股东代表诉讼，来维护公司利益，进而维护股东自身利益。根据该条款，股东代表诉讼的适用范围包括关联交易合同的确认无效和撤销纠纷。[①]该条款在2020年底修正时，新增了"对公司不发生效力"的情形，系因考虑到规制公司法定代表人越权行为也是股东代表诉讼的一项重要功能，如果合同相对人知道或者应当知道法定代表人越权订立合同，根据《民法典》第504条，相关法律后果应确定为对公司不发生效力。[②]上述规范在加强对中小股东利益的保护，为优化营商环境提供良好的司法保障方面发挥了重要的积极作用。

　　证券等金融市场领域的相关市场监管层面的规制强调对关联关系的披露，这种信息披露主要面向监管者及公众。公司法同样要求对关联交易予以披露，但其侧重点在于披露的是关联交易，而不是关联关系。其目的在于使公司有权机关，包括董事会和股东（大）会，在知悉和了解关联交易存在的前提下作出适当的商业判断和决策。[③]市场监管规定强调对关联关系的披露，主要功能在于便于监管者了解关联关系以及关联交易信息，以实施有效监管，其中，上市公司通过信息披露提示公众投资者理性作出投资决策。公司法相关规制的目的和任务则在于规范关联交易中法律关系，重在强调对关联交易是否公平的审查，并在各方利益发生冲突时，为因关联交易而利益受到损害的公司、公司股东、公司债权人提供救济。

────────

　　① 参见《最高人民法院民二庭相关负责人就〈关于适用《中华人民共和国公司法》若干问题的规定（五）〉答记者问》，载最高人民法院微信公众号2019年4月28日。过去司法实务中对于《公司法》第151条规定的股东代表诉讼的适用范围是仅限于侵权行为，还是包括合同行为，尤其是股东代表诉讼是否可主张撤销合同，一直存在争议。

　　② 参见最高人民法院民法典贯彻实施工作领导小组办公室编著：《最高人民法院实施民法典清理司法解释修改条文（111件）理解与适用》，人民法院出版社2022年版，第492页。

　　③ 施天涛：《公司法应该如何规训关联交易》，载《法律适用》2021年第4期。

（三）公司法上的关联交易正当性界定

如前所述，关联交易本身是一种中性行为，对其进行特别规制源于其本质是一种利益冲突交易。对关联交易的正当性进行界定，主要在于在这种利益冲突的交易过程中，审视股东、实际控制人、董事、监事、高级管理人员有无滥用对公司的控制权或影响力，有无违背忠实、信义义务，最终判断关联交易是否公平，以便进一步对遭受不公平的当事人进行救济。公平原则既是商事交易的基本原则，也是法的基本原则，是否公平是衡量正当关联交易与非正当性关联交易的核心标准。

美国著名公司法学者罗伯特·C·克拉克教授主张，可以单独或者综合运用以下两种方法来认定关联交易公平与否：一是可获得的条件比较法；二是竞争市场比较法。前者是指对相关公司而言，有一名忠诚而独立的既拥有不受利益冲突影响的理性又拥有充分信心的决策者，代表他们作出同意表示的交易的结果如果比关联交易的结果更有利，那么该关联交易就是不公平的。这是一种假想的方法，运用在无法得到确凿的市场可比数据的场合是非常有用的。后者是指在一个适度竞争的市场中，两个独立当事人之间的明显可比交易的结果如果比关联交易的结果更有利，通常即认为该关联交易对相关公司是不公平的。这种方法的运用要求得到客观数据，因为一旦关联交易当事人的情况和需要与市场中交易当事人并不具有可比性的话，这种方法就会失效。[1]通过对英美法系国家规制关联交易的相关制度考察可以发现，虽然其中对程序效力的意见存在反复，但总体而言，其对关联交易的审查由对程序公平的审查发展至兼顾程序公平与实质公平的审查。

我国公司法层面对关联交易的相关规定起步较晚，《公司法》第21条及《民法典》第84条均仅有关于控股股东、实际控制人、董事、监事、高级管理人员利用关联交易造成损失应承担损害赔偿责任的概括性规定，未明确规定关联交易正当性的具体审查标准。不过，从其中关于造成损失应当承担赔偿责任的表述显而易见，不得损害公司利益是关联交易的底线，如果关联交易已经达到损害公司利益的程度，显然应对其正当性予以否定。《公司法司法解释（五）》第1条第1款则进一步明确，关联交易损害赔偿责任不因已履行信息披露、经股东会或者股东大会同意等法律、行政法规或者公司章程规定的程序而豁免。关联交易的核心是公平，该条司法解释强调的是尽管交易已经履行了相应的程序，但如果违反公平原则，损害公司利益，公司依然可以

---

[1] [美]罗伯特·C·克拉克：《公司法则》，胡平等译，工商出版社1999年版，第120页。转引自最高人民法院民法典贯彻实施工作领导小组主编：《中华人民共和国民法典总则编理解与适用》，人民法院出版社2020年版，第429~430页。

主张行为人承担损害赔偿责任。[①]该规定实际上确立了司法程序中法院对关联交易的实质审查标准。在我国现行法和司法实践经验累积的基础上，如何衔接程序与实体的审查，建立对关联交易公平性完整的司法审查标准体系，有待进一步研究和完善。[②]上述规定虽强调实质公平，但在程序规范方面，除了在上市公司等特殊主体监管领域，相关制度对关联交易程序有着详细的规范外，从公司法层面的现行规范看，《公司法》第 16 条关于公司为关联方担保须经股东（大）会决议、第 148 条第 1 款第 4 项关于董事、高管自我交易须经公司决议等规定也均含有对交易程序的审查标准。《公司法司法解释（五）》第 1 条第 1 款的主要目的虽然在于强调对关联交易实质公平的审查，但其中对被告"仅以"程序合法作为相关抗辩理由的表述，实际也体现了司法程序中存在审查关联交易程序的内容，这应主要考虑到交易程序公正有利于保障实质公平目的。[③]

我国司法实务中，较早期已有司法观点提出，关于关联交易非正当性的认定，《公司法》仅以"不得损害公司利益"予以规制，审判中应主要从交易程序、交易对价、交易结果的角度来认定关联交易的非正当性。[④]后有观点提出，交易程序合法、信息披露充分、交易价格公允是正当关联交易的构成要件，合法有效的关联交易应当同时满足该三要件，该观点曾被明确作为相关

---

① 参见《最高人民法院民二庭相关负责人就〈关于适用《中华人民共和国公司法》若干问题的规定（五）〉答记者问》，载最高人民法院微信公众号 2019 年 4 月 28 日。

② 朱岩、冯琴：《论关联交易程序审查与实体审查的效力及关联——以〈公司法司法解释五〉第 1 条第 1 款》，载《判解研究》2019 年第 2 辑。

③《公司法（修订草案二次审议稿）》第 183 条规定："董事、监事、高级管理人员，直接或者间接与本公司订立合同或者进行交易，应当就与订立合同或者进行交易有关的事项向董事会或者股东会报告，并按照公司章程的规定经董事会或者股东会决议。董事会决议时，关联董事不得参与表决，其表决权不计入表决权总数。出席董事会的无关联关系董事人数不足三人的，应将该事项提交股东会审议。董事、监事、高级管理人员的近亲属，董事、监事、高级管理人员或者其近亲属直接或者间接控制的企业，以及与董事、监事、高级管理人员有其他关联关系的关联人，与公司订立合同或者进行交易，适用前款规定。"该条进一步明确了此类关联交易中应当进行的报告、表决、关联人的回避表决等程序性制度。

④ 参见刘亚玲、孙雪梅、赵琛琛：《关联交易非正当性及监事诉讼主体资格的司法认定》，载《人民司法·案例》2013 年第 22 期。该文中的案例为上海市长宁区人民法院（2010）长民二（商）初字第 1742 号上海安连信息技术有限公司诉上海安聚投资管理有限公司、魏某某公司关联交易损害责任纠纷案。

判决中的法院裁判理由。^①另有观点认为,应从交易信息披露充分、交易程序合法、交易对价公允分析关联交易的正当性,但评价关联交易正当性的标准最终归结于交易价格是否公允。^②

综上可见,对两种情形下的关联交易正当性界定标准几乎不存在争议:第一,同时具备程序公正与实质公平的关联交易无疑是正当的。第二,仅具备程序公正而缺少实质公平的关联交易,应认定为不正当关联交易。难以界定的是,在实质公平审查原则下,如果交易实质公正,但交易程序缺失或存在瑕疵,应当如何评价关联交易的正当性或其效力,此或需结合个案情形予以判定。《公司法》第 21 条对于关联交易非正当性的认定标准仅有交易结果损害公司利益这一方面内容,但第 148 条第 2 款关于董事、高级管理人员归入责任的产生,却并非以交易结果损害公司利益为前提,而系以相关人员违反交易程序并因此获得收入为前提。由此可见,关联交易是否正当以实质审查为核心,辅以程序审查,程序审查的目的是帮助判断是否存在损害公司利益这一实质要件,但在法定特殊情形下,程序要件的缺失或瑕疵,亦可能导致相应法律责任的产生。

三、公司关联交易损害责任纠纷概述

公司关联交易损害责任纠纷系因公司控股股东、实际控制人、董事、监事、高级管理人员利用其关联关系损害公司利益而产生的纠纷。《公司法》第 21 条规定上述人员利用其关联关系损害公司利益,给公司造成损失的,应

---

① 参见陈洁:《论不当关联交易的司法救济》,载《人民司法·应用》2014 年第 19 期。另见,广东省东莞市中级人民法院在(2015)东中法民二终字第 1921 号真功夫餐饮管理有限公司与蔡某某、李某某公司关联交易损害责任纠纷二审民事判决书(2016 年作出)中,在裁判理由部分明确写到"合法有效的关联交易应当同时满足以下三个条件:交易信息披露充分、交易程序合法、交易对价公允",该判决涉及知名企业内部纠纷,曾产生较为广泛的影响,其中对关联交易三要件的论述,至今仍被不少法律工作者在公司关联交易相关案例研究中援引。此外,广州市中级人民法院发布的《广州法院审理与公司有关的纠纷审判白皮书(2020 年 9 月)》亦持该观点。

② 参见江苏省苏州市中级人民法院(2020)苏 05 民终 8163 号苏州三璟金属科技有限公司与苏州合宏茂机电有限公司、房某某公司关联交易损害责任纠纷二审民事判决书。该案一审法院认为关联交易是否合法有效,应从交易信息披露充分、交易程序合法、交易对价公允三个要件来考量,并逐一论述认为涉案交易符合上述要件。二审法院(二审判决于 2020 年作出)则主要从交易对价公允的角度进行评价,仅将交易程序正当作为次要理由。

当承担赔偿责任。第151条规定了董事、高级管理人员或他人侵犯公司合法权益，给公司造成损失的，有限责任公司的股东、股份有限公司连续180日以上单独或者合计持有公司1%以上股份的股东可以请求监事（会）、董事（会）提起诉讼，或依法提起股东代表诉讼。《公司法司法解释（五）》第2条规定了关联交易合同存在无效、可撤销或者对公司不发生效力的情形，公司没有起诉合同相对方的，上述股东可以依法提起诉讼。此外，《公司法》第148条特别针对董事、高级管理人员两类人，规定了其违法与公司进行交易即"自我交易"所得收入应当归公司所有。从上述规定可见，按原告主体身份划分，此类纠纷的诉讼形式可分为公司诉讼、股东代表诉讼（或称股东派生诉讼）。按诉讼请求类型划分，此类纠纷的常见形式可分为效力请求、责任请求，或两者兼备。

（一）以原告主体类型区分：公司诉讼和股东代表诉讼

1. 公司诉讼

从《公司法》第21条的规定可见，公司是此类纠纷中权利受到侵害的主体，其对因关联交易所受损害显然具有诉的利益，其有权作为原告提起诉讼。因此类纠纷中除一般法定代表人代表诉讼外，还存在监事代表诉讼、董事代表诉讼这些特殊诉讼代表形态，诉讼中的主体争议往往涉及诉讼代表人的身份问题。公司作为法律拟制的人，其法定代表人依法、依职权享有对外代表公司的权利。《民事诉讼法》第51条第2款规定了法人由其法定代表人进行诉讼。一般情形下，公司参与诉讼时，公司诉讼代表人为其法定代表人。鉴于在公司关联交易损害责任诉讼中，法定代表人可能即为利用关联关系损害公司利益的行为人，或者放任这种行为发生的人，在这种情形下，难以寄希望于其通过诉讼维护公司利益。因此，《公司法》第151条规定了监事代表诉讼制度，赋予公司监事或监事会（监事会由监事会主席代表）在特殊情形下的诉讼代表资格。同理，当公司监事为损害公司利益一方时，公司董事会（由董事长代表）或执行董事亦可提起董事代表诉讼。不过，因一般公司中，董事长或执行董事即为公司法定代表人，故董事代表诉讼形式在实践中较为罕见。

2. 股东代表诉讼

股东代表诉讼是此类纠纷中的常见情形，此系因利用关联关系损害公司利益一方的行为人往往对公司具有控制权或者对公司决策能够产生重大影响，致使公司本身难以主动主张赔偿责任。当上述人员控制的公司职权机构集体怠于履职时，只有赋予股东以自己的名义提起诉讼的权利，才能为股东尤其是中小股东提供救济机会。但因此类纠纷中，相关行为直接损害的是公司利益，股东代表诉讼是股东为维护公司利益提起的诉讼，相应诉讼利益应当归于公司。同时，股东胜诉或者部分胜诉的，公司应当承担股东因参加诉讼支付的合理费用。

（二）以诉讼请求类型区分：效力请求和责任请求

在诉讼请求方面，此类纠纷涉及效力请求或责任请求两类，部分案件中，也存在原告同时提出效力请求和责任请求的情形。其中，效力请求主要为请求法院对关联交易合同效力予以否定性评价，包括合同无效、对公司不发生效力或可撤销三类。责任请求则主要为赔偿损失，有时也涉及返还财产，在特定情形下还涉及法定归入请求。

1. 允许同时提出合同效力请求

因合同形态是关联交易最为基本和常见的形式，此类纠纷中不可避免地涉及对合同效力的评价。尤其在《公司法司法解释（五）》第2条明确股东代表诉讼的范畴包括允许股东代表对关联交易合同效力提出否定性请求后，此类诉讼中允许包括股东代表在内的原告在提出责任请求的同时，单就合同效力提出否定性请求，包括请求确认合同无效、请求撤销合同，或请求确认合同对公司不发生效力。

2. 责任请求的类型与性质

（1）赔偿损失。《公司法》第21条规定了利用关联关系给公司造成损失应当承担赔偿责任，但值得注意的是，其对于该赔偿责任的性质并无明确界定。侵权行为及合同效力的否定（合同无效、不生效或被撤销）均可能产生赔偿损失的责任，因此，此类纠纷中常见侵权行为与合同行为的交叉与竞合。有学者认为，违反信义原则的法定义务而产生的民事责任与侵权责任没有本质区别，故信义责任应理解为侵权责任在公司法上的特殊表现和具体运用。[1] 也有学者认为，因关联交易产生的公司法上的民事责任区别于一般侵权责任，应当属于一种特别法责任。[2] 从司法实践看来，现司法实务中通常将公司关联

---

[1] 参见施天涛：《公司法论》，法律出版社2006年版，第394页。转引自钟凯：《公司法实施中的关联交易法律问题研究》，中国政法大学出版社2015年版，第239页。又见李建伟：《公司法学》，中国人民大学出版社2022年版，第381页。

[2] 参见钟凯：《公司法实施中的关联交易法律问题研究》，中国政法大学出版社2015年版，第240页。

交易损害责任纠纷作为一种侵权责任纠纷。①

（2）返还财产。返还财产同是一种民事责任的承担方式，侵权行为及合同效力的否定也均可能产生返还财产的责任。基于侵权产生的返还财产责任实质涉及物权请求权的行使，基于合同效力被否定而产生的返还财产责任实质涉及不当得利请求权的行使，但即使不探究其权利背后的法理基础，直接适用现行法律对侵权责任和合同效力否定的相关规定，亦能够产生返还财产的请求权。鉴于返还财产、赔偿损失均系在公司因关联交易受到损害时对公司损失的重要填补手段，应当允许原告在此类诉讼中提出返还财产的诉讼请求。

（3）归入责任。归入责任与归入权相对应，是指公司有权要求董事、高级管理人员将违反忠实等义务的收入、报酬归于公司。为纠正和制裁董事、高级管理人员违反《公司法》第148条第1款规定从事违反对公司忠实义务的行为，防止董事、高级管理人员因违法行为获利，对利益受到损害的公司提供救济，该条第2款规定董事、高级管理人员违反前款规定所得的收入，应当归公司所有。②从广义而言，该条第1款规定的禁止性或限制性行为都可能存在董事、高级管理人员利用某种关联关系"导致公司利益转移"，成为《公司法》界定的关联交易情形。③其中最为典型的关联交易是该条第1款第4项规定的董事、高级管理人员与公司进行自我交易的情形。当董事、高级管理人员这两类特定主体行为构成该条第1款规定情形的，公司基于上述规定而可以主张归入权。对于此类归入权的性质，目前有形成权、请求权、债权等学说，但以形成权说为通说，其主要理由在于归入权的权利主体可以依据法律的规定直接作出权利归属的意思表述，裁判仅仅是对这一意思表示的诉

---

① 如广东省高级人民法院（2013）粤高法立民终字第309号东莞市科普达厨具制品有限公司与广州真功夫快餐连锁管理有限公司等公司关联交易损害责任纠纷二审民事裁定书，陕西省高级人民法院（2018）陕民辖终27号高某某、程某与西安陕鼓汽轮机有限公司等关联交易损害责任纠纷二审民事裁定书，北京市第一中级人民法院（2020）京01民辖终311号北京优我乐学教育科技有限公司等与福建省海都公众服务股份有限公司等公司关联交易损害责任纠纷二审民事裁定书等裁判文书中均明确认为，公司关联交易损害责任纠纷属于侵权责任纠纷。

② 参见宋燕妮、赵旭东主编：《中华人民共和国公司法释义》，法律出版社2019年版，第298页。

③ 参见钟凯：《公司法实施中的关联交易法律问题研究》，中国政法大学出版社2015年版，第181~182页。

讼表达和司法确认而已。①与该权利对应的归入责任，也可以理解为系基于上述法律的特别规定而产生，是一种特殊的法定责任，其有别于前述赔偿责任，并不以公司实际受到损失为构成要件，而取决于行为人是否因此取得收入，其功能更多在于预防与惩戒。

上述责任形式可以单独适用，也可以并用。②

（三）常见诉讼形态

在因公司关联交易引发的纠纷中，原告多选择以侵权责任请求作为其请求权基础。显然在侵权责任法视角下，可诉被告的范围也更为广泛，因为利用关联关系损害公司利益的控股股东、实际控制人、董事、监事、高级管理人员不一定是关联交易合同的相对方，但关联交易合同的相对方，或是其他参与协助交易的非关联方却可能成为共同侵权行为人。同时，法律及司法解释亦允许当事人（尤其是股东代表诉讼中的股东）起诉关联交易合同相对方，基于合同效力的否定提出损害赔偿责任等相关主张。由于请求权基础的多样性，诉讼当事人通常会根据具体的关联交易情况、自身举证能力、对方承担责任的能力等因素选择更有利于己的请求权基础主张权利。从实务中原告对请求权基础及相应被告的选择来看，公司关联交易损害责任纠纷中常见的诉讼形态包括：一是当关联交易合同相对方为外部关联方时，以控股股东、实际控制人、董事、监事、高级管理人员为被告主张侵权责任；二是当关联交易合同相对方为外部关联方时，在向上述五类人主张侵权责任的同时，以合同相对方为共同被告，基于共同侵权的相关法律规定请求其连带承担侵权责任；三是当关联交易合同相对方为内部关联方（即控股股东、实际控制人、董事、监事、高级管理人员）时，以合同相对方为被告，主张否定合同效力的同时基于效力否定后果请求其承担返还原物、赔偿损失责任；③四是无论关联交易的合同相对方为外部关联方还是内部关联方，在向关联方主张侵权责任的同时，以参与协助交易的非关联方为共同被告，基于共同侵权的相关法律规定请求其连带承担侵权责任；五是在关联交易属于董事、高级管理人员与公司间的自我交易时，基于法律对收入归入的特别规定，以董事、高级管理人员为被告，主张收入归入责任。

此外，由关联交易引发的诉讼还涉及因关联交易合同提起的合同诉讼、

---

① 参见任秀芳：《论我国公司归入权的适用规则及其完善》，载《政治与法律》2009年第4期。

② 参见李建伟：《公司法学》，中国人民大学出版社2022年版，第381页。

③ 当关联交易合同相对方为外部关联方且原告仅起诉合同相对方时，当事人多以"合同纠纷"为由提出相关主张。

为否定关联交易决议而提起的公司决议诉讼、为追究关联交易中作为非关联方的高级职员职务失职责任而提起的损害公司利益责任诉讼等,因该些诉讼在诉讼主体与诉请依据的事由上与公司关联交易损害责任纠纷存在区别,通常以某某合同纠纷、确认合同无效纠纷、公司决议效力确认纠纷、公司决议撤销纠纷、损害公司利益责任纠纷为案由,因此未纳入公司关联交易损害责任纠纷案由项下。

四、公司关联交易损害责任纠纷审理原则

如前所述,关联交易存在正当与非正当之分,《公司法》对关联交易的规制散见于相关章节,并未以一个完整的体系化形式呈现。实务中,或认为正当关联交易需同时具备交易程序合法、信息披露充分、交易价格公允三要件,或认为以交易价格公允这一实质公正要件为审查核心,同时兼具对程序公正的审查。一般情形下,基于《公司法》第21条关于"承担赔偿责任"的表述,此类纠纷中原告的诉讼请求多为损害赔偿责任请求,其请求成立的构成要件按照该条规定的五类人员利用关联关系给公司造成损失进行认定,如公司没有损失,则不存在承担损害赔偿责任的问题。此类诉讼中,裁判的关注重点在于损失,有时甚至不需要专门评价关联交易本身的正当性或效力问题。而在涉及效力请求的诉讼中,无论公司是否存在实际损失,法院都必须对原告提出的效力请求进行回应与裁判,关联交易的效力评价成为不可回避的问题。鉴于此类纠纷的特殊性在于关联关系的存在,涉及公司内部责任、外部交易、合同行为与侵权行为的交叉与竞合,需要在个案中根据原告的具体诉请,结合公司法、合同法及侵权行为法的相关规范进行裁判。总体而言,应考虑以下四个方面。

(一)坚持实质审查原则

实质审查原则是公司关联交易损害责任纠纷案件审理中的基本原则,《公司法司法解释(五)》第1条第1款进一步明确了该原则。所谓实质审查,即指即使关联交易满足交易程序合法、信息披露充分等程序公正要求,但如其实质损害公司利益,相关行为人的损害赔偿责任并不因程序公正而豁免。

对关联交易侧重程序审查还是实质审查,体现的是重在效率还是重在公平的价值取向问题。有学者认为,各国立法对关联交易从原先的一概禁止到有限审查,也从一个侧面证明在关联交易规制中,效率的价值理念始终在引导、修正某些既有的"公平"观念,从我国司法现状考虑,效率优先而非公

平优先更有利于促进市场活力。[①]但从我国现行立法及司法价值取向看来，其已倾向于公平优先，选择将实质审查作为此类诉讼的基本审理原则，以更好实现保护公司股东尤其是中小股东权益这一目的。

实质审查的核心在于审查该交易是否损害公司利益，具体则体现为对交易价格是否公允的审查。因为交易价格是交易的主要内容，在价格不公的情形下，交易一方无法获得与其付出对等的对价，其利益显然因此受损。

（二）坚持兼顾交易程序审查原则

实质公平原则并不难理解，因为公平原则本身是民法的基本原则之一，普通交易（非关联交易）也应当符合这一原则。关联交易特有的程序公平要件在于交易程序合法、信息披露充分，简言之即为关联交易的批准与披露。即使现行立法趋向于交易本身实质公平的审查，但交易程序审查仍是关联交易正当性审查中参考性或评价性因素。特别是由于公司利益是否受到损害是一个复杂的商业判断问题，涉及对公司商业效率，公司长远利益与当前利益，以及公司、股东、债权人、员工利益及公司社会责任等方面的综合考量，兼顾交易程序审查很有必要。在考察交易程序时，实际上也涵盖了对交易主体忠实义务或诚信义务的审查要求，因为正当的交易程序，亦要求交易主体恪守忠实义务或诚信义务，披露全部交易信息，不得以自身的特殊地位而谋取公司利益，不因交易主体之间存在关联关系而违背正常的交易规则。[②]其背后的法理基础包括高级职员的忠实义务，控股股东、实际控制人的诚信义务，双方代理（代表）的禁止等。

1. 高级职员的忠实义务

《公司法》第21条规定的不得利用关联交易损害公司利益的五类主体为控股股东、实际控制人、董事、监事、高级管理人员，其不同身份背后对应的法律逻辑有所区别。其中，董事、监事、高级管理人员本身属于《公司法》第147条规定的对公司负有忠实义务的人员，其应当忠于公司，在履职过程中应当将公司的利益置于个人利益之上。《公司法》第148条第1款第4项还明确规定了董事、高级管理人员[③]不得违反公司章程规定或未经股东会、股东大会同意，与本公司订立合同或者进行交易。董事、监事、高级管理人员

[①] 参见钟凯：《公司法实施中的关联交易法律问题研究》，中国政法大学出版社2015年版，第157~159页。

[②] 参见刘亚玲、孙雪梅、赵琛琛：《关联交易非正当性及监事诉讼主体资格的司法认定》，载《人民司法·案例》2013年第22期。

[③]《公司法（修订草案二次审议稿）》第183条已将该类主体扩展至董事、监事、高级管理人员及其近亲属，以及这些人员的关联方。

作为直接参与公司管理的自然人，其在关联交易中的利益冲突主要体现为公司管理层与股东之间的冲突。要求管理层按照公司章程或法律规定的程序履行关联交易的披露、批准程序亦是对其履行法定忠实义务，接受公司监督的要求。

2. 控股股东、实际控制人的诚信义务

对于控股股东、实际控制人，《公司法》并未明确将其纳入对公司负有忠实义务的主体范畴。有观点认为，《公司法》第21条的规定属于忠实义务主体的扩张；① 亦有观点认为，对股东行为的规制，系基于股东不得滥用有限责任和公司法人独立地位，为《公司法》第20条关于股东滥用权利责任的规制范畴，该条内容实质属于股东对公司的诚信义务。公司控股股东、实际控制人的特别诚信义务的内容是不得利用关联关系损害公司利益。② 对于实际控制人这一既区别于控股股东，又区别于董事、高级管理人员的特殊主体，虽实际控制权属于游离于公司权力法律配置之外客观存在的特殊经济现象，但实际控制人事实上享有对公司治理、经营管理的重大决策权，从权责统一的视角出发，其在行使控制权时需要遵循民法诚信以及权利不得滥用等原则。③ 相较而言，股东、实际控制人员在关联交易中的利益冲突主要体现为公司股东之间的利益冲突。为解决这种利益冲突，平衡各方利益，自然需要关联方按公司内部决策程序取得公司同意进行关联交易，并向公司如实、充分地披露关联交易信息。

3. 双方代理（代表）的禁止

关联交易中常见双方代理或双方代表情形发生，比如总经理既作为公司代理人又同时作为关联企业代理人，代双方订立合同进行交易；作为公司法定代表人的执行董事代表公司与自己订立合同等。因双方代理（代表）存在较高的道德风险，法律对此以禁止为原则，以被代理（代表）人同意或追认为例外。《民法典》第168条明确规定，代理人不得以被代理人的名义与自己实施民事法律行为，但是被代理人同意或者追认的除外。代理人不得以被代理人的名义与自己同时代理的其他人实施民事法律行为，但是被代理的双方同意或者追认的除外。④ 具体到公司关联交易中，公司作为被代理（代表）的

---

① 叶林：《董事忠实义务及其扩张》，载《政治与法律》2021年第2期。
② 参见李建伟：《公司法学》，中国人民大学出版社2022年版，第360页。
③ 参见陈洁：《实际控制人公司法规制的体系性思考》，载《北京理工大学学报（社会科学版）》2022年第5期。
④ 该条系对双方代理的规定，但鉴于代理与代表在法律行为方式、法律后果等方面高度类似，对于代表行为可以类推适用关于代理行为的相关规定。

一方,其同意的意思表示应由股东(大)会等有权机关作出。当然,如公司股东(大)会在制定公司章程时,将此同意或批准的权力授权给其他机关,如董事会等,或就此规定了其他特别的批准程序,则应按公司章程规定判断公司是否对此表示了同意或追认。

(三)坚持交易维持原则

关联交易诉讼制度设置的目的即平衡主体的意思自治与司法干预。[1] 在此类诉讼中,原告除责任请求外,往往还提出效力请求,甚至出于其他利益或个人情绪因素,在公司无实质损失甚至获利的情况下,以交易程序不正当为由主张否定合同效力。对此,应考虑到,关联交易涉及的利益相关者众多,法律所持立场未必是非此即彼的简单态度,损害赔偿与效力维持可能共存于同一交易评价。[2] 在个案中,则应充分考虑公司利益与股东利益的平衡保护、董事等高级职员履职积极性的维护、外部交易秩序的稳定等因素,妥善运用损害赔偿、法定归入、合同效力等不同制度处理纠纷,充分发挥损害赔偿责任对损失的填平作用、法定归入责任对违法行为人的惩戒作用,注意避免随意否定合同效力引起交易秩序混乱,损害交易安全。

(四)坚持防止诉权滥用原则

现行立法为公司或股东就关联交易纠纷提供了多样化的诉权救济途径。除公司或股东代表有权向侵权关联人提起侵权之诉外,还允许股东等主体向公司就关联交易决议提起公司决议诉讼、向关联合同相对方提起合同之诉等。尤其《公司法司法解释(五)》第 2 条规定符合条件的股东可以提起代表诉讼,请求对关联交易中相关合同确认无效或撤销,为中小股东提供了追究关联人责任,保护公司和自身利益的利器。[3] 在维护公司与中小股东权益的同时,也需要防止"利器"被滥用。实践中,确实存在公司股东间因利益冲突、个人矛盾等原因,股东通过代表诉讼,或在公司控制权变化后通过控制公司随意提起关联交易诉讼,或就同一关联交易行为,先后基于不同请求权基础向同一或不同被告主张不同责任的情形。诉权的滥用或使公司陷入诉累,甚至导致其日常经营难以为继。故在此类纠纷中,应注意平衡各方利益,谨慎考量公司自治与司法介入的边界,结合交易维持原则和各项救济制度功能,兼

---

[1] 张嘉军等:《公司纠纷裁判精要与裁判规则》,人民法院出版社 2020 年版,第 325 页。

[2] 钟凯:《公司法实施中的关联交易法律问题研究》,中国政法大学出版社 2015 年版,第 59~60 页。

[3] 参见《最高人民法院民二庭相关负责人就〈关于适用《中华人民共和国公司法》若干问题的规定(五)〉答记者问》,载最高人民法院微信公众号 2019 年 4 月 28 日。

顾关联诉讼处理结果的统一性，引导当事人合理行使诉权，防止因诉权滥用影响公司正常经营活动的开展。

第二节 基本要素审理指引

一、程序要素审查

（一）主管要素

公司关联交易损害责任纠纷为民事纠纷，属于人民法院受理民事案件的范围。原告提起公司关联交易损害责任诉讼，应当符合《民事诉讼法》第122条规定的起诉条件。如果原告是代表公司起诉的股东，则还需要符合《公司法》第151条规定的股东代表诉讼的起诉条件。

需要注意，当诉讼标的涉及合同行为时，应审查公司与被告是否订有合法有效仲裁条款。在此类诉讼中，可能存在多名被告，其中或包括关联交易合同相对方。如关联交易合同含有仲裁条款，因仲裁协议独立存在，合同无效并不影响仲裁条款效力。在仲裁协议有效的情况下，对于公司向仲裁协议相对方提起的诉讼，人民法院无管辖权。

【规范依据】《民事诉讼法》第122条；《公司法》第151条。

（二）管辖要素

因公司关联交易损害责任纠纷提起的诉讼，应以《民事诉讼法》规定的地域管辖一般原则为基础，并结合《民事诉讼法》第27条的规定综合考虑确定管辖法院。[①]

1. 侵权行为地与被告住所地均有管辖权

如前所述，现有司法案例一般认为，公司关联交易损害责任纠纷属于侵权责任纠纷，应当依据民事诉讼法关于侵权责任纠纷的规定确定管辖。依据《民事诉讼法》第29条的规定，因侵权行为提起的诉讼，由侵权行为地或者被告住所地管辖。

[①] 参见人民法院出版社编著：《最高人民法院民事案件案由适用要点与请求权规范指引（第二版）》，人民法院出版社2020年版，第755页。

2. 侵权行为地认定

根据《民事诉讼法司法解释》第 24 条的规定，侵权行为地包括侵权行为实施地、侵权结果发生地。在公司关联交易损害责任纠纷中，侵权行为表现为行为人控制公司进行关联交易，侵权结果表现为公司利益受到损害，故无论从哪个方面考虑，公司住所地均可以作为侵权行为地。

3. 约定管辖条款效力

《民事诉讼法》第 35 条允许合同或其他财产权益纠纷的当事人书面协议选择与争议有实际联系地点的人民法院管辖。与仲裁协议类似，管辖协议独立存在，不因合同无效而无效。在请求权竞合情形下，即使原告选择主张侵权责任，但如关联交易合同订有有效管辖条款，且公司与被告（或部分被告）本身为关联交易合同当事人，则其仍需受到管辖条款约束。故对于此类诉讼中存在管辖协议的当事人之间的纠纷，应按管辖协议确定管辖。

【规范依据】《民事诉讼法》第 22 条、第 29 条、第 35 条；《民事诉讼法司法解释》第 24 条。

（三）原告主体要素

在公司关联交易损害责任纠纷中，原告为公司或公司股东（股东代表诉讼情形下）。

1. 公司直接诉讼情形

原告为公司时，需注意诉讼代表人身份审查。公司一般由法定代表人代表公司提起诉讼，符合《公司法》第 151 条第 1 款规定情形时，亦产生监事代表公司诉讼、董事代表公司诉讼。

（1）法定代表人代表公司诉讼。公司法定代表人一般以登记为准。在公司内部纠纷中，有时会出现登记法定代表人与有权机构（股东会、股东大会等）选任法定代表人不一致的情况，此时应以有权机构选任的法定代表人为准。

（2）监事代表公司诉讼。监事会或不设监事会的有限责任公司监事有权依照《公司法》第 151 条第 1 款的规定代表公司提起诉讼，其中监事会由监事会主席作为代表。在监事代表公司诉讼中，应列公司为原告，并列明诉讼代表人为监事会主席、不设监事会的监事。

（3）董事代表公司诉讼。适用于被告为监事，而董事长或执行董事非法定代表人的情形。董事会或不设董事会的有限责任公司执行董事有权依照《公司法》第 151 条第 1 款的规定代表公司向监事提起诉讼，其中董事会由董事会主席作为代表。在董事代表诉讼中，应列公司为原告，并列明诉讼代表人为董事长或执行董事。

2. 股东代表诉讼情形

原告为股东时，需注意审查股东身份条件、前置程序履行情况、诉讼中的共同原告等要素。

（1）股东身份条件。是否符合《公司法》第 151 条第 1 款规定的条件：有限责任公司的股东、股份有限公司连续 180 日以上单独或者合计持有公司 1% 以上股份的股东。

根据《民商审判会议纪要》第 24 条，何时成为股东不影响起诉。原告股东取得股权的时间是在损害行为发生之前还是之后，不影响其原告资格。但诉讼过程中，股东应保持符合提起股东代表诉讼的起诉条件，如果其间股东丧失股东身份，或股份有限公司的股东因转让股份而导致其剩余股份达不到上述规定比例，则原告股东丧失其代表性。股东代表诉讼应被驳回。[①]

（2）共同原告。法庭辩论终结前，符合《公司法》第 151 条第 1 款规定的条件的其他股东，以相同的诉讼请求申请参加诉讼的，应当列为共同原告。

（3）前置程序问题。《公司法》第 151 条规定了股东代表起诉前，应先行书面请求监事（会）、董事（会）提起诉讼的前置程序，在上述机构拒绝提起诉讼，或自收到请求之日起 30 日内未提起诉讼，或存在情况紧急情形时，股东方能提起代表诉讼。①关于是否必须经过书面请求前置程序。根据《民商审判会议纪要》第 25 条规定，如果查明的相关事实表明，根本不存在公司有关机关提起诉讼的可能性，则不应当以原告未履行前置程序为由驳回起诉。例如，监事或其关联方本身就是实施关联交易损害行为的主体，或监事下落不明无法联系等。②关于"情况紧急"情形的适用。对于是否属于《公司法》第 151 条第 2 款规定的"情况紧急、不立即提起诉讼将会使公司利益受到难以弥补的损害"的情形，则应当结合案件具体情况进行认定。例如，公司已进入清算程序，司法实践中可将此视为该款规定的"紧急情况"。[②]

（4）区别于公司诉讼。股东代表诉讼应列股东为原告，如果股东仅通过控制公章等方式，以公司的名义提起诉讼，因其未获得上述第（1）点所列有权代表的认可，应视为公司没有真实的诉的意思，不符合民事诉讼受理条件。对于符合《公司法》第 151 条规定条件的股东，可告知其另行以自己的名义提起股东代表诉讼。

（5）不得与公司诉讼重复。股东代表诉讼本是对公司怠于起诉的补充救

---

① 参见最高人民法院民事审判第二庭编著：《〈全国法院民商事审判工作会议纪要〉理解与适用》，人民法院出版社 2019 年版，第 202 页、第 208 页。

② 参见浙江省杭州市中级人民法院（2019）浙 01 民终 8616 号杭州清帛贸易有限公司、杭州垚宸贸易有限公司确认合同无效纠纷二审民事判决书。

济制度，显然不得与公司诉讼重复。有司法观点认为，根据《公司法》第 151 条的规定，可知诉权原本归属于公司，在公司经股东督促后已经行使诉权的情况下，股东不得另行提起股东代表诉讼。即使公司提起的诉讼系基于合同关系而非侵权关系，但如果公司的诉讼请求已经覆盖股东的诉讼请求，则不宜认定股东仍有提起股东代表诉讼的权利。对于此情形下的股东代表诉讼，应不予受理，已受理的应裁定驳回起诉。[①] 也有司法观点认为在这种情形下，虽股东为原告，但诉讼标的的实际承受人为公司与合同相对方，实质属于重复诉讼。[②] 虽上述观点裁判理由不同，但其处理结果一致，均认为不应受理此情形下的股东代表诉讼。

【规范依据】《公司法》第 151 条；《公司法司法解释（四）》第 23 条、第 24 条第 2 款；《民商审判会议纪要》第 24 条、第 25 条。

（四）被告主体要素

公司关联交易损害责任纠纷的被告包括控股股东、实际控制人、董事、监事、高级管理人员、其他关联交易合同相对方、其他共同侵权人等。

1. 控股股东、实际控制人、董事、监事、高级管理人员

（1）控股股东。控股股东是指其出资额占有限责任公司资本总额 50% 以上或者其持有的股份占股份有限公司股本总额 50% 以上的股东；出资额或者持有股份的比例虽然不足 50%，但依其出资额或者持有的股份所享有的表决权已足以对股东会、股东大会的决议产生重大影响的股东。

（2）实际控制人。实际控制人，是指虽不是公司的股东，但通过投资关系、协议或者其他安排，能够实际支配公司行为的人。

（3）董事。董事，是指由公司股东会或者股东大会选举出来的董事会成员或执行董事。

（4）监事。是指由公司股东会或者股东大会选举出来的监事会成员或不设监事会的公司监事。

（5）高级管理人员。高级管理人员，是指公司的经理、副经理、财务负责人，上市公司董事会秘书和公司章程规定的其他人员。

实践中对以上人员身份的认定，可以结合公司章程规定、股东名册、登记机关登记备案信息、公司相关决议、劳动合同或委任合同、实际履职情况等进行审查。

[①] 参见最高人民法院（2020）最高法民申 4732 号长白计算机股份有限公司、乐金电子（沈阳）有限公司公司关联交易损害责任纠纷再审审查与审判监督民事裁定书。

[②] 参见浙江省杭州市中级人民法院（2014）杭余商初字第 2409 号应某某与马某某合同纠纷二审民事裁定书。

2. 其他关联交易合同相对方

在关联交易合同相对方非上述五类人，而系公司外部关联方的情形下，当涉及关联交易合同效力请求时，关联交易合同相对方是适格被告；当涉及共同侵权责任请求时，如原告主张其与上述五类人共同实施侵权行为，其亦为适格被告。

3. 其他共同侵权人

在涉及共同侵权责任请求时，除上述主体外，其他被诉实施共同侵权行为的人是适格被告。

【规范依据】《公司法》第 44 条、第 50 条、第 51 条、第 216 条；《民法典》第 1168 条；《公司法司法解释（五）》第 2 条。

（五）其他诉讼参加人要素

1. 股东代表诉讼中公司应当作为第三人

因股东代表诉讼的诉讼利益归于公司，根据《公司法司法解释（四）》第 24 条第 1 款的规定，在股东代表诉讼中，应当列公司为第三人参加诉讼。

2. 其他利害关系人可以作为第三人

涉及关联交易合同的诉讼中，如原告未起诉合同相对方，因对合同效力的判定、合同订立及履行事实的审理与合同相对方存在利害关系，可以依法追加合同相对方为第三人参加诉讼。

【规范依据】《民事诉讼法》第 59 条；《公司法司法解释（四）》第 24 条第 1 款。

（六）案由要素

根据《民事案件案由规定》，公司关联交易损害责任纠纷属于二级案由"与公司有关的纠纷"项下的三级案由。《公司法》第 21 条规定，公司的控股股东、实际控制人、董事、监事、高级管理人员不得利用其关联关系损害公司利益。违反前款规定，给公司造成损失的，应当承担赔偿责任。其间产生的纠纷，即公司关联交易损害责任纠纷。[①] 从上述表述看，公司关联交易损害责任诉讼属于在公司因关联交易受损情形下为救济公司而产生的诉讼，该案由特征决定了其存在以下特定限制。

1. 损害方式——关联交易

该案由下的损害方式具有特定性，如公司的控股股东、实际控制人、董事、监事、高级管理人员损害了公司利益，但并非通过利用关联关系的方式，

[①] 人民法院出版社编著：《最高人民法院民事案件案由适用要点与请求权规范指引（第二版）》，人民法院出版社 2020 年版，第 755 页。

则不属于此案由。利用关联关系行为的具体体现即为关联交易。

2. 损害对象——公司

此类纠纷中的受损害一方为公司，即使由股东作为原告，其实质属于股东代表公司提起的诉讼，诉讼利益归于公司。如股东以关联交易损害股东利益为由，主张行为人向股东承担赔偿责任，而并非代表公司主张权利，则不属于此案由，应属于损害股东利益责任纠纷。

3. 诉的原告限于公司或股东代表

此类诉讼系因公司受损而产生，只有公司与诉争纠纷存在利害关系，因此只有原告为公司或为了公司利益提起代表诉讼的股东时，方可纳入此案由。

公司债权人因关联交易受到损害引发的纠纷不属于此案由，而通常属于损害债权人利益责任纠纷、债权人代位权或债权人撤销权纠纷。例如，公司债权人以关联交易损害债权人利益为由，主张公司相关内部关联人向债权人承担赔偿责任，属于损害债权人利益责任纠纷；公司在关联交易中怠于向关联方主张权利，影响公司债权人债权实现的，债权人基于此提起债权人代位诉讼，主张相对方向其给付的，属于债权人代位权纠纷；公司无偿或以明显不合理低价或高价进行关联交易，影响公司债权人债权实现的，债权人通过债权人撤销权诉讼主张撤销该关联交易，此属于债权人撤销权纠纷。

公司股东如自身因关联交易受到直接损害，为了自己的利益而非为了公司利益提起损害赔偿诉讼的，亦不属于此案由，而属于损害股东利益责任纠纷。

4. 诉的被告不得为公司

此类诉讼中，公司为诉讼利益的享有者，显然其不应成为被告。实践中，关联交易往往涉及相关公司决议的效力争议，并由此引发公司决议诉讼。根据《公司法司法解释（四）》第3条的规定，原告请求确认决议效力或撤销决议的案件，应当列公司为被告。由此可见，公司在公司决议诉讼及公司关联交易损害责任诉讼两类诉讼中，诉讼利益及诉讼地位截然不同，甚至存在冲突，此两类诉讼客观上无法合并审理。因此，即使公司关联交易损害责任纠纷中可能涉及公司决议效力的审查，亦不应允许原告在同一诉讼中单就公司决议提出效力否定性诉讼请求。

5. 存在多个法律关系时根据诉争法律关系确定案由

本案由的特征在于"损害责任"，同时包含效力请求及责任请求的诉讼因在法律关系、法律事实上存在同一性或牵连性，可以合并审理并纳入此案由；无责任请求的诉讼则一般不纳入此案由。

因关联交易引发的诉讼中可能既存在基于关联合同关系向合同相对方提出的效力请求，又存在基于侵权行为向非合同相对方提出的责任请求。需要考虑原告诉讼请求指向的诉争法律关系，以确定是否属于此案由。例如，原告仅提出效力请求，请求确认合同无效、对公司不发生效力、撤销合同，而不涉及责任请求时，则一般属于确认合同无效纠纷、确认合同效力纠纷、某某合同纠纷等案由。

6. 请求权竞合时根据当事人选择确定案由

在关联交易合同相对方同时也是利用关联交易损害公司利益的行为人时，可能产生请求权的竞合，即原告既可以选择基于合同法律关系主张合同无效并根据无效后果请求返还财产、赔偿损失，又可以选择基于侵权法律关系主张行为人存在通过关联交易合同损害公司利益的侵权行为，并根据侵权责任的承担方式请求返还财产、赔偿损失。在涉及请求权竞合时，需要根据当事人自主选择行使的请求权所涉及的诉争的法律关系性质，确定相应的案由。如原告选择前者，则案由应为某某合同纠纷，如选择后者，则属于本案由。

【规范依据】《民事案件案由规定》第 278 项；《最高人民法院关于印发修改后的〈民事案件案由规定〉的通知》第五点第 3 项、第 4 项。

二、实体审理要素

（一）关联关系要素

1. 核心要素：一方对另一方的控制或重大影响

根据《公司法》第 216 条第 4 项对关联关系的定义"关联关系，是指公司控股股东、实际控制人、董事、监事、高级管理人员与其直接或者间接控制的企业之间的关系，以及可能导致公司利益转移的其他关系。但是，国家控股的企业之间不仅因为同受国家控股而具有关联关系"，结合会计准则[①]的相关定义可见，关联关系的核心要素在于一方对另一方的控制或者重大影响，尤其是对其财务或经营决策能够形成实质性控制或者重大影响。实践中主要结合交易双方是否存在股权交叉（包括直接的股权交叉或多层次间接的股权交叉）、交易双方是否共同由一人控制、交易所涉的相关自然人之间是否存在直系血亲、姻亲、共同投资等可能导致利益转移的其他关系等因素进行认定。

[①]《企业会计准则第 36 号——关联方披露》第 3 条规定："一方控制、共同控制另一方或对另一方施加重大影响，以及两方或两方以上同受一方控制、共同控制或重大影响的，构成关联方。控制，是指有权决定一个企业的财务和经营政策，并能据以从该企业的经营活动中获取利益。共同控制，是指按照合同约定对某项经济活动所共有的控制，仅在与该项经济活动相关的重要财务和经营决策需要分享控制权的投资方一致同意时存在。重大影响，是指对一个企业的财务和经营政策有参与决策的权力，但并不能够控制或者与其他方一起共同控制这些政策的制定。"

2. 关联方认定：可参考会计准则及上市规则

关联关系体现的是关联方之间的关系，财政部制定的《企业会计准则第36号——关联方披露》，证券交易所制定的《股票上市规则》对关联方的定义及类型有更为详细的规定，亦成为司法实务中界定关联关系的重要参考。

《企业会计准则第36号——关联方披露》第4条列举的关联方包括：（1）该企业的母公司。（2）该企业的子公司。（3）与该企业受同一母公司控制的其他企业。（4）对该企业实施共同控制的投资方。（5）对该企业施加重大影响的投资方。（6）该企业的合营企业。（7）该企业的联营企业。（8）该企业的主要投资者个人及与其关系密切的家庭成员。主要投资者个人，是指能够控制、共同控制一个企业或者对一个企业施加重大影响的个人投资者。（9）该企业或其母公司的关键管理人员及与其关系密切的家庭成员。关键管理人员，是指有权力并负责计划、指挥和控制企业活动的人员。与主要投资者个人或关键管理人员关系密切的家庭成员，是指在处理与企业的交易时可能影响该个人或受该个人影响的家庭成员。（10）该企业主要投资者个人、关键管理人员或与其关系密切的家庭成员控制、共同控制或施加重大影响的其他企业。

该准则第5条列举的非关联方包括：仅与企业存在下列关系的各方，不构成企业的关联方：（1）与该企业发生日常往来的资金提供者、公用事业部门、政府部门和机构。（2）与该企业发生大量交易而存在经济依存关系的单个客户、供应商、特许商、经销商或代理商。（3）与该企业共同控制合营企业的合营者。除此以外，其他关于关联方或关联人的定义，则主要见诸与上市公司、证券交易等相关的规范性文件中。

《深圳证券交易所股票上市规则（2022年修订）》6.3.3将上市公司的关联人分为关联法人（或者其他组织）和关联自然人，其中列举的上市公司的关联法人（或者其他组织）包括：（1）直接或者间接地控制上市公司的法人（或者其他组织）；（2）由前项所述法人（或者其他组织）直接或者间接控制的除上市公司及其控股子公司以外的法人（或者其他组织）；（3）持有上市公司5%以上股份的法人（或者其他组织）及其一致行动人；（4）由上市公司关联自然人直接或者间接控制的，或者担任董事（不含同为双方的独立董事）、高级管理人员的，除上市公司及其控股子公司以外的法人（或其他组织）。关联自然人包括：（1）直接或者间接持有上市公司5%以上股份的自然人；（2）上市公司董事、监事及高级管理人员；（3）直接或者间接地控制上市公司的法人（或者其他组织）的董事、监事及高级管理人员；（4）上述第（1）项、第（2）项所述人士的关系密切的家庭成员。在过去12个月内或者根据相关协议安排在未来12个月内，存在第2款、第3款所述情形之一的法人（或者其他组织）、自然人，为上市公司的关联人。中国证监会、证券交易所或者上市公司根据实质重于形式的原则，认定其他与上市公司有特殊关系、可能或者已经造成上市公司对其利益倾斜的自然人、法人（或者其他组织），为上市公司的关联人。

【规范依据】《公司法》第216条。

（二）交易行为要素

《公司法》第21条规定的利用关联关系的行为在形式上表现为利用关联关系进行的交易行为。交易行为主要体现为合同行为，亦包括非合同形式的其他转移资源或义务的事项。因关联交易行为的实施情况直接关系损害后果、因果关系等要素查明，亦是确定具体受损金额（如合同尚未履行时，公司或无损失；合同履行部分较多，则往往公司损失更为严重）、责任承担方式（赔偿损失、返还原物）的关键。实践中应注意审查以下内容。

1. 合同订立情况

（1）主要为审查合同约定的具体内容，包括合同当事人、约定标的物、价款、履行期限等。（2）如未签订书面合同时，审查是否存在口头合同或事实合同关系，相应合同内容如何。（3）在涉及缔约代表权限争议时，如需要判断是否构成双方代理或代表行为，是否构成越权代理或代表，还需审查签订方的代表（代理）人身份情况、取得授权情况等。

2. 合同履行情况

合同有无实际履行，已履行的具体情况，包括：（1）涉及金钱给付的，有无实际给付，已给付的具体时间、金额、支付方式等。（2）涉及其他有形物的交易的，动产有无实际交付、特殊动产有无进行登记公示、不动产有无办理登记、现物的情况如何（如由谁实际占有控制、是否存在毁损、灭失等）。（3）涉及知识产权交易的，交易性质属于所有权转让还是许可使用，有无进行登记公示、实际使用情况等。

3. 其他交易行为

如未订立合同，是否存在其他转移资源或义务的交易行为，例如，单方免除债务、单方代偿债务，或放弃其他权利（如放弃优先购买权、优先认缴出资权利等）。

4. 间接交易行为

实践中存在关联方为规避关联交易而有意通过"中间方"进行间接交易的情形。[①] 此时需结合具体案件情况审查判断其是否实质属于关联交易。

---

① 例如A、B公司为关联方，为避免直接进行关联交易，通过A公司与C公司交易，再由C公司与B公司交易。有案例［湖北省黄冈市中级人民法院（2014）鄂黄冈中民二初字第33号案］认为此实质构成关联交易。

【规范依据】《公司法》第 21 条；《民法典》第 84 条、第 179 条。

（三）交易程序要素

交易程序要素主要包括信息披露、决策程序两个方面，主要审查关联交易的批准与披露是否符合公司章程和法律的规定。

1. 信息披露是否充分

（1）公司章程规定情况。首先审查公司章程对于关联交易的信息披露是否有特别规定，如有，应按公司章程规定方式进行。如公司章程对此无特别规定，因相关主体（内部关联方）本身负有忠实或诚信义务，亦应据此确定合理的披露方式。例如，公司章程明确规定关联交易需向股东会披露，则需按章程规定向股东会披露。如章程无明确规定，关联方向董事会进行披露一般亦属于合理范围，但如公司未设董事会，仅设执行董事一名，而该执行董事本身为交易所涉关联方，则显然应要求其向股东会进行披露。

（2）信息披露内容是否真实、充分。关联交易大多具有隐蔽性，信息披露可以在一定程度上减少这种隐蔽性带来的非公正。[1] 信息披露旨在使公司了解交易真实情况，以便据此作出符合其真实意思的决策，同时能够及时关注交易履行情况，避免交易的不公平隐患。因此披露内容不仅应包括在交易前对关联关系、交易内容、交易条件的披露，还应包括交易成就后对交易履行情况的披露，且内容应当真实，符合实际交易情况。

（3）上市公司、非上市的公众公司等特殊主体，其披露内容、披露方式还应当符合相关规范的要求。

2. 决策程序是否符合章程或法律规定

（1）公司章程规定情况。首先需审查公司章程对于关联交易的决策或批准程序是否有特别规定，如有，应按公司章程规定的程序进行。如无特别规定，并不代表关联交易可以不经内部决策程序进行，需根据具体交易事项，通过适用法律规定（如关于公司担保、自我交易、双方代理等规定）对公司章程内容予以填补。

（2）决策情况。包括是否经过公司内部决策程序，如股东会、股东大会、董事会决议等，同时，还需要审查内部决策程序是否合法，如会议表决程序等是否符合公司章程或法律规定。

（3）程序弥补情况。如交易当时未经过决策程序，但经过决策机构事后追认，可以认定符合决策程序要求。

【规范依据】《公司法》第 16 条、第 20 条、第 21 条、第 124 条、第 147

---

[1] 刘亚玲、孙雪梅、赵琛琛：《关联交易非正当性及监事诉讼主体资格的司法认定》，载《人民司法·案例》2013 年第 22 期。

条、第 148 条、第 149 条;《民法典》第 84 条、第 168 条、第 171 条。

(四)交易价格要素

对于交易价格要素的审查,旨在确定交易价格是否存在明显不合理低价或高价,或是否偏离市场价,以判断交易价格是否公允,进而确定公司是否存在损失。同时,是否存在明显不合理低价或高价,也是考量合同效力的重要因素。主要审查内容包括:

1. 合同约定价款情况

审查合同对交易价款的约定的具体的金额,或具体价款的计算方式。

2. 是否存在其他对价

主要考虑是否存在合同约定价款以外的其他对价。例如,是否存在其他关联交易合同,虽单个合同价格不公,但双方在总体交易中对价相当,系列交易合同整体公允,或者合同表面价格公允,但关联方通过其他形式实际进行了利益输送。

3. 对价支付情况

交易相对方是否实际支付对价。如尚未实际支付对价,关联方应对未支付的合理性进行解释,同时亦应审查是否存在继续支付对价的履行可能。

4. 特定交易物价值情况

例如,公司出售房产、转让商标,或接受以物抵债等,相应物的实际价值情况如何。

5. 同类交易市场价或当地指导价情况

同类交易的市场价或交易地物价部门指导价(当地指导价)属于经过市场或行政监管职能机构验证得出的公允价格,是判断关联交易价格是否公允的重要参考因素。

【规范依据】《民法典》第 1184 条。

(五)过错要素

过错是一般侵权责任构成要件之一。如原告主张的为侵权责任,则需要对被告是否存在过错进行认定。

过错包括故意与过失两种状态。法律明文禁止利用关联关系损害公司利益。此所谓"利用",含有不正当动用之意。[①] 相关主体"利用"关联关系损害公司利益本身已符合侵权主观过错要件,当事人知道或应当知道该关联交易未经合法程序或实质损害公司利益而为之,则当然应认定其存在过错。例

---

① 李宇:《民法总则要义:规范释论与判解集注》,法律出版社 2017 年版,第 244 页。

如，控股股东明知公司为其提供担保须经公司股东会决议，但其通过控制公司不经决议即为自己提供担保；又如，公司董事、高级管理人员对公司负有勤勉、忠实义务，其未如实披露关联交易信息，即使其主观上没有隐瞒的故意，亦至少存在过失；再如，存在关联关系的董事知道或应当知道关联交易价格不公，但仍控制公司进行关联交易，则显然存在过错。

【规范依据】《公司法》第 20 条、第 21 条、第 147 条、第 148 条、第 149 条；《民法典》第 84 条、第 168 条、第 1165 条。

（六）损害结果要素

行为人承担赔偿责任以其行为给公司造成损失为前提，是否存在损失，具体损失金额如何确定往往是此类案件实体审理中事实认定的难点，需要在个案中结合当事人具体举证情况予以判断。公司关联交易损害责任纠纷中，受损害主体为公司。公司遭受的损害类型主要为财产性损害，通常体现为无必要的金钱给付、低价或无偿转让其他财产等。在审查损害结果时，应根据原告主张的损害情况，注意审查以下要素。

1. 损失类别：直接金钱损失或特定物损失

例如，公司因关联交易高价购入商品、无偿为关联方垫付款项等，产生的是直接金钱损失。又如，公司因关联交易低价转让房产、知识产权等物品，则既可能因低价转让产生差额部分的金钱损失，亦可能因失去该物而产生相应的物的损失。

2. 金钱损失数额

确定金钱损失数额时，可以根据交易的具体类型，结合同类交易的一般市场价、交易成本、对方利润情况等要素审查。

3. 特定物返还

对于特定物损失，如涉及物的返还，应注意审查以下要素：（1）该物是否存在折旧、损毁、灭失情况；（2）该物当前由谁占有，占有人是否构成善意取得；（3）该物是否产生孳息，孳息情况如何。

4. 特定物折价赔偿

对于特定物损失，如涉及损失赔偿，还应注意审查以下要素：（1）该物的市场价值；（2）该物折旧或价值贬损情况；（3）行为人获得利益情况。

如果原告主张返还原物，但根据已查明的事实，原物已不存在返还可能（如物已灭失、被善意第三人取得等），此时应向原告释明是否变更诉讼请求为折价赔偿。

【规范依据】《公司法》第 20 条、第 21 条、第 149 条；《民法典》第 84 条、第 179 条、第 1184 条；《公司法司法解释（五）》第 1 条。

(七)因果关系要素

因果关系是指关联交易行为与损害结果间的因果关系。如公司存在损失,则需具体考量该损失与关联交易行为之间的因果关系,如果该损失并非关联交易行为导致,则即使具备上述三要件,行为人亦不构成应当承担侵权责任的情形。因果关系的认定,需要结合当事人所主张的具体行为、损害结果及相关事实认定情况综合考虑,常见的审查要素包括以下三个。

1. 是否存在关联交易必要

关联交易是否存在必要性,主要考虑该交易内容是否为公司日常经营活动所需,或虽非日常经营活动所需,但是否存在特殊情形下的交易需求,以及交易内容是否符合一般商业常理等。

2. 行为人对交易决策及交易实施的影响程度

主要考虑行为人对公司进行该交易是否具有决定权或重大影响力。需要注意的是,即使该交易经过公司内部披露、批准程序,关联方因实际参与该交易过程,其对交易决策及交易实施的影响能力仍然存在,具体影响程度需要结合个案情况予以考虑。

3. 关联交易价格与非关联交易价格是否存在差异

非关联交易价格主要考虑一般市场中不存在关联关系的第三方在同类交易中的交易价格,以比较关联交易价格是否存在过高、过低或偏离市场价的情形。

【规范依据】《公司法》第20条、第21条、第149条;《民法典》第84条、第1165条。

(八)法定归入责任要素

《公司法》第148条第2款规定了特殊情形下的特定主体的归入责任,其中涉及关联交易的最主要情形为该条第1款第4项内容,即董事、高级管理人员违反公司章程或者未经股东会、股东大会同意,与本公司订立合同或者进行交易的情形(从广义而言,该条第1款规定的其他行为,例如,挪用公司资金等,也属于利用关联关系导致公司利益转移的关联交易行为)。该归入责任是基于法律的特别规定而产生的责任,在责任产生条件、责任承担主体方面,应严格遵循法律规定的构成要件,包括以下三方面。

1. 交易相对方身份

根据现行《公司法》第148条的规定,此类责任的构成要件中,交易行为须为公司董事、高级管理人员的自我交易,因此交易相对方限于公司董事、高级管理人员。《公司法（修订草案）》中，交易相对方的范围有所扩张，[①]如此后立法修改，亦应严格遵循法律规定的范围适用。

2. 责任主体身份

按现行立法，法定归入责任的承担主体限于公司董事、高级管理人员。《公司法（修订草案）》中，责任主体的范围扩张至公司监事。[②]此类责任属于基于法律特别规定产生的法定责任，如立法修改，亦应严格遵循法律规定的范围适用。

3. 因交易取得收入情况

法定归入责任区别于损害赔偿责任，不以公司是否实际遭受损失作为构成要件，而取决于交易人是否因此获得收入，其实质具有一定的惩罚及警示功能。归入范围限于因该交易取得的收入，如行为人未因此获得收入，则不产生法定归入责任。

【规范依据】《公司法》第 148 条。

（九）关联交易效力否定要素

关联交易作为一种民事法律行为，需要具备民事法律行为的生效条件。以合同形式呈现的关联交易中，对法律行为效力的评价主要体现在对关联交易合同效力的评价方面。根据《公司法司法解释（五）》第 2 条的规定，股东代表诉讼的范畴包括允许股东代表对关联交易合同效力提出否定性诉讼请求，当事人对合同效力提出否定性主张在此类纠纷中愈发常见。此外，虽此类案由下不允许原告将否定公司决议效力作为一项诉讼请求提出，[③]但在合同效力请求或责任请求的审理中，部分案件也可能涉及对相关公司决议效力的评价。因此，对关联交易效力的审查，需要从公司法结合合同法的视角审查关联交易合同是否存在无效、可撤销或对公司不发生效力的情形。

1. 是否对公司发生效力

《公司法司法解释（五）》第 2 条在 2020 年底修正时新增"对公司不发生效力"的情形。实践中，关联交易合同对公司不发生效力的情形较关联交易合同无效、可撤销情形更为常见，因为相较于合同内容本身无效或存在可

[①]《公司法（修订草案二次审议稿）》第 183 条将该类交易主体修改为董事、监事、高级管理人员及其近亲属，以及这些人员的关联方。

[②]《公司法（修订草案二次审议稿）》第 186 条将责任承担主体修改为董事、监事、高级管理人员。

[③] 因请求确认决议效力或撤销决议，应列公司为被告，而公司关联交易损害责任诉讼中，公司应当为原告或第三人，确认决议效力或撤销决议的诉讼请求客观上无法合并在公司关联交易损害责任诉讼中。

撤销情形，行为人越权代理或越权代表、双方代理或双方代表等可能导致相关行为对公司不发生效力的情形更为普遍。

根据《民法典》第171条、第504条关于越权代理、越权代表的相关规定，如代理或代表公司进行交易的关联人构成越权代表或越权代理，公司未追认，相对人也非善意情形下，相关代理行为对被代理或被代表的公司不发生效力。类似情形为《民法典》第168条所规定的双方代理情形，以及可以类推适用双方代理规则双方代表情形，即关联人代理或代表公司与自己进行交易，或与自己代理或代表的外部关联方进行交易，在公司未同意或追认的情形下，该法律行为亦属于对公司不发生效力的情形。

上述情形中的公司同意或追认，往往以公司决议或公司章程特别规定的批准形式体现，需要结合公司的内部行为效力进行认定。涉及相关公司决议的审查时，应根据《民法典》《公司法》及相关司法解释对公司决议效力的规定，判断公司内部是否成立合法有效的决议行为。

需要注意的是，即使在缺乏公司授权情形下，行为人越权代表或越权代理公司对外实施的行为，按照一般合同效力的判断标准，还需要审查合同相对人是否构成善意相对方，如该相对人有理由相信行为人有代表或代理权的，该行为有效。但在关联交易中，因相对人本身属于与公司或行为人存在关联关系的一方，在判断其是否构成善意时，应特别考虑该关联关系的影响。例如，A公司章程明确规定通过关联交易转让公司知识产权须经公司决议而实际未经决议，或经过决议但决议程序、决议内容本身不符合公司章程及法律规定，无法体现A公司具有真实的授权a代为进行交易的意思表示，在此情形下，A公司董事兼法定代表人a代表A公司与a控制的B公司订立商标转让合同，以0元价格转让A公司商标。a因缺乏公司有权机构的授权而构成越权代表。同时，因上述关联关系的存在，可以推定B公司应当知道a无此代表权限，其亦不构成合同法特别保护的善意相对方。上述情形即可能导致该关联交易合同对公司不发生效力。[①]

[①] 案例原型为上海市长宁区人民法院（2010）长民二（商）初字第1742号上海安连信息技术有限公司诉上海安聚投资管理有限公司、魏某某公司关联交易损害责任纠纷一案，因该案原告的诉讼请求为请求确认关联交易合同无效，并据此请求返还商标、赔偿损失，该案判决认为涉案转让行为系损害公司利益的关联交易行为，应当认定无效。但如按越权代表理论，公司有权主张该行为对公司不发生效力，其法律效果可以纳入对公司不发生效力的情形。参见李宇：《民法总则要义：规范释论与判解集注》，法律出版社2017年版，第246页。

2. 是否有效

法律行为成立后，仍须符合法律规定的民事行为有效条件方属合法有效。《民法典》第143条规定："具备下列条件的民事法律行为有效：（一）行为人具有相应的民事行为能力；（二）意思表示真实；（三）不违反法律、行政法规的强制性规定，不违背公序良俗。"第154条规定："行为人与相对人恶意串通，损害他人合法权益的民事法律行为无效。"另，《民法典》第153条规定了违反法律、行政法规的强制性规定、违背公序良俗的民事法律行为无效等情形。需要注意的是，虽合同对公司不发生效力从广义而言也属于"合同无效"的情形，但修正后的《公司法司法解释（五）》明确区分合同"对公司不发生效力"和"无效"两种法律效果，实务中应注意区分。合同是否无效应针对合同本身是否存在无效情形予以认定，例如，合同内容本身违反法律、行政法规的强制性规范，或违背公序良俗，则属于合同无效，此有别于因具体行为人的代理或代表行为无效而产生的法律后果。

3. 可撤销情形及除斥期间

《民法典》第147条至第151条规定了重大误解、欺诈、胁迫、显失公平情形下的当事人的撤销权。此类诉讼中较常见的可撤销情形为显失公平情形，上述关于交易价格是否公允要素的审查，即涉及交易价格显失公平情形下撤销权的行使问题。《民法典》第151条规定的显失公平情形下的撤销权行使还以"一方利用对方处于危困状态、缺乏判断能力"为前提，该前提的事实构成要件实质对应关联关系、交易程序的要素审查，需要综合这些要素以判断行为人在交易中对公司的决策控制或影响，是否足以达到认定公司属于"缺乏判断能力"的情形。

此外，应对撤销权行使除斥期间进行审查，审查是否存在以下导致撤销权消灭的情形：当事人自知道或者应当知道撤销事由之日起1年内、重大误解的当事人自知道或者应当知道撤销事由之日起90日内没有行使撤销权；当事人受胁迫，自胁迫行为终止之日起1年内没有行使撤销权；当事人知道撤销事由后明确表示或者以自己的行为表明放弃撤销权。当事人自民事法律行为发生之日起5年内没有行使撤销权的，撤销权消灭。需要注意的是，撤销权除斥期间属于不变期间，不适用有关诉讼时效中止、中断和延长的规定。

对应以上撤销权消灭情形的事实要素，则包括：法律行为发生的时间、知道或者应当知道撤销事由的时间、公司脱离行为人控制的时间（如控股股东退出公司时间、董事离职时间等）、是否存在放弃撤销权情形（如明确表示认可合同、以继续履行行为表示认可合同等）。

【规范依据】《公司法》第16条、第148条；《民法典》第61条、第134条、第143~157条、第168条、第170条、第171条、第199条、第504条。

（十）举证责任要素

1. 分配原则

根据《民事诉讼法》第 67 条、《民事诉讼法司法解释》第 91 条的相关规定，当事人对自己提出的主张，有责任提供证据。主张法律关系存在的当事人，应当对产生该法律关系的基本事实承担举证证明责任；主张法律关系变更、消灭或者权利受到妨害的当事人，应当对该法律关系变更、消灭或者权利受到妨害的基本事实承担举证证明责任。

2. 证明标准

（1）一般情形。根据《民事诉讼法司法解释》第 108 条前两款对一般情形下证明标准的规定，负有举证证明责任一方的举证证明标准应达到使法院确信待证事实的存在具有"高度可能性"的标准（一般也称之为"高度盖然性"标准）。如对方的反驳证据能够将该事实被置于至少"真伪不明"的程度，则应当认定该事实不存在。

（2）除外情形。法律对于待证事实所应达到的证明标准另有规定的，从其规定。例如，《民事诉讼法司法解释》第 109 条规定，对于欺诈、胁迫、恶意串通等事实的证明标准，应当达到使法院确信该待证事实存在的可能性"能够排除合理怀疑"的程度。

需要注意，诉讼中，对于争议较大的事实，双方当事人的举证往往并非一次性完成，而常处于"一方举证—对方反驳——方再补强证据—对方再反驳……"的拉锯状态，法官需要在此过程中结合双方举证情况对举证责任进行进一步的再分配，以根据最终达到的内心确信程度认定待证事实是否存在。

3. 常见主张及对应举证责任

（1）关联关系的举证。原告作为主张关联关系存在的一方，应当对此承担举证责任。常见证据如工商登记备案公示信息、公司章程、公司任命决议等。

（2）交易行为的举证。原告作为主张存在交易行为的一方，应当对此承担举证责任。常见证据如书面合同、产权变动信息（如不动产或特殊动产、知识产权、股权等权利人变更的登记公示信息）、支付凭证（如银行流水、转账回单、财务记账凭证）等。

此类诉讼中，因被告或被告之一往往是通过控制公司，具体操作进行关联交易的一方，掌握涉及具体交易事实的相关证据。如原告能够提供初步证据证明关联交易行为存在，且法院能够通过原告举证或根据日常生活经验法则推定相关关联交易证据由被告控制时，可以责令被告提交，如其拒不提交，根据《民事诉讼证据规定》第 48 条、第 95 条的规定，可作出对原告有利的推定。

（3）交易程序的举证。如原告主张对方违反公司章程规定的交易程序，应由原告先证明公司章程对交易程序的规定情况。常见证据主要为公司章程、全体股东间的协议等。如被告抗辩交易经过公司内部批准、披露程序，应由被告对此承担举证责任。常见证据如股东会或董事会会议记录、会议决议、章程授权的人员批准文件、其他股东追认同意的证据等。

（4）价格公允的举证。基于关联交易的法律特征，缺乏正当交易程序的关联交易不公允的可疑程度较高。故一般认为，交易程序影响对交易实质正当性举证责任的分配。[①] 因此，原告主张交易价格不公时，如被告能够举证证明关联交易已经过批准、披露程序，则应由原告举证证明交易价格不公。如被告不能举证证明关联交易已经过批准、披露程序，则应由被告举证证明交易价格公允。常见证据包括：证明实际交易价格的证据，如合同、付款凭证等；证明一般市场价格的证据，如专门机构意见、评估报告、鉴定报告等。

（5）损失结果的举证。原告作为主张存在损害结果的一方，应由其举证证明具体的损害结果，包括损失性质、损失数额。如原告所主张的损失为交易价格与市场价格之间的差额，而根据上述关于价格公允的举证情况已能够体现原告所主张的差额存在，则可以认为原告已就损失结果完成举证。如被告抗辩该差额部分具有合理性，则应当由被告承担差额合理性的举证证明责任。

（6）董事、高级管理人员收入的举证。如原告主张收入归入，应由其举证证明该收入存在及具体的收入数额。常见证据如财务记账信息、支付凭证等。

（7）鉴定释明与申请。根据《民事诉讼证据规定》第30条、第31条等关于鉴定的相关规定，法院在审理案件过程中认为待证事实需要通过鉴定意见证明的，应根据上述举证责任分配标准，向负有举证责任一方释明是否需要申请鉴定，如其不申请或不预交鉴定费用，或者拒不提供相关材料，致使待证事实无法查明的，应由其承担举证不能的法律后果。

【规范依据】《民事诉讼法》第67条；《民事诉讼法司法解释》第91条、第93条、第94条、第108条、第109条；《民事诉讼证据规定》第30条、第31条、第48条、第95条。

[①] 参见朱岩、冯琴：《论关联交易程序审查与实体审查的效力及关联》，载《判解研究》2019年第2辑。该观点亦符合当前司法实务中根据证据规则作出的举证责任分配和证明标准的判断，详见本章第三节对此进行的具体阐述。

(十一)诉讼时效审查要素

诉讼时效属于抗辩权,被告未提出诉讼时效抗辩的,法院不得依职权主动适用,亦不得向被告进行释明。如诉讼时效期间届满,义务人可以提出不履行义务的抗辩。如被告提出诉讼时效抗辩,经审查诉讼时效期间届满,对原告的诉讼请求不予支持。对于诉讼时效期间的审查,主要包括以下要素:

第一,当事人知道或应当知道权利受到侵害的时间。诉讼时效期间起始于当事人知道或应当知道权利受到侵害的时间,该时间点即诉讼时效的起算时间点。

第二,是否存在诉讼时效中止情形。值得注意的是,此类纠纷中,鉴于行为人(尤其是控股股东、实际控制人、董事)等通常对公司具有一定控制权,在公司尚处于行为人控制中时,可以认定为《民法典》第194条第1款第4项规定的"权利人被义务人或其他人控制"的诉讼时效中止情形。

第三,是否存在诉讼时效中断情形。常见情形如曾经主张权利、提起诉讼等。

第四,是否超过20年最长诉讼时效期间。20年最长诉讼时效期间不适用中止、中断的规定,有特殊情况的,人民法院可以根据权利人的申请决定延长。但对于何种情况属于"特殊情况",法律及司法解释未作明确规定,需要在实践中结合个案情况予以特别考量。

第五,是否属于不适用诉讼时效的情形。对于被告提出的诉讼时效抗辩,需要注意当事人的诉讼请求是否属于不适用诉讼时效的情形。例如,请求返还不动产或登记的动产,不适用诉讼时效的规定。另注意,诉讼时效规制的客体为债权请求权,主要适用于给付之诉,不适用于确认之诉,请求确认合同无效(或不成立)不适用诉讼时效的规定,但据此提出的赔偿损失等给付请求适用诉讼时效的规定。

【规范依据】《民法典》第188条、第192条、第194条、第195条、第196条;《最高人民法院关于适用〈中华人民共和国民法典〉总则编若干问题的解释》第35条、第38条。

第三节　实务难点裁判思路

一、关于股东代表诉讼中关联交易合同涉仲裁、管辖条款约束力问题

股东代表诉讼是公司关联交易损害责任纠纷中的常见形态。如股东代表诉讼中，股东代表以关联交易合同相对方为被告或被告之一，而该关联交易合同约定有仲裁条款或管辖条款，那么原告股东是否应受该仲裁条款或管辖条款约束。实务中对该问题一直存在争议。

鉴于仲裁条款体现了合同双方对争议解决方式的意思自治，解决的是争议主管机构的选择问题；管辖条款体现了合同双方对争议管辖法院的意思自治，解决的是对管辖法院的选择问题，虽两者在法律适用上存在一定区别，但均体现了合同当事人在程序权利上达成的合意，其在对当事人的法律约束力问题上具有相似性，故此处先行将二者置于同一逻辑结构下探讨，再另行分析仲裁条款的特殊性问题。目前司法实践中的相关分歧主要在于：

第一种观点认为，股东代表诉讼是股东为了公司的利益而以股东的名义直接提起的诉讼，胜诉后的法律后果归于公司，因公司是仲裁条款或管辖条款的当事人，股东代表公司提起的诉讼自然需受该仲裁条款或管辖条款约束。

第二种观点则认为，股东不是仲裁条款或管辖条款的当事人，且案件并非因为履行涉案合同而引起的合同纠纷，不应适用合同仲裁条款或管辖条款。

考虑到仲裁条款或管辖条款具有独立性，其效力并不受合同其他条款效力影响。如公司与合同相对方间存在合法有效的仲裁条款或管辖条款，则公司必然受此约束。股东代表诉讼虽以股东作为原告，但其实质属于股东"代表"公司进行诉讼，如允许股东不受该仲裁条款或管辖条款约束，有违合同当事人在订立合同时对纠纷解决方式或管辖法院的预期，亦容易造成公司为规避仲裁条款或管辖条款故意不以自己的名义起诉，而通过股东代表诉讼，损害合同相对方程序利益的情形。因此，上述第一种观点更具有合理性。

此外，再专门考虑仲裁条款的特殊性问题。因仲裁机构具有独立性，[1]一

---

[1]《仲裁法》第14条规定："仲裁委员会独立于行政机关，与行政机关没有隶属关系。仲裁委员会之间也没有隶属关系。"

方面，仲裁程序不存在民事诉讼程序中的专属管辖、集中管辖、当事人应诉管辖、上级法院协商管辖、指令管辖等足以改变原管辖合意的程序规则，且仲裁实行一裁终局制度，故相较而言，是否适用仲裁条款对当事人的程序利益影响更大；另一方面，《公司法》第151条建立的是股东代表"诉讼"制度，是否当然能够类推适用至仲裁程序中，允许同类情形下的股东代表提起仲裁，还涉及仲裁机构对股东代表仲裁的接纳与认可问题。

现有观点认为，仲裁管辖权来源于当事人的意思自治，即仲裁协议，而股东代表诉讼制度的本质在于赋予股东诉权，以便于维护公司利益，股东与仲裁协议中的仲裁事项最终的利益归属并无关系。并且该股东并不存在与公司相对方事先签订仲裁协议的可能性，其在股东代表诉讼中也并不享有任何实体上的请求权与抗辩权，仅是解决公司诉讼主体缺位的问题，若机械地以股东并非具体仲裁协议的当事人为由否定股东代表仲裁，则违背了当事人合意选定的争议解决方式，同时也背离了股东代表诉讼制度的本质，因此，允许股东代表仲裁的存在具有正当性。[①] 司法部于2021年7月30日发布了由其研究起草的《仲裁法（修订）（征求意见稿）》，其中已新增关于股东代表仲裁的内容，即第25条规定"公司股东、合伙企业的有限合伙人依照法律规定，以自己的名义，代表公司、合伙企业向对方当事人主张权利的，该公司、合伙企业与对方当事人签订的仲裁协议对其有效"。该条款旨在完善仲裁协议规定，基于有利于纠纷解决的目标，对公司企业代表诉讼等特殊情形下，仲裁协议效力的认定予以明确规定。[②] 从该征求意见稿的观点导向看来，允许并约束股东代表在此类纠纷中基于公司与合同相对方订立的仲裁协议提起股东代表仲裁具有合理性。如后续立法按此修改，则上述仲裁条款的约束力及操作性问题将能够得到进一步明确。

二、关于案由确定问题

司法实践中通常认为公司关联交易损害责任纠纷属于一种特定类型的与公司有关的侵权纠纷。同时，因关联交易涉及关联交易合同的订立、履行行为，以及关联交易合同的效力争议等问题，在侵权行为与合同行为竞合时，

[①] 参见广州仲裁委员会：《浅析"股东代表仲裁"存在的正当性与适用情形》，载广州仲裁委员会微信公众号2021年3月11日。

[②] 参见《关于〈中华人民共和国仲裁法（修订）（征求意见稿）〉的说明》，载中华人民共和国司法部网站2021年7月30日，http://www.moj.gov.cn/pub/sfbgw/lfyjzj/lflfyjzj/202107/t20210730_432967.html。

或原告同时提出多项诉讼请求时，如何确定案由亦往往成为司法实务中的难点。

对于因关联交易提起的侵权诉讼，无论是公司作为原告还是股东提起代表诉讼，如其明确以公司的控股股东、实际控制人、董事、监事、高级管理人员通过关联交易行为给公司造成损失为由，提出侵权损害赔偿请求，毋庸置疑属于公司关联交易损害责任纠纷这一案由。此外，即使关联交易以合同形式进行，在被诉的合同相对方即为控股股东、实际控制人、董事、监事、高级管理人员时，鉴于此五类人本身属于《公司法》第21条特别规制的对象，在《公司法》对其应承担的责任已有明确规定的情况下，实务中并无必要界定或区分此种责任性质到底属于侵权责任还是合同责任抑或法定特别责任的必要性，此类案件的案由显然亦应确定为公司关联交易损害责任纠纷。同时，此类诉讼中，原告也往往基于共同侵权的法律规定，同时起诉共同行为人（如外部合同相对方、其他协助交易的人员等），以其构成共同侵权为由请求其承担连带赔偿责任，此当然符合共同诉讼合并审理的条件。

实务中易产生的分歧在于请求权竞合的情形，尤其是《公司法司法解释（五）》第2条规定股东代表诉讼的范畴包括"关联交易合同存在无效、可撤销或者对公司不发生效力的情形"，原告无论是公司还是股东，均可以对关联交易合同提出效力请求，或基于合同无效、撤销或对公司不发生效力的后果提出返还财产、赔偿损失等诉讼请求。虽然侵权责任的承担方式亦包括返还财产、赔偿损失等，与上述给付主张在表面上并无差异，但因基于合同效力的否定性评价而产生的给付请求还涉及物权返还请求权或不当得利返还请求权、缔约过失赔偿责任请求权等，其请求权基础及构成要件与侵权责任并不相同。此外，因合同纠纷的责任主体通常为合同相对方，在控股股东、实际控制人、董事、监事、高级管理人员本人即为合同相对人时，两种类型的责任承担主体或为一致，但在合同相对方为外部关联方时，二者承担责任的主体则不尽相同。因此，案由的确定对于责任构成要件的审查、责任承担主体的确定有着较为重要的影响。

因关联交易引发的纠纷中，原告的诉权途径广泛。就同一关联交易，原告可以选择不同的法律依据,并据此选择起诉的对象,[①] 如原告将行为人违法订立关联交易合同的行为作为侵权行为主张,或明确其主张侵权责任,则属于公司关联交易损害责任纠纷;但如原告主要以关联交易涉及的合同关系起诉,则根据诉争的法律关系性质确定为某某合同纠纷、确认合同效力纠纷或其下级案由[②]更为合理。必要时,可以向原告进行释明,要求其明确所主张的法律关系性质。

三、关于"关联方""关联关系"适用规范时的外延把握问题

因《公司法》未就"关联方"(或称之为"关联人")"关联交易"的概念进行明确定义,而仅通过第 216 条第 4 项对"关联关系"进行了定义。关联交易是关联方之间的交易,"关联方"的概念外延决定了哪些主体之间的交易会被界定为关联交易。实务中对关联方概念外延的认识分歧主要在于"关联方"仅用于指代公司外部关联人,[③] 还是既可以用于指代公司外部关联人,也可以用于指代"公司控股股东、实际控制人、董事、监事、高级管理人员"

[①] 最高人民法院(2017)最高法民申 2810 号黄山西园置业有限公司、朱某某公司关联交易损害责任纠纷再审审查与审判监督民事裁定书中明确指出,自以上判决及仲裁裁决作出之日,西园公司应当知道自己因关联交易权利被损害,此时既可要求新街公司依据《合同法》第 58 条关于合同无效后,因合同取得的财产应当予以返还或折价赔偿,过错方应当赔偿损失之规定(编者注:现对应《民法典》第 157 条之规定)返还财产赔偿损失,也可以起诉实施关联交易的公司高管承担侵权行为造成的损害赔偿责任。

[②] 参见人民法院出版社编著:《最高人民法院民事案件案由适用要点与请求权规范指引(第二版)》,人民法院出版社 2020 年版,第 201 页。其中认为,只有在当事人单就合同效力提出确认请求时,才能将相关纠纷确定为确认合同效力纠纷及其下级案由(包括确认合同无效纠纷),如果当事人未提出确认效力的请求,或者在提出确认效力请求的同时还提出了与合同相关的其他诉讼请求的,就应依据相关合同类型确定案由,而不采用该案由。

[③] 参见杨心忠等:《公司纠纷裁判精要与规则适用》,北京大学出版社 2014 年版,第 225 页。其中认为,从《公司法》第 216 条第 4 项关于"关联关系,是指公司控股股东、实际控制人、董事、监事、高级管理人员与其直接或者间接控制的企业之间的关系,以及可能导致公司利益转移的其他关系"这一内容上看,《公司法》上的"关联关系"不是指公司与公司内部人的关系,而是指公司内部人与其直接或者间接控制的企业之间的关系。可见,这种关联人是除公司内部人以外的与公司发生交易的当事人。

这五类公司内部人。①

　　上述观点的争议实质在于将"关联方""关联交易"作狭义理解还是广义理解，是否应将公司内部人纳入"关联方"的概念中，是否应将公司内部人与公司间的交易行为纳入"关联交易"的规制范畴。虽《公司法》对该概念无明确界定，但如从《企业会计准则第36号——关联方披露》第3条的规定考量，即"一方控制、共同控制另一方或对另一方施加重大影响，以及两方或两方以上同受一方控制、共同控制或重大影响的，构成关联方。控制，是指有权决定一个企业的财务和经营政策，并能据以从该企业的经营活动中获取利益。共同控制，是指按照合同约定对某项经济活动所共有的控制，仅在与该项经济活动相关的重要财务和经营决策需要分享控制权的投资方一致同意时存在。重大影响，是指对一个企业的财务和经营政策有参与决策的权力，但并不能够控制或者与其他方一起共同控制这些政策的制定"，则应当认为"关联方"包括公司内部人。

　　尽管在相关概念的使用上存在上述分歧，但在司法实践中，因《公司法》第21条规定的不得利用关联关系损害公司利益的主体是确定的，公司关联交易损害责任纠纷本身即系因该条规定的五类人员利用关联关系损害公司利益而引发的纠纷，该法的立法目的在于规制该五类人员的行为，如将"关联方""关联关系"作狭义理解，则仅有与该五类人员存在关联关系的公司外部人与公司间的交易方能纳入该条规制的对象，该五类人员自身与公司间的交易反而不受该条规制，此显然有悖于保护公司、中小股东利益及公司债权人的立法目的。因此，在司法实践中，将关联方理解为既包括控股股东、实际控制人、董事、监事、高级管理人员这些公司内部人，又包括与这些人员存在控制、重大影响关系的公司外部人，显然更为合理。相应地，"关联关系"也应当理解为既包括公司内部人与公司之间的关系，亦包括外部关联方与公司之间的关系。

　　因"关联交易"发生在关联方之间，上述对"关联方""关联关系"概念外延的争议也相应地导致实践中对"关联交易"范畴的争议。在使用"关联交易"这一表述的司法解释中，《公司法司法解释（三）》第12条系针对抽逃出资的规定，其常见适用于公司出资纠纷、损害公司债权人利益责任纠纷中。该条规定的义务主体是股东，结合该条就抽逃出资形式所列举的几种情形，

---

① 参见最高人民法院民事审判第二庭编：《民商事审判指导》2005年第2辑（总第8辑），人民法院出版社2006年版，第78页。其中认为，按《公司法》第21条的规定，可将关联交易人界定为公司控股股东、实际控制人、董事、监事、高级管理人员等自然人和其直接控制或者间接控制的企业法人。

可以将该条第 3 项规定的"关联交易"作狭义理解，因为股东自己与公司交易的情形已涵盖在其他几项所列抽逃出资的情形中。对于《公司法司法解释（五）》第 1 条、第 2 条规定的"关联交易"是否包括自我交易问题，因该解释第 2 条规定股东代表诉讼的适用范围包括关联交易合同的确认无效、撤销、对公司不发生效力的纠纷，旨在在关联交易中为股东提供更多的救济途径。如将此类纠纷中的"关联交易"作狭义理解，反而将限缩股东对董事、高级管理人员进行自我交易情形的救济途径，使之无法就自我交易合同主张无效、撤销或对公司不发生效力。从最高人民法院就《公司法司法解释（五）》所涉关联交易相关规定制定背景的介绍"但实践中发现，一些公司大股东、实际控制人和管理层，利用与公司的关联关系和控制地位，迫使公司与自己或者其他关联方从事不利益的交易，以达到挪用公司资金、转移利润的目的，严重损害公司、少数股东和债权人利益……"[①] 也可以看出，该司法解释针对的规制范围包括自我交易和外部关联交易。故司法实践中将"关联交易"作广义理解更为合理，即包括公司控股股东、实际控制人、董事、监事、高级管理人员自己或者其他关联方与公司进行的交易。

四、关于关联关系判断标准问题

公司关联交易损害责任纠纷是因公司的控股股东、实际控制人、董事、监事、高级管理人员利用关联关系损害公司利益而引发的纠纷，显而易见，关联关系的认定是审理此类纠纷的核心要素。

根据《公司法》第 216 条第 4 项对关联关系的定义，关联关系是指公司控股股东、实际控制人、董事、监事、高级管理人员与其直接或者间接控制的企业之间的关系，以及可能导致公司利益转移的其他关系。但是，国家控股的企业之间不仅因为同受国家控股而具有关联关系。最高人民法院发布的第 68 号指导案例认为，从《公司法》对关联关系定义的规定可见，公司法所称的关联公司，既包括公司股东的相互交叉，也包括公司共同由第三人直接或者间接控制，或者股东之间、公司的实际控制人之间存在直系血亲、姻亲、共同投资等可能导致利益转移的其他关系。另结合企业会计准则等规范可见，关联关系的特征在于"控制"以及"可能导致公司利益转移"。其中，"控制"主要表现为对财务或经营决策的实质性控制或者重大影响。直接控制多表现为行为人为关联方的控股股东、实际控制人、董事、监事、高级管理人员，

[①] 参见《最高人民法院民二庭相关负责人就〈关于适用《中华人民共和国公司法》若干问题的规定（五）〉答记者问》，载最高人民法院微信公众号 2019 年 4 月 28 日。

间接控制则多表现为交易双方股东间的相互交叉，交易双方的控股股东、实际控制人、董事、监事、高级管理人员之间存在近亲属关系等。判断关联关系存在的基本标准是，在企业财务和经营决策中，如此自然人或法人有能力直接或间接控制、共同控制企业或对企业施加重大影响，即认为具有关联关系。关联关系往往存在于控制或被控制、共同控制或被共同控制、施加重大影响或被施加重大影响的各方之间，即建立控制、共同控制和施加重大影响，是关联方存在的主要特征。[①] 此外，关联关系还包括可能导致公司利益转移的其他特殊关系，例如，自然人控股股东、实际控制人、董事、监事、高级管理人员的家庭成员、其他近亲属等，因为这些人员可能对其处理关联交易施以影响或从中获取利益。

需要注意的是，上述法律同时规定国家控股的企业之间，不能仅因为其同受国家控股而具有关联关系。因为国家控股的企业在我国较为常见，作为控股股东的国家不会利用这种关联关系损害公司及其他股东、债权人利益，如仅因其受国家控股即认定其具有关联关系，则必然与法律规制关联交易的意义相悖。

五、关于交易程序对关联交易效力及实质审查的影响问题

对关联交易的审查应从程序和实质两个方面进行，其中程序审查包括决策程序及信息披露两方面，此已是司法实务界较常见的认识。《公司法司法解释（五）》第1条明确了法定程序不豁免实体审查的原则和要求。关联交易的法定程序主要由内部决策（即批准程序）和信息披露构成。内部决策程序系指符合公司章程或法律规定的程序，例如，股东（大）会、董事会决议通过，或公司章程规定的有权人员批准同意。信息披露则主要为关联关系及交易内容的披露。缺乏二者则构成"未经程序"。虽已履行该程序，但履行存在瑕疵（例如，股东会的通知时间未严格按照章程的规定，但不影响会议进行，或已经披露主要交易内容，但对部分非主要内容未全面披露等），则构成程序瑕疵。在坚持实质审查原则下，未经程序或存在程序瑕疵会否影响对关联交易的法律评价，司法实务中存在一定分歧。

[①] 唐德华、高圣平主编：《公司法及配套规定新释新解（下）》，人民法院出版社2008年版，第1757页。

（一）对关联交易效力的影响

在涉及效力评价时，如何把握实体与程序两方面尤其是交易程序对交易效力的影响（因实质不公的关联交易效力评判标准与一般交易并无明显区别，故在此主要探讨交易程序的影响问题），有以下两种观点：

第一种观点认为，合法有效的关联交易需要同时满足程序及实质公正要件。从有效要件构成的角度分析合法有效的关联交易应当同时满足以下三个条件：交易信息披露充分、交易程序合法、交易对价公允。[1]类似观点中，也有将程序要件作为关联交易合同生效要件，认为我国《公司法》虽缺乏对关联交易批准程序等详细、明确的规定，但我国两交易所《股票上市规则》规定了上市公司关联交易应当遵循的规则，即在取得有关机关（尤其是股东会）的批准同意后，关联交易才能对公司产生法律效力。以此理解，通过股东会决议系关联交易生效的重要程序要件。[2]

第二种观点则认为，从鼓励交易、维护公司利益的角度，应对否定关联交易效力持谨慎态度。有学者认为，不应将未经程序或程序瑕疵与交易效力直接挂钩，否则会大大挫败商业实践中通过关联交易实现公司发展的积极性，反而促使公司在关联交易中通过各种方式满足程序要求而隐藏交易实质。[3]或认为，关联交易的正当性评价属于价值判断，对其效力判定则属于私法上的法律判断，从各国立法来看，被认定不具有正当性的关联交易一般可认定为无效行为，但基于对公司及其利益相关人员的特别保护，并非所有不正当关联交易都是无效或可撤销的。[4]

综合两种观点并结合实践情况，从利益平衡及交易维持角度考虑，交易程序对合同效力的影响不能一概而论，需根据具体的交易类型及履行情况，在个案中综合考虑。首先，考虑公司章程或法律对此类交易程序以及缺乏交易程序的后果有无明确规定。例如，对于公司为股东、实际控制人提供担保，《公司法》第16条明确规定须经股东（大）会决议且相关人员需要回避表决。在缺乏该程序且相对人非善意的情形下，根据越权代表制度的原理，可以得出该担保合同对公司不发生效力的结论。又如，对于董事、高级管理人员自

---

[1] 详见前文"正当关联交易与非正当性关联交易的界定"对相关内容的介绍。

[2] 参见江必新、何东宁等：《最高人民法院指导性案例裁判规则理解与适用·公司卷》，中国法制出版社2012年版，第181~182页。

[3] 参见朱岩、冯琴：《论关联交易程序审查与实体审查的效力及关联》，载《判解研究》2019年第2辑。

[4] 参见钟凯：《公司法实施中的关联交易法律问题研究》，中国政法大学出版社2015年版，第193~194页。

我交易，《公司法》第 148 条第 1 款第 4 项规定此类交易需符合章程规定或经股东（大）会同意。但对于缺乏程序的法律后果，该条第 2 款规定了行为人因此所得收入归公司所有，而非交易当然无效。其次，考虑该关联交易后果是否实质损害公司利益，公司利益是否需要通过交易效力否定方式得以救济。比如，交易结果并未损害公司利益，甚至公司因此获利。又如，关联交易合同已经履行完毕，不存在恢复原状可能，或者无恢复原状之必要（例如，关联方向公司提供借款，且借款期限已经届满，在款项返还方面，恢复原状后果与履行后果无异）。该些情形下，不宜仅因关联交易未经决策程序或决策程序存在瑕疵而否定其效力。如公司因此存在损失或行为人因此获利，可通过损失赔偿制度、法定归入制度对公司进行救济。但同时，在关联交易程序不合法的情形下，如果合同尚未履行完毕，公司尚未实际产生损失，但公司需要通过效力否定来摆脱合同约束，以对抗相对方的履行请求，此时，便需要综合考虑公司是否具有交易的真实意思，继续履行合同是否可能损害其利益等因素，以判断关联交易合同效力。

此外，需要注意的是，对于上市公司等特殊主体，因相关监管制度对其关联交易程序，包括披露及决策程序有着严格规定，对此类缺乏程序要件的关联交易效力应该严格把握。即使相关程序性规定属于管理性规定，也应当从缺乏程序或程序瑕疵的交易行为是否能够体现公司真实意思、是否影响金融市场秩序等方面考虑是否构成无真实意思表示的法律行为不成立、违背公序良俗的法律行为无效等效力否定情形。

（二）对举证责任分配的影响

虽未经程序或程序瑕疵并不当然影响关联交易效力，但如果仅强调关联交易实质公平，弱化交易程序审查，易形成重实质轻程序的不利导向，从而可能导致实践中关联方以实质公平为由规避交易程序，而原告在诉讼过程中又因双方信息的不对称易陷入举证困难，不利于维护公司和中小股东利益。

有观点认为程序审查的法律效果在于举证责任的转移，未经程序或程序瑕疵并不影响交易效力，直接结果是赋予程序审查以推定效力，如果程序正当，则由原告承担关联交易不公平或交易程序存在滥用职权行为的举证责任，如果程序未履行或存在瑕疵，则举证责任转移到被告。[1]

在关联交易未经程序或程序瑕疵不影响其效力的情形下，上述观点在司法实践中具有一定的合理性与可操作性，亦能够与现行证据规则相契合。从民事诉讼证据规则的角度考虑，当事人需要对自己所主张的事实承担举证责

---

[1] 参见朱岩、冯琴：《论关联交易程序审查与实体审查的效力及关联》，载《判解研究》2019 年第 2 辑。

任,法官需要运用逻辑推理和日常生活经验,通过对证据的综合判断以认定事实。在证明程度上,负有举证证明责任的一方的举证需要使法官内心确信该事实达到高度可能存在的程度,反驳一方则需要通过反证将该事实置于真伪不明的状态。在此类纠纷中,司法审判实为对公司自治的干预,而商事交易具有一定的专业性,在判断关联交易是否符合商业常理及是否对公司有利方面,法院并不会比公司的经营者或管理者更为专业。因此,如果该项交易虽为关联交易,但在公司内部已经进行了充分披露,并经过合法决策程序,则可以认为其有高度可能是符合公司利益的正常商事交易,需要由主张交易不公的原告继续举证证明其实质不公。反之,如该关联交易未经披露、决策等内部程序,则其显得十分可疑。因为公司在交易过程中受到关联方的控制或影响,在缺乏公正程序的情形下,难以体现公司充分知晓该关联交易内容并具有进行关联交易的真实意思。同时,在诉讼中,原告作为被控制或受影响的公司一方,或对公司无控制权的中小股东一方,其又无法通过正当程序了解交易情况,其在信息与证据的掌握上处于不利地位。综合上述分析,在缺乏正当交易程序时,完全有理由怀疑该关联交易具有不正当性,需要由被告一方继续举证证明该关联交易实质公平,如其无法举证,则该可疑程度被进一步加强,该关联交易即被置于"高度可能存在不正当"的状态。由上述举证认证的推导过程可见,通过对交易程序的审查,合理分配双方的举证责任,具有现行证据法上的依据,既有利于彰显程序价值,又能够在一定程度上节约司法成本,防止诉权滥用。

六、关于关联交易价格公允认定问题

《公司法司法解释(五)》第1条第1款强调了公司关联交易损害责任纠纷的实质审查原则,而实质审查的核心要素之一在于交易价格是否公允。在交易价格的合理性判断方面,可从以下三个方面考虑。

(一)明显不合理低价或高价

对于明显不合理低价或高价的判断标准,可以参照债权人撤销权制度的相关规定。《全国法院贯彻实施民法典工作会议纪要》第9条规定:"对于民法典第五百三十九条规定的明显不合理的低价或者高价,人民法院应当以交易当地一般经营者的判断,并参考交易当时交易地的物价部门指导价或者市场交易价,结合其他相关因素综合考虑予以认定。转让价格达不到交易时交易地的指导价或者市场交易价百分之七十的,一般可以视为明显不合理的低价;对转让价格高于当地指导价或者市场交易价百分之三十的,一般可以视为明显不合理的高价。当事人对于其所主张的交易时交易地的指导价或者市场交易价承担举证责任。"该规定的价格判断标准与原《合同法司法解释（二）》第 19 条规定的标准一致。虽上述条款系针对债权人撤销权纠纷中"明显不合理低价或高价"的标准，但鉴于公司关联交易中以明显不合理低价或高价交易损害公司利益，与债权人撤销权纠纷中，债务人以明显不合理的低价或高价交易影响债权人债权实现，在行为、结果等方面具有相似性，故对于公司关联交易损害责任纠纷中的价格是否公允，可以参照上述规定予以判断。

根据《民法典》第 151 条的规定，一方利用另一方缺乏判断能力致使民事法律行为成立时显失公平的，则构成可撤销法律行为。明显不合理低价或高价属于显失公平。如果关联交易相对方在订立合同时对公司具有控制力或较大影响力（如控股股东自己与公司进行交易），则可能符合一方利用另一方缺乏判断能力的情形，公司或股东代表可以请求撤销该关联交易合同。不过，即使其未主张行使撤销权，如公司遭受损失，亦不影响其向利用关联关系的行为人主张赔偿。

（二）偏离市场价可能造成公司损失

关于公允价格的判断还可以参照《上市公司治理准则》第 76 条的规定。[①]该条规定关联交易应当具有商业实质，价格应当公允，原则上不偏离市场独立第三方的价格或者收费标准等交易条件。因是否存在明显不合理低价或高价主要在于衡量合同是否达到显失公平从而必须通过撤销合同进行救济的程度，故其判断条件较为严苛，以是否足以达到"过高"或"过低"作为衡量标准。但是，对于公司而言，即使该交易价格在市场价上下 30% 区间内，并未达到足以撤销合同的"过高"或"过低"的标准，但只要该交易价格偏离市场价，则公司仍可能存在损失。例如，公司将房产以 1000 万元出售给关联方，但如将该房产出售给非关联第三方，则交易价格为 1100 万元。该 1100 万元属于市场价，虽然关联交易的价格超过市场价的 70%，不构成价格过低显失公平的情形，但因关联交易价格与市场价格间仍存在 100 万元的差额，假设不存在居间费、税费等其他交易成本，公司通过普通市场交易可以多获得 100 万元价款，则该 100 万元属于公司因关联交易受到的损失。因此，认定关联交易价格是否公允，不能仅以"明显不合理的低价或高价"作为判断标准，《上市公司治理准则》第 76 条的规定也是重要的参考因素之一。同时也需要注意考虑，如果关联交易的直接交易价格偏离市场价，但在其他交易

---

① 参见陆卫民主编：《类案裁判方法精要（第二辑）》，人民法院出版社 2022 年版，第 268 页。

成本（如居间费）等方面可能存在节省，或者虽关联交易价格与市场价格存在差异，但差异较小，并非明显偏离市场价，则应当结合案件具体情形，判断该差价是否属于公司损失。

（三）查明方式与举证责任分配

司法实践中，涉及特定物的交易时，如设备、商标等，还可以结合公司审计报告、评估报告，公司购入该物的对价、物的折旧程度或升值程度等，综合考量其实际价值，进而判断交易价格是否公允。必要时，可以通过司法鉴定进行查明。值得注意的是，实践中的关联交易不一定局限于单一的合同关系。关联方之间的交易内容可能是长期的、多次的，或由一系列的合同组成。关联方之间出于资金安排、税收筹划或基于其他特殊原因的交易安排，在单个合同中可能存在对一方不公的情形，此情形下，应综合整体关联交易情况，判断关联交易是否存在实质上的不公平，进而确定公司是否在整体交易中受到损害。

在举证责任分配方面，一般交易中系由主张交易价格不公允的一方对此承担举证责任，但在关联交易中，如前所述，程序正当性审查对举证责任分配有着直接影响，如该关联交易程序合法、信息披露充分，则按一般举证责任的分配规则，由主张价格不公的原告对价格不公承担举证证明责任。但如该关联交易未经合法程序或信息披露，则应由被告举证证明该关联交易价格实质公允。相应地，举证不能的不利后果由负有举证证明责任的一方承担。

七、关于关联交易损失数额认定问题

公司关联交易损害责任纠纷中，原告的诉讼请求通常包括损失赔偿请求，损失数额的认定是该请求对应的核心要素。

损失数额的认定主要涉及法律事实的查明，同时需要兼顾对因果关系的考量，即哪些损失系因关联交易行为导致。司法实践中，因个案所涉的关联交易事实各不相同，需要根据当事人主张及举证情况综合判断。例如，A、B公司为关联公司，A公司通过间接控制B公司，由B公司代其清偿某债务，但却拒不向B公司返还代偿款项，那么B公司代偿债务部分的款项及相应的资金占用期间利息属于B公司的损失。[①] 又如，A公司日常经营需要采购C公司货品，A公司直接向C公司采购并不存在客观障碍，而A公司董事专门设

[①] 参见北京市第一中级人民法院（2021）京01民终9900号中国创联教育金融集团有限公司（China Chuanglian Education Financial Group Limited）与创智利德（北京）科技发展有限公司公司关联交易损害责任纠纷二审民事判决书。

立 B 公司作为中间商，通过控制 A、B 公司进行关联交易，由 B 公司向 C 公司采购后再转卖给 A 公司，B 公司从中赚取差价，那么 B 公司因此获得的利润数额可以作为 A 公司的损失数额。[①] 另如，A 公司为 B 公司控股股东，A 公司向 B 公司借款，后以低值高估的房产作价抵债，诉讼中法院对该房产价值进行评估，以评估价值与债务金额的差额确定 B 公司损失数额[②] 等。

  此类纠纷中，原告作为主张损失存在，并据此请求赔偿具体金额的一方，应当对其主张的损失数额承担举证证明责任。但需要注意的是，如果原告能够举证证明损失存在，即公司因关联交易遭受损失这一事实存在高度可能，不能仅因原告提供的证据不足以证明其所主张的具体损失数额即驳回其关于损失赔偿的诉讼请求。个案中可以综合全案情况，在坚持公平原则的基础上，合理运用自由裁量权对损失数额予以酌定。此外，因此类纠纷中，被告作为对公司具有控制能力、能够操纵关联交易的一方，涉及关联交易事实的相关证据往往由其掌握。对于能够确定由被告控制的证据，法院可以根据对方当事人的申请或依职权责令其提交，如其拒不提交，根据《民事诉讼证据规定》第 95 条关于"一方当事人控制证据无正当理由拒不提交，对待证事实负有举证责任的当事人主张该证据的内容不利于控制人的，人民法院可以认定该主张成立"之规定，可以推定原告的主张成立。

  还需要注意的是，在以董事、高级管理人员为被告的诉讼中，原告可能在主张损失赔偿的同时主张收入归入。虽法律不禁止二者同时适用，但因损失赔偿责任的主要功能在于损失填平，如公司基于归入责任的主张，其损失已能够获得一定填补，则在确定损失数额时，应当对已获填补部分相应予以扣减。

[①] 参见最高人民法院（2021）最高法民再 181 号西安陕鼓汽轮机有限公司与高某某等公司关联交易损害责任纠纷民事再审判决书。该案中法院以作为"中间商"公司因此获得的利润合计数额作为认定公司损失的标准。

[②] 参见江苏省无锡市中级人民法院（2000）锡经初字第 140 号无锡市南长区房地产经营公司等诉恒通集团股份有限公司等侵权案，载法信，https://wenshu.faxin.cn/wenshu/page/detail.html?uniqid=C1405753&date=20220611。

第四节　常见争点说理示范

一、关于案件受理

（一）关于公司起诉后股东亦提起代表诉讼之处理的说理示范

【适用情形】公司已经以自己的名义提起诉讼，股东仍提起股东代表诉讼的，不符合股东代表诉讼受理条件，应不予受理或驳回起诉。

【说理示范】根据《公司法》第 151 条的规定，可知诉权原本归属于公司，在公司经股东督促后公司已经行使诉权的情况下，股东不得另行提起股东代表诉讼。本案中，a 股东请求 A 公司董事会立即采取相关措施，A 公司董事会召开会议并决议同意诉诸法律程序解决，A 公司依据其与 B 公司签订的合同中的协议管辖条款，向甲法院提起对 B 公司的诉讼，该诉讼虽系基于合同关系而非侵权关系，但其诉讼请求范围涵盖了 a 股东向乙法院提出的诉讼请求。故在 A 公司已以自身名义提起诉讼且不存在怠于行使诉权的情况下，不宜认定 a 股东拥有提起股东代表诉讼的权利。

【参考裁判文书】最高人民法院（2020）最高法民申 4732 号长白计算机股份有限公司、乐金电子（沈阳）有限公司公司关联交易损害责任纠纷一案再审审查与审判监督民事裁定书。

（二）关于就同一关联交易分别主张不同责任不构成重复诉讼的说理示范

【适用情形】基于同一关联交易合同无效，公司在前案起诉合同相对方主张返还财产、赔偿损失，又在后案起诉内部关联人主张赔偿损失的，因两案被告主体、依据的事实理由及诉讼请求不同，不构成重复诉讼。

【说理示范】关于本案是否违背"一事不再理"原则。根据《民事诉讼法司法解释》第 247 条的规定，当事人在前诉过程中或者判决生效后又提起诉讼，后诉的诉讼主体、诉讼标的和诉讼请求均与前诉相同的，违反一事不再理原则，构成重复起诉。根据查明的事实，前案判决系因 A 公司在关联交易协议被确认无效后基于无效协议本身起诉 B 公司返还非法财产所得及赔偿损失而作出。但本案中，A 公司提起的是公司关联交易损害赔偿责任之诉，主张公司时任董事长、董事、监事因实施关联交易行为给公司造成损失而应承担的损害赔偿责任，本案诉讼的被告主体、依据的事实理由及诉讼请求与前一案件均有不同，故A公司的起诉不违背"一事不再理"原则，不构成重复起诉。

【参考裁判文书】安徽省高级人民法院（2015）皖民二终字第00560号黄山西园置业有限公司与朱某某、王某某、方某某、杭州久大置业有限公司公司关联交易损害责任纠纷一案二审民事判决书。

二、关于关联关系的认定

（一）关于公司实际控制人、股东间存在亲属关系、共同投资关系时构成关联关系的说理示范

【适用情形】公司实际控制人、股东间存在亲属关系、共同投资关系时，可以认定公司存在关联关系。

【说理示范一】《公司法》第216条规定，关联关系，是指公司控股股东、实际控制人、董事、监事、高级管理人员与其直接或者间接控制的企业之间的关系，以及可能导致公司利益转移的其他关系。可见，公司法所称的关联公司，既包括公司股东的相互交叉，也包括公司共同由第三人直接或者间接控制，或者股东之间、公司的实际控制人之间存在直系血亲、姻亲、共同投资等可能导致利益转移的其他关系。本案中，a为A公司的控股股东，b是B公司的原法定代表人，也是案涉合同签订时B公司的控股股东C公司的控股股东和法定代表人，b与a系夫妻关系，说明A公司与B公司由夫妻二人控制。虽然法院受理本案诉讼后，B公司的法定代表人由b变更为c，但c向本院出具并经当庭质证的书面《申请》表明，b依然是B公司的实际控制人。同时，A公司股东兼法定代表人d、e等人，与B公司的实际控制人b、法定代表人c、目前的控股股东f共同投资设立了E公司，说明A公司的股东与B公司的控股股东、实际控制人存在其他的共同利益关系。另外，F公司是A公司控股的公司，G公司的股东是b的父亲和母亲。可见，A公司与B公司之间、A公司、B公司与G公司、E公司、F公司之间均存在关联关系。

【参考裁判文书】最高人民法院（2015）民二终字第324号上海欧宝生物科技有限公司、辽宁特莱维置业发展有限公司企业借贷纠纷一案二审民事判决书（最高人民法院指导案例68号）。

【说理示范二】《公司法》第216条第4项规定："关联关系，是指公司控股股东、实际控制人、董事、监事、高级管理人员与其直接或者间接控制的

企业之间的关系，以及可能导致公司利益转移的其他关系。"在案证据显示，a、b 与 c 是父女关系，a、d 是夫妻关系。A 公司自成立时起至本案所涉合同签订和履行期间，法定代表人均为 b 或 c，股东亦是由 a、b、c 父女及 B 公司等组成，B 公司的实际控制人亦为 c 父女。C 公司成立时法定代表人为 c，股东为 A 公司和 D 公司（法定代表人为 d），董事会成员由 c、e、d 三人组成，法定代表人为 d。由此可见，在合同签订和履行期间，A 公司和 C 公司的控股股东均为 a、b 与 c 父女，属于"实际控制人直接或者间接控制的企业之间的关系"，应认定是关联关系。E 公司成立后只买了案涉土地使用权，没有自己的办公场所，没有实际经营。E 公司的董事为 c，监事为 e。c 和 e 既是 E 公司的董事、监事，同时也是 C 公司的法定代表人或董事会成员。E 公司成立的目的只是为了购买 C 公司名下的案涉土地和资产，且其本身与 C 公司实际上是一套人马、两块牌子，两公司之间的买卖合同有可能导致 C 公司利益的转移，符合上述法律规定的关联关系的情形。

【参考裁判文书】最高人民法院（2012）民四终字第 1 号瑞士嘉吉国际公司与福建金石制油有限公司、中纺粮油（福建）有限公司、福建省漳州开发区汇丰源贸易有限公司买卖合同纠纷一案二审民事判决书（《最高人民法院公报》2014 年第 3 期案例）。

（二）关于公司间存在控制与被控制关系构成关联关系的说理示范

【适用情形一】间接控股企业之间，构成关联关系。

【说理示范】《公司法》第 21 条规定："公司的控股股东、实际控制人、董事、监事、高级管理人员不得利用其关联关系损害公司利益。违反前款规定，给公司造成损失的，应当承担赔偿责任。"其中，"利用其关联关系"和"损害公司利益"是判定赔偿责任的两条根本标准。具体到本案中，则需要判断 A 公司与 B 公司是否形成关联关系以及交易行为是否损害 B 公司的利益。《公司法》第 216 条第 4 项规定："关联关系，是指公司控股股东、实际控制人、董事、监事、高级管理人员与其直接或者间接控制的企业之间的关系，以及可能导致公司利益转移的其他关系。"一方控制、共同控制另一方或对另一方施加重大影响，以及两方或两方以上同受一方控制、共同控制或重大影响的，构成关联方。本案中，A 公司控股子公司 C 公司持有 B 公司 97.8245% 的股权，B 公司系 A 公司间接控制的企业。因此，A 公司与 B 公司构成关联关系。

【参考裁判文书】北京市第一中级人民法院（2021）京 01 民终 9900 号中国创联教育金融集团有限公司（China Chuanglian Education Financial Group

Limited）与创智利德（北京）科技发展有限公司公司关联交易损害责任纠纷一案二审民事判决书。

【适用情形二】公司间客观上存在控制与被控制关系的，构成公司法上的关联关系。

【说理示范】从工商部门公示的信息来看，A 公司与 B 公司系相互独立的企业法人，A 公司尚不能构成对 B 公司股权控制或资本投资关系。然而，B 公司一经成立，A 公司即委派其法定代表人 a 任总经理职务，全面负责 B 公司的经营及管理，且掌管 B 公司各项印章，同时 a 可随意将资金划入其个人账户及向关联方作出转移公司利润的承诺，因此，A 公司与 B 公司之间客观上已形成控制与被控制关系，两者构成公司法上的关联关系，由此产生的交易当属关联交易。

【参考裁判文书】上海市卢湾区人民法院（2008）卢民二（商）初字第855号上海知信实业有限公司与上海碧信广告有限公司关联交易损害责任纠纷一案一审民事判决书、上海市第一中级人民法院（2008）沪一中民四（商）终字第1228号上海知信实业有限公司与上海碧信广告有限公司关联交易损害纠纷一案二审民事裁定书（《人民司法·案例》2010年第2期）。

（三）关于实际行使高管职权人员属于高级管理人员的说理示范

【适用情形一】虽未明确担任公司高管职务，但实际行使了高管的职权的，其关联方与公司间的交易行为属于关联交易。

【说理示范】根据《公司法》第216条第1项和第4项的规定，高级管理人员，是指公司的经理、副经理、财务负责人，上市公司董事会秘书和公司章程规定的其他人员。关联关系，是指公司控股股东、实际控制人、董事、监事、高级管理人员与其直接或者间接控制的企业之间的关系，以及可能导致公司利益转移的其他关系。本案中，A公司章程第28条规定："公司设总经理一人，副总经理若干人，正、副总经理由董事会聘请。"第29条规定："总经理直接对董事会负责，执行董事会的各项决定，组织领导公司的日常生产、技术和经营管理工作。副总经理协助总经理工作，当总经理缺席或不能工作时，代理行使总经理的职责。"2007年7月30日，A公司聘任a担任该公司营销部经理，全面主持公司销售和采购供应工作。在此期间，A公司并没有设立副总经理，a实际上行使的是公司高级管理人员的职权。a自认2005年与b认识，2006年确定恋爱关系，2008年5月7日和b登记结婚，c系其远房舅舅的儿子。2007年9月29日，由a与c作为发起人设立B公司，法定代表人为a。由此可见，A公司与B公司2008年2月29日至2009年7月31日期间签订的承揽合同属于关联交易。

【参考裁判文书】最高人民法院（2019）最高法民申 2728 号甘肃中集华骏车辆有限公司与周某关联交易损害责任纠纷一案再审审查与审判监督民事裁定书、甘肃省高级人民法院（2018）甘民终 590 号甘肃中集华骏车辆有限公司与周某关联交易损害责任纠纷一案二审民事判决书（2019 年度人民法院十大商事案件）。

【适用情形二】不享有公司经营管理决策权的副总经理，也未实际实施侵权行为，不承担关联交易损害赔偿责任。

【说理示范】根据 A 公司第一届董事会第一次会议决议，a 作为公司三名副总经理之一，仅分管公司财务部工作，虽其具董事和高管身份，但公司章程中仅规定副总经理和财务负责人协助总经理工作，并未规定副总经理和财务负责人享有公司经营管理决策权，本案亦无证据证明 a 存在违反公司章程、规章制度或法律规定的侵权行为，A 公司主张其承担赔偿责任，事实依据不足，不予支持。

【参考裁判文书】青海省高级人民法院（2019）青民终 91 号青海金三角面粉有限公司与刘某某、白某某等损害公司利益责任纠纷一案二审民事判决书。

三、关于因果关系的认定

（一）关于职务影响力致使公司损失的说理示范

【适用情形】关联交易的发生及变化与行为人任职期间及职务变化存在同步性，可以认定关联交易行为与损害结果之间有因果关系。

【说理示范】a、b 的行为与 A 公司损害结果的发生有因果关系。关联交易发生在 a、b 任职董事期间，a 于 2011 年 7 月 8 日任副董事长、总经理。《公司章程》中明确规定了总经理职责为主持生产经营工作，A 公司亦提交了审批单等证据证明 a 实际履行了总经理的职权。而 b 作为董事，并兼任其他公司职务，参与并影响 A 公司的运营。在 a 任总经理主持生产经营工作期间，关联交易额占 A 公司采购总额的比例大幅上升，并在 a、b 被解除相应职务后，关联交易急速减少并消失。关联交易的发生及变化与 a、b 任职期间及职务变化存在同步性。根据《公司法》第 21 条关于"公司的控股股东、实际控制人、董事、监事、高级管理人员不得利用其关联关系损害公司利益。违反前款规定，给公司造成损失的，应当承担赔偿责任"的规定，a、b 共同实施的关联交易行为，损害了 A 公司利益。

【参考裁判文书】最高人民法院（2021）最高法民再 181 号西安陕鼓汽轮

机有限公司与高某某、程某公司关联交易损害责任纠纷一案民事再审民事判决书。

（二）关于高管违反忠实义务致使公司损失的说理示范

【适用情形】公司高管未披露关联交易，且怠于收回关联交易应收账款，可认定该关联交易造成公司损失。

【说理示范】a 实际上行使的是 A 公司高级管理人员的职权，其妻和亲戚成立 B 公司及转让公司股权的行为，与 a 任 A 公司营销部经理及离任具有同步性，a 未如实向 A 公司报告该事项，在和 B 公司交易之后，a 用其职权，不及时回收资金，与 B 公司的交易给 A 公司造成损失。a 在 B 公司未向 A 支付货款的情况下，利用职权继续与 B 公司签订合同并供货，a 的行为客观上给 A 公司造成了经济损失，应当承担赔偿责任。

【参考裁判文书】最高人民法院（2019）最高法民申 2728 号周某、甘肃中集华骏车辆有限公司关联交易损害赔偿纠纷一案再审审查与审判监督民事裁定书。

四、关于交易价格是否公允的认定

（一）关于关联交易成本高于市场采购成本属于价格不公的说理示范

【适用情形】公司本可以通过市场采购的方式购买相关产品，却通过关联交易进行采购增加购买成本，应当认定关联交易价格不公。

【说理示范】案涉关联交易价格是否符合市场公允价格。公司法保护合法有效的关联交易，并未禁止关联交易，合法有效关联交易的实质要件是交易对价公允。参照《公司法司法解释（五）》第 1 条关于"关联交易损害公司利益，原告公司依据民法典第八十四条、公司法第二十一条规定请求控股股东、实际控制人、董事、监事、高级管理人员赔偿所造成的损失，被告仅以该交易已经履行了信息披露、经股东会或者股东大会同意等法律、行政法规或者公司章程规定的程序为由抗辩的，人民法院不予支持"的精神，应当从交易的实质内容即合同约定、合同履行是否符合正常的商业交易规则以及交易价格是否合理等进行审查。a、b 设立 B 公司后，a、b 利用关联交易关系和实际控制 A 公司经营管理的便利条件，主导 A 公司与 B 公司签订若干采购合同。现诉讼双方均认可交易模式为 B 公司在市场上采购加工定制产品后，转售给 B 公司的唯一客户 A 公司。此外，在取消与 B 公司关联交易后，A 公司亦通过市场直接采购的方式购买了相关产品，a、b 未能对此作出合理解释。a、b

亦未能进一步提供证据证明其主张降低 A 公司采购成本的抗辩事实成立。综上，A 公司关于 a、b 将本可以通过市场采购的方式购买相关产品转由向 B 公司进行采购而增加购买成本损害了 A 公司权益的主张，有事实和法律依据。A 公司关于案涉交易对价高于市场价且不具备公允性的上诉主张，本院予以采信。

【参考裁判文书】最高人民法院（2021）最高法民再 181 号西安陕鼓汽轮机有限公司与高某某、程某公司关联交易损害责任纠纷一案民事再审民事判决书。

（二）关于约定对价合理可认定价格公允的说理示范

【适用情形】合同约定的交易对价合理，在无相反证据的情况下，可认定交易价格公允。

【说理示范】案涉《框架协议》约定，B 公司保证其供货价格在同等条件下不高于市场通行价格，否则，B 公司需要支付前 3 个月采购金额计算之差价 3 倍的违约金，同时 A 公司及其下属子公司有权终止合同。因此，在无相反证据的情况下，可认定通过该方式达成的交易其对价是公允的。

【参考裁判文书】广东省东莞市中级人民法院（2015）东中法民二终字第 1921 号真功夫餐饮管理有限公司与蔡某某、李某某公司关联交易损害责任纠纷一案二审民事判决书。

五、关于损失数额的认定

（一）关于单务交易中交易数额即为损失数额的说理示范

【适用情形】关联交易方彼此之间代表企业或由企业代表另一方进行债务结算，垫付方未获清偿的本金及利息属于其损失。

【说理示范】A 公司与 B 公司签订的《补充协议》中，约定由 C 公司代 A 公司向中广公司垫付履约保证金人民币 300 万元。A 公司与 C 公司作为关联交易方，彼此之间代表企业或由企业代表另一方进行债务结算，即 C 公司代 A 公司结算了履约保证金 300 万元的债务，对上述损失 A 公司应予偿还。A 公司主张上述人民币 300 万元已由其控股公司 D 公司向 C 公司出借的港币 800 万元中的一部分抵扣。但根据现有证据，D 公司已就其向 C 公司出借的港币 800 万元本息申请强制执行，在执行程序终结的情况下以此债权申请 C 公司破产，并在破产程序中全额申报港币 800 万元借款本息债权。据此，一审法院认定 C 公司有权要求 A 公司赔偿本金损失人民币 300 万元及相应利息，于法有据，本院予以确认。

【参考裁判文书】北京市第一中级人民法院（2021）京01民终9900号中国创联教育金融集团有限公司（China Chuanglian Education Financial Group Limited）与创智利德（北京）科技发展有限公司公司关联交易损害责任纠纷一案二审民事判决书。

（二）关于双务合同中交易差额即为损失数额的说理示范

【适用情形】关联方以低值高估财产抵偿其对公司的债务，抵债财产评估价值与债权金额的差额属于公司损失。

【说理示范】A公司与B公司于1998年8月20日签订债权债务处理协议书，其中约定A公司以房产作价抵偿给B公司，属于控股方A公司对B公司实施的关联交易行为且损害被控股公司及非控股股东利益，违背公平、诚信原则，应认定无效。除此以外的其余条款不违反法律及行政法规的禁止性规定，应为有效。A公司虽将部分房产用于抵债并过户给B公司，但抵偿房产经评估，价值仅为1119.74万元，该数额与A公司所负债务数额之间存在2851.26万元的差额。A公司明知自己居于控股地位但为牟取本公司利益而以低值高估的房产冲抵其对被控股的B公司所负债务，其行为已构成对B公司及其他非控股股东权利的侵害。A公司应赔偿其侵权行为给B公司造成的损失2851.26万元，并应承担房产评估费用19 800元。

【参考裁判文书】江苏省无锡市中级人民法院（2000）锡经初字第140号无锡市南长区房地产经营公司等诉恒通集团股份有限公司侵权纠纷一案一审民事判决书。

（三）关于举证责任的说理示范

【适用情形一】原告已提供初步证据证明其损失数额，被告作为控制证据一方，无正当理由拒不提交相应证据，可以采信原告主张。

【说理示范】关于A公司的损失数额问题。一审法院查明B公司存续期间合计利润为7 578 851.41元，且A公司在一审中向法院提交申请书，申请调取B公司2009年5月成立后至2016年11月注销前的全部采购合同、总账、明细账、年度会计报告、清算报告等证据。一审法院责令B公司股东a、b一周内向法院提交清算报告、财务报告等证据，逾期则承担相应法律责任。但a、b仅提交了2010年到2015年的利润表等证据，并未提交完整的清算报告、财务报告等证据。根据《民事诉讼证据规定》第95条关于"一方当事人控制证据无正当理由拒不提交，对待证事实负有举证责任的当事人主张该证据的内容不利于控制人的，人民法院可以认定该主张成立"的规定，a、b作为B公司合计控股60%的股东以及清算组成员，拒不提供B公司财务报告等证据，未能提供足以反驳的证据。结合A公司提交的证据，可以认定A公司

- 391 -

因 B 公司遭受损失数额为 7 064 480.35 元的主张。故 a、b 应连带赔偿 A 公司损失共计 7 064 480.35 元。

【参考裁判文书】最高人民法院（2021）最高法民再 181 号西安陕鼓汽轮机有限公司与高某某、程某公司关联交易损害责任纠纷一案民事再审民事判决书。

【适用情形二】作为主导公司生产经营的控股股东和公司管理人员，应就关联交易价格公平合理以及交易正当性承担举证证明责任。

【说理示范】A 公司章程规定，董事长为公司法定代表人，行使主持股东会、召集并主持董事会、代表公司签署董事会权限内的重要文件等职权；总经理行使主持公司生产经营管理工作、组织实施董事会决议及公司年度经营计划和投资方案等职权。因此，作为主导公司生产经营的控股股东和公司管理人员，应就涉案关联交易价格公平合理以及交易的正当性承担证明责任。而 a、b 提供的证据均不足以证明 B 公司与 A 公司进行原粮采购买卖时履行了审批和竞价程序，不能证明交易价格公平合理。本案中，a、b 抗辩认为采购依法签订了买卖合同，符合公司章程规定，根据《公司法司法解释（五）》第 1 条关于"关联交易损害公司利益，原告公司依据民法典第八十四条、公司法第二十一条规定请求控股股东、实际控制人、董事、监事、高级管理人员赔偿所造成的损失，被告仅以该交易已经履行了信息披露、经股东会或者股东大会同意等法律、行政法规或者公司章程规定的程序为由抗辩的，人民法院不予支持"的规定，该抗辩理由不能成立。

【参考裁判文书】青海省高级人民法院（2019）青民终 91 号青海金三角面粉有限公司与刘某某、白某某等损害公司利益责任纠纷一案二审民事判决书。

六、关于共同侵权责任的认定

【适用情形】控股股东明知关联交易损害公司利益而从中提供帮助，应就公司损失承担连带赔偿责任。

【说理示范】被告 A 公司是原告的控股股东，在涉案交易发生时，原告与该被告的法定代表人及董事长均是 a 一人，原告的董事会构成及总经理人选均由该被告直接或间接确定，在不同涉案年度，根据原告当时的公司章程，其董事会和股东分别是公司的最高权力机关，决定原告公司的经营方针和投资计划。尽管被告 A 公司并未具体实施涉案关联销售交易，但该关联销售交易作为原告的主要收入来源，属于其董事会及股东的决策事项范畴，这说明 A 公司明知并同意原告与 B 公司从事关联销售交易，B 公司借 A 公司之手完成了转移原告利润的行为，A 公司在此过程中起到了帮助者的作用，违反了控股股东的诚信义务，应当与 B 公司承担连带责任。

【参考裁判文书】江苏省苏州工业园区人民法院（2016）苏 0591 民初 2340 号联建（中国）科技有限公司、胜华科技股份有限公司等公司关联交易损害责任纠纷一案一审民事判决书。江苏省苏州市中级人民法院（2017）苏 05 民终 9743 号联建（中国）科技有限公司、胜华科技股份有限公司等公司关联交易损害责任纠纷一案二审民事判决书。

七、关于不正当关联交易的认定

（一）关于未经披露且损害公司利益的关联交易属不正当关联交易的说理示范

【适用情形】关联交易未经披露且损害公司利益，应当认定为不正当关联交易。

【说理示范】从交易主体上看，合同发生在 A 公司与 B 公司之间，签订合同时，A 公司的印章由 a 保管，a 又系 B 公司控股股东，a 与 B 公司之间存在密切的关联关系，双方之间的交易行为属于关联交易，且 a 对 A 公司具有控制力和重大影响力。从交易程序上看，a 作为 A 公司的执行董事，虽然在 A 公司成立之前，各股东曾提及由 a 进行 A 公司广告设计的内容，但并未确定广告设计的具体项目、价格等内容，因此 a 仍然负有及时向各股东披露合同内容，并履行协商同意的程序要件义务。但从整个交易流程看，可以认定 a 在作出重大决定前既未召开股东会进行协商，也未征求其他股东的意见，本案所涉合同违背了 A 公司真实意思表示，亦未对 A 公司产生利益。a 经手将 A 公司款项划至 B 公司的行为直接损害了 A 公司的利益。

【参考裁判文书】江苏省无锡市中级人民法院（2016）苏 02 民终 1863 号无锡中欧教育咨询有限公司与无锡鱼果文化传媒有限公司、郭某损害公司利益责任纠纷一案二审民事判决书。

（二）关于关联交易违反程序给公司造成损失产生赔偿责任的说理示范

【适用情形】关联交易违反公司章程规定的决策程序，导致公司交易款项无法收回，关联方应对给公司造成的损失承担赔偿责任。

【说理示范】一审法院认为，关联关系，是指公司控股股东、实际控制人、董事、监事、高级管理人员与其直接或者间接控制的企业之间的关系，以及可能导致公司利益转移的其他关系。公司的控股股东、实际控制人、董事、监事、高级管理人员不得利用其关联关系损害公司利益。违反前款规定，给公司造成损失的，应当承担赔偿责任。董事、监事、高级管理人员执行公司职务时违反法律、行政法规或者公司章程的规定，给公司造成损失的，应当承担赔偿责任。当事人对自己提出的诉讼请求所依据的事实或者反驳对方诉讼请求所依据的事实有责任提供证据加以证明。没有证据或者证据不足以证明当事人的事实主张的，由负有举证责任的当事人承担不利后果。本案中，A公司的公司章程规定，任何单笔未超过300万元且累计未超过1000万元的关联交易，需要经全体董事中的2/3以上审议通过。2017年2月27日的《通用审批单》载明，a审批同意由A公司支付B公司往来款项总计金额300万元。诉讼中，B公司与a均未能证明，涉案300万元款项的审批履行了A公司的公司董事会审议程序。B公司占用A公司的资金，A公司主张返还，B公司理应返还；a作为A公司高管人员，违反了公司章程，其对因此给公司造成的损失应承担赔偿责任。A公司关于由B公司与a共同返还资金及赔偿占用资金损失和律师费的主张，有事实及法律依据，一审法院予以支持。

二审法院认为，a作为A公司的高管人员，明知公司章程对公司对外提供借款需要履行相应内部程序的情况下，违反章程约定，擅自审批对外支付款项，违反了高管人员对公司负有的忠实义务。因a的上述行为，导致案涉借款自2017年2月27日至今未能收回，且截至二审诉讼，B公司仍表示目前不具备偿还能力，故一审法院判决a与B公司对案涉债务共同承担偿还责任并无不当。

【参考裁判文书】北京市石景山区人民法院（2020）京0107民初7341号北京中首智慧停车管理有限公司与中海重工（深圳）融资租赁有限公司等公司关联交易损害责任纠纷一案一审民事判决书、北京市第一中级人民法院（2021）京01民终1688号侯某某等与北京中首智慧停车管理有限公司公司关联交易损害责任纠纷一案二审民事判决书。

（三）关于双方代理（代表）行为无效的说理示范

【适用情形】构成双方代理并转移企业资产，直接损害了被告公司、股东及债权人的利益，关联交易合同属应无效。

【说理示范】a先代理B公司向A公司作出承诺，后又代表A公司予以接受，承诺书所形成的交易是在a一手安排下完成的，这无疑使a的行为构成双方代理。另外，A公司利用与B公司的关联关系，通过承诺书规定B公司支付10%的营业款，该行为已不是简单的利润给付，更是一种企业资产的转移，明显超出正常的商业规则，直接损害了B公司、公司股东及债权人的利益，故双方关联交易所产生的系争承诺书应属无效。

【参考裁判文书】上海市卢湾区人民法院（2008）卢民二（商）初字第855号上海知信实业有限公司与上海碧信广告有限公司关联交易纠纷一案一审民事判决书（《人民司法·案例》2010年第2期）。

（四）关于高级职员未进行披露属于违反忠实义务的说理示范

【适用情形】董事、高级管理人员未就关联交易履行披露义务，违反了董事、高级管理人员的忠实义务。

【说理示范】披露关联交易有赖于董事、高级管理人员积极履行忠实及勤勉义务，将其所进行的关联交易情况向公司进行披露及报告。根据A公司章程第36条关于"董事及公司经营层人员不得自营或者为他人经营与本公司同类的业务或者从事损害本公司利益的活动。从事上述业务或者活动的，所有收入应当归公司所有。董事及公司经营层人员除公司章程规定或者股东会同意外，不得同本公司订立合同或者进行交易。董事及公司经营层人员执行公司职务时违反法律、行政法规或者公司章程的规定，给公司造成损害的，应当依法承担赔偿责任"的规定，a、b作为董事及高级管理人员，未履行披露义务，违反了董事、高级管理人员的忠实义务。根据《公司法》第21条关于"公司的控股股东、实际控制人、董事、监事、高级管理人员不得利用其关联关系损害公司利益"的规定，a、b的行为不仅违反A公司章程的规定，亦违反上述法律规定。

【参考裁判文书】最高人民法院（2021）最高法民再181号西安陕鼓汽轮机有限公司与高某某、程某公司关联交易损害责任纠纷一案再审民事判决书。

（五）关于控股股东利用关联关系损害公司利益应予赔偿的说理示范

【适用情形】控股股东利用关联关系损害公司利益，应当承担赔偿责任。

【说理示范】根据原审查明的事实，A公司持有B公司78.2%股权，为B公司的控股股东。2006年至2016年，A公司将B公司4700余万元资金转入A公司账户，前后共持续10年时间不归还。这些款项支付未经过B公司股东会或董事会的决议同意，仅由A公司法定代表人、董事长、总经理a等人签字审批。而a非B公司董事、经理，无权决定B公司的相关事项，具体转款手续也是由A公司员工b经办的，故决定付款及具体转账行为均非B公司的自主行为。B公司作为企业法人，依法具有独立法人人格，享有独立的法人财产权。A公司作为B公司的控股股东，实施的上述行为损害了B公司的法人财产权。根据《公司法》第20条第1款"公司股东应当遵守法律、行政法规和公司章程，依法行使股东权利，不得滥用股东权利损害公司或者其他股东的利益"和第21条"公司的控股股东、实际控制人、董事、监事、高级管理人员不得利用其关联关系损害公司利益。违反前款规定，给公司造成损失的，应当承担赔偿责任"的规定，原审判决认定 A 公司的行为构成侵权，判令其返还占用 B 公司资金本金及利息损失，具有事实依据。

【参考裁判文书】最高人民法院（2019）最高法民申 6534 号南京金居房地产开发有限责任公司、南京东晟实业发展有限公司损害公司利益责任纠纷一案再审审查与审判监督民事裁定书。

（六）关于关联交易效力不影响赔偿责任认定的说理示范

【适用情形】关联交易并不必然无效，但其不得损害公司利益。关联交易经过内部批准程序但实质损害公司利益的，行为人应承担赔偿责任。

【说理示范】综合全案证据，a 收取该 136 000 元"借款利息"，属于不当关联交易行为。《公司法》第 21 条规定："公司的控股股东、实际控制人、董事、监事、高级管理人员不得利用其关联关系损害公司利益。违反前款规定，给公司造成损失的，应当承担赔偿责任。"a 在其作为 A 公司股东且担任执行董事兼总经理期间，与公司发生借款关系，并收取利息，该交易属于关联交易，应依法受到规制。该关联交易并不必然无效，但 a 不得违反勤勉忠实义务，损害公司利益。《公司法司法解释（五）》第 1 条第 1 款规定："关联交易损害公司利益，原告公司依据民法典第八十四条、公司法第二十一条规定请求控股股东、实际控制人、董事、监事、高级管理人员赔偿所造成的损失，被告仅以该交易已经履行了信息披露、经股东会或者股东大会同意等法律、行政法规或者公司章程规定的程序为由抗辩的，人民法院不予支持。"a 在本案中提出，案涉 136 000 元"利息"的支取是经过另一股东 b 与自己共同审批同意。根据以上规定，即使该支取程序完全合法或符合公司内部程序规定，不必然构成该关联交易合法的抗辩，法院仍应对该利息收取行为的实质合法性，以及是否实质损害公司利益进行审查。本案实际并无 a 向 A 公司出借资金 100 万元的事实，但 a 却利用股东、执行董事的身份向公司报告该"利息"费用，使公司基于错误的认识通过内部审批程序向其支付不应由公司负担的费用，a 的行为构成损害公司利益的行为，应当承担赔偿、返还责任。

【参考裁判文书】四川自由贸易试验区人民法院（2021）川 0193 民初 2998 号成都中煦科技有限公司与钟某等损害公司利益责任纠纷一案一审民事判决书。四川省成都市中级人民法院（2021）川 01 民终 24460 号成都中煦科技有限公司与钟某等损害公司利益责任纠纷一案二审民事判决书。

八、关于正当关联交易的认定

（一）关于关联交易实质公平不损害公司利益的说理示范

【适用情形一】关联交易合同订立过程中关联股东充分履行信息披露义务，且交易符合行业惯例，关联交易不能被认定为损害公司利益。

【说理示范】a系A公司股东、经理，a夫妇出资成立B公司。a向A公司及其股东披露了B公司的成立、性质及投资情况，A公司及其股东均未提出异议，故A公司与B公司签订房屋租赁合同符合A公司各股东的意愿。相关证据显示a代表A公司与B公司签订的租赁合同约定的租金标准明显高于当地政府对此类房屋的租赁指导价格，B公司已按合同的约定足额向A公司支付了租金，故租赁合同对租金的约定未损害A公司的利益。而免租期是餐饮行业中的惯例，免租期的长短受待租房屋的状况、房屋所在的地段等因素影响。因本案案涉房屋系毛坯房，经B公司与A公司协商，由B公司投入资金对涉案房屋进行装修、改造并承担租赁期间的房屋维修、维护费用，B公司享有一定期限的免租期。这一约定系B公司与A公司合意，也符合餐饮行业的惯例。故租赁合同对免租期的约定未损害A公司的利益。

【参考裁判文书】四川省成都市中级人民法院（2013）成民终字第4283号高某与刘某某、成都市贝海餐饮管理有限责任公司损害公司利益责任纠纷一案二审民事判决书（《人民司法·案例》2014年第20期）。

【适用情形二】交易对价合理，费用未明显高于市场价格，且公司可从交易中获利的，不应认定关联交易损害公司利益。

【说理示范】根据《公司法》第21条关于"公司的控股股东、实际控制人、董事、监事、高级管理人员不得利用其关联关系损害公司利益。违反前款规定，给公司造成损失的，应当承担赔偿责任"的规定，公司关联交易并不为法律所禁止，法律禁止的是公司的控股股东、实际控制人、董事、监事、高级管理人员为谋取私利，利用关联交易损害公司利益。本案中，A公司与B公司签订《委托管理书》，约定由B公司作为A公司的咨询顾问，对酒店提供管理服务。从本案查明的事实看，B公司确实为A公司提供了管理服务，委派了高级管理人员，所涉管理费并未明显高于市场价格，且A公司在B公司的管理下获得了一定的经营业绩，没有证据显示A公司因该关联交易而遭受不合理的损失。《委托管理书》的真正形成时间是否在2003年2月1日，对上述事实的认定没有影响。因此，原审判决认定原告主张的损害赔偿责任不能成立，并无不当。

【参考裁判文书】广东省高级人民法院（2017）粤民申9354号佛山市三

水宏通土石方工程有限公司、广州东方饮食娱乐有限公司公司关联交易损害责任纠纷一案再审审查与审判监督民事裁定书。

【适用情形三】满足交易信息披露充分、交易程序合法、交易对价公允三个条件的关联交易合法有效。

【说理示范】我国公司法并未禁止关联交易,依据《公司法》第21条关于"公司的控股股东、实际控制人、董事、监事、高级管理人员不得利用其关联关系损害公司利益。违反前款规定,给公司造成损失的,应当承担赔偿责任"的规定,公司法仅对"利用关联关系损害公司利益"的行为进行规范。案涉交易是否属于合法有效的关联交易,现围绕交易信息披露充分、交易程序合法、交易对价公允三个条件审查分析如下:首先,从A公司董事会记录、董事会纪要载明的参加会议人员以及议案情况来看,A公司的各股东对于a存在关联交易的行为是知晓的,没有证据显示a、b隐瞒或未充分披露案涉交易信息。其次,案外人接受公安机关的询问时称,B公司一直是A公司及其下属子公司的厨具供应商,B公司不对外开展业务,只与A公司合作,B公司技术的核心是绝密的,B公司有时还根据A公司及其下属子公司的要求研发新的设备。案外人还陈述,B公司在2009年初至2010年初由A公司管理。从A公司及其下属子公司与B公司之间的密切关系来看,B公司当然是A公司及其下属子公司的供应商,无须通过其他的程序另行选定,现无证据显示案涉交易的程序不合法。最后,案涉合同约定,B公司保证其供货价格在同等条件下不高于市场通行价格,否则,B公司需要支付前3个月采购金额计算之差价3倍的违约金,同时A公司及其下属子公司有权终止合同。因此,在无相反证据的情况下,可认定双方通过该方式达成的交易其对价是公允的。综合以上三个交易条件分析,原审法院认定现有证据显示案涉交易均为合法有效的关联交易,并无不当。

【参考裁判文书】广东省东莞市中级人民法院(2015)东中法民二终字第1921号真功夫餐饮管理有限公司与蔡某某、李某某公司关联交易损害责任纠纷一案二审民事判决书。

(二)关于交易程序效力的说理示范

【适用情形】其一,涉关联交易的公司决议效力,须依法判断其是否系股东滥用股东权利,以及是否损害公司或其他股东利益,而不能仅因涉及关联交易,就认定决议当然无效。其二,参与表决人员与决议事项虽有关联关系,但法律并未对其行使表决权作出限制,并不能因此认定其行为构成滥用股东权利。

【说理示范】根据《公司法》第22条第1款关于"公司股东会或者股东

大会、董事会的决议内容违反法律、行政法规的无效"之规定，公司决议无效情形是指决议内容违反法律、行政法规的规定。故本案审查的重点是 A 公司决议内容是否存在违反法律、行政法规的情形。A 公司董事会、股东会作出关于收购 B 公司并授权××负责组织收购工作的决议，参与表决的董事及股东代表与决议事项有关联关系，确属于公司关联交易。但涉及关联交易的决议无效，还需要违反《公司法》第 20 条第 1 款关于"公司股东应当遵守法律、行政法规和公司章程，依法行使股东权利，不得滥用股东权利损害公司或者其他股东的利益"和第 21 条第 1 款关于"公司的控股股东、实际控制人、董事、监事、高级管理人员不得利用其关联关系损害公司利益"之规定，也即须判定公司决议是否系股东滥用股东权利，以及是否损害公司或其他股东利益，而不能仅因涉及关联交易，就认定股东会、董事会决议当然无效。

本案中，A 公司董事会及股东会决议作出时，各方董事及股东代表均参加会议并一致同意表决通过，对决议内容未提出异议。参与表决的董事及股东代表与决议事项虽具有关联关系，但法律并未对其行使表决权作出限制，并不能因此认定其行为构成滥用股东权利。至于董事会或股东会的召开是否违反公司章程关于会议召集程序的相关规定，应为董事会或股东会决议撤销的事由，不属于对相关决议效力认定的依据。

另就案涉决议内容而言，其中关于收购 B 公司并授权××负责组织收购工作的内容并未涉及具体的交易条件等事项，现有证据不能证明该决议内容损害了公司或其他股东的利益。至于 A 公司基于董事会及股东会决议，与 C 公司、D 公司和 B 公司签订《股权转让协议》是否构成恶意串通、抽逃出资的问题，属于股权转让合同应否以及能否继续履行的问题，不构成案涉董事会及股东会决议对公司或其他股东利益的损害，不影响本案对 A 公司董事会及股东会决议效力的认定。故案涉董事会及股东会决议并不存在违反法律、行政法规的情形，一审判决关于 A 公司董事及股东恶意串通，利用关联交易损害公司及股东利益，违反法律规定的认定不当，本院予以纠正。

【参考裁判文书】最高人民法院（2017）最高法民终 416 号贵州东圣恒泰矿业投资管理有限公司与兖矿贵州能化有限公司公司关联交易损害责任纠纷一案二审民事判决书。

（三）关于程序正当情形下举证责任分配的说理示范

【适用情形】关联交易经股东会、董事会批准并形成决议，信息披露充分，原告未能举证证明关联交易损害公司利益，不应认定关联交易损害公司利益。

【说理示范】A 公司签订股权转让协议对 B 公司股权进行收购，事先已经召开董事会和临时股东会审议批准并形成决议，公司全体董事代表及股东代表均参加了决议过程并签字。根据另案判决确认的事实，上述董事会决议和临时股东会决议的内容并不违反法律、行政法规的规定，应属有效。A 公司在签订股权转让协议前，已委托相关机构对 B 公司等进行尽职调查和资产审计，对相关资产股权状况进行披露。综合交易中的具体情况可见，A 公司签订股权转让协议系其真实意思表示，该协议内容未违反法律、行政法规的强制性规定，合法有效。原告对股权转让协议的效力提出异议，但未能提交有效证据证明该协议存在恶意串通或以合法形式掩盖非法目的的情形，故其该项主张不能成立，本院不予支持。关于本案是否存在抽逃出资并损害公司利益的问题，结合本案事实，A 公司可通过案涉股权交易获得合理对价，该股权交易行为不属于利用关联交易将出资转出从而构成抽逃出资的情形，并未损害 A 公司利益，原告的相应主张不能成立。

【参考裁判文书】最高人民法院（2020）最高法民终 55 号兖矿贵州能化有限公司与安顺永峰煤焦集团有限公司公司关联交易损害责任纠纷一案二审民事判决书。

第五节　判决主文规范表述

　　公司关联交易损害责任纠纷中，原告主体身份具有多样性，或为公司，或为股东代表诉讼中的股东。诉讼请求除常见的给付之诉（请求被告承担赔偿损失、返还原物等损害责任，请求特定对象承担法定归入责任）外，亦可能涉及确认之诉（请求确认合同无效、对公司不发生效力）、形成之诉（请求撤销合同）。判决主文因此或涉及多方面内容，需结合原告主体身份及其诉讼请求获得支持情况予以区分。需要注意的是，在股东代表诉讼中，原告为股东，但因诉讼利益归于公司，涉及给付性内容时，判决主文应当作出关于由被告向第三人公司进行给付的明确表述。

　　常见判决主文表述参考表 4。

表 4 公司关联交易损害责任纠纷判决主文规范表述列表

裁判类型	裁判事项	裁判主文
损害责任	赔偿损失	被告××应于本判决生效之日起××日内向原告/第三人××赔偿损失××元（或写明损失计算方式）
	返还原物	被告××应于本判决生效之日起××日内向原告/第三人××返还××（物的表述应当具体化。不动产写明不动产证编号、具体位置；动产写明物的名称，能够明确规格、型号等特征的，应当写明。同一种类物涉及多件的，应当写明具体的数量、单位；涉及多个物的，可以附表形式列明）
归入责任	收入归入	被告××应于本判决生效之日起××日内向原告/第三人××支付所得收入××元
合同效力	确认合同无效	确认原告/第三人××与被告××于×年×月×日签订的××合同无效
	确认合同部分无效	确认原告/第三人××与被告××于×年×月×日签订的××合同第×条/关于××的约定内容无效
	对公司不发生效力	确认原告/第三人××与被告××于×年×月×日签订的××合同对原告/第三人××不发生效力
	撤销合同	撤销原告/第三人××与被告××于×年×月×日签订的××合同

第五章
清算责任纠纷

第一节 类型纠纷审判概述

一、公司解散清算概述

（一）自行清算与强制清算

所谓公司清算，指以了结已解散公司之一切法律关系，并分配其财产为目的之程序而言。[①] 公司法上所指的清算是解散清算。解散清算，是指公司非因破产原因解散，按照公司法的程序进行的清算。[②] 依照《公司法》第180条规定，公司解散清算的事由包括：公司章程规定的营业期限届满或者公司章程规定的其他解散事由出现；股东会或者股东大会决议解散；因公司合并或者分立需要解散；依法被吊销营业执照、责令关闭或者被撤销；人民法院依照《公司法》第182条的规定予以解散。解散清算分为自行清算和强制清算两种形式。公司发生上述解散事由后，首先应当自行组织清算。依照《公司法》第183条规定，公司应当在解散事由出现之日起15日内成立清算组，开始清算。清算义务人依法组织清算的，为自行清算。《公司法》第183条还规定，逾期不成立清算组进行清算的，债权人可以申请人民法院指定有关人员组成清算组进行清算。人民法院应当受理该申请，并及时组织清算组进行清算。人民法院经债权人申请指定有关人员组成清算组进行清算的，为强制清算。

（二）解散清算的立法目的及制度价值

解散清算系公司发生解散事由后到公司终止前的一个特殊存续阶段。因公司作为商事主体，其在存续过程中必然与不同主体发生众多法律关系，在公司终止前，必须设立一个特别的法律程序来了结上述各种法律关系。根据《公司法》第186条规定，清算期间，公司存续，但不得开展与清算无关的经营活动。《公司法》第184条规定，公司清算事务主要包括：清理公司财产；清缴所欠税款；清理债权、债务；处理与清算有关的公司未了结的业务；处

[①] 柯芳枝：《公司法论》，中国政法大学出版社2004年版，第498页。
[②] 最高人民法院民事审判第二庭编著：《最高人民法院关于公司法司法解释（一）、（二）理解与适用》，人民法院出版社2015年版，第243页。

理公司清偿债务后的剩余财产等。从上述规定可见，公司解散清算的立法目的在于保全公司财产，了结债权、债务及其他未了结业务，并在清偿债务的基础上分配剩余财产。因此，解散清算兼具对内、对外两种功能，其制度价值在于平衡保护股东和债权人利益，以维护市场秩序稳定和交易安全。

二、清算责任概述

（一）清算义务人及其清算责任

清算义务人是指基于其与公司之间存在的特定法律关系而在公司解散时对公司负有依法组织清算义务，并在公司未及时清算给相关权利人造成损失时依法承担相应责任的民事主体。[①] 关于清算义务人的范围，原《民法总则》第 70 条第 2 款规定："法人的董事、理事等执行机构或者决策机构的成员为清算义务人。法律、行政法规另有规定的，依照其规定。"《公司法》第 183 条规定，有限责任公司的清算组由股东组成，股份有限公司的清算组由董事或者股东大会确定的人员组成。该条确定了公司解散清算时清算组的组成，但并未明确规定清算义务人的范围。2008 年 5 月 19 日起施行的《公司法司法解释（二）》第 18 条明确规定了有限责任公司的股东、股份有限公司的董事和控股股东未依法组织清算时应承担的法律责任。依照无义务则无责任原则，该条实质上确定了有限责任公司股东、股份有限公司董事和控股股东清算义务人的身份。《民法典》施行后，原《民法总则》废止，但《民法典》第 70 条关于清算义务人仍沿袭原《民法总则》的规定。因此在目前的法律框架下，有限责任公司的清算义务人仍然是公司股东，股份有限公司的清算义务人仍然是董事和控股股东。相关法律和司法解释如对清算义务人范围作出新规定，适用新规定。[②]

根据解散清算的立法目的，公司依法清算是确保公司财产得以保全、公司债权人利益得以实现的先决条件。但在实践中存在大量清算义务人应当组织清算而未清算，严重损害公司债权人利益的情形。针对清算义务人不履行或者不适当履行清算义务的情形，《公司法司法解释（二）》第 18 条规定了公

[①] 最高人民法院民事审判第二庭编著：《最高人民法院关于公司法司法解释（一）、（二）理解与适用》，人民法院出版社 2015 年版，第 397 页。

[②] 2021 年 12 月 20 日，《公司法（修订草案）》提请十三届全国人大常委会第三十二次会议初次审议，该修订草案第 228 条规定，"董事为公司清算义务人，应当在解散事由出现之日起十五日内组成清算组进行清算"。2022 年 12 月 30 日公布的《公司法（修订草案二次审议稿）》第 288 条亦有相同规定。

司清算义务人未在法定期限内组织清算给公司财产造成损失的赔偿责任、怠于履行清算义务导致公司无法清算的连带清偿责任；第 19 条规定了清算义务人恶意处置公司财产以及欺诈注销的赔偿责任；第 20 条规定了清算义务人未经清算即办理注销登记的清偿责任。上述规定旨在倒逼清算义务人及时组织清算，依法履行清算义务，以保护债权人合法权益，维护正常市场交易秩序。此后，《民法典》第 70 条明确规定了清算义务人的清算责任。该条第 3 款规定，"清算义务人未及时履行清算义务，造成损害的，应当承担民事责任"，为审理清算义务人清算责任纠纷提供了正式的法律依据。上述法律及司法解释共同构成了清算义务人清算责任纠纷的请求权基础规范，在实践中应对清算义务人违反清算义务的不同情形区分适用。

清算义务人清算责任是清算义务人违反法定的清算义务而应承担的民事法律责任。因此，清算义务人清算责任在性质上属于侵权责任。其与一般侵权责任的区别在于：一是侵权人和被侵权人的身份具有特定性，侵权人是公司的清算义务人，被侵权人是公司债权人；二是被侵害的客体具有特殊性，被侵害的客体为公司债权人对公司所享有的债权，故清算义务人清算责任属于侵害债权的侵权责任。清算义务人清算责任主要包括清算赔偿责任和清算清偿责任。其中，清算赔偿责任是基于侵权损害赔偿责任而设立的责任承担方式，清算清偿责任则是在侵权责任的法理基础上，基于侵权人的特殊性（股东）以及被侵害客体的特殊性（债权）而引入法人人格否认理论，是对股东有限责任原则的突破。公司股东以其认缴的出资额或者所认购的股份为限对公司承担责任，这是公司制度中的有限责任原则，也是公司制度的基石。公司作为独立的民事主体，应当以其财产独立承担民事责任，而不应再由其股东对公司债权人承担责任。公司债权人通常只能向公司主张清偿债务，而不能向公司的股东提出主张。但在股东滥用公司法人独立地位和股东有限责任逃避债务，严重损害债权人利益的情况下，则应当突破股东有限责任原则，使股东成为公司债务的承担主体，直接对公司债权人承担清偿责任。清算义务人（股东）不履行或怠于履行清算义务导致公司无法清算，显然属于滥用公司法人独立地位和股东有限责任，此时应当否认法人人格，由股东直接对公司债务承担清偿责任。

（二）清算人及其清算责任

清算人者，谓清算中公司之执行清算事务及代表公司之法定必备之机关。[①] 我国立法上未采用"清算人"这一称谓，而是使用"清算组"这一术语。依照最高人民法院的观点，清算人在我国通常被称为清算组，是指具体负责

---

① 柯芳枝：《公司法论》，中国政法大学出版社 2004 年版，第 501 页。

清算义务的主体，其义务在于依照法定程序进行清算。①清算人与清算义务人是不同的法律概念。清算人是公司解散后接管公司财产、具体执行公司清算事务的主体。清算义务人则是公司解散时，依法承担组织公司清算、启动公司清算程序的义务的主体。②当清算义务人直接担任清算人进行清算时，则二者在民事主体上存在竞合的情形。

关于我国公司法上清算组成员的构成，在公司自行清算的情况下，根据《公司法》第183条规定，"有限责任公司的清算组由股东组成，股份有限公司的清算组由董事或者股东大会确定的人员组成"。在强制清算的情况下，根据《公司法司法解释（二）》第8条第2款规定："清算组成员可以从下列人员或者机构中产生：（一）公司股东、董事、监事、高级管理人员；（二）依法设立的律师事务所、会计师事务所、破产清算事务所等社会中介机构；（三）依法设立的律师事务所、会计师事务所、破产清算事务所等社会中介机构中具备相关专业知识并取得执业资格的人员。"实践中值得探讨的问题，一是自行清算的情况下，有限责任公司的清算组成员是否必须是公司全体股东？我们认为，首先，从文义解释的角度看，《公司法》第183条只规定"有限责任公司的清算组由股东组成"，并未规定由"全体股东"组成，应认为有限责任公司的清算组成员不必包含公司全体股东。其次，从实际操作的角度看，在公司股东人数较多的情况下，要求清算组成员必须包含全体股东亦不具有可操作性。因此，有限责任公司的清算组成员不必包含全体股东。二是自行清算的情况下，有限责任公司的清算组成员能否包含股东之外的其他人员？我们认为，首先，从文义解释的角度看，虽然《公司法》第183条规定"有限责任公司的清算组由股东组成"，但并未排除股东之外的人员担任清算组成员，因此，清算组成员包含非股东人员并未违反法律的禁止性规定。其次，从清算组的性质看，清算组是清算事务的执行机构，而清算事务具有专业性和复杂性，作为公司投资者的股东不一定能胜任全部的清算事务。因此，为保证清算事务依法顺利开展，也应当允许清算中公司任命相关的专业人员担任清算组成员参与清算事务的执行。最后，参照强制清算情况下人民法院指定清算组人员的范围，也应认为现行法律、司法解释对于股东之外的专业

---

① 最高人民法院民事审判第二庭编著：《〈全国法院民商事审判工作会议纪要〉理解与适用》，人民法院出版社2019年版，第163页。根据该书中对于"清算人"的释义，"清算人"是与我国《公司法》规定的"清算组"相对应的概念。在司法实践中，基于不同的法律语境，"清算人"既可以指代"清算组"，也可以指代"清算组成员"。

② 最高人民法院民事审判第二庭编著：《最高人民法院关于公司法司法解释（一）、（二）理解与适用》，人民法院出版社2015年版，第260页。

人员担任清算组成员是持肯定态度的。因此，在自行清算的情况下，有限责任公司的清算组成员也不排除股东之外的其他人员。

清算组是清算事务的执行机构，是受公司任命或者委托执行清算事务的主体。公司法学理上一般认为，清算人于执行清算事务之范围内，其权利义务与董事相同。董事与公司之间关系原则上依民法关系委任之规定，清算人与公司之间关系，亦应依民法关于委任之规定。[①] 公司解散事由出现后，依法成立的清算组相当于原公司执行机关董事会，行使清算中公司的代表及执行机关的职能，在清算目的范围内，与原公司机关具有类似的法律地位。[②] 因此，与董事相同，清算组成员亦对公司负有忠实、勤勉义务。同时，基于公司清算了结债权债务，保护债权人合法权益的制度目的，清算组成员对公司债权人亦负有依法清算的职责。因此，清算组成员对公司债权人亦负有忠实、勤勉义务。《公司法》第189条第1款规定，"清算组成员应当忠于职守，依法履行清算义务"，为清算组成员的忠实、勤勉义务提供了法律依据。在清算组成员违反忠实、勤勉义务，给公司或债权人造成损失的情况下，其应承担相应的民事责任。因此，清算人清算责任在性质上是清算人（清算组成员）违反忠实、勤勉义务，给公司或债权人造成损失而应承担的侵权民事责任，其责任源于清算组与公司之间的委任关系，其依据则在于清算组成员所负有的忠实、勤勉义务。关于清算人清算责任的承担，《公司法》第189条规定，清算组成员因故意或者重大过失给公司或者债权人造成损失的，应当承担赔偿责任。《公司法司法解释（二）》第23条第1款规定："清算组成员从事清算事务时，违反法律、行政法规或者公司章程给公司或者债权人造成损失，公司或者债权人主张其承担赔偿责任的，人民法院应依法予以支持。"此外，《公司法司法解释（二）》第11条针对清算组未依法履行通知和公告义务，导致债权人未及时申报债权而未获清偿的情形作出特别规定。上述法律及司法解释共同构成了清算人清算责任纠纷的请求权基础规范。

（三）清算责任构成要件

清算责任在性质上属于侵权责任，因此在司法实践中应从总体上审查是否符合侵权责任的构成要件。同时，应结合清算责任的性质和特点，把握其责任构成要件中的特殊之处。一般而言，清算责任构成要件包括以下四项内容：

第一，存在清算义务人违反清算义务或清算组成员在执行清算事务过

---

① 参见柯芳枝：《公司法论》，中国政法大学出版社2004年版，第503页。
② 最高人民法院民事审判第二庭编著：《最高人民法院关于公司法司法解释（一）、（二）理解与适用》，人民法院出版社2015年版，第492页。

中违反忠实、勤勉义务的违法行为。例如，清算义务人未在法定期限内成立清算组开始清算、怠于履行清算义务、恶意处置公司财产、骗取注销、未经清算即办理注销登记；清算组未依法履行通知和公告义务、清算组成员侵占公司财产、违法分配公司财产等。

第二，清算义务人、清算组成员在主观上存在过错。清算义务人的过错包括故意和过失，清算组成员的过错则包括故意和重大过失。

第三，发生损害公司或公司债权人利益的结果。例如，公司财产产生损失或者被侵占，导致债权人的债权无法通过公司财产得到有效清偿；或者公司无法进行清算，导致债权人的债权无法通过正常的清算程序获得清偿；或者在公司清算过程中，债权人因未及时申报债权而未获清偿等。

第四，违法行为与公司或债权人利益受到损害之间具有法律上的因果关系。即清算义务人或清算组成员的违法行为，直接导致公司财产损失，或者导致公司债权人的债权不能实现或者不能完全实现。

三、清算责任纠纷审判概述

（一）清算责任纠纷的内涵及外延

最高人民法院的《民事案件案由规定》"二十一、与公司有关的纠纷"下第284规定了"清算责任纠纷"。据此，"清算责任纠纷"属于二级案由"与公司有关的纠纷"项下的三级案由。该案由是指"清算组成员在清算期间，因故意或者重大过失给公司、债权人造成损失，应当承担赔偿责任的纠纷"。[①] 同时，根据该规范指引中列明的请求权基础规范指引，清算责任纠纷的请求权基础规范包括《民法典》第70条、《公司法》第189条、《公司法司法解释（二）》第18条、第19条、第20条。因此，虽然《民事案件案由规定》未针对三级案由"清算责任纠纷"进一步细分四级案由，但结合该规范指引关于清算责任纠纷的释义及其请求权基础规范指引的说明，司法实践中清算责任纠纷主要包括两类：一是清算组成员在清算期间因故意或者重大过失给公司、债权人造成损失，应当承担民事责任的纠纷，即清算人清算责任纠纷；二是清算义务人不履行或不适当履行清算义务，给债权人造成损失，应当承担民事责任的纠纷，即清算义务人清算责任纠纷。

[①] 人民法院出版社编著：《最高人民法院民事案件案由适用要点与请求权规范指引（第二版）》，人民法院出版社2020年版，第770页。

（二）清算责任纠纷的主要类型

1. 清算义务人清算责任纠纷

司法实践中清算义务人清算责任纠纷主要包括以下类型：（1）债权人主张清算义务人未在法定期限内成立清算组开始清算导致公司财产损失，请求清算义务人承担赔偿责任，其请求权基础规范为《民法典》第70条第3款、《公司法司法解释（二）》第18条第1款；（2）债权人主张清算义务人怠于履行清算义务导致公司无法清算，请求清算义务人对公司债务承担连带清偿责任，其请求权基础规范为《公司法》第20条第3款、《公司法司法解释（二）》第18条第2款；（3）债权人主张清算义务人恶意处置公司财产给债权人造成损失，请求清算义务人承担赔偿责任，其请求权基础规范为《公司法司法解释（二）》第19条；（4）债权人主张清算义务人未经依法清算，以虚假清算报告骗取注销，请求清算义务人承担赔偿责任，其请求权基础规范为《公司法司法解释（二）》第19条；（5）债权人主张清算义务人未经清算即办理注销登记，导致公司无法清算，请求清算义务人对公司债务承担清偿责任，其请求权基础规范为《公司法》第20条第3款、《公司法司法解释（二）》第20条。

2. 清算人清算责任纠纷

司法实践中清算人清算责任纠纷的主要类型包括：（1）债权人主张清算组未依法履行通知和公告义务，导致债权人未及时申报债权而未获清偿，请求清算组成员承担赔偿责任，其请求权基础规范为《公司法》第189条第3款、《公司法司法解释（二）》第11条。（2）债权人主张清算组成员有其他违反法律、行政法规或者公司章程的行为，给其造成损失，请求清算组成员承担赔偿责任，其请求权基础规范为《公司法》第189条第3款、《公司法司法解释（二）》第23条第1款。（3）公司主张清算组成员违反法律、行政法规或者公司章程给其造成损失，请求清算组成员承担赔偿责任，实践中通常由股东以派生诉讼的方式代表公司行使权利，其请求权基础规范为《公司法》第189条第3款、《公司法司法解释（二）》第23条。

（三）清算责任纠纷的主要审理原则

1. 要坚持股东有限责任原则

如上所述，清算义务人清算责任是对股东有限责任原则的突破，而股东有限责任原则是公司制度的基石，旨在减轻投资者的商业风险，提高投资者的积极性，以鼓励投资行为，推动市场经济发展。因此，在审理此类纠纷案件过程中，应明确只有在股东作为清算义务人不履行或者不适当履行清算义务的情况下，才能突破股东有限责任原则，判决公司股东承担相应的清算责任,以避免不适当地扩大股东责任。

2. 要平衡债权人及股东利益

股东有限责任原则是公司法的基石,但该原则在适用时应当受到一定的限制。实践中经常存在股东滥用有限责任侵害债权人利益的情况,因此,法律设置了法人人格否认制度,以突破股东有限责任原则,保护债权人利益。就公司清算领域而言,股东作为公司的出资者和管理者,对公司清算事务享有决策权和管理权,相对债权人处于优势地位,股东是否依法履行清算义务,关系到债权人的利益能否得到实现。因此,在审理此类纠纷案件过程中,应当注重股东及公司债权人之间合理的利益分配,兼顾保护债权人及股东利益,合理界定当事人的权利义务、分配举证责任等,以保护债权人利益,维护交易安全和投资安全。

3. 要坚持构成要件式裁判理念

清算责任在性质上属于侵权责任,因此在司法实践中应从总体上审查是否符合侵权责任的构成要件,包括行为人是否存在违反法定义务的侵权行为,是否存在过错,是否发生损害结果,侵权行为与损害结果之间是否存在因果关系等。审查过程中要避免唯结果论,即仅以损害结果的发生推定侵权行为的存在或者因果关系的成立等。

第二节 基本要素审理指引

一、立案要素审查

(一) 主管要素

清算责任纠纷为民事纠纷,属于人民法院受理民事案件的范围。原告(公司或债权人)在提起清算责任纠纷诉讼时,应当符合《民事诉讼法》第122条规定的起诉条件。如果原告是代表公司起诉的股东,则必须符合《公司法》第151条规定的股东派生诉讼的起诉条件。

【注意事项】第一,原告(债权人)基于清算义务人怠于履行清算义务而提起清算责任纠纷诉讼的,是否应当先向法院申请对公司进行强制清算。我们认为,法律或者司法解释并未规定债权人在提起清算责任纠纷诉讼之前,应先经强制清算的前置程序。因此,公司是否进行强制清算,并非债权人提起清算责任纠纷诉讼的条件,不能以公司未经强制清算为由否定债权人的起诉资格。司法实践中公司是否经过强制清算,主要影响是对"无法进行清算"的事实认定。如公司经强制清算后,法院以无法清算或无法全面清算为由裁定终结清算程序,则可直接依据相关裁定认定公司"无法进行清算"。如债权人直接提起清算责任纠纷诉讼,则公司是否"无法进行清算"应作为一项主要事实予以查明。如经审理,根据已查明的事实无法认定公司"无法进行清算",则应驳回债权人据此提出的诉讼请求,并可引导债权人另行向法院申请强制清算。

第二,股东针对清算组成员提起派生诉讼,是否应经书面请求的前置程序。根据《民商审判会议纪要》第25条规定,如果查明的相关事实表明,根本不存在公司有关机关提起诉讼的可能性,则不应当以原告未履行前置程序为由驳回起诉。因公司清算过程中,依法由清算组代表公司参与民事诉讼活动,在清算组损害公司利益的情况下,可认定不存在清算组起诉自己的可能。另外,公司的清算状态也可认定为《公司法》第151条规定的"情况紧急、不立即提起诉讼将会使公司利益受到难以弥补的损害"的情况。因此,对于股东提起的清算责任纠纷派生诉讼,应当豁免前置程序。

【规范依据】《民事诉讼法》第122条;《公司法》第151条;《民商审判会议纪要》第25条。

(二)管辖要素

清算责任纠纷属于侵权责任纠纷,应当依据《民事诉讼法》关于侵权责任纠纷的管辖规定确定管辖法院。

【注意事项】第一,根据《民事诉讼法》第29条规定,因侵权行为提起的诉讼,由侵权行为地或者被告住所地人民法院管辖。

第二,根据《民事诉讼法司法解释》第24条规定,侵权行为地包括侵权行为实施地、侵权结果发生地。就清算责任纠纷而言,侵权行为表现为违反清算义务或与清算相关的忠实、勤勉义务,侵权结果表现为公司财产损失或者公司无法清算导致债权无法清偿,侵权行为实施地、侵权结果发生地均为公司所在地。因此,在确定清算责任纠纷的管辖法院时,"侵权行为地"应认定为公司所在地。

【规范依据】《民事诉讼法》第22条、第29条;《民事诉讼法司法解释》第24条。

(三)案由要素

根据《民事案件案由规定》,"清算责任纠纷"属于二级案由"与公司有关纠纷"项下的三级案由。"清算责任纠纷",是指:"清算组成员在清算期间，因故意或者重大过失给公司、债权人造成损失，应当承担赔偿责任的纠纷"。[1]因此，司法实践中将公司或债权人依照《公司法》第189条、《公司法司法解释（二）》第11条、第23条规定请求清算组成员赔偿损失的纠纷确定为清算责任纠纷自无疑义。实务中有争议的是清算义务人清算责任纠纷的案由归属。对于债权人依据《公司法司法解释（二）》第18条、第19条、第20条规定，请求公司股东承担责任的案件如何确定案由，司法实践中的做法不一致。有的将案由确定为清算责任纠纷，有的将案由确定为股东损害债权人利益责任纠纷，还有的直接依据债权人据以提出主张的产生债权的基础法律关系来确定案由。因"清算责任纠纷"案由释义中的责任主体仅提到"清算组成员"，而依照上文分析，清算组成员与清算义务人是不同的法律概念，据此，"清算责任纠纷"似乎难以涵盖清算义务人清算责任纠纷，这可能也是造成实务中产生分歧的原因。《民法典》第70条、《公司法司法解释（二）》第18条、第19条、第20条属于清算责任纠纷的请求权基础规范。[2]我们认为，债权人依据《公司法司法解释（二）》第18条、第19条、第20条规定针对股东所提起的诉讼，均是股东作为清算义务人违反清算义务所导致的纠纷，其争议的核心是清算义务人违反清算义务所应承担的法律责任，在性质上应属于清算责任纠纷。虽然股东违反清算义务，损害债权人利益，从广义上说也属于股东损害债权人利益的情形，但鉴于此类纠纷产生于"清算"这一特殊情境，在现有的案由规定之下，将清算义务人清算责任纠纷归属于清算责任纠纷是最为贴切的做法。[3]

【规范依据】《民事案件案由规定》二十一、与公司有关的纠纷/284.清算责任纠纷。

（四）原告主体要素

在清算义务人清算责任纠纷中，原告一般为公司债权人。在清算人清算

---

[1] 人民法院出版社编著：《最高人民法院民事案件案由适用要点与请求权规范指引（第二版）》，人民法院出版社2020年版，第770页。

[2] 人民法院出版社编著：《最高人民法院民事案件案由适用要点与请求权规范指引（第二版）》，人民法院出版社2020年版，第770页。

[3] 本章关于案由要素的讨论，系针对原告仅起诉清算义务人的情形。如原告同时起诉公司及清算义务人，在合并审理的情况下，应根据《最高人民法院关于印发修改后的〈民事案件案由规定〉的通知》（法〔2020〕347号）第5条第3款关于"存在多个法律关系时个案案由的确定。同一诉讼中涉及两个以上的法律关系的，应当根据当事人诉争的法律关系的性质确定个案案由；均为诉争的法律关系的，则按诉争的两个以上法律关系并列确定相应的案由"的规定处理。

责任纠纷中，原告包括公司债权人、清算中公司以及公司股东。关于原告的主体资格主要审查以下内容：（1）原告是否为公司的债权人（债权人提起诉讼）；（2）原告是否为清算中公司（公司提起诉讼）；（3）原告是否为有限责任公司股东或符合持股条件的股份有限公司股东（股东派生诉讼）。

（五）被告主体要素

在清算义务人清算责任纠纷中，被告为公司清算义务人。[①] 在清算人清算责任纠纷中，被告为清算组成员。关于被告的主体资格主要审查以下内容：（1）被告是否为有限责任公司的股东、股份有限公司的董事或控股股东。其中，根据《公司法》第216条规定，股份有限公司的控股股东是指持有的股份占股份有限公司股本总额50%以上的股东，或者持有股份的比例虽然不足50%，但依其持有的股份所享有的表决权已足以对股东大会的决议产生重大影响的股东。（2）被告是否为公司的清算组成员。

【注意事项】

第一，债权人提起的清算责任纠纷，原告必须是对公司享有合法债权的债权人，该项事实在审理此类纠纷时应不存在争议。实践中关于原告合法债权人的身份确定可以分以下情形处理：

（1）已有生效法律文书确认原告的合法债权，在此情形下，原告的债权人身份不存在争议，原告对此无须再承担举证责任。

（2）债权人同时起诉公司及清算义务人或清算组成员的，涉及诉的合并问题。如受理法院基于诉讼便利原则决定对债权人与公司之间的基础法律关系及其与清算义务人或清算组成员之间的清算责任纠纷合并审理，则原告对公司是否享有合法债权以及被告是否应当承担清算责任，均属于本案审理范围，应当在审理中一并查明，原告对其所主张的债权负有举证责任。

（3）债权人只起诉清算义务人或清算组成员，且其债权未经生效法律文书确认。如双方对于债权人的债权不存在争议，则可以此为前提继续审理，原告无须再进一步举证；如双方对于债权人的债权存在争议，则仍需就债权人对公司是否享有合法债权进行认定，必要时可追加公司为当事人参加诉讼，原告对其所主张的债权负有举证责任；如债权人与公司之间的债权债务关系已通过另案处理，则应等待另案的处理结果。

第二，被告必须是公司的清算义务人或清算组成员。

（1）确定股东是否负有清算义务时应注意的问题。在《公司法司法解释（二）》施行之前，虽然《公司法》第183条规定有限责任公司的清算组由股

[①] 需要说明的是，《公司法司法解释（二）》第18条至第20条除清算义务人外，还规定了实际控制人等的责任。限于篇幅，本章仅就其中清算义务人的清算责任进行讨论。

东组成，股份有限公司的清算组由董事或者股东大会确定的人员组成，但上述规定仅是确定了有限责任公司和股份有限公司清算组的人员组成，并没有确定谁是公司的清算义务人。《公司法司法解释（二）》第 18 条规定有限责任公司的股东、股份有限公司的董事和控股股东未依法履行清算义务的，应当承担相应的赔偿责任或连带清偿责任。根据无义务则无责任的原则，该条实质上通过设定法律责任的方式确立了清算义务人的主体范围，故应认定在该司法解释施行后，才确定了有限责任公司股东、股份有限公司控股股东的清算义务。而在《公司法司法解释（二）》施行之前，并无法律明确规定有限责任公司的股东或股份有限公司的控股股东是清算义务人。根据"法不溯及既往"原则，应认定有限责任公司股东、股份有限公司控股股东自《公司法司法解释（二）》施行之日（2008 年 5 月 19 日）起才对公司负有清算义务。

（2）应注意清算义务人与清算人、配合清算义务人的区分。清算义务人，是指法人解散后依法负有启动清算程序的主体，其义务在于根据法律规定及时启动相应的清算程序以终止法人。[①] 清算人，则是接受委托执行具体清算事务的主体，其义务在于依照法律规定执行各项清算事务。配合清算义务人，是指在公司清算程序中负有配合和协助清算工作的主体，其义务在于配合、协助清算组的清算工作。清算责任纠纷主要涉及清算人（在诉讼中体现为清算组成员）及清算义务人。清算人对公司及债权人负有忠实、勤勉义务，清算义务人对公司负有清算义务，清算责任纠纷案件处理的是上述主体违反相关义务时应承担的责任。在案件审理过程中，应区分上述三种不同的法律主体，以正确认定其义务和责任。

（3）关于有限责任公司股东、股份有限公司董事或控股股东的确定，以发生公司解散清算事由时（即产生清算义务时）的工商登记信息或股东名册记载内容为准。关于清算组成员的确定，对于自行清算，一般以清算中公司在工商登记部门备案的清算组组成人员情况为准；对于强制清算，则以法院指定的清算组成员为准。原告提交上述证明材料的，应认定其已就被告的主体资格完成初步的举证责任；被告对此不予认可的（如主张被冒名登记），应提供反驳证据。

第三，对于清算组成员损害公司利益的情况，在股东提起的股东派生诉讼中，应当将公司列为第三人，诉讼的结果归于公司所有，在清算中一并处

[①] 最高人民法院民事审判第二庭编著：《〈全国法院民商事审判工作会议纪要〉理解与适用》，人民法院出版社 2019 年版，第 163 页。

理。[①] 当公司已经注销时，依据《公司法司法解释（二）》第 23 条第 3 款规定，应当将其他股东列为第三人。

【规范依据】《民法典》第 70 条；《公司法》第 151 条、第 189 条、第 216 条；《公司法司法解释（二）》第 11 条、第 18 条、第 19 条、第 20 条、第 23 条。

二、责任构成要件要素审查

（一）侵权行为要素审查

1. 清算义务人清算责任

清算义务人损害公司债权人利益的侵权行为，包括作为和不作为两种情形。不作为的情形主要包括：未在法定期限内成立清算组开始清算给公司财产造成损失；怠于履行清算义务导致公司无法清算；未经清算即办理注销登记导致公司无法清算等。作为的情形主要包括：恶意处置公司财产给债权人造成损失；以虚假的清算报告骗取公司登记机关办理法人注销登记等。原告应就清算义务人存在侵权行为负初步的举证责任。一般情况下，原告举证证明公司发生解散事由后未在法定期限内组织清算，或者公司未经清算已被注销，或者清算义务人未经合法清算程序即私分或处置公司财产，可认定其已完成初步的举证责任；被告应就其已采取积极措施推动清算程序及其处分公司财产的合理性等进一步举证。实践中关于侵权行为要素应主要审查以下内容：（1）公司是否已经发生了应当解散清算的事由；（2）清算义务人是否已经在法定期限内自行成立清算组进行清算；（3）清算义务人是否存在拖延、拒绝履行清算义务的情形；（4）清算义务人是否履行清理公司主要财产、管理好公司账册、重要文件等义务；（5）清算义务人为确保清算顺利进行是否已采取积极措施；（6）清算义务人是否存在侵占、私分公司财产的行为，是否以明显不合理低价出售公司财产；（7）公司是否已经办理注销登记；（8）公司注销前是否经过清算，注销材料中有无清算报告，清算报告是否真实合法（是否虚构债权债务已清结）。

2. 清算人清算责任

清算人（在诉讼中体现为清算组成员）损害公司或债权人利益的侵权行为，实践中主要包括：未依法履行通知和公告义务，导致债权人未及时申报债权；清算组成员其他违反法律、行政法规或者公司章程的行为给债权人造

[①] 最高人民法院民事审判第二庭编著：《最高人民法院关于公司法司法解释（一）、（二）理解与适用》，人民法院出版社 2015 年版，第 493 页。

成损失；清算组成员违反法律、行政法规或者公司章程给公司造成损失。实践中清算组违反法律、行政法规或者公司章程的侵权行为主要表现为因故意或者重大过失造成清算中公司财产贬值、流失、毁损或者灭失，或者恶意处置、违法分配公司财产等。上述侵权行为一方面导致公司本身的财产损失，另一方面也导致公司有效资产减少而使债权人债权无法获得清偿。其中，因"未依法履行通知和公告义务"属于消极的事实，只要存在原告（债权人）未及时申报债权的事实，则可认定原告已就侵权行为的存在完成初步举证责任，被告应就其已依法履行通知和公告义务作进一步举证；对于其他侵权事实，则应由原告举证证明。实践中关于侵权行为要素应主要审查以下内容：（1）原告是否为已知债权人；（2）清算组是否通知全体已知债权人；（3）清算组是否履行公告义务，公告的载体是否符合规定；（4）通知、公告的内容是否恰当，具体审查是否包括公司进入解散清算的申明以及债权申报的期限、地点、方法、需要提交的材料等促使债权人有效申报债权的内容；（5）清算组成员是否存在其他违反法律、行政法规或者公司章程的行为（例如，保管不当导致公司财产毁损、恶意处置公司财产、未经清偿债务即向股东分配公司财产等）。

【规范依据】《民法典》第70条；《公司法》第183条、第184条、第185条、第186条、第188条、第189条；《公司法司法解释（二）》第11条、第18条、第19条、第20条、第23条；《民商审判会议纪要》第14条。

（二）过错要素审查

1. 清算义务人未在法定期限内成立清算组开始清算的情形

《公司法》关于公司应当组织清算的情形以及清算期限均有明确规定，清算义务人对此应当知晓。如果清算义务人在公司发生解散事由后未在法定期限内组织清算，则应当认定其在主观上存在过错，原告无须再就此举证。

2. 清算义务人怠于履行清算义务的情形

怠于履行义务的主观过错包括故意和过失两种形态。故意，是指清算义务人在法定清算事由出现后，有意不履行清算启动程序、成立清算组进行清算、清理公司主要财产以及管理好公司账册、重要文件等义务；在其他股东请求其履行清算义务的情况下，拒绝履行。过失，是指公司在法定清算事由出现的情况下，清算义务人基于法律知识的欠缺，不知道要履行清算义务，启动清算程序、成立清算组、清理公司主要财产以及管理好公司账册、重要文件等义务。[①] 因"怠于履行义务"是一种消极状态，且法律对于履行清算义

---

① 参见最高人民法院民事审判第二庭编著：《〈全国法院民商事审判工作会议纪要〉理解与适用》，人民法院出版社2019年版，第166页。

务的标准亦无明确规定，当事人的主观过错较难认定。实务中在认定清算义务人是否具有"怠于履行义务"的过错时，可以通过以下两方面来进行判断：一是清算义务人是否为确保清算顺利进行采取了积极措施。如果清算义务人举证证明其在清算前或者清算中已采取积极措施推动清算开展、排除清算障碍的，则可以认定其主观上并不存在怠于履行义务的过错。二是清算义务人是否存在滥用公司法人地位和股东有限责任以逃避债务的可能。如果有限责任公司的小股东举证证明其既不是公司董事会或者监事会成员，也没有选派人员担任该机关成员，且从未参与公司经营管理，即对公司没有影响力和控制力，不存在滥用法人地位和股东有限责任的可能，则可认定其在主观上也不存在怠于履行义务的过错。

3. 清算义务人恶意处置公司财产的情形

恶意是指清算义务人在作出损害公司财产的行为时存在故意或者重大过失，即知道或者应当知道其行为会造成公司财产损害并导致债权人的利益受到损害而作出该行为。[①] 原告举证证明清算义务人存在未经合法清算程序即侵占、私分公司财产，或者以明显不合理低价处分公司财产的行为，则可认定清算义务人在主观上存在故意或者重大过失。

4. 清算义务人以虚假的清算报告骗取公司注销登记的情形

原告举证证明清算义务人据以办理公司注销登记的清算报告存在虚假内容（主要是虚构债权债务已清结的事实），则可认定清算义务人在主观上存在骗取注销登记的故意。

5. 清算义务人未经清算即办理注销登记的情形

《公司法》第188条规定，公司清算结束后，清算组应当制作清算报告，报股东会、股东大会或者人民法院确认，并报送公司登记机关，申请注销公司登记，公告公司终止。可见清算是公司注销的法定前置程序，清算义务人对此应当明知。原告举证证明清算义务人未经清算即办理公司注销登记的，则可认定清算义务人在主观上存在过错。

6. 清算组未依法履行通知、公告义务的情形

《公司法》第184条明确规定了清算组的通知、公告义务，清算组成员对此应当明知。如果清算组成员未依法履行通知、公告义务，则应认定其在主观上存在故意或者重大过失，原告无须再对此举证。

[①] 最高人民法院民事审判第二庭编著：《最高人民法院关于公司法司法解释（一）、（二）理解与适用》，人民法院出版社2015年版，第421页。

7. 清算组成员其他违反法律、行政法规或者公司章程损害公司、债权人利益的情形

如果清算组成员违反法律、行政法规或者公司章程的明确规定，则应认定其在主观上存在故意或者重大过失，原告无须再对此举证；如果是违反其他忠实、勤勉义务，则需要结合具体案情综合判断其是否具有过错和过错的程度。

实践中关于清算义务人、清算组成员的主观过错主要审查以下内容：（1）有限责任公司股东的持股情况、任职情况、参与公司经营管理情况等；（2）公司主要财产、账册、重要文件由谁掌控；（3）有限责任公司是否存在大股东排挤、压制小股东，导致小股东无法行使权利的情形；（4）清算义务人履行清算义务、清算组依法执行清算事务的情况。

【规范依据】《民法典》第 1165 条；《公司法》第 189 条。

（三）损害结果要素审查

清算责任纠纷中的损害结果，主要是债权人的债权无法得到清偿或者清算中公司发生财产损失。实践中关于损害结果主要应审查以下内容：（1）公司主要财产的现状如何，是否发生公司财产贬值、流失、毁损或者灭失的情形，是否发生公司财产被侵占、私分或者低价处分的情形，财产损失范围如何；（2）公司账册、重要文件的现状如何，是否发生公司账册、重要文件等灭失的情形，灭失程度如何；（3）债权人是否已经申请法院对公司强制清算，现该公司清算情况如何，法院是否已裁定终结清算程序；（4）债权人未申请强制清算的，根据查明的事实能否认定公司已无法清算；（5）公司是否已办理注销登记；（6）原告（债权人）所主张的债权是否真实有效；（7）该项债权是否已超过诉讼时效期间（被告提出时效抗辩时）；（8）公司对于该项债权的其他抗辩事由是否成立；（9）债权人是否已就其债权向公司提出主张，有无生效法律文书确定公司对该债权人负有债务，执行情况如何；（10）债权人是否向清算组申报债权；（11）债权人债权的清偿情况如何。

【注意事项】

第一，导致公司财产贬值、流失、毁损或者灭失的认定。清算义务人未在法定期限内成立清算组开始清算，导致公司财产发生贬值、流失、毁损或者灭失等损失，降低了公司的偿债能力，最终将导致公司债权人的债权无法通过公司财产得到清偿，从而损害债权人的利益。公司财产损失结果包括两种情况：一是公司有效资产的直接减损；二是公司债务的增加。

第二，导致公司无法清算的认定。公司无法进行清算，是指由于公司据以进行清算的财产、账册、重要文件等灭失，无法按照法律规定的程序对公

司的债权债务进行正常的清理，造成公司的财产和负债范围无法确定，债权人的债权无法得以清偿。[1]在此情况下，债权人就公司清算之后的财产实现其债权的合法权益遭受损害。公司已经进入强制清算程序，法院因无法清算或无法全面清算裁定终结强制清算程序的，可据此认定公司无法进行清算。在未经强制清算的情况下，可根据以下情形认定公司无法进行清算：（1）在公司注册地、主要营业地查找不到公司机构或清算义务人下落不明；（2）公司据以进行清算的主要财产因保管不善而贬值、流失、毁损、灭失，或者公司登记资产下落不明；（3）公司账册、重要文件下落不明，或者发生重大毁损、灭失，导致无法查明公司的资产负债情况等。

第三，在认定公司是否"无法清算"时，是否应经强制清算前置程序。首先，应明确的是，"无法进行清算"是判令清算义务人承担清算责任的条件，但法律及司法解释并未规定债权人提起清算责任纠纷应当以申请强制清算为前置程序。"无法进行清算"是认定损害结果构成要件的重要事实，属于事实认定问题。其次，因强制清算属于特别程序，法院在民事诉讼程序中审查本应在特别程序中审查的问题，会受到诸多限制。因此，如果双方当事人对于无法清算不存在争议，或者清算义务人虽有异议但未能提交反驳证据的，可直接认定公司已无法进行清算；如果双方当事人对于是否能够清算产生争议，且清算义务人对此提出初步证据，即根据现有证据不足以认定"无法进行清算"的，应认定债权人关于"无法进行清算"的主张欠缺事实依据，并引导其先行申请强制清算。

【规范依据】《民法典》第70条、第1184条；《公司法》第189条；《公司法司法解释（二）》第11条、第18条、第19条、第20条、第23条。

（四）因果关系要素审查

清算责任在性质上属于侵权责任，故应审查清算义务人违反清算义务或者清算组成员违反忠实、勤勉义务与债权人利益受损之间是否存在因果关系。

第一，清算义务人未在法定期限内成立清算组开始清算的情形。包括：（1）未在法定期限内成立清算组开始清算与公司财产贬值、流失、毁损或者灭失之间的因果关系，亦即公司财产损失是否为未组织清算所导致；（2）公司财产损失与债权人权益受损之间的因果关系，亦即债权人的债权未获得清偿是否为公司财产贬值、流失、毁损或者灭失所导致的结果。

第二，清算义务人怠于履行义务的情形。包括：（1）怠于履行清算义务与公司主要财产、账册、重要文件等灭失之间的因果关系，亦即公司主要财

---

[1] 最高人民法院民事审判第二庭编著：《最高人民法院关于公司法司法解释（一）、（二）理解与适用》，人民法院出版社2015年版，第419页。

产、账册、重要文件等灭失是否是怠于履行清算义务所导致；（2）公司主要财产、账册、重要文件等灭失与公司无法进行清算之间的因果关系，亦即公司主要财产、账册、重要文件等灭失是否导致公司无法进行清算；（3）公司无法清算与债权人利益受损之间的因果关系，亦即债权人的债权未获得清偿是否是公司无法清算所导致的结果。

第三，清算义务人恶意处置公司财产的情形。包括：（1）恶意处置公司财产是否造成公司有效资产的减少；（2）公司财产减少与债权人利益受损之间的因果关系，亦即债权人的债权未获清偿是否是公司财产减少所导致的结果。

第四，清算义务人以虚假的清算报告骗取公司注销登记的情形。主要审查债权人债权未获清偿是否与公司被注销有因果关系，亦即债权人的债权未获清偿是否是公司注销所导致的结果。

第五，清算义务人未经清算即办理注销登记的情形。包括：（1）公司未经清算即办理注销登记与公司无法清算的因果关系，亦即公司未经清算即注销是否导致公司无法再进行清算；（2）公司无法清算与债权人利益受损之间的因果关系，亦即债权人的债权未获清偿是否是公司无法清算所导致的结果。

第六，清算组未依法履行通知、公告义务的情形。包括：（1）未依法履行通知、公告义务与债权人未及时申报债权之间的因果关系，即债权人未及时申报债权是否是清算组未通知、公告所导致；（2）债权人未及时申报债权与未获清偿的因果关系，即债权人的债权未获清偿是否是未能及时申报债权所导致。

第七，清算组成员其他违反法律、行政法规或者公司章程规定的情形。主要审查清算组成员上述侵权行为与公司财产损失或者债权人未获清偿的结果之间是否有因果关系，即上述损害结果是否是清算组成员违反相关规定的行为所造成。

实践中关于因果关系应主要审查以下内容：（1）公司主要财产、账册、重要文件在解散事由发生时的状况（数量、价值、保管情况等）；（2）公司账册、文件灭失是否达到无法清算的程度；（3）公司发生解散事由时是否尚有足以清偿债务的财产；（4）公司无法清算是否为其他原因所导致；（5）被告为有限责任公司小股东、名义股东的，审查其参与公司经营管理的情况。

【注意事项】

第一，清算责任在性质上属于侵权责任，因此，审查侵权行为与损害结果之间是否存在因果关系是审理此类案件的关键环节，不能唯结果论，例如，只要发生公司主要财产、账册、重要文件等灭失导致无法进行清算的结果，就倒推认定系股东怠于履行清算义务所造成；或者只要股东怠于履行清算义务，就认定与公司主要财产、账册、重要文件等灭失导致无法进行清算具有因果关系。

第二，侵权行为与损害结果之间是否具有因果关系，属于事实认定问题，应按照证据规则进行审查。关于举证责任的分配，对于清算义务人怠于履行义务导致无法清算的情形，根据《民商审判会议纪要》第15条规定，有限责任公司的股东举证证明其"怠于履行义务"的消极不作为与"公司主要财产、账册、重要文件等灭失，无法进行清算"的结果之间没有因果关系，主张其不应对公司债务承担连带清偿责任的，人民法院依法予以支持，亦即证明因果关系不存在的举证责任在提出该项抗辩的清算义务人一方。对于其他类型的清算责任纠纷未有明确规定，但考虑到公司债权人客观上无法掌握公司运营情况和财务资料，而公司清算系由清算义务人作出决策，由清算组具体执行，清算义务人和清算组成员相对债权人处于优势地位。因此，在原告（债权人）已就侵权行为和损害结果等必要事实进行初步举证后，被告提出两者之间不存在因果关系抗辩的，应就此举证证明，如应证明公司财产发生损失或者债权人债权未获清偿是其他原因所造成等。对于原告为公司或者公司股东的情形，则仍应由原告就因果关系的成立先行举证证明。

【规范依据】《民法典》第1165条；《民商审判会议纪要》第15条。

三、承担清算责任的要素审查

（一）承担责任的方式

根据《公司法司法解释（二）》第11条、第18条至第20条、第23条规定，清算责任的承担方式包括赔偿责任、连带清偿责任和清偿责任。[①]

承担赔偿责任的情形包括：清算组未履行通知、公告义务，导致债权人未及时申报债权而未获清偿；清算组成员违反法律、行政法规或者公司章程给公司或者债权人造成损失；清算义务人未在法定期限内成立清算组开始清算，导致公司财产贬值、流失、毁损或者灭失；清算义务人恶意处置公司财产给债权人造成损失；清算义务人未经依法清算，以虚假清算报告骗取注销。清算责任在性质上为侵权责任，而损害赔偿责任是侵权责任的主要承担方式，

[①] 从理论上说，清算义务人违反清算义务，除了承担清算赔偿责任、清算清偿责任外，还可能承担清算组织责任，即承担强制履行清算义务的行为责任。因实践中就清算义务人的清算组织责任，债权人一般是通过申请法院强制清算的方式来提出主张，该类纠纷属于《民事案件案由规定》"四十二、公司清算案件""420.申请公司清算"，故不在本章讨论范围。

其法理基础在于法定义务向法律责任的转变。解散清算的制度价值体现在通过合法、正当的方式了结公司债权债务，以保护公司股东和债权人的合法利益。清算制度价值的实现有赖于清算义务人和清算组依法履行义务。一旦清算义务人或清算组利用其优势地位损害债权人利益，势必打破股东与债权人之间的利益平衡，此时必须追究其法律责任。因此，清算赔偿责任是清算义务人和清算组法定义务的转化，在清算义务人违反清算义务，或者清算组成员违反忠实、勤勉义务给债权人或者公司造成损失的情况下，其法定义务转化为对债权人或者公司的赔偿责任。

承担连带清偿责任的情形为清算义务人怠于履行清算义务，导致公司无法进行清算；承担清偿责任的情形为清算义务人未经清算即办理公司注销登记，导致公司无法清算。清算义务人的连带清偿责任属于法定的连带责任。而在公司已注销的情况下，由于公司的主体资格已消灭，债权人无法再向公司主张权利，故由清算义务人直接承担清偿责任。清算清偿责任是在侵权责任的法理基础上，基于被侵害客体的特殊性——债权，针对清算义务人为股东的情形，引入法人人格否认理论。法人人格否认制度的法律依据为《公司法》第 20 条第 3 款，该款规定，公司股东滥用公司法人独立地位和股东有限责任，逃避债务，严重损害公司债权人利益的，应当对公司债务承担连带责任。法人人格否认制度是对股东有限责任的限制，清算义务人（股东）不履行或怠于履行清算义务导致公司无法清算，显然属于滥用公司法人独立地位和股东有限责任，逃避债务，严重损害公司债权人利益的情形，此时应当否认法人人格，让股东直接对公司债务承担清偿责任。

（二）责任范围

1. 赔偿责任

损失赔偿是承担侵权责任的主要方式。根据侵权损害赔偿的"填平原则"，损失赔偿额应与被侵权人受到的损害相当。实践中债权人起诉请求赔偿的数额一般是其债权未获清偿部分。在确定赔偿范围时，可按以下原则处理：

（1）清算义务人骗取注销以及清算组未依法履行通知、公告义务的情形。因清算义务人骗取公司注销将导致公司主体资格消灭，债权人无法再向公司提出主张，清算组未履行通知、公告义务将导致债权人未能及时申报债权，其损害结果均体现为债权人无法向公司主张权利，债权未能获得清偿。因此，一般可将债权人债权未获清偿部分确定为损失赔偿范围。

（2）清算组成员其他违反法律、行政法规或者公司章程规定给公司或者债权人造成损失的情形，赔偿范围应当以所造成的财产损失范围为限。

（3）清算义务人未组织清算导致公司财产损失以及恶意处置公司财产的

情形。因清算义务人的上述行为导致公司有效资产减少，客观上降低公司的偿债能力，最终导致债权人的债权无法通过公司财产得到清偿。因此，清算义务人赔偿损失的范围以其造成公司财产损失导致债权人债权未获清偿的部分为限。同时，基于因果关系的角度考量，如清算义务人能举证证明其所造成的公司财产损失或流失范围小于债权人未获清偿部分，则清算义务人赔偿损失的数额应以造成公司财产损失或流失的数额为限。需要说明的是，这两种情形均表现为债权人的债权因公司财产减损而不能得到清偿，因此，清算义务人的赔偿责任是一种补充赔偿责任，即在债权人向公司提出主张，且经强制执行公司财产仍不能获得清偿的情况下，未获清偿的部分才可认定为债权人的损失，债权人才可就此部分损失要求清算义务人赔偿。

2. 连带清偿责任与清偿责任

清算义务人怠于履行义务导致公司无法清算，应当对公司的债务承担连带清偿责任，清算义务人未经清算即注销公司导致公司无法清算，应当对公司的债务承担清偿责任。清算义务人承担清偿责任的前提是公司无法清算，此时债权人的债权无法通过清算程序获得清偿，因此清算义务人承担清偿责任的范围以债权人债权未获清偿部分为限。需要说明的是，鉴于清算责任在性质上属于侵权责任，从理论上说，清算义务人承担清偿责任的范围亦应以其造成的损失为限，不应超过公司解散时尚存的财产数额。因为基于因果关系的角度考量，即使公司依法清算，债权人能获得清偿的数额也不可能超过公司尚存的财产。但因清算义务人承担清偿责任针对的是公司无法清算的情况，此时公司解散时尚存的财产数额已无法确定，故只能将举证不能的不利后果分配给清算义务人，推定公司解散时尚存的财产足以清偿债权人的债权。

【规范依据】《民法典》第70条、第179条、第1168条；《公司法》第20条、第189条；《公司法司法解释（二）》第11条、第18条、第19条、第20条、第23条。

四、诉讼时效要素审查

（一）被告以债权人对公司的债权超过诉讼时效期间为由提出抗辩

根据《民商审判会议纪要》第16条规定，公司债权人请求股东对公司债务承担连带清偿责任，股东以公司债权人对公司的债权已经超过诉讼时效期间为由抗辩，经查证属实的，人民法院依法予以支持。该条系针对债权人依据《公司法司法解释（二）》第18条第2款规定请求清算义务人承担连带清偿责任时的规定。对于其他清算责任纠纷类型，清算义务人或者清算组成员能否以公司债权人对公司的债权已经超过诉讼时效期间为由提出抗辩？我们认为，对于债权人请求清算义务人承担清偿责任的情形，此时清算义务人相当于承继了已注销公司的债务人身份，自然可以就债权人对公司的债权本身提出诉讼时效抗辩；对于债权人请求清算义务人或者清算组成员承担赔偿责任的情形，因债权人的损失表现为债权未获清偿，从因果关系的角度而言，所谓"未获清偿"是指债权原本能得到清偿，但因清算义务人或者清算组成员的侵权行为而未获清偿，"原本能得到清偿"也就意味着该债权本身不能超过诉讼时效期间。因此，清算义务人或者清算组成员仍可就债权人对公司的债权本身提出诉讼时效抗辩。在被告对债权人的债权本身提出诉讼时效抗辩的情况下，需要审查债权人对公司的债权是否已超过诉讼时效期间。

（二）债权人请求清算义务人、清算组成员承担清算责任的诉讼时效期间起算点的认定

1. 债权人以《公司法司法解释（二）》第18条第2款为依据，请求清算义务人对公司债务承担连带清偿责任，诉讼时效期间起算点的认定

根据《民商审判会议纪要》第16条规定，公司债权人以《公司法司法解释（二）》第18条第2款为依据，请求有限责任公司的股东对公司债务承担连带清偿责任的诉讼时效期间，自公司债权人知道或者应当知道公司无法进行清算之日起算。根据上述规定，公司债权人如已申请了强制清算，法院经审理后以无法清算为由裁定终结清算程序的，公司无法清算属于已确定的事实，故一般以裁定送达之日为债权人知晓公司无法清算之日，但被告有相反证据证明原告（债权人）在此前已经知道或者应当知道公司无法清算的除外。如债权人直接提起清算义务人清算责任纠纷之诉，因公司是否无法清算属于尚未确定的事实，清算义务人提出时效抗辩的，则应由清算义务人举证证明债权人知道或者应当知道公司无法清算的时间，否则一般应认定债权人通过该次诉讼才能确定公司无法清算。

2. 其他情形下诉讼时效期间起算点的认定

法律及司法解释对此未作特别规定，因此，应适用现行法律关于诉讼时效的一般规定。根据《民法典》第188条规定，诉讼时效期间自权利人知道或者应当知道权利受到损害以及义务人之日起计算。

【规范依据】《民法典》第188条；《民商审判会议纪要》第16条。

第三节 实务难点裁判思路

一、清算义务人认定中的难点

（一）名义股东是否为清算义务人

实践中存在有限责任公司的股东登记情况与实际持股情况不相符的情形，即所谓的"股权代持"。对于仅系代持他人股权，未对公司实际出资的名义股东，是否应认定为清算义务人。根据《公司法》第32条第3款规定，公司应当将股东的姓名或者名称向公司登记机关登记；登记事项发生变更的，应当办理变更登记。未经登记或者变更登记的，不得对抗第三人。该条规定体现了商法公示公信原则和外观主义原则。公司的工商登记信息对外具有公示公信的效力，商事主体的行为意思应以其行为外观为准，如商事主体的公示事项与事实不符，交易相对人可依外观公示的内容主张权利。因此，在公司的股权结构已通过工商登记向社会公开，交易相对人已周知的情况下，即使该登记内容与股东实际持股情况不相符，亦不能以此对抗善意第三人，即不应由交易相对人承担公司外观特征不真实的交易风险。故在公司、股东以及交易相对人之间发生利益冲突时，基于维护交易安全的需要，应按照内外有别的原则，优先保护交易相对人的利益。在认定相关当事人对外是否应当以股东的身份承担责任时，应以工商登记信息为准。因此，对于经工商登记的股东，即使其仅系代持股权，非实际出资人，亦不能以此对抗交易相对人，仍应认定其系公司的清算义务人。当然，在认定名义股东是否应当承担清算责任时，仍应坚持责任构成要件式裁判思路。对此，可比照有限责任公司小股东的处理原则进行审理。

（二）外商投资企业清算义务人的认定

1. 外商投资企业清算的法律适用

根据《公司法》第217条规定："外商投资的有限责任公司和股份有限公司适用本法；有关外商投资的法律另有规定的，适用其规定。"因此，在审理涉及外商投资企业的清算责任纠纷时，应适用企业存续期间施行的外商投资企业清算规定。1996年7月9日发布实施的《外商投资企业清算办法》（于

2008年1月15日废止）第2条规定，"在中华人民共和国境内依法设立的中外合资经营企业、中外合作经营企业、外资企业（以下简称企业）进行清算，适用本办法"。在该办法有效施行期间，外商投资企业性质的公司解散，其清算事宜应当适用该办法的规定。此外，对于原深圳经济特区内的外商投资企业，还应优先适用原经济特区制定的地方性法规，具体为1995年10月1日施行的《深圳经济特区企业清算条例》（2006年9月26日废止）及1998年5月29日施行的《〈深圳经济特区企业清算条例〉实施细则》（2007年10月1日废止）。外商投资企业清算事宜发生在上述行政法规及地方性法规施行期间的，应适用上述行政法规及地方性法规的规定。

2. 外商投资企业清算义务人的认定

根据原《外商投资企业清算办法》第8条规定，外商投资企业应当由企业权力机构组织成立清算委员会进行清算；根据原《深圳经济特区企业清算条例》及《〈深圳经济特区企业清算条例〉实施细则》规定，深圳经济特区内的外商投资企业应由清算主管机关组织进行清算。因此，在上述行政法规及地方性法规施行期间，外商投资企业的股东并不负有清算义务。

二、清算义务人侵权行为认定中的难点

（一）"怠于履行义务"的认定

1. 如何理解"怠于履行义务"

根据《民商审判会议纪要》第14条规定，《公司法司法解释（二）》第18条第2款规定的"怠于履行义务"，是指有限责任公司的股东在法定清算事由出现后，在能够履行清算义务的情况下，故意拖延、拒绝履行清算义务或者因过失导致无法进行清算的消极行为。根据最高人民法院关于该条文的理解释义，《公司法司法解释（二）》第18条第2款规定的"怠于履行义务"，主要是指没有按要求启动清算程序，成立清算组；至于清算组成立后，则是指怠于履行清理公司主要财产以及管理好公司账册、重要文件等义务。[1] 按照该条文理解，"怠于履行义务"也包含根本未履行清算义务的情形。因此，实践中在把握《公司法司法解释（二）》第18条规定的两种情形时，应结合侵权情形及损害结果来进行区分，如果是根本未成立清算组且导致公司财产损失后果的，则适用第1款规定，如果是未成立清算组或虽已成立清算组但怠于履行义务，导致无法清算后果的，则适用第2款规定，区别两者的关键在

---

[1] 最高人民法院民事审判第二庭编著：《〈全国法院民商事审判工作会议纪要〉理解与适用》，人民法院出版社2019年版，第166页。

于是否发生了公司无法清算的后果。

2. 清算义务人是否为履行清算义务采取积极措施的认定

积极措施是指股东为确保清算顺利进行已经采取的必要行为。在审理公司清算责任纠纷案件过程中，如果有限责任公司股东举证证明其已经为履行清算义务采取了一定的积极行为，如请求控股股东或者其他股东对公司进行清算，但后者没有启动；又如，股东作为清算组成员，请求清算组的其他成员清理公司主要财产以及管理好公司账册、重要文件，但清算组其他成员没有积极作为；① 或者股东为排除清算中遇到的障碍，及时采取适当、必要的措施（如提起股东知情权之诉）等，可以认为股东已经为履行清算义务采取了积极措施。在司法审查中，对于有限责任公司的股东，可结合股东的持股比例、任职情况、参与公司经营管理情况等认定其是否有能力采取积极措施以及所采取措施是否达到积极程度。

（二）关于有限责任公司小股东的审理原则

股东承担清算清偿责任的理论基础是法人人格否认制度，其法律依据为《公司法》第 20 条第 3 款规定，该款规定旨在制裁股东滥用公司法人独立地位和股东有限责任的行为。公司股东怠于履行清算义务造成债权人损失，属于该款规定的股东滥用公司法人独立地位和股东有限责任以逃避债务的情况，应对公司债务承担连带责任的情形。因此，在认定股东是否应承担连带清偿责任时，应判断其是否存在滥用公司法人独立地位和股东有限责任的可能以及滥用的事实，不能简单以发生无法清算情形为由，不加区别地判令公司全体股东作为责任整体对债权人承担责任，否则将与《公司法》第 20 条的立法宗旨相悖，更是让股东有限责任制度完全落空。虽然在现有的法律框架下，有限责任公司的清算义务人为全体股东，但实践中公司股东之间基于持股比例不同、任职情况不同等现实因素，其对公司的决策力、控制力、影响力也各不相同。基于权利义务相对等原则，在审查小股东的清算责任时，应根据实际情况进行认定，以平衡大小股东之间的利益。依照《民商审判会议纪要》第 14 条规定，如果小股东举证证明其既不是公司董事会或者监事会成员，也没有选派人员担任该机关成员，且从未参与公司经营管理，即小股东没有滥用公司法人独立地位和股东有限责任的可能的，应认定其不构成"怠于履行义务"。

---

① 最高人民法院民事审判第二庭编著：《〈全国法院民商事审判工作会议纪要〉理解与适用》，人民法院出版社 2019 年版，第 166 页。

（三）关于名义股东、纯粹财务投资者的审理原则

司法实践中，公司的登记股东仅为代持股权的名义股东，或者公司的登记股东对于公司仅系财务投资，并不参与经营管理的现象较为常见。基于商事外观主义原则，上述工商登记股东均应认定为清算义务人。但在认定其是否构成怠于履行清算义务，是否应当承担清算责任时，可比照小股东的审理原则，结合其对公司经营管理的参与程度以及决策力进行审查。对于作为被告的公司登记股东，如果能举证证明其仅系名义股东或财务投资者，并不参与公司经营管理，对于公司清算事宜并无决策力、控制力、影响力，可认定其并不构成怠于履行清算义务。如果实际出资人与名义股东约定由名义股东出面行使股权，参与公司经营管理，名义股东对于公司未依法组织清算具有过错的，则可认定其怠于履行清算义务，应承担相应的清算责任。对于债权人同时请求实际出资人承担责任的情况，如实际出资人仅享有股权收益，而不享有其他股东权益，其对于公司未依法组织清算不具有过错的，不需承担责任；如实际出资人间接行使全部股权，其对于公司未依法组织清算亦具有过错的，则其应当与怠于履行清算义务的名义股东共同承担责任；如果实际出资人系公司的实际控制人，则按《公司法司法解释（二）》第18条第3款规定处理。

三、因果关系认定中的难点

（一）清算义务人未在法定期限内成立清算组开始清算，与债权人利益受损之间因果关系的认定

实践中可按以下层次进行认定。

1. 清算义务人未组织清算与公司财产损失之间的因果关系

公司发生解散事由后，清算义务人未在法定期限内成立清算组开始清算，将使公司财产无法通过清算程序得到有效的管理和维护，导致公司财产毁损、流失；或者清算义务人不组织清算，清理公司债权债务关系，使公司无法及时清理债权债务，导致公司债权因诉讼时效期间经过而得不到有效清偿等，此时可认定清算义务人未组织清算与公司财产损失之间存在因果关系。如果清算义务人能举证证明公司财产在发生解散清算事由之前已经毁损、流失，则不应认定未组织清算与公司财产损失之间存在因果关系。

2. 公司财产损失与债权人债权未获清偿之间的因果关系

要明确债权人债权未获清偿，必须是公司财产损失从而导致公司偿债能力降低所产生的结果，此时方可认定该项因果关系成立。如果债权人债权未

获清偿的事实在公司发生解散事由之前已存在，则不应认定两者之间具有因果关系。

（二）清算义务人怠于履行义务导致公司无法进行清算，与债权人利益受损之间因果关系的认定

根据《民商审判会议纪要》第 15 条规定，有限责任公司的股东举证证明其"怠于履行义务"的消极不作为与"公司主要财产、账册、重要文件等灭失，无法进行清算"的结果之间没有因果关系，主张其不应对公司债务承担连带清偿责任的，人民法院依法予以支持。实践中可按以下层次进行认定。

1. 怠于履行清算义务与公司主要财产、账册、重要文件等灭失之间的因果关系

债权人应先初步证明存在清算义务人怠于履行清算义务之事实以及发生公司主要财产、账册、重要文件等灭失之结果。清算义务人如能举证证明公司的财务账册、重要文件在发生解散事由之前已经毁损、灭失，或者清算义务人中的小股东能举证证明公司的主要财产、账册、重要文件均由大股东或者其所委派人员掌控，即使其"怠于履行义务"，也与灭失结果无关，则可认定怠于履行清算义务之不作为与公司主要财产、账册、重要文件等灭失之间不存在必然联系。

2. 公司主要财产、账册、重要文件等灭失与公司无法进行清算之间的因果关系

债权人应先初步证明公司主要财产、账册、重要文件等灭失以及公司实际未进行清算或清算程序因清算不能而终结的事实。清算义务人在此环节的抗辩中，主要应证明公司仍然具备清算条件。例如，清算义务人能证明公司财产、账册、文件等仅是部分缺失，可以通过其他方式追回或者补齐，尚未达到"无法清算"的程度，则应认为两者之间不存在必然联系。

3. 公司无法清算与债权人权益受损之间的因果关系

债权人应初步证明存在公司无法清算的情形及其债权未能清偿的后果。清算义务人在此环节的抗辩中，主要应证明在公司出现清算事由时已无财产。这是因为清算义务人承担责任的前提是出现清算事由时公司能够全部或部分清偿债务。如果公司出现清算事由时已无财产，即不论清算义务人履行清算义务与否，债权人的债权均无法得到清偿，则应认定公司无法清算与债权人债权无法清偿之间不存在必然联系。

（三）"终结本次执行"问题对于因果关系认定的影响

实践中被告通常以公司在解散事由发生前已经法院在执行程序中以无可供执行财产为由裁定终结本次执行程序作为因果关系的抗辩事由。我们认为，

公司在解散事由发生前已经法院以无可供执行财产为由裁定终结本次执行程序,并不当然意味着公司实际上已经没有财产可供清偿债务,如原告能提交初步证据证明公司在发生解散事由时仍有财产存在,则被告以终结本次执行程序作为因果关系不成立的抗辩事由,理由不成立;如原告未能提交任何初步证据证明公司发生解散事由时的财产状况,则可认定公司解散时已无财产用于清偿债务,或者债权人债权未获清偿的事实在公司发生解散事由之前已经存在,即被告不履行清算义务的行为并未造成债权人实质性的损失,此时应认定侵权行为与损害结果之间不存在因果关系。

四、清算义务人、清算组成员之间如何承担责任

(一)清算义务人(股东)之间是按出资比例承担责任,还是连带承担责任

公司全体股东均对公司负有依法组织清算的义务,清算义务是每位股东应当履行的法定义务,不存在按比例分担的问题,因此,在股东违反该项义务造成债权人损失时,应认定其构成共同侵权。根据《民法典》第1168条规定,二人以上共同实施侵权行为,造成他人损害的,应当承担连带责任。股东之间关于出资比例的规定属于其内部约定,对外部债权人不具有约束力。在公司股东违反清算义务,构成共同侵权的情况下,各股东对外承担的是连带责任,即任一股东均应对因此给债权人造成的全部损失承担责任。同时,根据《公司法司法解释(二)》第21条规定,有限责任公司的股东、股份有限公司的董事和控股股东,以及公司的实际控制人为二人以上的,其中一人或者数人依法承担民事责任后,可向其他人员主张按照过错大小分担责任。

(二)清算组成员之间如何承担责任

在实践中,清算组成员除股东外,还可能是接受委任的相关专业机构和人员,上述人员在清算过程中一般仅负责某一方面的专项工作(如财务、税务等)。在债权人请求清算组成员承担赔偿责任时,是否应当依据清算组成员的身份、职权、分工等加以区分?对于清算组未履行通知、公告义务的情形,最高人民法院的意见是清算组成员对债权人因未及时申报债权而未获清偿的损失应承担连带赔偿责任。理由是:首先,清算组成员是作为一个共同体而一同管理公司清算事务,每一个成员都应该依法履行清算组职责,自然也应"权利共享,风险共担";其次,清算组成员未依法履行通知或者公告义务的行为构成了共同侵权,根据行为人对共同侵权造成的损失承担连带责任的原理,债权人既可以向其中一个清算组成员主张全部的赔偿,又可以向全体清

算组成员分别主张部分的赔偿；最后，部分清算组成员对债权人承担赔偿责任后，可以向有过错的成员追偿。在清算组内部分工的情况下，债权人的损失可能是由于个别或部分成员的不当行为导致。因而，已向债权人实施赔偿的清算组成员可以要求其他成员按照过错大小予以分担。[1] 对于清算组成员其他违反法律、行政法规或者章程规定应承担赔偿责任的情形，最高人民法院的意见是应当根据清算组成员过错行为违反的义务性质而确定。如果清算组成员的过错行为违反的是法律科以清算组成员个体的义务，如不得侵占公司财产的义务，则仅有过错的清算组成员承担赔偿责任，其他无过错的清算组成员不承担赔偿责任。如果清算组成员的过错行为违反的是法律科以清算组整体的义务，如适当公告的义务，则所有的清算组成员应当承担连带责任，无论其是否具有过错，因为清算组成员之间的内部因素不得对抗外部第三人。当然，无过错的清算组成员承担赔偿责任后可以向有过错的清算组成员进行追偿。[2]

五、解散清算与破产清算程序的衔接问题

（一）正确区分解散清算与破产清算

解散清算，是指公司非因破产原因解散，依照《公司法》规定的程序而进行的清算，包括自行清算与强制清算；破产清算是指公司不能清偿到期债务而被依法宣告破产，依照破产程序而进行的清算。解散清算与破产清算发生的原因不同、制度目的不同、清算程序不同、债权人的地位和权利不同，在案件审理过程中，应区分上述两种不同的清算程序，以正确适用法律。

（二）公司已进入破产清算程序的处理

《公司法司法解释（二）》第18条系针对解散清算作出的规定，不适用于破产清算。实践中在适用该条规定时，应注意审查公司是否已进入破产清算程序，并区分两种不同的清算程序，以正确适用法律。

1. 正确区分"未组织解散清算"与"未申请破产清算"

《公司法司法解释（二）》第18条第1款规定适用于清算义务人未在法定期限内成立清算组开始清算的情形，针对的是公司解散清算。《企业破产

---

[1] 最高人民法院民事审判第二庭编著：《最高人民法院关于公司法司法解释（一）、（二）理解与适用》，人民法院出版社2015年版，第293页。

[2] 最高人民法院民事审判第二庭编著：《最高人民法院关于公司法司法解释（一）、（二）理解与适用》，人民法院出版社2015年版，第505页。

法》采取的是破产申请主义,并未规定债务人符合破产原因时,债务人相关主体一律负有申请破产清算的义务,以及未及时申请破产而应向债权人承担的责任,仅在第 7 条第 3 款规定了债务人企业解散后发现有破产原因的必须转入破产清算程序。[①] 因此,公司已进入破产清算程序的,从责任构成要件上看,已经不存在清算义务人未在法定期限内成立清算组开始清算的适用前提,当事人依据《公司法司法解释(二)》第 18 条第 1 款规定,请求清算义务人对公司债务承担赔偿责任,不予支持。

2. 正确区分"无法解散清算"与"无法破产清算"

《公司法司法解释(二)》第 18 条第 2 款规定的"无法进行清算",是指公司无法进行解散清算。对于公司进入破产清算程序后发生无法清算或者无法全面清算情形的,根据《民商审判会议纪要》第 118 条规定,在判定债务人相关人员承担责任时,应当依照《企业破产法》的相关规定来确定相关主体的义务内容和责任范围,不得根据《公司法司法解释(二)》第 18 条第 2 款规定来认定相关主体的责任。因此,公司进入破产清算程序后发生无法清算或者无法全面清算情形,债权人依据《公司法司法解释(二)》第 18 条第 2 款规定,以清算义务人怠于履行清算义务导致无法清算为由请求其对公司债务承担连带清偿责任的,不予支持。

3. 无法破产清算的责任承担

根据《最高人民法院关于债权人对人员下落不明或者财产状况不清的债务人申请破产清算案件如何处理的批复》第 3 款规定:"债务人的有关人员不履行法定义务,人民法院可依据有关法律规定追究其相应法律责任;其行为导致无法清算或者造成损失,有关权利人起诉请求其承担相应民事责任的,人民法院应依法予以支持。"根据《民商审判会议纪要》第 118 条规定:"上述批复第 3 款规定的'其行为导致无法清算或者造成损失',系指债务人的有关人员不配合清算的行为导致债务人财产状况不明,或者依法负有清算责任的人未依照《企业破产法》第 7 条第 3 款的规定及时履行破产申请义务,导致债务人主要财产、账册、重要文件等灭失,致使管理人无法执行清算职务,给债权人利益造成损害。'有关权利人起诉请求其承担相应民事责任',系指管理人请求上述主体承担相应损害赔偿责任并将因此获得的赔偿归入债务人财产。管理人未主张上述赔偿,个别债权人可以代表全体债权人提起上述诉讼。"

结合上述规定,在发生无法破产清算的情况时,相关的责任主体包括破

---

① 最高人民法院民事审判第二庭编著:《〈全国法院民商事审判工作会议纪要〉理解与适用》,人民法院出版社 2019 年版,第 594~595 页。

产程序中的配合清算义务人以及发生解散清算转为破产清算时负有清算责任的人。根据《企业破产法》第15条规定,破产程序中的配合清算义务人包括法定代表人、财务管理人员和其他经营管理人员。配合清算义务人违反《企业破产法》第15条规定的配合清算义务,未妥善保管、移交公司财产、财务账册等,导致债务人财产状况不明,管理人无法执行清算职务,给债权人利益造成损害的,应对此承担损害赔偿责任。发生解散清算转为破产清算时负有清算责任的人,根据《企业破产法》第7条第3款规定,企业法人已解散但未清算或者未清算完毕,资产不足以清偿债务的,依法负有清算责任的人应当向人民法院申请破产清算。《公司法》第187条规定,清算组在清理公司财产、编制资产负债表和财产清单后,发现公司财产不足清偿债务的,应当依法向人民法院申请宣告破产。该条规定了解散清算与破产清算程序的衔接。根据该条规定,《企业破产法》第7条第3款规定的"负有清算责任的人"是指公司解散后的清算组。清算组在清算过程中发现公司财产不足清偿债务,未及时履行破产申请义务,导致债务人主要财产、账册、重要文件等灭失,致使管理人无法执行清算职务,给债权人利益造成损害的,应承担损害赔偿责任。管理人可请求上述主体承担相应损害赔偿责任,并将因此获得的赔偿归入债务人财产。

第四节 常见争点说理示范

一、针对清算义务人认定的裁判说理示范

(一)关于小股东是否为清算义务人的裁判说理示范

【适用情形】被告抗辩称其仅为有限责任公司的小股东,且未实际参与公司经营管理,对公司不负有清算义务,非清算义务人。

【说理示范】关于被告主张其仅持股×%,非××公司控股股东,且未实际参与公司经营管理,对××公司不负有清算义务的问题。本院认为,《公司法司法解释(二)》第18条规定了有限责任公司的股东未依法履行清算义务而应承担的法律责任,从而确定了有限责任公司全体股东的清算义务。现行法律法规及相关司法解释并未免除小股东的清算义务,故应认为清算义务是法律科以有限责任公司全体股东的义务。本案中,被告的持股比例虽然仅为×%,并非公司的控股股东,但其持股比例及参与公司经营管理的情况

均不影响其股东身份,故应认定其系该公司的清算义务人。

(二)关于名义股东是否为清算义务人的裁判说理示范

【适用情形】被告抗辩称其仅系代持股权的名义股东,未对公司实际出资,未参与公司经营管理,对公司不负有清算义务,非清算义务人。

【说理示范】关于被告主张其仅系名义股东,所持股权为代持,其未对公司实际出资,亦未参与公司的经营管理,不是××公司清算义务人的问题。本院认为,根据《公司法》第32条规定,公司应当将股东的姓名或者名称向公司登记机关登记;登记事项发生变更的,应当办理变更登记。未经登记或者变更登记的,不得对抗第三人。该条规定体现了商法公示公信原则和外观主义原则。根据上述原则,在公司的股权结构已通过工商登记向社会公开、交易相对人已周知的情况下,基于维护交易安全的需要,即使该登记内容与股东实际持股情况不相符,亦不能以此对抗善意第三人。因此,在认定相关当事人对外是否应当以股东的身份承担责任时,应当以工商登记信息为准。本案中,被告虽抗辩称其仅系代持股权,并非××公司实际股东,但其作为××公司经工商登记的股东,基于商法公示公信原则和外观主义原则,并不因股权代持的内部关系而当然免去其对外应当承担的法定义务,故本案应认定被告为××公司的清算义务人。

(三)发生股权转让情况下如何认定清算义务人的裁判说理示范

【适用情形】被告抗辩称其已将所持股权转让,已非公司股东,对公司不承担清算义务。

【说理示范】关于被告主张其所持股权已转让、已非公司股东,对公司不承担清算义务的问题。本院认为,相关当事人是否负有清算义务,应视其在公司发生解散事由时是否具备股东身份而定。被告虽与案外人签订了股权转让协议,但协议双方并未办理工商变更登记,本案亦无证据证明该协议已实际履行,受让人已实际取得股东身份。因此,应认定××公司的股权结构并未实际发生变更,在××公司发生解散事由时,被告仍系××公司股东,其仍应对××公司承担清算义务。

【参考裁判文书】上海市第一中级人民法院(2020)沪01民终10577号江某等与上海第三机床厂损害公司债权人利益责任纠纷一案二审民事判决书。

二、针对是否存在侵权行为的裁判说理示范

(一)被告怠于履行清算义务的裁判说理示范

【适用情形】被告怠于履行清算义务,导致公司主要财产、账册、重要文

件灭失，公司无法清算［针对《公司法司法解释（二）》第 18 条第 2 款］。

【说理示范】关于各被告是否怠于履行清算义务。本案中，××公司解散事由已经出现（简述具体的解散事由），根据《公司法》第 183 条规定，各被告作为××公司的清算义务人应在法定期限内成立清算组对××公司进行清算。但直至××××年××月××日该公司才成立清算组，已远超法律规定的组织清算期限。各被告亦未举证证明××公司在解散事由出现后长期未组织清算存在合法合理事由。在本案诉讼过程中，各被告关于××公司账册、重要文件的保管地点和方式主张不一，且在本院指定期限内，均未能提供××公司的财务账册，导致本院无法确认××公司主要财产、账册、重要文件等是否尚存，难以认定××公司仍可进行清算。据此，应认定各被告的上述不作为已构成怠于履行清算义务。

（二）清算义务人已采取积极措施的裁判说理示范

【适用情形】被告作为清算义务人已采取积极措施以履行清算义务［针对《公司法司法解释（二）》第 18 条第 2 款］。

【说理示范】关于被告是否怠于履行清算义务的问题。首先，根据查明的事实，被告曾于××××年××月××日提议召开股东会，讨论公司解散清算事宜，但在无法联系到其他股东参会的情况下，被告提议召开的股东会无法形成有效决议，被告亦无法据此成立清算组进行清算。其次，本案无证据证明被告实际控制了××公司的主要财产、账册及重要文件。而在××公司因另案被法院强制执行，其主要办事机构场所被查封，相关财产被依法扣押，负责日常经营决策的主要人员下落不明的情况下，被告在客观上亦无法组织对××公司进行清算。因此，本案可认定被告已采取积极措施以履行清算义务，其对于××公司未能在法定期限内成立清算组不存在过错，不能认定被告构成怠于履行清算义务。

【参考裁判文书】北京市高级人民法院（2021）京民申 2857 号中视影艺（北京）国际传媒有限公司与中关村发展集团股份有限公司股东损害公司债权人利益责任纠纷一案申请再审民事裁定书。

（三）小股东不构成怠于履行清算义务的裁判说理示范

【适用情形】被告系小股东，且不构成怠于履行清算义务［针对《公司法司法解释（二）》第 18 条第 2 款］。

【说理示范】本案中，被告作为××公司持股仅×%的小股东，没有证据显示其选派人员担任××公司董事会或监事会成员，亦没有证据显示其参与该公司经营管理。被告对公司出现解散事由后是否组织清算并无决策力和影响力，不存在能够履行清算义务而拒绝或拖延履行的情形，故不应认定被告构成怠于履行清算义务。

（四）清算义务人以虚假清算报告骗取公司注销的裁判说理示范

【适用情形】清算义务人未经依法清算，以虚假的清算报告骗取公司登记机关办理注销登记［针对《公司法司法解释（二）》第19条］。

【说理示范】本案中，根据生效判决原告对××公司享有未清偿的债权。但原告并未接到××公司清算组通知，参与到××公司的清算活动中以实现债权。现××公司已办理了注销登记。根据本院调取的××公司注销登记资料，××公司的清算报告中并未反映涉案债务，而是记载××公司债务已全部清偿，公司财产已处置完毕，但欠缺相应的资产负债表、财产清单和清算方案予以佐证，且与公司的实际债务负担和清偿情况明显不符。各被告作为××公司的股东，未依法对××公司进行清算以了结债务，而是在清算报告中作出公司债务已全部清偿的虚假陈述，并据以办理了××公司的注销登记，应认定其已构成未经依法清算，以虚假的清算报告骗取公司登记机关办理注销登记。

（五）清算组是否已履行通知义务的裁判说理示范

【适用情形】清算组未依法履行通知义务［针对《公司法司法解释（二）》第11条］。

【说理示范】关于××公司清算组是否已经履行通知义务的问题。根据《公司法》第185条第1款规定，清算组应当自成立之日起10日内通知债权人，并于60日内在报纸上公告。《公司法司法解释（二）》第11条规定，公司清算时，清算组应当按照《公司法》第185条的规定，将公司解散清算事宜书面通知全体已知债权人，并根据公司规模和营业地域范围在全国或者公司注册登记地省级有影响的报纸上进行公告。上述法律及司法解释针对是否为已知债权人规定了不同的告知方式，对于已知债权人，应当采取书面通知方式，对于其他可能存在的未知债权人，采取公告方式。本案中，根据已查明的事实，原告为已知债权人（简述认定为已知债权人的事实依据），××公司清算组应依法向其履行书面通知义务。清算通知的目的在于保障债权人的知情权，以便其及时参与到清算程序中，防止公司秘密清算，损害债权人利益。因此，清算组应当以合法、适当的方式履行通知义务，并就此承担举证责任。本案中（简述不能认定已履行通知义务的情况，例如，被告仅向原告的工商注册地址邮寄清算通知，但邮件因无法送达被退回，而原告与××公司交易中已明确了原告的联系地址和联系方式，被告作为清算组成员，应当掌握该信息。但被告未向双方交易中确定的原告联系地址邮寄通知书，也没有其他证据证明原告确已知悉××公司处于解散清算程序而自身怠于申报债权），根据现有证据，难以认定清算组已经依法、适当履行了清算通知义务。

三、针对损害结果的裁判说理示范

（一）公司尚具备清算条件的裁判说理示范

【适用情形】公司主要财产、账册、重要文件并未灭失，尚具备清算条件［针对《公司法司法解释（二）》第18条第2款］。

【说理示范】本案中，被告作为股东、清算义务人，未于××公司出现解散事由后依法成立清算组对公司进行清算，构成怠于履行清算义务。在此情况下，判断被告是否应对××公司债务承担连带清偿责任，应查明公司主要财产、账册、重要文件等是否灭失导致公司无法清算。本案中，（简述公司主要财产、账册、重要文件并未灭失的情况，例如，经审理查明，××公司记账凭证等账册现处于法院扣押状态，并未灭失；或者诉讼过程中，被告提交了公司××××年至××××年的全部明细分类账，证明××公司的主要账册并未灭失，仍然存在能够清算的可能性等），故现有证据不足以证明××公司主要财产、账册、重要文件等灭失导致公司无法进行清算。原告要求被告作为清算义务人对××公司的债务承担连带清偿责任，欠缺事实依据，本院不予支持。原告可依法申请人民法院指定清算组对××公司进行清算。

（二）公司已无法清算的裁判说理示范

【适用情形】公司主要财产、账册、重要文件已灭失，导致公司无法清算［针对《公司法司法解释（二）》第18条第2款］。

【说理示范】本案中，被告作为股东、清算义务人，未于××公司出现解散事由后依法成立清算组对公司进行清算，构成怠于履行清算义务。且在本案审理期间，本院要求被告提供××公司财务账册等原件而被告未能提供，被告亦未能就××公司财务账册的现状进行合理说明，导致本院无法确认××公司主要财产、账册、重要文件等是否尚存。被告提供的证据不足以证明××公司主要财产、账册、重要文件齐备，具备清算条件，应承担举证不能的不利后果，本院据此认定××公司因主要财产、账册、重要文件灭失已无法清算（或者：因原告已向法院申请对××公司进行强制清算，××××年××月××日，法院以无法获得××公司的任何财务资料及了解××公司的财产状况，清算组无法对××公司进行清算为由，裁定终结强制清算程序。本案中，被告作为××公司股东，仍未能提供公司账册等的下落，由此可见，被告怠于履行清算义务的行为已经导致了"公司主要财产、账册、重要文件等灭失，无法进行清算"的后果）。

（三）关于是否导致公司财产损失之损害结果的裁判说理示范

【适用情形】是否发生公司财产贬值、流失、毁损或者灭失的损害结果［针对《公司法司法解释（二）》第18条第1款］。

【说理示范】根据《公司法司法解释（二）》第18条第1款规定，有限责任公司股东未在法定期限内成立清算组开始清算，导致公司财产贬值、流失、毁损或者灭失的，债权人才有权要求股东在其造成损失范围内对公司债务承担相应赔偿责任。本案中，因原告并未对××公司在发生解散事由时的资产状况提供任何证据，亦即原告对××公司财产是否发生损失未能予以初步举证，导致本院无法查明××公司是否发生财产损失，以及财产损失的范围。而根据被告的举证（简述举证情况），可以认定××公司在发生解散事由时，实际上已无财产。因此，本案无法认定因被告未在法定期限内成立清算组开始清算，而导致公司财产贬值、流失、毁损或者灭失的损害结果，更不能得出如依法清算，公司的财产将得以保全，原告的债权将获得清偿的结论。故原告在本案中要求被告承担赔偿责任缺乏事实依据，本院不予支持。

四、针对是否存在因果关系的裁判说理示范

（一）关于怠于履行清算义务与公司无法清算存在因果关系的裁判说理示范

【适用情形】被告怠于履行清算义务与公司无法清算之间具有法律上的因果关系［针对《公司法司法解释（二）》第18条第2款］。

【说理示范】关于被告怠于履行清算义务与公司无法清算之间是否存在因果关系的认定。本院认为，作为正常注册成立的公司，其应依法制作财务账册、妥善保管重要文件，在发生清算事由时，公司应当具备清算条件。本案中被告作为××公司的股东，在××公司出现解散事由后长达××年的时间内未对公司组织清算。现根据查明事实，××公司的账册、重要文件等均已遗失或下落不明，无法按照法律规定的程序对××公司的债权债务进行正常的清理，造成××公司的财产和负债范围无法确定。被告虽抗辩称其怠于履行清算义务与××公司无法清算之间不存在因果关系，但其未能举证证明××公司无法进行清算系基于其他原因所致，应承担举证不能的法律后果。因此，本案应认定被告怠于履行清算义务与××公司的财产、账册灭失，公司无法进行清算之间具有因果关系。

（二）公司在发生清算事由之前已无财产，不存在因果关系的裁判说理示范

【适用情形】公司在发生清算事由之前已无财产，怠于履行清算义务与债权人债权未得到清偿之间不具有法律上的因果关系［针对《公司法司法解释（二）》第18条第2款］。

【说理示范】根据《公司法司法解释（二）》第18条第2款规定，只有当作为清算义务人的股东怠于履行清算义务，导致公司主要财产、账册、重要文件等灭失，公司无法进行清算，从而造成债权人债权不能得到清偿时，债权人才可依据该条规定主张股东承担连带清偿责任。关于本案中被告怠于履行清算义务与原告债权未得到清偿之间是否具有因果关系的问题。根据查明的事实，在××公司发生解散事由之前，该公司已将所有资产转让以清偿××银行贷款，且在后续××银行申请执行案件中，法院未发现可供执行财产。可见，在解散事由发生前，××公司已无相应财产可向本案债权人清偿。因此，被告未及时成立清算组对××公司进行清算与债权人债权未得到清偿之间并无因果关系。

（三）发生"终结本次执行"情况下因果关系认定的裁判说理示范

【适用情形】被告抗辩称公司在解散事由发生前已经法院裁定终结本次执行，怠于履行清算义务与债权人债权未得到清偿之间不具有法律上的因果关系［针对《公司法司法解释（二）》第18条第2款］。

【说理示范】××公司在发生解散事由之前，已经经过法院强制执行，其名下财产除已执行部分外，未发现有其他可供执行财产，法院因此裁定终结本次执行。虽然法院终结对××公司的执行并不当然意味着该公司已经没有财产，但本案中原告未能提供初步证据证明××公司的财产情况，无法认定××公司在发生解散事由时仍有财产可供清偿债务，应承担举证不能的法律后果。在此情况下，本案应认定××公司在发生解散事由时已无财产用于清偿债务。因此，虽然被告未在××公司发生解散事由之后的15日内组织清算，但其不清算的行为并未造成原告实质性的损失，即被告怠于履行清算义务与原告债权未获清偿的损害结果之间不存在因果关系。

【参考裁判文书】上海市第二中级人民法院（2022）沪02民终1075号马某某等与上海佩可芬餐饮管理有限公司清算责任纠纷一案二审民事判决书。

（四）公司在发生清算事由之前其账册已遗失，不存在因果关系的裁判说理示范

【适用情形】公司在发生清算事由之前其账册已遗失，股东怠于履行清

算义务与公司主要财产、账册、重要文件灭失之间不具有法律上的因果关系[针对《公司法司法解释（二）》第18条第2款]。

【说理示范】根据查明事实，××公司的绝大多数财务账册及凭证之前由另一股东保管，其后……（简述财务账册遗失的事实），且本案无证据证明被告对上述财务账册遗失存在过错。由此可见，××公司会计账册的遗失发生在公司营业期届满之前，即发生清算事由之前，与被告是否怠于履行义务没有因果关系，故本案不能认定××公司的账册灭失是被告怠于履行清算义务所导致。

【参考裁判文书】深圳市中级人民法院（2017）粤03民终14490号山东省金曼克电气集团股份有限公司与深圳勃格变压器有限公司股东损害公司债权人利益责任纠纷一案二审民事判决书。

（五）小股东的行为与无法清算之间不存在因果关系的裁判说理示范

【适用情形】小股东不负责保管公司账册和重要文件，与无法清算的后果无关[针对《公司法司法解释（二）》第18条第2款]。

【说理示范】《公司法司法解释（二）》第18条第2款规定的连带清偿责任，其理论基础是法人人格否认制度，其法律依据为《公司法》第20条第3款。该款规定旨在制裁股东滥用公司法人独立地位和股东有限责任的行为。公司股东怠于履行清算义务造成债权人损失，属于该款规定的公司股东滥用公司法人独立地位和股东有限责任以逃避债务，应对公司债务承担连带责任的情形。因此在认定股东是否应承担连带清偿责任时，应判断其是否存在滥用公司法人独立地位和股东有限责任的可能以及滥用的事实，不能简单以发生无法清算情形为由，不加区分地判令公司全体股东作为责任整体对债权人承担责任，否则将与《公司法》第20条的立法宗旨相悖，更是让股东有限责任制度完全落空。本案中，原告以××公司已无法清算为由请求被告承担连带清偿责任，被告则抗辩称其持股仅×%，不参与公司经营管理，不负责保管公司主要财产和账册，其对于公司账册、重要文件灭失并无过错，公司无法清算与其无关。对此本院认为，尽管公司关于账册、重要文件的保管情况属于公司内部事务，债权人无从掌握公司内部的管理情况和具体执行情况，但该事实可通过当事人的举证予以查明。本案中被告作为××公司股东，持股仅×%，无证据证明由其负责保管××公司的账册和重要文件，或者其存在其他怠于履行清算义务的故意或重大过失的行为。因此，本案无法认定被告怠于履行清算义务，更不能认定××公司主要财产、账册灭失，公司无法清算系因为被告怠于履行清算义务所造成。

五、针对清算义务人承担清算责任的裁判说理示范

（一）清算义务人怠于履行清算义务，应承担连带清偿责任的裁判说理示范

【适用情形】被告怠于履行清算义务，应承担清算责任［针对《公司法司法解释（二）》第 18 条第 2 款］。

【说理示范】根据《公司法》第 183 条规定，公司出现解散情形的，应当在解散事由出现之日起 15 日内成立清算组，开始清算。根据《公司法司法解释（二）》第 18 条第 2 款规定，有限责任公司的股东因怠于履行清算义务，导致公司主要财产、账册、重要文件等灭失，无法进行清算，债权人主张其对公司债务承担连带清偿责任的，人民法院应依法予以支持。本案中，××公司被吊销营业执照，符合《公司法》规定的公司解散情形，该公司股东应依法开展清算工作。然而，被告作为××公司的股东并未于法定期限内开展清算工作，亦未举证证明其在公司出现解散事由后已采取积极措施推动××公司成立清算组进行清算。现××公司主要财产、账簿、重要文件等清算依据均下落不明，清算工作无法开展。此种情况下，应认定被告怠于履行清算义务，导致公司主要财产、账册、重要文件等灭失，无法进行清算，原告的债权无法通过公司清算获得清偿，其利益因此受到损害。原告依据《公司法司法解释（二）》第 18 条第 2 款规定，请求被告对××公司债务承担连带清偿责任，于法有据，本院予以支持。

（二）清算义务人未经清算即办理注销登记，应承担清偿责任的裁判说理示范

【适用情形】公司未经清算即办理注销登记，被告应承担清偿责任［针对《公司法司法解释（二）》第 20 条］。

【说理示范】《公司法》第 188 条规定，公司清算结束后，清算组应当制作清算报告，报股东会、股东大会或者人民法院确认，并报送公司登记机关，申请注销公司登记，公告公司终止。可见清算是公司注销的法定前置程序，两被告作为××公司股东即清算义务人，对此应当明知。虽然××公司申请注销登记时提交的清算报告显示公司剩余财产为 0，公司债权债务已清结，但现有证据可以证明该清算报告并不符合实际情况，可以认定××公司并未经过合法清算程序。现××公司已注销，两被告亦不能说明公司财务账册等资料和重要文件的去向，无法认定××公司仍具备清算条件。两被告作为清算义务人，怠于履行清算义务，导致××公司未经合法清算即被注销登记，且现无法进行清算。《公司法司法解释（二）》第 20 条规定，公司未经清算

即办理注销登记，导致公司无法进行清算，债权人主张有限责任公司的股东、股份有限公司的董事和控股股东，以及公司的实际控制人对公司债务承担清偿责任的，人民法院应依法予以支持。原告请求两被告对××公司债务承担清偿责任，于法有据，本院予以支持。

（三）清算义务人之间如何承担责任的裁判说理示范

【适用情形】被告抗辩称应根据股东之间的出资比例承担责任［针对《公司法司法解释（二）》第18条第1款］。

【说理示范】本案中，原告主张被告作为××公司股东，不依法履行清算义务，造成××公司财产损失，请求其在造成损失范围内承担赔偿责任，该等责任的性质属于侵权责任。因公司全体清算义务人均对公司负有依法组织清算的义务，在清算义务人违反该项义务造成债权人损失时，应认定其构成共同侵权。根据《民法典》第1168条规定，二人以上共同实施侵权行为，造成他人损害的，应当承担连带责任。本案中，××公司的股东在公司出现清算事由后未依法组织清算，造成公司财产流失，被告作为××公司的股东之一，与××公司的其他股东共同存在不履行清算义务的不作为，系共同侵权人，依据《民法典》第1168条规定，应承担连带赔偿责任。关于被告辩称的应当按照股东之间出资比例确定其赔偿责任的问题，本院认为，股东之间关于出资比例的约定属于其内部约定，对外部债权人不具有约束力。清算义务是每位股东应当履行的法定义务，不存在按比例分担的问题。在公司股东不履行清算义务，构成共同侵权的情况下，各股东对外承担的是连带责任，即任一股东均应对因此给债权人造成的全部损失承担赔偿责任。原告作为债权人有权选择向任一清算义务人主张权利。被告上述抗辩理由不成立，本院不予采纳。

【参考裁判文书】北京市第一中级人民法院（2019）京01民终3225号北京城建长城建筑装饰工程有限公司与北京景旺鑫达商贸有限责任公司股东损害公司债权人利益责任纠纷一案二审民事判决书。

六、针对清算组成员承担清算责任的裁判说理示范

（一）清算组未履行通知义务的裁判说理示范

【适用情形】清算组未依法通知已知债权人，应承担责任［针对《公司法司法解释（二）》第11条］。

【说理示范】根据《公司法》第185条第1款规定，清算组应当自成立之日起10日内通知债权人，并于60日内在报纸上公告，以便公司债权人知道公司清算的事实，从而参与到公司的清算活动中以实现其债权。本案中，基

于已经生效的××号民事判决书，原告是××公司已知的债权人（或写明其他认定原告是已知债权人的事实），而××公司清算组在清算过程中未依法书面通知原告。被告虽主张其已登报公告，但在原告为已知债权人的情况下，登报公告并不能免除其书面通知义务。××公司清算组在清算中未依法履行通知已知债权人的义务，可以认定清算组成员对此存在故意或重大过失。××公司清算组未依法履行通知义务，导致原告未及时申报债权而未获清偿，根据《公司法司法解释（二）》第11条规定，"清算组未按照前款规定履行通知和公告义务，导致债权人未及时申报债权而未获清偿，债权人主张清算组成员对因此造成的损失承担赔偿责任的，人民法院应依法予以支持"。因此，本案中各被告作为××公司清算组成员，依法应对原告债权未获清偿部分承担赔偿责任。

（二）清算组成员之间如何承担责任的裁判说理示范

【适用情形】清算组成员应连带承担责任［针对《公司法司法解释（二）》第11条］

【说理示范】关于被告甲主张的其仅系清算组聘用的财务人员，只负责财务工作，不了解公司的债权债务情况，对于未通知原告不存在过错，不应承担赔偿责任的问题。本院认为，本案中××公司清算组未依法履行通知义务，导致原告未及时申报债权而未获清偿，根据《公司法司法解释（二）》第11条规定，各被告作为清算组成员应向原告承担赔偿责任。关于被告甲提出的抗辩理由，清算组成员是作为一个共同体而一同管理公司清算事务，而通知义务是公司法科以清算组的法定义务，因此，在清算组违反通知义务的情况下，应认定全体清算组成员构成共同侵权。根据《民法典》第1168条规定，二人以上共同实施侵权行为，造成他人损害的，应当承担连带责任。故在本案中，各被告作为共同侵权人，应连带向原告承担赔偿责任，不得以清算组成员之间的内部因素对抗外部第三人。至于被告甲提出的清算组内部分工问题，其在向原告承担赔偿责任后，可根据清算组成员内部过错大小向其他清算组成员进行追偿。

七、针对诉讼时效的裁判说理示范

关于诉讼时效期间起算点的裁判说理示范

【适用情形】关于诉讼时效期间起算点的认定［针对《公司法司法解释（二）》第18条第2款］

【说理示范】公司债权人以《公司法司法解释（二）》第18条第2款为

依据，请求有限责任公司的股东对公司债务承担连带清偿责任的，诉讼时效期间自公司债权人知道或者应当知道公司无法进行清算之日起计算。本案中，××公司一直未进行清算，该公司是否能够进行清算，原告作为局外人无从知晓。××××年××月××日，××法院作出民事裁定书，认定××公司无法进行清算，终结清算程序，至此，方能确认××公司无法清算。现有证据证明，原告系于××××年××月××日获知该份民事裁定书的内容，故应认定原告直至该日才知道××公司无法进行清算，亦即原告请求被告对××公司债务承担连带清偿责任的诉讼时效期间应自该日起算。

八、针对公司已进入破产清算程序的裁判说理示范

针对公司已进入破产清算程序情形的裁判说理示范

【适用情形】债权人在公司进入破产清算程序后依据《公司法司法解释（二）》第18条规定请求公司股东承担清算责任。

【说理示范】公司清算是指清算事由出现后，公司依照法定程序清理债权、债务，分配剩余财产，终止公司的活动。清算分为解散清算和破产清算。解散清算，是指公司非因破产原因解散，依照《公司法》规定的程序而进行的清算，包括自行清算与强制清算；破产清算是指公司不能清偿到期债务而被依法宣告破产，依照破产程序而进行的清算。由于解散清算与破产清算发生的原因不同、制度目的不同、清算程序不同、债权人的地位和权利不同，相应地，其适用的法律依据也不同。解散清算的主要法律依据是《公司法》和《公司法司法解释（二）》，破产清算则应依《企业破产法》进行。2008年5月施行的《公司法司法解释（二）》第18条规定了有限责任公司股东怠于履行清算义务的民事责任，该规定是针对公司解散清算的规定，不适用于破产清算。原告提起本案诉讼前，××公司已被宣告破产且破产程序已终结，故在判定作为公司股东的被告之责任时，应当依照《企业破产法》的相关规定来确定其义务内容和责任范围，不应再依照《公司法司法解释（二）》第18条第2款的规定来判定其责任。同时，由于破产程序本身具有彻底清理债权债务的功能，其立法目的在于确保债权人公平受偿，因此应当在破产清算过程中根据《企业破产法》规定的清偿顺序进行清偿，而不应在法院裁定终结破产程序后，由债权人个别进行追偿并用于清偿其自身债权。原告在本案中依据《公司法司法解释（二）》第18条第2款的规定要求被告对××公司的债务向其承担连带清偿责任，该请求实质上属于个别清偿，违背了《企业破产法》的公平清偿原则，本院不予支持。对于进入破产清算的企业，相关权利人可依据企业破产法的相关规定寻求救济。

【参考裁判文书】深圳市中级人民法院（2019）粤 03 民终 12365 号蔡某某、王某某与深圳市利美源包装制品有限公司股东损害公司债权人利益责任纠纷一案二审民事判决书。

第五节　裁判主文规范表述

实践中，清算责任纠纷案件判决主文存在的主要问题，是关于责任承担方式的表述不准确。根据清算责任纠纷类型的不同，清算义务人承担的责任方式包括赔偿责任、连带清偿责任和清偿责任，实践中存在判决主文中关于被告承担责任方式的表述与判决书所援引的请求权基础规范不一致的情形。例如，依据《公司法司法解释（二）》第 18 条第 1 款判令被告承担责任的，被告的责任承担性质应为赔偿责任，而判决主文错误表述为连带清偿责任等。清算责任纠纷判决主文规范表述详见表 5。

表 5　清算责任纠纷判决主文规范表述列表

裁判类型	裁判事项	裁判主文
清算义务人清算责任	清算义务人承担赔偿责任	1. 债权人已向公司主张债权，且经强制执行未获清偿［《公司法司法解释（二）》第 18 条第 1 款、第 19 条恶意处置公司财产情形］ 　　被告应于本判决生效之日起 ×× 日内对 ×× 号生效法律文书所确定的 ×× 公司所负债务不能清偿部分向原告承担赔偿责任（写明损失的计算方式）。 2. 债权人同时起诉公司和清算义务人［《公司法司法解释（二）》第 18 条第 1 款、第 19 条恶意处置公司财产情形］ 　　一、被告（×× 公司）应于本判决生效之日起 ×× 日内向原告支付 ×× 款 ×× 元； 　　二、被告（清算义务人）对 ×× 公司上述债务承担补充赔偿责任。 3. 清算义务人欺诈注销公司 　　被告应于本判决生效之日起 ×× 日内赔偿原告损失 ×× 元（或写明损失的计算方式）。

续表

裁判类型	裁判事项	裁判主文
清算义务人清算责任	清算义务人承担连带清偿责任	1.债权人仅起诉清算义务人 被告对××公司欠付原告的××款××元（或写明债务的计算方式，或写明生效法律文书确定的债务内容）承担连带清偿责任，限于本判决生效之日起××日内支付。 2.债权人同时起诉公司与清算义务人 一、被告（××公司）应于本判决生效之日起××日内向原告支付××款××元； 二、被告（清算义务人）对××公司上述债务承担连带清偿责任。
	清算义务人承担清偿责任	被告应于本判决生效之日起××日内向原告偿还××款××元（或写明债务的计算方式，或写明生效法律文书确定的债务内容）。
清算人清算责任	清算组成员承担赔偿责任	被告应于本判决生效之日起××日内赔偿原告损失××元（或写明损失的计算方式）。